C++

IT–Tutorial

Herbert Schildt

C++
IT-Tutorial

Übersetzung aus dem Amerikanischen
von Reinhard Engel

Die Deutsche Bibliothek –
CIP-Einheitsaufnahme

Ein Titeldatensatz für diese Publikation ist
bei der Deutschen Bibliothek erhältlich

ISBN 3-8266-0980-8
1. Auflage 2003

Übersetzung der amerikanischen Originalausgabe:
Herbert Schildt
C++: A Beginner´s Guide

Printed in Germany

Lektorat: Sabine Schulz
Korrektorat: Friederike Daenecke
Satz und Layout: Typographie & Computer, Jörg Gitzelmann, Krefeld
Druck: Media-Print, Paderborn

mitp

Über den Autor

Herbert Schildt ist einer der führenden Autoren von Büchern über das Programmieren. Er ist eine Autorität für die Programmiersprachen C, C++, Java und C# sowie ein erfahrener Windows-Programmierer. Seine Programmierbücher wurden weltweit in über drei Millionen Exemplaren verkauft und sind in alle bedeutenden Fremdsprachen übersetzt worden. Er ist Autor zahlreicher Bestseller, einschließlich *C++: Ent-Packt, C#: The Complete Reference, Java 2: Ent-Packt, C#: IT-Tutorial, Java 2: IT-Tutorial* und *C: Ent-Packt.* Schildt hat einen Abschluss in Informatik der University of Illinois.

Inhaltsverzeichnis

Vorwort

C++ ist die wichtigste Sprache für die Entwicklung von Hochleistungssoftware. Ihre moderne Syntax und ihr Stil haben alle folgenden Sprachen beeinflusst. Beispielsweise sind sowohl Java als auch C# von C++ abgeleitet. Darüber hinaus ist C++ die universelle Programmiersprache, die fast alle professionellen Programmierer wenigstens in den Grundzügen beherrschen. Wenn Sie C++ lernen, schaffen Sie sich zugleich eine solide Grundlage, von der aus Sie sich beliebige andere Aspekte der heutigen Programmierung erarbeiten können.

Dieses Buch soll Ihnen die Grundlagen der C++-Programmierung vermitteln. Es setzt keine Programmierkenntnisse voraus und führt Sie Schritt für Schritt anhand zahlreicher Beispiele, Selbsttests und Projekte in C++ ein. Das Buch behandelt zunächst die grundlegenden Schritte – beispielsweise, wie ein C++-Programm kompiliert und ausgeführt wird. Dann werden die Schlüsselwörter, Funktionen und Konstrukte beschrieben, die zusammen die C++-Sprache bilden. Wenn Sie diese Kapitel durchgearbeitet haben, werden Sie über solide Grundkenntnisse in wesentlichen Aspekten der C++-Programmierung verfügen.

Sie sollten von Anfang an wissen, dass dieses Buch nur ein Ausgangspunkt ist. C++ ist eine umfangreiche, ausgefeilte Sprache; und zu einer erfolgreichen C++-Programmierung gehört mehr als die Kenntnis der Schlüsselwörter, der Operatoren und der Syntax, die die Sprache definieren. Um C++ wirklich zu beherrschen, müssen Sie auch eine große Anzahl von Klassen- und Funktionsbibliotheken kennen und nutzen, die Sie beim Entwickeln von Programmen unterstützen. Obwohl in diesem Buch mehrere Bibliothekselemente beschrieben werden, können die meisten aus Platzgründen nicht behandelt werden. Wer ein hervorragender C++-Programmierer werden möchte, muss auch die C++-Bibliotheken beherrschen. Wenn Sie dieses Buch gelesen haben, werden Sie über das Wissen verfügen, um die Bibliotheken und alle anderen Aspekte von C++ zu erforschen.

Wie dieses Buch aufgebaut ist

Dieses Buch führt Sie Schritt für Schritt in einem gleichmäßigen Rhythmus in C++ ein. Spätere Abschnitte bauen auf den jeweils früheren auf. Das Buch enthält zwölf Kapitel, die jeweils einen Aspekt von C++ behandeln. Eine besondere

Eigenschaft dieses Buches sind zahlreiche Elemente, die Ihren Lernfortschritt verstärken.

Lernziele

Jedes Kapitel beginnt mit einer Reihe von Lernzielen, die Ihnen vorab zeigen, was Sie lernen werden.

Übungsaufgaben

Jedes Kapitel wird mit einem Selbsttest beendet, der aus einer Reihe von Übungsaufgaben besteht, mit denen Sie Ihr Wissen testen können. Die Antworten finden Sie in Anhang A.

1-Minuten-Tests

Am Ende jedes Hauptabschnitts finden Sie 1-Minuten-Tests, mit denen Sie prüfen können, ob Sie die Kernpunkte des vorangegangenen Abschnitts verstanden haben. Die Antworten auf diese Fragen befinden sich am unteren Rand der jeweiligen Seite.

Fragen an den Experten

Im gesamten Buch befinden sich spezielle Kästen mit *Fragen an den Experten*. In einem Frage-Antwort-Format werden hier zusätzliche Informationen oder interessante Kommentare zu einem Thema präsentiert.

Projekte

Jedes Kapitel enthält ein oder mehrere Projekte, die Ihnen zeigen, wie Sie den Stoff anwenden können, den Sie gerade lernen. Es handelt sich um Beispiele aus der Praxis, die Sie als Ausgangspunkte für eigene Programme verwenden können.

Keine Programmierkenntnisse erforderlich

In diesem Buch werden keine Programmierkenntnisse vorausgesetzt. Deshalb können Sie dieses Buch auch dann benutzen, wenn Sie noch nie programmiert haben. Natürlich verfügen heutzutage die meisten Leser wenigstens über geringe Programmierkenntnisse – viele davon in Java oder C#. Sie werden sehen, dass

C++ der Vorläufer dieser beiden Sprachen ist. Deshalb werden Sie, wenn Sie bereits Java oder C# kennen, C++ leicht lernen können.

Erforderliche Software

Um die Programme in diesem Buch kompilieren und ausführen zu können, benötigen Sie einen modernen C++-Compiler – beispielsweise eine aktuelle Version von Microsoft Visual C++ oder Borland C++ Builder.

Nicht vergessen: Code im Web

Vergessen Sie nicht, dass Sie den Quellcode aller Beispiele und Projekte in diesem Buch kostenlos aus dem Web herunterladen können: `www.mitp.de`.

Weiteres Studium

Das *C++ IT-Tutorial* ist Ihr Zugang zu den anderen Programmierbüchern von Herbert Schildt. Die folgende Liste enthält einige andere Titel, die für Sie interessant sein könnten. Wir empfehlen Ihnen die folgenden Bücher:

Mehr über C++:

C++ Ent-Packt
C++ Ge-Packt
C++ From the Ground Up
C++ Lernen und Professionell anwenden
C++ Primer
Teach Yourself C++
STL Programming From the Ground Up

Mehr über Java-Programmierung:

Java 2 IT-Tutorial
Java 2 Ent-Packt
Java 2 Ge-Packt

Mehr über C#:

C# IT-Tutorial
C# und die .NET-Plattform
C# The Complete Reference

Über die Windows-Programmierung:

Windows 98 Programming From the Ground Up
Windows 2000 Programming From the Ground Up
MFC Programming From the Ground Up
The Windows Programming Annotated Archives

Wenn Sie mehr über die Sprache C lernen wollen, die die Grundlage der gesamten modernen Programmierung bildet, sind die folgenden Titel für Sie interessant:

C Ent-Packt
Teach Yourself C

Kapitel 1

C++-Grundlagen

Lernziele

- **Die Geschichte von C++ verstehen**
- **Das Verhältnis von C++ zu C, C# und Java kennen lernen**
- **Die drei Prinzipien der objektorientierten Programmierung verstehen**
- **C++-Programme erstellen, kompilieren und ausführen**
- **Variablen verwenden**
- **Operatoren verwenden**
- **Mit den Befehlen `if` und `for` arbeiten**
- **Mit Codeblöcken arbeiten**
- **Die C++-Schlüsselwörter kennen lernen**
- **Bezeichner verstehen**
- **Funktionen verwenden**

Es gibt eine Sprache, die den Inbegriff der modernen Programmierung verkörpert: C++. C++ ist die bevorzugte Sprache für die Entwicklung von Hochleistungssoftware. Ihre Syntax wurde zum Standard für professionelle Programmiersprachen, und ihre Designphilosophie hat die gesamte Softwareentwicklung beeinflusst. C++ ist auch die Sprache, von der sowohl Java als auch C# abgeleitet wurden. Einfach ausgedrückt: Professioneller Programmierer zu sein bedeutet, über Kompetenz in C++ zu verfügen. C++ ist der Schlüssel zur modernen Programmierung.

Dieses Kapitel soll Sie in die Sprache C++, ihre Geschichte und ihre Designphilosophie sowie in mehrere der wichtigsten Funktionen von C++ einführen. Der bei weitem schwierigste Aspekt beim Lernen einer Programmiersprache beruht darauf, dass kein Element isoliert existiert, sondern dass alle Komponenten der Sprache zusammenarbeiten. Wegen dieser gegenseitigen Abhängigkeit ist es schwierig, einen Aspekt von C++ zu beschreiben, ohne zugleich andere Aspekte zu berühren. Um dieses Problem zu verringern, gibt dieses Kapitel Ihnen zunächst einen kurzen Überblick über zahlreiche C++-Funktionen und zeigt Ihnen die allgemeine Form eines C++-Programms, einige grundlegende Steueranweisungen und Operatoren. Dabei werden weniger die Details behandelt, sondern die allgemeinen Konzepte hervorgehoben, die allen C++-Programmen gemeinsam sind.

Eine kurze Geschichte von C++

Die Geschichte von C++ beginnt mit C. Der Grund dafür ist leicht zu verstehen: C++ baut auf C auf. Deshalb ist C++ ist eine Obermenge von C. C++ erweitert und verbessert die Sprache C so, dass die objektorientierte Programmierung unterstützt wird (die später in diesem Kapitel beschrieben wird). C++ verbessert die Sprache C auch in zahlreichen anderen Aspekten – unter anderem durch einen erweiterten Satz von Bibliotheksroutinen. Dennoch ist viel von dem Geist und dem Stil der Sprache C direkt auf C++ übergegangen. Deshalb müssen Sie, um C++ voll und ganz verstehen und schätzen zu können, das »Wie und Warum« hinter C verstehen.

C: Der Beginn der modernen Programmierung

Die Erfindung von C markiert den Beginn der modernen Programmierung. Der Einfluss dieser Sprache sollte nicht unterschätzt werden, weil sie die Art zu programmieren und über das Programmieren nachzudenken grundlegend änderte. Ihre Designphilosophie und ihre Syntax haben seitdem jede bedeutendere Sprache beeinflusst. C war eine der stärkeren, revolutionären Kräfte in der Computerwelt.

C wurde von Dennis Ritchie erfunden und zuerst auf einer DEC PDP-11 unter dem Betriebssystem UNIX implementiert. C ist das Ergebnis eines Entwicklungsprozesses, der mit einer älteren Sprache namens BCPL begann. BCPL wurde von Martin Richards entwickelt. BCPL beeinflusste eine Sprache namens B, die von Ken Thompson erfunden wurde und die in 1970ern zur Entwicklung von C führte.

Vor der Erfindung von C wurden Computersprachen im Allgemeinen als akademische Übungen oder von bürokratischen Komittees entwickelt. Bei C war es anders. Die Sprache wurde von praktisch arbeitenden Programmierern entworfen, implementiert und entwickelt und gab die Methoden wieder, mit denen sie ihre Porgrammieraufgaben lösten. Die Funktionen von C wurden immer wieder von denselben Personen verbessert, getestet und überdacht, die tatsächlich mit dieser Sprache arbeiteten. Als Folge davon gewann C zahlreiche Anhänger und entwickelte sich schnell zur bevorzugten Sprache von Programmierern auf der ganzen Welt.

C wuchs aus der Revolution der *strukturierten Programmierung* der 60er-Jahre heraus. Vor der strukturierten Programmierung war es schwierig, große Programme zu schreiben, weil die Logik solcher Programme tendenziell zu so genanntem *Spaghetticode* degenerierte, einer verworrenen Masse von Sprüngen, Aufrufen und Rücksprüngen, die schwer nachzuvollziehen waren. Strukturierte Sprachen versuchten, dieses Problem zu lösen, indem sie wohldefinierte Steueranweisungen, Unterroutinen mit lokalen Variablen und andere Verbesserungen einführten. Mit strukturierten Sprachen wurde es möglich, einigermaßen große Programme zu schreiben.

Obwohl es damals andere strukturierte Sprachen – wie beispielsweise Pascal – gab, war C die erste Sprache, die erfolgreich Leistungsstärke mit Eleganz und Ausdruckskraft kombinierte. Ihre knappe, doch einfach zu benutzende Syntax, kombiniert mit der Überzeugung, dass der Programmierer (nicht die Sprache) verantwortlich war, bekehrte schnell viele Programmierer. Aus heutiger Sicht mag es etwas schwer zu verstehen sein, aber C brachte die frische Luft, auf die Programmierer lange gewartet hatten. Als Folge davon wurde C zu der am weitest verbreiteten strukturierten Programmiersprache der 80er-Jahre.

Warum wurde C++ nötig?

Nach der vorangegangenen Beschreibung fragen Sie sich vielleicht, warum dann C++ erfunden wurde. Wenn C als Programmiersprache für Computer so erfolgreich war, warum gab es dann Bedarf für etwas anderes? Die Antwort lautet *Komplexität.* In der gesamten Geschichte der Programmierung hat die wachsende Komplexität von Programmen immer neuen Bedarf an besseren Methoden angefacht, um diese Komplexität zu meistern. C++ ist eine Antwort auf diesen Bedarf. Die folgenden Absätze sollen den Zusammenhang zwischen der wachsenden Programmkomplexität und der Entwicklung der Programmiersprachen verdeutlichen.

Die Art und Weise zu programmieren hat sich seit der Erfindung des Computers dramatisch gewandelt. Beispielsweise wurden die ersten Computer programmiert, indem Binärwerte über Schalter an ihrer Vorderseite eingegeben wurden. Solange Programme nicht länger als einige Hundert Anweisungen lang waren, funktionierte dieser Ansatz. Als die Programme größer wurden, wurde die Assembler-Sprache erfunden, sodass Programmierer größere und zunehmend komplexere Programme mit Hilfe symbolischer Repräsentationen der Maschinenanweisungen schreiben konnten. Als die Programme noch größer wurden, wurden Hochsprachen entwickelt, um den Programmierern mehr Werkzeuge an die Hand zu geben, um die Komplexität bewältigen.

Die erste weit verbreitete Computersprache war natürlich FORTRAN. FORTRAN war zwar ein beeindruckender erster Schritt, aber sicher keine Sprache, die es erleichterte, klare, leicht zu verstehende Programme zu schreiben. In den 60er-Jahren wurde die strukturierte Programmierung entwickelt. Dabei handelte es sich um eine Methode der Programmierung, die durch Sprachen wie C unterstützt wurde. Beispielsweise war es mit strukturierten Sprachen erstmals möglich, verhältnismäßig komplexe Programme zu schreiben. Doch auch die Methoden der strukturierten Programmierung stießen an ihre Grenzen: Wenn ein Projekt eine gewisse Größe erreicht, übersteigt seine Komplexität die Möglichkeiten eines Programmierers. In den späten 70er-Jahren erreichten viele Projekte diesen Grenzbereich.

Als Lösung dieses Problems zeichnete sich eine neue Methode des Programmierens ab: die *objektorientierte Programmierung* (OOP). Mit der OOP konnte ein Programmierer größere, komplexere Programme bewältigen. Die Schwierigkeit bestand jedoch darin, dass C die objektorientierte Programmierung nicht unterstützte. Der Wunsch nach einer objektorientierten Version von C führte schließlich dazu, dass C++ entwickelt wurde.

Obwohl C weltweit zu den beliebtesten und am weitesten verbreiteten professionellen Programmiersprachen zählt, zeigt sich bei genauerer Analyse, dass es Situationen gibt, in denen die Fähigkeiten von C, Komplexität zu bewältigen, überschritten werden. Wenn ein Programm eine gewisse Größe erreicht, wird es so komplex, dass es schwierig ist, es als Gesamtheit zu begreifen. Der Zweck von C++ besteht darin, diese Barriere zu überwinden und dem Programmierer zu helfen, größere, komplexere Programme zu verstehen und zu verwalten.

C++ wird geboren

C++ wurde 1979 in den Bell Laboratories in Murray Hill, Neu Jersey, von Bjarne Stroustrup erfunden. Ursprünglich nannte er die neue Sprache *C with Classes* (*C mit Klassen*). Doch 1983 wurde der Name in C++ geändert.

Stroustrup baute C++ auf der Grundlage von C einschließlich aller Funktionen, Attribute und Vorteile von C auf. Er vertrat auch die Überzeugung, die C zugrunde lag, dass der Programmierer und nicht die Sprache die Verantwortung trägt. An diesem Punkt ist es wichtig zu verstehen, dass Stroustrup keine ganz neue Programmiersprache schuf, sondern statt dessen eine bereits sehr erfolgreiche Sprache verbesserte.

Die meisten Funktionen, die Stroustrup zu C hinzufügte, dienten dazu, die objektorientierte Programmierung zu unterstützen. Im Wesentlichen ist C++ die objektorientierte Version von C. Indem Stroustrup auf der Grundlage von C aufbaute, ermöglichte er einen reibungslosen Übergang zur OOP. Ein C-Programmierer musste nicht eine ganz neue Sprache, sondern nur einige neue Funktionen lernen, um die Vorteile der objektorientierten Verfahren nutzen zu können.

Als Stroustrup C++ schuf, wusste er, dass es wichtig war, den ursprünglichen Geist der Sprache C – einschließlich ihrer Effizienz, Flexibilität und Philosophie – zu bewahren, während gleichzeitig die Unterstützung für die objektorientierte Programmierung hinzugefügt wurde. Glücklicherweise wurde sein Ziel erreicht. C++ gibt dem Programmierer immer noch die Freiheit und Kontrolle von C, kombiniert mit der Leistungsstärke der Objekte.

Obwohl C++ ursprünglich entwickelt wurde, um die Verwaltung sehr großer Programme zu unterstützen, ist die Sprache keinesfalls auf diesen Zweck beschränkt. Tatsächlich können die objektorientierten Attribute von C++ auf praktisch alle Programmieraufgaben angewendet werden. Es ist nicht ungewöhnlich, dass C++ für Projekte wie Editoren, Datenbanken, persönliche Dateisysteme, Netzwerk-Utilities und Kommunikationsprogramme verwendet wird. Weil C++ so effizient wie C ist, wird ein großer Teil hochleistungsfähiger Systemsoftware in C++ geschrieben. Außerdem wird C++ häufig für die Windows-Programmierung eingesetzt.

Die Entwicklung von C++

Seit die Sprache C++ erfunden wurde, wurde sie dreimal nennenswert überarbeitet. Mit jeder Version wurde die Sprache erweitert und geändert. Die erste Revision erfolgte 1985 und die zweite 1990. Die dritte Revision fiel in die Periode der C++-Standardisierung. Vor mehreren Jahren begann die Arbeit, C++ zu standardisieren. Zu diesem Zweck wurde ein gemeinsames Komitee des ANSI (American National Standards Institute) und der ISO (International Organization for Standardization) gegründet. Der erste Entwurf des vorgeschlagenen Standards wurde am 25. Januar 1994 vorgelegt. In diesem Entwurf behielt das ANSI/ISO-C++-Komitee (dem ich angehörte) die Funktionen bei, die zuerst von Stroustrup definiert worden waren, und fügte einige neue hinzu. Aber im Allgemeinen gab dieser ursprüngliche Entwurf den Status von C++ zum damaligen Zeitpunkt wieder.

Bald nach der Fertigstellung des ersten Entwurfs des C++-Standards trat ein Ereignis ein, das zu einer erheblichen Erweiterung des Standards führte: die Erstellung der *Standard Template Library* (STL) durch Alexander Stepanov. Die STL ist ein Satz allgemeiner (generischer) Routinen zur Manipulation von Daten. Sie ist sowohl leistungsstark als auch elegant; aber sie ist auch ziemlich umfangreich. Nach dem ersten Entwurf beschloss das Komitee per Abstimmung, die STL in die C++-Spezifikation aufzunehmen. Die Aufnahme der STL erweiterte den Umfang von C++ weit über die ursprüngliche Definition hinaus. Diese Aufnahme der STL war zwar wichtig, verzögerte aber – neben anderen Dingen – die Standardisierung von C++.

Fairerweise muss man sagen, dass die Standardisierung von C++ sehr viel länger dauerte, als jeder erwartet hat. Dabei wurden viele neue Funktionen zu der Sprache hinzugefügt und viele kleine Änderungen durchgeführt. Tatsächlich ist die Version von C++, die von dem ANSI/ISO-C++-Komitee definiert wurde, viel größer und komplexer als der ursprüngliche Entwurf von Stroustrup. Der endgültige Entwurf wurde von dem Komitee am 14. November 1997 verabschiedet, und der ANSI/ISO-Standard für C++ wurde 1998 veröffentlicht. Dies ist die C++-Spezifikation, die üblicherweise als *Standard-C++* bezeichnet wird.

Der Inhalt dieses Buches beschreibt Standard-C++. Dabei handelt es sich um die Version von C++, die von allen maßgebenden C++-Compilern einschließlich Microsoft Visual C++ und Borland C++ Builder unterstützt wird. Deshalb sind der Code und die Informationen in diesem Buch vollkommen portabel.

Wie C++ mit Java und C# zusammenhängt

Die meisten Leser werden wissen, dass zwei neue Computersprachen entwickelt wurden: Java und C#. Java wurde von Sun Microsystems und C# von Microsoft entwickelt. Weil manchmal Verwirrung darüber herrscht, wie diese beiden Sprachen mit C++ zusammenhängen, soll die folgende kurze Beschreibung über diese Beziehungen aufklären.

C++ ist die Vorgängerin sowohl von Java als auch von C#. Obwohl sowohl Java als auch C# verschiedene Funktionen hinzugefügt, entfernt und geändert haben, ist die Syntax dieser drei Sprachen insgesamt fast identisch. Darüber hinaus ähnelt das Objektmodell, das von C++ verwendet wird, den Objektmodellen von Java und C#. Schließlich ist auch das übergreifende »Look and Feel« dieser Sprachen sehr ähnlich. Dies bedeutet, dass Sie, wenn Sie C++ beherrschen, Java oder C# leicht lernen können. Das Umgekehrte gilt ebenfalls: Wenn Sie Java oder C# kennen, können Sie C++ leicht lernen. Dies ist einer der Gründe dafür, dass Java und C# dieselbe Syntax und dasselbe Objektmodell wie C++ haben; dadurch wurde die schnelle Verwendung dieser Sprachen durch Legionen erfahrener C++-Programmierer erleichtert.

C++, Java und C# unterscheiden sich hauptsächlich durch die Rechnerumgebungen, für die sie jeweils geschaffen wurden. C++ wurde entwickelt, um Hochleistungsprogramme für eine spezielle Art von CPU und Betriebssystem zu schreiben. Wenn Sie beispielsweise ein Programm schreiben wollen, das auf einem Intel Pentium unter dem Windows-Betriebssystem läuft, ist C++ die geeignetste Sprache.

Java und C# wurden als Antwort auf die besonderen Programmieranforderungen der Online-Umgebung des Internets entwickelt. (C# wurde auch entwickelt, um die Erstellung von Software-Komponenten zu erleichtern.) Das Internet ist mit vielen verschiedenen CPU-Typen und Betriebssystemen verbunden. Deshalb war die Fähigkeit, plattformübergreifende, portable Programme erstellen zu können, ein überragendes Entwicklungskriterium.

Die erste Sprache, die diese Anforderungen erfüllte, war Java. Mit Java ist es möglich, ein Programm zu schreiben, das in einer großen Zahl von Umgebungen läuft. Deshalb kann sich ein Java-Programm frei im Internet bewegen. Doch der Preis für die Portabilität ist die Effizienz: Java-Programme werden langsamer ausgeführt als C++-Programme. Dasselbe gilt für C#. Letztlich sollten Sie, wenn Sie Hochleistungssoftware erstellen wollen, C++ benutzen. Wenn Sie hochportable Software erstellen müssen, sollten Sie Java oder C# verwenden.

Ein letzter Aspekt: Vergessen Sie nicht, dass C++, Java und C# geschaffen wurden, um unterschiedliche Probleme zu lösen. Es geht nicht darum, welche Sprache an und für sich besser ist, sondern darum, welche Sprache für die anstehende Aufgabe am besten geeignet ist.

1-Minuten-Test

- Von welcher Sprache ist C++ abgeleitet?
- Was war der Hauptgrund, der zur Entwicklung von C++ führte?
- C++ ist die Vorläuferin von Java und C#. Wahr oder falsch?

- C++ ist von C abgeleitet.
- Die wachsende Komplexität der Programme war der Hauptgrund, der zur Entwicklung von C++ führte.
- Wahr.

Frage an den Experten

Frage: Wie werden mit Java und C# plattformübergreifende, portable Programme erstellt, und warum ist dies mit C++ nicht möglich?

Antwort: Mit Java und C# können plattformübergreifende, portable Programme erstellt werden, mit C++ dagegen nicht, weil die Compiler eine andere Art von Objektcode erzeugen. Im Falle von C++ besteht der Output des Compilers aus Maschinencode, der direkt von der CPU ausgeführt wird. Deshalb ist er an eine spezielle CPU und ein spezielles Betriebssystem gebunden. Wenn Sie ein C++-Programm auf einem anderen System ausführen wollen, müssen Sie es erneut kompilieren, um den spezifischen Maschinencode der Zielumgebung zu erzeugen. Um ein C++-Programm zu erstellen, das in verschiedenen Umgebungen läuft, werden mehrere verschiedene ausführbare Versionen des Programms benötigt.

Java und C# erzielen Portabilität, indem sie ein Programm in eine Zwischensprache, den so genannten *Pseudocode*, kompilieren. Bei Java wird dieser Pseudocode als *Bytecode* bezeichnet, bei C# heißt er *Microsoft Intermediate Language* (MSIL). In beiden Fällen wird dieser Pseudocode von einen Runtime-System ausgeführt. Bei Java heißt dieses Runtime-System *Java Virtual Machine* (JVM), bei C# ist es die *Common Language Runtime* (CLR). Deshalb kann ein Java-Programm in jeder Umgebung laufen, für die eine JVM zur Verfügung steht, und ein C#-Programm kann in jeder Umgebung laufen, in der die CLR implementiert ist.

Da die Java- und C#-Runtime-Systeme zwischen einem Programm und der CPU stehen, gibt es bei Java- und C#-Programmen einen zusätzlichen Verwaltungsaufwand, der für die Ausführung eines C++-Programms nicht erforderlich ist. Deshalb laufen C++-Programme üblicherweise schneller als gleichwertige Programme in Java oder C#.

Objektorientierte Programmierung

Der zentrale Aspekt von C++ ist die objektorientierte Programmierung (OOP). Wie gerade beschrieben wurde, war die OOP der Grund für die Entstehung von C++. Deshalb sollten Sie die Grundprinzipien der OOP verstehen, bevor Sie überhaupt anfangen, C++-Programme zu schreiben.

Die objektorientierte Programmierung kombinierte die besten Ideen der strukturierten Programmierung mit mehreren neuen Konzepten. Das Ergebnis war eine andere und bessere Methode, Programme aufzubauen. Grundsätzlich kann ein Programm auf zwei verschiedene Weisen strukturiert werden: im Hinblick auf den *Code* (was passiert) oder im Hinblick auf seine *Daten* (was betroffen ist). Werden nur die Techniken der strukturierten Programmierung verwendet, dann sind Programme typischerweise codezentriert. Bei diesem Ansatz sind Programme »Code, der Daten bearbeitet«.

Bei objektorientierten Programmen ist es umgekehrt: Sie sind datenzentriert aufgebaut. Bei diesem Ansatz sind Programme auch »Daten, die den Zugang zu dem Code steuern«. Bei einer objektorientierten Sprache werden erst die Daten und dann die Routinen definiert, die mit diesen Daten arbeiten dürfen. Deshalb definiert ein Datentyp genau, welche Art von Operationen auf diese Daten angewendet werden dürfen.

Um die Prinzipien der objektorientierten Programmierung zu unterstützen, haben alle OOP-Sprachen, einschließlich C++, drei zentrale Konzepte gemeinsam: Einkapselung, Polymorphie und Vererbung. Wir wollen diese Konzepte der Reihe nach behandeln.

Einkapselung

Einkapselung (auch: *Kapselung*) ist ein Programmiermechanismus, der den Code und die Daten, die er manipuliert, zu einer Einheit zusammenfasst und der diese Einheit vor Eingriffen und Missbrauch von außen schützt. Bei einer objektorientierten Sprache können Code und Daten so zusammengefasst werden, dass eine eigenständige *Blackbox* erstellt wird. Die Blackbox enthält alle erforderlichen Daten und den benötigten Code. Wenn Code und Daten auf diese Weise zusammengebunden werden, entsteht ein so genanntes *Objekt*. Anders ausgedrückt: Ein Objekt ist das Konstrukt, das die Einkapselung unterstützt.

Innerhalb eines Objekts können der Code oder die Daten oder beide *privat* (engl. *private*) oder *öffentlich* (engl. *public*) sein. Private Elemente (Code oder Daten) sind nur anderen Teilen des Objekts bekannt und nur diesen zugänglich. Das heißt, Programmteile, die sich außerhalb des Objekts befinden, können nicht auf private Elemente zugreifen. Wenn die Elemente dagegen öffentlich sind, können andere Teile Ihres Programms darauf zugreifen, obwohl sie innerhalb eines Objekts definiert sind. Typischerweise dienen die öffentlichen Elemente eines Objekts dazu, eine kontrollierte Schnittstelle zu den privaten Elementen des Objekts zur Verfügung zu stellen.

In C++ bildet die so genannte *Klasse* die Grundeinheit der Einkapselung. Eine Klasse definiert die Form eines Objekts. Sie legt sowohl die Daten als auch den Code fest, der mit diesen Daten arbeitet. C++ verwendet eine Klassenspezifikation, um *Objekte* zu konstruieren. Objekte sind *Exemplare* (engl. *instances*; dt.

auch *Instanzen*) einer Klasse. Deshalb ist eine Klasse im Wesentlichen ein Bauplan, der festlegt, wie ein Objekt erstellt werden soll.

Der Code und die Daten, die zusammen eine Klasse bilden, werden als *Elemente* (engl. *members*, dt. auch: *Member*) der Klasse bezeichnet. Die Daten-Elemente der Klasse werden auch als *Elementvariablen*, *Membervariablen* oder *Instanzvariablen* bezeichnet. Die Code-Elemente der Klasse werden als *Elementfunktionen*, *Memberfunktionen*, *Methoden* oder einfach als *Funktionen* bezeichnet. *Funktion* ist der C++-Fachbegriff für eine Unterroutine.

Frage an den Experten

Frage: Ich habe gehört, dass der Ausdruck *Methode* für eine Unterroutine verwendet wurde. Ist eine Methode dasselbe wie eine Funktion?

Antwort: Im Allgemeinen ja. Der Fachausdruck *Methode* wurde von Java populär gemacht. Was ein C++-Programmierer als *Funktion* bezeichnet, ist für einen Java-Programmierer eine *Methode*. C#-Programmierer verwenden ebenfalls den Ausdruck *Methode*. Weil der Ausdruck *Methode* so weit verbreitet ist, wird er manchmal auch benutzt, um eine C++-Funktion zu bezeichnen.

Polymorphie

Polymorphie (griechisch *polymorph*, dt. *vielgestaltig*) ist eine Eigenschaft, die es einer Schnittstelle ermöglicht, auf eine allgemeine Klasse von Aktionen zuzugreifen. Das Lenkrad eines Autos ist ein einfaches Beispiel für Polymorphie. Das Lenkrad (die Schnittstelle) ist immer gleich, egal welcher Steuermechanismus sich dahinter verbirgt. Das heißt, das Lenkrad funktioniert immer gleich, egal ob Ihr Auto über eine manuelle Lenkung, eine Servolenkung oder eine andere Form der Lenkung verfügt. Wenn Sie das Lenkrad nach links drehen, fährt das Auto nach links, egal welche Form der Lenkung es verwendet. Der Vorteil dieser einheitlichen Schnittstelle besteht natürlich darin, dass Sie jede Art von Auto lenken können, nachdem Sie einmal die Funktion des Lenkrads verstanden haben.

Dasselbe Prinzip kann auch auf das Programmieren angewendet werden. Betrachten Sie beispielsweise einen *Stack* (dt. *Stapel*, eine First-in-last-out-Liste). Nehmen wir an, Ihr Programm braucht drei verschiedene Arten von Stapeln. Ein Stapel wird für Ganzzahlen, einer für Fließkommazahlen und einer für Zeichen verwendet. In diesem Fall wird jeder Stapel mit demselben Algorithmus implementiert, obwohl die gespeicherten Daten verschieden sind. Bei einer nicht objektorientierten Sprache müssten Sie drei verschiedene Sätze von Stapelroutinen schreiben und bei jedem Satz andere Namen verwenden. Doch wegen der Polymorphie können Sie in C++ einen allgemeinen Satz von Stapelroutinen erstellen, der in allen drei Fällen anwendbar ist. Auf diese Weise können Sie jeden Stapel verwenden, wenn Sie einmal gelernt haben, wie ein Stapel funktioniert.

Allgemeiner wird das Konzept der Polymorphie oft mit dem Ausdruck »eine Schnittstelle, mehrere Methoden« beschrieben. Dies bedeutet, dass es möglich ist, eine allgemeine Schnittstelle zu entwerfen, um verwandete Aktivitäten zu einer Gruppe zusammenzufassen. Polymorphie trägt dazu bei, die Komplexität zu reduzieren, indem sie es ermöglicht, mit ein und derselben Schnittstelle eine *allgemeine Klasse von Aktionen* festzulegen. Es ist die Aufgabe des Compilers, die *spezielle Aktion* (das heißt die Methode) auszuwählen, die für die jeweilige Situation geeignet ist. Als Programmierer müssen Sie diese Aktion nicht manuell auswählen, sondern Sie müssen sich nur an die allgemeine Schnittstelle erinnern und sie nutzen.

Vererbung

Vererbung ist der Prozess, durch den ein Objekt die Eigenschaften eines anderen Objekts annehmen kann. Dies ist wichtig, weil dadurch das Konzept der hierarchischen Klassifikation unterstützt wird. Näher betrachtet, wird ein großer Teil unseres Wissens durch hierarchische Klassifikationen (das heißt top-down, vom Allgemeinen zum Speziellen) verwendbar gemacht. Beispielsweise gehört ein *Elstar* zur Klasse der *Äpfel,* die ihrerseits zur Klasse *Obst* gehört, die wiederum unter der größeren Klasse *Nahrungsmittel* eingeordnet wird. Das heißt, die Klasse *Nahrungsmittel* verfügt über bestimmte Eigenschaften (essbar, nahrhaft usw.), die logischerweise auch für ihre Unterklasse *Obst* gelten. Zusätzlich zu diesen Eigenschaften verfügt die Klasse *Obst* über spezielle Eigenschaften (saftig, süß usw.), die sie von anderen Nahrungsmitteln unterscheidet. Die Klasse *Apfel* definiert diejenigen Eigenschaften, die speziell für Äpfel gelten (wächst auf Bäumen, nicht tropisch usw.). Ein Elstar-Apfel erbt wiederum alle Eigenschaften aller übergeordneten Klassen und definiert nur die Eigenschaften, die den Apfel zu einem Elstar-Apfel machen.

Ohne die Verwendung von Hierarchien müsste jedes Objekt ausdrücklich alle seine Eigenschaften definieren. Mit der Verwendung von Hierarchien muss ein Objekt nur die Eigenschaften definieren, die es innerhalb seiner Klasse eindeutig machen. Es kann seine allgemeinen Attribute von seiner übergeordneten Klasse erben. Deshalb ist es der Vererbungsmechanismus, der es möglich macht, dass ein Objekt ein spezielles Exemplar eines allgemeineren Falles ist.

1-Minuten-Test

- Nennen Sie die Prinzipien der OOP.
- Wie heißt die Grundeinheit der Einkapselung in C++?
- Wie lautet der allgemein verwendete Ausdruck für eine Unterroutine in C++?

Frage an den Experten

Frage: Sie sagen, dass die objektorientierte Programmierung (OOP) eine wirksame Methode sei, um große Programme zu verwalten. Es sieht jedoch so aus, als ob die OOP einen beträchtlichen zusätzlichen Verwaltungsaufwand bei kleineren Programmen bedeutet. Wie verhält es sich in dieser Hinsicht bei C++?

Antwort: Ein Schlüsselaspekt von C++, den Sie verstehen müssen, besagt, dass Sie in C++ objektorientierte Programme schreiben *können*, aber nicht schreiben *müssen*. Dies ist einer der wichtigen Unterschiede zwischen C++ und Java/C#, die mit einem strikten Objektmodell arbeiten, bei dem jedes Programm wenigstens in geringem Maße objektorientiert ist. C++ lässt Ihnen die Wahl. Darüber hinaus sind die meisten objektorientierten Funktionen von C++ zur Laufzeit transparent, sodass (falls überhaupt) nur ein geringer zusätzlicher Verwaltungsaufwand erforderlich ist.

Ein erstes einfaches Programm

Jetzt ist es Zeit, mit dem Programmieren zu beginnen. Wir wollen zunächst das folgende, kurze C++-Beispielprogramm kompilieren und ausführen:

```
// p01-01.cpp: Dies ist ein einfaches C++-Programm.
// Nennen Sie dieses Programm p01-01.cpp.

#include <iostream>
using namespace std;
```

- Einkapselung, Polymorphie, Vererbung sind die Prinzipien der OOP.
- Die Klasse ist die Grundeinheit der Einkapselung in C++.
- Der allgemein verwendete Ausdruck für eine Unterroutine in C++ lautet *Funktion*.

```
// Ein C++-Programm beginnt bei main().
int main()
{
  cout << "C++ ist Power-Programmierung.";

  return 0;
}
```

Sie müssen die folgenden drei Schritte ausführen:

1. Geben Sie das Programm ein.
2. Kompilieren Sie das Programm.
3. Führen Sie das Programm aus.

Bevor wir anfangen, wollen wir noch zwei Begriffe klären: Quellcode und Objektcode. *Quellcode* ist die für Menschen lesbare Form des Programms. Sie wird in einer Textdatei gespeichert. *Objektcode* ist die ausführbare Form des Programms, die von dem Compiler erzeugt wird.

Das Programm eingeben

Die Programme in diesem Buch können von der Website des Verlags heruntergeladen werden (`www.mitp.de`). Natürlich können Sie die Programme auch manuell eingeben. Wenn Sie die Programme selbst eintippen, prägen sich die Schlüsselkonzepte häufig besser ein. Wenn Sie ein Programm manuell eingeben, müssen Sie einen Texteditor, kein Textverarbeitungsprogramm verwenden. Textverarbeitungsprogramme speichern typischerweise Formatierungsinformationen zusammen mit dem Text. Diese Formatierungsinformationen bringen den C++-Compiler durcheinander. Wenn Sie unter Windows arbeiten, können Sie WordPad oder einen anderen Programmeditor Ihrer Wahl verwenden.

Technisch betrachtet, können Sie für die Datei, in der der Quellcode des Programms gespeichert wird, einen beliebigen Namen verwenden. Jedoch werden C++-Programme normalerweise in Dateien gespeichert, die die Dateinamenserweiterung `.cpp` verwenden. Deshalb können Sie den Namen einer C++-Programmdatei frei wählen, sollten aber die Namenserweiterung `.cpp` verwenden. In diesem ersten Beispiel heißt die Quelldatei `p01-01.cpp`, sodass Sie einfach fortfahren können. Bei den meisten anderen Programmen in diesem Buch können Sie den Namen frei wählen.

Das Programm kompilieren

Wie Sie `p01-01.cpp` kompilieren, hängt von Ihrem Compiler und den verwendeten Optionen ab. Darüber hinaus bieten viele Compiler, wie beispielsweise Microsoft Visual C++ und Borland C++ Builder, zwei verschiedene Methoden zum Kompilieren eines Programms an: den Befehlszeilen-Compiler und die Integrated Development Environment (IDE; Integrierte Entwicklungsumgebung). Deshalb ist es nicht möglich, allgemeingültige Anweisungen für das Kompilieren eines C++-Programms zu geben. Sie müssen die Beschreibung Ihres Compilers heranziehen.

Trotz der Anmerkungen im vorangegangenen Absatz gilt: Wenn Sie mit Visual C++ oder mit C++ Builder arbeiten, besteht die einfachste Methode, um die Programme in diesem Buch zu kompilieren und auszuführen, darin, den Befehlszeilen-Compiler dieser Umgebungen zu verwenden. Um beispielsweise `p01-01.cpp` mit Visual C++ zu kompilieren, können Sie die folgende Befehlszeile verwenden:

```
C:\...>cl -GX p01-01.cpp
```

Die `-GX`-Option verbessert das Kompilieren. Um den Befehlszeilen-Compiler von Visual C++ zu verwenden, müssen Sie zuerst die Batch-Datei `VCVARS32.BAT` ausführen, die mit Visual C++ ausgeliefert wird. (Visual Studio .NET stellt ebenfalls eine gebrauchsfertige Befehlszeilen-Umgebung zur Verfügung, die Sie über den Eintrag VISUAL STUDIO .NET-EINGABEAUFFORDERUNG aktivieren können, indem Sie von der Taskleiste aus die folgenden Einträge wählen: START | PROGRAMME | MICROSOFT VISUAL STUDIO .NET | VISUAL STUDIO .NET TOOLS | VISUAL STUDIO .NET-EINGABEAUFFORDERUNG.) Um `p01-01.cpp` mit C++ Builder zu kompilieren, verwenden Sie die folgende Befehlszeile:

```
C:\...>bcc32 p01-01.cpp
```

Der Output eines C++-Compilers ist ausführbarer Objektcode. In einer Windows-Umgebung hat die ausführbare Datei denselben Namen wie die Quelldatei, hat aber die Namenserweiterung `.exe`. Deshalb hat die ausführbare Version von `p01-01.cpp` den Namen `Sample.exe`.

Das Programm ausführen

Nachdem ein C++-Programm kompiliert worden ist, kann es ausgeführt werden. Da der Output eines C++-Compilers ausführbarer Objektcode ist, müssen Sie nur den Namen des Programms an der Eingabeaufforderung eingeben, um es auszuführen. Um beispielsweise `Sample.exe` auszuführen, geben Sie die folgende Befehlszeile ein:

```
C:\...>Sample
```

Wenn das Programm ausgeführt wird, zeigt es die folgende Ausgabe an:

```
C++ ist Power-Programmierung.
```

Wenn Sie mit einer Integrated Development Environment arbeiten, können Sie ein Programm ausführen, indem Sie AUSFÜHREN in einem Menü auswählen. Ziehen Sie die Anweisungen Ihres speziellen Compilers zu Rate. Die Programme in diesem Buch lassen sich üblicherweise leichter von der Befehlszeile aus kompilieren und ausführen.

Ein letzter Punkt: Die Programme in diesem Buch arbeiten mit der Konsole, nicht mit Fenstern. Das heißt, sie werden an der Eingabeaufforderung ausgeführt. C++ ist jedoch auch für die Windows-Programmierung absolut geeignet. Tatsächlich ist C++ die gebräuchlichste Sprache für die Windows-Entwicklung. Jedoch verwendet keines der Programme in diesem Buch das Graphic User Interface (GUI) von Windows. Der Grund dafür ist leicht zu verstehen: Windows-Programme sind von Natur aus groß und komplex. Um ein Windows-Minimalprogramm zu erstellen, sind 50 bis 70 zusätzliche Codezeilen erforderlich. Um Windows-Programme zu schreiben, die die Funktionen von C++ demonstrieren, wären jeweils Hunderte von Codezeilen erforderlich. Dagegen sind konsolenbasierte Programme viel kürzer. Diese Art von Programmen wird normalerweise verwendet, um das Programmieren zu lehren. Wenn Sie C++ beherrschen, werden Sie in der Lage sein, Ihr Wissen problemlos auf die Windows-Programmierung anzuwenden.

Eine zeilenweise Analyse des ersten Beispielprogramms

Obwohl `p01-01.cpp` recht kurz ist, enthält es mehrere Schlüsselaspekte, die allen C++-Programmen gemeinsam sind. Wir wollen alle Teile des Programms genau untersuchen. Das Programm beginnt mit den Zeilen:

```
/* p01-01.cpp
   Dies ist ein einfaches C++-Programm.
   Nennen Sie dieses Programm p01-01.cpp.
*/
```

Dies ist ein *Kommentar.* Wie bei den meisten anderen Programmiersprachen können Sie auch in C++ Anmerkungen in den Quellcode eines Programms einfügen. Der Inhalt eines Kommentars wird von dem Compiler ignoriert. Kommentare dienen dazu, jemandem, der den Quellcode des Programms liest, die Funktionsweise des Programms zu beschreiben oder zu erklären. In diesem

Fall beschreibt der Kommentar das Programm. Bei komplexeren Programmen tragen Kommentare dazu bei, den Zweck und die Arbeitsweise einzelner Funktionen des Programms zu erklären. Anders ausgedrückt: Mit Kommentaren können Sie die Arbeitsweise eines Programms abschnittsweise erklären.

In C++ gibt es zwei Arten von Kommentaren. Der eben gezeigte Kommentar ist ein so genannter *mehrzeiliger Kommentar*. Diese Art von Kommentar beginnt mit einem /* (ein Schrägstrich, gefolgt von einem Sternchen). Der Kommentar endet nur, wenn der Compiler auf ein */ stößt. Alles, was zwischen diesen beiden Kommentarsymbolen steht, wird von dem Compiler vollkommen ignoriert. Mehrzeilige Kommentare können eine oder mehrere Zeilen lang sein. Die zweite Art von Kommentar (einzeilig) befindet sich ein wenig weiter unten in dem Programm und wird gleich behandelt werden.

Die nächste Codezeile lautet:

```
#include <iostream>
```

Die Sprache C++ definiert mehrere *Header*, die Informationen enthalten, die für ein Programm erforderlich oder nützlich sind. Dieses Programm erfordert den Header `<iostream>`, der das I/O-System von C++ unterstützt. Dieser Header wird mit dem Compiler geliefert. Ein Header wird mit der `#include`-Direktive in ein Programm eingebunden. Später in diesem Buch werden Sie mehr über Header und ihre Bedeutung erfahren.

Die nächste Programmzeile lautet:

```
using namespace std;
```

Diese Zeile weist den Compiler an, den *Namensraum* `std` zu verwenden. Namensräume wurden erst vor relativ kurzer Zeit zu C++ hinzugefügt. Obwohl Namensräume später in diesem Buch ausführlich behandelt werden, folgt hier eine kurze Beschreibung: Ein Namensraum erstellt einen deklarativen Bereich, in den verschiedene Programmelemente eingefügt werden können. Elemente, die in einem Namensraum deklariert werden, sind von Elementen getrennt, die in anderen Namensräumen deklariert werden. Namensräume tragen dazu bei, große Programme zu organisieren. Die Anweisung `using` teilt dem Compiler mit, dass Sie den Namensraum `std` verwenden wollen. Dies ist der Namensraum, in dem die gesamte C++-Standardbibliothek deklariert ist. Mit dem Namensraum `std` vereinfachen Sie den Zugriff auf die Standardbibliothek. (Da Namensräume relativ neu sind, werden sie möglicherweise von Ihrem Compiler noch nicht unterstützt. Falls dies der Fall ist, finden Sie in Anhang C eine einfache Abhilfe.)

Die nächste Programmzeile lautet:

```
// Ein C++-Programn beginnt bei main().
```

Diese Zeile zeigt Ihnen die zweite Art von Kommentar in C++: den *einzeiligen Kommentar.* Einzeilige Kommentare beginnen mit // und enden am Ende der Zeile. Typischerweise verwenden C++-Programmierer mehrzeilige Kommentare für größere, ausführlichere Kommentare und einzeilige Kommentare für kürzere Anmerkungen. Natürlich ist dies eine Frage des persönlichen Stils.

Wie der vorangegangene Kommentar aussagt, beginnt in der nächsten Zeile die Ausführung des Programms:

```
int main()
```

Alle C++-Programme bestehen aus einer oder aus mehreren Funktionen. Wie weiter oben erklärt wurde, ist eine Funktion eine Unterroutine. Jede C++-Funktion muss einen Namen haben, und die einzige Funktion, die in jedem C++-Programm vorkommen muss, wird hier gezeigt. Sie heißt `main()`. Die `main()`-Funktion ist der Punkt, an dem die Ausführung des Programms beginnt und (in den allermeisten Fällen) endet. (Technisch gesehen, beginnt ein C++-Programm mit einem Aufruf von `main()` und endet in den meisten Fällen, wenn `main()` zurückkehrt.) Die öffnende geschweifte Klammer in der Zeile, die auf `main()` folgt, markiert den Anfang des Codes der `main()`-Funktion. Der Ausdruck `int`, der vor `main()` steht, gibt die Art der Daten an, die von `main()` zurückgegeben werden. Wie Sie später lernen werden, unterstützt C++ mehrere eingebaute Datentypen, zu denen auch `int` zählt. `int` steht für *Integer* (Ganzzahl).

Die nächste Programmzeile lautet:

```
cout << "C++ ist Power-Programmierung.";
```

Dies ist eine Output-Anweisung für die Konsole. Sie bewirkt, dass die Meldung `C++ ist Power-Programmierung.` auf dem Bildschirm angezeigt wird. Sie benutzt zu diesem Zweck den Output-Operator <<. Der Operator gibt jeden Ausdruck auf seiner rechten Seite auf dem Gerät aus, das auf seiner linken Seite angegeben ist. `cout` ist ein vordefinierter Bezeichner für die Konsolenausgabe und bezieht sich im Allgemeinen auf den Bildschirm des Computers. Deshalb bewirkt diese Anweisung, dass die Meldung auf dem Bildschirm ausgegeben wird. Beachten Sie, dass diese Anweisung – wie alle C++-Anweisungen – mit einem Semikolon mit einem Semikolon endet.

Die Meldung `"C++ ist Power-Programmierung."` ist ein *String* (eine *Zeichenkette*). In C++ ist ein String eine Folge von Zeichen, die in doppelte Anführungszeichen eingeschlossen ist. Strings werden in C++ häufig verwendet.

Die nächste Programmzeile lautet:

```
return 0;
```

Diese Zeile beendet `main()` und bewirkt, dass die Funktion den Wert 0 an den aufrufenden Prozess (typischerweise an das Betriebssystem) zurückgibt. Bei den meisten Betriebssystemen zeigt der Rückgabewert 0 an, dass das Programm normal beendet wurde. Andere Werte zeigen an, dass das Programm wegen eines Fehlers beendet wurde. Der Ausdruck `return` gehört zu den Schlüsselwörtern von C++ und dient dazu, einen Wert einer Funktion zurückzugeben. Alle Programme sollten 0 zurückgeben, wenn sie normal (das heißt ohne Fehler) beendet werden.

Die schließende geschweifte Klammer am Ende des Programms beendet das Programm formell.

Syntaxfehler bearbeiten

Wenn Sie es bis jetzt noch nicht getan haben, sollten Sie das obenstehende Programm eingeben, kompilieren und ausführen. Wenn Sie bereits programmiert haben, wissen Sie wahrscheinlich, dass man recht leicht aus Versehen Tippfehler macht, wenn man Code in den Computer eingibt. Glücklicherweise gibt der Compiler eine *Syntaxfehler*-Meldung aus, wenn er versucht, ein Programm zu kompilieren, das Sie fehlerhaft eingegeben haben. Die meisten C++-Compiler versuchen, Ihren Quellcode sinnvoll zu interpretieren, egal was Sie geschrieben haben. Aus diesem Grund gibt der Fehler, der angezeigt wird, nicht immer den tatsächlichen Grund des Problems an. Wenn Sie beispielsweise in dem obenstehenden Programm aus Versehen die öffnende geschweifte Klammer nach `main()` vergessen, könnte der Compiler die `cout`-Anweisung als Quelle eines Syntaxfehlers melden. Wenn Sie Syntaxfehler-Meldungen erhalten, sollten Sie sich in Ihrem Programm auch die letzten Codezeilen vor der gemeldeten Zeile anschauen, um den Fehler zu finden.

1-Minuten-Test

- Wo beginnt die Ausführung eines C++-Programms?
- Was ist `cout`?
- Was bewirkt `#include <iostream>`?

- Die Ausführung eines C++-Programms beginnt mit `main()`.
- `cout` ist ein vordefinierter Bezeichner, der mit dem Output auf der Konsole verbunden ist.
- Der Ausdruck bindet den Header `<iostream>` ein, der I/O unterstützt.

Frage an den Experten

Frage: Zusätzlich zu Fehlermeldungen bietet mein Compiler mehrere Arten von Warnmeldungen an. Wodurch unterscheiden sich Warnungen von Fehlern, und welche Art von Meldungen sollte ich verwenden?

Antwort: Zusätzlich zur Meldung fataler Syntaxfehler können die meisten C++-Compiler auch mehrere Arten von Warnungen anzeigen. Fehlermeldungen zeigen Dinge an, die in einem Programm zweifelsfrei falsch sind – beispielsweise ein fehlendes Semikolon. Warnungen weisen auf verdächtigen, technisch aber einwandfreien Code hin. Dann müssen Sie, als Programmierer, entscheiden, ob der Verdacht berechtigt ist.

Warnungen dienen auch dazu, auf ineffiziente Konstrukte oder auf die Benutzung ausgemusterter Funktionen hinzuweisen. Im Allgemeinen können Sie die spezielle Art von Warnungen auswählen, die Sie sehen wollen. Die Programme in diesem Buch entsprechen Standard-C++. Wenn sie korrekt eingegeben werden, erzeugen sie keine lästigen Warnungen.

Bei den Beispielen in diesem Buch sollten Sie die standardmäßigen (oder »normalen«) Fehlermeldungen Ihres Compilers auswählen. Sie sollten jedoch die Dokumentation Ihres Compilers studieren, um zu erfahren, welche Optionen Ihnen zur Verfügung stehen. Viele Compiler verfügen über ausgefeilte Funktionen, die Ihnen helfen können, subtile Fehler zu entdecken, ehe sie zu großen Problemen werden. Die Zeit und die Mühe, die Sie aufwenden müssen, um das System der Fehlermeldungen Ihres Compilers zu verstehen, sind lohnend investiert.

Ein zweites einfaches Programm

Möglicherweise ist kein anderes Konstrukt für das Programmieren von so grundlegender Bedeutung wie die Variable. Eine *Variable* ist ein benannter Speicherort, dem ein Wert zugewiesen werden kann. Außerdem kann der Wert einer Variablen während der Ausführung eines Programms geändert werden. Das heißt, der Inhalt einer Variablen ist änderbar und nicht festgelegt.

Das folgende Programm erstellt eine Variable namens `length`, weist ihr den Wert 7 zu und zeigt dann die Meldung `Die Laenge ist 7` auf dem Bildschirm an.

```
// p01-02.cpp: Eine Variable verwenden.
#include <iostream>
using namespace std;

int main()
{
  int length; // dies deklariert eine Variable

  length = 7; // dies weist length den Wert 7 zu

  cout << "Die Laenge ist ";
  cout << length; // dies zeigt 7 an

  return 0;
}
```

Eine Variable deklarieren.

`length` einen Wert zuweisen.

Den Wert in `length` ausgeben.

Wie bereits erwähnt wurde, sind die Namen von C++-Programmen willkürlich. Wenn Sie dieses Programm eingeben, können Sie deshalb einen Dateinamen Ihrer Wahl vergeben. Beispielsweise könnten Sie dieses Programm `VarDemo.cpp` nennen.

Dieses Programm führt zwei neue Konzepte ein. Zunächst deklariert die Anweisung

```
int length; // dies deklariert eine Variable
```

eine Variable namens `length` vom Typ *Integer* (Ganzzahl). In C++ müssen alle Variablen deklariert werden, bevor sie verwendet werden. Außerdem muss die Art von Werten angegeben werden, die in der Variablen gespeichert werden sollen. Dies wird als der *Typ* der Variablen bezeichnet. In diesem Fall kann `length` ganzzahlige Werte speichern. Dabei handelt es sich um Ganzzahlen im Wertebereich von wenigstens -32.768 bis 32.767. Um in C++ eine Variable vom Typ *Integer* zu deklarieren, setzen Sie vor ihren Namen das Schlüsselwort `int`. Später werden Sie erfahren, dass C++ zahlreiche eingebaute Variablentypen unterstützt. (Außerdem können Sie auch eigene Datentypen erstellen.)

Die zweite neue Funktion befindet sich in der nächsten Codezeile:

```
length = 7; // dies weist length den Wert 7 zu
```

Der Kommentar sagt aus, dass diese Anweisung der Variablen `length` den Wert 7 zuweist. In C++ ist der Zuweisungsoperator ein einzelnes Gleichheitszeichen. Er kopiert den Wert auf seiner rechten Seite in die Variable auf seiner linken Seite. Nach der Zuweisung enthält die Variable `length` die Zahl 7.

Die folgende Anweisung zeigt den Wert von `length` an:

```
cout << length; // dies zeigt 7 an
```

Im Allgemeinen können Sie, wenn Sie den Wert einer Variablen anzeigen wollen, den Wert einfach auf der rechten Seite des << in der `cout`-Anweisung angeben. Weil `length` die Zahl 7 enthält, wird in diesem speziellen Fall diese Zahl auf dem Bildschirm angezeigt. Bevor Sie weitermachen, sollten Sie versuchen, `length` andere Werte zuzuweisen, und das Ergebnis beobachten.

Einen Operator benutzen

Wie die meisten anderen Computersprachen unterstützt C++ einen kompletten Satz arithmetischer Operatoren, mit denen Sie die numerischen Werte manipulieren können, die in einem Programm verwendet werden. Zu diesen Operatoren zählen:

+	Addition
-	Subtraktion
*	Multiplikation
/	Division

Diese Operatoren funktionieren in C++ genau wie in der Algebra.

Das folgende Programm verwendet den *-Operator, um die Fläche eines Rechtecks zu berechnen, wenn seine Länge und Breite bekannt sind.

```
// p01-03.cpp: Einen Operator verwenden.
#include <iostream>
using namespace std;

int main()
{
  int length; // dies deklariert eine Variable
  int width;  // dies deklariert eine weitere Variable
  int area;   // dto.

  length = 7; // dies weist length den Wert 7 zu
  width = 5;  // dies weist width den Wert 5 zu

  area = length * width; // Flaeche berechnen

  cout << "Die Flaeche ist ";
```

Das Produkt von `length` und `width` der Variablen `area` zuweisen.

```
  cout << area; // dies zeigt 35 an

  return 0;
}
```

Dieses Programm deklariert drei Variablen: `length`, `width` und `area`. Es weist `length` den Wert 7 und `width` den Wert 5 zu. Dann berechnet es das Produkt und weist diesen Wert `area` zu. Das Programm erzeugt die folgende Ausgabe:

```
Die Flaeche ist 35
```

In diesem Programm ist es tatsächlich nicht erforderlich, die Variable `area` zu deklarieren. Beispielsweise kann das Programm folgendermaßen umgeschrieben werden:

```
// p01-04.cpp: Eine vereinfachte Version das area-Programms.

#include <iostream>
using namespace std;

int main()
{
  int length; // dies deklariert eine Variable
  int width;  // dies deklariert eine weitere Variable

  length = 7; // dies weist length den Wert 7 zu
  width = 5;  // dies weist width den Wert 5 zu

  cout << "Die Flaeche ist ";
  cout << length * width; // dies zeigt 35 an

  return 0;
}
```

`length * width` direkt ausgeben.

In dieser Version wird die Fläche in der `cout`-Anweisung berechnet, indem `length` mit `width` multipliziert wird. Das Ergebnis wird dann auf dem Bildschirm ausgegeben.

Noch eine Sache, bevor wir fortfahren: Es ist möglich, zwei oder mehr Variablen in derselben Deklarationsanweisung zu deklarieren. Trennen Sie einfach ihre Namen durch Kommas. Beispielsweise könnten `length`, `width` und `area` auch folgendermaßen deklariert werden:

```
int length, width, area; // alle in einer Anweisung deklariert
```

Zwei oder mehr Variablen in einer einzelnen Anweisung zu deklarieren, ist in professionell geschriebenem C++-Code sehr weit verbreitet.

1-Minuten-Test

- Muss eine Variable deklariert werden, bevor sie verwendet wird?
- Zeigen Sie, wie der Variablen `min` der Wert 0 zugewiesen wird.
- Können in einer einzigen Deklarationsanweisung mehrere Variablen deklariert werden?

Eingaben von der Tastatur lesen

Die vorangegangenen Beispiele haben mit Daten gearbeitet, die ausdrücklich in dem Programm angegeben wurden. Beispielsweise berechnet das eben gezeigte Flächenprogramm die Fläche eines Rechtecks mit den Seitenlängen 7 mal 5, und diese Dimensionen sind Teil des Programms selbst. Natürlich wird die Fläche eines Rechtecks unabhängig von seiner Größe immer auf dieselbe Weise berechnet, sodass das Programm viel nützlicher wäre, wenn es den Benutzer nach den Abmessungen des Rechtecks fragen und ihm die Möglichkeit geben würde, die Werte über die Tastatur einzugeben.

Um dem Benutzer die Möglichkeit zu geben, Daten über die Tastatur in ein Programm einzugeben, werden Sie den Operator >> verwenden. Dies ist der C++-Input-Operator. Um Eingaben über die Tastatur einzulesen, verwenden Sie die folgende allgemeine Form:

```
cin >> var;
```

Hier ist `cin` ein weiterer vordefinierter Bezeichner. Er steht für *Konsolen-Input* und wird automatisch von C++ zur Verfügung gestellt. Standardmäßig ist `cin` mit der Tastatur verbunden, obwohl er auf andere Geräte umgelenkt werden kann. Die Variable, die den Input aufnehmen soll, wird durch *var* festgelegt.

In dem folgenden Programm kann der Benutzer die Seiten des Rechtecks eingeben:

```
// p01-05.cpp

// Ein interaktives Programm, das
// die Flaeche eines Rechtecks berechnet.

#include <iostream>
```

- Ja, in C++ müssen Variablen deklariert werden, bevor sie verwendet werden.
- `min = 0`
- Ja, in einer einzigen Deklarationsanweisung können zwei oder mehr Variablen deklariert werden.

```
using namespace std;

int main()
{
  int length; // dies deklariert eine Variable
  int width;  // dies deklariert eine weitere Variable

  cout << "Geben Sie die Laenge ein: ";
  cin >> length; // die Laenge eingeben

  cout << "Geben Sie die Breite ein: ";
  cin >> width;  // die Breite eingeben

  cout << "Die Flaeche ist ";
  cout << length * width; // die Flaeche anzeigen

  return 0;
}
```

Input the value `length` from the Keyboard.

Input the value `width` from the Keyboard.

Ein Beispiel für die Ausführung des Programms:

```
Geben Sie die Laenge ein: 8
Geben Sie die Breite ein: 3
Die Flaeche ist 24
```

Achten Sie besonders auf diese Zeilen:

```
cout << "Geben Sie die Laenge ein: ";
cin >> length; // die Laenge eingeben
```

Die `cout`-Anweisung fordert den Benutzer zur Eingabe auf. Die `cin`-Anweisung liest die Antwort des Benutzers und speichert den Wert in `length`. Deshalb wird der Wert, den der Benutzer eingibt (und der in diesem Fall eine Ganzzahl sein muss), in der Variablen rechts von >> (in diesem Fall `length`) gespeichert. Nachdem die `cin`-Anweisung ausgeführt wurde, enthält `length` deshalb die Länge des Rechtecks. (Wenn der Benutzer einen nichtnumerischen Wert eingibt, enthält `length` den Wert 0.) Die Anweisungen, die den Benutzer zur Eingabe der Breite auffordern und die die Breite einlesen, funktionieren auf die gleiche Weise.

Einige Output-Optionen

Bis jetzt haben wir die einfachsten Arten von `cout`-Anweisungen verwendet. `cout` ermöglicht jedoch sehr viel ausgefeiltere Output-Anweisungen. Hier sind zwei nützliche Techniken. Erstens können Sie mehr als eine Information mit einer einzigen `cout`-Anweisung ausgeben. Beispielsweise werden in dem Flächenprogramm die folgenden zwei Zeilen verwendet, um die Fläche anzuzeigen:

```
cout << "Die Flaeche ist ";
cout << length * width; // dies zeigt 35 an
```

Diese beiden Anweisungen können bequemer folgendermaßen codiert werden:

```
cout << "Die Flaeche ist " << length * width;
```

Bei dieser Form werden in derselben `cout`-Anweisung zwei Output-Operatoren verwendet. Diese spezielle Anweisung gibt zunächst den String `"Die Flaeche ist"` und dann die Fläche aus. Im Allgemeinen können Sie in einer Output-Anweisung so viele Output-Operationen verketten, wie Sie wollen. Sie müssen für jedes Informationselement nur ein separates << verwenden.

Zweitens gab es bis jetzt keine Gelegenheit, die Ausgabe auf der nächsten Zeile fortzusetzen, das heißt eine Zeilenvorschub-Wagenrücklauf-Folge (Carriage return/Linefeed) auszuführen. Dies wird jedoch sehr bald notwendig sein. In C++ wird die Zeilenvorschub-Wagenrücklauf-Folge mit dem *Newline*-Zeichen erzeugt. Ein Newline-Zeichen wird mit dem Code `\n` (ein Backslash, gefolgt von einem kleinen *n*) in einen String eingefügt. Das folgende Programm zeigt die Auswirkung des `\n`:

```
// p01-06.cpp

// Mit dem Code \n eine neue Zeile erzeugen.

#include <iostream>
using namespace std;

int main()
{
  cout << "eins\n";
  cout << "zwei\n";
  cout << "drei";
  cout << "vier";

  return 0;
}
```

Dieses Programm erzeugt die folgende Ausgabe:

```
eins
zwei
dreivier
```

Das Newline-Zeichen kann nicht nur am Ende, sondern an beliebiger Stelle in den String eingefügt werden. Ich empfehle Ihnen, jetzt einige Experimente mit dem Newline-Zeichen auszuführen, um sicherzustellen, dass Sie genau verstehen, was es bewirkt.

1-Minuten-Test

- Was ist der Input-Operator von C++?
- Mit welchem Gerät ist `cin` standardmäßig verbunden?
- Wofür steht `\n`?

Ein weiterer Datentyp

In den vorangegangenen Programmen wurden Variablen vom Typ `int` verwendet. Eine Variable vom Typ `int` kann jedoch nur ganze Zahlen speichern. Deshalb kann sie nicht verwendet werden, wenn ein Bruchteil erforderlich ist. Beispielsweise kann eine `int`-Variable den Wert 18, aber nicht den Wert 18,3 speichern. Glücklicherweise ist `int` nur einer von mehreren Datentypen, die in C++ definiert sind. Um mit gebrochenen Zahlen arbeiten zu können, sind in C++ zwei Hauptarten von Fließkommatypen definiert: `float` und `double`, die Werte mit einfacher bzw. mit doppelter Genauigkeit repräsentieren. Dabei ist `double` wahrscheinlich der gebräuchlichere der beiden Typen.

Eine Variable vom Typ `double` wird mit einer Anweisung deklariert, die der folgenden ähnelt:

```
double result;
```

Hier ist `result` der Name der Variablen, die den Typ `double` hat. Da `result` ein Fließkommatyp ist, kann sie Werte wie `88,56`, `0,034` oder `-107,03` speichern.

Um den Unterschied zwischen `int` und `double` besser zu verstehen, sollten Sie das folgende Programm ausprobieren:

```
// p01-07.cpp

// Die Unterschiede zwischen int und double zeigen.

#include <iostream>
using namespace std;

int main() {
  int ivar;    // dies deklariert eine int-Variable
  double dvar; // dies deklariert eine double-Variable

  ivar = 100; // ivar den Wert 100 zuweisen
```

- Der Input-Operator von C++ ist >>.
- `cin` ist standardmäßig mit der Tastatur verbunden.
- `\n` steht für das Newline-Zeichen.

```
    dvar = 100.0; // dvar den Wert 100.0 zuweisen

    cout << "Urspruenglicher Wert von ivar: " << ivar << "\n";
    cout << "Urspruenglicher Wert von dvar: " << dvar << "\n";

    cout << "\n"; // eine Leerzeile ausgeben

    // jetzt beide durch 3 teilen
    ivar = ivar / 3;
    dvar = dvar / 3.0;

    cout << "ivar nach der Division: " << ivar << "\n";
    cout << "dvar nach der Division: " << dvar << "\n";

    return 0;
}
```

Eine Leerzeile ausgeben.

Dieses Programm erzeugt die folgende Ausgabe:

```
Urspruenglicher Wert von ivar: 100
Urspruenglicher Wert von dvar: 100

ivar nach der Division: 33
dvar nach der Division: 33.3333
```

Das Beispiel zeigt Folgendes: Wenn `ivar` durch 3 geteilt wird, wird eine ganzzahlige Division durchgeführt, die das Ergebnis 33 liefert – der Bruchteil geht verloren. Wenn jedoch `dvar` durch 3 geteilt wird, bleibt der Bruchteil erhalten.

Dieses Programm enthält eine weitere Neuerung. Beachten Sie die folgende Zeile:

```
cout << "\n"; // eine Leerzeile ausgeben
```

Diese Zeile gibt ein Newline-Zeichen aus. Verwenden Sie diese Anweisung immer dann, wenn Sie eine Leerzeile in Ihren Output einfügen wollen.

Frage an den Experten

Frage: Warum hat C++ verschiedene Datentypen für Ganzzahlen und für Fließkommazahlen? Das heißt, warum haben nicht alle numerischen Werte denselben Typ?

Antwort: C++ stellt verschiedene Datentypen zur Verfügung, damit Sie effiziente Programme schreiben können. Beispielsweise werden Berechnungen mit Ganzzahlen schneller als Berechnungen mit Fließkommazahlen ausgeführt.

> Wenn Sie keine Werte mit Bruchteilen benötigen, dann brauchen Sie auch nicht den zusätzlichen Programmaufwand, der mit den Typen `float` oder `double` verbunden ist. Außerdem benötigen die verschiedenen Datentypen unterschiedlich viel Speicherplatz. Dadurch, dass C++ verschiedene Datentypen zur Verfügung stellt, ermöglicht es Ihnen, die Systemressourcen bestmöglich zu nutzen. Schließlich gibt es Algorithmen, die eine spezielle Art von Daten erfordern (oder zumindest davon profitieren). C++ stellt eine Reihe eingebauter Typen zur Verfügung, um Ihnen die größtmögliche Flexibilität zu geben.

FtoM.cpp

Projekt 1-1: Fuß in Meter umwandeln

Obwohl die vorangegangenen Beispielprogramme mehrere wichtige Funktionen von C++ illustrieren, sind sie nicht sehr nützlich. Bis jetzt wissen Sie zwar noch nicht sehr viel über C++, aber trotzdem können Sie mit dem Gelernten bereits ein praktisch verwendbares Programm erstellen. In diesem Projekt werden wir ein Programm erstellen, das Fuß in Meter umwandelt. Das Programm fordert den Benutzer auf, die Zahl der Fuß einzugeben. Dann zeigt es diesen Wert in Meter an.

Ein Meter entspricht etwa 3,28 Fuß. Deshalb müssen wir Fließkommadaten verwenden. Um die Umwandlung durchzuführen, deklariert das Programm zwei `double`-Variablen – eine für die Zahl der Fuß und die zweite für den in Meter umgewandelten Wert.

Schritt für Schritt

1. Erstellen Sie eine neue C++-Datei namens `FtoM.cpp`. (Zur Erinnerung: In C++ ist der Name der Datei willkürlich, sodass Sie auch einen anderen Namen verwenden können, wenn Sie wollen.)
2. Beginnen Sie das Programm mit den folgenden Zeilen, die die Funktion des Programms beschreiben, binden Sie den `iostream`-Header ein und geben Sie den Namensraum `std` an.

```
/*
   FtoM.cpp: Projekt 1-1

   Dieses Programm wandelt Fuss in Meter um.
*/
#include <iostream>
using namespace std;
```

3. Beginnen Sie `main()`, indem Sie die Variablen `f` und `m` deklarieren:

```
int main() {
  double f; // speichert die Laenge in Fuss
  double m; // speichert die Umwandlung in Meter
```

4. Fügen Sie den Code hinzu, der die Zahl der Fuß einliest:

```
  cout << "Geben Sie die Laenge in Fuss ein: ";
  cin >> f; // die Zahl der Fuss einlesen
```

5. Fügen Sie den Code hinzu, der die Umwandlung ausführt und das Ergebnis anzeigt:

```
  m = f / 3.28; // in Meter umwandeln
  cout << f << " Fuss sind " << m << " Meter.";
```

6. Schließen Sie das Programm folgendermaßen ab:

```
  return 0;
}
```

7. Ihr fertiges Programm sollte folgendermaßen aussehen:

```
/*
   FtoM.cpp: Projekt 1-1

   Dieses Programm wandelt Fuss in Meter um.
*/
#include <iostream>
using namespace std;

int main() {
  double f; // speichert die Laenge in Fuss
  double m; // speichert die Umwandlung in Meter

  cout << "Geben Sie die Laenge in Fuss ein: ";
  cin >> f; // die Zahl der Fuss einlesen

  m = f / 3.28; // in Meter umwandeln
  cout << f << " Fuss sind " << m << " Meter.";

  return 0;
}
```

8. Kompilieren Sie das Programm und führen Sie es aus. Eine Ausführung des Programms sieht beispielsweise so aus:

```
Geben Sie die Laenge in Fuss ein: 5
5 Fuss sind 1.52439 Meter.
```

9. Versuchen Sie, andere Werte einzugeben. Versuchen Sie auch, das Programm so zu ändern, dass es Meter in Fuß umwandelt.

1-Minuten-Test

- Wie lautet das C++-Schlüsselwort für den Integer-Datentyp?
- Was bedeutet `double`?
- Wie geben Sie einen Zeilenumbruch aus?

Zwei Steueranweisungen

Innerhalb einer Funktion werden die Anweisungen nacheinander von oben nach unten ausgeführt. Es ist jedoch möglich, diesen Ablauf mit verschiedenen C++-Anweisungen zur *Programmablaufsteuerung* (so genannten *Steueranweisungen*) zu ändern. Obwohl wir Steueranweisungen später ausführlich behandeln werden, wollen wir hier kurz zwei dieser Anweisungen einführen, weil wir sie für unsere Beispielprogramme benötigen.

Die if-Anweisung

Mit der C++-Bedingungsanweisung `if` können Sie selektiv einen Teil eines Programms ausführen. Die `if`-Anweisung funktioniert in C++ im Wesentlichen so wie die IF-Anweisungen in anderen Programmiersprachen. Beispielsweise ist sie syntaktisch mit den `if`-Anweisungen in C, Java und C# identisch. In ihrer einfachsten Form lautet sie:

```
if(Bedingung) Anweisung;
```

wobei *`Bedingung`* ein Ausdruck ist, der entweder den Wert *true* (*wahr*) oder *false* (*falsch*) hat. In C++ ist *true* ein von null verschiedener Wert und *false* ist null. Wenn die Bedingung wahr ist, wird die *`Anweisung`* ausgeführt. Wenn sie falsch ist, wird die Anweisung nicht ausgeführt. Beispielsweise zeigt das folgende Fragment den Ausdruck `10 ist kleiner als 11` auf dem Bildschirm an, weil 10 kleiner als 11 ist.

```
if(10 < 11) cout << "10 ist kleiner als 11";
```

- Das C++-Schlüsselwort für den Integer-Datentyp lautet `int`.
- `double` ist das Schlüsselwort für den Fließkommadatentyp mit doppelter Genauigkeit.
- Ein Zeilenumbruch wird mit `\n` ausgegeben.

Betrachten Sie dagegen die folgende Zeile:

```
if(10 > 11) cout << "Dies wird nicht angezeigt";
```

In diesem Fall ist 10 nicht größer als 11, sodass die `cout`-Anweisung nicht ausgeführt wird. Natürlich müssen die Operanden innerhalb einer `if`-Anweisung keine Konstanten sein, sondern können auch Variablen sein.

C++ enthält einen kompletten Satz relationaler Operatoren, die in einem Bedingungsausdruck verwendet werden können. Sie lauten:

Operator	**Bedeutung**
<	Kleiner als
<=	Kleiner als oder gleich
>	Größer als
>=	Größer als oder gleich
==	Gleich
!=	Ungleich

Beachten Sie, dass für den Test auf Gleichheit ein doppeltes Gleichheitszeichen verwendet wird.

Das folgende Programm veranschaulicht die `if`-Anweisung:

```
// p01-08.cpp: Ein Programm, das die if-Anweisung demonstriert.
#include <iostream>
using namespace std;
int main() {
  int a, b, c;
  a = 2;
  b = 3;
  if(a < b) cout << "a ist kleiner als b\n";
  // dies zeigt nichts an
  if(a == b) cout << "dies wird nicht angezeigt\n";
  cout << "\n";
  c = a - b; // c enthaelt -1
  cout << "c enthaelt -1\n";
  if(c >= 0) cout << "c ist nicht-negativ\n";
  if(c < 0) cout << "c ist negativ\n";
  cout << "\n";
  c = b - a; // c enthaelt jetzt 1
```

An `if` statement.

```
  cout << "c enthaelt 1\n";
  if(c >= 0) cout << "c ist nicht-negativ\n";
  if(c < 0) cout << "c ist negativ\n";

  return 0;
}
```

Dieses Programm erzeugt die folgende Ausgabe:

```
a ist kleiner als b

c enthaelt -1
c ist negativ

c enthaelt 1
c ist nicht-negativ
```

Die for-Schleife

Mit einer *Schleife* (engl. *loop*) können Sie eine Folge von Anweisungen wiederholt ausführen. C++ verfügt über ein leistungsstarkes Sortiment von Schleifenkonstrukten. Hier werden wir die `for`-Schleife verwenden. Wenn Sie C# oder Java kennen, wird es Sie freuen, dass die `for`-Schleife in C++ wie in diesen Sprachen funktioniert. Die einfachste Form der `for`-Schleife lautet folgendermaßen:

```
for(Initialisierung; Bedingung; Inkrement) Anweisung;
```

Hier setzt *`Initialisierung`* eine Schleifenvariable auf einen Anfangswert. *`Bedingung`* ist ein Ausdruck, der bei jeder Wiederholung der Schleife getestet wird. Solange *`Bedingung`* wahr (nicht null) ist, wird die Schleife wiederholt. Das *`Inkrement`* ist ein Ausdruck, der festlegt, wie die Schleifenvariable bei jeder Wiederholung der Schleife verändert (meist *inkrementiert*, das heißt *vergrößert*) wird.

Das folgende Programm veranschaulicht die `for`-Schleife. Es gibt die Zahlen von 1 bis 100 auf dem Bildschirm aus.

```
// p01-09.cpp: Die for-Schleife demonstrieren.

#include <iostream>
using namespace std;

int main()
{
  int count;

  for(count=1; count <= 100; count=count+1)
    cout << count << " ";

  return 0;
}
```

Dies ist eine `for`-Schleife.

In diesem Programm wird `count` mit 1 initialisiert. Bei jeder Wiederholung der Schleife wird die Bedingung

```
count = 100
```

getestet. Wenn sie wahr ist, wird der Wert ausgegeben, und `count` wird um eins erhöht. Wenn `count` einen Wert erreicht, der größer als 100 ist, wird die Bedingung falsch, und die Schleife wird beendet.

In professionellem C++-Code werden Sie fast nie eine Anweisung wie

```
count=count+1
```

sehen, weil C++ über einen speziellen Inkrement-Operator verfügt, der diese Operation effizienter ausführt. Der Inkrement-Operator ist ++ (zwei aufeinander folgende Pluszeichen). Der ++-Operator vergrößert seinen Operanden um eins. Beispielsweise wird die vorangegangene `for`-Anweisung im Allgemeinen folgendermaßen geschrieben:

```
for(count=1; count = 100; count++)
  cout << count  " ";
```

Dies ist die Form, die auch im Rest dieses Buches verwendet wird.

C++ stellt auch einen Dekrement-Operator, `--`, zur Verfügung, der den Wert seines Operanden um eins verringert.

1-Minuten-Test

- Was ist die `if`-Anweisung?
- Was ist die `for`-Anweisung?
- Wie lauten die relationalen Operatoren von C++?

Mit Codeblöcken arbeiten

Ein weiteres Schlüsselelement von C++ ist der *Codeblock*. Ein Codeblock ist eine Gruppe aus zwei oder mehr Anweisungen. Diese Gruppe wird gebildet, indem die Anweisungen in öffnende und schließende geschweifte Klammern eingeschlossen werden. Ein solcher Codeblock wird als logische Einheit behandelt, die

---

- `if` ist eine Bedingungsanweisung von C++.
- `for` gehört zu den Schleifenanweisungen von C++.
- Die relationalen Operatoren von C++ sind: ==, !=, <, >, <= und >=.

an jeder Stelle verwendet werden kann, an der auch eine einzelne Anweisung stehen könnte. Beispielsweise kann ein Codeblock in `if`- und `for`-Anweisungen verwendet werden. Ein Beispiel für eine solche `if`-Anweisung ist:

```
if(w < h) {
  v = w * h;
  w = 0;
}
```

Wenn `w` kleiner als `h` ist, werden beide Anweisungen innerhalb des Blocks ausgeführt. Deshalb bilden die beiden Anweisungen innerhalb des Blocks eine logische Einheit. Das heißt, eine Anweisung kann nicht ausgeführt werden, ohne dass auch die andere ausgeführt wird. Kurz gesagt: Wenn Sie zwei oder mehr Anweisungen logisch zusammenfassen müssen, bilden Sie einen Block. Mit Codeblöcken können viele Algorithmen klarer und effizienter implementiert werden.

Das folgende Programm verwendet einen Codeblock, um eine Division durch null zu verhindern:

```
// p01-10.cpp: Einen Codeblock demonstrieren.
#include <iostream>
using namespace std;
int main() {
  double result, n, d;
  cout << "Geben Sie einen Wert ein: ";
  cin >> n;
  cout << "Geben Sie den Divisor ein: ";
  cin >> d;
  // Der Körper dieser if-Anweisung ist ein Block.
  if(d != 0) {
    cout << "d ist nicht null, deshalb ist die Division durch null
OK" << "\n";
    result = n / d;
    cout << n << " / " << d << " ist " << result;
  }
  return 0;
}
```

Der Körper dieser `if`-Anweisung ist der gesamte Block.

Ein Beispiel für die Ausführung des Programms:

```
Geben Sie einen Wert ein: 10
Geben Sie den Divisor ein: 2
d ist nicht null, deshalb ist die Division durch null OK
10 / 2 ist 5
```

In diesem Fall besteht der Körper der `if`-Anweisung aus einem Codeblock und nicht nur aus einer einzigen Anweisung. Wenn die Bedingung, die die `if`-Anweisung steuert, wahr ist (was bei der Beispielausführung der Fall ist), werden die drei Anweisungen innerhalb des Blocks ausgeführt. Versuchen Sie, eine Null als Divisor einzugeben, und beobachten Sie das Ergebnis. In diesem Fall wird der Code innerhalb des Blocks übersprungen.

Wie Sie später in diesem Buch sehen werden, haben Codeblöcke zusätzliche Eigenschaften und Anwendungsbereiche. Doch der Hauptgrund für ihre Existenz besteht darin, logisch nicht trennbare Code-Einheiten zu erstellen.

Frage an den Experten

Frage: Wird ein Programm durch Codeblöcke zur Laufzeit ineffizienter? Anders ausgedrückt: Benötigen die Klammern { und } während der Ausführung meines Programms mehr Zeit?

Antwort: Nein. Codeblöcke fügen keinerlei zusätzlichen Aufwand zu einem Programm hinzu. Tatsächlich verbessern sie im Allgemeinen die Geschwindigkeit und Effizienz, weil sie die Codierung bestimmter Algorithmen vereinfachen können.

Semikolons und Platzierung

In C++ zeigt das Semikolon das Ende einer Anweisung an. Das heißt, jede einzelne Anweisung muss mit einem Semikolon beendet werden. Wie Sie wissen, besteht ein Block aus einem Satz logisch zusammengehöriger Anweisungen, der in öffnende und schließende geschweifte Klammern eingeschlossen ist. Ein Block wird nicht mit einem Semikolon beendet. Da ein Block eine Gruppe von Anweisungen ist, die jeweils durch ein Semikolon beendet werden, ist es sinnvoll, dass ein Block selbst nicht durch ein Semikolon beendet wird. Statt dessen wird das Ende des Blocks durch die schließende geschweifte Klammer angezeigt.

C++ betrachtet ein Zeilenende nicht als Ende einer Anweisung – nur ein Semikolon beendet eine Anweisung. Aus diesem Grund spielt es keine Rolle, an welcher Stelle der Zeile eine Anweisung steht. Beispielsweise ist in C++

```
x = y;
y = y + 1;
cout << x << " " << y;
```

dasselbe wie

```
x = y;  y = y + 1;  cout << x << " " << y;
```

Darüber hinaus können Sie die einzelnen Elemente einer Anweisung auch in separate Zeilen schreiben. Beispielsweise ist das folgende Fragment vollkommen korrekt:

```
cout << "Dies ist eine lange Zeile. Die Summe ist: " << a + b + c +
        d + e + f;
```

Häufig werden lange Zeilen auf diese Weise umbrochen, um Programme lesbarer zu machen. Außerdem können Sie dadurch verhindern, dass zu lange Zeilen automatisch umbrochen werden.

Code einrücken

Vielleicht haben Sie bemerkt, dass in den vorangegangenen Beispielen bestimmte Anweisungen eingerückt waren. C++ ist eine formatfreie Sprache, das heißt, es spielt keine Rolle, an welcher Stelle einer Zeile die Anweisungen stehen. Doch im Laufe der Jahre hat sich ein gebräuchlicher und allgemein akzeptierter Einrückungsstil entwickelt, durch den Programme sehr gut lesbar werden. In diesem Buch wird dieser Stil angewendet, und ich empfehle Ihnen, dies ebenfalls zu tun. Bei diesem Stil rücken Sie den Code nach jeder öffnenden Klammer um eine Ebene ein und setzen die Einrückung nach jeder schließenden Klammer um eine Ebene zurück. Es gibt bestimmte Anweisungen, die einige zusätzliche Einrückungen nahe legen; sie werden später behandelt.

1-Minuten-Test

- Wie wird ein Codeblock erstellt? Was bewirkt er?
- In C++ werden Anweisungen durch ein ____________ beendet.
- Alle C++-Anweisungen müssen auf einer Zeile beginnen und enden. Wahr oder falsch?

- Ein Codeblock beginnt mit einer { und wird mit einer } beendet. Ein Block erstellt eine logische Code-Einheit.
- Semikolon
- Falsch.

FtoM-able.cpp

Projekt 1-2: Eine Tabelle mit Fuß-in-Meter-Umwandlungen erstellen

Dieses Projekt demonstriert die `for`-Schleife, die `if`-Anweisung und Codeblöcke, um ein Programm zu erstellen, das eine Tabelle mit Fuß-in-Meter-Umwandlungen anzeigt. Die Tabelle beginnt mit 1 Fuß und endet mit 100 Fuß. Nach jeweils 10 Fuß wird eine Leerzeile ausgegeben. Zu diesem Zweck zählt eine Variable namens `counter` die Zahl der Zeilen, die ausgegeben worden sind. Achten Sie besonders darauf, wie sie verwendet wird.

Schritt für Schritt

1. Erstellen Sie eine neue Datei namens `FtoMTable.cpp`.

2. Geben Sie das folgende Programm in die Datei ein:

```
/*
   FtoMTable.cpp: Projekt 1-2
   Dieses Programm zeigt eine Umwandlungstabelle von Fuss in
Meter an.
*/
#include <iostream>
using namespace std;
int main() {
  double f; // speichert die Laenge in Fuss
  double m; // speichert die Umwandlung in Meter
  int counter;
  counter = 0;
  for(f = 1.0; f <= 100.0; f++) {
    m = f / 3.28; // in Meter umwandeln
    cout << f << " Fuss sind " << m << " Meter.\n";

    counter++;
    // jede 10. Zeile eine Leerzeile ausgeben
    if(counter == 10) {
      cout << "\n"; // eine Leerzeile ausgeben
      counter = 0; // den Zeilenzähler zurücksetzen
    }
  }
  return 0;
}
```

Der Zeilenzähler wird anfangs auf null gesetzt. (→ `counter = 0;`)

Den Zeilenzähler bei jedem Schleifendurchlauf erhöhen. (→ `counter++;`)

Wenn `counter` den Wert 10 hat, eine Leerzeile ausgeben. (→ `if(counter == 10) {`)

3. Beachten Sie, wie `counter` verwendet wird, um nach jeder 10. Zeile eine Leerzeile auszugeben. Er wird anfangs außerhalb der `for`-Schleife auf null gesetzt. Innerhalb der Schleife wird er nach jeder Umwandlung erhöht. Wenn `counter` gleich 10 ist, wird eine Leerzeile ausgegeben, `counter` auf null zurückgesetzt und der Prozess wiederholt.

4. Kompilieren Sie das Programm und führen Sie es aus. Hier ist ein Teil des Outputs, den Sie sehen werden. Beachten Sie, dass ungerade Ergebnisse einen Bruchteil enthalten.

```
1 Fuss sind 0.304878 Meter.
2 Fuss sind 0.609756 Meter.
3 Fuss sind 0.914634 Meter.
4 Fuss sind 1.21951 Meter.
5 Fuss sind 1.52439 Meter.
6 Fuss sind 1.82927 Meter.
7 Fuss sind 2.13415 Meter.
8 Fuss sind 2.43902 Meter.
9 Fuss sind 2.7439 Meter.
10 Fuss sind 3.04878 Meter.

11 Fuss sind 3.35366 Meter.
12 Fuss sind 3.65854 Meter.
13 Fuss sind 3.96341 Meter.
14 Fuss sind 4.26829 Meter.
15 Fuss sind 4.57317 Meter.
16 Fuss sind 4.87805 Meter.
17 Fuss sind 5.18293 Meter.
18 Fuss sind 5.4878 Meter.
19 Fuss sind 5.79268 Meter.
20 Fuss sind 6.09756 Meter.

21 Fuss sind 6.40244 Meter.
22 Fuss sind 6.70732 Meter.
23 Fuss sind 7.0122 Meter.
24 Fuss sind 7.31707 Meter.
25 Fuss sind 7.62195 Meter.
26 Fuss sind 7.92683 Meter.
27 Fuss sind 8.23171 Meter.
28 Fuss sind 8.53659 Meter.
29 Fuss sind 8.84146 Meter.
30 Fuss sind 9.14634 Meter.

31 Fuss sind 9.45122 Meter.
32 Fuss sind 9.7561 Meter.
33 Fuss sind 10.061 Meter.
34 Fuss sind 10.3659 Meter.
35 Fuss sind 10.6707 Meter.
36 Fuss sind 10.9756 Meter.
37 Fuss sind 11.2805 Meter.
38 Fuss sind 11.5854 Meter.
```

```
39 Fuss sind 11.8902 Meter.
40 Fuss sind 12.1951 Meter.
```

5. Versuchen Sie selbst, dieses Programm so zu ändern, dass es jeweils nach 25 Zeilen eine Leerzeile ausgibt.

Eine Einführung in Funktionen

Ein C++-Programm besteht aus Bausteinen, die als *Funktionen* bezeichnet werden. Obwohl wir Funktionen ausführlich in Kapitel 5 behandeln werden, ist jetzt ein kurzer Überblick nützlich. Wir wollen zunächst den Begriff *Funktion* definieren: Eine Funktion ist eine Unterroutine, die eine oder mehrere C++-Anweisungen enthält.

Jede Funktion hat einen Namen, und dieser Name wird verwendet, um die Funktion aufzurufen. Um eine Funktion aufzurufen, geben Sie einfach ihren Namen im Quellcode Ihres Programms an und setzen dahinter runde Klammern. Wenn beispielsweise eine Funktion `MyFunc` heißt, wird die Funktion folgendermaßen aufgerufen:

```
MyFunc();
```

Wenn eine Funktion aufgerufen wird, wird die Programmablaufkontrolle an diese Funktion übergeben, und der Code innerhalb der Funktion wird ausgeführt. Wenn der Code der Funktion endet, wird die Kontrolle zurück an den aufrufenden Code übergeben. Auf diese Weise führt eine Funktion eine Aufgabe für andere Teile eines Programms aus.

Einige Funktionen erfordern ein oder mehrere *Argumente,* die übergeben werden, wenn die Funktion aufgerufen wird. Deshalb ist ein Argument ein Wert, der an eine Funktion übergeben wird. Argumente werden zwischen den öffnenden und schließenden runden Klammern angegeben, wenn eine Funktion aufgerufen wird. Wenn beispielsweise `MyFunc()` ein ganzzahliges Argument erfordert, ruft die folgende Zeile `MyFunc()` mit dem Wert 2 auf:

```
MyFunc(2);
```

Wenn es zwei oder mehr Argumente gibt, werden diese durch Kommas getrennt. In diesem Buch verwenden wir den Fachausdruck *Argumentliste*, um eine Liste durch Kommas getrennter Argumente zu bezeichnen. Zur Erinnerung: Nicht alle Funktionen erfordern Argumente. Wenn kein Argument erforderlich ist, sind die runden Klammern leer.

Eine Funktion kann einen Wert an den aufrufenden Code zurückgeben. Nicht alle Funktionen geben Werte zurück, aber viele tun dies. Der Wert, der von einer Funktion zurückgegeben wird, kann in dem aufrufenden Code einer Variablen zugewiesen werden, indem der Aufruf der Funktion auf der rechten Seite einer Zuweisungsanweisung angegeben wird. Wenn beispielsweise `MyFunc()` einen Wert zurückgibt, kann die Funktion folgendermaßen aufgerufen werden:

```
x = MyFunc(2);
```

Diese Anweisung funktioniert folgendermaßen: Zuerst wird `MyFunc()` aufgerufen. Wenn die Funktion zurückkehrt, wird ihr Rückgabewert `x` zugewiesen. Sie können einen Funktionsaufruf auch in einem Ausdruck verwenden. Ein Beispiel:

```
x = MyFunc(2) + 10;
```

In diesem Fall wird der Rückgabewert von `MyFunc()` zu 10 addiert und das Ergebnis `x` zugewiesen. Im Allgemeinen wird eine Funktion, sobald ihr Name in einer Anweisung auftaucht, automatisch aufgerufen, sodass ihr Rückgabewert ermittelt werden kann.

Eine kurze Zusammenfassung: Ein *Argument* ist ein Wert, der an eine Funktion übergeben wird. Ein *Rückgabewert* besteht aus den Daten, die an den aufrufenden Code zurückgegeben werden.

Das folgende, kurze Programm demonstriert, wie eine Funktion aufgerufen wird. Es verwendet eine der eingebauten Funktionen von C++, nämlich `abs()`, um den absoluten Wert einer Zahl anzuzeigen. Die Funktion `abs()` übernimmt ein Argument, wandelt es in seinen absoluten Wert um und gibt das Ergebnis zurück.

```
// p01-11.cpp: Die abs()-Funktion verwenden.
#include <iostream>
#include <cstdlib>
using namespace std;

int main()
{
  int result;

  result = abs(-10);

  cout << result;

  return 0;
}
```

Diese Anweisung ruft die `abs()`-Funktion auf und weist `result` den Rückgabewert zu.

Hier wird der Wert -10 als Argument an `abs()` übergeben. Die `abs()`-Funktion übernimmt das Argument, mit dem sie aufgerufen wird, und gibt dessen absoluten Wert zurück – in diesem Fall 10. Dieser Wert wird `result` zugewiesen. Deshalb zeigt das Programm `"10"` auf dem Bildschirm an.

Beachten Sie einen weiteren Punkt in dem vorangegangenen Programm: Es enthält den Header `<cstdlib>`. Dieser Header wird von `abs()` benötigt. Immer wenn Sie eine Bibliotheksfunktion verwenden, müssen Sie ihren Header einbinden.

Im Allgemeinen gibt es zwei Arten von Funktionen, die von Ihren Programmen verwendet werden. Die erste Art schreiben Sie; `main()` ist ein Beispiel für diese Art von Funktion. Später werden Sie lernen, wie Sie andere eigene Funktionen schreiben können. Sie werden sehen, dass C++-Programme, die in der Praxis eingesetzt werden, viele Funktionen enthalten, die vom Benutzer geschrieben wurden.

Die zweite Art von Funktion wird von dem Compiler zur Verfügung gestellt. Ein Beispiel ist die `abs()`-Funktion, die in dem vorangegangenen Programm verwendet wurde. Ihre Programme werden im Allgemeinen eine Mischung von Funktionen enthalten, die Sie selbst erstellen und die von dem Compiler zur Verfügung gestellt werden.

Wenn Funktionen im Text angegeben werden, wird in diesem Buch eine Konvention benutzt, die sich beim Schreiben über C++ eingebürgert hat: Nach dem Namen der Funktion werden runde Klammern gesetzt. Wenn der Funktionsname beispielsweise `getval` lautet, wird die Funktion im Text als `getval()` bezeichnet. Auf diese Weise können Sie in diesem Buch Variablennamen von Funktionsnamen unterscheiden.

Die C++-Bibliotheken

Wie gerade erwähnt wurde, wird `abs()` von Ihrem C++-Compiler zur Verfügung gestellt. Diese und viele andere Funktionen befinden sich in der *Standardbibliothek*. Wir werden die Bibliotheksfunktionen in den Beispielprogrammen des gesamten Buches verwenden.

C++ umfasst einen großen Satz von Funktionen, die in der Standardfunktionsbibliothek enthalten sind. Diese Funktionen führen viele häufig benötigte Aufgaben aus, einschließlich I/O-Operationen, mathematischer Berechnungen und der Stringverarbeitung. Wenn Sie eine Bibliotheksfunktion verwenden, bindet der C++-Compiler automatisch den Objektcode dieser Funktion in den Objektcode Ihres Programms ein.

Weil die C++-Standardbibliothek so groß ist, enthält sie bereits viele Funktionen, die Sie in Ihren Programmen verwenden werden. Die Bibliotheksfunktionen dienen als Bausteine, die Sie einfach zusammensetzen. Sie sollten die Dokumentation Ihrer Compiler-Bibliothek studieren. Sie könnten überrascht sein, wie vielfältig die Bibliotheksfunktionen sind. Wenn Sie eine Funktion schreiben, die Sie immer wieder verwenden wollen, können Sie sie ebenfalls in einer Bibliothek speichern.

Zusätzlich zu den Bibliotheksfunktionen enthält jeder C++-Compiler auch eine *Klassenbibliothek*. Dabei handelt es sich um eine objektorientierte Bibliothek. Jedoch werden Sie warten müssen, bis Sie mehr über Klassen und Objekte gelernt haben, bevor Sie die Klassenbibliothek verwenden können.

1-Minuten-Test

- Was ist eine Funktion?
- Eine Funktion wird mit ihrem Namen aufgerufen. Wahr oder falsch?
- Was ist die C++-Standardfunktionsbibliothek?

Die C++-Schlüsselwörter

Die aktuelle Version von Standard-C++ enthält 63 Schlüsselwörter (siehe Tabelle 1.1). Zusammen mit der formalen C++-Syntax bilden sie die Programmiersprache C++. Außerdem wurde in früheren Versionen von C++ das Schlüsselwort `overload` definiert, das in der aktuellen Version obsolet (ausgemustert) ist. Denken Sie daran, dass C++ eine Sprache ist, in der zwischen Groß- und Kleinschreibung unterschieden wird und dass alle Schlüsselwörter in Kleinbuchstaben geschrieben werden müssen.

asm	auto	bool	break
case	catch	char	class
const	const_cast	continue	default
delete	do	double	dynamic_cast
else	enum	explicit	export
extern	false	float	for
friend	goto	if	inline
int	long	mutable	namespace
new	operator	private	protected
public	register	reinterpret_cast	return
short	signed	sizeof	static
static_cast	struct	switch	template

Tabelle 1.1 Die C++-Schlüsselwörter

- Eine Funktion ist eine Subroutine, die eine oder mehrere C++-Anweisungen enthält.
- Wahr.
- Die C++-Standardfunktionsbibliothek ist eine Sammlung von Funktionen, die alle von dem C++-Compiler zur Verfügung gestellt werden.

this	throw	true	try
typedef	typeid	typename	union
unsigned	using	virtual	void
volatile	wchar_t	while	

Tabelle 1.1 Die C++-Schlüsselwörter

Bezeichner

In C++ ist ein *Bezeichner* (engl. *identifier*) ein Name, der einer Funktion, einer Variablen oder einem anderen benutzerdefinierten Element zugewiesen wird. Bezeichner können ein Zeichen oder mehrere Zeichen lang sein. Variablennamen können mit einem beliebigen Buchstaben des (amerikanischen) Alphabets oder mit einem Unterstrich beginnen. Danach kann ein Buchstabe, eine Ziffer oder ein Unterstrich stehen. Mit dem Unterstrich kann die Lesbarkeit eines Variablennamens verbessert werden – wie beispielsweise in `line_count`. Großbuchstaben und Kleinbuchstaben gelten als verschieden; das heißt, für C++ sind `myvar` und `MyVar` verschiedene Namen. Bezeichner unterliegen einer wichtigen Einschränkung: Sie dürfen kein C++-Schlüsselwort als Bezeichner verwenden. Außerdem dürfen auch keine vordefinierten Bezeichner wie `cout` verwendet werden.

Hier sind einige Beispiele für gültige Bezeichner:

Test	x	y2	MaxIncr
up	_top	my_var	simpleInterest23

Zur Erinnerung: Ein Bezeichner darf nicht mit einer Ziffer beginnen. Deshalb ist `98OK` kein gültiger Bezeichner. Ein guter Programmierstil zeichnet sich dadurch aus, dass Bezeichnernamen die Bedeutung oder Verwendung des betreffenden Elements wiedergeben.

1-Minuten-Test

- Was ist das Schlüsselwort: `for`, `For` oder `FOR`?
- Ein C++-Bezeichner kann welche Art von Zeichen enthalten?
- Sind `index21` und `Index21` dieselben Bezeichner?

- Das Schlüsselwort ist `for`. In C++ werden alle Schlüsselwörter in Kleinbuchstaben geschrieben.
- Ein C++-Bezeichner kann Buchstaben, Ziffern und den Unterstrich enthalten.
- Nein, in C++ werden Groß- und Kleinschreibung unterschieden.

Übungsaufgaben

1. Es heißt, dass C++ im Zentrum des modernen Programmieruniversums steht. Erklären Sie diese Aussage.
2. Ein C++-Compiler erzeugt Objektcode, der von dem Computer direkt ausgeführt wird. Wahr oder falsch?
3. Wie heißen die drei Hauptprinzipien der objektorientierten Programmierung?
4. Wo beginnen C++-Programme die Ausführung?
5. Was ist ein Header?
6. Was ist `iostream`? Was macht der folgende Code?

   ```
   #include <iostream>
   ```
7. Was ist ein Namensraum?
8. Was ist eine Variable?
9. Welche/r der folgenden Variablennamen ist/sind gültig?
   - a) `count`
   - b) `_count`
   - c) `count27`
   - d) `67count`
   - e) `if`
10. Wie erstellt man einen einzeiligen Kommentar? Wie erstellt man einen mehrzeiligen Kommentar?
11. Zeigen Sie die allgemeine Form der `if`-Anweisung. Zeigen Sie die allgemeine Form der `for`-Schleife.
12. Wie erstellt man einen Codeblock?
13. Die Mondschwerkraft beträgt etwa 17 Prozent der Erdschwerkraft. Schreiben Sie ein Programm, das eine Tabelle zeigt, die Erdpfunde und ihre entsprechenden Mondgewichte anzeigt. Die Tabelle soll die Werte von 1 bis 100 Pfund anzeigen. Geben Sie nach jeweils 25 Werten eine neue Zeile aus.
14. Ein Jahr auf dem Jupiter (die Zeit, die der Jupiter für einen kompletten Sonnenumlauf benötigt) beträgt etwa zwölf Erd-Jahre. Schreiben Sie ein Programm, das Jupiter-Jahre in Erd-Jahre umwandelt. Geben Sie dem Benutzer die Möglichkeit, die Zahl der Jupiter-Jahre einzugeben. Lassen Sie auch Bruchteile von Jahren zu.

15. Was passiert mit der Steuerung des Programmablaufs, wenn eine Funktion aufgerufen wird?

16. Schreiben Sie ein Programm, das den Durchschnitt der absoluten Werte von fünf Zahlen berechnet, die der Benutzer eingibt. Zeigen Sie das Ergebnis an.

Kapitel 2

Einführung in Datentypen und Operatoren

Lernziele

- Die C++-Datentypen kennen lernen
- Die Typmodifizierer kennen lernen
- Literale verwenden
- Initialisierte Variablen erstellen
- Die arithmetischen Operatoren noch einmal betrachten
- Die relationalen und logischen Operatoren kennen lernen
- Den Zuweisungsoperator untersuchen
- Mit zusammengesetzten Zuweisungen arbeiten
- Die Typumwandlung in Zuweisungen verstehen
- Die Typumwandlung in Ausdrücken verstehen
- Den Cast verwenden

Datentypen und Operatoren bilden den Kern einer Programmiersprache. Diese Elemente definieren die Grenzen einer Sprache und legen die Art von Aufgaben fest, die damit gelöst werden können. C++ unterstützt ein reichhaltiges Sortiment von Datentypen und Operatoren, das die Sprache für vielfältige Programmieraufgaben geeignet macht.

Datentypen und Operatoren sind ein umfangreiches Thema. Wir wollen hier zunächst die grundlegenden Datentypen und gebräuchlichsten Operatoren von C++ untersuchen. Dann werden wir auch Variablen näher betrachten und uns mit Ausdrücken befassen.

Warum Datentypen wichtig sind

Der Datentyp einer Variablen ist wichtig, weil er festlegt, welche Operationen durchgeführt werden können und welcher Bereich von Werten in den Variablen gespeichert werden kann. C++ definiert mehrere Datentypen, die jeweils ihre eigenen spezifischen Eigenschaften haben. Da sich die Datentypen unterscheiden, müssen alle Variablen deklariert werden, bevor sie verwendet werden, und eine Variablendeklaration enthält immer einen Typbezeichner. Der Compiler benötigt diese Informationen, um korrekten Code zu generieren. In C++ gibt es das Konzept einer »typfreien Variablen« nicht.

Ein zweiter Grund, warum Datentypen für die C++-Programmierung wichtig sind, ist folgender: Mehrere Grundtypen sind eng mit den Bausteinen verbunden, mit denen der Computer arbeitet: Bytes und Words. Deshalb können Sie in C++ mit derselben Art von Daten arbeiten wie die CPU selbst. Dies ist einer der Gründe dafür, dass Sie in C++ sehr effizienten, systemnahen Code schreiben können.

Die C++-Datentypen kennen lernen

C++ stellt eingebaute Datentypen zur Verfügung, die Ganzzahlen, Zeichen, Fließkommazahlen und booleschen Werten entsprechen. Dies sind die Formen, in denen Daten üblicherweise von einem Programm gespeichert und manipuliert werden. Später in diesem Buch werden Sie erfahren, dass Sie in C++ auch komplexere Typen wie Klassen, Strukturen und Aufzählungen konstruieren können. Letztlich basieren diese Strukturen aber auf den eingebauten Typen.

Das System der Datentypen von C++ basiert auf den folgenden sieben Datentypen:

Typ	**Bedeutung**
`char`	Zeichen
`wchar_t`	16-Bit-Zeichen (breites Zeichen)
`int`	Ganzzahl
`float`	Fließkommazahl
`double`	Fließkommazahl mit doppelter Genauigkeit
`bool`	boolescher Wert
`void`	ohne Wert

Einige Basistypen können mit vorangestellten Modifizierern kombiniert werden. Ein Modifizierer ändert die Bedeutung des Basistyps, sodass er genauer an die Bedürfnisse verschiedener Situationen angepasst ist. C++ verfügt über die folgenden Modifizierer für Datentypen:

```
signed
unsigned
long
short
```

Die Modifizierer `signed`, `unsigned`, `long` und `short` können auf `int` angewendet werden. Die Modifizierer `signed` und `unsigned` können auf den Typ `char` angewendet werden. Der Typ `double` kann durch `long` modifiziert werden. Tabelle 2.1 zeigt alle gültigen Kombinationen der Basistypen und Typmodifizierer. Die Tabelle zeigt auch die garantierten Mindestwertebereiche der Typen gemäß dem ANSI/ISO-C++-Standard.

Typ	**Mindestwertebereich**
`char`	-127 bis 127
`unsigned char`	0 bis 255
`signed char`	-127 bis 127
`int`	-32.767 bis 32.767
`unsigned int`	0 bis 65.535
`signed int`	wie `int`
`short int`	-32.767 bis 32.767
`unsigned short int`	0 bis 65.535
`signed short int`	wie `short int`
`long int`	-2.147.483.647 bis 2.147.483.647
`signed long int`	wie `long int`

Tabelle 2.1 Alle numerischen Datentypen, die in C++ definiert sind, sowie ihre gemäß dem ANSI/ISO-C++-Standard garantierten Mindestwertebereiche

Typ	Mindestwertebereich
`unsigned long int`	0 bis 4.294.967.295
`float`	1E-37 bis 1E+37, mit einer Genauigkeit von sechs Stellen
`double`	1E-37 bis 1E+37, mit einer Genauigkeit von zehn Stellen
`long double`	1E-37 bis 1E+37, mit einer Genauigkeit von zehn Stellen

Tabelle 2.1 Alle numerischen Datentypen, die in C++ definiert sind, sowie ihre gemäß dem ANSI/ISO-C++-Standard garantierten Mindestwertebereiche (Forts.)

Folgender Punkt ist dabei wichtig: Die Mindestwertebereiche in Tabelle 2.1 stellen nur das vom Standard geforderte Minimu dar. Ein C++-Compiler kann diese Mindestwertebereiche erweitern, und die meisten Compiler tun dies auch. Deshalb sind die Wertebereiche der C++-Datentypen abhängig von der Implementierung. Beispielsweise haben Ganzzahlen auf Computern, die mit der Zweierkomplement-Arithmetik arbeiten (was bei fast allen Computern der Fall ist), einen Wertebereich von wenigstens -32.768 bis 32.767. In allen Fällen ist jedoch der Wertebereich eines `short int` eine Untermenge eines `int` und dieser wiederum eine Untermenge eines `long int`. Dasselbe gilt für `float`, `double` und `long double`. Dabei bedeutet der Begriff *Untermenge* einen kleineren oder gleichen Wertebereich. Deshalb können ein `int` und ein `long int` denselben Wertebereich haben, aber ein `int` kann nicht größer als ein `long int` sein.

Da C++ nur den Mindestwertebereich festlegt, den ein Datentyp unterstützen muss, sollten Sie die Dokumentation Ihres Compilers heranziehen, um die tatsächlichen Wertebereiche zu erfahren, die Ihr Compiler unterstützt. Beispielsweise zeigt Tabelle 2.2 typische Bit-Breiten und Wertebereiche für die C++-Datentypen in einer 32-Bit-Umgebung, wie sie beispielsweise von Windows 2000 verwendet wird.

Wir wollen uns jetzt jeden Datentyp näher anschauen.

Type	Bit-Breite	Typischer Wertebereich
`char`	8	-128 bis 127
`unsigned char`	8	0 bis 255
`signed char`	8	-128 bis 127
`int`	32	-2.147.483.648 bis 2.147.483.647
`unsigned int`	32	-2.147.483.648 bis 2.147.483.647
`signed int`	32	0 bis 4.294.967.295
`short int`	16	-32.768 bis 32.767
`unsigned short int`	16	-32.768 bis 32.767

Tabelle 2.2 Typische Bitbreiten und Wertebereiche der C++-Datentypen in einer 32-Bit-Umgebung

Type	Bit-Breite	Typischer Wertebereich
`signed short int`	16	0 bis 65.535
`long int`	32	Wie `int`
`signed long int`	32	Wie `signed int`
`unsigned long int`	32	Wie `unsigned int`
`float`	32	1,8E-38 bis 3,4E+38
`double`	32	2,2E-308 bis 1,8E+308
`long double`	64	2,2E-308 bis 1,8E+308
`bool`	N/A	Wahr oder falsch
`wchar_t`	16	0 bis 65.535

Tabelle 2.2 Typische Bitbreiten und Wertebereiche der C++-Datentypen in einer 32-Bit-Umgebung (Forts.)

Ganzzahlen

In Kapitel 1 haben Sie erfahren, dass Variablen vom Typ `int` ganzzahlige Werte speichern, die keine Bruchteile benötigen. Variablen dieses Typs werden häufig als Schleifenvariablen, in Bedingungsanweisungen und als Zähler verwendet. Weil sie keinen Bruchteil haben, sind Operationen mit `int`-Werten sehr viel schneller als Operationen mit Fließkommatypen.

Weil Ganzzahlen für das Programmieren so wichtig sind, stellt C++ mehrere Varianten dieses Typs zur Verfügung. Tabelle 2.1 zeigt, dass es kurze, normale und lange Ganzzahlen gibt. Darüber hinaus gibt es von jeder Variante eine Version mit Vorzeichen (`signed`) und eine Version ohne Vorzeichen (`unsigned`). Eine Ganzzahl mit Vorzeichen kann sowohl positive als auch negative Werte speichern. Standardmäßig haben Ganzzahlen ein Vorzeichen. Deshalb ist die Verwendung von `signed` bei Ganzzahlen redundant (aber zugelassen), weil die Standarddeklaration einen `signed`-Wert annimmt. Eine Ganzzahl ohne Vorzeichen kann nur positive Werte speichern. Um eine Ganzzahl ohne Vorzeichen zu deklarieren, verwenden Sie den Modifizierer `unsigned`.

Der Unterschied zwischen Ganzzahlen mit und ohne Vorzeichen besteht darin, wie das High-Order-Bit der Ganzzahl interpretiert wird. Bei einer Ganzzahl mit Vorzeichen erzeugt der C++-Compiler Code, der annimmt, dass das High-Order-Bit einer Ganzzahl als *Vorzeichen-Flag* verwendet wird. Wenn das Vorzeichen-Flag 0 ist, ist die Zahl positiv; wenn es 1 ist, ist die Zahl negativ. Negative Zahlen werden fast immer mit dem so genannten Zweierkomplement repräsentiert. Dabei werden alle Bits der Zahl (mit Ausnahme des Vorzeichen-Flags) umgekehrt, und dann wird 1 zu dieser Zahl addiert. Schließlich wird das Vorzeichen-Flag auf 1 gesetzt.

Ganzzahlen mit Vorzeichen sind für sehr viele Algorithmen wichtig, aber sie haben nur die halbe absolute Größe wie ihre Gegenstücke ohne Vorzeichen. Bei einer 16-Bit-Ganzzahl wird 32.767 beispielsweise folgendermaßen dargestellt:

```
0 1 1 1 1 1 1 1  1 1 1 1 1 1 1 1
```

Bei einem Wert mit Vorzeichen würde die Zahl dann, wenn das High-Order-Bit auf 1 gesetzt wird, als -1 interpretiert (das Zweierkomplement-Format vorausgesetzt). Wenn Sie jedoch mit einer `unsigned int`-Zahl arbeiten, würde sie, wenn das High-Order-Bit auf 1 gesetzt wird, den Wert 65.535 annehmen.

Um zu verstehen, wie Ganzzahlen mit und ohne Vorzeichen in C++ unterschiedlich interpretiert werden, sollten Sie das folgende kurze Programm ausprobieren:

```
// p02-01.cpp
// Den Unterschied zwischen signed- und unsigned-Ganzzahlen zeigen.
#include <iostream>
using namespace std;
int main()
{
  short int i; // eine signed short-Ganzzahl
  short unsigned int j; // eine unsigned short-Ganzzahl
  j = 60000;
  i = j;
  cout << i << " " << j;
  return 0;
}
```

60.000 liegt im Wertebereich einer `unsigned short`-Zahl, aber üblicherweise außerhalb des Wertebereichs einer `signed short int`-Zahl. Deshalb wird der Wert als negative Zahl interpretiert, wenn er `i` zugewiesen wird.

Dieses Programm erzeugt den folgenden Output:

```
-5536 60000
```

Diese Werte werden angezeigt, weil das Bit-Muster, das als `short unsigned`-Ganzzahl 60.000 repräsentiert, bei einer `short signed`-Ganzzahl als -5.536 interpretiert wird (`short` 16-Bit Ganzzahlen vorausgesetzt).

In C++ können Sie die Deklarationen von `unsigned`-, `short`- oder `long`-Ganzzahlen abkürzen, indem Sie einfach die Wörter `unsigned`, `short` oder `long` ohne das `int` verwenden. Das `int` wird implizit angenommen. Beispielsweise deklarieren beide folgenden Anweisungen ganzzahlige Variablen vom Typ `unsigned`:

```
unsigned x;
unsigned int y;
```


Zeichen

Variablen vom Typ `char` speichern 8-Bit-ASCII-Zeichen wie *A*, *z* oder *G* oder beliebige andere acht Bit große Werte. Um ein Zeichen anzugeben, müssen Sie es in einfache Anführungszeichen einschließen. Das folgende Beispiel weist *X* der Variablen `ch` zu:

```
char ch;
ch = 'X';
```

Sie können einen `char`-Wert mit einer `cout`-Anweisung ausgeben. Das folgende Beispiel gibt den Wert in `ch` aus:

```
cout << "Dies ist ch: " << ch;
```

Dies ergibt den folgenden Output:

```
Dies ist ch: X
```

Der `char`-Typ kann mit `signed` oder `unsigned` modifiziert werden. Ob `char` standardmäßig `signed` oder `unsigned` ist, hängt von der Implementierung ab. Doch bei den meisten Compilern ist `char signed`. In solchen Umgebungen ist die Verwendung von `signed` bei `char` deshalb redundant. Für den Rest dieses Buches nehmen wir an, dass `char` eine `signed`-Größe ist.

Der Typ `char` kann auch Werte speichern, die nicht im ASCII-Zeichensatz enthalten sind. Er kann auch als »kleine« Ganzzahl (`small int`) mit einem typischen Wertebereich von –128 bis 127 verwendet werden und anstelle eines `int`-Typs treten, wenn die Situation keine größeren Zahlen erfordert. Das folgende Programm verwendet beispielsweise eine `char`-Variable als Schleifenzähler, um das Alphabet auf dem Bildschirm auszugeben:

```
// p02-02.cpp: Dieses Programm zeigt das Alphabet an.
#include <iostream>
using namespace std;

int main()
{
  char letter;

  for(letter = 'A'; letter <= 'Z'; letter++)
    cout << letter;

  return 0;
}
```

Die `for`-Schleife funktioniert, weil das Zeichen *A* innerhalb des Computers durch den Wert 65 repräsentiert wird und die Werte für die Buchstaben *A* bis *Z* nacheinander in aufsteigender Reihenfolge angeordnet sind. Deshalb wird `letter` auf den Anfangswert `'A'` gesetzt und bei jedem Schleifendurchlauf um eins erhöht. Nach der ersten Iteration hat `letter` deshalb den Wert `'B'`.

Der Typ `wchar_t` speichert Zeichen, die zu großen Zeichensätzen gehören. Wie Sie vielleicht wissen, enthalten viele menschliche Schriften wie beispielsweise das Chinesische sehr viele Zeichen, das heißt mehr, als in die acht Bits passen, die der `char`-Typ zur Verfügung stellt. Der Typ `wchar_t` wurde zu C++ hinzugefügt, um diese Tatsache zu berücksichtigen. Auch wenn wir `wchar_t` in diesem Buch nicht verwenden werden, sollten Sie sich mit diesem Typ näher befassen, wenn Sie Programme für internationale Märkte entwickeln.

1-Minuten-Test

- Wie lauten die sieben Basistypen?
- Was ist der Unterschied zwischen `signed`- und `unsigned`-Ganzzahlen?
- Kann eine `char`-Variable wie eine kleine Ganzzahl verwendet werden?

Frage an den Experten

Frage: Warum legt C++ nur Mindestwertebereiche für seine eingebauten Typen fest, anstatt diese genau zu definieren?

Antwort: Dadurch, dass die Wertebereiche nicht genau definiert werden, ermöglicht es C++ jedem Compiler, die Datentypen für die Ausführungsumgebung zu optimieren. Dies ist einer der Gründe dafür, warum Sie mit C++ Hochleistungssoftware schreiben können. Der ANSI/ISO-C++-Standard legt einfach fest, dass die eingebauten Typen bestimmte Anforderungen erfüllen müssen. Beispielsweise sagt er aus, dass ein `int` »die natürliche Größe haben soll, die von der Architektur der Ausführungsumgebung nahe gelegt wird«.

- Die sieben Basistypen lauten: `char`, `wchar_t`, `int`, `float`, `double`, `bool` und `void`.
- Eine Ganzzahl mit Vorzeichen (`signed`) kann sowohl positive als auch negative Werte speichern. Eine Ganzzahl ohne Vorzeichen (`unsigned`) kann nur positive Werte speichern.
- Ja.

> Deshalb ist ein `int` in einer 32-Bit Umgebung 32 Bits lang. In einer 16-Bit-Umgebung wäre ein `int` 16 Bit lang. Beispielsweise wäre es ineffizient und unnötig, einen 16-Bit-Compiler damit zu belasten, `int` mit einem 32-Bit-Wertebereich zu implementieren. Der Ansatz von C++ vermeidet dies. Natürlich legt der C++-Standard einen Mindestwertebereich für die eingebauten Typen fest, der in allen Umgebungen erfüllt sein muss. Wenn Sie Ihre Programme so schreiben, dass diese Mindestwertebereiche nicht überschritten werden, sind diese deshalb auf andere Umgebungen portierbar. Ein letzter Punkt: Jeder C++-Compiler legt die Wertebereiche der Basistypen in dem Header `<climits>` fest.

Fließkommatypen

Variablen vom Typ `float` oder `double` werden verwendet, wenn ein Bruchteil erforderlich ist oder wenn eine Anwendung sehr große oder sehr kleine Zahlen benötigt. Der Unterschied zwischen einer `float`- und einer `double`-Variablen besteht in der Größenordnung der größten bzw. der kleinsten Zahl, die jeder Typ speichern kann. Typischerweise kann ein `double`-Typ etwa zehnmal größere Zahlen speichern als ein `float`-Typ.

`double` ist der gebräuchlichere der beiden Typen. Ein Grund dafür ist die Tatsache, dass viele mathematische Funktionen in der C++-Funktionsbibliothek mit `double`-Werten arbeiten. Beispielsweise gibt die `sqrt()`-Funktion einen `double`-Wert zurück, der die Quadratwurzel ihres `double`-Arguments enthält. Das folgende Beispiel berechnet mit `sqrt()` die Länge der Hypotenuse eines rechtwinkligen Dreiecks, wenn die Längen der beiden gegenüberliegenden Seiten gegeben sind.

```
/* p02-03.cpp: Mit dem Satz des Pythagoras die Länge
   der Hypotenuse berechnen, wenn die Längen der
   beiden gegenüberliegenden Seiten gegeben sind.
*/
#include <iostream>
#include <cmath>
using namespace std;

int main() {
  double x, y, z;

  x = 3;
  y = 4;

  z = sqrt(x*x + y*y);

  cout << "Hypotenuse ist " << z;
```

Der Header `<cmath>` wird für die `sqrt()`-Funktion benötigt.

Die `sqrt()`-Funktion gehört zur mathematischen Bibliothek von C++.

```
  return 0;
}
```

Dieses Programm erzeugt den folgenden Output:

```
Hypotenuse ist 5
```

Ein weiterer Punkt ist in dem vorangegangenen Beispiel bemerkenswert: Weil die Funktion `sqrt()` zur C++-Standardfunktionsbibliothek gehört, benötigt sie den Standard-Header `<cmath>`, der in das Programm eingebunden werden muss.

Der `long double`-Typ ermöglicht es Ihnen, mit sehr großen oder sehr kleinen Zahlen zu arbeiten. Er hat seinen größten Nutzen in wissenschaftlichen Programmen – beispielsweise um astronomische Daten zu analysieren.

Der bool-Typ

Der `bool`-Typ ist erst relativ spät zu C++ hinzugefügt worden. Er speichert so genannte *boolesche Variablen*. Dies sind Variablen, die einen von zwei möglichen Werten annehmen können: wahr/falsch, an/aus oder 0/1. In C++ sind zwei boolesche Konstanten definiert: `true` und `false`. Sie sind die einzigen beiden Werte, die ein `bool`-Typ annehmen kann. Die Werte `true` und `false` werden auch als *Wahrheitswerte* bezeichnet.

Bevor wir fortfahren, ist es wichtig, dass Sie zu verstehen, wie *wahr* und *falsch* in C++ definiert sind. Es gehört zu den fundamentalen Konzepten von C++, dass jeder von null verschiedene Wert als *wahr* und null als *falsch* interpretiert wird. Dieses Konzept ist mit dem `bool`-Datentyp vollkommen kompatibel; denn in einem booleschen Ausdruck wandelt C++ alle von null verschiedenen Werte in `true` und null in `false` um. Das Umgekehrte gilt ebenfalls: In einem nichtbooleschen Ausdruck wird `true` in eins und `false` in null umgewandelt. Wie Sie in Kapitel 3 sehen werden, ist die Möglichkeit, Null- und Nichtnull-Werte in ihre booleschen Äquivalente umzuwandeln, insbesondere beim Arbeiten mit Steueranweisungen wichtig.

Das folgende Programm demonstriert den Typ `bool`:

```
// p02-04.cpp: Boolesche Werte demonstrieren.

#include <iostream>
using namespace std;

int main() {
  bool b;

  b = false;
  cout << "b ist " << b << "\n";
```

```
  b = true;
  cout <<  "b ist " << b << "\n";

  // Ein boolescher Wert kann die if-Anweisung steuern.
  if(b) cout <<  "Dies wird ausgefuehrt.\n";

  b = false;
  if(b) cout <<  "Dies wird nicht ausgefuehrt.\n";

  // Das Ergebnis eines relationalen Operators
  // ist ein Wahrheitswert.
  cout << "10 > 9 ist " << (10 > 9) << "\n";

  return 0;
}
```

Ein einzelner bool-Wert kann eine if-Anweisung steuern.

Dieses Programm erzeugt den folgenden Output:

```
b ist 0
b ist 1
Dies wird ausgefuehrt.
10 > 9 ist 1
```

Diese Programm enthält drei interessante Punkte: Erstens zeigt es, dass ein `bool`-Wert mit `cout` als 0 oder 1 angezeigt wird. Später werden Sie erfahren, dass es eine Output-Option gibt, die statt dessen die Wörter `"false"` oder `"true"` anzeigt.

Zweitens reicht der Wert einer `bool`-Variable alleine aus, um die `if`-Anweisung zu steuern. Es ist nicht erforderlich, die `if`-Anweisung folgendermaßen zu schreiben:

```
if(b == true) ...
```

Drittens ist das Ergebnis eines relationalen Operators (beispielsweise >) ein boolescher Wert. Deshalb ergibt der Ausdruck `10 > 9` den Wert 1. Außerdem sind die zusätzlichen runden Klammern um `10 > 9` erforderlich, weil der <<-Operator einen höheren Rang hat als der >-Vergleichsoperator.

void

Der `void`-Typ kennzeichnet einen Ausdruck ohne Wert. Dies erscheint Ihnen wahrscheinlich zurzeit etwas seltsam, aber Sie werden später erfahren, wie `void` verwendet wird.

1-Minuten-Test

- Worin besteht der wesentliche Unterschied zwischen `float` und `double`?
- Welche Werte kann eine `bool`-Variable annehmen? In welchen booleschen Wert wird null umgewandelt?
- Was ist `void`?

Mars.cpp

Projekt 2-1: Mit dem Mars reden

Die kürzeste Entfernung zwischen dem Mars und der Erde beträgt etwa 34.000.000 Meilen (ca. 54.800.000 km). Wenn wir annehmen, dass sich jemand auf dem Mars befindet, mit dem Sie per Funk reden wollen, wie groß ist dann die Verzögerung zwischen dem Zeitpunkt, an dem ein Funksignal die Erde verlässt, und dem Zeitpunkt, an dem es auf dem Mars eintrifft? In diesem Projekt erstellen Sie ein Programm, das diese Frage beantwortet. Zur Erinnerung: Funksignale werden mit Lichtgeschwindigkeit, also mit etwa 186.000 Meilen (300.000 km) pro Sekunde, übertragen. Um die Verzögerung zu berechnen, müssen Sie deshalb die Entfernung durch die Lichtgeschwindigkeit dividieren. Zeigen Sie die Verzögerung sowohl in Sekunden als auch in Minuten an.

Schritt für Schritt

1. Erstellen Sie eine neue Datei namens `Mars.cpp`.
2. Um die Verzögerung zu berechnen, müssen Sie Fließkommazahlen verwenden. Warum? Weil das Zeitintervall einen Bruchteil haben wird. Das Programm verwendet die folgenden Variablen:

```
double distance;
double lightspeed;
double delay;
double delay_in_min;
```

3. Weisen Sie den Variablen `distance` und `lightspeed` Anfangswerte zu:

```
distance = 34000000.0; // 34,000,000 Meilen
lightspeed = 186000.0; // 186,000 pro Sekunde
```

- Der wesentliche Unterschied zwischen `float` und `double` besteht in der Größenordnung der Werte, die diese Typen speichern können.
- Eine `bool`-Variable kann entweder `true` oder `false` sein. Null wird in `false` umgewandelt.
- `void` ist ein Typ, der einen Ausdruck ohne Wert kennzeichnet.

4. Um die Verzögerung zu berechnen, teilen Sie `distance` durch `lightspeed`. Dies ergibt die Verzögerung in Sekunden. Weisen Sie diesen Wert `delay` zu und zeigen Sie das Ergebnis an. Dies sind die Schritte:

```
delay = distance / lightspeed;

cout << "Zeitverzoegerung beim Reden mit dem Mars: " <<
        delay << " Sekunden.\n";
```

5. Dividieren Sie die Zahl der Sekunden in `delay` durch 60, um die Verzögerung in Minuten zu berechnen; zeigen Sie dieses Ergebnis mit dem folgenden Code an:

```
delay_in_min = delay / 60.0;
```

6. Hier ist das komplette Programm `Mars.cpp`:

```
/*
  Mars.cpp: Projekt 2-1

  Mit dem Mars reden
*/

#include <iostream>
using namespace std;

int main() {
  double distance;
  double lightspeed;
  double delay;
  double delay_in_min;

  distance = 34000000.0; // 34,000,000 Meilen
  lightspeed = 186000.0; // 186,000 pro Sekunde

  delay = distance / lightspeed;

  cout << "Zeitverzoegerung beim Reden mit dem Mars: " <<
          delay << " Sekunden.\n";

  delay_in_min = delay / 60.0;

  cout << "Dies sind " << delay_in_min << " Minuten.";

  return 0;
}
```

7. Kompilieren Sie das Programm und führen Sie es aus. Das folgende Ergebnis wird angezeigt:

```
Zeitverzoegerung beim Reden mit dem Mars: 182,796 Sekunden.
Dies sind 3,04659 Minuten.
```

8. Versuchen Sie selbst, die Zeitverzögerung anzuzeigen, die bei einem Dialog (Gespräch in beide Richtungen) mit dem Mars auftreten würde.

Literale

Literale sind feste, von Menschen lesbare Werte, die von dem Programm nicht verändert werden können. Beispielsweise ist der Wert 101 ist ein ganzzahliges Literal. Literale werden normalerweise auch als *Konstanten* bezeichnet. Meistens sind Literale und ihre Anwendung so intuitiv, dass sie in der einen oder anderen Form in allen vorangegangenen Beispielprogrammen verwendet worden sind. Jetzt sollen sie im Einzelnen erklärt werden.

C++-Literale können jeden Basisdatentyp haben. Wie ein Literal repräsentiert wird, hängt von seinem Typ ab. Wie bereits erklärt wurde, werden *Zeichen*-Literale in einfache Anführungszeichen eingeschlossen. Beispielsweise sind `'a'` und `'%'` Zeichen-Literale.

*Ganzzahlige Literal*e sind Zahlen ohne Bruchteil. Beispielsweise sind `10` und `-100` ganzzahlige Konstanten. *Fließkomma*-Literale verwenden einen Dezimalpunkt, gefolgt von dem Bruchteil der Zahl. Beispielsweise ist `11.123` eine Fließkomma-Konstante. In C++ können Sie auch die wissenschaftliche Notation für Fließkommazahlen verwenden.

Alle literalen Werte haben einen Datentyp, doch dabei stellt sich eine Frage. Sie wissen, dass es verschiedene Arten von Ganzzahlen gibt: `int`, `short int` und `unsigned long int`. Es gibt auch drei verschiedene Fließkommatypen: `float`, `double` und `long double`. Die Frage ist: Wie bestimmt der Compiler den Typ eines Literals? Ist beispielsweise `123.23` ein `float` oder ein `double`? Die Antwort auf diese Frage besteht aus zwei Teilen. Erstens trifft der C++-Compiler automatisch bestimmte Annahmen über den Typ eines Literals, und zweitens, können Sie den Typ eines Literals ausdrücklich angeben, wenn Sie wollen.

Standardmäßig wählt der C++-Compiler für ein ganzzahliges Literal – beginnend mit `int` – den kleinstmöglichen kompatiblen Datentyp, in dem das Literal gespeichert werden kann. Beispielsweise ist, 16-Bit-Ganzzahlen vorausgesetzt, 10 standardmäßig `int`, doch 103.000 ist `long`. Obwohl der Wert 10 auch in ein `char` passen würde, wählt der Compiler diesen Typ nicht, weil er dadurch die Typfamilie (hier die Ganzzahlen) verlassen würde.

Standardmäßig haben Fließkomma-Literale den Typ `double`. Deshalb hat der Wert 123.23 den Typ `double`.

Bei praktisch allen Programmen, die Sie als Anfänger schreiben werden, sind die Standardeinstellungen des Compilers vollkommen ausreichend. In Fällen, wo die Standardannahmen von C++ über ein numerisches Literal nicht Ihren Wünschen entsprechen, können Sie den gewünschten Typ eines numerischen

Literals durch ein Suffix festlegen. Wenn Sie beispielsweise bei einem Fließkommatyp hinter die Zahl ein `F` setzen, wird die Zahl als ein `float`-Typ behandelt. Mit einem `L` wird die Zahl ein `long double`-Typ. Bei ganzzahligen Typen steht das Suffix `U` für `unsigned` und das Suffix `L` für `long`. (Sowohl das `U` als auch das `L` müssen verwendet werden, um einen `unsigned long`-Typ zu kennzeichnen.) Die folgende Tabelle zeigt einige Beispiele:

Datentyp	**Beispiele für Konstanten**
`int`	`1 123 21000 -234`
`long int`	`35000L -34L`
`unsigned int`	`10000U 987U 40000U`
`unsigned long`	`12323UL 900000UL`
`float`	`123.23F 4.34e-3F`
`double`	`23.23 123123.33 -0.9876324`
`long double`	`1001.2L`

Hexadezimale und oktale Literale

Wie Sie wahrscheinlich wissen, ist es beim Programmieren manchmal einfacher, mit einem Zahlensystem zu arbeiten, das auf 8 oder 16 statt auf 10 basiert. Das Zahlensystem, das auf 8 basiert, wird als *oktales Zahlensystem* bezeichnet. Es verwendet die Ziffern *0* bis 7. Im oktalen Zahlensystem bedeutet die Zahl 10 dasselbe wie die Zahl 8 im dezimalen Zahlensystem. Das Zahlensystem, das auf der Zahl 16 basiert, wird als *hexadezimales Zahlensystem* bezeichnet. Es verwendet die Ziffern *0* bis *9* sowie die Buchstaben *A* bis *F*, die für 10, 11, 12, 13, 14 und 15 stehen. Beispielsweise bedeutet die hexadezimale Zahl 10 dasselbe wie die 16 im dezimalen Zahlensystem. Weil diese beiden Zahlensysteme so häufig verwendet werden, können Sie in C++ ganzzahlige Literale auch hexadezimal oder oktal statt dezimal angeben. Ein hexadezimales Literal muss mit `0x` (eine Null, gefolgt von einem *x*) beginnen. Ein oktales Literal beginnt mit einer Null. Einige Beispiele:

```
hex = 0xFF; // 255 dezimal
oct = 011; // 9 dezimal
```

Frage an den Experten

Frage: Sie haben gezeigt, wie ein char-Literal angegeben wird. Wird ein wchar_t-Literal auf die gleiche Weise spezifiziert?

Antwort: Nein. Eine Konstante vom Typ `wchar_t` wird durch ein voranstehendes *L* gekennzeichnet. Ein Beispiel:

```
wchar_t wc;
wc = L'A';
```

In diesem Beispiel wird `wc` die `wchar_t`-Zeichenkonstante zugewiesen, die dem Buchstaben *A* entspricht. Bei Ihrer normalen Programmiertätigkeit werden Sie `wchar_t` selten benötigen. Dieser Datentyp ist jedoch wichtig, wenn Sie ein Programm internationalisieren müssen.

String-Literale

Zusätzlich zu den Literalen der vordefinierten Datentypen unterstützt C++ noch eine weitere Art von Literal: den String. Ein *String* ist eine Folge von Zeichen, die in doppelte Anführungszeichen eingeschlossen ist. Beispielsweise ist `"Dies ist ein Test"` ein String. In einigen `cout`-Anweisungen in den vorangegangenen Beispielprogrammen haben Sie Beispiele für Strings gesehen. Behalten Sie die folgende wichtige Tatsache: Obwohl Sie in C++ String-Konstanten definieren können, gibt es in C++ keinen eingebauten String-Datentyp. Wie Sie später lernen werden, werden Strings in C++ als Zeichen-Arrays verwaltet. (Jedoch enthält die C++-Klassenbibliothek einen `string`-Typ.)

Frage an den Experten

Frage: Ist ein String, der aus einem einzelnen Zeichen besteht dasselbe wie ein Zeichenliteral? Ist beispielsweise "k" dasselbe wie 'k'.

Antwort: Nein. Sie dürfen Strings nicht mit Zeichen verwechseln. Ein Zeichenliteral repräsentiert ein einzelnes Zeichen vom Typ `char`. Ein String, der nur ein Zeichen enthält, ist immer noch ein String. Obwohl Strings aus Zeichen bestehen, haben sie nicht denselben Typ wie Zeichen.

Escape-Sequenzen für Zeichen

Zeichenkonstanten in einfache Anführungszeichen einzuschließen funktioniert bei den meisten druckbaren Zeichen, aber bei einigen Zeichen, wie beispielsweise bei dem Zeilenvorschub, gibt es ein spezielles Problem, wenn Sie mit einem Texteditor arbeiten. Außerdem haben bestimmte andere Zeichen, wie die einfachen und doppelten Anführungszeichen, in C++ eine spezielle Bedeutung, sodass Sie sie nicht direkt verwenden können. Deshalb stellt C++ so genannte *Zeichen-Escape-Sequenzen* oder *Fluchtzeichenfolgen* zur Verfügung (siehe in Tabelle 2.3), die Sie in ein Programm eingeben können. Manchmal werden diese Zeichenfolgen auch als *Backslash-Zeichenkonstanten* bezeichnet. (Ein Backslash ist der nach links gerichtete Schrägstrich.) Das \n, das Sie bereits verwendet haben, gehört zu diesen Escape-Sequenzen.

Code	**Bedeutung**
\b	Backspace
\f	Form feed (Formularvorschub)
\n	Newline (Neue Zeile)
\r	Carriage return (Wagenrücklauf)
\t	Horizontaler Tabulator
\"	Doppeltes Anführungszeichen
\'	Einfaches Anführungszeichen
\\	Backslash
\v	Vertikaler Tabulator
\a	Alarm (Glocke)
\?	?
N	Oktale Konstante (wobei *N* eine oktale Konstante ist)
\x*N*	Hexadezimale Konstante (wobei *N* eine hexadezimale Konstante ist)

Tabelle 2.3 Die Escape-Sequenzen für Zeichen

Das folgende Beispielprogramm demonstriert einige Escape-Sequenzen:

```
// p02-05.cpp: Einige Escape-Sequenzen demonstrieren
#include <iostream>
using namespace std;

int main()
{
  cout << "eins\tzwei\tdrei\n";
  cout << "123\b\b45";

  return 0;
}
```

Die \b\b setzen den Zeiger zwei Stellen über die 2 und die 3 zurück.

Dieses Programm erzeugt den folgenden Output:

```
eins    zwei    drei
145
```

Die erste `cout`-Anweisung verwendet Tabulatoren, um die Wörter `"zwei"` und `"drei"` zu positionieren. Die zweite `cout`-Anweisung zeigt die Zeichen `123`. Dann werden zwei Backspace-Zeichen ausgegeben, die die `2` und die `3` löschen. Schließlich werden die Zeichen `4` und `5` angezeigt.

1-Minuten-Test

- Welchen Typ hat das Literal `10` standardmäßig? Welchen Typ hat das Literal `10.0`?
- Wie kennzeichnen Sie `100` als `long int`-Typ? Wie kennzeichnen Sie `100` als `unsigned int`-Typ?
- Was ist `\b`?

Ein näherer Blick auf Variablen

Variablen wurden in Kapitel 1 eingeführt. Hier werden wir sie näher betrachten. Sie haben gelernt, dass Variablen folgendermaßen deklariert werden:

```
type var-name;
```

wobei *type* für den Datentyp der Variablen und *var-name* für ihren Namen steht. Sie können Variablen jedes gültigen Typs deklarieren. Wenn Sie eine Variable erstellen, erstellen Sie ein Exemplar (*Instanz*) ihres Typs. Deshalb werden die Fähigkeiten einer Variablen durch ihren Typ festgelegt. Beispielsweise speichert eine Variable vom Typ `bool` boolesche Werte. Sie kann nicht dazu verwendet werden, um Fließkommazahlen zu speichern. Darüber hinaus kann der Typ einer Variablen während ihrer Lebenszeit nicht geändert werden. Beispielsweise kann aus einer `int`-Variablen keine `double`-Variable werden.

- `10` ist ein `int`, und `10.0` ist ein `double`.
- `100` als `long int`-Typ ist `100L`. `100` als `unsigned int`-Typ ist `100U`.
- `\b` ist die Escape-Sequenz, die ein Backspace-Zeichen auslöst.

Eine Variable initialisieren

Wenn Sie eine Variable initialisieren, können Sie ihr zugleich einen Wert zuweisen. Zu diesem Zweck setzen Sie hinter den Variablennamen ein Gleichheitszeichen und dann den Wert, den Sie ihr zuweisen wollen. Dieses Konstrukt wird als *Initialisierung* einer Variablen bezeichnet. Die Initialisierung hat die folgende allgemeine Form:

```
type var = value;
```

Dabei ist *value* der Wert, der *var* zugewiesen wird, wenn *var* erstellt wird.

Einige Beispiele:

```
int count = 10; // count den Anfangswert 10 zuweisen
char ch = 'X';  // ch mit dem Buchstaben X initialisieren
float f = 1.2F; // f mit 1.2 initialisieren
```

Wenn Sie zwei oder mehr Variablen desselben Typs mit einer durch Kommas getrennten Liste deklarieren, können Sie einer oder mehreren dieser Variablen einen Anfangswert zuweisen. Ein Beispiel:

```
int a, b = 8, c = 19, d; // b und c werden initialisiert
```

In diesem Fall werden nur b und c initialisiert.

Dynamische Initialisierung

Obwohl in den vorangegangenen Beispielen nur Konstanten zur Initialisierung verwendet wurden, können Variable in C++ auch dynamisch initialisiert werden, wobei ein beliebiger Ausdruck verwendet werden kann, der zum Zeitpunkt der Variablendeklaration gültig ist. Das folgende kurze Beispielprogramm berechnet das Volumen eines Zylinders, wenn der Radius seiner Basis und seine Höhe bekannt sind:

```
// p02-06.cpp: Die dynamische Initialisierung demonstrieren.
#include <iostream>
using namespace std;
int main() {
  double radius = 4.0, height = 5.0;
  // Das Volumen dynamisch initialisieren
  double volume = 3.1416 * radius * radius * height;
  cout << "Das Volumen ist " << volume;
  return 0;
}
```

volume wird dynamisch zur Laufzeit initialisiert.

Hier werden drei lokale Variablen – `radius`, `height` und `volume` – deklariert. Die ersten beiden, `radius` und `height`, werden durch Konstanten initialisiert. Dagegen wird `volume` dynamisch mit dem Volumen des Zylinders initialisiert. Hier kommt es auf den folgenden Punkt an: Der Ausdruck, der zur Initialisierung verwendet wird, kann jedes Element benutzen, das zum Zeitpunkt der Initialisierung gültig ist, einschließlich Funktionsaufrufen, anderer Variablen oder Literalen.

Operatoren

C++ stellt ein reichhaltiges Sortiment von Operatoren zur Verfügung. Ein *Operator* ist ein Symbol, das den Compiler anweist, eine spezielle mathematische oder logische Manipulation auszuführen. C++ verfügt über vier allgemeine Klassen von Operatoren: *arithmetische*, *bitweise*, *relationale* und *logische*. Außerdem hat C++ auch mehrere zusätzliche Operatoren, die in speziellen Situationen verwendet werden. In diesem Kapitel werden die arithmetischen, relationalen und logischen Operatoren erläutert. Außerdem wird der Zuweisungsoperator behandelt. Die bitweisen und anderen speziellen Operatoren werden später beschrieben.

Arithmetische Operatoren

C++ verfügt über die folgenden arithmetischen Operatoren:

Operator	**Bedeutung**
+	Addition
-	Subtraktion (auch unäres Minuszeichen)
*	Multiplikation
/	Division
%	Modulus
++	Inkrement
--	Dekrement

Die Operatoren +, –, * und / funktionieren in C++ genau wie in der Algebra. Diese Operatoren können auf alle eingebauten numerischen Datentypen und auf Werte vom Typ `char` angewendet werden.

Der %-Operator (Modulus-Operator) gibt den Rest einer ganzzahligen Division zurück. Wenn der /-Operator auf eine Ganzzahl angewendet wird, wird ein etwaiger Rest abgeschnitten. Beispielsweise ergibt `10/3` bei der ganzzahligen

Division den Wert 3. Mit dem %-Operator können Sie den Rest dieser Division ermitteln. Beispielsweise ergibt 10 % 3 den Wert 1. In C++ kann % nur auf ganzzahlige Operanden, nicht auf Fließkommatypen angewendet werden.

Das folgende Programm demonstriert den Modulus-Operator:

```
// p02-07.cpp: Den Modulus-Operator demonstrieren.
#include <iostream>
using namespace std;
int main()
{
  int x, y;
  x = 10;
  y = 3;
  cout << x << " / " << y << " ist " << x / y <<
       " mit einem Rest von " << x % y << "\n";
  x = 1;
  y = 2;
  cout << x << " / " << y << " ist " << x / y << "\n" <<
         x << " % " << y << " ist " << x % y;
  return 0;
}
```

Dieses Programm erzeugt den folgenden Output:

```
10 / 3 ist 3 mit einem Rest von 1
1 / 2 ist 0
1 % 2 ist 1
```

Inkrement und Dekrement

In Kapitel 1 wurden der Inkrement-Operator ++ und der Dekrement-Operator -- eingeführt. Diese Operatoren haben einige spezielle, interessante Eigenschaften. Doch zunächst wollen wir ihre Arbeitsweise kurz wiederholen.

Der Inkrement-Operator erhöht seinen Operanden um eins, und der Dekrement-Operator verringert ihn um eins. Deshalb ist

```
x = x + 1;
```

dasselbe wie

```
x++;
```

und

```
x = x - 1;
```

ist dasselbe wie

```
--x;
```

Beide Operatoren gibt es als Präfix- oder als Postfix-Version. Bei der Präfix-Version steht der Operator vor, bei der Postfix-Version nach seinem Operanden. Ein Beispiel:

```
x = x + 1;
```

kann als

```
++x; // Präfix-Version
```

oder als

```
x++; // Postfix-Version
```

geschrieben werden. In diesem Beispiel macht es keinen Unterschied, ob das Inkrement als Präfix oder als Postfix verwendet wird. Wenn ein Inkrement oder Dekrement jedoch als Teil eines größeren Ausdrucks verwendet wird, gibt es einen wichtigen Unterschied. Wenn ein Inkrement- oder Dekrement-Operator vor seinem Operanden steht, führt C++ die Operation aus, bevor der Wert des Operanden ermittelt und im Rest des Ausdrucks verwendet wird. Wenn der Operator nach seinem Operanden steht, ermittelt C++ den Wert des Operanden, bevor dieser inkrementiert oder dekrementiert wird. Ein Beispiel:

```
x = 10;
y = ++x;
```

In diesem Fall wird y auf 11 gesetzt. Wenn der Code jedoch

```
x = 10;
y = x++;
```

geschrieben wird, wird y auf 10 gesetzt. In beiden Fällen wird x auf 11 gesetzt; der Unterschied besteht darin, wann dies passiert. Die Möglichkeit, den Zeitpunkt kontrollieren zu können, zu dem die Inkrement- oder Dekrement-Operation stattfindet, hat bedeutende Vorteile.

Die arithmetischen Operatoren haben die folgende Rangfolge:

Höchster Rang	++ - -
	- (unäres Minus)
	* / %
Niedrigster Rang	+ -

Operatoren mit derselben Rangfolge werden von dem Compiler von links nach rechts ausgewertet. Natürlich können Sie mit runden Klammern die Reihenfolge der Auswertung ändern. Runde Klammern haben in C++ dieselbe Funktion wie in praktisch allen anderen Computersprachen: Sie sorgen dafür, dass eine Operation oder eine Gruppe von Operationen einen höheren Rang in der Auswertungsreihenfolge erhält.

Frage an den Experten

Frage: Hat der Inkrement-Operator etwas mit dem Namen *C++* zu tun?

Antwort: Ja! Wie Sie wissen, basiert C++ auf der Sprache C. C++ fügt zahlreiche Verbesserungen zu C hinzu, die zu einem großen Teil die objektorientierte Programmierung unterstützen. C++ ist also eine inkrementelle Verbesserung von C. Deshalb ist das ++ (das natürlich den Inkrement-Operator repräsentiert), das dem Namen C hinzugefügt wird, gut geeignet, um C++ zu beschreiben.

Stroustrup nannte C++ ursprünglich »C with Classes », aber auf Vorschlag von Rick Mascitti änderte er den Namen später in *C++*. Obwohl die neue Sprache erste Anfangserfolge erzielt hatte, garantierte der Name *C++* praktisch ihren Platz in der Geschichte, da dies ein Name war, den jeder C-Programmierer sofort erkennen würde!

Relationale und logische Operatoren

Bei dem Ausdruck *relationaler Operator* bezieht sich *relational* auf die Beziehungen zwischen verschiedenen Werten. Bei dem Ausdruck *logischer Operator* bezieht sich *logisch* auf die Art und Weise, wie Wahrheitswerte (*wahr* und *falsch*) miteinander verknüpft werden können. Da relationale Operatoren einen Wahrheitswert produzieren, werden sie oft zusammen mit den logischen Operatoren verwendet. Aus diesem Grund werden sie auch hier zusammen behandelt.

Die relationalen und logischen Operatoren werden in Tabelle 2.4 gezeigt. Beachten Sie, dass in C++ die Operatoren *ungleich* durch != und *gleich* durch == (ein doppeltes Gleichheitszeichen) repräsentiert werden. In C++ ist das Ergebnis eines relationalen oder logischen Ausdrucks ein Wert vom Typ `bool`. Das heißt, das Ergebnis eines relationalen oder logischen Ausdrucks ist entweder `true` oder `false`.

Relationale Operatoren	
Operator	**Bedeutung**
>	Größer als
>=	Größer als oder gleich
<	Kleiner als
<=	Kleiner als oder gleich
==	Gleich
!=	Ungleich
Logische Operatoren	
Operator	**Bedeutung**
&&	AND
||	OR
!	NOT

Tabelle 2.4 Die relationalen und logischen Operatoren in C++

Anmerkung

Bei älteren Compilern ist das Ergebnis eines relationalen oder logischen Ausdrucks eine Ganzzahl mit dem Wert 0 oder 1. Dies ist jedoch hauptsächlich ein akademischer Unterschied, weil C++ – wie bereits früher erklärt wurde – `true` automatisch in 1 und `false` in 0 (und umgekehrt) umwandelt. Die Operanden eines relationalen Operators können alle Typen haben, die sinnvoll miteinander verglichen werden können.

Die Operanden von logischen Operatoren müssen einen Wahrheitswert erzeugen. Da jeder von null verschiedene Wert `true` und null `false` ist, bedeutet dies, dass die logischen Operatoren in jedem Ausdruck verwendet werden können, der einen Wert ergibt, der null oder nicht-null ist. Deshalb kann jeder Ausdruck verwendet werden, der ein anderes Ergebnis als `void` liefert.

2

Die logischen Operatoren unterstützen die grundlegenden logischen Operationen AND, OR und NOT. Die folgende Wahrheitstafel zeigt die Wahrheitswerte, die von diesen Operatoren erzeugt werden:

p	**q**	**p AND q**	**p OR q**	**NOT p**
Falsch	Falsch	Falsch	Falsch	Wahr
Falsch	Wahr	Falsch	Wahr	Wahr
Wahr	Wahr	Wahr	Wahr	Falsch
Wahr	Falsch	Falsch	Wahr	Falsch

Das folgende Programm demonstriert mehrere relationale und logische Operatoren:

```
// p02-08.cpp: Relationale und logische Operatoren demonstrieren.

#include <iostream>
using namespace std;

int main() {
  int i, j;
  bool b1, b2;

  i = 10;
  j = 11;
  if(i < j) cout << "i < j\n";
  if(i <= j) cout << "i <= j\n";
  if(i != j) cout << "i != j\n";
  if(i == j) cout << "dies wird nicht ausgefuehrt\n";
  if(i >= j) cout << "dies wird nicht ausgefuehrt\n";
  if(i > j) cout << "dies wird nicht ausgefuehrt\n";

  b1 = true;
  b2 = false;
  if(b1 && b2) cout << "dies wird nicht ausgefuehrt\n";
  if(!(b1 && b2)) cout << "!(b1 && b2) ist wahr\n";
```

```
    if(b1 || b2) cout << "b1 || b2 ist wahr\n";

    return 0;
}
```

Dieses Programm erzeugt den folgenden Output:

```
i < j
i <= j
i != j
!(b1 && b2) ist wahr
b1 || b2 ist wahr
```

Sowohl relationale als auch logische Operatoren haben einen niedrigeren Rang als die arithmetischen Operatoren. Dies bedeutet, dass ein Ausdruck wie `10 > 1+12` so ausgewertet wird, als wäre er `10 > (1+12)` geschrieben worden. Der Ausdruck liefert natürlich das Ergebnis `false`.

Mit logischen Operatoren können Sie beliebig viele relationale Operationen verknüpfen. Beispielsweise verknüpft der folgende Ausdruck drei relationale Operationen:

```
var > 15 || !(10 < count) && 3 <= item
```

Die folgende Tabelle zeigt den relativen Rang der relationalen und logischen Operatoren:

Höchster Rang	!
	> >= < <=
	== !=
	&&
Niedrigster Rang	||

XOR.cpp

Projekt 2-2: Eine logische XOR-Operation konstruieren

C++ hat keinen logischen Operator, der eine exklusive Oder-Operation ausführt. Üblicherweise wird diese Operation als *XOR* bezeichnet. XOR ist eine binäre Operation, die den Wert `true` ergibt, wenn einer und nur einer ihrer Operanden den Wert `true` hat. Für sie gilt die folgende Wahrheitstafel:

p	**q**	**p XOR q**
Falsch	Falsch	Falsch
Falsch	Wahr	Wahr
Wahr	Falsch	Wahr
Wahr	Wahr	Falsch

Einige Programmierer haben das Fehlen von XOR bemängelt. Für andere ist das Fehlen des logischen XOR-Operators einfach ein Zeichen für das stromlinienförmige C++-Design, das redundante Funktionen vermeidet. Sie weisen darauf hin, dass die logische XOR-Operation leicht mit den drei logischen Operatoren simuliert werden kann, die in C++ enthalten sind.
In dem folgenden Projekt werden Sie mit den Operatoren `&&`, `||` und `!` eine XOR-Operation konstruieren. Sie können selbst entscheiden, ob das Fehlen eines logischen XOR-Operators ein Designmangel oder eine elegante Funktion ist!

Schritt für Schritt

1. Erstellen Sie eine neue Datei namens `XOR.cpp`.
2. Wenn zwei boolesche Werte, p und q, gegeben sind, wird ein logisches XOR folgendermaßen konstruiert:

   (p || q) && !(p && q)

   Wir wollen diesen Ausdruck sorgfältig analysieren. Zunächst werden p und q mit OR verknüpft. Dies ergibt `true`, wenn wenigstens einer der Operanden `true` ist. Dann werden p und q mit AND verknüpft. Dies ergibt `true`, wenn beide Operanden `true` sind. Dieses Ergebnis wird dann mit dem NOT-Operator umgekehrt. Das Ergebnis von `!(p && q)` ist `true`, wenn entweder p oder q oder beide `false` sind. Schließlich wird dieses Ergebnis mit dem Ergebnis von `(p || q)` durch AND verknüpft. Deshalb ist der gesamte Ausdruck `true`, wenn einer, aber nicht beide Operanden `true` sind.
3. Hier folgt das komplette Programmlisting von `XOR.cpp`. Es demonstriert die XOR-Operation für alle vier möglichen Kombinationen der Wahrheitswerte.

```
/*
  XOR.cpp: Projekt 2-2

  Mit den logischen Operatoren von C++ ein XOR konstruieren.
*/

#include <iostream>
#include <cmath>

using namespace std;

int main()
```

```
{
  bool p, q;

  p = true;
  q = true;

  cout << p << " XOR " << q << " ist " <<
    ( (p || q) && !(p && q) ) << "\n";


  p = false;
  q = true;

  cout << p << " XOR " << q << " ist " <<
    ( (p || q) && !(p && q) ) << "\n";

  p = true;
  q = false;

  cout << p << " XOR " << q << " ist " <<
    ( (p || q) && !(p && q) ) << "\n";

  p = false;
  q = false;

  cout << p << " XOR " << q << " ist " <<
    ( (p || q) && !(p && q) ) << "\n";

  return 0;
}
```

4. Kompilieren Sie das Programm und führen Sie es aus. Es erzeugt den folgenden Output:

```
1 XOR 1 ist 0
0 XOR 1 ist 1
1 XOR 0 ist 1
0 XOR 0 ist 0
```

5. Beachten Sie die äußeren runden Klammern, die die XOR-Operation innerhalb der `cout`-Anweisungen einschließen. Wegen der Rangfolge der C++-Operatoren sind sie notwendig. Der <<-Operator hat einen höheren Rang als die logischen Operatoren. Um dies zu beweisen, sollten Sie versuchen, die äußeren runden Klammern zu entfernen und dann das Programm zu kompilieren. Sie werden sehen, dass dann eine Fehlermeldung angezeigt wird.

1-Minuten-Test

- Was macht der %-Operator? Auf welche Typen kann er angewendet werden?
- Wie wird eine `int`-Variable namens `index` mit einem Anfangswert von 10 deklariert?
- Welchen Datentyp hat das Ergebnis eines relationalen oder logischen Ausdrucks?

Der Zuweisungsoperator

Sie haben den Zuweisungsoperator seit Kapitel 1 verwendet. Jetzt wollen wir ihn formell einführen. Der *Zuweisungsoperator* ist ein einzelnes Gleichheitszeichen: =. Er funktioniert in C++ im Wesentlichen so wie in anderen Computersprachen. Seine allgemeine Form lautet:

```
var = expression;
```

Hier wird *var* der Wert von *expression* zugewiesen.

Der Zuweisungsoperator hat eine interessante Eigenschaft: Sie können damit eine Kette von Zuweisungen erstellen. Betrachten Sie beispielsweise das folgende Fragment:

```
int x, y, z;
x = y = z = 100; // x, y und z auf 100 setzen
```

Dieses Fragment setzt die Variablen `x`, `y` und `z` mit einer einzigen Anweisung auf 100. Dies funktioniert, weil der =-Operator den Wert auf der rechten Seite zurückgibt. Deshalb hat der Ausdruck `z = 100` den Wert 100, der dann `y` zugewiesen wird. Der daraus resultierende Wert wird wiederum `x` zugewiesen. Eine Zuweisungskette macht es einfacher, einer Gruppe von Variablen einen gemeinsamen Wert zuzuweisen.

- % ist der Modulus-Operator, der den Rest einer ganzzahligen Division zurückgibt. Er kann auf ganzzahlige Typen angewendet werden.
- `int index = 10;`
- Das Ergebnis eines relationalen oder logischen Ausdrucks hat den Datentyp `bool`.

Zusammengesetzte Zuweisungen

C++ verfügt über spezielle *zusammengesetzte Zuweisungsoperatoren*, die das Codieren bestimmter Zuweisungen vereinfachen. Wir wollen zunächst ein Beispiel behandeln. Die folgende Zuweisungsanweisung

```
x = x + 10;
```

kann mit einer zusammengesetzten Zuweisung folgendermaßen geschrieben werden:

```
x += 10;
```

Das Operatorenpaar += weist den Compiler an, x den Wert von x plus 10 zuzuweisen.

Ein weiteres Beispiel: Die Anweisung

```
x = x - 100;
```

entspricht der Anweisung

```
x -= 100;
```

Beide Anweisungen weisen x den Wert von x minus 100 zu.

Für die meisten binären Operatoren (das heißt Operatoren, die zwei Operanden erfordern) gibt es zusammengesetzte Zuweisungsoperatoren. Deshalb können Anweisungen der Form

```
var = var op expression;
```

in die zusammengesetzte Form

```
var op = expression;
```

umgewandelt werden. Weil zusammengesetzte Zuweisungsanweisungen kürzer als ihre nicht zusammengesetzten Gegenstücke sind, werden die zusammengesetzten Zuweisungen manchmal auch als *abgekürzte Zuweisungen* bezeichnet.

Die zusammengesetzten Zuweisungsoperatoren bieten zwei Vorteile: Erstens sind sie kompakter als ihre langen Gegenstücke. Zweitens können sie einen effizienteren ausführbaren Code ergeben (weil der Operand nur einmal ausgewertet wird). Aus diesen Gründen enthalten professionelle C++-Programme häufig zusammengesetzte Zuweisungsoperatoren used in .

Typumwandlung in Zuweisungen

Wenn Variablen eines Datentyps mit Variablen eines anderen Datentyps gemischt werden, findet eine *Typumwandlung* statt. Bei einer Zuweisungsanweisung ist die Regel für die Typumwandlung einfach: Der Wert auf der rechten Seite (Ausdrucksseite) der Zuweisung wird in den Typ auf der linken Seite (Zielvariable) umgewandelt. Ein Beispiel:

2

```
int x;
char ch;
float  f;

ch = x;     /* Zeile 1 */
x = f;      /* Zeile 2 */
f = ch;     /* Zeile 3 */
f = x;      /* Zeile 4 */
```

In Zeile 1 werden die linken High-Order-Bits der ganzzahligen Variable `x` abgeschnitten und `ch` die unteren acht Bits zugewiesen. Wenn `x` Werte zwischen -128 und 127 hat, haben `ch` und `x` identische Werte. Andernfalls enthält `ch` nur die Lower-Order-Bits von `x`. In Zeile 2 wird `x` der ganzzahlige Teil von `f` zugewiesen. In Zeile 3 wandelt `f` den ganzzahligen 8-Bit-Wert in `ch` in denselben Wert im Fließkommaformat um. Dasselbe passiert in Zeile 4, wobei `f` hier jedoch einen ganzzahligen Wert in das Fließkommaformat umwandelt.

Wenn Ganzzahlen in Zeichen und `long`-Ganzzahlen in Ganzzahlen umgewandelt werden, wird die entsprechende Zahl von High-Order-Bits entfernt. In vielen 32-Bit-Umgebungen gehen dabei 24 Bits verloren, wenn eine Ganzzahl in ein Zeichen umgewandelt wird, und 16 Bits gehen verloren, wenn eine Ganzzahl in eine `short`-Ganzzahl umgewandelt wird. Wenn ein Fließkommatyp in eine Ganzzahl umgewandelt wird, geht der Bruchteil verloren. Wenn der Zieltyp nicht groß genug ist, um das Ergebnis zu speichern, ist das Ergebnis unbrauchbar (garbage = Müll).

Eine Warnung: Obwohl C++ jeden eingebauten Typ automatisch in einen anderen umwandelt, entspricht das Ergebnis nicht immer Ihren Wünschen. Sie sollten genau hinschauen, wenn Sie Typen in einem Ausdruck mischen.

Ausdrücke

Operatoren, Variablen und Literale bilden die Bestandteile von *Ausdrücken*. Möglicherweise kennen Sie bereits die allgemeine Form eines Ausdrucks aus anderen Programmiersprachen oder aus der Algebra, doch in den folgenden Abschnitten wollen wir einige Aspekte von Ausdrücken behandeln.

Typumwandlung in Ausdrücken

Wenn Konstanten und Variablen verschiedener Typen in einem Ausdruck gemischt werden, werden sie in denselben Typ umgewandelt. Erstens werden alle `char`- und `short int`-Werte automatisch in `int` umgewandelt. Dieser Prozess wird als *integrale Promotion* bezeichnet. Dann werden alle Operanden in den Typ des größten Operanden umgewandelt. Dieser Prozess wird als *Typ-Promotion* bezeichnet. Die Promotion erfolgt Operation für Operation. Wenn beispielsweise ein Operand ein `int`- und der andere ein `long int`-Wert ist, wird der `int`-Wert in einen `long int`-Wert umgewandelt. Und wenn einer der Operanden ein `double`-Wert ist, wird der andere Operand ebenfalls in einen `double`-Wert umgewandelt. Dies bedeutet, dass Umwandlungen wie beispielsweise eines `char` in ein `double` möglich und gültig sind. Nach der Umwandlung hat jedes Paar von Operanden denselben Typ, und das Ergebnis jeder Operation hat denselben Typ wie ihre beiden Operanden.

In boolesche und aus booleschen Werten umwandeln

Wie bereits erwähnt, werden Werte vom Typ `bool` automatisch in die Ganzzahlen 0 oder 1 umgewandelt, wenn sie in einem ganzzahligen Ausdruck verwendet werden. Wenn ein ganzzahliges Ergebnis in den Typ `bool` umgewandelt wird, wird aus null `false` und aus nicht null `true`. Obwohl `bool` erst spät zu C++ hinzugefügt wurde, hat dies wegen der automatischen Umwandlungen in und aus Ganzzahlen praktisch keinen Einfluss auf älteren Code. Darüber hinaus kann C++ aufgrund der automatischen Umwandlungen die ursprünglichen Definitionen von `true` als null und von `false` als nicht null beibehalten.

Casts

Durch ein Konstrukt namens *Cast* ist es möglich, einem Ausdruck einen speziellen Typ aufzuzwingen. Ein Cast ist eine ausdrückliche Typumwandlung. In C++ gibt es fünf Arten von Casts. Vier Cast-Typen ermöglichen eine ausführliche und detailgenaue Kontrolle der Umwandlung. Sie werden später in diesem Buch beschrieben, nachdem Objekte behandelt wurden. Einen Cast-Typ können Sie jedoch schon jetzt verwenden. Dieser Typ ist zugleich der allgemeinste Cast, weil er jeden Typ in jeden anderen Typ umwandeln kann. Frühere Versionen von C++ unterstützten nur diesen Cast. Dieser Cast hat folgende allgemeine Form:

```
(type) expression
```

Dabei ist *type* der Zieltyp, in den der Ausdruck umgewandelt werden soll. Beispielsweise können Sie mit der folgenden Anweisung sicherstellen, dass der Ausdruck `x/2` den Typ `float` ergibt:

```
(float) x / 2
```

Casts zählen zu den Operatoren. Als Operator ist ein Cast *unär* (das heißt, er hat nur einen Operanden) und hat denselben Rang wie andere unäre Operatoren.

Ein Cast kann manchmal sehr nützlich sein. Nehmen wir beispielsweise an, Sie wollten eine Ganzzahl als Schleifenzähler benutzen, sie aber zugleich in einer Berechnung verwenden, die einen Bruchteil erfordert:

```
// p02-09.cpp: Einen Cast demonstrieren.
#include <iostream>
using namespace std;
int main(){
  int i;

  for(i=1; i <= 10; ++i )
    cout << i << "/ 2 ist: " << (float) i / 2 << '\n';

  return 0;
}
```

Der Cast in `float` bewirkt, dass ein Bruchteil angezeigt wird.

Dieses Programm erzeugt den folgenden Output:

```
1/ 2 ist: 0.5
2/ 2 ist: 1
3/ 2 ist: 1.5
4/ 2 ist: 2
5/ 2 ist: 2.5
6/ 2 ist: 3
7/ 2 ist: 3.5
8/ 2 ist: 4
9/ 2 ist: 4.5
10/ 2 ist: 5
```

Ohne den Cast `(float)` würde in diesem Beispiel nur eine ganzzahlige Division ausgeführt werden. Der Cast stellt sicher, dass der Bruchteil des Ergebnisses angezeigt wird.

Abstände und Klammern

Ein Ausdruck in C++ kann Tabulatoren und Leerzeichen enthalten, um ihn lesbarer zu machen. Beispielsweise sind die folgenden beiden Ausdrücke gleich, aber der zweite ist leichter zu lesen:

```
x=10/y*(127/x);
x = 10 / y * (127/x);
```

Wie in der Algebra erhöhen runde Klammern den Rang der eingeschlossenen Operationen. Wenn Sie redundante oder zusätzliche runde Klammern verwenden, wird dadurch kein Fehler verursacht. Der Ausdruck wird dadurch auch nicht langsamer ausgeführt. Sie sollten runde Klammern großzügig verwenden, um die genaue Reihenfolge der Ausführung zu verdeutlichen – sowohl für sich selbst als auch für andere, die möglicherweise später Ihr Programm lesen müssen. Welcher der beiden folgenden Ausdrücke ist wohl leichter lesbar?

```
x = y/3-34*temp+127;
x = (y/3) - (34*temp) + 127;
```

RegPay.cpp

Projekt 2-3: Die Tilgungsraten eines Kredits berechnen

In diesem Projekt werden Sie ein Programm erstellen, das die Tilgungsraten eines Kredits (beispielsweise für einen Autokauf) berechnet. Das Programm berechnet aus dem Kreditbetrag (`Principal`), der Laufzeit (`NumYears`), der Anzahl der Zahlungen pro Jahr (`PayPerYear`) und dem Zinssatz (`IntRate`) die Tilgungsrate (`Payment`). Da es sich um eine Finanzrechnung handelt, müssen Sie für die Berechnungen Fließkommatypen verwenden. Da `double` der gebräuchlichste Fließkommatyp ist, werden wir ihn in diesem Projekt verwenden. Dieses Projekt demonstriert auch eine weitere C++-Bibliotheksfunktion: `pow()`.

Die Tilgungsrate (`Payment`) wird mit der folgenden Formel berechnet:

```
          IntRate * (Principal / PayPerYear)
Payment = ---------------------------------------------------
          1 - ((IntRate / PayPerYear) + 1)^(- PayPerYear * NumYears)
```

`IntRate` ist der Zinssatz, `Principal` der Kreditbetrag, `PayPerYear` die Zahl der Zahlungen pro Jahr und `NumYears` die Laufzeit in Jahren.

Beachten Sie, dass im Nenner der Formel eine Potenz verwendet wird. Zu diesem Zweck werden Sie die Funktion pow() verwenden, die folgendermaßen aufgerufen wird:

```
result = pow(base, exp);
```

pow() gibt den mit *exp* potenzierten Wert von *base* zurück. Die Argumente von pow() sind double-Werte, und pow() gibt einen Wert vom Typ double zurück.

Schritt für Schritt

1. Erstellen Sie eine neue Datei namens RegPay.cpp.
2. Das Programm verwendet die folgenden Variablen:

```
double Principal;     // Kreditbetrag
double IntRate;       // Zinssatz wie beispielsweise 0.075
double PayPerYear;    // Anzahl der Zahlungen pro Jahr
double NumYears;      // Laufzeit in Jahren
double Payment;       // Tilgungsrate
double numer, denom; // temporäre Arbeitsvariablen
double b, e;         // Basis und Exponent für den Aufruf von
pow()
```

   Beachten Sie, dass hinter jeder Variablendeklaration ein Kommentar steht, der die Funktion der Variablen beschreibt. Dies hilft einem Leser des Programms, den Zweck der Variablen zu verstehen. Obwohl wir die meisten kurzen Programme dieses Buches nicht so ausführlich kommentieren werden, ist es sinnvoll, längere und kompliziertere Programme auf diese Weise zu kommentieren.

3. Fügen Sie die folgenden Codezeilen hinzu, mit denen die Kreditinformationen eingegeben werden:

```
cout << "Geben Sie den Kreditbetrag ein: ";
cin >> Principal;

cout << "Geben Sie den Zinssatz ein (z.B. 0.075): ";
cin >> IntRate;

cout << "Geben Sie die Anzahl der Zahlungen pro Jahr ein: ";
cin >> PayPerYear;

cout << "Geben Sie die Laufzeit in Jahren ein: ";
cin >> NumYears;
```

4. Fügen Sie die Zeilen hinzu, die die Finanzrechnung ausführen:

```
numer = IntRate * Principal / PayPerYear;
e = -(PayPerYear * NumYears);
b =  (IntRate / PayPerYear) + 1;
denom = 1 - pow(b, e);

Payment = numer / denom;
```

5. Beenden Sie das Programm, indem Sie die Tilgungsrate ausgeben:

```
cout <<  "Die Tilgungsrate betraegt " << Payment;
```

6. Hier ist das komplette Programmlisting von `RegPay.cpp` :

```
/*
  RepPay.cpp: Projekt 2-3
  Die Tilgungsraten für einen Kredit berechnen.
*/
#include <iostream>
#include <cmath>
using namespace std;
int main() {
  double Principal;    // Kreditbetrag
  double IntRate;      // Zinssatz wie beispielsweise 0.075
  double PayPerYear;   // Anzahl der Zahlungen pro Jahr
  double NumYears;     // Laufzeit in Jahren
  double Payment;      // Tilgungsrate
  double numer, denom; // temporäre Arbeitsvariablen
  double b, e;         // Basis und Exponent für den Aufruf von
pow()
  cout << "Geben Sie den Kreditbetrag ein: ";
  cin >> Principal;
  cout << "Geben Sie den Zinssatz ein (z.B. 0.075): ";
  cin >> IntRate;
  cout << "Geben Sie die Anzahl der Zahlungen pro Jahr ein: ";
  cin >> PayPerYear;
  cout << "Geben Sie die Laufzeit in Jahren ein: ";
  cin >> NumYears;
  numer = IntRate * Principal / PayPerYear;
  e = -(PayPerYear * NumYears);
  b =  (IntRate / PayPerYear) + 1;
  denom = 1 - pow(b, e);
```

```
  Payment = numer / denom;
  cout << "Die Tilgungsrate betraegt " << Payment;
  return 0;
}
```

Hier ist ein Beispiel für eine Ausführung des Programms:

```
Geben Sie den Kreditbetrag ein: 10000
Geben Sie den Zinssatz ein (z.B. 0.075): 0.075
Geben Sie die Anzahl der Zahlungen pro Jahr ein: 12
Geben Sie die Laufzeit in Jahren ein: 5
Die Tilgungsrate betraegt 200.379
```

7. Versuchen Sie selbst, das Programm so zu ändern, dass es die Gesamtsumme der Zinsen anzeigt, die über die gesamte Laufzeit gezahlt werden müssen.

Übungsaufgaben

1. Welche Arten von Ganzzahlen werden von C++ unterstützt?
2. Welchen Typ hat 12.2 standardmäßig?
3. Welche Werte kann eine `bool`-Variable annehmen?
4. Wie heißt der lange ganzzahlige Datentyp?
5. Welche Escape-Sequenz erzeugt einen Tabulator? Welche Escape-Sequenz löst einen Alarmton aus?
6. Ein String wird in doppelte Anführungszeichen eingeschlossen. Wahr oder falsch?
7. Wie lauten die hexadezimalen Ziffern?
8. Zeigen Sie die allgemeine Form für die Initialisierung einer Variablen, wenn sie deklariert wird.
9. Was macht ein %? Kann es auf Fließkommazahlen angewendet werden?
10. Erklären Sie den Unterschied zwischen der Präfix- und der Postfix-Form des Inkrement-Operators.

11. Welche der folgenden Ausdrücke sind logische Operatoren von C++?

a) &&

b) ##

c) ||

d) $$

e) !

12. Wie können Sie die folgende Anweisung umschreiben:

```
x = x + 12;
```

13. Was ist ein Cast?

14. Schreiben Sie ein Programm, das alle Primzahlen zwischen 1 und 100 ermittelt.

Kapitel 3

Programmsteueranweisungen

Lernziele

- **Mehr über** `if` **lernen**
- `switch` **untersuchen**
- **Die** `for`**-Anweisung erneut betrachten**
- `while` **verstehen**
- **Mit** `do-while` **arbeiten**
- `break` **anwenden**
- `continue` **verwenden**
- **Verschachtelte Schleifen nutzen**
- **Die** `goto`**-Anweisung untersuchen**

Dieses Kapitel handelt von den Anweisungen, die den Programmablauf bei der Ausführung steuern. Es gibt drei Kategorien von Programmsteueranweisungen: *Auswahl*-Anweisungen, zu denen die Anweisungen `if` und `switch` gehören, *Iterations*-Anweisungen, zu denen die Schleifen `for`, `while` und `do-while` gehören, und *Sprunganweisungen*, zu denen die Anweisungen `break`, `continue`, `return` und `goto` gehören. Mit Ausnahme der `return`-Anweisung, die später in diesem Buch behandelt wird, werden die restlichen Steueranweisungen, einschließlich der Anweisungen `if` und `for`, die Sie bereits kurz kennen gelernt haben, hier beschrieben.

Die if-Anweisung

In Kapitel 1 haben Sie die `if`-Anweisung kennen gelernt. Jetzt soll diese Anweisung ausführlich behandelt werden. Die komplette Form der `if`-Anweisung lautet:

```
if(Ausdruck) Anweisung;
else Anweisung;
```

Dabei sind die Ziele von `if` bzw. `else` jeweils einzelne Anweisungen. Die `else`-Klausel ist optional. Die Ziele von `if` und `else` können auch aus Anweisungsblöcken bestehen. Die allgemeine Form der `if`-Anweisung mit Anweisungsblöcken lautet

```
if(Ausdruck)
{
   Anweisungsfolge
}
else
{
   Anweisungsfolge
}
```

Wenn der Bedingungsausdruck *Ausdruck* wahr ist, wird das Ziel des `if` ausgeführt; andernfalls wird das Ziel des `else` – falls es eines gibt – ausgeführt. Auf keinen Fall werden beide ausgeführt. Der Bedingungsausdruck, der das `if` steuert, kann ein beliebiger gültiger C++-Ausdruck sein, der einen Wahrheitswert (`true` oder `false`) erzeugt.

Das folgende Programm demonstriert die `if`-Anweisung anhand einer einfachen Version eines Zahlenratespiels. Das Programm generiert eine Zufallszahl, fordert Sie auf, Ihren Tipp einzugeben und zeigt die Meldung `** Richtig **` an, falls Sie die magische Zahl geraten haben. In diesem Programm wird auch eine weitere C++-Bibliotheksfunktion, rand(), eingeführt, die einen zufällig ausgewählten ganzzahligen Wert zurückgibt. Sie benötigt den <cstdlib>-Header.

```
// p03-01.cpp: Zahlenratespiel.
#include <iostream>
#include <cstdlib>
using namespace std;
int main()
{
  int magic;  // magische Zahl
  int guess;  // Tipp des Benutzers
  magic = rand(); // Zufallszahl ermitteln

  cout << "Geben Sie Ihren Tipp ein: ";
  cin >> guess;
  if(guess == magic) cout << "** Richtig **";
  return 0;
}
```

Wenn Ihr Tipp mit der »magischen Zahl« übereinstimmt, wird die Meldung angezeigt.

Dieses Programm verwendet die if-Anweisung, um festzustellen, ob der Tipp des Benutzers mit der magischen Zahl übereinstimmt. Falls dies der Fall ist, wird die Meldung auf dem Bildschirm angezeigt.

Die zweite Version dieses Programms verwendet auch die else-Anweisung, um eine Meldung anzuzeigen, wenn der Benutzer eine falsche Zahl tippt:

```
// p03-02.cpp: Zahlenratespiel: Erste Verbesserung.
#include <iostream>
#include <cstdlib>
using namespace std;
int main()
{
  int magic;  // magische Zahl
  int guess;  // Tipp des Benutzers
  magic = rand(); // eine Zufallszahl ermitteln

  cout << "Geben Sie Ihren Tipp ein: ";
  cin >> guess;
  if(guess == magic) cout << "** Richtig **";
  else cout << "Leider haben Sie falsch geraten...";
  return 0;
}
```

Falsche Antwort ebenfalls anzeigen.

Der Bedingungsausdruck

Manchmal sind C++-Anfänger von der Tatsache verwirrt, dass die `if`-Anweisung mit jedem gültigen C++-Ausdruck gesteuert werden kann. Das heißt, es können nicht nur Bedingungsausdrücke mit relationalen und logischen Operatoren oder Operanden vom Typ `bool` verwendet werden. Die einzige Anforderung besteht darin, dass der Steuerausdruck einen Wahrheitswert (`true` oder `false`) ergibt. In den vorangegangenen Kapiteln haben Sie erfahren, dass ein Wert von 0 automatisch in `false` umgewandelt und dass alle Nicht-null-Werte automatisch in `true` umgewandelt werden. Deshalb kann jeder Ausdruck, der den Wert null oder einen von null verschiedenen Wert liefert, die `if`-Anweisung steuern. Beispielsweise liest das folgende Programm zwei Ganzzahlen über die Tastatur ein und zeigt deren Quotient an. Um zu verhindern, dass ein Fehler durch eine Division durch null ausgelöst wird, prüft eine `if`-Anweisung die zweite Zahl.

```
// p03-03.cpp: Die if-Anweisung mit einem int-Wert steuern.

#include <iostream>
using namespace std;

int main()
{
  int a, b;

  cout << "Geben Sie den Zaehler ein: ";
  cin >> a;
  cout << "Geben Sie den Nenner ein: ";
  cin >> b;

  if(b) cout << "Ergebnis: " << a / b << '\n';
  else cout << "Eine Division durch null ist verboten.\n";

  return 0;
}
```

Beachten Sie, dass `b` allein ausreicht, um diese `if`-Anweisung zu steuern. Es wird kein relationaler Operator verwendet.

Hier sind zwei Beispiele für die Ausführung des Programms:

```
Geben Sie den Zaehler ein: 12
Geben Sie den Nenner ein: 2
Ergebnis: 6

Geben Sie den Zaehler ein: 12
Geben Sie den Nenner ein: 0
Eine Division durch null ist verboten.
```

Beachten Sie, dass `b` (der Divisor) mit `if(b)` auf null getestet wird. Dieser Ansatz funktioniert aus dem folgenden Grund: Wenn `b` gleich null ist, hat die Bedingung, die die `if`-Anweisung steuert, den Wert `false` und die `else`-Anweisung wird ausgeführt. Andernfalls hat die Bedingung den Wert `true` (`b` ist nicht-null), und die Division wird ausgeführt. Es ist nicht notwendig (und würde von vielen C++-Programmierern als schlechter Programmierstil eingeschätzt), die `if`-Anweisung folgendermaßen zu schreiben:

```
if(b == 0) cout << a/b << '\n';
```

Diese Form der Anweisung ist redundant und potentiell ineffizient.

Verschachtelte if-Anweisungen

Eine *verschachtelte* `if`-Anweisung ist eine `if`-Anweisung, die das Ziel einer anderen `if`- oder `else`-Anweisung ist. Verschachtelte `if`-Anweisungen kommen beim Programmieren sehr häufig vor. Wenn Sie mit in C++ verschachtelten `if`-Anweisungen arbeiten, sollten Sie sich vor allem einen Punkt einprägen: Eine `else`-Anweisung bezieht sich immer auf die nächste `if`-Anweisung, die sich innerhalb desselben Blocks wie die `else`-Anweisung befindet und die nicht bereits mit einer `else`-Anweisung verbunden ist. Hier ist ein Beispiel:

```
if(i) {
  if(j) result = 1;
  if(k) result = 2;
  else result = 3; // dieses else gehoert zu if(k)
}
else result = 4; // dieses else gehoert zu if(i)
```

Die Kommentare zeigen, dass das letzte `else` nicht zu `if(j)` gehört (obwohl dies das nächste `if` ohne ein `else` ist), weil es sich nicht in demselben Block befindet. Statt dessen gehört das letzte `else` zu `if(i)`. Das innere `else` gehört zu `if(k)`, weil dies das nächste `if` ist.

Mit einem verschachtelten `if` können Sie das Programm mit dem Zahlenratespiel weiter verbessern. Diese Ergänzung liefert dem Benutzer ein Feedback über einen falschen Tipp.

```
// p03-04.cpp: Zahlenratespiel: Zweite Verbesserung.
#include <iostream>
#include <cstdlib>
using namespace std;
int main()
{
  int magic;  // magische Zahl
  int guess;  // Tipp des Benutzers
```

```
  magic = rand(); // eine Zufallszahl ermitteln

  cout << "Geben Sie Ihren Tipp ein: ";
  cin >> guess;

  if (guess == magic) {
    cout << "** Richtig **\n";
    cout << magic << " ist die magische Zahl.\n";
  }
  else {
    cout << "Leider haben Sie falsch getippt...";
    if(guess > magic) cout << " Ihr Tipp ist zu gross.\n";
    else cout << " Ihr Tipp ist zu klein.\n";
  }

  return 0;
}
```

Hier gibt ein verschachteltes `if` dem Benutzer ein Feedback.

Die if-else-if-Leiter

Ein gebräuchliches Programmkonstrukt basiert auf verschachtelten `if`-Anweisungen: die (manchmal) so genannte `if-else-if`-*Leiter.* Sie hat die folgende Form:

```
if(Bedingung)
  Anweisung;
else if(Bedingung)
  Anweisung;
else if(Bedingung)
  Anweisung;
.
.
.
else
  Anweisung;
```

Die Bedingungsausdrücke werden von oben nach unten ausgewertet. Sobald eine wahre Bedingung gefunden wird, wird die zugehörige Anweisung ausgeführt, und der Rest der Leiter wird übersprungen. Wenn keine Bedingung wahr ist, wird die abschließende `else`-Anweisung ausgeführt. Das abschließende `else` dient häufig als Standardbedingung. Das heißt, wenn alle anderen Bedingungstests scheitern, wird die abschließende `else`-Anweisung ausgeführt. Wenn es keine abschließende `else`-Anweisung gibt und alle anderen Bedingungen falsch sind, wird keine Aktion ausgeführt.

Das folgende Programm demonstriert die `if-else-if`-Leiter:

```
// p03-05.cpp: Eine if-else-if-Leiter demonstrieren.
#include <iostream>
using namespace std;

int main()
{
  int x;

  for(x=0; x<6; x++) {
    if(x==1) cout << "x ist eins\n";
    else if(x==2) cout << "x ist zwei\n";
    else if(x==3) cout << "x ist drei\n";
    else if(x==4) cout << "x ist vier\n";
    else cout << "x liegt nicht zwischen 1 und 4\n";
  }

  return 0;
}
```

Eine `if-else-if`-Leiter.

Das Programm erzeugt den folgenden Output:

```
x liegt nicht zwischen 1 und 4
x ist eins
x ist zwei
x ist drei
x ist vier
x liegt nicht zwischen 1 und 4
```

Wie Sie sehen können, wird die standardmäßige `else`-Anweisung nur ausgeführt, wenn keine der vorangegangenen `if`-Anweisungen Erfolg hat.

1-Minuten-Test

- Die Bedingung, die eine `if`-Anweisung steuert, muss einen relationalen Operator verwenden. Wahr oder falsch?
- Mit welchem `if` ist ein `else` immer verbunden?
- Was ist eine `if-else-if`-Leiter?

- Falsch. Die Bedingung, die eine `if`-Anweisung steuert, muss einfach nur einen Wahrheitswert (`true` oder `false`) ergeben.
- Ein `else` gehört immer zu dem nächsten `if` in demselben Block, das noch nicht mit einem `else` verbunden ist.
- Eine `if-else-if`-Leiter ist eine Folge von verschachtelten `if-else`-Anweisungen.

Die switch-Anweisung

Die `switch`-Anweisung ist die zweite Auswahl-Anweisung in C++. Diese Anweisung stellt eine Mehrfachverzweigung zur Verfügung, mit der ein Programm zwischen mehreren (nicht nur zwei) Alternativen auswählen kann. Obwohl mehrere Tests auch mit einer Reihe verschachtelter `if`-Anweisungen ausgeführt werden können, ist `switch` in vielen Situationen effizienter. Die `switch`-Anweisung funktioniert folgendermaßen: Der Wert eines Ausdrucks wird nacheinander mit einer Liste von Konstanten verglichen. Wenn eine Übereinstimmung gefunden wird, wird die zugehörige Folge von Anweisungen ausgeführt. Die allgemeine Form der `switch`-Anweisung lautet:

```
switch(Ausdruck) {
   case Konstante1:
      Anweisungsfolge
      break;
   case Konstante2:
      Anweisungsfolge
      break;
   case Konstante3:
      Anweisungsfolge
      break;
  .
  .
  .
   default:
      Anweisungsfolge
}
```

Der `switch`-Ausdruck muss entweder ein Zeichen oder einen ganzzahligen Wert ergeben. (Beispielsweise sind Fließkomma-Ausdrücke nicht zugelassen.) Häufig besteht der Ausdruck, der die `switch`-Anweisung kontrolliert, einfach aus einer Variablen. Die `case`-Konstanten müssen Ganzzahlen oder Zeichen-Literale sein.

Die `default`-*`Anweisungsfolge`* (standardmäßige Anweisungsfolge) wird ausgeführt, wenn keine Übereinstimmung gefunden wird. Die `default`-Komponente ist optional; wenn sie nicht vorhanden ist, wird keine Aktion ausgeführt, wenn alle Tests scheitern. Wenn eine Übereinstimmung gefunden wird, werden die Anweisungen, die zu dem jeweiligen `case` gehören, bis zum ersten `break` oder – bei einer abschließenden `case`- oder `default`-Anweisung – bis zum Ende der `switch`-Anweisung ausgeführt.

Es gibt vier wichtige Punkte, die Sie sich zur `switch`-Anweisung einprägen sollten:

- switch unterscheidet sich von if dadurch, dass switch nur auf Gleichheit (das heißt auf Übereinstimmung mit dem switch-Ausdruck und den case-Konstanten) testen kann, während der if-Bedingungsausdruck einen beliebigen Typ haben kann.
- In einer switch-Anweisung dürfen keine zwei case-Konstanten identische Werte haben. Natürlich kann eine switch-Anweisung, die von einer äußeren switch-Anweisung eingeschlossen ist, gleiche case-Konstanten enthalten.
- Eine switch-Anweisung ist normalerweise effizienter als verschachtelte if-Anweisungen.
- Die Anweisungsfolgen, die mit den case-Anweisungen verbunden sind, sind *keine Blöcke*. Dennoch definiert die *gesamte* switch-Anweisung einen Block. Wie wichtig dies ist, wird deutlich, wenn Sie mehr über C++ lernen.

Das folgende Programm veranschaulicht die switch-Anweisung. Es fragt nach einer Zahl zwischen 1 und 3 einschließlich. Dann zeigt es das Sprichwort an, das mit dieser Zahl verbunden ist. Bei jeder anderen Zahl wird eine Fehlermeldung angezeigt.

```
// p03-06.cpp: Ein einfacher Sprichwortgenerator,
// der die switch-Anweisung demonstriert.
#include <iostream>
using namespace std;

int main()
{
  int num;

  cout << "Geben Sie eine Zahl zwischen 1 und 3 ein: ";
  cin >> num;

  switch(num) {
    case 1:
      cout << "Ein rollender Stein setzt kein Moos an.\n";
      break;
    case 2:
      cout << "Ein Spatz in der Hand ist besser als die Taube auf
dem Dach.\n";
      break;
    case 3:
      cout << "Gleich und gleich gesellt sich gern.\n";
      break;
    default:
```

Der Wert von num legt fest, welche case-Folge ausgeführt wird.

```
    cout << "Sie muessen entweder 1, 2 oder 3 eingeben.\n";
  }

  return 0;
}
```

Hier sind zwei Beispiele für die Ausführung des Programms:

```
Geben Sie eine Zahl zwischen 1 und 3 ein: 1
Ein rollender Stein setzt kein Moos an.

Geben Sie eine Zahl zwischen 1 und 3 ein: 5
Sie muessen entweder 1, 2 oder 3 eingeben.
```

Technisch gesehen, ist die `break`-Anweisung optional, obwohl sie in den meisten Anwendungen der `switch`-Anweisung verwendet wird. Wenn der Programmablauf in der Anweisungsfolge eines `case` auf die `break`-Anweisung stößt, wird die `switch`-Anweisung verlassen und der Programmablauf mit der nächsten Anweisung nach der `switch`-Anweisung fortgesetzt. Wenn jedoch die Anweisungsfolge eines `case` nicht mit einer `break`-Anweisung beendet wird, werden alle Anweisungen dieser `case`-Anweisung sowie alle folgenden Anweisungen ausgeführt, bis ein `break` (oder das Ende des `switch`) erreicht wird. Sie sollten das folgende Beispielprogramm sorgfältig studieren. Können Sie feststellen, was auf dem Bildschirm angezeigt wird?

```
// p03-07.cpp: Ein switch ohne break-Anweisungen.

#include <iostream>
using namespace std;

int main()
{
  int i;

  for(i=0; i<5; i++) {
    switch(i) {
      case 0: cout << "kleiner als 1\n";
      case 1: cout << "kleiner als 2\n";
      case 2: cout << "kleiner als 3\n";
      case 3: cout << "kleiner als 4\n";
      case 4: cout << "kleiner als 5\n";
    }
    cout << '\n';
  }

  return 0;
}
```

Hier gibt es keine `break`-Anweisungen.

Dieses Programm zeigt den folgenden Output:

```
kleiner als 1
kleiner als 2
kleiner als 3
kleiner als 4
kleiner als 5
kleiner als 2
kleiner als 3
kleiner als 4
kleiner als 5
kleiner als 3
kleiner als 4
kleiner als 5
kleiner als 4
kleiner als 5
kleiner als 5
```

Dieses Programm veranschaulicht, dass die Ausführung mit dem nächsten `case` fortgesetzt wird, wenn keine `break`-Anweisung vorhanden ist.

Sie können auch leere `case`-Anweisungen verwenden. Ein Beispiel:

```
switch(i) {
  case 1:
  case 2:
  case 3:
    cout << "i ist kleiner als 4";
    break;
  case 4:
    cout << "i ist 4";
    break;
```

Leere case-Anweisungen.

Wenn `i` den Wert 1, 2 oder 3 hat, wird in diesem Fragment die Meldung

```
i ist kleiner als 4
```

angezeigt. Wenn `i` den Wert 4 hat, wird

```
i ist 4
```

angezeigt. Das »Stapeln« von `case`-Anweisungen (wie in diesem Beispiel) wird sehr häufig eingesetzt, wenn mehrere `case`-Anweisungen denselben Code ausführen.

Verschachtelte switch-Anweisungen

Die `case`-Anweisungen einer `switch`-Anweisung können andere `switch`-Anweisungen enthalten. Selbst wenn die `case`-Konstanten einer inneren und einer äußeren `switch`-Anweisung gemeinsame Werte enthalten, gibt es keine Konflikte. Beispielsweise ist das folgende Code-Fragment gültig:

```
switch(ch1) {
  case 'A': cout << "Dieses A gehoert zu dem aeusseren switch";
    switch(ch2) {                          <-- A nested switch.
      case 'A':
        cout << "Dieses A gehoert zu dem inneren switch";
        break;
      case 'B': // ...
    }
    break;
  case 'B': // ...
```

1-Minuten-Test

- Welchen Typ muss der Ausdruck haben, der eine `switch`-Anweisung steuert?
- Was passiert, wenn der `switch`-Ausdruck mit einer `case`-Konstanten übereinstimmt?
- Was passiert, wenn eine `case`-Anweisungsfolge nicht mit einem `break` beendet wird?

Frage an den Experten

Frage: Unter welchen Bedingungen sollte ich eine `if-else-if`-Leiter anstelle einer `switch`-Anweisung verwenden, wenn ich eine Mehrfachverzweigung programmiere?

Antwort: Im Allgemeinen sollten Sie eine `if-else-if`-Leiter verwenden, wenn die Bedingungen, die die Auswahl steuern, nicht von einem einzelnen Wert abhängen. Betrachten Sie beispielsweise die folgende `if-else-if`-Sequenz:

- Der `switch`-Ausdruck muss eine ganze Zahl oder ein Zeichen sein.
- Wenn ein passender `case` gefunden wird, wird die zugehörige Anweisungsfolge ausgeführt.
- Wenn eine `case`-Anweisungsfolge nicht mit einem `break` beendet wird, wird die Ausführung mit dem nächsten `case` fortgesetzt.

```
if(x < y 10) // ...
else if(y > 0) // ...
else if(!done) // ...
```

Diese Sequenz kann nicht mit einer `switch`-Anweisung codiert werden, weil alle drei Bedingungen verschiedene Variablen und Typen enthalten. Welche Variable könnte die `switch`-Anweisung steuern? Außerdem müssen Sie eine `if-else-if`-Leiter verwenden, wenn Sie Fließkommawerte oder andere Objekte testen, die keinen der Typen haben, die in einem `switch`-Ausdruck zulässig sind.

Help.cpp

Projekt 3-1: Mit dem Aufbau eines C++-Hilfesystems beginnen

In diesem Projekt erstellen Sie ein einfaches Hilfesystem, das die Syntax der C++-Steueranweisungen anzeigt. Das Programm zeigt ein Menü an, das die Steueranweisungen enthält, und wartet dann darauf, dass der Benutzer eine Anweisung auswählt. Danach zeigt es die Syntax der Anweisung an. In dieser ersten Version des Programms steht nur Hilfe für die Anweisungen `if` und `switch` zur Verfügung. Die anderen Steueranweisungen werden in den folgenden Projekten hinzugefügt.

Schritt für Schritt

1. Erstellen Sie eine Datei namens `Help.cpp`.

2. Das Programm beginnt mit der Anzeige des folgenden Menüs:

```
Hilfe fuer:
  1. if
  2. switch
Waehlen Sie eine Anweisung:
```

Dieses Menü wird mit der folgenden Anweisungsfolge angezeigt:

```
cout << "Hilfe fuer:\n";
cout << "  1. if\n";
cout << "  2. switch\n";
cout << "Waehlen Sie eine Anweisung: ";
```

3. Als Nächstes fragt das Programm die Auswahl des Benutzers ab:

```
cin >> choice;
```

4. Nachdem es die Auswahl abgefragt hat, zeigt das Programm mit der folgenden `switch`-Anweisung die Syntax der ausgewählten Anweisung an:

```
switch(choice) {
  case '1':
    cout << "Die if-Anweisung:\n\n";
    cout << "if(Bedingung) Anweisung;\n";
    cout << "else Anweisung;\n";
    break;
  case '2':
    cout << "Die switch-Anweisung:\n\n";
    cout << "switch(Ausdruck) {\n";
    cout << "  case Konstante:\n";
    cout << "    Anweisungsfolge\n";
    cout << "    break;\n";
    cout << "  // ...\n";
    cout << "}\n";
    break;
  default:
    cout << "Auswahl nicht vorhanden.\n";
}
```

Beachten Sie, dass die `default`-Klausel eine ungültige Auswahl abfängt. Wenn der Benutzer beispielsweise 3 eingibt, ergibt keine der `case`-Konstanten eine Übereinstimmung, sodass die `default`-Anweisungsfolge ausgeführt wird.

5. Hier ist das komplette Programmlisting von `Help.cpp`:

```
/*
   Help.cpp: Projekt 3-1
   Ein einfaches Hilfesystem.
*/
#include <iostream>
using namespace std;

int main() {
  char choice;

  cout << "Hilfe fuer:\n";
  cout << "  1. if\n";
  cout << "  2. switch\n";
  cout << "Waehlen Sie eine Anweisung: ";
  cin >> choice;

  cout << "\n";

  switch(choice) {
    case '1':
      cout << "Die if-Anweisung:\n\n";
      cout << "if(Bedingung) Anweisung;\n";
```

3

```
      cout << "else Anweisung;\n";
      break;
    case '2':
      cout << "Die switch-Anweisung:\n\n";
      cout << "switch(Ausdruck) {\n";
      cout << "  case Konstante:\n";
      cout << "    Anweisungsfolge\n";
      cout << "    break;\n";
      cout << "  // ...\n";
      cout << "}\n";
      break;
    default:
      cout << "Auswahl nicht vorhanden.\n";
  }
  return 0;
}
```

Ein Ausführungsbeispiel:

```
Hilfe fuer:
  1. if
  2. switch
Waehlen Sie eine Anweisung: 1
Die if-Anweisung:
if(Bedingung) Anweisung;
else Anweisung;
```

Die for-Schleife

Seit Kapitel 1 haben Sie eine einfache Form der `for`-Schleife verwendet. Es mag Sie überraschen zu sehen, wie leistungsstark und flexibel die `for`-Schleife ist. Wir wollen zunächst noch einmal die grundlegenden Komponenten wiederholen, die zur Grundform der `for`-Schleife gehören.

Die allgemeine Form der `for`-Schleife zur Wiederholung einer einzigen Anweisung lautet:

```
for(Initialisierung; Ausdruck; Inkrement) Anweisung;
```

Zur Wiederholung eines Blocks wird die folgende allgemeine Form verwendet:

```
for(Initialisierung; Ausdruck; Inkrement)
{
  Anweisungsfolge
}
```

`Initialisierung` ist üblicherweise eine Zuweisungsanweisung, die den Anfangswert der *Schleifenvariablen* setzt. Diese dient als Zähler zur Steuerung der Schleife. *`Ausdruck`* ist ein Bedingungsausdruck, der festlegt, ob die Schleife wiederholt werden soll. *`Inkrement`* definiert den Betrag, um den die Schleifenvariable bei jedem Schleifendurchlauf geändert werden soll. Beachten Sie, dass diese drei Hauptabschnitte einer Schleife durch Semikolons getrennt werden müssen. Die `for`-Schleife wird so lange ausgeführt, wie der Bedingungsausdruck `true` ist. Wenn die Bedingung den Wert `false` annimmt, wird die Schleife verlassen, und das Programm wird mit der Anweisung fortgesetzt, die auf den `for`-Block folgt.

Das folgende Programm gibt mit einer `for`-Schleife die Quadratwurzeln der Zahlen zwischen 1 und 99 aus. Die Schleifenvariable heißt in diesem Beispiel `num`.

```
// p03-08.cpp: Die Quadratwurzeln von 1 bis 99 anzeigen.

#include <iostream>
#include <cmath>
using namespace std;

int main()
{
  int num;
  double sq_root;

  for(num=1; num < 100; num++) {
    sq_root = sqrt((double) num);
    cout << num << " " << sq_root << '\n';
  }

  return 0;
}
```

Dieses Programm verwendet die Standardfunktion `sqrt()`. In Kapitel 2 haben Sie erfahren, dass die Funktion `sqrt()` die Quadratwurzel ihres Arguments zurückgibt. Das Argument muss vom Typ `double` sein, und die Funktion gibt einen Wert vom Typ `double` zurück. Sie benötigt den Header `<cmath>`.

Die Schleifenvariable einer `for`-Schleife kann positiv oder negativ sein und um einen beliebigen Betrag geändert werden. Beispielsweise gibt das folgende Programm die Zahlen 50 bis -50 absteigend in Zehner-Schritten aus:

```
// p03-09.cpp: Eine for-Schleife mit einem absteigenden Schleifen-
zähler.

#include <iostream>
using namespace std;

int main()
```

```
{
  int i;
  for(i=50; i >= -50; i = i-10) cout << i << ' ';
  return 0;
}
```

Eine absteigende for-Schleife.

Dieses Programm erzeugt den folgenden Output:

```
50 40 30 20 10 0 -10 -20 -30 -40 -50
```

Wichtig ist: Der Bedingungsausdruck einer `for`-Schleife wird immer am Anfang der Schleife getestet. Dies bedeutet, dass der Code innerhalb der Schleife möglicherweise überhaupt nicht ausgeführt wird, wenn die Bedingung gleich beim ersten Mal `false` ergibt. Ein Beispiel:

```
for(count=10; count < 5; count++)
  cout << count; // diese Anweisung wird nicht ausgeführt
```

Diese Schleife wird niemals ausgeführt, weil ihre Steuervariable, `count`, größer als 5 ist, wenn die Schleifenbedingung zum ersten Mal getestet wird. Deshalb ist ergibt der Bedingungsausdruck, `count < 5`, von Anfang an den Wert `false`, sodass die Schleife nicht einmal durchlaufen wird.

Frage an den Experten

Frage: Unterstützt C++ auch andere mathematische Funktionen als `sqrt()`?

Antwort: Ja! Zusätzlich zu `sqrt()` unterstützt C++ einen umfangreichen Satz mathematischer Bibliotheksfunktionen – beispielsweise `sin()`, `cos()`, `tan()`, `log()`, `pow()`, `ceil()` und `floor()`, um nur einige zu nennen. Wenn Sie gerne mathematische Aufgaben programmieren, sollten Sie sich näher mit den mathematischen Funktionen von C++ befassen. Alle C++-Compiler unterstützen diese Funktionen. Sie finden ihre Beschreibungen in der Dokumentation Ihres Compilers. Alle mathematischen Funktionen benötigen den Header <cmath>.

Einige Varianten der for-Schleife

Die `for`-Schleife gehört zu den vielseitigsten Anweisungen von C++, weil es viele Varianten dieser Anweisung gibt. Beispielsweise kann sie mehrere Schleifenvariablen enthalten. Betrachten Sie das folgende Codefragment:

```
for(x=0, y=10; x <= y; ++x, --y)
  cout << x << ' ' << y << '\n';
```

Dieses Fragment enthält zwei Initialisierungsanweisungen, die durch ein Komma getrennt sind, und zwei Inkrement-Ausdrücke, die ebenfalls durch ein Komma getrennt sind. Die Kommas sind notwendig, damit der Compiler versteht, dass es sich um zwei Initialisierungs- bzw. um zwei Inkrement-Anweisungen handelt. In C++ ist das Komma ein Operator, der im Wesentlichen »Tue dies und dies« bedeutet. Er wird am häufigsten in `for`-Schleifen verwendet. Sie können eine beliebige Anzahl von Initialisierungs- und Inkrement-Anweisungen verwenden, aber praktisch machen mehr als zwei oder drei solcher Anweisungen eine `for`-Schleife unhandlich.

Die Bedingung, die die Schleife steuert, kann jeder gültige C++-Ausdruck sein. Sie muss nicht die Schleifenvariable enthalten. Im nächsten Beispiel wird die Schleife ausgeführt, bis die `rand()`-Funktion einen Wert erzeugt, der größer als 20.000 ist.

```
// p03-10.cpp: Schleife durchlaufen, bis eine
// Zufallszahl größer als 20.000 ist.

#include <iostream>
#include <cstdlib>
using namespace std;

int main()
{
  int i;
  int r;

  r = rand();

  for(i=0; r <= 20000; i++)
    r = rand();

  cout << "Die Zahl ist " << r <<
    ". Sie wurde beim " << i << ". Versuch erzeugt.";

  return 0;
}
```

Dieser Bedingungsausdruck verwendet keinen Schleifenzähler zur Steuerung der Schleife.

Ein Ausführungsbeispiel:

```
Die Zahl ist 26500. Sie wurde beim 3. Versuch erzeugt.
```

Bei jedem Schleifendurchlauf wird mit einem Aufruf von `rand()` eine neue Zufallszahl ermittelt. Wenn ein Wert generiert wird, der größer als 20.000 ist, nimmt die Schleifenbedingung den Wert `false` an, und die Schleife wird beendet.

Fehlende Komponenten

Ein weiterer Aspekt, der die `for`-Schleife in C++ von den `for`-Schleifen vieler anderer Computersprachen unterscheidet, besteht darin, dass bestimmte Komponenten der Schleife nicht definiert werden müssen. Beispielsweise könnte eine Schleife, die läuft, bis die Zahl 123 über die Tastatur eingetippt wird, folgendermaßen aussehen:

```
// p03-11.cpp: Eine for-Schleife ohne Inkrement.
#include <iostream>
using namespace std;
int main()
{
  int x;
  for(x=0; x != 123; ) {
    cout << "Geben Sie eine Zahl ein: ";
    cin >> x;
  }
  return 0;
}
```

Hier steht kein Inkrement-Ausdruck.

In diesem Fragment ist der Inkrement-Teil der `for`-Schleife leer. Dies bedeutet, dass `x` bei jedem Schleifendurchlauf getestet wird, um zu prüfen, ob es den Wert 123 hat, aber es wird keine weitere Aktion ausgeführt. Wenn Sie jedoch 123 eintippen, wird die Schleifenbedingung `false`, und die Schleife wird beendet. Die `for`-Schleife ändert die Schleifenvariable nicht, wenn die Schleife keinen Inkrement-Teil enthält.

Eine weitere Variation der `for`-Schleife besteht darin, den Initialisierungsabschnitt aus der Schleife herauszunehmen. Ein Beispiel:

```
x = 0;
for( ; x<10; )
```

`x` wird außerhalb der Schleife initialisiert.

```
{
  cout << x << ' ';
  ++x;
}
```

In diesem Fragment ist der Initialisierungsabschnitt leer, und `x` wird initialisiert, bevor die Schleife ausgeführt wird. Die Initialisierung erfolgt im Allgemeinen nur außerhalb der Schleife, wenn der Anfangswert durch einen komplexen Prozess abgeleitet wird, der vom Platz her kaum in die `for`-Anweisung passt. Beachten Sie, dass sich der Inkrement-Teil in diesem Beispiel im Anweisungsteil der `for`-Schleife befindet.

Die for-Endlosschleife

Mit dem folgenden `for`-Konstrukt können Sie eine *Endlosschleife* (eine Schleife, die nie beendet wird) erstellen:

```
for(;;)
{
  //...
}
```

Diese Schleife läuft ewig. Obwohl manche Programmieraufgaben, wie beispielsweise der Befehlsprozessor des Betriebssystems, Endlosschleifen erfordern, sind die meisten »Endlosschleifen« in Wirklichkeit Schleifen mit speziellen Abbruchbedingungen. Gegen Ende dieses Kapitels werden Sie erfahren, wie Sie eine Schleife dieses Typs mit der `break`-Anweisung abbrechen können.

Schleifen ohne Körper

In C++ kann der Körper (der Block der Schleifenanweisungen) einer `for`-Schleife leer sein. Dies ist möglich, weil die *Null-Anweisung* syntaktisch gültig ist. Schleifen ohne Körper sind oft nützlich. Beispielsweise verwendet das folgende Programm eine solche Schleife, um die Zahlen von 1 bis 10 zu summieren:

```
// p03-12.cpp: Der Körper einer for-Schleife kann leer sein.

#include <iostream>
#include <cstdlib>
using namespace std;

int main()
{
  int i;
  int sum = 0;
```

```
  // Die Zahlen von 1 bis 10 addieren.
  for(i=1; i <= 10; sum += i++) ;

  cout << "Die Summe betraegt " << sum;

  return 0;
}
```

Diese Schleife hat keinen Körper.

Dieses Programm erzeugt den folgenden Output:

```
Die Summe betraegt 55
```

Beachten Sie, dass die Summe komplett innerhalb der `for`-Anweisung berechnet wird und dass kein Körper benötigt wird. Achten Sie speziell auf den Iterationsausdruck:

```
sum += i++
```

Lassen Sie sich durch solche Anweisungen nicht beeindrucken. Sie sind in professionellen C++-Programmen üblich, und sie sind leicht zu verstehen, wenn Sie sie in ihre Teile zerlegen. In Worten ausgedrückt, sagt diese Anweisung: »Weise `sum` den Wert von `sum` plus `i` zu und inkrementiere dann `i`.« Dieser Ausdruck entspricht den folgenden Anweisungen:

```
sum = sum + i;
i++;
```

Schleifensteuervariablen innerhalb der for-Schleife deklarieren

Häufig wird die Variable, die eine `for`-Schleife steuert, nur für diese spezielle Schleife und nicht an anderen Stellen benötigt. Wenn dies der Fall ist, können Sie die Variable innerhalb des Initialisierungsabschnitts der `for`-Schleife deklarieren. Beispielsweise berechnet das folgende Programm sowohl die Summe als auch die Fakultät der Zahlen 1 bis 5. Die Schleifenvariable `i` wird innerhalb der `for`-Anweisung deklariert:

```
// p03-13.cpp: Die Schleifenvariable innerhalb der for-Anweisung
deklarieren.

#include <iostream>
using namespace std;

int main() {
  int sum = 0;
```

```
  int fact = 1;

  // Die Fakultät der Zahlen 1 bis 5 berechnen
  for(int i = 1; i <= 5; i++) {
    sum += i;  // i ist in der ganzen Schleife bekannt
    fact *= i;
  }

  // aber hier ist i unbekannt

  cout << "Die Summe betraegt " << sum << "\n";
  cout << "Die Fakultaet betraegt " << fact;

  return 0;
}
```

Hier wird `i` innerhalb der `for`-Schleife deklariert.

Dieses Programm erzeugt den folgenden Output:

```
Die Summe betraegt 15
Die Fakultät betraegt 120
```

Wenn Sie eine Variable innerhalb einer `for`-Schleife deklarieren, müssen Sie sich den folgenden wichtigen Punkt einprägen: Die Variable ist nur innerhalb der `for`-Anweisung bekannt. In der Fachsprache des Programmierens sagt man: Die *Reichweite* (engl. *scope*) der Variablen ist auf die `for`-Schleife begrenzt. Außerhalb der `for`-Schleife hört die Variable auf zu existieren. Deshalb ist in dem vorangegangenen Beispiel außerhalb der `for`-Schleife kein Zugriff auf `i` möglich. Wenn Sie die Schleifenvariable an anderen Stellen Ihres Programms verwenden wollen, dürfen Sie sie nicht innerhalb der `for`-Schleife deklarieren.

Anmerkung

Ob eine Variable, die in dem Initialisierungsabschnitt einer `for`-Schleife deklariert wird, auf diese Schleife beschränkt ist oder nicht, hat sich im Laufe der Zeit geändert. Ursprünglich stand die Variable nach der `for`-Schleife zur Verfügung, aber diese Eigenschaft wurde während der C++-Standardisierung geändert. Heute beschränkt ANSI/ISO-Standard-C++ die Variable auf die Reichweite der `for`-Schleife. Einige Compiler tun dies jedoch nicht. Sie müssen prüfen, wie sich der Compiler verhält, den Sie in Ihrer Umgebung verwenden.

Bevor Sie fortfahren, sollten Sie einige eigene Variationen der `for`-Schleife ausprobieren. Sie werden feststellen, dass diese Schleife ihre eigene Faszination hat.

1-Minuten-Test

- Können Teile einer `for`-Anweisung leer sein?
- Zeigen Sie, wie mit `for` eine Endlosschleife erstellt wird.
- Welche Reichweite hat eine Variable, die innerhalb einer `for`-Anweisung deklariert wird?

Die while-Schleife

Eine weitere Schleife ist die `while`-Schleife. Ihre allgemeine Form lautet:

```
while(Ausdruck) Anweisung;
```

wobei *Anweisung* eine einzige Anweisung oder ein Block von Anweisungen sein kann. *Ausdruck* definiert die Bedingung, die die Schleife steuert, und kann ein beliebiger gültiger Ausdruck sein. Die Anweisung wird ausgeführt, während die Bedingung `true` ist. Wenn die Bedingung den Wert `false` annimmt, wird das Programm mit der Zeile fortgeführt, die unmittelbar auf die Schleife folgt.

Das nächste Programm veranschaulicht die `while`-Schleife anhand eines kurzen, aber faszinierenden Beispiels. Praktisch alle Computer unterstützen einen erweiterten Zeichensatz, der über den ASCII-Zeichensatz hinausgeht und der häufig spezielle Zeichen für ausländische Buchstaben und für wissenschaftliche Notationen enthält. Die ASCII-Zeichen verwenden Werte, die kleiner als 128 sind. Der erweiterte Zeichensatz beginnt mit 128 und endet mit 255. Das folgende Programm zeigt alle Zeichen zwischen 32 (das Leerzeichen) und 255 an. Wenn Sie dieses Programm ausführen, werden Sie sehr wahrscheinlich einige sehr interessante Zeichen sehen.

```
// p03-14.cpp: Alle druckbaren Zeichen anzeigen,
// einschließlich des erweiterten Zeichensatzes - falls vorhanden.

#include <iostream>
using namespace std;

int main()
{
  unsigned char ch;
```

- Ja. Alle drei Teile einer `for`-Schleife – Initialisierung, Bedingung und Iteration – können leer sein.
- `for( ; ; )`
- Die Reichweite einer Variablen, die innerhalb einer `for`-Anweisung deklariert wird, ist auf die Schleife beschränkt. Außerhalb der Schleife ist die Variable unbekannt.

```
  ch = 32;
  while(ch) {
    cout << ch;
    ch++;
  }

  return 0;
}
```

Eine while-Schleife verwenden.

Sehen Sie sich den Schleifenausdruck in diesem Programm genau an. Vielleicht fragen Sie sich, warum die `while`-Schleife nur durch `ch` gesteuert wird. Da `ch` ein `unsigned char` ist, kann es nur die Werte 0 bis 255 speichern. Wenn die Variable den Wert 255 enthält und um eins erhöht wird, springt ihr Wert auf null. Deshalb eignet sich der Test auf null als Abbruchbedingung.

Die `while`-Schleife prüft wie die `for`-Schleife den Bedingungsausdruck am Anfang der Schleife. Dies bedeutet, dass der Schleifencode möglicherweise überhaupt nicht ausgeführt wird. Dadurch ist es nicht erforderlich, vor der Schleife einen separaten Test auszuführen. Das folgende Programm veranschaulicht diese Eigenschaft der `while`-Schleife. Es zeigt eine Zeile mit Punkten an. Die Anzahl der angezeigten Punkte ist gleich dem Wert, den der Benutzer eingibt. Das Programm erlaubt keine Zeilen, die länger als 80 Zeichen sind. Der Test auf eine zulässige Zahl von Punkten wird innerhalb des Bedingungsausdrucks der Schleife, nicht außerhalb davon ausgeführt.

```
// p03-15.cpp

#include <iostream>
using namespace std;

int main()
{
  int len;

  cout << "Geben Sie die Laenge ein (1 bis 79): ";
  cin >> len;
  while(len>0 && len<80)  {
    cout << '.';
    len--;
  }

  return 0;
}
```

Wenn `len` außerhalb des Wertebereichs liegt, wird die `while`-Schleife nicht ein einziges Mal ausgeführt. Andernfalls wird sie ausgeführt, bis `len` den Wert 80 annimmt.

Der Körper einer `while`-Schleife kann auch leer sein. Das heißt, er kann auch gar keine Anweisungen enthalten. Ein Beispiel:

```
while(rand() != 100) ;
```

Diese Schleife wird durchlaufen, bis die Zufallszahl, die von `rand()` erzeugt wird, den Wert 100 hat.

Frage an den Experten

Frage: Da alle C++-Schleifen so flexibel sind, suche ich Kriterien, nach denen ich eine Schleife wählen sollte. Das heißt, wie wähle ich für eine bestimmte Aufgabe die richtige Schleife?

Antwort: Verwenden Sie eine `for`-Schleife, wenn Sie wissen, wie oft eine Schleife ausgeführt werden soll. Verwenden Sie eine `do-while`-Schleife, wenn die Schleife wenigstens einmal ausgeführt werden soll. Verwenden Sie eine `while`-Schleife, wenn die Anzahl der Schleifendurchläufe unbekannt ist.

Die do-while-Schleife

Die letzte Schleifenart in C++ ist die `do-while`-Schleife. Im Gegensatz zu den `for`- und `while`-Schleifen, in denen die Bedingung am Anfang der Schleife getestet wird, prüft die `do-while`-Schleife ihre Bedingung am Ende der Schleife. Dies bedeutet, dass eine `do-while`-Schleife immer wenigstens einmal ausgeführt wird. Die `do-while`-Schleife hat die folgende allgemeine Form:

```
do {
   Anweisungen;
} while(Bedingung);
```

Obwohl die geschweiften Klammern nicht erforderlich sind, wenn es nur eine Anweisung gibt, werden sie häufig verwendet, um die Lesbarkeit des `do-while`-Konstrukts zu verbessern und so eine Verwechslung mit der `while`-Schleife auszuschließen. Die `do-while`-Schleife wird so lange ausgeführt, wie der Bedingungsausdruck wahr ist.

Die Schleife in dem folgenden Programm wird so lange ausgeführt, bis die Zahl 100 eingegeben wird:

```
// p03-16.cpp
#include <iostream>
using namespace std;

int main()
{
  int num;

  do {
    cout << "Geben Sie eine Zahl ein (100, um abzubrechen): ";
    cin >> num;
  } while(num != 100);

  return 0;
}
```

Eine do-while-Schleife wird immer wenigstens einmal ausgeführt.

Mit einer do-while-Schleife können wir das Programm mit dem Zahlenratespiel weiter verbessern. Diesmal durchläuft das Programm eine Schleife, bis der Benutzer die richtige Zahl tippt.

```
// p03-17.cpp: Zahlenratespiel: Dritte Verbesserung.
#include <iostream>
#include <cstdlib>
using namespace std;

int main()
{
  int magic; // magische Zahl
  int guess; // Tipp des Benutzers

  magic = rand(); // eine Zufallszahl ermitteln

  do {
    cout << "Geben Sie Ihren Tipp ein: ";
    cin >> guess;
    if(guess == magic) {
      cout << "** Richtig ** ";
      cout << magic << " ist die magische Zahl.\n";
    }
    else {
      cout << "Leider haben Sie falsch getippt...";
      if(guess > magic)
        cout << " Ihr Tipp ist zu gross.\n";
      else cout << " Ihr Tipp ist zu klein.\n";
```

```
    }
  } while(guess != magic);

  return 0;
}
```

Ein Ausführungsbeispiel:

```
Geben Sie Ihren Tipp ein: 10
Leider haben Sie falsch getippt... Ihr Tipp ist zu klein.
Geben Sie Ihren Tipp ein: 100
Leider haben Sie falsch getippt... Ihr Tipp ist zu gross.
Geben Sie Ihren Tipp ein: 50
Leider haben Sie falsch getippt... Ihr Tipp ist zu gross.
Geben Sie Ihren Tipp ein: 41
** Richtig ** 41 ist die magische Zahl.
```


Ein letzter Punkt: Wie bei der `for`- und der `while`-Schleife kann der Körper einer `do-while`-Schleife leer sein, aber dies kommt in der Praxis selten vor.

1-Minuten-Test

- Worin besteht der Hauptunterschied zwischen einer `while`- und einer `do-while`-Schleife?
- Kann der Körper einer `while`-Schleife leer sein?

Projekt 3-2: Das C++-Hilfesystem verbessern

Help2.cpp

Dieses Projekt erweitert das C++-Hilfesystem, das in Projekt 3-1 entwickelt wurde. Diese Version zeigt zusätzlich die Syntax für die `for`-, `while`- und `do-while`-Schleifen an. Außerdem prüft sie, welchen Menüpunkt der Benutzer auswählt, und wiederholt eine Schleife so lange, bis er eine gültige Antwort eingibt. Zu diesem Zweck verwendet sie eine `do-while`-Schleife. Im Allgemeinen wird eine Menüauswahl häufig mit einer `do-while`-Schleife programmiert, weil die Schleife immer wenigstens einmal ausgeführt werden soll.

- Die `while`-Schleife prüft ihre Bedingung am Anfang der Schleife. Die `do-while`-Schleife prüft ihre Bedingung am Ende der Schleife. Deshalb wird eine `do-while`-Schleife immer wenigstens einmal ausgeführt.
- Ja, der Körper einer `while`-Schleife (oder jeder anderen C++-Schleife) kann leer sein.

Schritt für Schritt

1. Kopieren Sie `Help.cpp` in eine neue Datei namens `Help2.cpp`.
2. Ändern Sie den Teil des Programms, der die Optionen anzeigt, sodass er die folgende `do-while`-Schleife verwendet:

```
do {
  cout << "Hilfe fuer:\n";
  cout << "  1. if\n";
  cout << "  2. switch\n";
  cout << "  3. for\n";
  cout << "  4. while\n";
  cout << "  5. do-while\n";
  cout << "Waehlen Sie eine Anweisung: ";

  cin >> choice;
} while( choice  '1' || choice  '5');
```

Nach dieser Änderung durchläuft das Programm eine Schleife, die das Menü so lange anzeigt, bis der Benutzer eine Antwort zwischen 1 und 5 eingibt. In diesem Kontext zeigt sich, wie nützlich die `do-while`-Schleife ist.

3. Erweitern Sie die `switch`-Anweisung, um auch die Schleifen `for`, `while` und `do-while` anzuzeigen:

```
switch(choice) {
  case '1':
    cout << "Die if-Anweisung:\n\n";
    cout << "if(Bedingung) Anweisung;\n";
    cout << "else Anweisung;\n";
    break;
  case '2':
    cout << "Die switch-Anweisung:\n\n";
    cout << "switch(Ausdruck) {\n";
    cout << "  case Konstante:\n";
    cout << "    Anweisungsfolge\n";
    cout << "    break;\n";
    cout << "  // ...\n";
    cout << "}\n";
    break;
  case '3':
    cout << "Die for-Anweisung\n\n";
    cout << "for(Initialisierung; Bedingung; Iteration)";
    cout << " Anweisung;\n";
    break;
  case '4':
    cout << "Die while-Anweisung:\n\n";
    cout << "while(Bedingung) Anweisung;\n";
    break;
```

```
  case '5':
    cout << "Die do-while-Anweisung:\n\n";
    cout << "do {\n";
    cout << "  Anweisung;\n";
    cout << "} while (Bedingung);\n";
    break;
}
```

Beachten Sie, dass diese Version der `switch`-Anweisung keine `default`-Anweisung enthält. Da die Menüschleife sicherstellt, dass die Antwort gültig ist, benötigen wir keine `default`-Anweisung, um eine ungültige Eingabe zu verarbeiten.

4. Hier ist das komplette Programmlisting von `Help2.cpp` :

```
/*
   Help2.cpp: Projekt 3-2

   Ein verbessertes Hilfesystem, das eine
   do-while-Schleife verwendet, um eine
   Menueauswahl zu verarbeiten.
*/

#include <iostream>
using namespace std;

int main() {
  char choice;

  do {
    cout << "Hilfe fuer:\n";
    cout << "  1. if\n";
    cout << "  2. switch\n";
    cout << "  3. for\n";
    cout << "  4. while\n";
    cout << "  5. do-while\n";
    cout << "Waehlen Sie eine Anweisung: ";
    cin >> choice;
  } while( choice < '1' || choice > '5');

  cout << "\n\n";

  switch(choice) {
    case '1':
      cout << "Die if-Anweisung:\n\n";
      cout << "if(Bedingung) Anweisung;\n";
      cout << "else Anweisung;\n";
      break;
    case '2':
      cout << "Die switch-Anweisung:\n\n";
      cout << "switch(Ausdruck) {\n";
      cout << "  case Konstante:\n";
```

```
      cout << "   Anweisungsfolge\n";
      cout << "   break;\n";
      cout << " // ...\n";
      cout << "}\n";
      break;
    case '3':
      cout << "Die for-Anweisung\n\n";
      cout << "for(Initialisierung; Bedingung; Iteration)";
      cout << " Anweisung;\n";
      break;
    case '4':
      cout << "Die while-Anweisung:\n\n";
      cout << "while(Bedingung) Anweisung;\n";
      break;
    case '5':
      cout << "Die do-while-Anweisung:\n\n";
      cout << "do {\n";
      cout << " Anweisung;\n";
      cout << "} while (Bedingung);\n";
      break;
  }
  return 0;
}
```

Frage an den Experten

Frage: Weiter oben haben Sie gezeigt, wie eine Variable im Initialisierungsteil einer for-Schleife deklariert werden kann. Können Variablen auch innerhalb von anderen C++-Steuerbefehlen deklariert werden?

Antwort: Ja. In C++ ist es möglich, eine Variable des Bedingungsausdrucks einer `if`- oder `switch`-Anweisung, innerhalb einer `while`-Schleife oder innerhalb des Initialisierungsteils einer `for`-Schleife zu deklarieren. Die Reichweite einer Variablen, die an einer dieser Stellen deklariert worden ist, ist auf den Codeblock beschränkt, der von dieser Anweisung gesteuert wird.

Sie haben bereits ein Beispiel für die Deklaration einer Variablen innerhalb einer `for`-Schleife kennen gelernt. Im folgenden Beispiel wird eine Variable innerhalb einer `if`-Anweisung deklariert:

```
if(int x = 20) {
  x = x - y;
```

```
   if(x > 10) y = 0;
}
```

Die if-Anweisung deklariert x und weist der Variablen den Wert 20 zu. Da dieser Wert zugleich true ist, wird das Ziel der if-Anweisung ausgeführt. Weil die Reichweite von Variablen, die innerhalb einer Bedingungsanweisung deklariert werden, auf den Codeblock beschränkt ist, der von dieser Bedingungsanweisung gesteuert wird, ist x außerhalb der if-Anweisung unbekannt. Bei der Beschreibung der for-Schleife habe ich bereits erwähnt, dass die Frage, ob eine Variable, die innerhalb einer Bedingungsanweisung deklariert wird, nur in dieser Anweisung oder auch nach dieser Anweisung bekannt ist, von Ihrem Compiler abhängig ist. Sie sollten prüfen, wie sich Ihr Compiler in dieser Hinsicht verhält. Natürlich schreibt der ANSI/ISO-C++-Standard vor, dass die Variable nur in der Anweisung bekannt ist, in der sie deklariert worden ist.

Die meisten Programmierer deklarieren Variablen nur innerhalb von for-Anweisungen und nicht innerhalb von anderen Steueranweisungen. Tatsächlich ist die Deklaration von Variablen innerhalb der anderen Anweisungen strittig und wird von einigen Programmierern als schlechter Programmierstil betrachtet.

3

Eine Schleife mit break verlassen

Sie können einen sofortigen Abbruch einer Schleife erzwingen, indem Sie den Bedingungstest der Schleife mit einer break-Anweisung umgehen. Wenn die Ausführung innerhalb einer Schleife auf eine break-Anweisung stößt, wird die Schleife unmittelbar beendet, und der Programmablauf wird mit der nächsten Anweisung nach der Schleife beendet. Hier ist ein einfaches Beispiel:

```
// p03-18.cpp

#include <iostream>
using namespace std;

int main()
{
  int t;

  // Durchläuft die Schleife 0 bis 9, nicht bis 100!
  for(t=0; t<100; t++) {
    if(t==10) break;
    cout << t << ' ';
  }
```

Die for-Schleife abbrechen, wenn t den Wert 10 annimmt.

```
  return 0;
}
```

Dieses Programm erzeugt den folgenden Output:

```
0 1 2 3 4 5 6 7 8 9
```

Dieser Output zeigt, dass dieses Programm die Zahlen 0 bis 9 auf dem Bildschirm ausgibt, bevor es beendet wird. Es läuft nicht bis 100, weil die `break`-Anweisung einen vorzeitigen Abbruch des Programms bewirkt.

Wenn Schleifen verschachtelt werden (das heißt, wenn eine Schleife eine andere einschließt), bricht `break` nur die innerste Schleife ab. Hier ist ein Beispiel:

```
// p03-19.cpp
#include <iostream>
using namespace std;
int main()
{
  int t, count;

  for(t=0; t<10; t++) {
    count = 1;
    for(;;) {
      cout << count << ' ';
      count++;
      if(count==10) break;
    }
    cout << '\n';
  }

  return 0;
}
```

Dieses Programm erzeugt den folgenden Output:

```
1 2 3 4 5 6 7 8 9
1 2 3 4 5 6 7 8 9
1 2 3 4 5 6 7 8 9
1 2 3 4 5 6 7 8 9
1 2 3 4 5 6 7 8 9
1 2 3 4 5 6 7 8 9
1 2 3 4 5 6 7 8 9
1 2 3 4 5 6 7 8 9
```

```
1 2 3 4 5 6 7 8 9
1 2 3 4 5 6 7 8 9
```


Dieses Programm gibt die Zahlen 1 bis 9 zehnmal auf dem Bildschirm aus. Jedes Mal, wenn der Programmablauf in der inneren `for`-Schleife auf das `break` stößt, wird die Kontrolle an die äußere `for`-Schleife zurückgegeben. Beachten Sie, dass die innere `for`-Schleife eine Endlosschleife ist, die mit der `break`-Anweisung abgebrochen wird.

Die `break`-Anweisung kann in jeder Schleifenanweisung verwendet werden. Sie eignet sich am besten in Situationen, in denen eine spezielle Bedingung einen sofortigen Abbruch bewirken kann. Ein gebräuchlicher Einsatzzweck ist die Beendigung von Endlosschleifen, wie sie in dem vorangegangenen Beispiel veranschaulicht wurde.

Noch ein Punkt: Eine `break`-Anweisung, die in einer `switch`-Anweisung verwendet wird, betrifft nur diese `switch`-Anweisung und nicht die Schleife, in der sich die `switch`-Anweisung möglicherweise befindet.

Eine Schleife mit continue fortsetzen

Sie können vorzeitig einen neuen Schleifendurchlauf erzwingen, indem Sie die normale Steuerstruktur der Schleife umgehen. Zu diesem Zweck verwenden Sie die `continue`-Anweisung. Die `continue`-Anweisung erzwingt den nächsten Schleifendurchlauf, indem sie den gesamten Code zwischen sich selbst und dem Bedingungsausdruck überspringt, der die Schleife steuert. Beispielsweise gibt das folgende Programm die geraden Zahlen zwischen 0 und 100 aus:

```
// p03-20.cpp
#include <iostream>
using namespace std;

int main()
{
  int x;

  for(x=0; x<=100; x++) {
    if(x%2) continue;
    cout << x << ' ';
  }

  return 0;
}
```

Die Schleife vorzeitig fortsetzen, wenn `x` ungerade ist.

Das Programm gibt nur die geraden Zahlen aus, weil bei einer ungeraden Zahl die `continue`-Anweisung ausgeführt wird. Dadurch wird ein neuer Schleifendurchlauf angestoßen und die `cout`-Anweisung übersprungen. Zur Erinnerung: Der `%`-Operator erzeugt den Rest einer ganzzahligen Division. Wenn `x` ungerade ist, hat deshalb der Rest den Wert 1, der dem Wahrheitswert `true` entspricht. Wenn `x` gerade ist, ist der Rest 0, was `false` entspricht.

Bei `while`- und `do-while`-Schleifen bewirkt eine `continue`-Anweisung, dass der Programmablauf direkt zu dem Bedingungsausdruck springt und dann die Schleife fortsetzt. Bei einer `for`-Schleife wird zuerst der Inkrement-Teil der Schleife und dann der Bedingungsausdruck ausgeführt. Anschließend wird die Schleife fortgesetzt.

1-Minuten-Test

- Was passiert innerhalb einer Schleife, wenn ein `break` ausgeführt wird?
- Was macht die `continue`-Anweisung?
- Wenn wir annehmen, dass eine Schleife eine `switch`-Anweisung enthält, führt eine `break`-Anweisung in der `switch`-Anweisung dann dazu, dass die Schleife beendet wird?

`Help3.cpp`

Projekt 3-3: Das C++-Hilfesystem fertig stellen

Dieses Projekt fügt die letzten Feinheiten zu dem C++-Hilfesystem hinzu, das in den vorangegangenen Projekten entwickelt wurde. Diese Version fügt die Syntax für `break`, `continue` und `goto` hinzu. Außerdem erhält der Benutzer die Möglichkeit, die Syntax mehrerer Anweisungen abzufragen. Zu diesem Zweck wird eine äußere Schleife hinzugefügt, die läuft, bis der Benutzer ein `q` als Menüauswahl eingibt.

Schritt für Schritt

1. Kopieren Sie `Help2.cpp` in eine neue Datei namens `Help3.cpp`.
2. Schließen Sie den gesamten Programmcode in eine `for`-Endlosschleife ein. Brechen Sie diese Schleife mit einer `break`-Anweisung ab, wenn der Benutzer ein `q` eingibt. Da diese Schleife den gesamten Programmcode einschließt, führt ein Abbruch dieser Schleife dazu, dass das Programm beendet wird.

- Innerhalb einer Schleife bewirkt eine `break`-Anweisung den sofortigen Abbruch der Schleife. Die Ausführung wird mit der ersten Codezeile nach der Schleife fortgesetzt.
- Die `continue`-Anweisung bewirkt einen sofortigen neuen Schleifendurchlauf, indem der restliche Code übersprungen wird.
- Nein.

3. Ändern Sie die Menüschleife wie folgt:

```
do {
  cout << "Hilfe fuer:\n";
  cout << "  1. if\n";
  cout << "  2. switch\n";
  cout << "  3. for\n";
  cout << "  4. while\n";
  cout << "  5. do-while\n";
  cout << "  6. break\n";
  cout << "  7. continue\n";
  cout << "  8. goto\n";
  cout << "Waehlen Sie eine Anweisung (q, um abzubrechen): ";
  cin >> choice;
} while( choice < '1' || choice > '8' && choice != 'q');
```

Beachten Sie, dass diese Schleife jetzt die Anweisungen `break`, `continue` und `goto` enthält. Sie akzeptiert auch `q` als gültige Auswahl.

4. Erweitern Sie die `switch`-Anweisung, um die Anweisungen `break`, `continue` und `goto` folgendermaßen einzubinden:

```
case '6':
  cout << "Die break-Anweisung:\n\n";
  cout << "break;\n";
  break;
case '7':
  cout << "Die continue-Anweisung:\n\n";
  cout << "continue;\n";
  break;
case '8':
  cout << "Die goto-Anweisung:\n\n";
  cout << "goto label;\n";
  break;
```

5. Hier ist das komplette Programmlisting von `Help3.cpp`:

```
/*
   Help3.cpp: Projekt 3-3
   Das fertige Hilfesystem,
   das mehrere Anforderungen verarbeitet.
*/
#include <iostream>
using namespace std;

int main() {
  char choice;
  for(;;) {
```

```
  do {
    cout << "Hilfe fuer:\n";
    cout << "  1. if\n";
    cout << "  2. switch\n";
    cout << "  3. for\n";
    cout << "  4. while\n";
    cout << "  5. do-while\n";
    cout << "  6. break\n";
    cout << "  7. continue\n";
    cout << "  8. goto\n";
    cout << "Waehlen Sie eine Anweisung (q, um abzubrechen):
";
    cin >> choice;
  } while( choice < '1' || choice > '8' && choice != 'q');
  if(choice == 'q') break;
  cout << "\n\n";

  switch(choice) {
    case '1':
      cout << "Die if-Anweisung:\n\n";
      cout << "if(Bedingung) Anweisung;\n";
      cout << "else Anweisung;\n";
      break;
    case '2':
      cout << "Die switch-Anweisung:\n\n";
      cout << "switch(Ausdruck) {\n";
      cout << "  case Konstante:\n";
      cout << "    Anweisungsfolge\n";
      cout << "    break;\n";
      cout << "  // ...\n";
      cout << "}\n";
      break;
    case '3':
      cout << "Die for-Anweisung\n\n";
      cout << "for(Initialisierung; Bedingung; Iteration)";
      cout << " Anweisung;\n";
      break;
    case '4':
      cout << "Die while-Anweisung:\n\n";
      cout << "while(Bedingung) Anweisung;\n";
      break;
    case '5':
      cout << "Die do-while-Anweisung:\n\n";
      cout << "do {\n";
      cout << "  Anweisung;\n";
      cout << "} while (Bedingung);\n";
      break;
    case '6':
      cout << "Die break-Anweisung:\n\n";
```

```
        cout << "break;\n";
        break;
      case '7':
        cout << "Die continue-Anweisung:\n\n";
        cout << "continue;\n";
        break;
      case '8':
        cout << "Die goto-Anweisung:\n\n";
        cout << "goto label;\n";
        break;
    }
    cout << "\n";
  }
  return 0;
}
```

6. Ein Ausführungsbeispiel:

```
Hilfe fuer:
  1. if
  2. switch
  3. for
  4. while
  5. do-while
  6. break
  7. continue
  8. goto
Waehlen Sie eine Anweisung (q, um abzubrechen): 1

Die if-Anweisung:

if(Bedingung) Anweisung;
else Anweisung;

Hilfe fuer:
  1. if
  2. switch
  3. for
  4. while
  5. do-while
  6. break
  7. continue
  8. goto
Waehlen Sie eine Anweisung (q, um abzubrechen): 6

Die break-Anweisung:

break;

Hilfe fuer:
  1. if
  2. switch
```

```
   3. for
   4. while
   5. do-while
   6. break
   7. continue
   8. goto
Waehlen Sie eine Anweisung (q, um abzubrechen): q
```

Verschachtelte Schleifen

Wie Sie in einigen vorangegangenen Beispielen gesehen haben, können Schleifen ineinander verschachtelt werden. Verschachtelte Schleifen dienen dazu, eine Vielzahl von Programmierproblemen zu lösen, und sind ein wesentliches Werkzeug der Programmierung. Deshalb wollen wir, bevor wir das Thema der Schleifenanweisungen von C++ verlassen, ein weiteres Beispiel für verschachtelte Schleifen behandeln. Das folgende Programm verwendet eine verschachtelte `for`-Schleife, um die Faktoren der Zahlen von 2 bis 100 zu ermitteln:

```
// p03-21.cpp: Mit verschachtelten Schleifen die Faktoren
// der Zahlen zwischen 2 und 100 ermitteln.

#include <iostream>
using namespace std;

int main() {

  for(int i=2; i <= 100; i++) {
    cout << "Faktoren von " << i << ": ";

    for(int j = 2; j < i; j++)
      if((i%j) == 0) cout << j << " ";

    cout << "\n";
  }

  return 0;
}
```

Hier sehen Sie einen Teil des Outputs, der von diesem Programm erzeugt wird:

```
Faktoren von 2:
Faktoren von 3:
Faktoren von 4: 2
Faktoren von 5:
Faktoren von 6: 2 3
Faktoren von 7:
Faktoren von 8: 2 4
```

```
Faktoren von 9: 3
Faktoren von 10: 2 5
Faktoren von 11:
Faktoren von 12: 2 3 4 6
Faktoren von 13:
Faktoren von 14: 2 7
Faktoren von 15: 3 5
Faktoren von 16: 2 4 8
Faktoren von 17:
Faktoren von 18: 2 3 6 9
Faktoren von 19:
Faktoren von 20: 2 4 5 10
```

In diesem Programm durchläuft `i`, der Zähler der äußeren Schleife, die Werte von 2 bis 100. Die innere Schleife testet nacheinander alle Zahlen von 2 bis `i` und gibt die Zahlen aus, die ohne Rest in `i` enthalten sind.

Mit der goto-Anweisung arbeiten

Die `goto`-Anweisung ist die unbedingte Sprunganweisung von C++. Wenn der Programmablauf auf diese Anweisung stößt, wird das Programm an der Stelle fortgesetzt, die von dem `goto` angegeben wird. Diese Anweisung fiel vor vielen Jahren bei Programmierern in Ungnade, weil sie zur Erstellung von so genanntem *Spaghetticode* verleitet. Dennoch wird `goto` noch gelegentlich – und manchmal wirksam – verwendet. In diesem Buch finden Sie kein Urteil über den Wert dieser Anweisung als Form der Programmablaufkontrolle. Es sollte jedoch gesagt werden, dass es beim Programmieren keine Situationen gibt, in denen die Verwendung einer `goto`-Anweisung erforderlich ist. Sie wird nicht benötigt, um die Sprache zu vervollständigen, sondern sie ist statt dessen eine bequeme Möglichkeit, die Sie bei weisem Einsatz in bestimmten Programmiersituationen zu Ihrem Vorteil nutzen können. Als solche wird die `goto`-Anweisung außerhalb dieses Abschnitts in diesem Buch nicht verwendet. Die Hauptsorge der meisten Programmierer bei der `goto`-Anweisung bezieht sich auf ihre Tendenz, ein Programm zu verwirren und fast unlesbar zu machen. Doch manchmal kann eine `goto`-Anweisung den Programmablauf auch klären, statt ihn unübersichtlich zu machen.

Die `goto`-Anweisung benötigt zur Ausführung ein Label (eine Sprungadresse). Ein *Label* ist ein gültiger C++-Bezeichner, gefolgt von einem Doppelpunkt. Darüber hinaus muss das Label in derselben Funktion stehen wie die goto-Anweisung, die es verwendet. Beispielsweise könnte eine Schleife von 1 bis 100 mit einer goto-Anweisung und einem Label folgendermaßen geschrieben werden:

```
x = 1;
loop1:
  x++;
  if(x < 100) goto loop1;
```

Den Wert in length ausgeben.

Eine sinnvolle Verwendung der goto-Anweisung besteht darin, eine tief verschachtelte Routine zu verlassen. Betrachten Sie beispielsweise das folgende Codefragment:

```
for(...) {
  for(...) {
    while(...) {
      if(...) goto stop;
      .
      .
      .
    }
  }
}
stop:
  cout << "Fehler im Programm.\n";
```

Ohne die goto-Anweisung wäre eine Zahl zusätzlicher Tests erforderlich. Eine einfache break-Anweisung würde hier nicht funktionieren, weil sie nur den Abbruch der innersten Schleife bewirken würde.

Übungsaufgaben

1. Schreiben Sie ein Programm, das Zeichen von der Tastatur einliest, bis ein *$* eingetippt wird. Zählen Sie mit dem Programm die Anzahl der Punkte. Geben Sie die Gesamtzahl am Ende des Programms aus.
2. Kann die Codefolge in einer switch-Anweisung von einem case zum nächsten laufen? Erklären Sie die Situation.
3. Zeigen Sie die allgemeine Form der if-else-if-Leiter.

4. Gegeben sei:

```
if(x < 10)
  if(y > 100) {
    if(!done) x = z;
    else y = z;
  }
else cout << "error"; // welches if?
```

Zu welchem `if` gehört das letzte `else`?

5. Zeigen Sie die `for`-Anweisung für eine Schleife, die mit der Schrittgröße -2 von 1000 bis 0 zählt.

6. Ist das folgende Fragment gültig?

```
for(int i = 0; i < num; i++)
  sum += i;

count = i;
```

7. Erklären Sie, was die `break`-Anweisung tut.

8. Was wird in dem folgenden Fragment angezeigt, nachdem die `break`-Anweisung ausgeführt wurde?

```
for(i = 0; i < 10; i++) {
  while(running) {
    if(x<y) break;
     // ...
  }
  cout << "nach while\n";
}
cout << "nach for\n";
```

9. Was gibt das folgende Fragment aus?

```
for(int i = 0; i<10; i++) {
  cout << i << " ";
  if(!(i%2)) continue;
  cout << "\n";
}
```

10. Der Iterationsausdruck in einer `for`-Schleife muss die Schleifenvariable nicht immer um einen festen Betrag ändern, sondern die Schleifenvariable kann in beliebiger Weise geändert werden. Nutzen Sie diese Möglichkeit, um ein Programm zu schreiben, das mit einer `for`-Schleife die Reihe 1, 2, 4, 8, 16, 32 usw. berechnet und anzeigt.

11. Der Wert der ASCII-Kleinbuchstaben ist um 32 größer als der Wert entsprechenden Großbuchstaben. Um einen Kleinbuchstaben in den zugehörigen Großbuchstaben umzuwandeln, können Sie deshalb 32 von ihm abziehen. Nutzen Sie diese Information, um ein Programm zu schreiben, das die Zeichen über die Tastatur einliest und alle Kleinbuchstaben in Großbuchstaben sowie alle Großbuchstaben in Kleinbuchstaben umwandelt und das Ergebnis anzeigt. Ändern Sie andere Zeichen nicht. Das Programm soll beendet werden, wenn der Benutzer einen Punkt eingibt. Am Schluss soll das Programm die Anzahl der Änderungen der Schreibweise anzeigen, die ausgeführt wurden.

12. Wie lautet die unbedingte Sprunganweisung von C++?

Kapitel 4

Arrays, Strings und Zeiger

Lernziele

- **Mit eindimensionalen Arrays arbeiten**
- **Mit zweidimensionalen und mehrdimensionalen Arrays arbeiten**
- **Strings verstehen**
- **Strings über die Tastatur einlesen**
- **Die Standardstringfunktionen erforschen**
- **Arrays initialisieren**
- **String-Arrays einsetzen**
- **Die Grundlagen von Zeigern verstehen**
- **Zeiger-Operatoren anwenden**
- **Mit Zeigern in Ausdrücken arbeiten**
- **Zeiger mit Arrays verbinden**
- **Die mehrfache Indirektion verstehen**

Dieses Kapitel behandelt Arrays, Strings und Zeiger. Auch wenn es auf den ersten Blick nicht so aussieht, sind diese drei Themen miteinander verbunden. In C++ sind sie sogar miteinander verflochten, und wenn Sie eines dieser Themen verstehen, wird es einfacher, auch die anderen zu verstehen.

Ein *Array* ist eine Sammlung von Variablen desselben Typs, die unter einem gemeinsamen Namen zusammengefasst werden. Arrays können eine Dimension oder mehrere Dimensionen haben, obwohl eindimensionale Arrays am häufigsten verwendet werden. Arrays bieten eine bequeme Methode, um Listen zusammengehöriger Variablen zu erstellen.

Das Array, mit dem Sie wahrscheinlich am häufigsten arbeiten werden, ist das Zeichen-Array, weil es dazu dient, einen Zeichenstring zu speichern. Die Sprache C++ verfügt nicht über einen eingebauten String-Datentyp, sondern Strings werden als Arrays von Zeichen implementiert. Dieser Ansatz, Strings zu speichern, ist leistungsstärker und flexibler als der spezifische String-Typ, der in anderen Sprachen verwendet wird.

Ein *Zeiger* ist ein Objekt, das eine Speicheradresse enthält. Typischerweise wird ein Zeiger verwendet, um auf den Wert eines anderen Objekts zuzugreifen. Häufig handelt es sich bei diesem Objekt um ein Array. Tatsächlich haben Zeiger und Arrays mehr miteinander zu tun, als Sie vielleicht erwarten.

Eindimensionale Arrays

Ein eindimensionales Array ist eine Liste von zusammengehörigen Variablen. Listen dieser Art werden beim Programmieren häufig verwendet. Beispielsweise könnten Sie die Kontonummern der aktiven Benutzer eines Netzwerks oder die Tore der Vereine der Fußballbundesliga in einem eindimensionalen Array speichern. Wenn der Durchschnitt einer Liste von Werten berechnet werden soll, werden die Werte häufig in einem Array gespeichert. Arrays gehören zu den Grundwerkzeugen der modernen Programmierung.

Ein eindimensionales Array wird allgemein wie folgt deklariert:

```
Typ Name[Groesse];
```

Typ deklariert den Basistyp des Arrays. Der Basistyp bestimmt den Datentyp der Elemente, aus denen das Array besteht. *Groesse* gibt die Anzahl der Elemente an, die das Array speichern kann. Beispielsweise deklariert die folgende Anweisung ein ganzzahliges Array namens `sample`, das zehn Elemente enthält:

```
int sample[10];
```

Ein einzelnes Element innerhalb eines Arrays wird über einen Index abgerufen. Ein *Index* gibt die Position eines Elements innerhalb eines Arrays an. In C++ hat das erste Element den Index null. Weil `sample` zehn Elemente enthält, hat der Index dieses Arrays die Werte 0 bis 9. Sie greifen auf ein Element eines Arrays zu, indem Sie das Array mit der Positionsnummer des Elements indizieren. Um ein Array zu indizieren, geben Sie die Positionsnummer des gewünschten Elements in eckigen Klammern hinter dem Namen des Arrays an. Deshalb heißt das erste Element des `sample`-Arrays `sample[0]` und das letzte Element `sample[9]`. Beispielsweise speichert das folgende Programm die Zahlen 0 bis 9 in `sample`:


```
// p04-01.cpp

#include <iostream>
using namespace std;

int main()
{
  int sample[10]; // 10 Integer-Elemente reservieren
  int t;

  // das Array laden
  for(t=0; t<10; ++t) sample[t] = t;

  // das Array anzeigen
  for(t=0; t<10; ++t)
    cout << "Dies ist sample[" << t << "]: " << sample[t] << "\n";

  return 0;
}
```

Beachten Sie, wie `sample` indiziert wird.

Dieses Programm erzeugt den folgenden Output:

```
Dies ist sample[0]: 0
Dies ist sample[1]: 1
Dies ist sample[2]: 2
Dies ist sample[3]: 3
Dies ist sample[4]: 4
Dies ist sample[5]: 5
Dies ist sample[6]: 6
Dies ist sample[7]: 7
Dies ist sample[8]: 8
Dies ist sample[9]: 9
```

In C++ belegen alle Arrays fortlaufende Speicherstellen. (Das heißt, alle Array-Elemente liegen im Speicher nebeneinander.) Die niedrigste Adresse entspricht dem ersten Element, und die höchste Adresse entspricht dem letzten Element. Nachdem beispielsweise das Fragment

```
int nums[5];
int i;
for(i=0; i<5; i++) nums[i] = i;
```

ausgeführt wurde, lautet nums:

nums[0]	nums[1]	nums[2]	nums[3]	nums[4]
0	1	2	3	4

Arrays werden beim Programmieren häufig verwendet, weil sie den Umgang mit Mengen zusammengehöriger Variablen erleichtern. Das folgende Beispielprogramm erstellt ein Array mit zehn Elementen und weist jedem Element einen Wert zu. Dann berechnet es den Durchschnitt dieser Werte und ermittelt den kleinsten bzw. den größten Wert.

```
// p04-02.cpp
// Durchschnitt berechnen und den kleinsten und den groessten Wert
ermitteln.
#include <iostream>
using namespace std;

int main()
{
  int i, avg, min_val, max_val;
  int nums[10];

  nums[0] = 10;
  nums[1] = 18;
  nums[2] = 75;
  nums[3] = 0;
  nums[4] = 1;
  nums[5] = 56;
  nums[6] = 100;
  nums[7] = 12;
  nums[8] = -19;
  nums[9] = 88;

  // den Durchschnitt berechnen
  avg = 0;
  for(i=1; i<10; i++)
    avg += nums[i];

  avg /= 10;
```

Die Werte in nums summieren.

Den Durchschnitt berechnen.

```
  cout << "Der Durchschnitt ist " << avg << '\n';
  // den kleinsten und den groessten Wert ermitteln
  min_val = max_val = nums[0];
  for(i=1; i<10; i++) {
    if(nums[i] < min_val) min_val = nums[i];
    if(nums[i] > max_val) max_val = nums[i];
  }
  cout << "Kleinster Wert: " << min_val << '\n';
  cout << "Groesster Wert: " << max_val << '\n';

  return 0;
}
```

Den kleinsten und den größten Wert in nums ermitteln.

4

Dieses Programm erzeugt den folgenden Output:

```
Der Durchschnitt ist 33
Kleinster Wert: -19
Groesster Wert: 100
```

Beachten Sie, wie das Programm die Elemente in dem nums-Array durchläuft. Die Tatsache, dass die Werte in einem Array gespeichert sind, erleichtert diesen Prozess erheblich. Wie das Programm veranschaulicht, wird die Schleifenvariable einer for-Schleife als Index verwendet. Schleifen dieser Art sind beim Arbeiten mit Arrays sehr gebräuchlich.

Wenn Sie mit Arrays arbeiten, müssen Sie eine Einschränkung kennen: In C++ können Sie ein Array nicht einem anderen Array zuweisen. Beispielsweise ist das folgende Fragment unzulässig:

```
int a[10], b[10];
// ...
a = b; // Fehler -- unzulässig
```

Um den Inhalt eines Arrays in ein anderes Array zu übertragen, müssen Sie alle Werte einzeln zuweisen:

```
for(i=0; i < 10; i++) a[i] = b[i];
```

Keine Prüfung der Grenzen

C++ prüft die Grenzen von Arrays nicht. Dies bedeutet, dass nichts Sie davon abhält, das Ende eines Arrays zu überschreiten. Anders ausgedrückt: Sie können ein Array der Größe *N* über *N* hinaus indizieren, ohne beim Kompilieren oder zur Laufzeit Fehlermeldungen zu erzeugen, selbst wenn dies häufig zu katastrophalen Programmfehlern führt. Beispielsweise wird der folgende Code ohne Fehlermeldungen kompiliert und ausgeführt, obwohl ein Überlauf des Arrays `crash` erfolgt:

```
int crash[10], i;
for(i=0; i100; i++) crash[i]=i;
```

In diesem Fall wird die Schleife hundertmal durchlaufen, obwohl `crash` nur zehn Elemente lang ist! Dadurch wird Speicher, der nicht zu `crash` gehört, überschrieben.

Falls ein Array-Überlauf bei einer Zuweisungsoperation erfolgt, kann Speicher, der für andere Zwecke (beispielsweise zur Speicherung anderer Variablen) bestimmt ist, überschrieben werden. Falls ein Array-Überlauf erfolgt, wenn Daten gelesen werden, werden ungültige Daten das Programm zerstören. Auf jeden Fall müssen Sie als Programmierer sowohl sicherstellen, dass alle Arrays groß genug sind, um die Daten aufzunehmen, die Ihr Programm in ihnen speichern will, als auch auf einen Array-Überlauf prüfen und ihn verhindern, wenn dies erforderlich ist.

1-Minuten-Test

- Was ist ein eindimensionales Array?
- Der Index des ersten Elements eines Arrays ist immer null. Wahr oder falsch?
- Prüft C++ automatisch die Grenzen eines Arrays?

Frage an den Experten

Frage: Warum prüft C++ bei Array-Operationen nicht die Grenzen des Arrays, wenn ein Array-Überlauf zu katastrophalen Fehlern führen kann?

Antwort: C++ wurde entwickelt, um professionellen Programmierern zu ermöglichen, den schnellsten und effizientesten Code zu erzeugen, der überhaupt möglich ist.

- Ein eindimensionales Array ist eine Liste zusammengehöriger Werte.
- Wahr. Null ist immer der erste Index.
- Nein, C++ prüft die Grenzen von Arrays nicht.

Zu diesem Zweck wurden nur sehr wenige Laufzeit-Fehlerprüfungen eingebaut, weil sie die Ausführung eines Programms (oft dramatisch) verlangsamen. Statt dessen erwartet C++, dass Sie als Programmierer so verantwortungsvoll programmieren, dass Sie Array-Überläufe von vornherein verhindern und bei Bedarf selbst geeignete Fehlerprüfungen in ein Programm einfügen. Außerdem können Sie, wie Sie später in diesem Buch erfahren werden, eigene Array-Typen definieren, die die Grenzen prüfen, wenn Ihr Programm diese Funktion tatsächlich benötigen sollte.

Zweidimensionale Arrays

C++ ermöglicht mehrdimensionale Arrays. Die einfachste Form eines mehrdimensionalen Arrays ist das zweidimensionale Array. Ein *zweidimensionales Array* ist im Grunde eine Liste eindimensionaler Arrays. Mit der folgenden Anweisung wird ein zweidimensionales ganzzahliges Array namens `twoD` von der Größe 10, 20 deklariert:

```
int twoD[10][20];
```

Schauen Sie sich diese Deklaration sorgfältig an. Im Gegensatz zu einigen anderen Computersprachen, die die Array-Dimensionen mit Kommas trennen, setzt C++ jede Dimension in einen separaten Satz eckiger Klammern. Ähnlich werden die Indizes bei einem Zugriff auf ein Element ebenfalls in einen separaten Satz eckiger Klammern eingeschlossen. Beispielsweise erfolgt der Zugriff auf den Punkt 3, 5 des Arrays `twoD` mit dem Ausdruck `twoD[3][5]`.

Im nächsten Beispiel wird ein zweidimensionales Array mit den Zahlen 1 bis 12 geladen.

```
// p04-03.cpp

#include <iostream>
using namespace std;

int main()
{
  int t,i, nums[3][4];

  for(t=0; t < 3; ++t) {
    for(i=0; i < 4; ++i) {
      nums[t][i] = (t*4)+i+1;
      cout << nums[t][i] << ' ';
    }
    cout << '\n';
```

Für das Indizieren von `nums` werden zwei Indizes benötigt.

```
  }
  return 0;
}
```

In diesem Beispiel hat `nums[0][0]` den Wert 1, `nums[0][1]` den Wert 2, `nums[0][2]` den Wert 3 usw. Der Wert von `nums[2][3]` ist 12. Die folgende Abbildung veranschaulicht dieses Array:

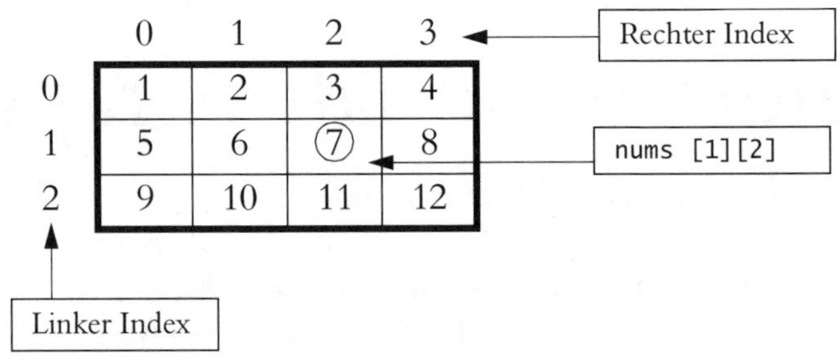

Zweidimensionale Arrays werden in einer Matrix aus Zeilen und Spalten gespeichert, wobei der erste Index die Zeile und der zweite die Spalte angibt. Deshalb gilt: Wenn Sie auf Array-Elemente in der Reihenfolge zugreifen, in der sie im Speicher stehen, ändert sich der rechte Index schneller als der linke.

Sie sollten sich merken, dass der Speicherplatz aller Array-Elemente beim Kompilieren festgelegt wird. Außerdem existiert der Speicher, der zur Aufnahme eines Arrays erforderlich ist, für die gesamte Lebensdauer des Arrays. Bei einem zweidimensionalen Array können Sie mit der folgenden Formel die Anzahl der benötigten Bytes Speicherplatz berechnen:

```
Bytes = Anzahl der Zeilen × Anzahl der Spalten × Anzahl der Bytes
des Datentyps
```

Deshalb würde ein ganzzahliges Array mit den Dimensionen 10,5, das aus vier Byte großen Ganzzahlen besteht, 10×5×4 (oder 200) Bytes belegen.

Mehrdimensionale Arrays

C++ ermöglicht Arrays mit mehr als zwei Dimensionen. Die allgemeine Form einer mehrdimensionalen Array-Deklaration lautet:

```
Typ Name[Groesse1][Groesse2]...[GroesseN];
```

Beispielsweise wird mit der folgenden Deklaration ein ganzzahliges Array mit den Dimensionen 4×10×3 erstellt:

```
int multidim[4][10][3];
```

Arrays mit drei oder mehr Dimensionen werden nicht häufig verwendet, weil sie entsprechend viel Speicherplatz benötigen. Zur Erinnerung: Der Speicherplatz für alle Array-Elemente wird für die gesamte Lebenszeit eines Arrays reserviert. Bei mehrdimensionalen Arrays können große Mengen Speicher verbraucht werden. Beispielsweise wird ein vierdimensionales Zeichen-Array mit den Dimensionen 10,6,9,4 einen Speicherplatz von 10×6×9×4 (oder 2.160) Bytes erfordern. Wenn jede Array-Dimension um den Faktor 10 vergrößert würde (das heißt auf 100×60×90×40), würde sich der Speicherbedarf des Arrays auf 21.600.000 Bytes vergrößern! Wie Sie sehen, können große mehrdimensionale Arrays eine Speicherknappheit für andere Teile eines Programms verursachen. Deshalb können Programme mit Arrays, die mehr als zwei oder drei Dimensionen groß sind, schnell an die Speichergrenzen stoßen!

1-Minuten-Test

- Jede Dimension eines mehrdimensionalen Arrays wird durch einen separaten Satz eckiger Klammern angegeben. Wahr oder falsch?
- Zeigen Sie, wie ein zweidimensionales ganzzahliges Array namens `list` mit den Dimensionen 4×9 deklariert wird.
- Gegeben sei `list` aus der vorangegangenen Frage. Zeigen Sie, wie auf das Element 2, 3 zugegriffen wird.

Projekt 4-1: Ein Array sortieren

bble.cpp

Weil ein eindimensionales Array Daten in einer indizierbaren linearen Liste organisiert, ist es die ideale Datenstruktur für das Sortieren von Daten. In diesem Projekt werden Sie eine einfache Methode kennen lernen, um ein Array zu sortieren. Vielleicht wissen Sie, dass es verschiedene Algorithmen zum Sortieren gibt – unter anderem den Quick-Sort-, den Shaker-Sort- und den Shell-Sort-Algorithmus, um nur drei zu nennen. Doch der bekannteste, einfachste und am leichtesten zu begreifende Sortieralgorithmus ist der *Bubble-Sort.* Obwohl der Bubble-Sort nicht sehr effizient ist – tatsächlich kann seine Leistung zum Sortieren großer Arrays inakzeptabel sein –, kann er bei kleinen Arrays durchaus seinen Zweck erfüllen.

- Wahr.
- `int list[4][9]`
- `list[2][3]`

Schritt für Schritt

1. Erstellen Sie eine Datei namens `Bubble.cpp`.
2. Der Bubble-Sort hat seinen Namen von der Art und Weise, wie er die Daten sortiert. Er vergleicht wiederholt benachbarte Elemente eines Arrays und vertauscht – falls erforderlich – ihre Plätze. Dabei wandern kleine Werte an das eine Ende und große an das andere Ende der Liste. Wenn man sich den Prozess veranschaulicht, gleicht er dem Bild aufsteigender Luftblasen in einem Wassertank. Der Bubble-Sort durchläuft das Array mehrfach und vertauscht dabei die Plätze der Elemente, die sich an der falschen Stelle befinden. Die Anzahl der Durchläufe, um das Array komplett zu sortieren, ist gleich der Anzahl oder kleiner als die Anzahl der Elemente in dem Array.

Der folgende Code zeigt den Kern des Bubble-Sort-Algorithmus. Das zu sortierende Array heißt `nums`.

```
// Dies ist der Bubble-Sort.
for(a=1; a<size; a++)
  for(b=size-1; b>=a; b--) {
    if(nums[b-1] > nums[b]) { // wenn falsche Reihenfolge
      // Elemente vertauschen
      t = nums[b-1];
      nums[b-1] = nums[b];
      nums[b] = t;
    }
  }
```

Der Bubble-Sort verwendet zwei `for`-Schleifen. Die innere Schleife prüft benachbarte Elemente des Arrays, um Elemente zu suchen, die in der falschen Reihenfolge stehen. Wenn ein solches Paar gefunden wird, werden die beiden Elemente vertauscht. Bei jedem Durchlauf wird das kleinste der verbleibenden Elemente an die richtige Stelle gesetzt. Die äußere Schleife sorgt dafür, dass dieser Prozess wiederholt wird, bis das komplette Array sortiert ist.

3. Hier ist das komplette Programm `Bubble.cpp`:

```
// Bubble.cpp: Projekt 4-1
// Den Bubble-Sort demonstrieren.

#include <iostream>
#include <cstdlib>
using namespace std;

int main()
{
  int nums[10];
```

```
  int a, b, t;
  int size;

  size = 10; // Anzahl der zu sortierenden Elemente

  // dem Array einige zufällige Anfangswerte zuweisen
  for(t=0; t<size; t++) nums[t] = rand();

  // das urspruengliche Array anzeigen
  cout << "Das urspruengliche Array ist:\n   ";
  for(t=0; t<size; t++) cout << nums[t] << ' ';
  cout << '\n';

  // Dies ist der Bubble-Sort.
  for(a=1; a<size; a++)
    for(b=size-1; b>=a; b--) {
      if(nums[b-1] > nums[b]) { // wenn falsche Reihenfolge
        // Elemente vertauschen
        t = nums[b-1];
        nums[b-1] = nums[b];
        nums[b] = t;
      }
    }

  // das sortierte Array anzeigen
  cout << "\nDas sortierte Array ist:\n   ";
  for(t=0; t<size; t++) cout << nums[t] << ' ';

  return 0;
}
```

Dieses Programm erzeugt beispielsweise den folgenden Output:

```
Das urspruengliche Array ist:
   41 18467 6334 26500 19169 15724 11478 29358 26962 24464
Das sortierte Array ist:
   41 6334 11478 15724 18467 19169 24464 26500 26962 29358
```

4. Der Bubble-Sort eignet sich nur für kleine Arrays, bei großen ist er nicht effizient genug. Der beste Allzweckalgorithmus zum Sortieren ist der Quick-Sort. Dieser Sortieralgorithmus verwendet jedoch C++-Funktionen, die Sie noch nicht kennen gelernt haben. Außerdem enthält die C++-Standardbibliothek eine Funktion namens `qsort()`, die eine Version des Quick-Sorts implementiert; aber auch um diese Funktion nutzen zu können, müssen Sie mehr über C++ wissen.

Strings

Die bei weitem gebräuchlichste Anwendung eindimensionaler Arrays ist das Erstellen von Zeichenketten oder Strings. C++ unterstützt zwei Arten von Strings. Die erste und gebräuchlichste Variante ist der *nullterminierte String,* der aus einem nullterminierten Zeichen-Array besteht. (Null bedeutet hier die Zahl *0*.) Deshalb enthält ein nullterminierter String immer die Zeichen, die den String selbst bilden, gefolgt von einer Null. Nullterminierte Strings werden häufig benutzt, weil sie sehr effizient sind und dem Programmierer eine sehr genaue Kontrolle über String-Operationen ermöglichen. Wenn ein C++-Programmmierer den Ausdruck *String* verwendet, bezeichnet er damit üblicherweise einen nullterminierten String. Die zweite Art von String in C++ ist die `string`-Klasse, die zur C++-Klassenbibliothek gehört. Deshalb ist `string` kein eingebauter Typ. Er ermöglicht eine objektorientierte Stringverarbeitung, wird aber nicht so häufig verwendet wie der nullterminierte String. Hier befassen wir uns mit nullterminierten Strings.

String-Grundlagen

Wenn Sie ein Zeichen-Array für einen nullterminierten String deklarieren, müssen Sie seine Länge um eins größer deklarieren als die Länge des größten Strings, den das Array speichern soll. Beispielsweise wird ein Array `str`, das einen 10-Zeichen-String speichern kann, folgendermaßen deklariert:

```
char str[11];
```

Die Größe 11 (= 10+1) schafft Platz für die Null am Ende des Strings.

Sie haben bereits gesehen, dass Sie in C++ Stringkonstanten definieren können. Eine Stringkonstante ist eine Liste von Zeichen, die in doppelte Anführungszeichen eingeschlossen ist. Einige Beispiele:

```
"Hallo Sie da"      "Ich liebe C++"      "Mars"      ""
```

Es ist nicht notwendig, manuell eine abschließende Null an Stringkonstanten anzuhängen. Dies macht der C++-Compiler automatisch. Deshalb wird der String `"Mars"` folgendermaßen gespeichert:

M	a	r	s	0

Das letzte Stringbeispiel ist `""`. Dieser String wird als *Nullstring* bezeichnet, weil er nur die abschließende Null und keine anderen Zeichen enthält. Nullstrings repräsentieren den leeren String.

Einen String über die Tastatur einlesen

Die einfachste Methode, um einen String über die Tastatur einzulesen, verwendet ein `char`-Array in einer `cin`-Anweisung. Das folgende Beispielprogramm liest einen String ein, den der Benutzer eingibt:

```
// p04-04.cpp
// Mit cin einen String über die Tastatur einlesen.
#include <iostream>
using namespace std;
int main()
{
  char str[80];
  cout << "Geben Sie einen String ein: ";
  cin >> str; // String über die Tastatur einlesen
  cout << "Hier ist Ihr String: ";
  cout << str;
  return 0;
}
```

Einen String mit `cin` einlesen.

Ein Ausführungsbeispiel:

```
Geben Sie einen String ein: testing
Hier ist Ihr String: testing
```

Obwohl dieses Programm technisch korrekt ist, funktioniert es nicht immer so, wie Sie es erwarten. Um herauszufinden, warum dies so ist, sollten Sie das Programm ausführen und versuchen, den String `"Dies ist ein Test"` einzugeben. Sie werden Folgendes sehen:

```
Geben Sie einen String ein: Dies ist ein Test
Hier ist Ihr String: Dies
```

Wenn das Programm Ihren String anzeigt, zeigt es nur das Wort `Dies` und nicht die gesamte Folge an. Der Grund dafür ist, dass das C++-I/O-System das Einlesen eines Strings beendet, wenn es auf ein so genanntes *Whitespace-Zeichen* stößt. Zu den Whitespace-Zeichen gehören Leerzeichen, Tabulatoren und Zeilenvorschübe.

Das Whitespace-Problem wird mit einer weiteren Bibliotheksfunktion von C++, `gets()`, gelöst. Diese Funktion wird folgendermaßen aufgerufen:

```
gets(Array-Name);
```

Wenn Ihr Programm einen String einlesen muss, rufen Sie `gets()` auf und übergeben als Argument den Namen des Arrays ohne Index. Nach der Rückkehr von `gets()` enthält das Array den String, der über die Tastatur eingegeben worden ist. Die `gets()`-Funktion liest so lange Zeichen ein, bis der Benutzer ein Carriage-Return (Wagenrücklauf = Eingabe-Taste) eingibt. `gets()` benötigt den Header `<cstdio>`.

Die folgende Version des vorangegangenen Programms verwendet `gets()`, um die Eingabe von Strings zu ermöglichen, die Leerzeichen enthalten:

```
// p04-05.cpp

// Mit gets() einen String über die Tastatur einlesen.

#include <iostream>
#include <cstdio>
using namespace std;

int main()
{
  char str[80];

  cout << "Geben Sie einen String ein: ";
  gets(str); // einen String mit gets() einlesen
  cout << "Hier ist Ihr String: ";
  cout << str;

  return 0;
}
```

Einen String mit `gets()` einlesen.

Ein Ausführungsbeispiel:

```
Geben Sie einen String ein: Dies ist ein Test
Hier ist Ihr String: Dies ist ein Test
```

Jetzt werden Leerzeichen eingelesen und in den String eingefügt. Noch ein Punkt: Beachten Sie, dass `str` in einer `cout`-Anweisung direkt verwendet werden kann. Im Allgemeinen kann der Name eines Zeichen-Arrays, das einen String enthält, an jeder Stelle verwendet werden, an der eine Stringkonstante stehen könnte.

Vergessen Sie nicht, dass weder `cin` noch `gets()` die Grenzen des Arrays prüfen. Wenn der Benutzer einen String eingibt, der länger als die Größe des Arrays ist, wird das Array überschrieben. Später werden Sie eine Alternative zu `gets()` kennen lernen, die dieses Problem vermeidet.

1-Minuten-Test

- Was ist ein nullterminierter String?
- Wie lang muss ein Zeichen-Array sein, um einen String zu speichern, der acht Zeichen lang ist?
- Mit welcher Funktion kann ein String mit Leerzeichen über die Tastatur eingelesen werden?

Einige String-Bibliotheksfunktionen

C++ unterstützt zahlreiche Funktionen zur Stringmanipulation. Die gebräuchlichsten Funktionen sind:

```
strcpy()
strcat()
strcmp()
strlen()
```

Alle Stringfunktionen verwenden den Header `<cstring>`. Wir wollen uns jetzt ausführlicher mit diesen Funktionen befassen.

strcpy

Die Funktion `strcpy()` wird folgendermaßen aufgerufen:

```
strcpy(von, nach);
```

Die `strcpy()`-Funktion kopiert den Inhalt des Strings *von* in den String *nach*. Zur Erinnerung: Das Array *nach* muss groß genug sein, um den String aus *von* aufnehmen zu können. Andernfalls erfolgt ein Überlauf des Arrays *nach*, was wahrscheinlich zu einem Programmabsturz führt.

- Ein nullterminierter String ist ein Array von Zeichen, das mit einer Null endet.
- Das Array muss wenigstens neun Zeichen lang sein, um einen String zu speichern, der acht Zeichen lang ist.
- Mit der Funktion `gets()` kann ein String mit Leerzeichen über die Tastatur eingelesen werden.

strcat

Die Funktion `strcat()` wird folgendermaßen aufgerufen:

```
strcat(s1, s2);
```

Die `strcat()`-Funktion hängt *s2* an das Ende von *s1* an; *s2* wird nicht geändert. Sie müssen sicherstellen, dass *s1* groß genug ist, um seinen ursprünglichen Inhalt und den Inhalt von *s2* aufnehmen zu können.

strcmp

Die Funktion `strcmp()` wird folgendermaßen aufgerufen:

```
strcmp(s1, s2);
```

Die `strcmp()`-Funktion vergleicht zwei Strings und gibt 0 zurück, wenn sie gleich sind. Wenn *s1* lexikographisch (das heißt gemäß der Reihenfolge in einem Wörterbuch) größer als *s2* ist, wird eine positive Zahl zurückgegeben; wenn *s1* kleiner als *s2* ist, wird eine negative Zahl zurückgegeben.

Wesentlich bei `strcmp()` ist die Tatsache, dass diese Funktion `false` zurückgibt, wenn die Strings übereinstimmen. Deshalb müssen Sie den `!`-Operator verwenden, falls Sie Anweisungen ausführen wollen, wenn die Strings gleich sind. Beispielsweise ist die Bedingung, die die folgende `if`-Anweisung steuert, wahr, wenn `str` gleich "C++" ist:

```
if(!strcmp(str, "C++") cout << "str ist C++";
```

strlen

Die Funktion `strlen()` wird folgendermaßen aufgerufen:

```
strlen(s);
```

wobei *s* ein String ist. Die `strlen()`-Funktion gibt die Länge des Strings *s* zurück.

Ein Beispiel für Stringfunktionen

Das folgende Programm veranschaulicht die Anwendung aller vier Stringfunktionen:

```
// p04-06.cpp
```

```
// Die Stringfunktionen demonstrieren.
#include <iostream>
#include <cstdio>
#include <cstring>
using namespace std;

int main()
{
  char s1[80], s2[80];

  strcpy(s1, "C++");
  strcpy(s2, " ist Power-Programmierung.");

  cout << "Laengen: " << strlen(s1);
  cout << ' ' << strlen(s2) << '\n';

  if(!strcmp(s1, s2))
     cout << "Die Strings sind gleich\n";
  else cout << "nicht gleich\n";

  strcat(s1, s2);
  cout << s1 << '\n';
  strcpy(s2, s1);
  cout << s1 << " und " << s2 << "\n";

  if(!strcmp(s1, s2))
    cout << "s1 und s2 sind jetzt gleich.\n";

  return 0;
}
```

Dieses Programm erzeugt den folgenden Output:

```
Laengen: 3 22
nicht gleich
C++ ist Power-Programmierung.
C++ ist Power-Programmierung. und C++ ist Power-Programmierung.
s1 und s2 sind jetzt gleich.
```

Mit dem Nullterminator arbeiten

Mit Hilfe der Tatsache, dass Strings nullterminiert sind, können verschiedene Operationen oft vereinfacht werden. Beispielsweise wandelt das folgende Programm einen String in Großbuchstaben um:

```
// p04-07.cpp

// Einen String in Grossbuchstaben umwandeln.
#include <iostream>
```

```
#include <cstring>
#include <cctype>
using namespace std;

int main()
{
  char str[80];
  int i;

  strcpy(str, "Dies ist ein Test");

  for(i=0; str[i]; i++) str[i] = toupper(str[i]);

  cout << str;

  return 0;
}
```

Diese Schleife wird beendet, wenn der Nullterminator erreicht wird.

Dieses Programm erzeugt den folgenden Output:

```
DIES IST EIN TEST
```

Dieses Programm verwendet die Bibliotheksfunktion `toupper()`, die den Großbuchstaben zurückgibt, der dem übergebenen Zeichenargument entspricht. Diese Funktion wandelt alle Zeichen in dem String um. Die `toupper()`-Funktion benötigt den Header `<cctype>`.

Beachten Sie, dass die Testbedingung der `for`-Schleife einfach aus den Array-Elementen besteht, die mit der Schleifenvariablen indiziert werden. Dies funktioniert, weil jeder von null verschiedene Wert zugleich `true` ist. Zur Erinnerung: Alle Zeichenwerte sind nicht-null, doch die Null, die den String beendet, ist null, also `false`. Deshalb wird die Schleife durchlaufen, bis sie auf den Nullterminator stößt, bei dem `str[i]` den Wert null hat. Weil der Nullterminator das Ende des Strings markiert, wird die Schleife genau an der richtigen Stelle beendet. In professionellem C++-Code wird der Nullterminator häufig ähnlich verwendet.

1-Minuten-Test

- Was macht die `strcat()`-Funktion?
- Was gibt die Funktion `strcmp()` zurück, wenn sie zwei gleichwertige Strings vergleicht?
- Zeigen Sie, wie die Länge eines Strings namens `mystr` ermittelt wird.

- Die `strcat()`-Funktion verkettet zwei Strings.
- Die Funktion gibt 0 zurück, wenn sie zwei gleichwertige Strings vergleicht.
- `strlen(mystr)`

Frage an den Experten

Frage: Unterstützt C++ neben toupper() noch andere Funktionen zur Zeichenmanipulation?

Antwort: Ja. Die C++-Standardbibliothek enthält mehrere andere Funktionen zur Zeichenmanipulation. Beispielsweise ist das Gegenstück von `toupper()` die Funktion `tolower()`, die das übergebene Zeichenargument als Kleinbuchstaben zurückgibt. Mit `isupper()` können Sie die Schreibweise eines Buchstabens abfragen. `isupper()` gibt `true` zurück, wenn das Zeichenargument ein Großbuchstabe ist, und `islower()` gibt `true` zurück, wenn das Zeichenargument ein Kleinbuchstabe ist. Zu den anderen Zeichenfunktionen gehören `isalpha()`, `isdigit()`, `isspace()` und `ispunct()`. Diese Funktionen haben jeweils ein Zeichenargument und bestimmen, zu welcher Zeichenkategorie das Argument gehört. Beispielsweise gibt die Funktion `isalpha()` den Wert `true` zurück, wenn ihr Argument ein Buchstabe des Alphabets ist.

Arrays initialisieren

In C++ können Arrays initialisiert werden. Ein Array wird ähnlich wie andere Variablen initialisiert:

```
Typ Array_name[Groesse] = {Werteliste};
```

Die *Werteliste* ist eine durch Kommas getrennte Liste von Werten, die mit dem Basistyp des Arrays kompatibel sind. Der erste Wert wird der ersten Position des Arrays zugewiesen, der zweite Wert der zweiten Position usw. Beachten Sie, dass nach der schließenden Klammer } ein Semikolon steht.

Das folgende Beispiel zeigt, wie ein ganzzahliges Array mit zehn Elementen mit den Zahlen 1 bis 10 initialisiert wird.

```
int i[10] = {1, 2, 3, 4, 5, 6, 7, 8, 9, 10};
```

Dies bedeutet, dass `i[0]` den Wert 1 und `i[9]` den Wert 10 aufnimmt.

Zeichen-Arrays, die Strings speichern, können abgekürzt initialisiert werden:

```
char Array_name[Groesse] = "String";
```

Beispielsweise initialisiert das folgende Codefragment `str` mit dem String "C++":

```
char str[4] = "C++";
```

Dies entspricht der Anweisung

```
char str[4] = {'C', '+', '+', '\0'};
```

Weil Strings in C++ mit einer Null beendet werden müssen, müssen Sie dafür sorgen, dass das Array, das Sie deklarieren wollen, lang genug ist, um den String aufnehmen zu können. Deshalb ist `str` in diesem Beispiel vier Zeichen lang, obwohl "C++" selbst nur drei Zeichen enthält. Bei einer Stringkonstanten fügt der Compiler automatisch den Nullterminator hinzu.

Mehrdimensionale Arrays werden auf die gleiche Weise wie eindimensionale Arrays initialisiert. Beispielsweise initialisiert das folgende Programm ein Array namens `sqrs` mit den Zahlen 1 bis 10 und ihren Quadraten:

```
// p04-08.cpp
int sqrs[10][2] = {
  1, 1,
  2, 4,
  3, 9,
  4, 16,
  5, 25,
  6, 36,
  7, 49,
  8, 64,
  9, 81,
  10, 100
};
```

Abbildung 4.1 zeigt, wie das Array `sqrs` im Speicher abgelegt wird.

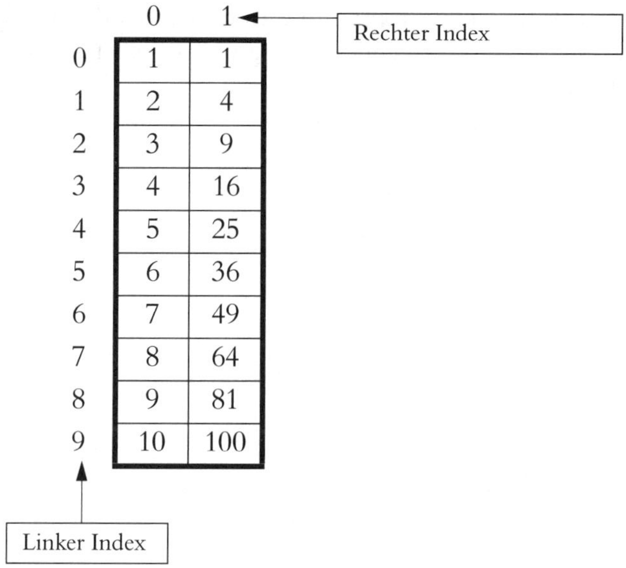

Abbildung 4.1 Das initialisierte Array `sqrs`

Wenn Sie ein mehrdimensionales Array initialisieren, können Sie die Initialisierer jeder Dimension in geschweifte Klammern einschließen. Dies wird als *Teilaggregat-Gruppierung* bezeichnet. Beispielsweise können Sie die vorangegangene Deklaration auch folgendermaßen schreiben:

```
// p04-09.cpp
int sqrs[10][2] = {
  {1, 1},
  {2, 4},
  {3, 9},
  {4, 16},
  {5, 25},
  {6, 36},
  {7, 49},
  {8, 64},
  {9, 81},
  {10, 100}
};
```

Wenn Sie bei einer Teilaggregat-Gruppierung für eine Gruppe nicht genügend Initialisierer angeben, werden die restlichen Elemente automatisch auf null gesetzt.

Das folgende Programm ermittelt anhand des `sqrs`-Arrays das Quadrat einer Zahl, die der Benutzer eingibt. Zunächst sucht es die Zahl in dem Array und gibt dann das zugehörige Quadrat aus.

```
// p04-10.cpp
#include <iostream>
using namespace std;

int main()
{
  int i, j;
  int sqrs[10][2] = {
    {1, 1},
    {2, 4},
    {3, 9},
    {4, 16},
    {5, 25},
    {6, 36},
    {7, 49},
    {8, 64},
    {9, 81},
    {10, 100}
  };

  cout << "Geben Sie eine Zahl zwischen 1 und 10 ein: ";
  cin >> i;

  // i suchen
  for(j=0; j<10; j++)
    if(sqrs[j][0]==i) break;
  cout << "Das Quadrat von " << i << " ist ";
  cout << sqrs[j][1];

  return 0;
}
```

Ein Ausführungsbeispiel:

```
Geben Sie eine Zahl zwischen 1 und 10 ein: 4
Das Quadrat von 4 ist 16
```

Arrays unbestimmter Größe initialisieren

Wenn Sie ein Array bei der Deklaration initialisieren, können Sie es C++ überlassen, die Dimensionen des Arrays automatisch zu bestimmen. Zu diesem Zweck lassen Sie die Größenangabe des Arrays weg. Dann bestimmt der Compiler die Größe, indem er die Initialisierer zählt und dann ein Array erstellt, das groß genug ist, um sie aufzunehmen. Beispielsweise erstellt

```
int nums[] = { 1, 2, 3, 4 };
```

ein Array namens `nums`, das vier Elemente lang ist und das die Werte 1, 2, 3 und 4 enthält. Weil die Größe nicht ausdrücklich angegeben wird, wird ein Array wie `nums` als *unsized Array* (*Array unbestimmter Größe*) bezeichnet.

Arrays dieser Art sind recht nützlich. Nehmen wir beispielsweise an, Sie wollten Arrays initialisieren, um folgendermaßen eine Tabelle mit Internet-Adressen zu erstellen:

```
char e1[16] = "www.osborne.com";
char e2[16] = "www.weather.com";
char e3[15] = "www.amazon.com";
```

Sie können sich vorstellen, wie mühsam es wäre, die Zeichen in jeder Adresse manuell zu zählen, um die richtige Array-Größe zu bestimmen. Dies wäre auch fehleranfällig, weil Sie beim Zählen Fehler machen und dem Array eine falsche Größe zuweisen könnten. Deshalb ist es besser, die Größe der Arrays mit dem Compiler automatisch zu bestimmen:

```
char e1[] = "www.osborne.com";
char e2[] = "www.weather.com";
char e3[] = "www.amazon.com";
```

Abgesehen davon, dass sie weniger lästig ist, können Sie bei der Initialisierung von Arrays unbestimmter Größe die Adressen nach Belieben ändern, ohne dass Sie sich Sorgen wegen eventuell unpassender Array-Dimensionen machen müssten.

Initialisierungen von Arrays unbestimmter Größe sind nicht auf eindimensionale Arrays beschränkt. Bei mehrdimensionalen Arrays müssen Sie alle Dimensionen außer der am weitesten links stehenden angeben, sodass das Array korrekt indiziert werden kann. Auf diese Weise können Sie Tabellen variabler Längen aufbauen, für die der Compiler automatisch genug Speicherplatz belegt. Im folgenden Codefragment wird `sqrs` als Array unbestimmter Größe deklariert:

```
// p04-11.cpp
int sqrs[][2] = {
  1, 1,
  2, 4,
  3, 9,
  4, 16,
```

```
  5, 25,
  6, 36,
  7, 49,
  8, 64,
  9, 81,
  10, 100
};
```

Diese Deklaration hat gegenüber der Version mit festgelegten Größen den Vorteil, dass Sie die Tabelle verlängern oder verkürzen können, ohne die Array-Dimensionen verändern zu müssen.

String-Arrays

String-Arrays bilden eine spezielle Form von zweidimensionalen Arrays. Sie werden beim Programmieren öfter verwendet. Beispielsweise kann der Input-Prozessor einer Datenbank Benutzerbefehle anhand eines String-Arrays mit den gültigen Befehlen verifizieren. Ein String-Array wird mit Hilfe eines zweidimensionalen Zeichen-Arrays erstellt, dessen linker Größenindex die Zahl der Strings und dessen rechter Größenindex die maximale Länge jedes Strings festlegt. Beispielsweise deklariert die folgende Anweisung ein Array von 30 Strings, die jeweils maximal 80 Zeichen lang sind.

```
char str_array[30][80];
```

Der Zugriff auf einen einzelnen String ist recht einfach: Sie geben einfach den linken Index des gewünschten Strings an. Beispielsweise liest die folgende Anweisung mit `gets()` den dritten String in `str_array` ein:

```
gets(str_array[2]);
```

Um auf ein einzelnes Zeichen innerhalb des dritten Strings zuzugreifen, verwenden Sie zusätzlich den rechten Index:

```
cout << str_array[2][3];
```

Damit wird das vierte Zeichen des dritten Strings ausgegeben.

Das folgende Programm zeigt, wie Sie mit einem String-Array ein sehr einfaches computergestütztes Telefonverzeichnis erstellen können. Das zweidimensionale Array `numbers` speichert Paare von Namen und Telefonnummern. Um eine Telefonnummer zu finden, geben Sie den Namen an. Die Telefonnummer wird angezeigt.

```
// p04-12.cpp
// Ein einfaches computergestütztes Telefonverzeichnis.
#include <iostream>
#include <cstdio>
using namespace std;

int main()
{
  int i;
  char str[80];
  char numbers[10][80] = {
    "Tom", "555-3322",
    "Mary", "555-8976",
    "Jon", "555-1037",
    "Rachel", "555-1400",
    "Sherry", "555-8873"
  };

  cout << "Geben Sie den Namen ein: ";
  cin >> str;

  for(i=0; i < 10; i += 2)
    if(!strcmp(str, numbers[i])) {
      cout << "Die Telefonnummer lautet " << numbers[i+1] << "\n";
      break;
    }

  if(i == 10) cout << "Nicht gefunden.\n";

  return 0;
}
```

Dies ist ein Array mit zehn Strings, die jeweils 79 Zeichen speichern können.

Ein Ausführungsbeispiel:

```
Geben Sie den Namen ein: Jon
Die Telefonnummer lautet 555-1037
```

Beachten Sie, dass die `for`-Schleife ihre Schleifenvariable, `i`, bei jedem Schleifendurchlauf um zwei erhöht, weil Namen und Zahlen in dem Array abwechseln.

1-Minuten-Test

- Zeigen Sie, wie ein `int`-Array mit vier Elementen mit den Werten 1, 2, 3 und 4 initialisiert wird.
- Wie kann die folgende Initialisierung umgeschrieben werden?
  `char str[6] = {'H', 'e', 'l', 'l', 'o', '\0' };`
- Schreiben Sie die folgende Anweisung so um, dass ein Array unbestimmter Größe verwendet wird:
  `int nums[4] = {44, 55, 66, 77};`

Zeiger

Zeiger gehören zu den leistungsstärksten Konstrukten von C++. Gleichzeitig gehören sie auch zu den problematischsten. Trotz ihres möglichen Missbrauchs sind Zeiger ein wesentlicher Teil der C++-Programmierung. Beispielsweise dienen Zeiger in C++ dazu, Dinge wie verkettete Listen oder eine dynamische Speicherzuweisung zu realisieren oder einer Funktion die Fähigkeit zu geben, den Inhalt eines Arguments zu ändern. Doch diese und andere Anwendungen von Zeigern werden wir erst in den folgenden Kapiteln behandeln. In diesem Kapitel werden Sie die Grundlagen der Zeiger kennen lernen und erfahren, wie Zeiger manipuliert werden.

An einigen Stellen der folgenden Beschreibungen müssen wir uns auf die Größe der Basisdatentypen von C++ beziehen. Zu diesem Zweck wollen wir annehmen, dass Zeichen ein Byte, Ganzzahlen vier Bytes, `float`-Fließkommazahlen vier Bytes und `double`-Fließkommazahlen acht Bytes lang sind. Wir setzen also eine typische 32-Bit-Umgebung voraus.

Was sind Zeiger?

Ein *Zeiger* ist ein Objekt, das eine Speicheradresse enthält. Sehr häufig gibt diese Adresse den Speicherort eines anderen Objekts – wie beispielsweise einer Variablen – an. Wenn beispielsweise `x` die Adresse von `y` enthält, dann sagt man, dass `x` auf `y` »zeigt«.

- `int list[4] = { 1, 2, 3, 4 };`
- `char str[6] = "Hello";`
- `int nums[] = {44, 55, 66, 77};`

Zeigervariablen müssen als solche deklariert werden. Diese Deklaration hat die allgemeine Form:

```
Typ *Variablenname;
```

Typ ist der Basistyp des Zeigers. Der *Basistyp* bestimmt die Art der Daten, auf die der Zeiger zeigt. *Variablenname* ist der Name der Zeigervariablen. Beispielsweise deklariert die folgende Anweisung `ip` als Zeiger auf ein `int`:

```
int *ip;
```

Da `int` der Basistyp von `ip` ist, können Sie mit `ip` auf `int`-Werte zeigen.

Die folgende Anweisung deklariert einen `float`-Zeiger:

```
float *fp;
```

In diesem Fall ist `float` der Basistyp von `fp`; dies bedeutet, dass Sie mit `fp` auf `float`-Werte zeigen können.

Im Allgemeinen gilt: Wenn Sie in einer Deklarationsanweisung ein * vor einen Variablennamen setzen, deklarieren Sie die Variable als Zeigervariable.

Die Zeiger-Operatoren

Es gibt zwei spezielle Operatoren, die mit Zeigern verwendet werden: * und &. Der &-Operator ist ein unärer Operator, der die Speicheradresse seines Operanden zurückgibt. (Zur Erinnerung: Ein unärer Operator benötigt nur einen Operanden.) Beispielsweise weist

```
ptr = &total;
```

der Variablen `ptr` die Speicheradresse der Variablen `total` zu. Diese Adresse ist der Speicherort von `total` im internen Speicher des Computers. Sie hat *nichts* mit dem Wert von `total` zu tun. Sie können den &-Operator lesen als »die Adresse von«; denn er gibt die Adresse (von) der Variablen zurück, vor der er steht. Deshalb könnte man die vorangegangene Zuweisungsanweisung auch wie folgt ausdrücken: »`ptr` empfängt die Adresse von `total`.« Wenn beispielsweise die Variable `total` an der Adresse 100 gespeichert ist, enthält `ptr` nach der Zuweisung den Wert 100.

Der zweite Zeigeroperator ist *. Er ist ebenfalls ein unärer Operator, der die Komplementäroperation zu & ausführt. Das heißt, er gibt den Wert der Variablen zurück, die an der Adresse gespeichert ist, die von seinem Operanden angegeben wird. Um unser Beispiel fortzusetzen: Wenn ptr die Speicheradresse der Variablen total enthält, dann weist

```
val = *ptr;
```

den Wert von total der Variablen val zu. Wenn total beispielsweise ursprünglich den Wert 3.200 enthält, dann hat val ebenfalls den Wert 3.200, weil dies der Wert ist, der an der Adresse 100, das heißt an der Speicheradresse, die ptr zugewiesen wurde, gespeichert ist. Sie können den *-Operator lesen als »unter der Adresse«. In unserem Beispiel bedeutet dies: »val wird der Wert unter der Adresse ptr zugewiesen.«

Das folgende Programm zeigt die beschriebenen Operationen im Zusammenhang:

```
// p04-13.cpp

#include <iostream>
using namespace std;

int main()
{
  int total;
  int *ptr;
  int val;

  total = 3200; // total 3.200 zuweisen

  ptr = &total; // die Adresse von total abfragen

  val = *ptr;   // den Wert unter dieser Adresse abfragen

  cout << "Der Wert von total ist: " << val << '\n';

  return 0;
}
```

Leider wird das *-Symbol sowohl für die Multiplikation als auch als Adressoperator verwendet. Dies führt bei C++-Neulingen häufig zur Verwirrung. Diese Operatoren haben nichts miteinander zu tun. Sie sollten sich einprägen, dass sowohl & als auch * einen höheren Rang als alle arithmetischen Operatoren mit Ausnahme des unären Minus haben, mit dem sie auf der gleichen Rangstufe stehen.

Das Verwenden eines Zeigers wird häufig als *Indirektion* (dt. *Umleitung*, engl. *indirection*) bezeichnet, weil Sie mit einer Variablen indirekt (auf einem Umweg) auf eine andere Variable zugreifen.

1-Minuten-Test

- Was ist ein Zeiger?
- Zeigen Sie, wie ein `long int`-Zeiger namens `valPtr` deklariert wird.
- Was tun die Zeigeroperatoren * und &?

Der Basistyp eines Zeigers ist wichtig

Weiter oben haben Sie gesehen, wie man `val` den Wert von `total` mit einem Zeiger indirekt zuweisen kann. Vielleicht haben Sie sich an diesem Punkt eine wichtige Frage gestellt: Woher weiß C++, wie viele Bytes von der Adresse in `ptr` nach `val` kopiert werden sollen? Oder allgemeiner ausgedrückt: Woher kennt der Compiler die richtige Anzahl von Bytes, die er bei einer Zuweisung übertragen muss, an der Zeiger beteiligt sind? Die Antwort lautet, dass der Basistyp des Zeigers die Art der Daten bestimmt, die von dem Zeiger verarbeitet werden. Weil `ptr` in diesem Fall ein `int`-Zeiger ist, werden von der Adresse in `ptr` vier Bytes nach `val` kopiert (ein 32-Bit-`int` vorausgesetzt). Wäre `ptr` dagegen beispielsweise ein `double`-Zeiger, würden acht Bytes kopiert werden.

Sie müssen sicherstellen, dass Zeigervariablen immer auf den richtigen Datentyp zeigen. Wenn Sie beispielsweise einen Zeiger vom Typ `int` deklarieren, nimmt der Compiler an, dass jede Adresse, auf die der Zeiger weist, eine ganzzahlige Variable enthält. Falls der Zeiger nicht auf eine ganzzahlige Variable weist, sind normalerweise Probleme nicht mehr fern! Beispielsweise ist das folgende Fragment fehlerhaft:

```
int *p;
double f;
// ...
p = &f; // FEHLER
```

Dieses Fragment ist fehlerhaft, weil ein `double`-Zeiger einem `int`-Zeiger zugewiesen wird. Das heißt, `&f` generiert einen Zeiger auf ein `double`, aber `p` ist ein Zeiger auf ein `int`. Diese beiden Typen sind nicht kompatibel. (Tatsächlich würde der Compiler an dieser Stelle einen Fehler melden und das Programm nicht kompilieren.)

Obwohl zwei Zeiger kompatible Typen haben müssen, um einander zugewiesen werden zu können, können Sie diese Einschränkung (auf eigenes Risiko) mit

---

- Ein Zeiger ist ein Objekt, das die Speicheradresse eines anderen Objekts enthält.
- `long int *valPtr`
- Der Zeigeroperator * gibt den Wert unter der Adresse zurück, vor der er steht. Der Zeigeroperator & gibt die Adresse des Objekts zurück, vor dem er steht.

einem Cast umgehen. Beispielsweise ist das folgende Fragment jetzt technisch korrekt:

```
int *p;
double f;
// ...
p = (int *) &f; // jetzt technisch OK
```

Der Cast nach `int *` wandelt den `double`-Zeiger in einen `int`-Zeiger um. Jedoch ist dies eine fragwürdige Verwendung eines Casts. Der Grund dafür besteht darin, dass der Basistyp eines Zeigers festlegt, wie der Compiler die Daten behandelt, auf die der Zeiger weist. Obwohl in diesem Fall `p` tatsächlich auf einen Fließkommawert zeigt, geht der Compiler immer noch davon aus, dass `p` auf ein `int` zeigt (weil `p` ein `int`-Zeiger ist).

Das folgende Programm soll verdeutlichen, warum es normalerweise nicht empfehlenswert ist, eine Art von Zeiger mit einem Cast einer anderen Art von Zeiger zuzuweisen:

```
// p04-14.cpp
// Dieses Programm wird nicht korrekt arbeiten.
#include <iostream>
using namespace std;
int main()
{
  double x, y;
  int *p;
  x = 123.23;
  p = (int *) &x; // double * mit einem Cast int * zuweisen
  y = *p;    // Was macht diese Anweisung?
  cout << y; // Was gibt diese Anweisung aus?
  return 0;
}
```

Diese Anweisungen erzeugen nicht das gewünschte Ergebnis.

Dieses Programm erzeugt den folgenden Output (Sie sehen möglicherweise einen anderen Wert):

```
1.37439e+009
```

Dieser Wert ist sicher nicht 123,23! Der Grund dafür ist folgender: In diesem Programm wird `p` (einem `int`-Zeiger) die Adresse von `x` (einer `double`-Variablen) zugewiesen. Weil `p` ein `int`-Zeiger ist, empfangt die Variable `y`, wenn ihr der Wert zugewiesen wird, auf den `p` zeigt, nur vier Daten-Bytes (und nicht die acht, die für einen `double`-Wert benötigt werden). Deshalb zeigt die `cout`-Anweisung nicht 123,23, sondern einen unsinnigen Wert an.

Werte mit Hilfe eines Zeigers zuweisen

Auf der linken Seite einer Zuweisungsanweisung können Sie einen Zeiger verwenden, um der Speicherstelle, auf die der Zeiger weist, einen Wert zuzuweisen. Wenn `p` ein `int`-Zeiger ist, weist die folgende Anweisung der Speicherstelle, auf die `p` weist, den Wert 101 zu.

```
*p = 101;
```

Man kann diese Zuweisung folgendermaßen ausdrücken: »Weise der Speicherstelle, auf die `p` weist, den Wert 101 zu.« Um den Wert an der Speicherstelle, auf die ein Zeiger zeigt, zu vergrößern oder zu verkleinern, können Sie eine Anweisung der folgenden Form verwenden:

```
(*p)++;
```

Die runden Klammern sind notwendig, weil der *-Operator einen niedrigeren Rang als der ++-Operator hat.

Das folgende Programm demonstriert eine Zuweisung mit Hilfe eines Zeigers:

```
// p04-15.cpp

#include <iostream>
using namespace std;

int main()
{
  int *p, num;

  p = &num;

  *p = 100;
  cout << num << ' ';
  (*p)++;
  cout << num << ' ';
  (*p)--;
  cout << num << '\n';

  return 0;
}
```

num mit p den Wert 100 zuweisen.

num mit p inkrementieren (vergrößern).

num mit p dekrementieren (verkleinern).

Dieses Programm erzeugt den folgenden Output:

```
100 101 100
```

Zeiger-Ausdrücke

Zeiger können in den meisten C++-Ausdrücken verwendet werden. Dabei müssen jedoch einige spezielle Regeln beachtet werden. Außerdem müssen Sie daran denken, dass einige Teile eines Zeiger-Ausdrucks in runde Klammern eingeschlossen werden müssen, um das gewünschte Ergebnis sicherzustellen.

Mit Zeigern rechnen

Es gibt nur vier arithmetische Operatoren, die auf Zeiger angewendet werden können: `++`, `--`, `+` und `-`. Um zu verdeutlichen, was bei der Zeiger-Arithmetik passiert, wollen wir annehmen, dass `p1` ein `int`-Zeiger mit einem aktuellen Wert von 2000 ist (das heißt, dass er die Adresse 2000 enthält). Wenn wir von 32-Bit-Ganzzahlen ausgehen, enthält `p1` nach dem Ausdruck

```
p1++;
```

den Wert 2004, und nicht den Werte 2001! Dies geschieht, weil `p1` nach jedem Inkrement auf die nächste `int`-Zahl zeigt. Dasselbe gilt für Dekremente. Wenn wir wieder annehmen, dass `p1` den Wert 2000 enthält, hat es nach dem Ausdruck

```
p1--;
```

den Wert 1996.

Wenn wir dieses Beispiel verallgemeinern, gelten die folgenden Regeln für die Zeiger-Arithmetik: Wenn ein Zeiger inkrementiert wird, zeigt er auf den Speicherort des nächsten Elements seines Basistyps. Wenn er dekrementiert wird, zeigt er auf den Speicherort des vorangegangenen Elements seines Basistyps. Bei `char`-Zeigern (Zeigern auf einfache ASCII-Zeichen) sieht ein Inkrement oder ein Dekrement wie eine »normale« arithmetische Operation (Addition bzw. Subtraktion um eins) aus, weil ASCII-Zeichen ein Byte lang sind. Doch generell wird ein Zeiger *immer* um die Länge seines Basistyps vergrößert oder verkleinert.

Sie können Zeiger nicht nur inkrementieren oder dekrementieren, sondern auch Ganzzahlen zu einem Zeiger addieren bzw. von einem Zeiger subtrahieren. Der Ausdruck

```
p1 = p1 + 9;
```

bewirkt, dass `p1` auf das neunte Element seines Basistyps nach dem Element zeigt, auf das er gerade weist.

Obwohl Zeiger nicht addiert werden können, können Sie einen Zeiger von einem anderen Zeiger abziehen, wenn beide denselben Basistyp haben. Die Differenz gibt die Zahl der Elemente des Basistyps an, die zwischen den beiden Zeigern liegen.

Außer der Addition und Subtraktion eines Zeigers und einer Ganzzahl oder der Subtraktion zweier Zeiger können mit Zeigern keine anderen arithmetischen Operationen ausgeführt werden. Beispielsweise können Sie keine `float`- oder `double`-Werte zu Zeigern addieren oder von Zeigern abziehen.

Das folgende kurze Programm soll die Auswirkungen der Zeiger-Arithmetik verdeutlichen. Es erstellt einen `int`-Zeiger (`i`) und einen `double`-Zeiger (`f`), addiert dann jeweils 0 bis 9 zu diesen Zeigern und zeigt die Ergebnisse an. Beobachten Sie, wie sich die Adressen je nach Basistyp bei jedem Schleifendurchlauf ändern. (Bei den meisten 32-Bit-Compilern wird `i` jeweils um vier und `f` jeweils um acht vergrößert.) Beachten Sie, dass `cout` bei der Ausgabe von Zeigern die zugehörigen Adressen automatisch in dem Adressformat anzeigt, das für die CPU und Umgebung gültig ist.

```
// p04-16.cpp
#include <iostream>
using namespace std;

int main()
{
  int *i, j[10];
  double *f, g[10];
  int x;

  i = j;
  f = g;

  for(x=0; x<10; x++)
    cout << i+x << ' ' << f+x << '\n';

  return 0;
}
```

Die Adressen anzeigen, die durch die Addition von `x` zu jedem Zeiger erzeugt werden.

Im Folgenden sehen Sie ein Beispiel für die Ausführung des Programms (Ihre genauen Werte können von den hier gezeigten abweichen):

```
0012FE5C 0012FE84
0012FE60 0012FE8C
0012FE64 0012FE94
0012FE68 0012FE9C
```

```
0012FE6C 0012FEA4
0012FE70 0012FEAC
0012FE74 0012FEB4
0012FE78 0012FEBC
0012FE7C 0012FEC4
0012FE80 0012FECC
```

Zeiger vergleichen

Zeiger können mit den relationalen Operatoren wie ==, < und > verglichen werden. Das Ergebnis eines Zeigervergleichs ist im Allgemeinen nur aussagekräftig, wenn die beiden Zeiger miteinander in Beziehung stehen. Beispielsweise könnten beide auf Elemente desselben Arrays zeigen. (Ein Beispiel dafür finden Sie in Projekt 4-2.) Es gibt jedoch auch eine andere Art von Zeigervergleich: Jeder Zeiger kann mit dem Null-Zeiger verglichen werden, der den Wert null hat.

1-Minuten-Test

- Die gesamte Zeiger-Arithmetik wird relativ zum ___________ des Zeigers ausgeführt.
- Nehmen wir an, dass der Typ `double` acht Bytes lang ist. Wenn ein `double`-Zeiger inkrementiert wird, um welchen Betrag wird dann der Wert des Zeigers vergrößert?
- In welchem Fall können im Allgemeinen zwei Zeiger sinnvoll miteinander verglichen werden?

Zeiger und Arrays

In C++ sind Zeiger und Arrays eng verbunden. Tatsächlich sind Zeiger und Arrays häufig austauschbar. Betrachten Sie das folgende Fragment:

```
char str[80];
char *p1;

p1 = str;
```

Die Variable `str` ist ein Array von 80 Zeichen, und `p1` ist ein `char`-Zeiger. Hier ist jedoch die dritte Zeile von Interesse. In dieser Zeile wird `p1` die Adresse des ers-

---

- Basistyp
- Der Zeiger wird um acht vergrößert.
- Im Allgemeinen ist ein Vergleich von zwei Zeigern sinnvoll, wenn beide Zeiger auf dasselbe Objekt – beispielsweise ein Array – zeigen.

ten Elements des str-Arrays zugewiesen. (Das heißt, nach der Zuweisung zeigt p1 auf str[0].) Der Grund dafür ist folgender: Wenn Sie in C++ den Namen eines Arrays ohne Index verwenden, wird ein Zeiger auf das erste Element in dem Array generiert. Deshalb weist die Zuweisung

```
p1 = str;
```

p1 die Adresse von str[0] zu. Es ist unbedingt erforderlich, dass Sie diesen Punkt verstehen: Wenn ein Array-Name ohne Index in einem Ausdruck verwendet wird, entspricht er einem Zeiger auf das erste Element in dem Array.

Da p1 nach der Zuweisung auf den Beginn von str zeigt, können Sie mit p1 auf Elemente in dem Array zugreifen. Wenn Sie beispielsweise auf das fünfte Element in str zugreifen wollen, können Sie

```
str[4]
```

oder

```
*(p1+4)
```

verwenden. Beide Anweisungen geben das fünfte Element zurück. Zur Erinnerung: Die Indizes von Arrays beginnen bei null. Wenn also str indiziert wird, wird mit dem Index 4 auf das fünfte Element zugegriffen. Alternativ wird 4 zu dem Zeiger p1 addiert, um auf das fünfte Element zuzugreifen, weil p1 gegenwärtig auf das erste Element von str zeigt.

Die runden Klammern, die p1+4 einschließen, sind notwendig, weil die *-Operation einen höheren Rang als die +-Operation hat. Ohne diese Klammern würde der Ausdruck zuerst den Wert ermitteln, auf den p1 zeigt (den Wert des ersten Elements in dem Array) und dann 4 zu diesem Wert addieren.

Praktisch gibt es in C++ zwei Methoden, um auf Array-Elemente zuzugreifen: die *Zeiger-Arithmetik* und *Array-Indizes*. Dies ist wichtig, weil die Zeiger-Arithmetik manchmal schneller als ein Array-Index funktioniert – insbesondere wenn Sie auf ein Array zugreifen, das strikt sequenziell geordnet ist. Da Geschwindigkeit beim Ausführen von Programmen häufig wichtig ist, wird in C++-Programmen häufig mit Zeigern auf Array-Elemente zugegriffen. Außerdem können Sie mit Zeigern manchmal knapperen Code schreiben als mit Array-Indizes.

Das folgende Beispiel demonstriert den Unterschied zwischen Array-Indizes und der Zeiger-Arithmetik, um auf die Elemente eines Arrays zuzugreifen. Wir werden zwei Versionen eines Programms erstellen, die die Schreibweise der Buchstaben innerhalb eines Strings umkehren. Die erste Version verwendet Array-Indizes, die zweite die Zeiger-Arithmetik. Zunächst die erste Version:

```
// p04-17.cpp
// Die Schreibweise mit Array-Indizes umkehren.
#include <iostream>
#include <cctype>
using namespace std;

int main()
{
  int i;
  char str[80] = "Dies ist ein Test";

  cout << "Urspruenglicher String: " << str << "\n";

  for(i = 0; str[i]; i++) {
    if(isupper(str[i]))
      str[i] = tolower(str[i]);
    else if(islower(str[i]))
      str[i] = toupper(str[i]);
  }

  cout << "String mit umgekehrter Schreibweise: " << str;

  return 0;
}
```

Dieses Programm erzeugt den folgenden Output:

```
Urspruenglicher String: Dies ist ein Test
String mit umgekehrter Schreibweise: dIES IST EIN tEST
```

Beachten Sie, dass das Programm die Bibliotheksfunktionen `isupper()` und `islower()` verwendet, um die Schreibweise eines Buchstabens zu bestimmen. Die Funktion `isupper()` gibt `true` zurück, wenn ihr Argument ein Großbuchstabe ist; `islower()` gibt `true` zurück, wenn ihr Argument ein Kleinbuchstabe ist. Innerhalb der `for`-Schleife wird `str` indiziert, und die Schreibweise jedes Buchstabens wird geprüft und geändert. Die Schleife wird durchlaufen, bis der nullterminierte `str` indiziert wird. Da eine Null den Wert null (`false`) hat, wird die Schleife beendet.

Die zweite Programmvariante, die mit der Zeiger-Arithmetik arbeitet, sieht so aus:

```
// p04-18.cpp
// Schreibweise mit Zeiger-Arithmetik.
#include <iostream>
#include <cctype>
using namespace std;
```

```
int main()
{
  char *p;
  char str[80] = "Dies ist ein Test";

  cout << "Urspruenglicher String: " << str << "\n";

  p = str; // p die Anfangsadresse des Arrays zuweisen

  while(*p) {
    if(isupper(*p))
      *p = tolower(*p);
    else if(islower(*p))
      *p = toupper(*p);
    p++;
  }

  cout << "String mit umgekehrter Schreibweise: " << str;

  return 0;
}
```

Mit einem Zeiger auf `str` zugreifen.

In dieser Version wird `p` auf den Anfang von `str` gesetzt. Dann wird innerhalb der `while`-Schleife der Buchstabe an der Stelle `p` geprüft und geändert, anschließend wird `p` inkrementiert. Die Schleife wird beendet, wenn `p` auf den Nullterminator zeigt, der `str` beendet.

Weil der Code, den der C++-Compiler aus diesen beiden Programmen generiert, verschieden ist, kann sich auch das Zeitverhalten der beiden Programme bei der Ausführung unterscheiden. Im Allgemeinen werden mehr Maschinenanweisungen benötigt, um ein Array zu indizieren als mit einem Zeiger zu rechnen. Folglich wird in professionellem C++-Code die Zeiger-Version häufiger verwendet. Doch als Einsteiger in die C++-Programmierung können Sie auch Array-Indizes verwenden, bis Sie sich mit Zeigern vertraut gemacht haben.

Einen Zeiger indizieren

Wie gerade gezeigt wurde, können Sie mit Zeiger-Arithmetik auf ein Array zugreifen. Vielleicht überrascht es Sie zu erfahren, dass auch das Umgekehrte gilt: In C++ können Sie einen Zeiger so indizieren, als wäre er ein Array. Das folgende Beispiel zeigt eine dritte Version des Programms, das die Schreibweise ändert.

```
// p04-19.cpp

// Einen Zeiger so indizieren, als waere er ein Array.
#include <iostream>
```

```
#include <cctype>
using namespace std;

int main()
{
  char *p;
  int i;
  char str[80] = "Dies ist ein Test";

  cout << "Urspruenglicher String: " << str << "\n";

  p = str; // p die Startadresse des Arrays zuweisen

  // jetzt p indizieren
  for(i = 0; p[i]; i++) {
    if(isupper(p[i]))
      p[i] = tolower(p[i]);
    else if(islower(p[i]))
      p[i] = toupper(p[i]);
  }

  cout << "String mit umgekehrter Schreibweise: " << str;

  return 0;
}
```

Auf `p` zugreifen, als wäre er ein Array.

Das Programm erstellt einen `char`-Zeiger namens `p` und weist ihm dann die Adresse des ersten Elements in `str` zu. Innerhalb der `for`-Schleife wird `p` mit der normalen Syntax für Array-Indizes indiziert. Dies ist zulässig, weil die Anweisung `p[i]` in C++ funktional mit `*(p+i)` identisch ist. Dies veranschaulicht zusätzlich die enge Beziehung zwischen Zeigern und Arrays.

1-Minuten-Test

- Kann mit einem Zeiger auf ein Array zugegriffen werden?
- Kann ein Zeiger so indiziert werden, als wäre er ein Array?
- Was gibt ein Array-Name zurück, der ohne Index benutzt wird?

- Ja, man kann mit einem Zeiger auf ein Array zugreifen.
- Ja, ein Zeiger kann so indiziert werden, als wäre er ein Array.
- Ein Array-Name, der ohne Index benutzt wird, gibt einen Zeiger auf das erste Element des Arrays zurück.

Frage an den Experten

Frage: Sind Zeiger und Arrays austauschbar?

Antwort: Die vorangegangenen Seiten haben gezeigt, dass Zeiger und Arrays eng verbunden und in vielen Fällen austauschbar sind. Beispielsweise können Sie mit einem Zeiger, der auf den Anfang eines Arrays zeigt, entweder durch Zeiger-Arithmetik oder durch Array-Indizes auf das Array zugreifen. Dennoch sind Zeiger und Arrays nicht vollkommen austauschbar. Betrachten Sie beispielsweise das folgende Fragment:

```
int nums[10];
int i;

for(i=0; i<10; i++) {
   *nums = i; // dies ist OK
   nums++; // FEHLER -- nums darf nicht geändert werden
}
```

In diesem Fragment ist `nums` ein Array von Ganzzahlen. Die Kommentare beschreiben, dass es zulässig ist, den *-Operator (also eine Zeiger-Operation) auf `nums` anzuwenden, aber es ist verboten, den Wert von `nums` zu ändern. Der Grund dafür ist, dass `nums` eine Konstante ist, die auf den Anfang eines Arrays zeigt. Deshalb können Sie sie nicht inkrementieren. Allgemeiner ausgedrückt: Ein Array-Name ohne Index generiert einen Zeiger auf den Beginn eines Arrays und kann nicht geändert werden.

Obwohl ein Array-Name eine Zeigerkonstante erzeugt, kann er immer noch in Zeigerausdrücken verwendet werden, solange er selbst nicht geändert wird. Beispielsweise ist die folgende Anweisung gültig, die `nums[3]` den Wert 100 zuweist:

```
*(nums+3) = 100; // Dies ist OK, weil nums nicht geändert wird.
```

Stringkonstanten

Vielleicht fragen Sie sich, wie C++ Stringkonstanten wie die folgende verarbeitet:

```
cout << strlen("Xanadu");
```

Wenn der Compiler auf eine Stringkonstante stößt, speichert er sie in der *Stringtabelle* des Programms und generiert einen Zeiger auf den String. Das heißt, `"Xanadu"` ergibt einen Zeiger auf den zugehörigen Eintrag in der Stringtabelle. Deshalb ist das folgende Programm gültig und gibt den Satz `Zeiger machen C++ leistungsstärker.` aus:

```
// p04-20.cpp
#include <iostream>
using namespace std;
int main()
{
  char *ptr;
  ptr = "Zeiger machen C++ leistungsstaerker.\n";
  cout << ptr;
  return 0;
}
```

`ptr` wird die Adresse der Stringkonstanten zugewiesen.

In diesem Programm werden die Zeichen, die eine Stringkonstante bilden, in der Stringtabelle gespeichert, und `ptr` wird ein Zeiger auf den String in dieser Tabelle zugewiesen.

Da automatisch ein Zeiger auf die Stringtabelle Ihres Programms generiert wird, wenn Sie eine Stringkonstante verwenden, könnten Sie versucht sein, diese Tatsache zu nutzen, um den Inhalt der Stringtabelle zu ändern. Dies ist normalerweise jedoch keine gute Idee, weil viele C++-Compiler die Stringtabellen optimieren und dieselbe Stringkonstante möglicherweise an zwei oder mehr verschiedenen Stellen Ihres Programms verwenden. Deshalb kann eine Änderung eines Strings unerwünschte Nebeneffekte auslösen.

StrRev.cpp

Projekt 4-2: Einen String vor Ort umkehren

Weiter oben haben wir gesagt, dass es nur sinnvoll sei, zwei Zeiger zu vergleichen, wenn sie auf ein gemeinsames Objekt – beispielsweise ein Array – zeigen. Jetzt wissen Sie, wie Zeiger und Arrays zusammenhängen, und können deshalb einige Arten von Algorithmen mit Zeigervergleichen vereinfachen. In diesem Projekt werden wir ein Beispiel erarbeiten.

In diesem Programm wollen wir den Inhalt eines Strings »vor Ort« (engl. *in place*) umkehren. Anstatt den String von hinten nach vorn in ein anderes Array zu kopieren, kehrt das Programm den Inhalt des Strings innerhalb desselben Arrays um, in dem er gespeichert ist. Zu diesem Zweck verwendet das Programm zwei Zeigervariablen. Die eine Variable (der *Startzeiger*) zeigt anfangs auf den Beginn eines Strings und die andere Variable (der *Endzeiger*) zeigt anfangs auf das letzte Zeichen des Strings. Dann wird eine Schleife so lange durchlaufen, wie der Startzeiger kleiner als der Endzeiger ist. Bei jedem Schleifendurchlauf werden die Zeichen, auf die die beiden Zeiger verweisen, ausgetauscht und die Zeiger auf ihre jeweils nächste Position gesetzt. Wenn der Startzeiger größer als oder gleich dem Endzeiger ist, ist der String umgekehrt worden.

Schritt für Schritt

1. Erstellen Sie eine Datei namens `StrRev.cpp`.
2. Fügen Sie zunächst die folgenden Zeilen in die Datei ein:

```
// StrRev.cpp: Projekt 4-2
// Einen String vor Ort umkehren.
#include <iostream>
#include <cstring>
using namespace std;
int main()
{
  char str[] = "Dies ist ein Test";
  char *start, *end;
  int len;
  char t;
```

Der String, der umgekehrt werden soll, ist in `str` enthalten. Die Zeiger `start` und `end` dienen dazu, auf den String zuzugreifen.

3. Fügen Sie die folgenden Zeilen hinzu. Sie zeigen den ursprünglichen String an, fragen die Länge des Strings ab und setzen die Anfangswerte für die Zeiger `start` und `end`:

```
cout << "Original: " << str << "\n";

len = strlen(str);

start = str;
end = &str[len-1];
```

Beachten Sie, dass `end` auf das letzte Zeichen des Strings und nicht auf den Nullterminator zeigt.

4. Fügen Sie den Code hinzu, der den String umkehrt:

```
while(start < end) {
  // die Zeichen vertauschen
  t = *start;
  *start = *end;
```

```
    *end = t;
    // die Zeiger auf die nächste Position setzen
    start++;
    end--;
  }
```

Der Prozess funktioniert folgendermaßen. Solange der `start`-Zeiger auf eine Speicherstelle zeigt, die kleiner als der `end`-Zeiger ist, wird die Schleife durchlaufen. Innerhalb der Schleife werden die Zeichen, auf die `start` und `end` zeigen, ausgetauscht. Dann wird `start` inkrementiert und `end` wird dekrementiert. Wenn `end` größer als oder gleich `start` ist, sind alle Zeichen in dem String umgekehrt worden. Da sowohl `start` und `end` auf dasselbe Array zeigen, ist ihr Vergleich aussagekräftig.

5. Hier sehen Sie das komplette Programm `StrRev.cpp`:

```
// StrRev.cpp: Projekt 4-2
// Einen String vor Ort umkehren.
#include <iostream>
#include <cstring>
using namespace std;
int main()
{
  char str[] = "Dies ist ein Test";
  char *start, *end;
  int len;
  char t;
  cout << "Original: " << str << "\n";

  len = strlen(str);
  start = str;
  end = &str[len-1];
  while(start < end) {
    // die Zeichen vertauschen
    t = *start;
    *start = *end;
    *end = t;

    // die Zeiger auf die nächste Position setzen
    start++;
    end--;
  }
  cout << "Umgekehrt: " << str << "\n";
  return 0;
}
```

Dieses Programm erzeugt den folgenden Output:

```
Original: Dies ist ein Test
Umgekehrt: tseT nie tsi seiD
```

Arrays von Zeigern

Zeiger können wie andere Datentypen in Arrays eingefügt werden. Beispielsweise lautet die Deklaration für ein Array von `int`-Zeigern mit zehn Elementen:

```
int *pi[10];
```

Hier ist `pi` ein Array von zehn `int`-Zeigern.

Mit der folgenden Anweisung können Sie dem dritten Element des Zeiger-Arrays die Adresse einer `int`-Variablen namens `var` zuweisen:

```
int var;

pi[2] = &var;
```

Zur Erinnerung: `pi` ist ein Array von `int`-Zeigern. Die Array-Elemente können nur die Adressen ganzzahliger Werte speichern – nicht die Werte selbst.

Den zugehörigen Wert von `var` können Sie folgendermaßen abfragen:

```
*pi[2]
```

Arrays von Zeigern können wie andere Arrays initialisiert werden. Initialisierte Zeiger-Arrays werden häufig für Zeiger auf Strings verwendet. Das folgende Beispiel implementiert ein kleines Wörterbuch mit einem zweidimensionalen Array von `char`-Zeigern:

```
// p04-21.cpp

// Ein Wörterbuch mit einem 2D-Array von char-Zeigern erstellen.

#include <iostream>
#include <cstring>
using namespace std;

int main() {

  char *dictionary[][2] = {
    "Bleistift", "Ein Schreibinstrument.",
    "Tastatur", "Ein Eingabegeraet.",
    "Gewehr", "Eine Feuerwaffe, die von der Schulter abgefeuert
wird.",
```

Dies ist ein zweidimensionales Array von `char`-Zeigern, mit dem auf Paare von Strings gezeigt wird.

```
    "Flugzeug", "Ein Fluggeraet mit feststehenden Fluegeln.",
    "Netzwerk", "Eine miteinander verbundene Gruppe von Compu-
tern.",
    "", ""
  };
  char word[80];
  int i;

  cout << "Geben Sie ein Wort ein: ";
  cin >> word;

  for(i = 0; *dictionary[i][0]; i++) {
    if(!strcmp(dictionary[i][0], word)) {
      cout << dictionary[i][1] << "\n";
      break;
    }
  }

  if(!*dictionary[i][0])
    cout << word << " nicht gefunden.\n";

  return 0;
}
```

Um eine Definition zu finden, wird `word` in `dictionary` gesucht. Bei einer Übereinstimmung wird die Definition angezeigt.

Ein Ausführungsbeispiel:

```
Geben Sie ein Wort ein: Netzwerk
Eine miteinander verbundene Gruppe von Computern.
```

Wenn das Array `dictionary` erstellt wird, wird es mit einer Reihe von Wörtern und ihren Bedeutungen initialisiert. Zur Erinnerung: C++ speichert alle Stringkonstanten in der Stringtabelle, die mit Ihrem Programm verbunden ist, sodass das Array nur Zeiger auf die Strings speichern muss. Das Programm prüft, ob das Wort, das der Benutzer eingibt, in dem Wörterbuch enthalten ist. Wenn eine Übereinstimmung gefunden wird, wird die Bedeutung angezeigt. Wenn keine Übereinstimmung gefunden wird, wird eine Fehlermeldung ausgegeben.

Beachten Sie, dass `dictionary` mit zwei Nullstrings endet. Diese markieren das Ende des Arrays. Zur Erinnerung: Ein Nullstring enthält nur das terminierende Null-Zeichen. Die `for`-Schleife läuft, bis das erste Zeichen einem String null ist. Diese Bedingung wird mit dem folgenden Ausdruck getestet:

```
*dictionary[i][0]
```

Die Array-Indizes legen einen Zeiger auf einen String fest. Das * fragt das Zeichen an dieser Stelle ab. Wenn das Zeichen null ist, ist der Ausdruck `false`, und die Schleife wird beendet. Andernfalls ist der Ausdruck `true`, und die Schleife wird fortgesetzt.

Die Null-Zeiger-Konvention

Nachdem ein Zeiger deklariert worden ist, aber bevor ihm ein Wert zugewiesen wurde, enthält er einen nicht definierten Wert. Wenn Sie versuchen, den Zeiger zu verwenden, bevor Sie ihm einen Wert zugewiesen haben, werden Sie wahrscheinlich Ihr Programm zum Absturz bringen. Obwohl es keine absolut sichere Methode gibt, um nicht-initialisierte Zeiger zu vermeiden, haben C++-Programmierer ein Verfahren entwickelt, das dazu beiträgt, einige Fehler zu vermeiden. Per Konvention wird angenommen, dass ein Zeiger, der den Wert null enthält, nirgendwohin zeigt. Wenn Sie deshalb allen unbenutzten Zeigern den Wert null zuweisen und Sie keine Null-Zeiger verwenden, können Sie einen unabsichtlichen Missbrauch eines nicht initialisierten Zeigers vermeiden. Ich rate Ihnen, diese bewährte Methode ebenfalls anzuwenden.

Jede Zeigerart kann bei der Deklaration mit null initialisiert werden. Beispielsweise initialisiert die folgende Anweisung `p` mit null:

```
float *p = 0; // p ist jetzt ein Null-Zeiger
```


Mit einer `if`-Anweisung können Sie prüfen, ob ein Null-Zeiger vorliegt:

```
if(p) // ergibt true, wenn p nicht null ist
if(!p) // ergibt true, wenn p null ist
```

1-Minuten-Test

- Die Stringkonstanten, die in einem Programm verwendet werden, werden in einer ______________ gespeichert.
- Was erstellt die folgende Deklaration?
  `float *fpa[18];`
- Per Konvention gilt ein Zeiger, der null enthält, als unbenutzt. Wahr oder falsch?

Mehrfache Indirektion

Ein Zeiger auf einen Zeiger ist eine Form der *mehrfachen Indirektion* (Indirektion) oder eine *Zeigerkette*. Abbildung 4.2 zeigt, dass bei einem normalen Zeiger der Wert des Zeigers die Adresse eines Wertes ist. Bei einem Zeiger auf einen Zeiger

---

- Stringtabelle
- Die Deklaration erstellt ein Array von 18 `float`-Zeigern.
- Wahr.

enthält der erste Zeiger die Adresse des zweiten Zeigers, der auf die Speicherstelle zeigt, die den gewünschten Wert enthält.

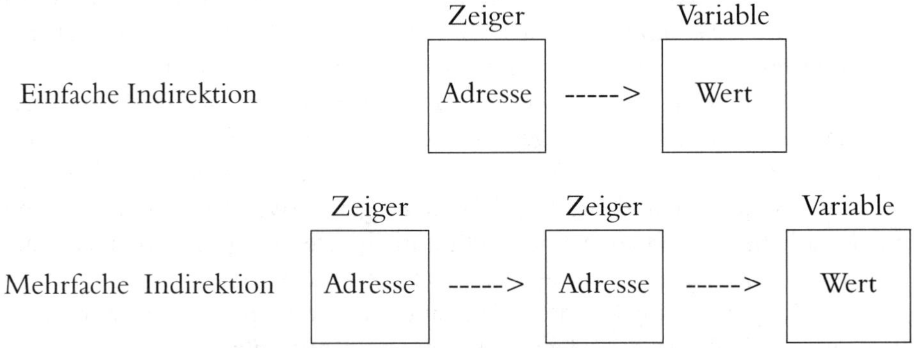

Abbildung 4.2 Einfache und mehrfache Indirektion

Die mehrfache Indirektion kann beliebig oft erfolgen, aber es gibt nur wenige Fälle, in denen mehr als ein Zeiger auf einen Zeiger benötigt wird oder sogar anzuraten ist. Eine übertriebene Indirektion ist schwer nachzuvollziehen und anfällig für Denkfehler.

Eine Variable, die einen Zeiger auf einen Zeiger enthält, muss als solche deklariert werden. Zu diesem Zweck wird ein zusätzliches Sternchen vor ihren Namen gesetzt. Beispielsweise teilt die folgende Deklaration dem Compiler mit, dass `balance` ein Zeiger auf einen Zeiger vom Typ `int` ist:

```
int **balance;
```

Es ist wichtig zu verstehen, dass `balance` kein Zeiger auf eine Ganzzahl, sondern ein Zeiger auf einen `int`-Zeiger ist.

Wenn ein Zeiger auf einen Zeiger indirekt auf einen Zielwert verweist, muss der *-Operator zweimal angewendet werden, um auf den Wert zuzugreifen. Ein kurzes Beispiel:

```
// p04-22.cpp

#include <iostream>
using namespace std;

int main()
{
  int x, *p, **q;

  x = 10;
```

```
  p = &x;        ◄── Der Variablen p die Adresse von x zuweisen.

  q = &p;        ◄── Der Variablen q die Adresse von p zuweisen.

  cout << **q; // gibt den Wert von x aus

  return 0;      Über q auf den Wert von x zugreifen. Beachten Sie, dass zwei * erforderlich sind.
}
```

Hier wird p als Zeiger auf eine Ganzzahl und q als Zeiger auf einen Zeiger auf eine Ganzzahl deklariert. Die cout-Anweisung gibt die Zahl 10 auf dem Bildschirm aus.

Frage an den Experten

Frage: Da Zeiger so leistungsstark sind, sehe ich ein, dass ihr Missbrauch ein Programm schwer schädigen kann. Haben Sie einige Tipps, wie man Zeigerfehler vermeiden kann?

Antwort: Erstens sollten Sie sicherstellen, dass Zeigervariablen initialisiert werden, bevor sie benutzt werden. Sie sollten also sicherstellen, dass ein Zeiger tatsächlich auf etwas zeigt, bevor Sie versuchen, ihn zu verwenden! Zweitens sollten Sie sicherstellen, dass der Typ des Objekts, auf das ein Zeiger zeigt, mit dem Basistyp des Zeigers übereinstimmt. Drittens sollten Sie keine Operationen mit Null-Zeigern ausführen. Zur Erinnerung: Ein Null-Zeiger zeigt nirgendwohin. Schließlich sollten Sie keinen Zeiger-Cast durchführen, »nur damit Ihr Code kompiliert wird«. Normalerweise zeigt ein Fehler aufgrund nicht übereinstimmender Zeiger (Zeiger-Mismatch) an, dass Ihre Vorstellung von einer Sache fehlerhaft ist. Ein Cast eines Zeigers von einem Typ in einen anderen wird normalerweise nur unter ungewöhnlichen Umständen benötigt.

Übungsaufgaben

1. Zeigen Sie, wie ein `short int`-Array namens `hightemps` deklariert wird, das 31 Elemente lang ist.
2. In C++ beginnt der Index eines Arrays mit ________.
3. Schreiben Sie ein Programm, das ein Array von zehn Ganzzahlen nach doppelten Werten durchsucht. Das Programm soll jede gefundene Doublette anzeigen.
4. Was ist ein nullterminierter String?
5. Schreiben Sie ein Programm, das den Benutzer auffordert, zwei Strings einzugeben, und dann prüft, ob die Strings gleich sind, wobei es Unterschiede in der Groß-/Kleinschreibung ignoriert. Deshalb sollen »ok« und »OK« als gleich gelten.
6. Wie groß muss das empfangende Array sein, wenn Sie `strcat()` verwenden?
7. Wie wird bei einem mehrdimensionalen Array jeder Index angegeben?
8. Zeigen Sie, wie ein `int`-Array namens `nums` mit den Werten 5, 66 und 88 initialisiert wird.
9. Welchen Hauptvorteil hat die Deklaration eines Arrays unbestimmter Größe?
10. Was ist ein Zeiger? Wie lauten die beiden Zeiger-Operatoren?
11. Kann ein Zeiger wie ein Array indiziert werden? Kann mit einem Zeiger auf ein Array zugegriffen werden?
12. Schreiben Sie ein Programm, das die Großbuchstaben in einem String zählt und das Ergebnis anzeigt.
13. Wie heißt das Konstrukt, wenn ein Zeiger auf einen anderen Zeiger zeigt?
14. Welche Bedeutung hat ein Null-Zeiger in C++?

Kapitel 5

Eine Einführung in Funktionen

Lernziele

- **Die allgemeine Form einer Funktion kennen lernen**
- **Funktionen erstellen**
- **Mit Funktionsargumenten arbeiten**
- **Rückgabewerte von Funktionen**
- **Gültigkeitsbereiche kennen lernen**
- **Lokale und globale Variablen verstehen**
- **Zeiger und Arrays an eine Funktion übergeben**
- **Zeiger von einer Funktion zurückgeben**
- **Befehlszeilenargumente an `main()` übergeben**
- **Funktionsprototypen kennen lernen**
- **Rekursive Funktionen erstellen**

Dieses Kapitel beginnt mit einer ausführlichen Beschreibung von Funktionen. Funktionen sind die Bausteine von C++. Deshalb müssen Sie Funktionen gründlich verstehen, um ein erfolgreicher C++-Programmierer zu werden. In diesem Kapitel werden Sie lernen, wie eine Funktion erstellt wird. Außerdem werden Sie die folgenden Themen kennen lernen: Argumente übergeben, Werte zurückgeben, lokale und globale Variablen, Funktionsprototypen und Rekursion.

Grundsätzliches über Funktionen

Eine *Funktion* ist eine Unterroutine, die eine oder mehrere C++-Anweisungen enthält und eine spezielle Aufgabe ausführt. Jedes Programm, das Sie bis jetzt geschrieben haben, hat eine Funktion benutzt: `main()`. Funktionen werden als die *Bausteine* von C++ bezeichnet, weil ein Programm eine Sammlung von Funktionen ist. Alle »Aktionsanweisungen« eines Programms stehen innerhalb von Funktionen. Deshalb sind Funktionen die Einheiten eines Programms, die typischerweise die Anweisungen des ausführbaren Teils eines Programms enthalten.

Obwohl sehr einfache Programme (wie viele der Beispielprogramme in diesem Buch) nur eine `main()`-Funktion enthalten, bestehen die meisten Programme aus mehreren Funktionen. Große kommerzielle Programme enthalten typischerweise Hunderte von Funktionen.

Die allgemeine Form einer Funktion

Alle C++-Funktionen haben die folgende Grundform:

```
Rückgabetyp Name(Parameterliste)
{
   // Funktionskörper
}
```

Der *Rückgabetyp* gibt den Datentyp an, der von der Funktion zurückgegeben wird. Dabei kann es sich um jeden gültigen Typ außer einem Array handeln. Wenn die Funktion keinen Wert zurückgibt, muss ihr Rückgabetyp `void` sein. Der Name der Funktion wird durch *Name* definiert. Der Name kann aus jedem zulässigen Bezeichner bestehen, der noch nicht verwendet wird. Die *Parameterliste* ist eine Folge von Typ/Bezeichner-Paaren, die durch Kommas getrennt sind. Parameter sind im Wesentlichen Variablen, die die Werte der Argumente aufnehmen, die bei einem Aufruf der Funktion an diese übergeben werden. Wenn die Funktion keine Parameter hat, ist die Parameterliste leer.

Der Funktionskörper wird in geschweifte Klammern eingeschlossen. Der Funktionskörper besteht aus den C++-Anweisungen, die die Aktionen der Funktion definieren. Wenn die schließende geschweifte Klammer erreicht wird, wird die Funktion beendet und kehrt zu dem aufrufenden Code zurück.

Eine Funktion erstellen

Eine Funktion zu erstellen ist einfach. Da alle Funktionen dieselbe allgemeine Form haben, ähnelt ihre Struktur den main()-Funktionen, die Sie bereits verwendet haben. Wir wollen mit einem einfachen Beispiel beginnen, das zwei Funktionen enthält: main() und myfunc(). Bevor Sie dieses Programm ausführen (oder die folgende Beschreibung lesen), sollten Sie es gründlich studieren und herauszufinden versuchen, was genau es auf dem Bildschirm anzeigt.


```
// p05-01.cpp

// Dieses Programm enthält zwei Funktionen: main() und myfunc().

#include <iostream>
using namespace std;

void myfunc(); // Prototyp von myfunc()

int main()
{
  cout << "In main()\n";

  myfunc(); // myfunc() aufrufen

  cout << "Zurueck in main()\n";

  return 0;
}
// Dies ist die Definition der Funktion.
void myfunc()
{
  cout << "Innerhalb von myfunc()\n";
}
```

Dies ist der Prototyp von myfunc().

Dies ist die Funktion myfunc().

Das Programm funktioniert folgendermaßen: Zunächst beginnt main() und führt die erste cout-Anweisung aus. Dann ruft main() die Funktion myfunc() auf. Beachten Sie, wie die Funktion aufgerufen wird: Der Aufruf besteht aus dem Funktionsnamen, gefolgt von runden Klammern. Da der Aufruf in diesem Fall eine Anweisung ist, muss er mit einem Semikolon beendet werden. Als Nächstes führt die Funktion myfunc() ihre cout-Anweisung aus und kehrt dann zu main() zurück, wenn die schließende Klammer } erreicht wird. In main() wird die Ausführung mit der Codezeile fortgesetzt, die unmittelbar nach dem Aufruf von `myfunc()` steht. Schließlich führt die Funktion `main()` ihre zweite `cout`-Anweisung aus und wird dann beendet. Dieses Programm erzeugt den folgenden Output:

```
In main()
Innerhalb von myfunc()
Zurueck in main()
```

Die Art, wie `myfunc()` aufgerufen wird und wie diese Funktion zum aufrufenden Code zurückkehrt, ist typisch für alle Funktionen. Im Allgemeinen wird eine Funktion aufgerufen, indem ihr Name, gefolgt von runden Klammern, angegeben wird. Wenn eine Funktion aufgerufen wird, springt die Programmausführung an den Anfang dieser Funktion. Die Ausführung wird innerhalb der Funktion fortgesetzt, bis die schließende geschweifte Klammer erreicht wird. Wenn die Funktion endet, springt die Programmausführung zu dem aufrufenden Code zurück und wird mit der Anweisung fortgesetzt, die unmittelbar nach dem Funktionsaufruf steht.

Beachten Sie die folgende Anweisung in dem vorangegangenen Programm:

```
void myfunc(); // Prototyp von myfunc
```

Wie der Kommentar besagt, ist dies der *Prototyp* für `myfunc()`. Wir werden Prototypen später ausführlich behandeln. Hier zunächst einige Anmerkungen: Ein Funktionsprototyp deklariert die Funktion, bevor sie definiert wird. Der Prototyp teilt dem Compiler den Rückgabetyp sowie die Zahl und die Art von Parametern der Funktion mit. Der Compiler benötigt diese Informationen, bevor die Funktion zum ersten Mal aufgerufen wird. Deshalb steht der Prototyp noch vor `main()`. Die einzige Funktion, die keinen Prototyp benötigt, ist `main()`, da sie in C++ vordefiniert ist.

Das Schlüsselwort `void`, das sowohl vor dem Prototyp für die Funktion `myfunc()` als auch vor ihrer Definition steht, gibt formell an, dass `myfunc()` keinen Wert zurückgibt. In C++ werden Funktionen, die keine Werte zurückgeben, als `void` deklariert.

Argumente verwenden

Sie können einen oder mehrere Werte an eine Funktion übergeben. Ein Wert, der an eine Funktion übergeben wird, wird als *Argument* bezeichnet. Argumente dienen dazu, Daten in eine Funktion zu transportieren.

Wenn eine Funktion ein Argument oder mehrere Argumente hat, müssen die Variablen, die diese Argumente aufnehmen sollen, ebenfalls deklariert werden. Diese Variablen werden als die *Parameter* der Funktion bezeichnet. Das folgende

Beispiel definiert eine Funktion namens box(), die das Volumen eines Quaders berechnet und das Ergebnis anzeigt. Sie hat drei Parameter.

```
// p05-02.cpp

void box(int length, int width, int height)
{
  cout << "Das Volumen des Quaders ist " << length * width * height
<< "\n";
}
```

Jedes Mal, wenn box() aufgerufen wird, berechnet die Funktion das Volumen, indem sie die Werte multipliziert, die in length, width und height übergeben werden.

Um box() aufzurufen, müssen Sie drei Argumente angeben, zum Beispiel:

```
  box(7, 20, 4);
  box(50, 3, 2);
  box(8, 6, 9);
```

Die Werte zwischen den runden Klammern sind die Argumente, die an box() übergeben werden. Der Wert jedes Arguments wird dem entsprechenden Parameter zugewiesen. Deshalb wird beim ersten Aufruf von box() 7 dem Parameter length, 20 dem Parameter width und 4 dem Parameter height zugewiesen. Beim zweiten Aufruf wird 50 dem Parameter length, 3 dem Parameter width und 2 dem Parameter height zugewiesen. Beim dritten Aufruf wird 8 dem Parameter length, 6 dem Parameter width und 9 dem Parameter height zugewiesen.

Das folgende Programm demonstriert box():

```
// p05-03.cpp

// Ein einfaches Programm, das box() demonstriert.

#include <iostream>
using namespace std;

void box(int length, int width, int height); // Der Prototyp von
box()

int main()
{
  box(7, 20, 4);   <-- Argumente an box() übergeben.
  box(50, 3, 2);
  box(8, 6, 9);

  return 0;
}
```

```
// Das Volumen eines Quaders berechnen.
void box(int length, int width, int height)
{
  cout << "Das Volumen des Quaders ist " << length * width * height
<< "\n";
}
```

Diese Parameter empfangen die Werte, die an `box()` übergeben werden.

Dieses Programm erzeugt den folgenden Output:

```
Das Volumen des Quaders ist 560
Das Volumen des Quaders ist 300
Das Volumen des Quaders ist 432
```

Tipp

Der Ausdruck *Argument* bezieht sich auf den Wert, der an eine Funktion übergeben wird. Die Variable, die diesen Wert aufnimmt, wird als *Parameter* bezeichnet. Tatsächlich werden Funktionen, die Argumente übernehmen, als *parametrisierte Funktionen* bezeichnet.

1-Minuten-Test

- Was passiert mit der Ausführung des Programms, wenn eine Funktion aufgerufen wird?
- Worin besteht der Unterschied zwischen einem Argument und einem Parameter?
- Wenn eine Funktion einen Parameter benötigt, wo wird dieser deklariert?

Die return-Anweisung

In den vorangegangenen Beispielen kehrte die Funktion zu dem Aufrufer zurück, wenn ihre schließende geschweifte Klammer erreicht wurde. Bei vielen Funktionen ist dieses Verhalten akzeptabel, aber nicht bei allen. Häufig wollen Sie genau bestimmen, wie und wann eine Funktion zurückkehrt. Zu diesem Zweck werden Sie die `return`-Anweisung verwenden.

- Wenn eine Funktion aufgerufen wird, springt die Ausführung des Programms an den Anfang der Funktion. Wenn die Funktion zurückkehrt, wird die Ausführung mit der Anweisung fortgesetzt, die unmittelbar nach dem Funktionsaufruf steht.
- Ein Argument ist ein Wert, der an eine Funktion übergeben wird. Ein Parameter ist eine Variable, die diesen Wert aufnimmt.
- Ein Parameter wird nach dem Funktionsnamen innerhalb der runden Klammern deklariert.

Die return-Anweisung hat zwei Formen: Eine gibt einen Wert zurück, die andere nicht. Wir wollen zunächst die Version von return behandeln, die keinen Wert zurückgibt. Wenn eine Funktion den Rückgabetyp void hat (das heißt, wenn sie keinen Wert zurückgibt), können Sie die folgende Form von return verwenden:

```
return;
```

Wenn die Ausführung auf return stößt, springt sie unmittelbar zu dem Aufrufer zurück. Der restliche Code in der Funktion wird ignoriert. Betrachten Sie beispielsweise das folgende Programm:


```
// p05-04.cpp

// Die return-Anweisung verwenden.

#include <iostream>
using namespace std;

void f();

int main()
{
  cout << "Vor dem Aufruf\n";

  f();

  cout << "Nach dem Aufruf\n";

  return 0;
}
// Eine void-Funktion, die return verwendet.
void f()
{
  cout << "Innerhalb von f()\n";

  return; // zu dem Aufrufer zurückkehren

  cout << "Dies wird nicht angezeigt.\n";
}
```

Dies bewirkt eine sofortige Rückkehr. Die folgende cout-Anweisung wird übergangen.

Dieses Programm erzeugt den folgenden Output:

```
Vor dem Aufruf
Innerhalb von f()
Nach dem Aufruf
```

Der Output zeigt, dass f() zu main() zurückkehrt, sobald die return-Anweisung erreicht wird. Die zweite cout-Anweisung wird niemals ausgeführt.

Das folgende Beispiel für `return` ist praxisnäher. Es berechnet mit der `power()`-Funktion die Potenz einer Ganzzahl mit einem positiven Exponenten und gibt das Ergebnis zurück. Wenn der Exponent negativ ist, wird die Funktion mit einer `return`-Anweisung beendet, bevor das Ergebnis berechnet wird.

```
// p05-05.cpp
#include <iostream>
using namespace std;
void power(int base, int exp);
int main()
{
  power(10, 2);
  power(10, -2);
  return 0;
}
// Eine Ganzahl mit einem positiven Exponenten potenzieren.
void power(int base, int exp)
{
  int i;
  if(exp < 0) return; // Negative Exponenten sind unzulaessig.
  i = 1;
  for( ; exp; exp--) i = base * i;
  cout << "Das Ergebnis ist: " << i;
}
```

Zurückkehren, wenn `exp` negativ ist.

Dieses Programm erzeugt den folgenden Output:

```
Das Ergebnis ist: 100
```

Wenn `exp` (wie bei dem zweiten Aufruf) negativ ist, kehrt `power()` zurück und übergeht den Rest der Funktion.

Eine Funktion kann mehrere `return`-Anweisungen enthalten. Sobald eine dieser Anweisungen erreicht wird, kehrt die Funktion zurück. Beispielsweise ist das folgende Fragment gültig:

```
void f()
{
  // ...
  switch(c) {
    case 'a': return;
    case 'b': // ...
```

```
    case 'c': return;
  }
  if(count < 100) return;
  // ...
}
```

Bedenken Sie jedoch, dass zu viele `return`-Anweisungen die Struktur einer Funktion auflösen und ihre Bedeutung verdunkeln können. Mehrere `return`-Anweisungen sollten nur verwendet werden, wenn sie eine Funktion transparenter machen.

Werte zurückgeben

Eine Funktion kann einen Wert an den Aufrufer zurückgeben. Deshalb ist ein Rückgabewert eine Möglichkeit, Daten aus einer Funktion herauszutransportieren. Ein Wert wird mit der zweiten Form der `return`-Anweisung zurückgegeben:

```
return Wert;
```

Hier ist *`Wert`* der zurückgegebene Wert. Diese Form der `return`-Anweisung kann nur bei Funktionen verwendet werden, die nicht den Rückgabewert `void` haben.

Eine Funktion, die einen Wert zurückgibt, muss den Datentyp dieses Wertes angeben. Der Rückgabetyp muss mit dem Datentyp kompatibel sein, der in der `return`-Anweisung verwendet wird. Andernfalls meldet der Compiler einen Fehler. Eine Funktion kann jeden gültigen C++-Datentyp außer einem Array zurückgeben.

Um die Rückgabe eines Wertes zu zeigen, wollen wir die `box()`-Funktion aus dem Beispiel weiter oben so umschreiben, dass `box()` das Volumen zurückgibt. Zugleich zeigen wir einen weiteren Aspekt von Funktionen: Wenn eine Funktion auf der rechten Seite einer Zuweisungsanweisung steht, wird ihr Rückgabewert der Variablen auf der linken Seite zugewiesen.

```
// p05-06.cpp
// Einen Wert zurückgeben.
#include <iostream>
using namespace std;
int box(int length, int width, int height); // das Volumen zurück-
geben
int main()
{
  int answer;
```

```
  answer = box(10, 11, 3); // den Rückgabewert zuweisen
  cout << "Das Volumen ist " << answer;

  return 0;
}

// Diese Funktion gibt einen Wert Zurueck.
int box(int length, int width, int height)
{
  return length * width * height ;
}
```

Der Rückgabewert von `box()` wird `answer` zugewiesen.

Das Volumen zurückgeben.

Dieses Programm erzeugt den folgenden Output:

```
Das Volumen ist 330
```

In diesem Beispiel gibt `box()` mit der `return`-Anweisung den Wert von `length * width * height` zurück. Dieser Wert wird dann `answer` zugewiesen. Das heißt, der Wert, der von der `return`-Anweisung zurückgegeben wird, wird in der aufrufenden Routine der Wert von `box()`.

Da `box()` jetzt einen Wert zurückgibt, steht nicht das Schlüsselwort `void` vor dem Funktionsnamen. (Zur Erinnerung: `void` wird nur verwendet, wenn eine Funktion keinen Wert zurückgibt.) Statt dessen besagt die Deklaration von `box()`, dass die Funktion einen Wert vom Typ `int` zurückgibt. Beachten Sie, dass der Rückgabetyp einer Funktion sowohl in ihrem Prototyp als auch in ihrer Definition vor ihrem Namen steht.

Natürlich ist `int` nicht der einzige Datentyp, den eine Funktion zurückgeben kann. Wie bereits gesagt wurde, kann eine Funktion jeden Datentyp außer einem Array zurückgeben. Beispielsweise wird die Funktion `box()` in dem folgenden Programm so umgeschrieben, dass sie `double`-Parameter übernimmt und einen `double`-Wert zurückgibt:

```
// p05-07.cpp

// Einen double-Wert zurückgeben.

#include <iostream>
using namespace std;

// double-Daten verwenden
double box(double length, double width, double height);

int main()
{
  double answer;

  answer = box(10.1, 11.2, 3.3); // den Rückgabewert zuweisen
  cout << "Das Volumen ist " << answer;
```

```
  return 0;
}

// Diese Version von box verwendet double-Daten.
double box(double length, double width, double height)
{
  return length * width * height ;
}
```

Dieses Programm erzeugt den folgenden Output:

```
Das Volumen ist 373.296
```


Ein weiterer Punkt: Wenn eine Nicht-`void`-Funktion zurückkehrt, weil ihre schließende geschweifte Klammer erreicht wird, wird ein undefinierter (das heißt: unbekannter) Wert zurückgegeben. Wegen eines kleinen Mangels in der formalen C++-Syntax muss eine Nicht-`void`-Funktion tatsächlich keine `return`-Anweisung ausführen. Dies kann passieren, wenn das Ende der Funktion erreicht wird, bevor die Ausführung auf eine `return`-Anweisung stößt. Weil jedoch die Funktion mit einem Rückgabewert deklariert wurde, wird dennoch ein Wert zurückgegeben – selbst wenn dieser Wert unsinnig ist. Natürlich zeichnet sich ein guter Programmierstil dadurch aus, dass jede Nicht-`void`-Funktion mit einer expliziten `return`-Anweisung einen Wert zurückgibt.

Funktionen in Ausdrücken verwenden

In dem vorangegangenen Beispiel wurde der Wert, der von `box()` zurückgegeben wurde, einer Variablen zugewiesen, und dann wurde der Wert dieser Variablen mit einer `cout`-Anweisung angezeigt. Dies ist zwar nicht falsch, aber dieses Programm könnte auch effizienter geschrieben werden, indem der Rückgabewert direkt in die `cout`-Anweisung eingefügt wird. Beispielsweise kann die `main()`-Funktion des vorangegangenen Programms folgendermaßen effizienter geschrieben werden:

```
// p05-08.cpp
int main()
{
  // den Rückgabewert von box() direkt verwenden
  cout << "Das Volumen ist " << box(10.1, 11.2, 3.3);

  return 0;
}
```

Den Rückgabewert von `box()` direkt in einer `cout`-Anweisung verwenden.

Wenn die cout-Anweisung ausgeführt wird, wird die Funktion box() automatisch aufgerufen, um ihren Rückgabewert zu ermitteln. Dann wird dieser Wert ausgegeben. Es gibt keinen Grund, ihn zuerst einer Variablen zuzuweisen.

Im Allgemeinen kann eine Nicht-void-Funktion in jedem Ausdruck verwendet werden. Wenn der Ausdruck ausgewertet wird, wird die Funktion automatisch aufgerufen, um ihren Rückgabewert zu ermitteln. Beispielsweise berechnet das folgende Programm die Volumina sowie das Durchschnittsvolumen dreier Quader und zeigt dann die Ergebnisse an:

```
// p05-09.cpp

// box() in einem Ausdruck verwenden.

#include <iostream>
using namespace std;

// double-Daten verwenden
double box(double length, double width, double height);

int main()
{
  double sum;

  sum = box(10.1, 11.2, 3.3) + box(5.5, 6.6, 7.7) +
        box(4.0, 5.0, 8.0);

  cout << "Die Summe der Volumina ist " << sum << "\n";
  cout << "Das Durchschnittsvolumen ist " << sum / 3.0 << "\n";

  return 0;
}

// Diese Version von box verwendet double-Daten.
double box(double length, double width, double height)
{
  return length * width * height;
}
```

Dieses Programm erzeugt den folgenden Output:

```
Die Summe der Volumina ist 812.806
Das Durchschnittsvolumen ist 270.935
```

1-Minuten-Test

- Zeigen Sie die beiden Formen der `return`-Anweisung.
- Kann eine `void`-Funktion einen Wert zurückgeben?
- Kann ein Funktionsaufruf Teil eines Ausdrucks sein?

Regeln für den Gültigkeitsbereich

Bis jetzt haben wir Variablen verwendet, ohne formell zu beschreiben, wo sie deklariert werden, wie lange sie existieren und in welchen Teilen eines Programms Sie auf die Variablen zugreifen können. Diese Eigenschaften werden durch die C++-Regeln für den *Gültigkeitsbereich* festgelegt.

Im Allgemeinen bestimmen die Regeln für den Gültigkeitsbereich einer Sprache die Sichtbarkeit und die Lebenszeit eines Objekts. Obwohl C++ über ein fein abgestuftes System von Gültigkeitsbereichen verfügt, gibt es zwei grundlegende Gültigkeitsbereiche: den *lokalen* und den *globalen*. In beiden dieser Gültigkeitsbereiche können Sie Variablen deklarieren. In diesem Abschnitt werden Sie lernen, wie sich Variablen, die in einem lokalen Gültigkeitsbereich deklariert sind, von Variablen unterscheiden, die in dem globalen Gültigkeitsbereich deklariert sind, und was dies für eine Funktion bedeutet.

Lokaler Gültigkeitsbereich

Ein lokaler Gültigkeitsbereich wird durch einen Block definiert. (Zur Erinnerung: Ein Block beginnt mit einer öffnenden geschweiften Klammer und endet mit einer schließenden geschweiften Klammer.) Deshalb erstellen Sie, wenn Sie einen neuen Block öffnen, zugleich einen neuen Gültigkeitsbereich. Eine Variable kann innerhalb eines beliebigen Blocks deklariert werden. Eine Variable, die innerhalb eines Blocks deklariert wird, wird als *lokale* Variable bezeichnet.

Eine lokale Variable kann nur von Anweisungen verwendet werden, die sich innerhalb des Blocks befinden, in dem sie deklariert ist. Anders ausgedrückt: Lokale Variablen sind außerhalb ihrer eigenen Codeblöcke unbekannt. Deshalb können Anweisungen, die außerhalb eines Blocks definiert sind, nicht auf

---

- Die return-Anweisung hat die folgenden beiden Formen:
  ```
  return;
  return Wert;
  ```
- Nein, eine `void`-Funktion kann keinen Wert zurückgeben.
- Ein Aufruf einer Nicht-`void`-Funktion kann in einem Ausdruck verwendet werden. Die Funktion wird automatisch aufgerufen, um ihren Rückgabewert zu ermitteln.

Objekte zugreifen, die innerhalb des Blocks definiert sind. Wenn Sie eine lokale Variable deklarieren, lokalisieren Sie im Wesentlichen diese Variable und schützen sie vor einem nicht autorisierten Zugriff und/oder vor einer Änderung. Tatsächlich bilden die Regeln für den Gültigkeitsbereich die Grundlage der Einkapselung.

Dass lokale Variablen nur existieren, während der Codeblock ausgeführt wird, in dem sie deklariert sind, gehört zu den wichtigsten Dingen, die Sie über lokale Variablen wissen müssen. Eine lokale Variable wird erstellt, wenn ihre Deklarationsanweisung innerhalb ihres Blocks erreicht wird, und sie wird zerstört, wenn der Block verlassen wird. Weil eine lokale Variable zerstört wird, wenn ihr Block verlassen wird, geht ihr Wert verloren.

Der gebräuchlichste Codeblock, in dem Variablen deklariert werden, ist die Funktion. Jede Funktion definiert einen Codeblock, der mit der öffnenden geschweiften Klammer der Funktion beginnt und mit der zugehörigen schließenden geschweiften Klammer endet. Der Code und die Daten der Funktion sind auf diese Funktion beschränkt. Anweisungen in anderen Funktionen können nicht direkt, sondern nur über einen Aufruf dieser Funktion auf deren private Elemente (Code und Daten) zugreifen. (Beispielsweise ist es nicht möglich, mit einer `goto`-Anweisung in die Mitte einer anderen Funktion zu springen.) Der Körper einer Funktion ist vor dem Rest des Programms verborgen und kann andere Teile des Programms weder beeinflussen noch von ihnen beeinflusst werden. Deshalb ist der Inhalt einer Funktion vollkommen vom Inhalt anderer Funktionen getrennt. Anders ausgedrückt: Der Code und die Daten, die in einer Funktion definiert sind, können nicht mit dem Code oder den Daten interagieren, die in einer anderen Funktion definiert sind, weil die beiden Funktionen über einen unterschiedlichen Gültigkeitsbereich verfügen.

Weil jede Funktion ihren eigenen Gültigkeitsbereich definiert, haben die Variablen, die in einer Funktion deklariert sind, keinen Einfluss auf Variablen, die in einer anderen Funktion deklariert sind – selbst wenn diese Variablen denselben Namen haben. Betrachten Sie beispielsweise das folgende Programm:

```
// p05-10.cpp
#include <iostream>
using namespace std;

void f1();

int main()
{
  int val = 10;

  cout << "val in main(): " << val << '\n';
  f1();
  cout << "val in main(): " << val << '\n';
```

Dieses `val` ist eine lokale Variable von `main()`.

```
  return 0;
}

void f1()
{
  int val = 88;

  cout << "val in f1(): " << val << "\n";
}
```

Dieses val ist eine lokale Variable von f1().

Dieses Programm erzeugt den folgenden Output:


```
val in main(): 10
val in f1(): 88
val in main(): 10
```

Eine Ganzzahl namens `val` wir zweimal deklariert: das erste Mal in `main()` und ein weiteres Mal in `f1()`. Das `val` in `main()` hat keinen Einfluss auf das und keine Beziehung zu dem `val` in `f1()`. Der Grund dafür ist, dass jedes `val` nur in der Funktion bekannt ist, in dem es deklariert ist. Der Output zeigt, dass der Inhalt von `val` in `main()` den Wert 10 behält, obwohl das `val`, das in `f1()` deklariert ist, auf 88 gesetzt wird.

Weil eine lokale Variable bei jedem Eintritt in einen Block erstellt und bei jedem Austritt aus dem Block, in dem sie deklariert ist, zerstört wird, behält eine lokale Variable zwischen zwei Ausführungen ihres Blocks ihren Wert nicht. Dies ist besonders für Funktionsaufrufe wichtig. Wenn eine Funktion aufgerufen wird, werden ihre lokalen Variablen erstellt. Wenn die Funktion beendet wird, werden die Variablen wieder zerstört. Dies bedeutet, dass die lokalen Variablen zwischen zwei Aufrufen ihre Werte nicht behalten können.

Wenn die Deklaration einer lokalen Variablen einen Initialisierer enthält, wird die Variable jedes Mal neu initialisiert, wenn der Block ausgeführt wird. Ein Beispiel:

```
// p05-11.cpp
// Eine lokale Variable wird bei jeder Ausführung
// ihres Blocks neu initialisiert.

#include <iostream>
using namespace std;

void f();

int main()
{

  for(int i=0; i < 3; i++) f();
```

```
  return 0;
}
// num wird bei jedem Aufruf von f() initialisiert.
void f()
{
  int num = 99;
  cout << num << "\n";
  num++; // Dies hat keine bleibende Wirkung.
}
```

num wird bei jedem Aufruf von f() auf 99 gesetzt.

Der folgende Output bestätigt, dass num bei jedem Aufruf von f() initialisiert wird:

```
99
99
99
```

Eine lokale Variable, die nicht initialisiert wird, enthält einen nicht definierten Wert, bis ihr ein Wert zugewiesen wird.

Lokale Variablen können in jedem Block deklariert werden

Üblicherweise werden alle Variablen, die innerhalb einer Funktion benötigt werden, am Beginn des Codeblocks dieser Funktion deklariert. Dies geschieht hauptsächlich deshalb, damit jemand, der den Code liest, leicht erkennen kann, welche Variablen verwendet werden. Eine lokale Variable muss jedoch nicht am Beginn des Funktionsblocks, sondern kann an jeder beliebigen Stelle des Codeblocks deklariert werden, bevor sie benutzt wird. Eine Variable, die in einem Block deklariert wird, ist eine lokale Variable dieses Blocks. Dies bedeutet, dass die Variable nicht existiert, bevor der Block ausgeführt wird, und dass sie wieder zerstört wird, wenn der Block verlassen wird. Darüber hinaus kann Code außerhalb des Blocks – auch anderer Code in der Funktion – nicht auf diese Variable zugreifen. Um dies zu verstehen, sollten Sie das folgende Programm ausprobieren:

```
// p05-12.cpp
// Lokale Variablen eines Blocks
#include <iostream>
using namespace std;
int main() {
  int x = 19; // x ist der gesamten Funktion bekannt.
```

```
  if(x == 19) {
    int y = 20;

    cout << "x + y ist " << x + y << "\n";
  }

  //  y = 100; // Fehler! y ist hier unbekannt.

  return 0;
}
```

y ist eine lokale Variable des `if`-Blocks.

Die Variable `x` wird am Anfang des Gültigkeitsbereichs von `main()` deklariert und ist im gesamten folgenden Code in `main()` bekannt. Die Variable `y` wird in dem `if`-Block deklariert. Da ein Block einen Gültigkeitsbereich definiert, ist `y` nur dem anderen Code in diesem Block bekannt. Deshalb ist die Zeile

5

```
y = 100;
```

außerhalb dieses Blocks auskommentiert. Wenn Sie das führende Kommentarsymbol (`//`) entfernen, meldet der Compiler einen Fehler, weil `y` außerhalb ihres Blocks unbekannt ist. Die Variable `x` kann innerhalb des `if`-Blocks verwendet werden, weil Code innerhalb eines Blocks auf Variablen zugreifen kann, die in einem einschließenden Block deklariert werden.

Obwohl lokale Variablen typischerweise am Beginn ihres Blocks deklariert werden, muss dies nicht so sein. Eine lokale Variable kann an einer beliebigen Stelle eines Blocks deklariert werden, solange sie deklariert wird, bevor sie verwendet wird. Beispielsweise ist das folgende Programm gültig:

```
// p05-13.cpp

#include <iostream>
using namespace std;

int main()
{
  cout << "Geben Sie eine Zahl ein: ";
  int a; // eine Variable deklarieren
  cin >> a;

  cout << "Geben Sie eine zweite Zahl ein: ";
  int b; // eine weitere Variable deklarieren
  cin >> b;

  cout << "Produkt: " << a*b << '\n';

  return 0;
}
```

Den Wert in `length` ausgeben.

In diesem Beispiel werden a und b erst deklariert, bevor sie benötigt werden. Offen gesagt, deklarieren die meisten Programmierer lokale Variablen am Beginn der Funktion, in der sie verwendet werden, aber dies ist eine Frage des Programmierstils.

Namen verbergen

Wenn eine lokale Variable, die in einem inneren Block deklariert wird, denselben Namen wie eine Variable hat, die in einem äußeren Block deklariert wird, *verbirgt* die Variable in dem inneren Block die Variable in dem äußeren Block. Ein Beispiel:

```
// p05-14.cpp
#include <iostream>
using namespace std;
int main()
{
  int i;
  int j;
  i = 10;
  j = 100;
  if(j > 0) {
    int i; // dieses i ist von dem äußeren i getrennt

    i = j / 2;
    cout << "inneres i: " << i << '\n';
  }
  cout << "aeusseres i: " << i << '\n';
  return 0;
}
```

Dieses i verbirgt das äußere i.

Dieses Programm erzeugt den folgenden Output:

```
inneres i: 50
äußeres i: 10
```

Das i, das in dem if-Block deklariert wird, verbirgt das äußere i. Änderungen des inneren i haben keinen Einfluss auf das äußere i. Darüber hinaus ist das innere i außerhalb des if-Blocks unbekannt, und das äußere i wird wieder sichtbar.

Funktionsparameter

Die Parameter einer Funktion liegen im Gültigkeitsbereich der Funktion. Das heißt, sie sind lokale Variablen der Funktion. Außer der Tatsache, dass sie die Werte der Argumente aufnehmen, verhalten sich Parameter wie andere lokale Variablen.

Frage an den Experten

Frage: Was macht das Schlüsselwort auto? Ich habe gehört, dass es benutzt wird, um lokale Variablen zu deklarieren. Stimmt das?

Antwort: C++ enthält das Schlüsselwort `auto`, mit dem lokale Variablen deklariert werden können. Da jedoch alle lokalen Variablen standardmäßig als `auto` gelten, wird das Schlüsselwort praktisch niemals benutzt. Deshalb finden Sie in diesem Buch keine Beispiele für dieses Schlüsselwort. Wenn Sie es jedoch verwenden wollen, müssen Sie es unmittelbar vor den Typ der Variablen setzen. Ein Beispiel:

```
auto char ch;
```

Noch einmal: `auto` ist optional und wird in diesem Buches nicht (weiter) verwendet.

Globaler Gültigkeitsbereich

Da lokale Variablen nur innerhalb der Funktion bekannt sind, in der sie deklariert sind, fragen Sie sich vielleicht, wie eine Variable erstellt wird, die von mehreren Funktionen verwendet werden kann. Die Antwort besteht darin, die Variable in dem globalen Gültigkeitsbereich zu deklarieren. Der *globale Gültigkeitsbereich* ist der deklarative Bereich, der sich außerhalb aller Funktionen befindet. Eine Variable, die in dem globalen Gültigkeitsbereich erstellt wird, ist eine *globale Variable.*

Globale Variablen sind in dem gesamten Programm bekannt. Sie können an jeder Stelle verwendet werden und behalten ihre Werte während der gesamten Ausführung des Programms. Deshalb umfasst ihr Gültigkeitsbereich das gesamte Programm. Sie können globale Variablen deklarieren, indem Sie sie außerhalb jeder Funktion deklarieren. Weil sie global sind, können sie von jedem Ausdruck benutzt werden – und zwar unabhängig davon, welche Funktion den Ausdruck enthält.

Das folgende Programm zeigt, wie eine globale Variable verwendet wird. Die Variable `count` wird außerhalb aller Funktionen vor der `main()`-Funktion deklariert. Die Deklaration könnte jedoch auch an jeder beliebigen anderen Stelle außerhalb aller Funktionen stehen. Zur Erinnerung: Da Sie eine Variable deklarieren müssen, bevor Sie sie verwenden können, ist der Anfang des Programms der beste Platz für die Deklaration globaler Variablen.

```
// p05-15.cpp
// Mit einer globalen Variablen arbeiten.
#include <iostream>
using namespace std;
void func1();
void func2();
int count; // Dies ist eine globale Variable.
int main()
{
  int i; // Dies ist eine lokale Variable.
  for(i=0; i<10; i++) {
    count = i * 2;
    func1();
  }
  return 0;
}
void func1()
{
  cout << "count: " << count; // auf das globale count zugreifen
  cout << '\n'; // einen Zeilenvorschub ausgeben
  func2();
}
void func2()
{
  int count; // dies ist eine lokale Variable
  for(count=0; count<3; count++) cout << '.';
}
```

count ist global.

Dies bezieht sich auf das globale count.

Dies bezieht sich ebenfalls auf das globale count.

Dieses count ist eine lokale Variable von func2().

Dies bezieht sich auf das lokale count.

Dieses Programm erzeugt den folgenden Output:

```
count: 0
...count: 2
...count: 4
...count: 6
...count: 8
...count: 10
...count: 12
```

```
...count: 14
...count: 16
...count: 18
...
```

Ein näherer Blick auf das Programm zeigt, dass sowohl `main()` als auch `func1()` die globale Variable `count` benutzen. In `func2()` wird jedoch eine lokale Variable namens `count` deklariert. Wenn `func2()` die Variable `count` verwendet, bezieht sie sich auf ihre lokale Variable, nicht auf die globale. Folgender Punkt ist wichtig: Wenn eine globale und eine lokale Variable denselben Namen haben, beziehen sich alle Referenzen auf den Variablennamen innerhalb der Funktion, in der die lokale Variable deklariert ist, auf die lokale Variable und haben keinen Einfluss auf die globale Variable. Deshalb verbirgt eine lokale Variable eine globale Variable desselben Namens.

Globale Variablen werden beim Start des Programms initialisiert. Wenn eine Deklaration einer globalen Variablen einen Initialisierer enthält, wird die Variable mit diesem Wert initialisiert. Wenn eine globale Variable keinen Initialisierer enthält, wird ihr Wert auf null gesetzt.

Globale Variablen werden in einem festgelegten Speicherbereich abgelegt, der von Ihrem Programm für diesen Zweck reserviert wird. Globale Variablen sind nützlich, wenn dieselben Daten in einem Programm von mehreren Funktionen verwendet werden oder wenn eine Variable ihren Wert während der gesamten Laufzeit des Programms behalten muss. Aus den folgenden drei Gründen sollten Sie jedoch in einem Programm keine unnötigen globalen Variablen verwenden:

- Sie belegen während der gesamten Laufzeit des Programms Speicherplatz und nicht nur, wenn sie benötigt werden.
- Wenn Sie eine globale Variable verwenden, wo eine lokale Variable ausreichen würde, machen Sie eine Funktion weniger allgemein, weil sie von etwas abhängig ist, das außerhalb von ihr selbst definiert werden muss.
- Wenn Sie eine große Zahl globaler Variablen verwenden, können Programmfehler auftreten, die auf unbekannten und unerwünschten Nebeneffekten beruhen. Ein Hauptproblem beim Entwickeln großer Programme ist die unbeabsichtigte Änderung eines Variablenwerts, weil er auch an anderen Stellen des Programms verwendet wird. Dies kann in C++ passieren, wenn Sie zu viele globale Variablen in Ihren Programmen verwenden.

1-Minuten-Test

- Was sind die Hauptunterschiede zwischen lokalen und globalen Variablen?
- Kann eine lokale Variable an einer beliebigen Stelle eines Blocks deklariert werden?
- Behält eine lokale Variable ihren Wert zwischen zwei Aufrufen der Funktion, in der sie deklariert ist?

Zeiger und Arrays an Funktionen übergeben

In den vorangegangenen Beispielen wurden einfache Werte wie `int`- oder `double`-Werte als Argumente verwendet. Doch manchmal wollen Sie Zeiger und Arrays als Argumente an Funktionen übergeben. Es ist zwar unkompliziert, diese Arten von Argumenten zu übergeben, doch müssen dabei einige spezielle Punkte berücksichtigt werden.

Einen Zeiger übergeben

Um einen Zeiger als Argument zu übergeben, müssen Sie den Parameter als Zeigertyp deklarieren. Hier ist ein Beispiel:

```
// p05-16.cpp

// Einen Zeiger an eine Funktion übergeben.

#include <iostream>
using namespace std;

void f(int *j); // f() deklariert einen Zeiger-Parameter

int main()
{
  int i;
  int *p;
```

`f()` übernimmt einen `int *`-Zeiger als Parameter.

- Eine lokale Variable ist nur in dem Block bekannt, in dem sie deklariert wird. Sie wird beim Eintritt in diesen Block erstellt und beim Austritt aus diesem Block wieder zerstört. Eine globale Variable wird außerhalb aller Funktionen deklariert. Sie kann von allen Funktionen verwendet werden und existiert während der gesamten Laufzeit des Programms.
- Ja. Eine lokale Variable kann an einer beliebigen Stelle eines Blocks deklariert werden, solange sie deklariert wird, bevor sie verwendet wird.
- Nein. Lokale Variablen werden zerstört, wenn die Funktion verlassen wird, in der sie deklariert werden.

```
  p = &i; // p zeigt jetzt auf i
  f(p); // einen Zeiger übergeben
  cout << i;  // i ist jetzt 100
  return 0;
}
// f() nimmt einen Zeiger auf ein int entgegen.
void f(int *j)
{
  *j = 100; // Der Variablen, auf die j zeigt, wird 100 zugewiesen.
}
```

f() wird mit einem Zeiger auf eine Ganzzahl aufgerufen.

5

Sie sollten dieses Programm sorgfältig studieren. Sie sehen, dass `f()` einen Parameter übernimmt: einen `int`-Zeiger. Innerhalb von `main()` wird `p` die Adresse von `i` zugewiesen. Dann wird `f()` mit `p` als Argument aufgerufen. Wenn der Zeiger-Parameter `j` die Variable `p` aufnimmt, zeigt er in `main()`ebenfalls auf `i`. Deshalb wird durch die Zuweisung

```
*j = 100;
```

der Variablen `i` der Wert 100 zugewiesen. Allgemein weist `f()` jeder Adresse, die ihr als Argument übergeben wird, den Wert 100 zu.

In dem vorangegangenen Beispiel ist es tatsächlich nicht notwendig, die Zeigervariable `p` zu verwenden. Statt dessen können Sie einfach ein `&` vor `i` setzen, wenn `f()` aufgerufen wird. Dadurch wird die Adresse von `i` an `f()` übergeben. Das überarbeitete Programm sieht folgendermaßen aus:

```
// p05-17.cpp
// Einen Zeiger an eine Funktion übergeben.
#include <iostream>
using namespace std;
void f(int *j);
int main()
{
  int i;
  f(&i);
  cout << i;
  return 0;
}
```

Die Variable `p` wird nicht benötigt. Die Adresse von `i` wird direkt übergeben.

```
void f(int *j)
{
  *j = 100; // Der Variablen, auf die j zeigt, wird 100 zugewiesen.
}
```

Wenn Sie Zeiger an Funktionen übergeben, müssen Sie sich über die Folgen vollkommen im Klaren sein: Wenn Sie innerhalb der Funktion eine Operation ausführen, die den Zeiger verwendet, arbeiten Sie mit der Variablen, auf die dieser Zeiger zeigt. Deshalb kann die Funktion den Wert des Objekts ändern, auf das der Parameter zeigt.

Ein Array übergeben

Wenn das Argument einer Funktion ein Array ist, wird die Adresse des ersten Elements des Arrays übergeben, nicht etwa eine Kopie des gesamten Arrays. (Zur Erinnerung: Ein Array-Name ohne Index ist ein Zeiger auf das erste Element des Arrays.) Dies bedeutet, dass die Parameterdeklaration einen kompatiblen Typ haben muss. Es gibt drei Methoden, um einen Parameter zu deklarieren, der einen Array-Zeiger aufnehmen soll. Erstens kann er als Array deklariert werden, der denselben Typ und dieselbe Größe hat wie das Array, mit dem die Funktion aufgerufen werden soll. Ein Beispiel:

```
// p05-18.cpp
#include <iostream>
using namespace std;
void display(int num[10]);
int main()
{
  int t[10], i;
  for(i=0; i < 10; ++i) t[i]=i;
  display(t); // Array t an eine Funktion übergeben
  return 0;
}
// Einige Zahlen ausgeben.
void display(int num[10])
{
  int i;
  for(i=0; i < 10; i++) cout << num[i] << ' ';
}
```

Der Parameter wird als Array bestimmter Größe deklariert.

Obwohl der Parameter num als ganzzahliges Array mit zehn Elementen deklariert ist, wandelt der C++-Compiler ihn automatisch in einen int-Zeiger um. Dies notwendig, weil kein Parameter tatsächlich ein komplettes Array übernehmen kann. Da nur ein Zeiger auf das Array übergeben wird, muss es einen Zeiger-Parameter geben, der diesen Zeiger aufnimmt.

Die zweite Methode, um einen Array-Parameter zu deklarieren, besteht darin, ihn als Array unbestimmter Größe zu spezifizieren. Ein Beispiel:

```
// p05-19.cpp
void display(int num[])
{
  int i;
  for(i=0; i < 10; i++) cout << num[i] << ' ';
}
```

Parameter, der als Array unbestimmter Größe deklariert wird.

Hier wird num als ganzzahliges Array unbekannter Größe deklariert. Da C++ die Grenzen eines Arrays nicht prüft, ist die tatsächliche Größe des Arrays für den Parameter irrelevant (aber für das Programm natürlich nicht). Bei dieser Art von Deklaration wird der Parameter von dem Compiler ebenfalls automatisch in einen int-Zeiger umgewandelt.

Bei der letzten Methode wird num als Zeiger deklariert. Diese Methode wird in professionellen C++-Programmen am häufigsten verwendet. Hier ist ein Beispiel:

```
// p05-20.cpp
void display(int *num)
{
  int i;
  for(i=0; i < 10; i++) cout << num[i] << ' ';
}
```

Parameter, der als Zeiger deklariert wird.

num kann deswegen als Zeiger deklariert werden, weil jeder Zeiger mit [ ] so indiziert werden kann, als wäre er ein Array. Beachten Sie, dass alle drei Methoden, einen Array-Parameter zu deklarieren, dasselbe Ergebnis haben: einen Zeiger.

Wenn Sie ein Array als Funktionsargument verwenden, sollten Sie sich einprägen, dass seine Adresse an die Funktion übergeben wird. Dies bedeutet, dass der Code innerhalb der Funktion mit dem tatsächlichen Inhalt des Arrays arbeitet, mit dem die Funktion aufgerufen wird, und den Inhalt dieses Arrays möglicherweise ändert. Betrachten Sie beispielsweise in dem folgenden Programm die Funktion cube(), die den Wert jedes Elements in einem Array in seine Kubikzahl umwandelt. Um cube() aufzurufen, übergeben Sie die Adresse des Arrays als erstes Argument und die Größe des Arrays als zweites.

```
// p05-21.cpp
// Den Inhalt eines Array mit einer Funktion ändern.
#include <iostream>
using namespace std;

void cube(int *n, int num);

int main()
{
  int i, nums[10];

  for(i=0; i < 10; i++) nums[i] = i+1;

  cout << "Urspruenglicher Inhalt: ";
  for(i=0; i < 10; i++) cout << nums[i] << ' ';
  cout << '\n';

  cube(nums, 10); // Kubikzahlen berechnen

  cout << "Geaenderter Inhalt: ";
  for(i=0; i < 10; i++) cout << nums[i] << ' ';

  return 0;
}

// Die Kubikzahlen der Elemente in einem Array berechnen.
void cube(int *n, int num)
{
  while(num) {
    *n = *n * *n * *n;
    num--;
    n++;
  }
}
```

Die Adresse von nums an cube() übergeben.

Dies ändert den Wert des Array-Elements, auf das n zeigt.

Dieses Programm erzeugt den folgenden Output:

```
Urspruenglicher Inhalt: 1 2 3 4 5 6 7 8 9 10
Geaenderter Inhalt: 1 8 27 64 125 216 343 512 729 1000
```

Sie sehen, dass der Inhalt des Array nums in main() nach dem Aufruf von cube() die Kubikzahlen seiner ursprünglichen Werte enthält. Das heißt, die Werte der Elemente von nums wurden von den Anweisungen innerhalb von cube() geändert, weil n auf nums zeigt.

Strings übergeben

Weil ein String einfach ein nullterminiertes Zeichen-Array ist, wird tatsächlich nur ein Zeiger auf den Beginn des Strings übergeben, wenn Sie einen String an eine Funktion übergeben. Dieser Zeiger hat den Typ `char *`. Betrachten Sie beispielsweise das folgende Programm. Es definiert die Funktion `strInvertCase()`, die die Schreibweise der Buchstaben in einem String umkehrt.

```
// p05-22.cpp

// Einen String an eine Funktion übergeben.

#include <iostream>
#include <cstring>
#include <cctype>
using namespace std;

void strInvertCase(char *str);

int main()
{
  char str[80];

  strcpy(str, "Dies ist ein Test");

  strInvertCase(str);

  cout << str; // den geänderten String anzeigen

  return 0;
}

// Die Schreibweise der Buchstaben in einem String umkehren.
void strInvertCase(char *str)
{
  while(*str) {
    // invert case
    if(isupper(*str)) *str = tolower(*str);
    else if(islower(*str)) *str = toupper(*str);

    str++; // zum nächsten Zeichen gehen
  }
}
```

Dieses Programm erzeugt den folgenden Output:

```
dIES IST EIN tEST
```

1-Minuten-Test

- Zeigen Sie, wie eine `void`-Funktion namens `count` deklariert wird, die einen `long int`-Zeigerparameter namens `ptr` hat.
- Kann die Funktion, wenn ihr ein Zeiger übergeben wird, den Inhalt des Objekts ändern, auf das der Zeiger weist?
- Kann ein Array an eine Funktion übergeben wedern? Wenn ja, wie?

Zeiger zurückgeben

Funktionen können Zeiger zurückgeben. Zeiger werden wie andere Datentypen zurückgegeben; spezielle Probleme gibt es dabei nicht. Weil jedoch Zeiger zu den eher verwirrenden Konstrukten von C++ gehören, wollen wir die Rückgabetypen von Zeigern kurz beschreiben.

Um einen Zeiger zurückzugeben, muss eine Funktion ihren Rückgabetyp als Zeiger deklarieren. Beispielsweise wird der Rückgabetyp von `f()` im folgenden Beispiel als `int`-Zeiger deklariert:

```
int *f();
```

Wenn der Rückgabetyp einer Funktion ein Zeiger ist, muss der Wert, der in ihrer `return`-Anweisung verwendet wird, auch ein Zeiger sein. (Wie bei allen Funktionen, muss der Rückgabewert mit dem Rückgabetyp kompatibel sein.)

Das folgende Programm zeigt, wie ein Zeiger-Rückgabetyp verwendet wird. Die Funktion `get_substr()` durchsucht einen String nach einem Substring. Sie gibt einen Zeiger auf den ersten übereinstimmenden Substring zurück. Wenn keine Übereinstimmung gefunden wird, wird ein Null-Zeiger zurückgegeben. Wenn beispielsweise der String `"Ich mag C++"` heißt und der Suchstring `"mag"` ist, gibt die Funktion einen Zeiger auf das `m` in `"mag"` zurück.

```
// p05-23.cpp

// Einen Zeiger zurückgeben.

#include <iostream>
using namespace std;
```

- `void count(long int *ptr)`
- Ja. Das Objekt, auf das der Zeiger weist, kann von dem Code in der Funktion geändert werden.
- Arrays können nicht an eine Funktion übergeben werden. Statt dessen wird ein Zeiger auf ein Array übergeben. Deshalb können Änderungen innerhalb der Funktion das Array verändern, das in dem Argument verwendet wird.

```
char *get_substr(char *sub, char *str);
int main()
{
  char *substr;
  substr = get_substr("drei", "eins zwei drei vier");
  cout << "Substring gefunden: " << substr;
  return 0;
}
// Zeiger auf Substring oder - falls nicht gefunden - null zurück-
geben.
char *get_substr(char *sub, char *str)
{
  int t;
  char *p, *p2, *start;
  for(t=0; str[t]; t++) {
    p = &str[t]; // Zeiger zurücksetzen
    start = p;
    p2 = sub;
    while(*p2 && *p2==*p) { // auf Substring prüfen
      p++;
      p2++;
    }
    /* Wenn das Ende von p2 (das heißt des Substrings) erreicht ist,
       dann wurde eine Übereinstimmung gefunden. */
    if(!*p2)
      return start; // Zeiger auf den Anfang des Substrings zurück-
geben
  }
  return 0; // keine Übereinstimmung gefunden
}
```

get_substr() gibt einen char-Zeiger zurück.

Dieses Programm erzeugt den folgenden Output:

```
Substring gefunden: drei vier
```

Die Funktion main()

Die Funktion main() hat eine Sonderstellung, weil sie die erste Funktion ist, die aufgerufen wird, wenn ein Programm ausgeführt wird. Sie kennzeichnet den Beginn eines Programms. Im Gegensatz zu einigen anderen Programmiersprachen, bei denen die Ausführung immer »am Anfang« des Programms beginnt, startet jedes C++-Programm mit einem Aufruf der `main()`-Funktion, egal wo diese Funktion in dem Programm steht. (Üblicherweise ist `main()` jedoch die erste Funktion des Programms, sodass sie leichter gefunden werden kann.)

Ein Programm darf nur eine `main()`-Funktion enthalten. Wenn Sie versuchen, mehrere Funktionen dieses Namens zu verwenden, weiß das Programm nicht, wo es mit der Ausführung beginnen soll. Tatsächlich fangen die meisten Compiler diesen Fehler ab und melden ihn. Wie bereits erwähnt, ist `main()` in C++ vordefiniert und erfordert deshalb keinen Prototyp.

argc und argv: Argumente von main()

Manchmal ist es erforderlich, Informationen an ein Programm zu übergeben, wenn es ausgeführt wird. Zu diesem Zweck werden im Allgemeinen die so genannten *Befehlszeilenargumente* an `main()` übergeben. Ein Befehlszeilenargument ist ein Argument, das nach dem Namen des Programms in der Befehlszeile des Betriebssystems angegeben wird. (In Windows verwendet der AUSFÜHREN-Befehl im START-Menü ebenfalls eine Befehlszeile.) Mit dem folgenden Befehl könnten Sie beispielsweise C++-Programme von der Befehlszeile aus kompilieren:

```
cl Programmname
```

Dabei gibt *`Programmname`* das Programm an, das Sie kompilieren wollen. Der Name des Programms wird als Befehlszeilenargument an den C++-Compiler übergeben.

C++ definiert zwei eingebaute, aber optionale Parameter von `main()`: `argc` und `argv`. Sie nehmen die Befehlszeilenargumente auf. Andere Parameter für `main()` sind in C++ nicht definiert. Möglicherweise unterstützt Ihre spezielle Betriebsumgebung weitere Argumente, sodass Sie die Dokumentation Ihres Compilers prüfen sollten. Wir wollen jetzt `argc` und `argv` näher betrachten.

Anmerkung

Technisch betrachtet sind die Namen der Befehlszeilenparameter beliebig – Sie können jeden gewünschten Namen verwenden. Jedoch haben sich `argc` und `argv` im Laufe der Jahre als Konvention eingebürgert. Deshalb ist es am besten, wenn Sie diese Namen verwenden, sodass Leser Ihres Programms sie schnell als die Befehlszeilenparameter erkennen können.

Der Parameter argc ist eine Ganzzahl, die die Anzahl der Argumente auf der Befehlszeile angibt. Diese Anzahl ist immer mindestens eins, weil der Name des Programms als das erste Argument gilt.

Der Parameter argv ist ein Zeiger auf ein Array von char-Zeigern. Jeder Zeiger in dem argv-Array weist auf einen String, der ein Befehlszeilenargument enthält. Deshalb zeigt argv[0] auf den Namen des Programms; argv[1] zeigt auf das erste Argument, argv[2] auf das zweite Argument usw. Alle Befehlszeilenargumente werden als Strings an das Programm übergeben. Deshalb muss Ihr Programm numerische Argumente in das passende interne Format umwandeln.

Es ist wichtig, dass argv korrekt deklariert wird. Die gebräuchlichste Methode ist:


```
char *argv[];
```

Sie können auf die einzelnen Argumente zugreifen, indem Sie argv indizieren. Das folgende Programm demonstriert den Zugriff auf die Befehlszeilenargumente. Es zeigt alle vorhandenen Befehlszeilenargumente, wenn es ausgeführt wird.

```
// p05-24.cpp
// Befehlszeilenargumente anzeigen.
#include <iostream>
using namespace std;
int main(int argc, char *argv[])
{
  for(int i = 0; i < argc; i++) {
    cout << argv[i] << "\n";
  }
  return 0;
}
```

Wenn dieses Programm folgendermaßen ausgeführt wird:

```
p04-25 eins zwei drei
```

erzeugt es den folgenden Output:

```
p04-25
eins
zwei
drei
```

C++ legt die genauen Eigenschaften eines Befehlszeilenarguments nicht fest, weil sich die Host-Umgebungen (Betriebssysteme) in dieser Hinsicht erheblich unterscheiden. Doch die gebräuchlichste Konvention ist folgende: Befehlszeilenargumente müssen durch Leerzeichen oder Tabulatoren (Tabs) getrennt sein. Häufig sind Kommas, Semikolons und ähnliche Zeichen *keine gültigen* Trennzeichen für Argumente. Das Beispiel

```
eins, zwei, und drei
```

besteht aus vier Strings, während

```
eins,zwei,und drei
```

nur zwei Strings enthält – das Komma ist kein gültiges Trennzeichen.

Wenn Sie ein Befehlszeilenargument übergeben müssen, das Leerzeichen enthält, müssen Sie es in Anführungszeichen einschließen. Beispielsweise wird der folgende Ausdruck als ein einziges Befehlszeilenargument behandelt:

```
"dies ist ein Argument"
```

Vergessen Sie nicht, dass die hier gezeigten Beispiele zwar für viele Umgebungen, aber nicht notwendigerweise für Ihre gelten.

Normalerweise werden `argc` und `argv` dazu benutzt, Optionen oder Anfangswerte (wie beispielsweise einen Dateinamen) an ein Programm zu übergeben. In C++ können Sie so viele Befehlszeilenargumente verwenden, wie es Ihr Betriebssystem erlaubt. Befehlszeilenargumente geben einem Programm einen professionellen Anstrich und erleichtern es, das Programm in Batch-Dateien zu verwenden.

Numerische Befehlszeilenargumente übergeben

Wenn Sie numerische Daten als Befehlszeilenargumente an ein Programm übergeben, empfängt das Programm diese Daten in Stringform. Das Programm muss die Daten mit einer der Funktionen der C++-Standardbibliothek in das interne Binärformat umwandeln. Die folgende Übersicht zeigt drei der gebräuchlichsten Funktionen für diesen Zweck:

`atof()`	Wandelt einen String in ein `double` um und gibt das Ergebnis zurück.
`atol()`	Wandelt einen String in ein `long int` um und gibt das Ergebnis zurück.
`atoi()`	Wandelt einen String in ein `int` um und gibt das Ergebnis zurück.

Jede Funktion wird mit einem String aufgerufen, der einen numerischen Wert als Argument enthält. Alle Funktionen benötigen den Header `<cstdlib>`.

Das folgende Programm demonstriert die Umwandlung eines numerischen Befehlszeilenarguments in die entsprechende binäre Form. Es berechnet die Summe der beiden Zahlen, die nach dem Namen in der Befehlszeile übergeben werden. Das Programm wandelt seine numerischen Argumente mit der `atof()`-Funktion in die interne Repräsentation um.


```
// p05-25.cpp
// Die Summe der beiden numerischen Befehlszeilenargumente anzei-
gen.
#include <iostream>
#include <cstdlib>
using namespace std;

int main(int argc, char *argv[])
{
  double a, b;

  if(argc!=3) {
    cout << "Verwendung: p05-25 Zahl Zahl\n";
    return 1;
  }

  a = atof(argv[1]); // das erste Befehlszeilenargument umwandeln
  b = atof(argv[2]); // das zweite Befehlszeilenargument umwandeln

  cout << a + b;

  return 0;
}
```

Mit `atof()` die numerischen Befehlszeilenstrings in `double`-Werte umwandeln.

Wenn das Programm `p05-25` heißt (in der Praxis würde man einen aussagekräftigeren wie beispielsweise `add` verwenden), können Sie damit folgendermaßen zwei Zahlen addieren:

```
C>p05-25 100.2  231
```

1-Minuten-Test

- Wie werden die beiden Parameter von `main()` üblicherweise bezeichnet? Erklären Sie, was jeder Parameter enthält.
- Was ist immer das erste Befehlszeilenargument?
- Ein numerisches Befehlszeilenargument wird als String übergeben. Wahr oder falsch?

Funktionsprototypen

Funktionsprototypen wurden bereits kurz am Anfang dieses Kapitels beschrieben. Jetzt wollen wir uns ausführlicher mit ihnen beschäftigen. In C++ müssen alle Funktionen außer `main()` deklariert werden, bevor sie verwendet werden. Üblicherweise wird zu diesem Zweck ein Funktionsprototyp verwendet. Prototypen legen drei Eigenschaften einer Funktion fest:

- ihren Rückgabetyp
- die Datentypen ihrer Parameter
- die Anzahl ihrer Parameter

Prototypen ermöglichen es dem Compiler, drei wichtige Operationen ausführen:

- Der Compiler kann den geeigneten Code für den Aufruf der Funktion generieren. Verschiedene Rückgabetypen müssen von dem Compiler unterschiedlich behandelt werden.
- Der Compiler kann unzulässige Typumwandlungen zwischen den Datentypen der Argumente, mit denen die Funktion aufgerufen wird, und den definierten Datentypen ihrer Parameter entdecken und melden.
- Der Compiler kann Unterschiede zwischen der Anzahl der Argumente, mit denen die Funktion aufgerufen wird, und der Anzahl ihrer definierten Parameter entdecken und melden.

- Die beiden Parameter von `main()` werden üblicherweise als `argc` und `argv` bezeichnet. `argc` gibt die Anzahl der Befehlszeilenargumente an, `argv` ist ein Zeiger auf ein Array von Strings, das die Argumente enthält.
- Das erste Befehlszeilenargument ist immer der Name des Programms selbst.
- Wahr.

Ein Funktionsprototyp hat die folgende allgemeine Form. Er entspricht einer Funktionsdefinition, hat jedoch keinen Funktionskörper.

```
Typ Funktionsname(Typ Parameter1, Typ Parameter2,...,
                                  Typ ParameterN);
```

Die Verwendung von Parameternamen in einem Prototyp ist optional. Doch anhand der Namen kann der Compiler nichtübereinstimmende Typen namentlich identifizieren, wenn ein Fehler auftritt. Deshalb ist es sinnvoll, die Namen anzugeben.

Das folgende Programm soll zeigen, wie nützlich Funktionsprototypen sind. Wenn Sie versuchen, das Programm zu kompilieren, wird eine Fehlermeldung ausgegeben, weil das Programm versucht, `sqr_it()` mit einem ganzzahligen Argument statt des erforderlichen `int`-Zeigers aufzurufen. (Ganzzahlen werden nicht automatisch in Zeiger umgewandelt.)

```
// p05-26.cpp

// Mit einem Funktionsprototyp eine strikte
// Typüberprüfung durchzusetzen.

void sqr_it(int *i); // Prototyp

int main()
{
  int x;

  x = 10;
  sqr_it(x); // Fehler! Typen stimmen nicht überein!

  return 0;
}

void sqr_it(int *i)
{
  *i = *i * *i;
}
```

Der Prototyp verhindert, dass eine mangelnde Übereinstimmung der Parametertypen auftreten kann. Hier erwartet `sqr_it()` einen Zeiger, wird aber mit einer Ganzzahl aufgerufen.

Die Definition einer Funktion kann auch als Prototyp der Funktion dienen, wenn sie in dem Programm vor dem ersten Aufruf der Funktion steht. Beispielsweise ist das folgende Programm gültig:

```
// p05-27.cpp

// Hier dient die Definition einer Funktion
// zugleich als ihr Prototyp.

#include <iostream>
using namespace std;
```

```
// Feststellen, ob eine Zahl gerade ist.
bool isEven(int num) {
  if(!(num %2)) return true; // die Zahl ist gerade
  return false;
}

int main()
{
  if(isEven(4)) cout << "4 ist gerade\n";
  if(isEven(3)) cout << "Dies wird nicht angezeigt";

  return 0;
}
```

Weil die Funktion `isEven()` definiert wird, bevor sie verwendet wird, dient ihre Definition zugleich als ihr Prototyp.

Hier wird die Funktion `isEven()` definiert, bevor sie in `main()` verwendet wird. Deshalb kann ihre Definition auch als ihr Prototyp dienen, und es wird kein separater Prototyp benötigt.

Im Allgemeinen ist es üblicherweise einfacher und besser, für jede Funktion in einem Programm einfach einen Prototyp zu deklarieren, als zu versuchen sicherzustellen, dass jede Funktion definiert wird, bevor sie verwendet wird. Dies gilt insbesondere für große Programme, in denen es schwer nachzuvollziehen ist, welche Funktionen welche anderen Funktionen aufrufen. Darüber hinaus ist es möglich, dass sich zwei Funktionen gegenseitig aufrufen. In diesem Fall müssen Prototypen verwendet werden.

Header enthalten Prototypen

Weiter oben in diesem Buch wurden die C++-Standard-Header eingeführt. Dort haben Sie erfahren, dass diese Header Informationen enthalten, die von Ihren Programmen benötigt werden. Dies ist jedoch nur ein Aspekt der Header. Die C++-Header enthalten auch die Prototypen für die Funktionen der Standardbibliothek. (Sie enthalten auch verschiedene Werte und Definitionen, die von diesen Funktionen verwendet werden.) Wie bei Ihren eigenen Funktionen müssen auch bei den Funktionen der Standardbibliothek Prototypen angegeben werden, bevor die Funktionen verwendet werden können. Aus diesem Grund muss jedes Programm, das eine Bibliotheksfunktion verwendet, auch den Header einbinden, der den Prototyp dieser Funktion enthält.

Um herauszufinden, welchen Header eine Bibliotheksfunktion erfordert, sollten Sie die Dokumentation Ihrer Compiler-Bibliothek heranziehen. Neben der Beschreibung einer Funktion finden Sie dort auch den Namen des Headers, den Sie einbinden müssen, um diese Funktion nutzen zu können.

1-Minuten-Test

- Was ist ein Funktionsprototyp? Welchen Zweck hat ein Prototyp?
- Müssen alle Funktionen außer `main()` einen Prototyp haben?
- Warum müssen Sie den Header einbinden, wenn Sie eine Funktion der Standardbibliothek verwenden?

Rekursion

Das letzte Thema, das wir in diesem Kapitel behandeln wollen, ist die *Rekursion* – manchmal auch *Zirkeldefinition* genannt. Bei der Rekursion wird etwas durch sich selbst definiert. Beim Programmieren spricht man von Rekursion, wenn eine Funktion sich selbst aufruft. Eine solche Funktion wird als *rekursiv* bezeichnet.

Das klassische Beispiel für eine Rekursion ist die Funktion `factr()`, die die Fakultät einer Ganzzahl berechnet. Die Fakultät einer Zahl *N* ist das Produkt aller ganzen Zahlen zwischen 1 und *N*. Beispielsweise ist 3 Fakultät $1\times2\times3$ oder 6. Das folgende Beispielprogramm zeigt sowohl die Funktion `factr()` als auch ihr entsprechendes iteratives Gegenstück:

```
// p05-28.cpp
// Rekursion demonstrieren.
#include <iostream>
using namespace std;
int factr(int n);
int fact(int n);
int main()
{
  // die rekursive Version verwenden
  cout << "4 Fakultaet ist " << factr(4);
  cout << '\n';
  // die iterative Version verwenden
  cout << "4 Fakultaet ist " << fact(4);
  cout << '\n';
```

- Ein Funktionsprototyp deklariert den Namen einer Funktion, ihren Rückgabetyp und ihre Parameter. Ein Prototyp teilt dem Compiler mit, welchen Code er generieren soll, um diese Funktion aufzurufen, und stellt sicher, dass die Funktion korrekt aufgerufen wird.
- Ja. Alle Funktionen außer `main()` müssen einen Prototyp haben.
- Unter anderem enthält ein Header den Prototyp der Bibliotheksfunktion.

```
  return 0;
}

// Rekursive Version
int factr(int n)
{
  int answer;
  if(n==1) return(1);
  answer = factr(n-1)*n;   ◄── Den rekursiven Aufruf von factr() ausführen.
  return(answer);
}

// Iterative Version
int fact(int n)
{
  int t, answer;

  answer = 1;
  for(t=1; t<=n; t++) answer = answer*(t);
  return(answer);
}
```

Die Arbeitsweise der nicht rekursiven Version von `fact()` sollte klar sein. Sie verwendet eine Schleife, die mit 1 beginnt und fortlaufend jede Zahl mit dem aktuellen Produkt multipliziert.

Die Arbeitsweise der rekursiven Funktion `factr()` ist etwas komplexer. Wenn `factr()` mit dem Argument 1 aufgerufen wird, gibt die Funktion 1 zurück; andernfalls gibt sie das Produkt von `factr(n-1)*n` zurück. Um diesen Ausdruck zu berechnen, wird `factr()` mit `n-1` aufgerufen. Dies passiert, bis `n` den Wert 1 hat und die Aufrufe der Funktion zurückzukehren beginnen. Wenn beispielsweise die Fakultät von 2 berechnet wird, löst der erste Aufruf von `factr()` einen zweiten Aufruf mit dem Argument 1 aus. Dieser Aufruf gibt den Wert 1 zurück, der dann mit 2 (dem ursprünglichen Wert von `n`) multipliziert wird. Das Ergebnis ist dann 2. Es wäre eine interessante Übung, `cout`-Anweisungen in `factr()` einzufügen, die zeigen, auf welcher Stufe der jeweilige Aufruf ist und wie die Zwischenergebnisse lauten.

Wenn eine Funktion sich selbst aufruft, wird (üblicherweise auf dem Stack, dem Systemstapel) Speicherplatz für neue lokale Variable und Parameter reserviert, und der Code der Funktion wird von Anfang an mit diesen neuen Variablen ausgeführt. Ein rekursiver Aufruf erzeugt keine neue Kopie der Funktion, sondern nur die Argumente sind neu. Wenn ein rekursiver Aufruf zurückkehrt, werden die alten lokalen Variablen und Parameter von dem Stapel entfernt, und die Ausführung wird an der Stelle des Funktionsaufrufs innerhalb der Funktion fortgesetzt. Manchmal werden rekursive Funktionen mit einem Teleskop verglichen, das auseinander gezogen und wieder zusammengeschoben wird.

Bedenken Sie, dass die meisten rekursiven Routinen die Größe des Codes nicht nennenswert verringern. Außerdem können die rekursiven Versionen der meisten Routinen etwas langsamer ausgeführt werden als ihre iterativen Gegenstücke, weil die zusätzlichen Funktionsaufrufe auch einen zusätzlichen Verwaltungsaufwand erfordern. Wenn eine Funktion zu oft rekursiv aufgerufen wird, kann dies zu einem Stapelüberlauf führen. Weil Funktionsparameter und lokale Variablen auf dem Stapel gespeichert werden und jeder neue Aufruf eine neue Kopie dieser Variablen erstellt, kann der Speicherplatz auf dem Stapel aufgebraucht werden. Wenn dies passiert, können auch andere Daten zerstört werden. Doch wahrscheinlich müssen Sie sich um diese Probleme nicht sorgen, solange eine rekursive Funktion nicht aus dem Ruder läuft.

Der Hauptvorteil von rekursiven Funktionen besteht darin, dass mit ihrer Hilfe manche Algorithmen klarer und einfacher programmiert werden können als mit ihren iterativen Gegenstücken. Beispielsweise ist es ziemlich schwierig, den Quicksort-Sortieralgorithmus iterativ zu implementieren. Außerdem gibt es Probleme – insbesondere im Bereich der künstlichen Intelligenz – die rekursiv einfacher lösbar zu sein scheinen.

Wenn Sie eine rekursive Funktion schreiben, müssen Sie irgendwo in der Funktion eine Bedingungsanweisung (beispielsweise ein `if`) verwenden, um die Funktion ohne rekursiven Aufruf zu einer Rückkehr zu zwingen. Wenn diese Bedingungsanweisung fehlt, kehrt die Funktion – einmal aufgerufen – niemals zurück. Dieser Fehler tritt sehr häufig auf. Wenn Sie Programme mit rekursiven Funktionen entwickeln, sollten Sie großzügig `cout`-Anweisungen in den Code einfügen, um beobachten zu können, was passiert, und um die Ausführung abbrechen zu können, wenn Sie feststellen, dass Sie einen Fehler gemacht haben.

Das folgende Programm zeigt ein weiteres Beispiel für eine rekursive Funktion namens `reverse()`. Sie gibt ihr Stringargument rückwärts auf dem Bildschirm aus.

```
// p05-29.cpp
// Einen String mit Rekursion rückwärts ausgeben.
#include <iostream>
using namespace std;
void reverse(char *s);
int main()
{
  char str[] = "Dies ist ein Test";
  reverse(str);
  return 0;
}
```

```
// Den String rückwärts ausgeben
void reverse(char *s)
{
  if(*s)
    reverse(s+1);
  else
    return;

  cout << *s;
}
```

Die `reverse()`-Funktion prüft zuerst, ob ihr ein Zeiger auf die Null übergeben wurde, die den String beendet. Falls nicht, ruft `reverse()` sich selbst mit einem Zeiger auf das nächste Zeichen in dem String auf. Wenn der Nullterminator schließlich gefunden wird, werden die Aufrufe aufgelöst, und die Zeichen werden in umgekehrter Reihenfolge angezeigt.

Ein letzter Punkt: Anfänger haben häufig Schwierigkeiten mit der Rekursion. Sie sollten nicht den Mut verlieren, wenn sie im Moment etwas verwirrend sein sollte. Im Laufe der Zeit werden Sie mit diesem Verfahren vertrauter werden.

QSDemo.cpp

Projekt 5-1: Der Quicksort

In Kapitel 4 haben Sie ein einfaches Sortierverfahren, den Bubble-Sort, kennen gelernt. Damals wurde erwähnt, dass es erheblich bessere Sortierverfahren gibt. Hier werden Sie eine Version eines der besten dieser Verfahren entwickeln: den Quicksort. Der Quicksort wurde von C.A.R. Hoare erfunden und benannt. Er ist der beste Allzweck-Sortieralgorithmus, den wir gegenwärtig kennen. Der Grund dafür, dass wir ihn in Kapitel 4 nicht zeigen konnten, bestand darin, dass die besten Implementierungen des Quicksorts rekursiv arbeiten. Die Version, die wir hier entwickeln, sortiert ein Zeichen-Array, aber die Logik kann an beliebige Objektarten angepasst werden.

Der Quicksort basiert auf dem Teile-und-herrsche-Prinzip. Die allgemeine Prozedur besteht darin, einen Wert, den so genannten *Komparanden*, auszuwählen und dann das Array in zwei Abschnitte zu teilen. Alle Elemente, die größer als oder gleich dem Komparanden sind, werden in den einen Teil eingefügt, und die Elemente, die kleiner als dieser Wert sind, werden in den anderen Teil eingefügt. Dieser Prozess wird dann für jeden verbleibenden Abschnitt wiederholt, bis das Array sortiert ist. Wenn beispielsweise das Array `fedacb` gegeben ist und der Wert `d` als Komparand verwendet wird, ordnet der erste Durchgang des Quicksorts das Array folgendermaßen an:

Start-Array	f e d a c b
Durchgang1	b c a d e f

Dieser Prozess wird dann für jeden Abschnitt – das heißt für `bca` und `def` – wiederholt. Wie Sie sehen können, ist der Prozess im Wesentlichen rekursiv, und tatsächlich wird der Quicksort am saubersten als rekursive Funktion implementiert.

Sie können den Wert, der als Komparand verwendet werden soll, auf zwei Weisen auswählen: Entweder wählen Sie ihn zufällig aus, oder Sie wählen ihn aus, indem Sie den Durchschnitt einer kleinen Menge von Werten des Arrays bilden. Um die Daten optimal zu sortieren, sollten Sie einen Wert auswählen, der genau in der Mitte des Wertebereiches der Werte liegt. Doch bei den meisten Datenmengen ist dies nicht immer leicht. Im schlimmsten Fall entspricht der gewählte Wert einem der beiden Grenzwerte. Doch selbst in diesem Fall wird der Quicksort korrekt ausführt. Die Version des Quicksorts, die wir entwickeln werden, benutzt das mittlere Element des Arrays als Komparanden.

Noch ein Punkt: Die C++-Bibliothek enthält eine Funktion namens `qsort()`, die ebenfalls einen Quicksort ausführt. Es ist interessant, diese Funktion mit der hier gezeigten Version zu vergleichen.

Schritt für Schritt

1. Erstellen Sie eine Datei namens `QSDemo.cpp`.
2. Der Quicksort wird durch ein Paar von Funktionen implementiert. Die erste Funktion namens `quicksort()` stellt dem Benutzer eine bequeme Schnittstelle zur Verfügung und bereitet den Aufruf der tatsächlichen Sortierfunktion, `qs()`, vor. Erstellen Sie zuerst die `quicksort()`-Funktion wie folgt:

```
// Den Aufruf der eigentlichen Sortierfunktion vorbereiten.
void quicksort(char *items, int len)
{
  qs(items, 0, len - 1);
}
```

Hier zeigt `items` auf das Array, das sortiert werden soll, und `len` gibt die Zahl der Elemente in dem Array an. Der nächste Schritt zeigt, dass `qs()` eine Anfangsteilung erfordert, die von `quicksort()` zur Verfügung gestellt wird. Die Funktion `quicksort()` bietet den Vorteil, dass sie nur mit einem Zeiger auf das Array, das sortiert werden soll, und mit der Anzahl der Elemente in dem Array aufgerufen werden kann. Dann stellt sie den Start- und den End-Index des Bereichs zur Verfügung, der sortiert werden soll.

3. Fügen Sie die eigentliche Quicksort-Funktion, `qs()`, hinzu:

```
// Eine rekursive Version des Quicksorts zum Sortieren von
Zeichen.
void qs(char *items, int left, int right)
```

```
{
  int i, j;
  char x, y;

  i = left; j = right;
  x = items[(left+right) / 2 ];

  do {
    while((items[i] < x) && (i < right)) i++;
    while((x < items[j]) && (j > left)) j--;

    if(i <= j) {
      y = items[i];
      items[i] = items[j];
      items[j] = y;
      i++; j--;
    }
  } while(i <= j);

  if(left < j) qs(items, left, j);
  if(i < right) qs(items, i, right);
}
```

Diese Funktion muss mit den Indizes des Bereichs aufgerufen werden, der sortiert werden soll. Der linke Parameter muss den Anfang (die linke Grenze) der Partition enthalten. Der rechte Parameter muss das Ende (die rechte Grenze) der Partition enthalten. Beim ersten Aufruf repräsentiert die Partition das gesamte Array. Jeder rekursive Aufruf sortiert eine zunehmend kleinere Partition.

4. Um den Quicksort zu verwenden, rufen Sie einfach `quicksort()` mit dem Namen und der Länge des Arrays auf, das sortiert werden soll. Nach dem Aufruf ist das Array sortiert. Zur Erinnerung: Diese Version funktioniert nur für Zeichen-Arrays, aber Sie können die Ablauflogik an Arrays mit beliebigen Objekten anpassen.

Das folgende Listing zeigt das komplette Programm mit dem Quicksort:

```
// QSDemo.cpp: Projekt 5-1
// Eine Version des Quicksorts zum Sortieren von Zeichen.

#include <iostream>
#include <cstring>

using namespace std;

void quicksort(char *items, int len);

void qs(char *items, int left, int right);

int main() {

  char str[] = "jfmckldoelazlkper";
  int i;

  cout << "Ursprüngliche Reihenfolge: " << str << "\n";
```

```
  quicksort(str, strlen(str));
  cout << "Sortierte Reihenfolge: " << str << "\n";
  return 0;
}
// Den Aufruf der eigentlichen Sortierfunktion vorbereiten.
void quicksort(char *items, int len)
{
  qs(items, 0, len-1);
}
// Eine rekursive Version des Quicksorts zum Sortieren von Zei-
chen.
void qs(char *items, int left, int right)
{
  int i, j;
  char x, y;
  i = left; j = right;
  x = items[(left+right) / 2 ];
  do {
    while((items[i] < x) && (i < right)) i++;
    while((x < items[j]) && (j > left)) j--;
    if(i <= j) {
      y = items[i];
      items[i] = items[j];
      items[j] = y;
      i++; j--;
    }
  } while(i <= j);
  if(left < j) qs(items, left, j);
  if(i < right) qs(items, i, right);
}
```

Dieses Programm erzeugt den folgenden Output:

```
Urspruengliche Reihenfolge: jfmckldoelazlkper
Sortierte Reihenfolge: acdeefjkklllmoprz
```

5

Frage an den Experten

Frage: Ich habe von einer so genannten »Default-to-int-Regel« gehört. Was macht sie, und inwiefern gilt sie in C++?

Antwort: In der ursprünglichen C-Sprache und in frühen Versionen von C++ wurde automatisch der Datentyp `int` vorausgesetzt, wenn in der Deklaration kein Datentyp angegeben wurde. Beispielsweise war bei dem alten Stil der Code der folgenden Funktion gültig und gab ein `int`-Ergebnis zurück:

```
f() { // hat standardmäßig den Rückgabetyp int
{
   int x;

   // ...
   return x;
}
```

Hier gibt `f()` standardmäßig den Typ `int` zurück, da kein anderer Rückgabetyp angegeben ist. Doch die modernen Versionen von C++ unterstützen die »Default-to-int-Regel« (auch »implizite int-Regel« genannt) nicht. Obwohl die meisten Compiler die »Default-to-int-Regel« aus Gründen der Rückwärtskompatibilität unterstützen, sollten Sie den Rückgabetyp Ihrer Funktionen ausdrücklich festlegen. Da der standardmäßige `int`-Rückgabetyp in älterem Code häufig verwendet wird, sollten Sie an diese Änderung auch denken, wenn Sie älteren Code bearbeiten.

Übungsaufgaben

1. Zeigen Sie die allgemeine Form einer Funktion.
2. Erstellen Sie eine Funktion namens `hypot()`, die die Länge der Hypotenuse eines rechtwinkligen Dreiecks berechnet, wenn die Längen der beiden gegenüberliegenden Seiten gegeben sind. Zeigen Sie, wie die Funktion in einem Programm verwendet wird. Für dieses Problem benötigen Sie die Funktion `sqrt()` der Standardbibliothek, die die Quadratwurzel ihres Arguments zurückgibt. Sie hat den folgenden Prototyp:

   ```
   double sqrt(double val);
   ```

   Sie benötigt den Header `<cmath>`.
3. Kann eine Funktion einen Zeiger zurückgeben? Kann eine Funktion ein Array zurückgeben?
4. Erstellen Sie Ihre eigene Version der Funktion `strlen()` der Standardbibliothek. Nennen Sie Ihre Version `mystrlen()` und zeigen Sie, wie sie in einem Programm verwendet wird.
5. Behält eine lokale Variable ihren Wert zwischen Aufrufen der Funktion, in der sie deklariert ist?
6. Nennen Sie einen Vorteil und einen Nachteil globaler Variablen.
7. Erstellen Sie eine Funktion namens `byThrees()`, die eine Reihe von Zahlen zurückgibt, wobei jeder Wert um drei größer als der vorangegangene ist. Die Reihe soll mit null beginnen. Die ersten fünf Zahlen, die von `byThrees()` zurückgegeben werden, lauten deshalb: 0, 3, 6, 9 und 12. Erstellen Sie eine weitere Funktion namens `reset()`, die bewirkt, dass `byThrees()` die Reihe erneut mit null beginnt. Zeigen Sie Ihre Funktionen in einem Programm. Hinweis: Sie müssen eine globale Variable verwenden.
8. Schreiben Sie ein Programm, das ein Passwort erfordert, das auf der Befehlszeile angegeben wird. Ihr Programm soll nur melden, ob das Passwort richtig oder falsch eingegeben wurde.
9. Ein Prototyp verhindert, dass eine Funktion mit der falschen Zahl von Argumenten aufgerufen wird. Wahr oder falsch?
10. Schreiben Sie eine rekursive Funktion, die die Zahlen 1 bis 10 ausgibt. Zeigen Sie, wie die Funktion in einem Programm verwendet wird.

Kapitel 6

Ein näherer Blick auf Funktionen

Lernziele

- Verstehen, wie Argumente an Funktionen übergeben werden
- Die Referenz kennen lernen
- Referenzen an Funktionen übergeben
- Referenzen zurückgeben
- Mit unabhängigen Referenzen arbeiten
- Funktionen überladen
- In Funktionen mit Standardargumenten arbeiten
- Mehrdeutigkeiten beim Überladen von Funktionen vermeiden

In diesem Kapitel setzen wir die Beschreibung von Funktionen fort. Wir behandeln drei der wichtigsten funktionsbezogenen Themen in C++: Referenzen, das Überladen von Funktionen und Standardargumente. Diese Aspekte erweitern die Fähigkeiten von Funktionen ganz erheblich. Eine Referenz ist ein impliziter Zeiger. Das Überladen von Funktionen ist die Eigenschaft, die es möglich macht, dass eine Funktion auf zwei oder mehr verschiedene Weisen implementiert wird, die jeweils eine spezielle Aufgabe ausführen. Das Überladen von Funktionen ist eine Methode, wie C++ die Polymorphie unterstützt. Mit einem Standardargument können Sie für einen Parameter einen Wert festlegen, der automatisch verwendet wird, wenn kein entsprechendes Argument angegeben wird.

Wir wollen zunächst die beiden Methoden beschreiben, wie Argumente an Funktionen übergeben werden, und zeigen, welche Auswirkungen diese beiden Methoden haben. Sie müssen wissen, wie Argumente übergeben werden, um zu verstehen, was eine Referenz ist.

Zwei Methoden zur Übergabe von Argumenten

Im Allgemeinen gibt es zwei Methoden, wie eine Computersprache ein Argument an eine Unterroutine übergeben kann: Die erste Methode ist die *Übergabe als Wert*. Bei dieser Methode wird der Wert eines Arguments in die Parameter der Unterroutine kopiert. Deshalb haben Änderungen, die an den Parametern der Unterroutine ausgeführt werden, keinen Einfluss auf die Argumente, die verwendet werden, um die Unterroutine aufzurufen.

Die zweite Methode, Argumente an eine Unterroutine zu übergeben, ist die *Übergabe per Referenz*. Bei dieser Methode wird die Adresse eines Arguments (nicht sein Wert) in den Parameter kopiert. In der Unterroutine wird diese Adresse verwendet, um auf das eigentliche Argument zuzugreifen, das in dem Aufruf angegeben wird. Dies bedeutet, dass Änderungen an dem Parameter das Argument *beeinflussen*, das verwendet wurde, um die Unterroutine aufzurufen.

Wie C++ Argumente übergibt

Standardmäßig übergibt C++ Argumente *als Wert*. Dies bedeutet, dass der Code in einer Funktion die Argumente nicht ändern kann, die verwendet werden, um die Funktion aufzurufen. Bis jetzt haben alle Programme in diesem Buch die Argumente mit der *Übergabe-als-Wert*-Methode übergeben. Betrachten Sie beispielsweise die Funktion `reciprocal()` in dem folgenden Programm:

```
// p06-01.cpp
// Einen Parameter zu ändern, der als Wert übergeben wurde,
// hat keinen Einfluss auf das Argument.
#include <iostream>
using namespace std;
double reciprocal(double x);
int main()
{
  double t = 10.0;
  cout << "Der reziproke Wert von 10.0 ist " << reciprocal(t) <<
"\n";
  cout << "Der Wert von t ist immer noch: " << t << "\n";
  return 0;
}
// Den reziproken Wert eines Werts zurückgeben.
double reciprocal(double x)
{
  x = 1 / x; // den reziproken Wert berechnen
  return x;
}
```

Dies ändert nicht den Wert von `t` in `main()`.

Dieses Programm erzeugt die folgende Ausgabe:

```
Der reziproke Wert von 10.0 ist 0.1
Der Wert von t ist immer noch: 10
```

Die Ausgabe zeigt, dass die Zuweisung

```
x = 1/x;
```

in `reciprocal()` nur die lokale Variable `x` ändert. Die Variable `t`, die als Argument verwendet wird, hat immer noch den Wert 10 und wird von den Operationen innerhalb der Funktion nicht beeinflusst.

Mit einem Zeiger ein Argument als Referenz übergeben

Obwohl C++ Argumente standardmäßig als Wert übergibt, können Sie manuell einen Aufruf mit einer Übergabe als Referenz erstellen, indem Sie die Adresse eines Arguments (das heißt einen Zeiger) an eine Funktion übergeben. Dann können Sie den Wert des Arguments außerhalb der Funktion ändern. Ein Beispiel für dieses Verfahren wurde im vorangegangenen Kapitel behandelt, als die Übergabe von Zeigern beschrieben wurde. Wie Sie wissen, werden Zeiger genau wie andere Werte an Funktionen übergeben. Natürlich müssen Sie die Parameter als Zeigertypen deklarieren.

Um zu sehen, wie Sie mit einem Zeiger manuell eine Übergabe als Referenz ausführen können, betrachten Sie eine Funktion namens `swap()`, die die Werte der beiden Variablen vertauscht, auf die ihre Argumente zeigen. Der folgende Code ist eine Möglichkeit, die Funktion zu implementieren:

```
// p06-02.cpp
// Die Werte der Variablen vertauschen, auf die x und y zeigen.
void swap(int *x, int *y)
{
  int temp;
  temp = *x; // den Wert an der Adresse x speichern
  *x = *y;   // put y in x
  *y = temp; // put x in y
}
```

Die Werte der Variablen vertauschen, auf die x und y zeigen.

Die `swap()`-Funktion deklariert zwei Zeigerparameter, `x` und `y`. Sie verwendet diese Parameter, um die Werte der Variablen zu vertauschen, auf die die Argumente zeigen, die an die Funktion übergeben werden. Zur Erinnerung: `*x` und `*y` beziehen sich auf die Variablen, auf die `x` und `y` zeigen. Deshalb fügt die Anweisung

```
*x = *y;
```

den Wert des Objekts, auf das `y` zeigt, in das Objekt ein, auf das `x` zeigt. Folglich sind, wenn die Funktion beendet wird, die Inhalte der Variablen, mit der die Funktion aufgerufen wurde, vertauscht.

Da `swap()` die Übergabe zweier Zeiger erwartet, müssen Sie daran denken, `swap()` mit den *Adressen* der Variablen aufzurufen, die Sie vertauschen wollen. Die korrekte Methode wird in dem folgenden Programm gezeigt:

```
// p06-03.cpp
// Die Zeigerversion von swap() demonstrieren.
#include <iostream>
using namespace std;
// swap() mit Zeigern deklarieren.
void swap(int *x, int *y);
```

```
int main()
{
  int i, j;
  i = 10;
  j = 20;
  cout << "Anfangswerte von i und j: ";
  cout << i << ' ' << j << '\n';
  swap(&j, &i); // swap() mit den Adressen von i und j aufrufen
  cout << "Vertauschte Werte von i und j: ";
  cout << i << ' ' << j << '\n';
  return 0;
}
// Die Werte vertauschen, auf die x und y zeigen.
void swap(int *x, int *y)
{
  int temp;
  temp = *x; // den Wert bei x speichern
  *x = *y;   // den Wert bei y in der Variablen bei x speichern
  *y = temp; // den Wert bei x in der Variablen bei y speichern
}
```

swap() mit den Adressen der Variablen aufrufen, die Sie vertauschen wollen.

Mit expliziten Zeigeroperationen die Werte der Variablen vertauschen, auf die x und y zeigen.

In main() wird der Variablen i der Wert 10 und der Variablen j der Wert 20 zugewiesen. Dann wird swap() mit den Adressen von i und j aufgerufen. Mit dem unären Operator & werden die Adressen der Variablen abgefragt. Deshalb werden die Adressen von i und j – und nicht ihre Werte – an swap() übergeben. Der folgende Output zeigt, dass die Werte von i und j vertauscht sind, wenn swap() zurückkehrt:

```
Anfangswerte von i und j: 10 20
Vertauschte Werte von i und j: 20 10
```

1-Minuten-Test

- Erklären Sie die Übergabe als Wert.
- Erklären Sie die Übergabe als Referenz.
- Welches Verfahren der Parameterübergabe wird standardmäßig von C++ verwendet?

- Bei der Übergabe als Wert wird der Wert des Arguments in den Parameter der Unterroutine kopiert.
- Bei der Übergabe als Referenz wird die Adresse des Arguments in den Parameter der Unterroutine kopiert.
- Standardmäßig verwendet C++ die Übergabe als Wert.

Referenzparameter

Sie können zwar Argumente mit den Zeiger-Operatoren manuell als Referenzen übergeben, doch diese Methode ist ziemlich umständlich. Erstens zwingt sie Sie, alle Operationen mit Zeigern auszuführen. Zweitens dürfen Sie dabei nicht vergessen, die Adressen (anstelle der Werte) der Argumente zu übergeben, wenn Sie die Funktion aufrufen. Glücklicherweise können Sie in C++ den Compiler anweisen, Argumente an einen oder an mehrere Parameter einer bestimmten Funktion automatisch als Referenzen statt als Werte zu übergeben. Diesem Zweck dienen die so genannten *Referenzparameter*. Wenn Sie einen Referenzparameter verwenden, wird automatisch die Adresse (nicht der Wert) eines Arguments an die Funktion übergeben. Innerhalb der Funktion werden Operationen mit Referenzparametern automatisch dereferenziert, sodass es nicht erforderlich ist, Zeiger-Operatoren zu verwenden.

Ein Referenzparameter wird mit einem `&` deklariert, das dem Parameternamen in der Funktionsdeklaration vorangestellt wird. Operationen, an denen Referenzparameter beteiligt sind, beeinflussen die Argumente, die beim Aufruf der Funktion benutzt wurden, nicht die Referenzparameter selbst.

Um Referenzparameter zu verstehen, wollen wir mit einem einfachen Beispiel. In dem folgenden Beispielprogramm übernimmt die Funktion `f()` einen Referenzparameter vom Typ `int`:

```
// p06-04.cpp
// Mit einem Referenzparameter arbeiten.
#include <iostream>
using namespace std;
void f(int &i); // hier ist i ein Referenzparameter
int main()
{
  int val = 1;
  cout << "Alter Wert von val: " << val << '\n';
  f(val); // die Adresse von val an f() übergeben
  cout << "Neuer Wert von val: " << val << '\n';
  return 0;
}
void f(int &i)
{
  i = 10; // Dies ändert das aufrufende Argument.
}
```

Einen Referenzparameter deklarieren.

Der Variablen, auf die sich `i` bezieht, einen Wert zuweisen.

Dieses Programm erzeugt die folgende Ausgabe:

```
Alter Wert von val: 1
Neuer Wert von val: 10
```

Achten Sie besonders auf die Definition von `f()`:

```
void f(int &i)
{
  i = 10; // Dies ändert das aufrufende Argument.
}
```

Hier enthält die Deklaration von `i` ein &, das `i` als Referenzparameter definiert. (Diese Deklaration wird auch in dem Funktionsprototyp verwendet.) In der Funktion weist die Anweisung


```
i = 10;
```

den Wert 10 nicht `i`, sondern der Variablen zu, die von `i` *referenziert* wird (in diesem Fall `val`). Beachten Sie, dass in dieser Anweisung nicht der *-Zeiger-Operator verwendet wird. Wenn Sie mit einem Referenzparameter arbeiten, weiß der C++-Compiler automatisch, dass es sich um eine Adresse handelt, und dereferenziert sie automatisch. Tatsächlich wäre es ein Fehler, ein * zu benutzen.

Da `i` als Referenzparameter deklariert ist, übergibt der Compiler automatisch die *Adresse* des Arguments an `f()`, mit dem die Funktion aufgerufen wird. Deshalb übergibt die Anweisung

```
f(val);  // die Adresse von val an f() übergeben
```

in `main()` die Adresse von `val` (nicht ihren Wert) an `f()`. Dabei ist es nicht erforderlich, den &-Operator vor `val` zu setzen. (Dies wäre ein Fehler.) Da `f()` die Adresse von `val` als Referenz erhält, kann die Funktion den Wert von `val` ändern.

Um den praktischen Gebrauch und die Vorteile von Referenzparametern zu demonstrieren, wollen wir die `swap()`-Funktion in dem folgenden Programm so umschreiben, dass sie mit Referenzen arbeitet. Beachten Sie genau, wie `swap()` deklariert und aufgerufen wird.

```
// p06-05.cpp

// Referenzparameter benutzen, um die swap()-Funktion zu erstellen.

#include <iostream>
using namespace std;

// swap() mit Referenzparametern deklarieren.
void swap(int &x, int &y);
```

```
int main()
{
  int i, j;

  i = 10;
  j = 20;

  cout << "Anfangswerte von i und j: ";
  cout << i << ' ' << j << '\n';

  swap(j, i);

  cout << "Vertauschte Werte von i und j: ";
  cout << i << ' ' << j << '\n';

  return 0;
}

/* Hier wird definiert, dass swap() ihre Argumente als Referenzen,
   nicht als Werte übernimmt. Deshalb kann die Funktion die beiden
   Argumente vertauschen, mit denen sie aufgerufen wird.
*/
void swap(int &x, int &y)
{
  int temp;

  // mit Referenzen die Werte der Argumente vertauschen
  temp = x;
  x = y;
  y = temp;
}
```

Hier werden die Adressen von `i` und `j` automatisch an `swap()` übergeben.

Jetzt werden die Werte automatisch durch Referenzen vertauscht.

Diese Version erzeugt dieselbe Ausgabe wie die vorangegangene Version. Noch einmal: Dadurch, dass `x` und `y` als Referenzparameter deklariert werden, ist es nicht erforderlich, den *-Operator zu verwenden, um die Werte zu vertauschen. Zur Erinnerung: Der Compiler generiert automatisch die Adressen der Argumente, mit denen `swap()` aufgerufen wird, und dereferenziert `x` und `y` automatisch.

Um es noch einmal zu wiederholen: Wenn Sie einen Referenzparameter erstellen, bezieht sich dieser Parameter (das heißt: dieser Parameter zeigt implizit) automatisch auf das Argument, das an die Funktion übergeben wird. Außerdem ist es nicht erforderlich, den &-Operator auf ein Argument anzuwenden. Innerhalb der Funktion wird der Referenzparameter direkt verwendet; der *-Operator wird nicht benutzt. Alle Operationen, die Referenzparameter enthalten, beziehen sich automatisch auf die Argumente, mit denen die Funktion aufgerufen wurde. Wenn Sie einem Referenzparameter schließlich einen Wert zuweisen, wird dieser Wert direkt in der Variablen gespeichert, auf die die Referenz zeigt. Im Falle eines Funktionsparameters ist dies die Variable, mit der die Funktion aufgerufen wird.

Ein letzter Punkt: Die Sprache C unterstützt Referenzen nicht. Deshalb können Sie eine Übergabe als Referenz in C nur mit einem Zeiger realisieren, wie es die erste Version von `swap()` gezeigt hat. Wenn Sie C-Code in C++ umschreiben, sollten Sie an passender Stelle diese Arten von Parametern in Referenzen umwandeln.

1-Minuten-Test

- Wie wird ein Referenzparameter deklariert?
- Müssen Sie ein & vor das Argument setzen, wenn Sie eine Funktion aufrufen, die einen Referenzparameter verwendet?
- Müssen Sie innerhalb einer Funktion, die mit Referenzparametern arbeitet, vor die Operationen mit diesen Parametern ein * oder ein & setzen?

Frage an den Experten

Frage: Ich habe C++-Code mit einem Deklarationsstil gesehen, bei dem das & wie folgt mit dem Typnamen

```
int& i;
```

und nicht wie folgt mit dem Variablennamen verbunden wurde

```
int &i;
```

Gibt es einen Unterschied?

Antwort: Die kurze Antwort lautet: Nein. Die beiden Deklarationen unterscheiden sich nicht. Beispielsweise könnten Sie den Prototyp von `swap( )` auch folgendermaßen schreiben:

```
void swap(int& x, int& y);
```

Hier steht das & unmittelbar nach dem `int` und nicht direkt vor dem `x`. Außerdem setzen einige Programmierer auch bei Zeigern das * dirket hinter den Typ statt direkt vor die Variable. Ein Beispiel:

```
float* p;
```

- Ein Referenzparameter wird deklariert, indem ein & vor den Parameternamen gesetzt wird.
- Nein. Das Argument wird automatisch als Referenz übergeben, wenn ein Referenzparameter benutzt wird.
- Nein. Der Parameter wird normal verarbeitet. Doch die Änderungen des Parameters beeinflussen das aufrufende Argument.

> Diese Art zu deklarieren drückt den Wunsch einiger Programmierer nach einem separaten Referenz- oder Zeigertyp in C++ aus. Das Problem, & oder * mit dem Typ statt mit der Variablen zu verbinden, besteht darin, dass gemäß der formalen C++-Syntax weder das & noch das * für eine Liste von Variablen verwendet werden können was zu verwirrenden Deklarationen führen kann. Beispielsweise erstellt die folgende Deklaration einen und *nicht zwei* `int`-Zeiger:
>
> ```
> int* a, b;
> ```

Hier wird `b` als Ganzzahl (und nicht als Zeiger auf eine Ganzzahl) deklariert, weil sich ein * oder ein & in einer Deklaration gemäß der C++-Syntax auf die unmittelbar folgende einzelne Variable und nicht auf den voranstehenden Typ bezieht.

Wichtig ist: Für den C++-Compiler spielt es keine Rolle, ob Sie `int *p` oder `int* p` schreiben. Wenn Sie wollen, können Sie deshalb das * oder das & mit dem Typ statt mit dem Variablennamen verbinden. Doch um Verwirrung zu vermeiden, werden wir in diesem Buch das * und das & nicht unmittelbar hinter den Typnamen, sondern weiterhin direkt vor den Variablennamen setzen, der von diesen Operatoren modifiziert wird.

Referenzen zurückgeben

Eine Funktion kann eine Referenz zurückgeben. Bei der C++-Programmierung gibt es mehrere Anwendungen für Referenz-Rückgabewerte. Einige werden Sie später in diesem Buch kennen lernen. Es gibt jedoch andere wichtige Einsatzmöglichkeiten von Referenz-Rückgabewerten, die Sie jetzt nutzen können.

Eine Funktion, die eine Referenz zurückgibt, gibt einen impliziten Zeiger auf ihren Rückgabewert zurück. Dies eröffnet eine recht überraschende Möglichkeit: Die Funktion kann auf der linken Seite einer Zuweisungsanweisung verwendet werden! Betrachten Sie beispielsweise das folgende einfache Programm:

```
// p06-06.cpp
// Eine Referenz zurückgeben.
#include <iostream>
using namespace std;
double &f(); // eine Referenz zurückgeben
double val = 100.0;
int main()
{
  double x;
```

Hier gibt `f()` eine Referenz auf ein `double` zurück.

```
  cout << f() << '\n'; // den Wert von val anzeigen

  x = f(); // x den Wert von val zuweisen
  cout << x << '\n'; // den Wert von x anzeigen

  f() = 99.1; // den Wert von val ändern
  cout << f() << '\n'; // den neuen Wert von val anzeigen

  return 0;
}

// Diese Funktion gibt eine Referenz auf ein double zurück.
double &f()
{
  return val; // die Referenz auf val zurückgeben
}
```

Dies gibt eine Referenz auf die globale Variable `val` zurück.

Dieses Programm erzeugt die folgende Ausgabe:

```
100
100
99.1
```

Betrachten wir dieses Programm etwas näher: Am Anfang wird deklariert, dass `f()` eine Referenz auf ein `double` zurückgibt, und die globale Variable `val` wird mit 100 initialisiert. In `main()` zeigt die folgende Anweisung den ursprünglichen Wert von `val` an:

```
cout << f() << '\n'; // den Wert von val anzeigen
```

Wenn `f()` aufgerufen wird, gibt sie mit der folgenden `return`-Anweisung eine Referenz auf `val` zurück:

```
return val; // die Referenz auf val zurückgeben
```

Diese Anweisung gibt automatisch eine Referenz auf `val` und nicht den Wert von `val` zurück. Diese Referenz wird dann in der `cout`-Anweisung benutzt, um den Wert von `val` anzuzeigen.

In der Zeile

```
x = f(); // x den Wert von val zuweisen
```

gibt `f()` die Referenz auf `val` zurück, und der Wert von `val` wird `x` zugewiesen.

Die folgende Zeile des Programms ist am interessantesten:

```
f() = 99.1; // den Wert von val ändern
```

Diese Anweisung bewirkt, dass der Wert von val in 99.1 geändert wird. Der Grund dafür ist folgender: Da f() eine Referenz auf val zurückgibt, wird diese Referenz zum Ziel der Zuweisungsanweisung. Deshalb wird val der Wert 99.1 indirekt über die Referenz zugewiesen, die von f() zurückgegeben wird.

Hier ist ein weiteres Beispielprogramm, das einen Referenz-Rückgabetyp verwendet:

```
// p06-07.cpp

// Eine Referenz auf ein Array-Element zurückgeben.

#include <iostream>
using namespace std;

double &change_it(int i); // eine Referenz zurückgeben

double vals[] = { 1.1, 2.2, 3.3, 4.4, 5.5 };

int main()
{
  int i;

  cout << "Hier sind die urspruenglichen Werte: ";
  for(i=0; i < 5; i++)
    cout << vals[i] << ' ';
  cout << '\n';

  change_it(1) = 5298.23; // das 2. Element ändern
  change_it(3) = -98.8; // das 4. Element ändern

  cout << "Hier sind die geaenderten Werte: ";
  for(i=0; i < 5; i++)
    cout << vals[i] << ' ';
  cout << '\n';

  return 0;
}
double &change_it(int i)
{
  return vals[i]; // eine Referenz auf das i-te Element zurückgeben
}
```

Dieses Programm ändert die Werte des zweiten und des vierten Elements in dem vals-Array. Das Programm zeigt die folgende Ausgabe:

```
Hier sind die urspruenglichen Werte: 1.1 2.2 3.3 4.4 5.5
Hier sind die geänderten Werte: 1.1 5298.23 3.3 -98.8 5.5
```

Wir wollen sehen, wie dies erreicht wird.

Die Funktion change_it() wird so deklariert, dass sie eine Referenz auf ein double zurückgibt. Insbesondere gibt sie eine Referenz auf das Element von vals zurück, das durch ihren Parameter i angegeben wird. Die Referenz, die von change_it() zurückgegeben wird, wird dann in main() verwendet, um diesem Element einen Wert zuzuweisen.

Wenn Sie eine Referenz zurückgeben, müssen Sie aufpassen, dass der Gültigkeitsbereich des referenzierten Objekts nicht verlassen wird. Betrachten Sie beispielsweise die folgende Funktion:

```
// p06-08.cpp

// Fehler: Eine Referenz auf eine lokale Variable
// kann nicht zurückgegeben werden.
int &f()
{
  int i = 10;
  return i; <-- Fehler! Der Gültigkeitsbereich von i wird verlassen, wenn f() zurückkehrt.
}
```


In f() wird der Gültigkeitsbereich der lokalen Variablen i verlassen, wenn f() zurückkehrt. Deshalb enthält die Referenz auf i, die von f() zurückgegeben wird, einen undefinierten Wert. Aus diesem Grund kompilieren einige Compiler f() in dieser Form tatsächlich nicht. Jedoch kann diese Art von Problem auch indirekt verursacht werden, sodass Sie aufpassen sollten, auf welches Objekt sich die Referenz bezieht, die Sie zurückgeben wollen.

Unabhängige Referenzen

Obwohl Referenzen in C++ hauptsächlich Funktionsaufrufe mit einer Übergabe der Argumente als Referenz unterstützen und als Funktionsrückgabetyp dienen sollen, können Sie auch eigenständige Referenz-Variablen deklarieren. Diese Variablen werden als *unabhängige Referenzen* bezeichnet. Wir wollen jedoch gleich betonen, dass Referenz-Variablen, die nicht als Parameter dienen, selten verwendet werden, weil sie tendenziell die Struktur eines Programms undeutlich machen und auflösen. Nach diesem Vorbehalt wollen wir einen kurzen Blick auf diese Variablen werfen.

Eine unabhängige Referenz muss auf ein Objekt zeigen. Deshalb muss eine unabhängige Referenz initialisiert werden, wenn sie deklariert wird. Im Allgemeinen bedeutet dies, dass ihr die Adresse einer vorher deklarierten Variable zugewiesen wird. Danach kann der Name der Referenz-Variablen an jeder Stelle verwendet werden, an der die Variable stehen könnte, auf die sie sich bezieht. Tatsächlich gibt es praktisch keinen Unterschied zwischen diesen beiden Variablen. Betrachten Sie beispielsweise das folgende Programm:

```
// p06-09.cpp
// Mit einer unabhängigen Referenz arbeiten.
#include <iostream>
using namespace std;

int main()
{
  int j, k;
  int &i = j; // unabhängige Referenz

  j = 10;

  cout << j << " " << i; // gibt 10 10 aus

  k = 121;
  i = k; // kopiert den Wert, nicht die Adresse von k in j

  cout << "\n" << j;  // gibt 121 aus

  return 0;
}
```

Eine unabhängige Referenz.

Dieses Programm erzeugt die folgende Ausgabe:

```
10 10
121
```

Die Adresse, auf die eine Referenz-Variable zeigt, steht fest; sie kann nicht geändert werden. Deshalb wird, wenn die Anweisung

```
i = k;
```

ausgewertet wird, der Wert von `k`, nicht die Adresse von `k` nach `j` kopiert (auf das sich `i` bezieht).

Wie bereits weiter oben gesagt wurde, ist es im Allgemeinen keine gute Idee, unabhängige Referenzen zu verwenden, weil sie nicht notwendig sind und tendenziell Ihren Code unübersichtlich machen. Zwei Namen für dieselbe Variable zu verwenden, ist grundsätzlich verwirrend.

Einige Einschränkungen für das Arbeiten mit Referenzen

Beim Arbeiten mit Referenzen müssen Sie einige Einschränkungen beachten:

- Es ist nicht möglich, eine Referenz-Variable zu referenzieren.
- Es ist nicht möglich, Arrays von Referenzen zu erstellen.

- Es ist nicht möglich, einen Zeiger auf eine Referenz zu erstellen. Das heißt, es ist nicht möglich, den &-Operator auf eine Referenz anzuwenden.

1-Minuten-Test

- Kann eine Funktion eine Referenz zurückgeben?
- Was ist eine unabhängige Referenz?
- Können Sie eine Referenz auf eine Referenz erstellen?

Funktionen überladen

In diesem Abschnitt werden Sie mehr über einen der aufregendsten Aspekte von C++ erfahren: das Überladen von Funktionen. In C++ können zwei oder mehr Funktionen denselben Namen haben, solange sich ihre Parameterdeklarationen unterscheiden. Die Funktionen, die denselben Namen haben, werden als *überladen* bezeichnet. Der Prozess selbst wird als das *Überladen von Funktionen* bezeichnet. Das Überladen von Funktionen gehört zu den Methoden, mit denen C++ die Polymorphie implementiert.

Um eine Funktion zu überladen, werden im Allgemeinen einfach verschiedene Versionen der Funktion deklariert. Der Compiler sorgt für den Rest. Dabei müssen Sie eine wichtige Einschränkung beachten: Der Typ und/oder die Zahl der Parameter jeder überladenen Funktion muss verschieden sein. Es reicht nicht, dass sich zwei Funktionen nur durch ihre Rückgabetypen unterscheiden. Sie müssen sich durch die Typen und/oder durch die Zahl ihrer Parameter unterscheiden. (Die Rückgabetypen allein liefern nicht genügend Informationen, um es dem Compiler zu ermöglichen, in allen Fällen die korrekte Funktion auszuwählen.) Natürlich *können* sich überladene Funktionen auch durch ihre Rückgabetypen unterscheiden. Wenn eine überladene Funktion aufgerufen wird, wird die Version der Funktion ausgeführt, deren Parameter mit den Argumenten des Aufrufs übereinstimmen.

Wir wollen mit einem kurzen Beispielprogramm beginnen:

```
// p06-10.cpp
// Eine Funktion dreimal überladen.

#include <iostream>
using namespace std;
```

- Ja. Eine Funktion kann eine Referenz zurückgeben.
- Eine unabhängige Referenz ist im Wesentlichen ein weiterer Name für dasselbe Objekt.
- Nein. Es ist nicht möglich, eine Referenz auf eine Referenz zu erstellen.

```
void f(int i);          // ganzzahliger Parameter
void f(int i, int j); // zwei ganzzahlige Parameter
void f(double k);       // ein double-Parameter

int main()
{
  f(10);      // f(int) aufrufen

  f(10, 20); // f(int, int) aufrufen

  f(12.23);  // f(double) aufrufen

  return 0;
}

void f(int i)
{
  cout << "In f(int) ist i: " << i << '\n';
}

void f(int i, int j)
{
  cout << "In f(int, int) ist i: " << i;
  cout << ", j ist: " << j << '\n';
}

void f(double k)
{
  cout << "In f(double) ist k: " << k << '\n';
}
```

Für jede Version einer überladenen Funktion wird ein separater Prototyp benötigt.

Hier sind die drei verschiedenen Implementierungen von `f()`.

Dieses Programm erzeugt die folgende Ausgabe:

```
In f(int) ist i: 10
In f(int, int) ist i: 10, j ist: 20
In f(double) ist k: 12.23
```

Wie Sie sehen, wird `f()` dreimal überladen. Die erste Version hat einen ganzzahligen Parameter, die zweite Version benötigt zwei ganzzahlige Parameter, und die dritte Version hat eine `double`-Parameter. Weil jede Version eine andere Parameterliste hat, kann der Compiler die korrekte Version der Funktion anhand der Typen der Argumente auswählen, mit denen die Funktion aufgerufen wird.

Um zu verstehen, wie wertvoll das Überladen von Funktionen ist, sollten Sie sich beispielsweise eine Funktion namens `neg()` ansehen, die die Negation ihrer Argumente zurückgibt. Wenn `neg()` beispielsweise mit dem Wert -10 aufgerufen wird, gibt sie 10 zurück. Wenn sie mit 9 aufgerufen wird, gibt sie -9 zurück. Ohne das Überladen von Funktionen müssten Sie, wenn Sie Negationsfunktionen für Daten vom Typ `int`, `double` und `long` erstellen wollten, drei verschiedene Funktionen mit jeweils einem anderen Namen erstellen: beispielsweise `ineg()`, `lneg()` und `fneg()`. Doch wenn Sie das Überladen von Funktionen verwenden, können Sie einen Namen, wie beispielsweise `neg()`, benutzen, um alle Funktionen zu bezeichnen, die die Negation ihres Arguments zurückgeben. Deshalb unterstützt das Überladen das polymorphische Konzept »eine Schnittstelle, mehrere Methoden«. Das folgende Programm demonstriert dieses Konzept:

```
// p06-11.cpp

// Verschiedene Versionen der neg()-Funktion erstellen.

#include <iostream>
using namespace std;

int neg(int n);       // neg() für int.
double neg(double n); // neg() für double.
long neg(long n);     // neg() für long.

int main()
{

  cout << "neg(-10): " << neg(-10) << "\n";
  cout << "neg(9L): " << neg(9L) << "\n";
  cout << "neg(11.23): " << neg(11.23) << "\n";

  return 0;
}

// neg() für int.
int neg(int n)
{
  return -n;
}

// neg() für double.
double neg(double n)
{
  return -n;
}

// neg() für long.
long neg(long n)
{
  return -n;
}
```

Dieses Programm erzeugt die folgende Ausgabe:

```
neg(-10): 10
neg(9L): -9
neg(11.23): -11.23
```

Dieses Programm erstellt drei ähnliche, aber verschiedene Funktionen namens `neg()`, die jeweils den negativen Wert ihres Arguments zurückgeben. Der Compiler erkennt anhand des Typs des Arguments, welche Funktion in der jeweiligen Situation ausgeführt werden muss.

Das Überladen ist deshalb so nützlich, weil es die Möglichkeit schafft, zusammengehörige Sätze von Funktionen mit einem gemeinsamen Namen aufzurufen. Deshalb repräsentiert der Name `neg` die allgemeine *Aktion*, die ausgeführt werden soll. Es bleibt dem Compiler überlassen, in einer Situation die passende *spezielle* Version auszuwählen. Als Programmierer müssen Sie sich nur an die allgemeine Aktion erinnern, die ausgeführt werden soll. Deshalb ist die Zahl der Dinge, die Sie sich merken müssen, durch die Anwendung der Polymorphie von drei auf eins reduziert worden. Dieses Beispiel ist zwar recht einfach, aber wenn Sie das Konzept erweitern, zeigt sich, wie das Überladen Ihnen helfen kann, eine größere Komplexität zu bewältigen.

Ein weiterer Vorteil des Überladens von Funktionen besteht darin, dass Sie geringfügig verschiedene Versionen derselben Funktion schreiben können, die an den jeweiligen Datentyp angepasst sind, mit dem sie arbeiten. Betrachten Sie beispielsweise eine Funktion namens `min()`, die den kleineren von zwei Werten bestimmt. Sie können dann mehrere Versionen von `min()` erstellen, die sich für verschiedene Datentypen unterschiedlich verhalten. Wenn zwei Ganzzahlen verglichen werden, gibt `min()` die kleinere Ganzzahl zurück. Wenn zwei Zeichen verglichen werden, kann `min()` den Buchstaben zurückgeben, der in der alphabetischen Reihenfolge an erster Stelle steht und dabei Unterschiede in der Groß-/Kleinschreibung ignorieren. Im ASCII-Zeichensatz werden Großbuchstaben durch Werte repräsentiert, die um 32 kleiner als die Werte der Kleinbuchstaben sind. Deshalb wäre es nützlich, Unterschiede in der Schreibweise zu ignorieren, wenn beispielsweise Strings alphabetisch sortiert werden sollen. Wenn zwei Zeiger verglichen werden sollen, könnte `min()` die Werte vergleichen, auf die die beiden Zeiger weisen, und den Zeiger auf den kleineren Wert zurückgeben. Das folgende Programm implementiert diese Versionen von `min()`:

```
// p06-12.cpp
// Verschiedene Versionen von min() erstellen.
#include <iostream>
using namespace std;
int min(int a, int b);      // min() für ints
char min(char a, char b);  // min() für chars
int * min(int *a, int *b); // min() für int-Zeiger
int main()
{
  int i=10, j=22;
```

```
  cout << "min('X', 'a'): " << min('X', 'a') << "\n";
  cout << "min(9, 3): " << min(9, 3) << "\n";
  cout << "*min(&i, &j): " << *min(&i, &i) << "\n";

  return 0;
}

// min() für ints. Den kleineren Wert zurückgeben.
int min(int a, int b)
{
  if(a < b) return a;
  else return b;
}

// min() für chars -- die Gross-/Kleinschreibung ignorieren.
char min(char a, char b)
{
  if(tolower(a) < tolower(b)) return a;
  else return b;
}

/*
   min() für int-Zeiger.
   Die Werte vergleichen und den Zeiger auf den kleineren Wert
   zurückgeben.
*/
int * min(int *a, int *b)
{
  if(*a < *b) return a;
  else return b;
}
```

Jede Version von `min()` kann spezialisiert sein. Diese Version gibt den kleineren `int`-Wert zurück.

Diese Version von `min()` ignoriert die Groß-/Kleinschreibung.

Diese Version von `min()` gibt den Zeiger auf den kleineren Wert zurück.

Dieses Programm erzeugt die folgende Ausgabe:

```
min('X', 'a'): a
min(9, 3): 3
*min(&i, &j): 10
```

Wenn Sie eine Funktion überladen, kann jede Version dieser Funktion jede gewünschte Aktivität ausführen. Das heißt, es gibt keine Vorschrift, dass überladene Funktionen inhaltlich etwas miteinander zu tun haben müssen. Doch ein guter Programmierstil erfordert, das überladene Funktionen eine Beziehung zueinander haben. Deshalb können Sie zwar denselben Namen verwenden, um Funktionen zu überladen, die inhaltlich nichts miteinander zu tun haben, Sie sollten dies aber nicht tun. Beispielsweise könnten Sie den Namen `sqr()` verwenden, um Funktionen zu erstellen, die zum einen das *Quadrat* eines `int`-Wertes und zum anderen die *Quadratwurzel* eines `double`-Wertes berechnen. Diese beiden Operationen sind jedoch grundsätzlich verschieden, und Funktionen in dieser Weise zu überladen läuft dem ursprünglichen Zweck dieses Konstrukts zuwider. (Tatsächlich wird ein solcher Programmierstil extrem negativ bewertet!) In der Praxis sollten nur eng zusammengehörige Operationen überladen werden.

Automatische Typumwandlungen und das Überladen

In Kapitel 2 haben wir beschrieben, dass C++ bestimmte Typumwandlungen automatisch ausführt. Diese Umwandlungen gelten auch für Parameter überladener Funktionen. Betrachten Sie beispielsweise das folgende Programm:

```
// p06-13.cpp
// Automatische Typumwandlungen können die
// Auswahl überladener Funktionen beeinflussen.

#include <iostream>
using namespace std;

void f(int x);

void f(double x);

int main() {
  int i = 10;
  double d = 10.1;
  short s = 99;
  float r = 11.5F;

  f(i); // ruft f(int) auf
  f(d); // ruft f(double) auf

  f(s); // ruft f(int) auf -- Typumwandlung
  f(r); // ruft f(double) auf -- Typumwandlung

  return 0;
}

void f(int x) {
  cout << "Innerhalb von f(int): " << x << "\n";
}

void f(double x) {
  cout << "Innerhalb von f(double): " << x << "\n";
}
```

Hier erfolgen automatische Typumwandlungen.

Dieses Programm erzeugt die folgende Ausgabe:

```
Innerhalb von f(int): 10
Innerhalb von f(double): 10.1
Innerhalb von f(int): 99
Innerhalb von f(double): 11.5
```

In diesem Beispiel werden nur zwei Versionen von `f()` definiert: die eine hat einen `int`-Parameter und die andere einen `double`-Parameter. Dennoch ist es möglich, einen `short`- oder einen `float`-Wert an `f()` zu übergeben. Im Falle von `short` wandelt C++ den Wert automatisch in `int` um. Deshalb wird `f(int)` aufgerufen. Im Falle von `float` wird der Wert in `double` umgewandelt, und `f(double)` wird aufgerufen.

Es ist wichtig zu verstehen, dass die automatischen Umwandlungen nur erfolgen, wenn ein Parameter und ein Argument nicht direkt übereinstimmen. Das folgende Beispielprogramm erweitert das vorangegangene Programm um eine Version von `f()`, die einen `short`-Parameter hat:

```
// p06-14.cpp
// Jetzt f(short) hinzufügen.
#include <iostream>
using namespace std;

void f(int x);
void f(short x);
void f(double x);

int main() {
  int i = 10;
  double d = 10.1;
  short s = 99;
  float r = 11.5F;

  f(i); // ruft f(int) auf
  f(d); // ruft f(double) auf

  f(s); // ruft jetzt f(short) auf

  f(r); // ruft f(double) auf -- Typumwandlung

  return 0;
}

void f(int x) {
  cout << "Innerhalb von f(int): " << x << "\n";
}

void f(short x) {
```

`f(short)` wurde hinzugefügt.

Jetzt erfolgt keine Typumwandlung, weil `f(short)` zur Verfügung steht.

```
  cout << "Innerhalb von f(short): " << x << "\n";
}
void f(double x) {
  cout << "Innerhalb von f(double): " << x << "\n";
}
```

Wenn das Programm jetzt ausgeführt wird, erzeugt es die folgende Ausgabe:

```
Innerhalb von f(int): 10
Innerhalb von f(double): 10.1
Innerhalb von f(short): 99
Innerhalb von f(double): 11.5
```

Da es jetzt eine Version von `f()` gibt, die ein `short`-Argument übernimmt, wird bei dieser Version `f(short)` aktiviert, wenn `f()` mit einem `short`-Wert aufgerufen wird, und es erfolgt keine automatische Umwandlung in `int`.

1-Minuten-Test

- Welche Bedingung muss erfüllt sein, wenn eine Funktion überladen wird?
- Warum sollten überladene Funktionen verwandte Aktionen ausführen?
- Wird der Rückgabetyp einer Funktion bei der Auswahl einer überladenen Funktion berücksichtigt?

Print.cpp

Projekt 6-1: Überladene Ausgabefunktionen erstellen

In diesem Projekt werden Sie eine Sammlung überladener Funktionen erstellen, die verschiedene Datentypen auf dem Bildschirm ausgeben. Obwohl die `cout`-Anweisungen recht bequem sind, bietet eine solche Sammlung von Ausgabefunktionen eine Alternative, die für einige Programmierer attraktiv sein könnte. Tatsächlich arbeiten sowohl Java als auch C# mit Ausgabefunktionen statt mit Ausgabe-Operatoren. Indem Sie überladene Ausgabefunktionen erstellen, können Sie zwischen beiden Methoden wählen und können so das Beste aus beiden Welten nutzen. Darüber hinaus können Sie Ihre Ausgabefunktionen an Ihre speziellen Anforderungen anpassen. Beispielsweise

---

- Überladene Funktionen haben denselben Namen, unterscheiden sich aber in ihren Parameterdeklarationen.
- Überladene Funktionen sollten verwandte Aktionen ausführen, weil das Überladen von Funktionen eine Beziehung zwischen den Funktionen impliziert.
- Nein. Die Rückgabetypen überladener Funktionen können sich unterscheiden, aber sie haben keinen Einfluss auf die Auswahl der passenden Funktion.

könnten Sie bei booleschen Werten "true" oder "false" statt 1 und 0 ausgeben.

Sie werden zwei Sätze von Funktionen namens println() und print() erstellen. Die Funktion println() zeigt ihr Argument, gefolgt von einem Zeilenvorschub an. Die Funktion print() zeigt ihr Argument ohne einen Zeilenvorschub an. Ein Beispiel:

```
print(1);
println('X');
print("Das Überladen von Funktionen ist leistungsstark. ");
print(18.22);
```

erzeugt die folgende Ausgabe:

```
1X
Das Überladen von Funktionen ist leistungsstark. 18.22
```

In diesem Projekt werden die Funktionen print() und println() für Daten vom Typ bool, char, int, long, char * und double überladen, aber Sie können andere Typen Ihrer Wahl hinzufügen.

Schritt für Schritt

1. Erstellen Sie eine Datei namens Print.cpp.
2. Beginnen Sie das Projekt mit den folgenden Zeilen:

```
// Print.cpp: Projekt 6-1
// Die überladenen Funktionen print() und println() erstellen,
// die verschiedene Typen von Daten anzeigen.
include iostream
using namespace std;
```

3. Fügen Sie die Prototypen der Funktionen print() und println() hinzu:

```
// Funktionen mit Zeilenvorschub
void println(bool b);
void println(int i);
void println(long i);
void println(char ch);
void println(char *str);
void println(double d);
// Funktionen ohne Zeilenvorschub
void print(bool b);
void print(int i);
void print(long i);
void print(char ch);
```

```
void print(char *str);
void print(double d);
```

4. Fügen Sie die folgenden `println()`-Funktionen hinzu:

```
// Hier sind die println()-Funktionen.
void println(bool b)
{
  if(b) cout << "true\n";
  else cout << "false\n";
}
void println(int i)
{
  cout << i << "\n";
}
void println(long i)
{
  cout << i << "\n";
}
void println(char ch)
{
  cout << ch << "\n";
}
void println(char *str)
{
  cout << str << "\n";
}
void println(double d)
{
  cout << d << "\n";
}
```

Beachten Sie, dass jede Funktion ein Newline-Zeichen an die Ausgabe anhängt. Beachten Sie auch, dass `println(bool)` entweder `"true"` oder `"false"` anzeigt, wenn ein boolescher Wert ausgegeben wird. Dies veranschaulicht, wie leicht Sie die Ausgabe an Ihre Anforderungen und Vorlieben anpassen können.

5. Fügen Sie die folgenden `print()`-Funktionen hinzu:

```
// Hier sind die print()-Funktionen.
void print(bool b)
{
  if(b) cout << "true";
  else cout << "false";
}
```

```
void print(int i)
{
  cout << i;
}
void print(long i)
{
  cout << i;
}
void print(char ch)
{
  cout << ch;
}
void print(char *str)
{
  cout << str;
}
void print(double d)
{
  cout << d;
}
```

Diese Funktionen entsprechen ihren `println()`-Gegenstücken, außer dass sie keinen Zeilenvorschub ausgeben. Deshalb erscheint die folgende Ausgabe auf derselben Zeile.

6. Hier ist das komplette Listing des Programms `Print.cpp`:

```
// Print.cpp: Projekt 6-1
// Die überladenen Funktionen print() und println() erstellen,
// die verschiedene Typen von Daten anzeigen.
#include <iostream>
using namespace std;
// Funktionen mit Zeilenvorschub
void println(bool b);
void println(int i);
void println(long i);
void println(char ch);
void println(char *str);
void println(double d);
// Funktionen ohne Zeilenvorschub
void print(bool b);
void print(int i);
void print(long i);
void print(char ch);
void print(char *str);
void print(double d);
int main()
```

6

```
{
  println(true);
  println(10);
  println("Dies ist ein Test");
  println('x');
  println(99L);
  println(123.23);

  print("Hier sind einige Werte: ");
  print(false);
  print(' ');
  print(88);
  print(' ');
  print(100000L);
  print(' ');
  print(100.01);

  println(" Fertig!");

  return 0;
}

// Hier sind die println()-Funktionen.
void println(bool b)
{
  if(b) cout << "true\n";
  else cout << "false\n";
}

void println(int i)
{
  cout << i << "\n";
}

void println(long i)
{
  cout << i << "\n";
}

void println(char ch)
{
  cout << ch << "\n";
}

void println(char *str)
{
  cout << str << "\n";
}

void println(double d)
{
  cout << d << "\n";
}

// Hier sind die print()-Funktionen.
void print(bool b)
```

```
{
  if(b) cout << "true";
  else cout << "false";
}
void print(int i)
{
  cout << i;
}
void print(long i)
{
  cout << i;
}
void print(char ch)
{
  cout << ch;
}
void print(char *str)
{
  cout << str;
}
void print(double d)
{
  cout << d;
}
```

Dieses Programm erzeugt die folgende Ausgabe:

```
true
10
Dies ist ein Test
x
99
123.23
Hier sind einige Werte: false 88 100000 100.01 Fertig!
```

Standardargumente von Funktionen

Das nächste funktionsbezogene Konstrukt, das wir behandeln wollen, ist das *Standardargument.* In C++ können Sie einem Parameter einen Standardwert zuweisen, der automatisch verwendet wird, wenn bei einem Aufruf einer Funktion zu einem Parameter kein entsprechendes Argument angegeben wird. Mit Standardargumenten können Aufrufe komplexer Funktionen vereinfacht werden. Außerdem können sie manchmal als »Kurzform« verwendet werden, um Funktionen zu überladen.

Die Definition eines Standardarguments ähnelt syntaktisch der Initialisierung einer Variablen. Betrachten Sie das folgende Beispiel, das die Funktion `myfunc()` mit zwei `int`-Argumenten deklariert. Das erste Argument hat den Standardwert 0, das zweite den Standardwert 100.

```
void myfunc(int x = 0, int y = 100);
```

Jetzt kann `myfunc()` mit einer der folgenden drei Methoden aufgerufen werden:

```
myfunc(1, 2); // Werte ausdrücklich übergeben
myfunc(10);   // einen Wert für x übergeben, den Standardwert von y
benutzen
myfunc();     // den Standardwert sowohl für x als auch für y ver-
wenden
```

Der erste Aufruf übergibt den Wert 1 an `x` und den Wert 2 an `y`. Der zweite Aufruf weist `x` den Wert 10 zu und verwendet für `y` den Standardwert 100. Schließlich werden beim dritten Aufruf die beiden Standardwerte für `x` und `y` verwendet. Das folgende Programm demonstriert alle drei Methoden:

```
// p06-15.cpp
// Standardargumente demonstrieren.
#include <iostream>
using namespace std;
void myfunc(int x = 0, int y = 100);
int main()
{
  myfunc(1, 2);
  myfunc(10);
  myfunc();
  return 0;
}
void myfunc(int x, int y)
{
  cout << "x: " << x << ", y: " << y << "\n";
}
```

`myfunc()` legt Standardwerte für beide Argumente fest.

Die Ausgabe bestätigt die Verwendung der Standardargumente:

```
x: 1, y: 2
x: 10, y: 100
x: 0, y: 100
```

Wenn Sie eine Funktion mit Standardargumenten erstellen, dürfen die Standardwerte nur einmal angegeben werden, und zwar müssen sie gleich bei der Deklaration der Funktion spezifiziert werden. In dem vorangegangenen Beispiel wurden die Standardargumente im Prototyp von `myfunc()` festgelegt. Wenn Sie versuchen sollten, in der Definition von `myfunc()` andere (oder ein zweites Mal dieselben) Standardwerte festzulegen, zeigt der Compiler eine Fehlermeldung an und kompiliert das Programm nicht.

Doch obwohl Standardargumente innerhalb eines Programms nicht neu definiert werden können, können Sie für jede Version einer überladenen Funktion andere Standardargumente festlegen; das heißt, verschiedene Versionen der überladenen Funktion können verschiedene Standardargumente haben.

Es ist wichtig zu verstehen, dass alle Parameter, die einen Standardwert haben, rechts von den Parametern stehen müssen, die keinen Standardwert haben. Beispielsweise ist der folgende Prototyp ungültig:

```
// Falsch!
void f(int a = 1, int b);
```

Nach dem ersten Parameter mit einem Standardwert darf kein weiterer Parameter ohne Standardwert stehen. Das heißt, die folgende Deklaration ist ebenfalls falsch und wird nicht kompiliert:

```
int myfunc(float f, char *str, int i=10, int j); // Falsch!
```

Da `i` einen Standardwert hat, muss `j` ebenfalls einen haben.

Standardargumente wurden unter anderem deswegen in C++ aufgenommen, weil sie dazu beitragen, eine größere Komplexität zu bewältigen. Um möglichst viele Aufgaben lösen zu können, enthalten Funktionen häufig mehr Parameter, als für ihren gebräuchlichsten Zweck benötigt werden. Deshalb sollten Sie bei einer Funktion mit Standardargumenten nur die Argumente angeben, die zur Lösung der speziellen Aufgabe benötigt werden, und nicht alle Argumente, die für ihren allgemeinsten Fall erforderlich sind.

Standardargumente im Vergleich zum Überladen von Funktionen

Standardargumente werden unter anderem dazu verwendet, Funktionen in abgekürzter Form zu überladen. Um zu illustrieren, was dies bedeutet, müssen Sie sich vorstellen, Sie wollten zwei angepasste Versionen der Standardfunktion `strcat()` erstellen. Eine Version soll wie `strcat()` funktionieren und den gesamten Inhalt eines Strings an das Ende eines anderen anhängen. Die andere Version soll ein drittes Argument übernehmen, das die Zahl der Zeichen enthält, die angehängt werden sollen. Das heißt, dass diese zweite Version nur eine bestimmte Zahl von Zeichen eines Strings an das Ende eines anderen anhängen soll. Wenn wir annehmen, dass Ihre angepassten Funktionen `mystrcat()` heißen, haben sie die folgenden Prototypen:

```
void mystrcat(char *s1, char *s2, int len);
void mystrcat(char *s1, char *s2);
```

Die erste Version kopiert `len` Zeichen von `s2` an das Ende von `s1`. Die zweite Version kopiert den gesamten String, auf den `s2` zeigt, an das Ende des Strings, auf den `s1` zeigt, und funktioniert wie `strcat()`.

Obwohl es nicht falsch wäre, zwei Versionen von `mystrcat()` zu erstellen, um diese beiden Aufgabenstellungen zu lösen, gibt es eine einfachere Methode: Mit einem Standardargument können Sie eine einzige Version von `mystrcat()` erstellen, die beide Operationen ausführt. Das folgende Programm demonstriert diese Lösung:

```
// p06-16.cpp
// Eine angepasste Version von strcat().
#include <iostream>
#include <cstring>
using namespace std;
void mystrcat(char *s1, char *s2, int len = 0);
int main()
{
  char str1[80] = "Dies ist ein Test";
  char str2[80] = "0123456789";
  mystrcat(str1, str2, 5); // 5 Zeichen anhängen
  cout << str1 << '\n';
  strcpy(str1, "Dies ist ein Test"); // reset str1
```

Hier hat `len` den Standardwert null.

Hier wird `len` angegeben, und es werden nur 5 Zeichen kopiert.

```
  mystrcat(str1, str2); // den gesamten String anhängen
  cout << str1 << '\n';

  return 0;
}

// Eine angepasste Version von strcat().
void mystrcat(char *s1, char *s2, int len)
{
  // das Ende von s1 ermitteln
  while(*s1) s1++;

  if(len==0) len = strlen(s2);

  while(*s2 && len) {
    *s1 = *s2; // Zeichen kopieren
    s1++;
    s2++;
    len--;
  }

  *s1 = '\0'; // s1 mit null beenden
}
```

Hier nimmt `len` den Standardwert null an, und der gesamte String wird angehängt.

Dieses Programm erzeugt die folgende Ausgabe:

```
Dies ist ein Test01234
Dies ist ein Test0123456789
```

Dieses Programm zeigt, dass `mystrcat()` bis zu `len` Zeichen des Strings, auf den `s2` zeigt, an das Ende des Strings hängt, auf den `s1` zeigt. Doch wenn `len` den Wert null hat (was der Fall ist, wenn `len` den Standardwert annimmt), hängt `mystrcat()` den gesamten String, auf den `s2` zeigt, an `s1` an. Wenn `len` den Wert null hat, arbeitet die Funktion deshalb wie die Standardfunktion `strcat()`. Mit einem Standardargument für `len` ist es möglich, beide Operationen in einer Funktion zu kombinieren. Wie dieses Beispiel veranschaulicht, ermöglichen es Standardargumente manchmal, Funktionen in abgekürzter Form zu überladen.

Standardargumente korrekt verwenden

Obwohl Standardargumente ein leistungsstarkes Werkzeug sind, wenn sie korrekt verwendet werden, können sie auch missbraucht werden. Bei Standardargumenten geht es darum, eine Funktion so zu gestalten, dass sie ihre Aufgabe leicht und effizient löst und zugleich möglichst flexibel ist. Zu diesem Zweck sollten alle Standardargumente den gebräuchlichsten Anwendungen einer Funktion entsprechen. Wenn es keinen einzelnen Wert gibt, der normalerweise mit einem Parameter verbunden wird, gibt es keinen Grund, ein Standardargument zu deklarieren. Tatsächlich verliert Ihr Code an Struktur, wenn Sie ohne eine hinreichende Basis Standardargumente deklarieren, weil diese dann einen Leser des Programms eher verwirren und in die Irre führen. Schließlich sollte ein Standardargument keinen Schaden anrichten. Das heißt, ein versehentlicher Gebrauch eines Standardarguments sollte keine irreversiblen, negativen Folgen haben. Wenn Sie beispielsweise vergessen, ein Argument anzugeben, sollte dies nicht dazu führen, dass eine wichtige Datendatei unwiderbringlich gelöscht wird!

1-Minuten-Test

- Zeigen Sie, wie eine `void`-Funktion namens `count()` deklariert wird, die zwei `int`-Parameter namens `a` und `b` hat, und geben Sie jedem den Standardwert null.
- Können Standardargumente sowohl in dem Prototyp einer Funktion als auch in ihrer Definition deklariert werden?
- Ist die folgende Deklaration korrekt? Falls nicht, warum nicht?
  `int f(int x=10, double b);`

Funktionen überladen und Mehrdeutigkeit

Bevor wir dieses Kapitel beenden, müssen wir eine Art von Fehlern behandeln, die spezifisch für C++ ist: *Mehrdeutigkeit.* Es ist möglich, eine Situation herzustellen, in der der Compiler nicht zwischen zwei (oder mehr) korrekt überladenen Funktionen unterscheiden kann. Wenn dies passiert, liegt eine *mehrdeutige* Situation vor. Mehrdeutige Anweisungen sind Fehler; und Programme, die mehrdeutige Anweisungen enthalten, werden nicht kompiliert.

Der bei weitem wichtigste Grund für die Mehrdeutigkeit hat mit der automatischen Typumwandlung von C++ zu tun. C++ versucht, die Typen der Argumente, die beim Aufruf einer Funktion verwendet werden, automatisch in die Typen der Parameter umzuwandeln, die von der Funktion definiert werden. Hier ist ein Beispiel:

```
int myfunc(double d);
// ...
cout << myfunc('c');  // kein Fehler, der Typ wird umgewandelt
```

- `void count(int a=0, int b=0);`
- Nein. Die Standardargumente müssen in der ersten Deklaration der Funktion deklariert werden. Dies ist normalerweise ihr Prototyp.
- Nein. Ein Parameter ohne Standardargument darf nicht nach einem Parameter mit Standardargument stehen.

Wie der Kommentar sagt ist dies kein Fehler, weil C++ das Zeichen `c` automatisch in sein Gegenstück vom Typ `double` umwandelt. Tatsächlich sind in C++ nur sehr wenige Typumwandlungen dieser Art verboten. Automatische Typumwandlungen sind zwar bequem, sie sind aber auch eine wesentliche Ursache für die Mehrdeutigkeit. Betrachten Sie das folgende Programm:

```
// p06-17.cpp

// Mehrdeutigkeit beim Überladen.

#include <iostream>
using namespace std;

float myfunc(float i);
double myfunc(double i);

int main()
{
  // eindeutig: ruft myfunc(double) auf
  cout << myfunc(10.1) << " ";

  // mehrdeutig
  cout << myfunc(10); // Fehler!

  return 0;
}

float myfunc(float i)
{
  return i;
}

double myfunc(double i)
{
  return -i;
}
```

Welche Version von `myfunc()` sollte hier verwendet werden?

Hier wird die Funktion `myfunc()` überladen, sodass sie Argumente entweder vom Typ `float` oder vom Typ `double` übernehmen kann. In der eindeutigen Zeile wird `myfunc(double)` aufgerufen, weil alle Fließkommakonstanten in C++ automatisch den Typ `double` haben, wenn sie nicht ausdrücklich als `float` deklariert werden. Wenn `myfunc()` jedoch mit der ganzzahligen `10` aufgerufen wird, ist die Situation mehrdeutig, weil der Compiler nicht entscheiden kann, ob dieses Argument in einen `float`- oder in einen `double`-Wert umgewandelt werden soll. Beide Umwandlungen wären gültig. Diese Unklarheit führt zur Anzeige einer Fehlermeldung und verhindert, dass das Programm kompiliert wird.

Das zentrale Thema, das in dem vorangegangenen Beispiel demonstriert wird, ist die Tatsache, dass die Mehrdeutigkeit nicht durch das Überladen von `myfunc()` mit `double`- und `float`-Werten verursacht wird, sondern dass die Unklarheit dadurch entsteht, dass `myfunc()` mit einem Argument eines unbestimmten Typs aufgerufen wird. Prägnanter ausgedrückt: Nicht das Überladen von `myfunc()` ist der Fehler, sondern der spezielle Aufruf von `myfunc()`.

Das folgende Programm zeigt ein weiteres Beispiel für die Mehrdeutigkeit, die von der automatischen Typumwandlung in C++ verursacht wird:

```
// p06-18.cpp
// Ein weiteres Beispiel für Mehrdeutigkeit beim Überladen.
#include <iostream>
using namespace std;

char myfunc(unsigned char ch);
char myfunc(char ch);

int main()
{
  cout << myfunc('c');  // ruft myfunc(char) auf
  cout << myfunc(88) << " "; // Fehler, mehrdeutig!

  return 0;
}

char myfunc(unsigned char ch)
{
  return ch-1;
}

char myfunc(char ch)
{
  return ch+1;
}
```

Soll 88 in `char` oder `unsigned char` umgewandelt werden?

In C++ sind `unsigned char` und `char` nicht von sich aus mehrdeutig. (Es handelt sich um verschiedene Typen.) Doch wenn `myfunc()` mit dem ganzzahligen Wert 88 aufgerufen wird, weiß der Compiler nicht, welche Funktion er aufrufen soll. Das heißt, er weiß nicht, ob 88 in ein `char` oder `unsigned char` umgewandelt werden soll. Beide Umwandlungen wären gültig.

Eine weitere Möglichkeit, für Mehrdeutigkeit in einem Programm zu sorgen, ist die Verwendung von Standardargumenten in einer überladenen Funktion. Wir wollen dies anhand des folgenden Programms zeigen:

```
// p06-19.cpp
// Ein weiteres Beispiel fuer Mehrdeutigkeit
```

```
// durch das Ueberladen von Funktionen.

#include <iostream>
using namespace std;

int myfunc(int i);
int myfunc(int i, int j=1);

int main()
{
  cout << myfunc(4, 5) << " "; // eindeutig
  cout << myfunc(10); // Fehler, mehrdeutig!

  return 0;
}

int myfunc(int i)
{
  return i;
}

int myfunc(int i, int j)
{
  return i*j;
}
```

Wird hier der Standardwert von `j` verwendet, oder wird die Version von `myfunc()` aufgerufen, die nur einen Parameter hat?

Beim ersten Aufruf von `myfunc()` werden zwei Argumente angegeben; deshalb gibt es keine Mehrdeutigkeit, und `myfunc(int i, int j)` wird aufgerufen. Doch der zweite Aufruf von `myfunc()` ist mehrdeutig, weil der Compiler nicht weiß, ob er die Version von `myfunc()` aufrufen soll, die ein Argument hat, oder ob er den Standardwert auf die Version der Funktion anwenden soll, die zwei Argumente hat.

Wenn Sie eigene C++-Programme schreiben wollen, sollten Sie sich darauf einstellen, auf Fehler zu stoßen, die auf Mehrdeutigkeit beruhen. Bis Sie umfangreiche Erfahrungen gesammelt haben, werden Sie leider feststellen müssen, dass diese Art von Fehlern recht leicht zu machen ist.

Übungsaufgaben

1. Mit welchen beiden Methoden kann ein Argument an eine Unterroutine übergeben werden?
2. Was ist in C++ eine Referenz? Wie wird ein Referenzparameter erstellt?
3. Gegeben sei folgendes Fragment:

   ```
   int f(char &c, int *i);
   // ...
   char ch = 'x';
   int i = 10;
   ```

   Zeigen Sie, wie `f()` mit `ch` und `i` aufgerufen wird.
4. Erstellen Sie eine `void`-Funktion namens `round()`, die den Wert ihres `double`-Arguments auf den nächsten ganzzahligen Wert rundet. Die Funktion `round()` soll einen Referenzparameter verwenden und das gerundete Ergebnis in diesem Parameter zurückgeben. Demonstrieren Sie `round()` in einem Programm. Um dieses Problem zu lösen, müssen Sie die Funktion `modf()` der Standardbibliothek verwenden. Diese Funktion wird hier gezeigt:

   ```
   double modf(double num, double *i);
   ```

   Die Funktion `modf()` zerlegt ihr Argument *num* in einen ganzzahligen Teil und den zugehörigen Bruchteil. Sie gibt den Bruchteil zurück und weist den ganzzahligen Teil der Variablen zu, auf die *i* zeigt. Die Funktion benötigt den Header `<cmath>`.
5. Ändern Sie die Referenzversion von `swap()` so, dass sie nicht nur die Werte ihrer Argumente vertauscht, sondern auch eine Referenz auf das kleinere ihrer beiden Argumente zurückgibt. Nennen Sie diese Funktion `min_swap()`.
6. Warum darf eine Funktion keine Referenz auf eine lokale Variable zurückgeben?
7. Worin müssen sich die Parameterlisten zweier überladener Funktionen unterscheiden?
8. In Projekt 6-1 haben Sie eine Sammlung von `print()`- und `println()`-Funktionen erstellt. Fügen Sie zu diesen Funktionen einen zweiten Parameter hinzu, der eine Einrückungsstufe angibt. Wenn beispielsweise `print()` folgendermaßen aufgerufen wird,

   ```
   print("test", 18);
   ```

soll die Ausgabe um 18 Leerzeichen eingerückt und dann der String "test" angezeigt werden. Der Einrückungsparameter soll den Standardwert null annehmen, sodass die Ausgabe nicht eingerückt wird, wenn die Funktion ohne dieses Argument aufgerufen wird.

9. Gegeben sei der Prototyp:

```
bool myfunc(char ch, int a=10, int b=20);
```

Zeigen Sie, mit welchen Methoden `myfunc()` aufgerufen werden kann.

10. Erklären Sie kurz, wie durch das Überladen von Funktionen Mehrdeutigkeit erzeugt werden kann.

Kapitel 7

Weitere Datentypen und Operatoren

Lernziele

- **Mit `const` und `volatile` arbeiten**
- **Lernen, Speicherplatzklassen zu spezifizieren**
- **Mit statischen Variablen arbeiten**
- **Das Leistungsverhalten mit Registervariablen verbessern**
- **Aufzählungen und `typedef`-Typen erstellen**
- **Die bitweisen Operatoren kennen lernen**
- **Die Shift-Operatoren anwenden**
- **Mit dem `?`- und dem Komma-Operator arbeiten**
- **Zusammengesetzte Zuweisungen nutzen**
- **Die Rangfolge der Operatoren kennen lernen**

Dieses Kapitel kehrt zu den Themen Datentypen und Operatoren zurück. Zusätzlich zu den Datentypen, die Sie bis jetzt verwendet haben, unterstützt C++ mehrere andere Typen. Zum einen sind dies Modifizierer, die zu den Typen hinzugefügt werden, die Sie bereits kennen. Zum anderen sind dies Aufzählungen und typedef-Typen. Außerdem enthält C++ noch weitere Operatoren, mit denen Sie zahlreiche andere Programmieraufgaben in C++ lösen können: bitweise Operatoren, Shift-Operatoren und die Operatoren ? und sizeof.

Die Modifizierer const und volatile

C++ enthält zwei Arten von Modifizierern, die die Art und Weise beeinflussen, wie Variablen abgerufen und geändert werden können: const und volatile. Sie werden bei der Deklaration dem Basistyp einer Variablen vorangestellt. Formal werden sie auch als *CV-Modifizierer* bezeichnet.

const

Eine Variable, die mit dem Modifizierer const deklariert wird, kann während der Ausführung eines Programms nicht geändert werden. Deshalb ist eine const-»Variable« keine echte Variable! Sie können einer Variablen, die als const deklariert wird, jedoch einen Anfangswert zuweisen. Beispielsweise erstellt

```
const int max_users = 9;
```

eine int-Variable namens max_users, die den Wert 9 enthält. Diese Variable kann wie andere Variablen in Ausdrücken verwendet werden, aber ihr Wert kann von Ihrem Programm nicht geändert werden.

Der Modifizierer const wird häufig dazu verwendet, so genannte *benannte Konstanten* zu erstellen. Häufig benötigen Programme denselben Wert für viele verschiedene Zwecke. Beispielsweise könnte ein Programm mehrere verschiedene Arrays enthalten, die alle dieselbe Größe haben. In diesem Fall können Sie die Größe der Arrays mit einer const-Variablen festlegen. Dieser Ansatz bietet den folgenden Vorteil: Wenn size später geändert werden muss, müssen Sie nur den Wert der const-Variablen ändern und dann das Programm neu kompilieren. Sie müssen die Größe nicht in jeder Array-Deklaration ändern. Dieses Verfahren vermeidet Fehler und ist zugleich einfacher. Das folgende Beispiel veranschaulicht diese Anwendung von const:

```
// p07-01.cpp
#include <iostream>
using namespace std;
const int num_employees = 100;
int main()
{
  int empNums[num_employees];
  double salary[num_employees];
  char *names[num_employees];
  // ...
}
```

Dies erstellt eine benannte Konstante namens num_employees mit dem Wert 100.

Hier wird num_employees verwendet, um die Größe der Arrays festzulegen.

Wenn Sie den Arrays eine andere Größe zuweisen wollen, müssen Sie in diesem Beispiel nur die Deklaration von num_employees ändern und dann das Programm neu kompilieren. Alle drei Arrays erhalten dann automatisch die neue Größe.

Der Modifizierer const hat eine weitere wichtige Funktion: Er verhindert, dass ein Objekt mit Hilfe eines Zeigers geändert werden kann. Wenn Sie beispielsweise verhindern wollen, dass eine Funktion den Wert des Objekts ändert, auf das ein Parameter zeigt, können Sie einen Zeigerparameter als const deklarieren. Dies verhindert, dass das Objekt, auf das der Parameter zeigt, von einer Funktion geändert werden kann. Das heißt, wenn der Modifizierer const vor einem Zeigerparameter steht, kann keine Anweisung in der Funktion die Variable ändern, auf die dieser Parameter zeigt. Beispielsweise gibt die Funktion negate() in dem folgenden Programm die Negation des Werts zurück, auf den ihr Parameter zeigt. Der Modifizierer const in der Parameter-Deklaration verhindert, dass der Code in der Funktion den Wert ändert, auf den der Parameter zeigt.

```
// p07-02.cpp
// Mit einem const-Zeigerparameter arbeiten.
#include <iostream>
using namespace std;
int negate(const int *val);
int main()
{
  int result;
  int v = 10;
```

```
  result = negate(&v);

  cout << v << " negiert ist " << result;
  cout << "\n";

  return 0;
}

int negate(const int *val)
{
  return - *val;
}
```

Hier wird `val` als ein `const`-Zeiger spezifiziert.

Da `val` als `const`-Zeiger deklariert wird, kann die Funktion den Wert, auf den `val` zeigt, nicht ändern. Da `negate()` nicht versucht, `val` zu ändern, wird das Programm kompiliert und korrekt ausgeführt. Doch wenn `negate()` wie in dem nächsten Beispiel geschrieben würde, würde der Compiler einen Fehler melden.

```
// p07-03.cpp

// Dies wird nicht funktionieren!
int negate(const int *val)
{
  *val = - *val; // Fehler, kann nicht geändert werden!
  return *val;
}
```

In diesem Fall versucht das Programm, den Wert der Variablen zu ändern, auf die `val` zeigt. Dies wird verhindert, weil `val` als `const` deklariert ist.

Der Modifizierer `const` kann auch bei Referenzparametern verwendet werden, um zu verhindern, dass eine Funktion das Objekt ändert, das von einem Parameter referenziert wird. Beispielsweise ist die folgende Version von `negate()` nicht korrekt, weil sie versucht, die Variable zu ändern, die von `val` referenziert wird:

```
// p07-04.cpp

// Dies wird auch nicht funktionieren!
int negate(const int &val)
{
  val = -val; // Fehler, darf nicht geändert werden
  return val;
}
```

volatile

Der Modifizierer `volatile` teilt dem Compiler mit, dass sich der Wert einer Variablen auf Weisen ändern kann, die in dem Programm nicht ausdrücklich angegeben sind. Beispielsweise könnte die Adresse einer globalen Variablen an eine interrupt-gesteuerte Systemuhr-Routine übergeben werden, die die Variable mit jedem Tick der Uhr aktualisiert. In diesem Fall wird der Inhalt der Variablen geändert, ohne dass das Programm explizite Zuweisungsanweisungen enthält. Eine externe Änderung einer Variablen ist deswegen wichtig, weil ein C++-Compiler bestimmte Ausdrücke automatisch optimieren darf, vorausgesetzt, dass der Inhalt einer Variablen nicht geändert wird, falls diese nicht auf linken Seite einer Zuweisungsanweisung steht. Doch wenn Faktoren, über die das Programm keine Kontrolle hat, den Wert einer Variablen ändern können, dann können Probleme auftreten. Um solche Probleme zu verhindern, müssen Sie derartige Variablen folgendermaßen als `volatile` deklarieren:


```
volatile int current_users;
```

Weil die Variable als `volatile` (dt. *unbeständig, flüchtig*) deklariert ist, wird der Wert von `current_users` jedes Mal neu ermittelt, wenn sie referenziert wird.

1-Minuten-Test

- Kann der Wert einer `const`-Variablen von einem Programm geändert werden?
- Wie sollte eine Variable deklariert werden, wenn ihr Wert von Ereignissen außerhalb des Programms geändert werden kann?

Modifizierer für Speicherklassen

C++ unterstützt die folgenden fünf Modifizierer für *Speicherklassen*:

```
auto
extern
register
static
mutable
```

- Nein. Eine `const`-Variable kann nicht von einem Programm geändert werden.
- Wenn der Wert einer Variablen von Ereignissen außerhalb des Programms geändert werden kann, muss sie als `volatile` deklariert werden.

Diese Modifizierer teilen dem Compiler mit, wie eine Variable verwendet werden soll. Der Modifizierer für die Speicherklasse steht vor dem Rest der Variablendeklaration.

Der Modifizierer `mutable` gilt nur für `class`-Objekte, die später in diesem Buch behandelt werden. Die anderen Modifizierer werden hier behandelt.

auto

Der Modifizierer `auto` deklariert eine lokale Variable. Er wird jedoch selten (falls überhaupt) verwendet, weil lokale Variablen standardmäßig `auto` sind. Sie werden dieses Schlüsselwort sehr selten in einem Programm finden. Es ist ein Überbleibsel aus der Sprache C.

extern

Alle Programme, mit denen Sie bis jetzt gearbeitet haben, waren recht klein. Die meisten Computerprogramme, die praktisch eingesetzt werden, sind jedoch sehr viel größer. Wenn Programmdateien größer werden, dauert das Kompilieren irgendwann so lange, dass es ärgerlich wird. Wenn Sie diesen Punkt erreichen, sollten Sie das Programm in zwei oder mehr separate Dateien zerlegen. Dann müssen Sie, wenn Sie eine Datei ändern, nicht das gesamte Programm neu kompilieren, sondern können einfach die geänderte Datei kompilieren und mit dem vorhandenen Objektcode der anderen Dateien verbinden (*linken*). Wenn Sie mit mehreren Dateien arbeiten, können Sie bei großen Projekten viel Zeit sparen. Das Schlüsselwort `extern` unterstützt Sie bei diesem Verfahren. Wir wollen jetzt beschreiben, wie dies funktioniert.

Bei Programmen, die aus zwei oder mehr Dateien bestehen, müssen alle Dateien die Namen und Typen der globalen Variablen kennen, die in dem Programm verwendet werden. Sie können jedoch nicht einfach in jeder Datei Kopien der globalen Variablen deklarieren, weil ein Programm von jeder globalen Variablen nur eine Kopie enthalten darf. Wenn Sie versuchen, die globalen Variablen, die von Ihrem Programm benötigt werden, in jeder Datei zu deklarieren, tritt deshalb ein Fehler auf, wenn der Linker versucht, die Dateien zu linken. Er findet doppelte globale Variablen und linkt Ihr Programm deshalb nicht. Die Lösung dieses Problems besteht darin, alle globalen Variablen in einer Datei zu deklarieren und in den anderen Dateien die Variablen als `extern` zu deklarieren (siehe Abbildung 7.1).

Datei eins

```
int x, y;
char ch;

int main()
{
  // ...
}

void func1()
{
  x = 123;
}
```

Datei zwei

```
extern int x, y;
extern char ch;

void func22()
{
  x = y/10;
}

void func23()
{
  y = 10;
}
```

Abbildung 7.1 Globale Variablen in separat kompilierten Modulen verwenden

Datei eins deklariert `x`, `y` und `ch`. In Datei zwei wird die Liste der globalen Variablen aus Datei eins kopiert, und der Modifizierer `extern` wird zu den Deklarationen hinzugefügt. Mit dem Modifizierer `extern` können Sie eine Variable in anderen Modulen bekannt machen, ohne dass diese Variable tatsächlich erstellt wird. Anders ausgedrückt: `extern` teilt dem Compiler mit, welchen Typ und welchen Namen diese globale Variable hat, ohne tatsächlich noch einmal Speicherplatz für sie zu reservieren. Wenn der Linker die beiden Module linkt (verbindet), werden alle Referenzen auf externe Variablen aufgelöst.

Da wir uns bis jetzt noch nicht näher mit dem Unterschied zwischen der Deklaration und der Definition einer Variablen befasst haben, müssen wir ihn jetzt erklären: Eine *Deklaration* legt den Namen und den Typ einer Variablen fest. Eine *Definition* bewirkt, dass Speicherplatz für die Variable reserviert wird. In den meisten Fällen sind Variablendeklarationen auch Definitionen. Doch indem Sie den Modifizierer `extern` vor einen Variablennamen setzen, können Sie eine Variable deklarieren, ohne sie zu definieren.

Die Link-Spezifikation extern

Alternativ zu `extern` können Sie dem Compiler mit einer so genannten *Link-Spezifikation* vorschreiben, wie eine Funktion in Ihrem Programm gelinkt werden soll. Standardmäßig werden Funktionen als C++-Funktionen gelinkt, aber mit einer Link-Spezifikation können Sie eine Funktion mit einer anderen Programmiersprache linken. Die allgemeine Form einer Link-Spezifikation sieht folgendermaßen aus:

```
extern "Sprache" Funktionsprototyp
```

Sprache gibt die gewünschte Sprache an. Beispielsweise gibt die folgende Anweisung an, dass myCfunc() als C-Funktion gelinkt werden soll:

```
extern "C" void myCfunc();
```

Alle C++-Compiler können C- und natürlich C++-Funktionen linken. Einige Compiler bieten auch Link-Spezifikationen für FORTRAN, Pascal oder BASIC an. (Näheres finden Sie in der Dokumentation Ihres Compilers.) Mit der folgenden Form der Link-Spezifikation können Sie mehr als eine Funktion gleichzeitig angeben:

```
extern "Sprache" {
   Prototypen
}
```

Bei den meisten Programmieraufgaben werden Sie keine Link-Spezifikationen benötigen.

Statische Variablen

Variablen vom Typ static sind dauerhafte Variablen innerhalb einer Funktion oder Datei. Sie unterscheiden sich von globalen Variablen dadurch, dass sie außerhalb ihrer Funktion oder Datei unbekannt sind. Weil static lokale Variablen auf andere Weise beeinflusst als globale Variablen, wollen wir lokale und globale Variablen separat beschreiben.

Statische lokale Variablen

Wenn Sie den Modifizierer static auf eine lokale Variable anwenden, wird für diese Variable ähnlich wie für eine globale Variable ein permanenter Speicherplatz reserviert. Dadurch kann eine statische Variable ihren Wert zwischen Funktionsaufrufen bewahren. (Das heißt: Im Gegensatz zu einer normalen lokalen Variablen geht ihr Wert nicht verloren, wenn die Funktion zurückkehrt.) Der Hauptunterschied zwischen einer statischen lokalen Variablen und einer globalen Variablen besteht darin, dass die statische lokale Variable nur in dem Block bekannt ist, in dem sie deklariert ist.

Um eine statische Variable zu deklarieren, setzen Sie das Schlüsselwort static vor ihren Typ. Beispielsweise deklariert die folgende Anweisung count als statische Variable:

```
static int count;
```

Sie können einer statischen Variablen einen Anfangswert zuweisen. Beispielsweise weist die folgende Anweisung count den Anfangswert 200 zu:

```
static int count = 200;
```

Lokale statische Variablen werden nur einmal initialisiert, wenn die Ausführung des Programms beginnt, und nicht jedes Mal, wenn der Block, in dem sie deklariert sind, ausgeführt wird.

Statische lokale Variable sind für Funktionen wichtig, die zwischen Aufrufen einen Wert speichern müssen. Wenn es keine statischen Variablen gäbe, müssten globale Variablen verwendet werden – die möglicherweise unerwünschte Nebeneffekte haben könnten.

Das folgende Programm zeigt ein Beispiel für eine statische Variable. Es berechnet aus Zahlen, die der Benutzer eingibt, einen gleitenden Durchschnitt.


```
// p07-05.cpp
// Einen gleitenden Durchschnitt der Zahlen berechnen,
// die der Benutzer eingibt.
#include <iostream>
using namespace std;

int running_avg(int i);

int main()
{
  int num;

  do {
    cout << "Geben Sie Zahlen ein (-1 = abbrechen): ";
    cin >> num;
    if(num != -1)
      cout << "Der gleitende Durchschnitt ist: " <<
running_avg(num);
    cout << '\n';
  } while(num > -1);

  return 0;
}

int running_avg(int i)
{
  static int sum = 0, count = 0;

  sum = sum + i;

  count++;

  return sum / count;
}
```

Weil sum und count statisch sind, bewahren sie zwischen den Aufrufen von running_avg() ihren Wert.

Hier werden die beiden lokalen Variablen `sum` und `count` als `static` deklariert und mit null initialisiert. Zur Erinnerung: Statische Variablen werden nur einmal beim Start des Programms initialisiert – nicht jedes Mal, wenn die Funktion ausgeführt wird. Die Funktion `running_avg()` berechnet den gleitenden Durchschnitt der Zahlen, die der Benutzer eingibt, und gibt das Ergebnis aus. Weil sowohl `sum` als auch `count` statisch sind, bewahren sie zwischen den Aufrufen ihre Werte, sodass das Programm korrekt funktioniert. Um sich selbst davon zu überzeugen, dass der Modifizierer `static` notwendig ist, sollten Sie ihn versuchsweise entfernen und dann das Programm ausführen. Sie werden sehen, dass das Programm nicht mehr korrekt funktioniert, weil die laufende Summe jedes Mal verloren geht, wenn `running_avg()` zurückkehrt.

Statische globale Variablen

Wenn der Modifizierer `static` auf eine globale Variable angewendet wird, weist er den Compiler an, eine globale Variable zu erstellen, die nur in der Datei bekannt ist, in der die statische globale Variable deklariert ist. Obwohl die Variable global ist, kennen andere Funktionen in anderen Dateien diese Variable nicht und können ihren Inhalt nicht ändern. Aus diesem Grund können keine Nebeneffekte auftreten. Deshalb können Sie in den wenigen Fällen, in denen lokale statische Variablen nicht ausreichen, eine kleine Datei erstellen, die nur die Funktionen enthält, die die globale statische Variable benötigen, und dann diese Datei separat kompilieren und ohne die Gefahr von Nebeneffekten verwenden.

Um ein Beispiel für globale statische Variablen zu zeigen, wollen wir das Programm aus dem vorangegangenen Abschnitt überarbeiten, das den gleitenden Durchschnitt berechnet. Jetzt wird das Programm in die folgenden zwei Dateien zerlegt. Außerdem wird die Funktion `reset()` hinzugefügt, die den Durchschnitt zurücksetzt.

```
// p07-06.cpp
// --------------------- Erste Datei ---------------------
#include <iostream>
using namespace std;

int running_avg(int i);
void reset();

int main()
{
  int num;

  do {
    cout << "Geben Sie Zahlen ein (-1 = abbrechen, -2 = zuruecksetzen): ";
    cin >> num;
```

```
    if(num == -2) {
      reset();
      continue;
    }
    if(num != -1)
      cout << "Der gleitende Durchschnitt ist: " <<
running_avg(num);
    cout << '\n';
  } while(num != -1);

  return 0;
}

// --------------------- Zweite Datei ---------------------

static int sum = 0, count = 0; ◄── Diese Variablen sind nur in der Datei
                                   bekannt, in der sie deklariert sind.

int running_avg(int i)
{
  sum = sum + i;

  count++;

  return sum / count;
}

void reset()
{
  sum = 0;
  count = 0;
}
```

Hier sind `sum` und `count` jetzt globale statische Variablen, die auf die zweite Datei beschränkt sind. Deshalb sind sie sowohl für `running_avg()` als auch für `reset()` in der zweiten Datei, aber nicht in anderen Dateien zugänglich. Sie können deshalb durch einen Aufruf von `reset()` zurückgesetzt werden, sodass der Durchschnitt eines zweiten Satzes von Zahlen berechnet werden kann. (Wenn Sie das Programm ausführen, können Sie den Durchschnitt zurücksetzen, indem Sie -2 eingeben.) Jedoch können keine Funktionen, die sich außerhalb der zweiten Datei befinden, auf diese Variablen zugreifen. Wenn Sie beispielsweise versuchen, von der ersten Datei aus auf `sum` oder auf `count` zuzugreifen, werden Sie eine Fehlermeldung erhalten.

Ein kurze Zusammenfassung: Der Name einer lokalen statischen Variable ist nur in der Funktion oder in dem Codeblock bekannt, in der bzw. dem sie deklariert ist, und der Name einer globalen statischen Variable ist nur in der Datei bekannt, in der sie sich befindet. Im Wesentlichen erhält der Modifizierer `static` die Existenz einer Variablen innerhalb ihres Gültigkeitsbereichs, in dem sie benötigt wird, und verringert die Gefahr, dass unerwünschte Nebeneffekte auftreten.

Mit Variablen vom Typ `static` können Sie als Programmierer Teile eines Programms vor anderen Teilen verbergen. Dies kann ein erheblicher Vorteil sein, wenn Sie versuchen, ein sehr großes und komplexes Programm zu bewältigen.

Frage an den Experten

Frage: Ich habe gehört, dass einige C++-Programmierer keine statischen globalen Variablen verwenden. Stimmt das?

Antwort: Obwohl statische globale Variablen immer noch gelten und in vielen C++-Programmen benutzt werden, rät der C++-Standard von ihrer Verwendung ab. Statt dessen empfiehlt er eine andere Methode, um den Zugriff auf globale Variablen zu kontrollieren, nämlich Namespaces, die später in diesem Buch beschrieben werden. Statische globale Variablen werden jedoch von C-Programmierern sehr häufig benutzt, weil C keine Namensräume unterstützt. Deshalb werden Ihnen statische globale Variablen noch für lange Zeit in Programmen begegnen.

Registervariablen

Der möglicherweise am häufigsten verwendete Modifizierer für die Speicherklasse ist `register`. Er weist den Compiler an, eine Variable so zu speichern, dass so schnell wie möglich auf sie zugegriffen werden kann. Typischerweise wird die Variable dann entweder in einem Register der CPU oder in Cache-Speicher abgelegt. Wie Sie wahrscheinlich wissen, erfolgt der Zugriff auf die Register der CPU (oder den Cache-Speicher) grundsätzlich schneller als der Zugriff auf den Hauptspeicher des Computers. Deshalb erfolgt der Zugriff auf eine Variable in einem Register sehr viel schneller, als wenn die Variable im RAM gespeichert wäre. Weil die Geschwindigkeit, mit der auf Variablen zugegriffen werden kann, einen nachhaltigen Einfluss auf die Gesamtgeschwindigkeit eines Programms hat, ist ein sorgfältiger Einsatz von `register` eine wichtige Programmiertechnik.

Technisch gesehen, ist `register` nur eine »Bitte« an den Compiler, die dieser auch ignorieren kann. Der Grund dafür ist leicht zu verstehen: Es gibt nur eine begrenzte Anzahl von Registern (oder Speicherplätzen mit einem schnellen Zugriff), und diese Zahl kann von Umgebung zu Umgebung verschieden sein. Deshalb speichert der Compiler, wenn keine weiteren Speicherplätze mit schnellem Zugriff zur Verfügung stehen, eine Variable einfach auf normale Weise. Im Allgemeinen wird dadurch kein Schaden verursacht, aber natürlich geht dabei der Geschwindigkeitsvorteil verloren. Üblicherweise können Sie damit rechnen, dass Sie wenigstens zwei Variablen im Hinblick auf die Geschwindigkeit optimieren können.

Da nur einer begrenzten Zahl von Variablen tatsächlich der schnellstmögliche Zugriff ermöglicht werden kann, ist es wichtig, diejenigen Variablen sorgfältig auszuwählen, die durch `register` modifiziert werden sollen. (Nur indem Sie die richtigen Variablen auswählen, können Sie die Leistung bestmöglich steigern.) Im Allgemeinen gilt: Je häufiger auf eine Variable zugegriffen wird, desto vorteilhafter ist es, sie als Registervariable zu deklarieren. Aus diesem Grund sind Variablen, die Schleifen steuern oder auf die innerhalb von Schleifen zugegriffen wird, geeignete Kandidaten für den Modifizierer `register`.

Das folgende Beispiel verbessert mit Registervariablen das Leistungsverhalten der Funktion `summation()`, die die Summe der Werte in einem Array berechnet. Dieses Beispiel geht davon aus, dass nur zwei Variablen tatsächlich im Hinblick auf die Geschwindigkeit optimiert werden.


```
// p07-07-cpp

// Registervariablen demonstrieren.
#include <iostream>
using namespace std;

int summation(int nums[], int n);

int main()
{
  int vals[] = { 1, 2, 3, 4, 5 };
  int result;

  result = summation(vals, 5);

  cout << "Die Summe ist " << result << "\n";

  return 0;
}

// Die Summe der Elemente eines int-Arrays zurückgeben.
int summation(int nums[], int n)
{
  register int i;
  register int sum = 0;

  for(i = 0; i < n; i++)
    sum = sum + nums[i];

  return sum;
}
```

Diese Variablen werden im Hinblick auf die Geschwindigkeit optimiert.

Hier werden die Variable `i`, die die `for`-Schleife steuert, und die Variable `sum`, die innerhalb der Schleife benutzt wird, als `register` deklariert. Da beide Variablen innerhalb der Schleife verwendet werden, profitieren beide davon, dass sie in Hinblick auf einen schnellen Zugriff optimiert werden. Dieses Beispiel geht davon aus, dass nur zwei Variablen tatsächlich im Hinblick auf die Geschwindigkeit optimiert werden können, sodass `n` und `nums` nicht als `register` deklariert werden, weil sie innerhalb der Schleife nicht so häufig wie `i` und `sum` verwendet werden. Doch in Umgebungen, in denen mehr als zwei Variablen optimiert werden können, könnten auch diese beiden Variablen als `register` deklariert werden, um das Leistungsverhalten noch weiter zu verbessern.

1-Minuten-Test

- Eine statische lokale Variable __________ ihren Wert zwischen Funktionsaufrufen.
- Mit `extern` wird eine Variable deklariert, ohne dass sie definiert wird. Wahr oder falsch?
- Welcher Modifizierer fordert den Compiler auf, eine Variable im Hinblick auf die Geschwindigkeit zu optimieren?

Frage an den Experten

Frage: Ich habe versucht, den Modifizierer `register` zu einem Programm hinzuzufügen, aber keine Änderung in der Leistung festgestellt. Warum nicht?

Antwort: Wegen der Fortschritte in der Compiler-Technik optimieren die meisten modernen Compiler Ihren Code automatisch. Deshalb führt ein zusätzlicher `register`-Modifizierer in vielen Fällen nicht zu einer Verbesserung der Leistung, weil diese Variable bereits optimiert wurde. Doch in einigen Fällen ist es immer noch vorteilhaft, `register` zu verwenden, weil Sie damit dem Compiler mitteilen können, welche Variablen Ihrer Meinung nach am ehesten optimiert werden sollten. Dies kann bei Funktionen nützlich sein, die eine große Zahl von Variablen verwenden, die nicht alle optimiert werden können. Dann erfüllt `register` trotz der Fortschritte beim Design von Compilern immer noch eine wichtige Aufgabe.

- bewahrt
- Wahr.
- Der Modifizierer `register` fordert den Compiler auf, eine Variable im Hinblick auf die Geschwindigkeit zu optimieren.

Aufzählungen

In C++ können Sie eine Liste benannter ganzzahliger Konstanten definieren. Eine solche Liste wird als *Aufzählung* (engl. *enumeration*) bezeichnet. Diese Konstanten können dann an jeder Stelle verwendet werden, an der eine Ganzzahl stehen könnte. Aufzählungen werden mit dem Schlüsselwort `enum` definiert und haben das folgende allgemeine Format:

```
enum Typname { Werteliste } Variablenliste;
```

Typname legt den Typnamen der Aufzählung fest. *Werteliste* ist eine durch Kommas getrennte Liste von Namen, die die Werte der Aufzählung repräsentieren. *Variablenliste* ist optional, weil Variablen später mit dem Typnamen der Aufzählung deklariert werden können.

Das folgende Fragment definiert eine Aufzählung namens `transport` und zwei Variablen vom Typ `transport` namens `t1` und `t2`:

```
enum transport { auto, lkw, flugzeug, eisenbahn, schiff } t1, t2;
```

Nachdem Sie eine Aufzählung definiert haben, können Sie zusätzliche Variablen dieses Typs mit Hilfe ihres Namens deklarieren. Beispielsweise deklariert die folgende Anweisung eine Variable namens `how` der Aufzählung `transport`:

```
transport how;
```

Die Anweisung kann auch folgendermaßen geschrieben werden:

```
enum transport how;
```

Das Schlüsselwort `enum` ist hier jedoch redundant. In der Sprache C (die ebenfalls Aufzählungen unterstützt) musste diese zweite Form angegeben werden, sodass Sie dieser Form in einigen Programmen begegnen könnten.

Wenn wir die vorangegangenen Deklarationen voraussetzen, weist die folgende Anweisung `how` den Wert `flugzeug` zu:

```
how = flugzeug;
```

Der entscheidende Punkt, den Sie sich über Aufzählungen einprägen müssen, ist folgender: Jedes Symbol steht für einen ganzzahligen Wert. Als solcher kann es in jedem ganzzahligen Ausdruck verwendet werden. Falls es nicht anders initialisiert wird, hat das erste Aufzählungssymbol den Wert 0, das zweite den Wert 1 usw. Deshalb zeigt

```
cout << automobil << ' ' << eisenbahn;
```

0 3 an.

Obwohl Aufzählungskonstanten automatisch in Ganzzahlen umgewandelt werden, werden Ganzzahlen nicht automatisch in Aufzählungskonstanten umgewandelt. Beispielsweise ist die folgende Anweisung nicht korrekt:

```
how = 1; // Error
```

Diese Anweisung verursacht beim Kompilieren einen Fehler, weil eine Ganzzahl nicht automatisch in `transport` umgewandelt wird. Mit einem Cast können Sie die vorangegangene Anweisung folgendermaßen korrigieren:

```
how = (transport) 1; // jetzt OK, aber wahrscheinlich schlechter Stil
```

Diese Anweisung weist `how` den Wert `lkw` zu, da `lkw` die `transport`-Konstante ist, die den Wert 1 hat. Der Kommentar drückt aus, dass diese Anweisung zwar korrekt ist, aber normalerweise als schlechter Programmierstil gilt.

Wenn Sie eine Aufzählung deklarieren, können Sie eine oder mehrere der Aufzählungskonstanten initialisieren, indem Sie nach dem Symbol ein Gleichheitszeichen und dann einen ganzzahligen Wert angeben. Wenn Sie eine Konstante initialisieren, erhält jedes folgende Symbol einen Wert, der um eins größer ist als der vorangegangene Initialisierungswert. Beispielsweise weist die folgende Anweisung `flugzeug` den Wert 10 zu:

```
enum transport { automobil, lkw, flugzeug = 10, eisenbahn, schiff
};
```

Jetzt haben diese Symbole die folgenden Werte:

`automobil`	0
`lkw`	1
`flugzeug`	10
`eisenbahn`	11
`schiff`	12

Programmierer nehmen häufig, aber fälschlicherweise an, dass die Symbole von Aufzählungen als String ein- und ausgegeben werden können. Dies ist nicht der

Fall. Beispielsweise führt das folgende Codefragment nicht die gewünschte Aktion aus:

```
// Dadurch wird nicht "eisenbahn" auf dem Bildschirm ausgegeben.
how = eisenbahn;
cout << how;
```

Zur Erinnerung: Das Symbol eisenbahn ist einfach ein Name für eine Ganzzahl; es ist kein String. Deshalb zeigt der oben stehende Code den numerischen Wert von eisenbahn, nicht den String "eisenbahn" an. Tatsächlich ist es recht umständlich, Code zu erstellen, der Aufzählungssymbole als Strings ein- oder ausgibt. Beispielsweise wird der folgende Code benötigt, um das Transportmittel, das in how gespeichert ist, in als Wort auszugeben:

```
switch(how) {
  case auto:
    cout << "Automobil";
    break;
  case lkw:
    cout << "Lkw";
    break;
  case flugzeug:
    cout << "Flugzeug";
    break;
  case eisenbahn:
    cout << "Eisenbahn";
    break;
  case schiff:
    cout << "Schiff";
    break;
}
```


Manchmal können Sie auch ein String-Array deklarieren und den Aufzählungswert als Index verwenden, um den Wert in den entsprechenden String zu übersetzen. Beispielsweise gibt das folgende Programm die Namen von Transportmitteln aus:

```
// p07-08.cpp

// Eine Aufzählung demonstrieren.

#include <iostream>
using namespace std;

enum transport { automobil, lkw, flugzeug, eisenbahn, schiff };

char name[][20] = {
```

```
  "Automobil",
  "Lkw",
  "Flugzeug",
  "Eisenbahn",
  "Schiff"
};

int main()
{
  transport how;

  how = automobil;
  cout << name[how] << '\n';

  how = flugzeug;
  cout << name[how] << '\n';

  how = eisenbahn;
  cout << name[how] << '\n';

  return 0;
}
```

Einen Aufzählungswert als Index eines Arrays verwenden.

Dieses Programm erzeugt die folgende Ausgabe:

```
Automobil
Flugzeug
Eisenbahn
```

Das Verfahren, mit dem dieses Programm einen Aufzählungswert in einen String übersetzt, kann auch auf andere Aufzählungen übertragen werden, solange diese Aufzählungen keine initialisierten Konstanten enthalten. Um ein String-Array korrekt indizieren zu können, muss die Aufzählungskonstante mit null beginnen und eine streng aufsteigende Reihenfolge durchlaufen, in der jeder Wert genau um eins größer als der vorangegangene ist.

In Anbetracht der Tatsache, dass Aufzählungswerte manuell in von Menschen lesbare Stringwerte umgewandelt werden müssen, werden Aufzählungswerte hauptsächlich in Routinen verwendet, die solche Umwandlungen nicht durchführen. Beispielsweise werden Aufzählungen häufig dazu verwendet, die Symboltabelle eines Compilers zu definieren.

typedef

Mit dem Schlüsselwort `typedef` können Sie in C++ neue Namen für Datentypen definieren. Mit `typedef` erstellen Sie *keinen neuen* Datentyp, sondern definieren nur *einen neuen Namen* für einen vorhandenen Typ. Damit können Sie maschinenabhängige Programme portabler machen, weil nur die `typedef`-Anweisungen geändert werden müssen. Das Schlüsselwort `typedef` hilft Ihnen auch, selbstdokumentierenden Code zu schreiben, weil Sie für die Standarddatentypen aussagekräftigere Namen definieren können. Die `typedef`-Anweisung hat die folgende allgemeine Form:

```
typedef Typ Name;
```

Typ ist ein beliebiger gültiger Datentyp, und *Name* ist der neue Name für diesen Typ. Der neue Name wird zusätzlich zu dem vorhandenen Typnamen definiert und ersetzt nicht diesen Namen.

Mit der folgenden Anweisung definieren Sie beispielsweise einen neuen Namen für `float`:

```
typedef float balance;
```


Diese Anweisung weist den Compiler an, `balance` als weiteren Namen für `float` zu akzeptieren. Als Nächstes können Sie mit `balance` eine `float`-Variable erstellen:

```
balance over_due;
```

Hier ist `over_due` eine Fließkommavariable vom Typ `balance`, der ein anderer Name für `float` ist.

1-Minuten-Test

- Eine Aufzählung ist eine Liste von benannten ________ Konstanten.
- Mit welchem Wert beginnen Aufzählungswerte?
- Zeigen Sie, wie `BigInt` als alternativer Name für `long int` deklariert wird.

Bitweise Operatoren

Da C++ auch im Hinblick darauf entworfen wurde, einen vollen Zugriff auf die Hardware des Computers zu ermöglichen, gibt C++ Ihnen auch die Fähigkeit, direkt mit den Bits innerhalb von Bytes oder Words zu arbeiten. Zu diesem Zweck verfügt C++ über die bitweisen Operatoren. *Bitweise Operationen* sind Operationen, bei denen einzelne Bits oder Bitgruppen in einem Byte oder Word

---

- ganzzahligen
- Aufzählungswerte beginnen mit dem Wert null.
- `typedef long int BigInt;`

getestet, gesetzt oder geshiftet (verschoben) werden. Das Byte oder Word muss einem Zeichen oder einem ganzzahligen Datentyp entsprechen. Bitweise Operationen können nicht auf die Datentypen `bool`, `float`, `double`, `long double`, `void` oder andere komplexere Datentypen angewendet werden. Bitweise Operationen werden bei vielen systemnahen Programmieraufgaben benötigt, bei denen Statusinformationen von Geräten abgefragt oder gesetzt werden müssen. Tabelle 7.1 beschreibt die bitweisen Operatoren. Wir werden alle Operatoren nacheinander behandeln.

Operator	Aktion
&	AND
|	OR
^	Exklusives OR (XOR)
~	Einer-Komplement (NOT)
>>	Shift nach rechts
<<	Shift nach links

Tabelle 7.1 Die bitweisen Operatoren von C++

AND, OR, XOR und NOT

Für die bitweisen Operationen AND, OR und NOT (Einer-Komplement) gelten dieselben Wahrheitstafeln wie für ihre logischen Gegenstücke, außer dass sie auf einer Bit-für-Bit-Basis arbeiten. Für das exklusive OR (XOR) gilt die folgende Wahrheitstafel:

p	q	p ^ q
0	0	0
1	0	1
1	1	0
0	1	1

Die Wahrheitstafel zeigt, dass das Ergebnis von XOR nur wahr ist, wenn genau einer der Operanden wahr ist; andernfalls ist es falsch.

Wenn es um die gebräuchlichste Anwendung geht, können Sie das bitweise AND als eine Methode betrachten, um Bits abzuschalten. Das heißt, jedes Bit in einem der beiden Operanden, das den Wert 0 hat, setzt das entsprechende Bit in dem Ergebnis auf 0. Ein Beispiel:

```
  1 1 0 1  0 0 1 1
  1 0 1 0  1 0 1 0
& ----------------
  1 0 0 0  0 0 1 0
```

Das folgende Programm zeigt, wie Sie mit & einen Kleinbuchstaben in den entsprechenden Großbuchstaben umwandeln können, indem Sie das sechste Bit auf 0 setzen. Im ASCII-Zeichensatz sind die Werte der Kleinbuchstaben genau um 32 größer als die Werte der entsprechenden Großbuchstaben. Deshalb muss nur das sechste Bit auf 0 gesetzt werden, um einen Kleinbuchstaben in den entsprechenden Großbuchstaben umzuwandeln. Das folgende Programm veranschaulicht dieses Verhältnis:

```
// p07-09.cpp

// Großbuchstaben mit einem bitweisen AND erzeugen.

#include <iostream>
using namespace std;

int main()
{
  char ch;

  for(int i = 0 ; i < 10; i++)  {
    ch = 'a' + i;
    cout << ch;

    // Diese Anweisung setzt das sechste Bit auf 0.
    ch = ch & 223; // ch ist jetzt ein Großbuchstabe.

    cout << ch << " ";
  }

  cout << "\n";

  return 0;
}
```

Mit einem bitweisen AND das sechste Bit auf 0 setzen.

Dieses Programm erzeugt die folgende Ausgabe:

```
aA bB cC dD eE fF gG hH iI jJ
```

Der Wert 223, der in der AND-Anweisung verwendet wird, ist die dezimale Repräsentation von 1101 1111. Deshalb setzt die AND-Operation nur das sechste Bit auf 0, während die anderen Bits ihren Wert behalten.

Mit dem AND-Operator können Sie auch den Wert eines einzelnen Bits abfragen. Beispielsweise prüft die folgende Anweisung, ob das vierte Bit in status gesetzt ist:

```
if(status & 8) cout << "Bit 4 ist gesetzt";
```

Der Wert 8 wird verwendet, weil er binär als 0000 1000 repräsentiert wird. Das heißt, in der Binärform der Zahl 8 ist nur das vierte Bit gesetzt. Deshalb ist die if-Bedingung nur dann wahr, wenn das vierte Bit von status ebenfalls gesetzt ist. Die show_binary()-Funktion im folgenden Beispiel zeigt eine interessante Anwendung dieser Eigenschaft. Sie zeigt das Bit-Muster ihres Arguments in binärer Form an. Mit show_binary() werden Sie später in diesem Kapitel die Auswirkungen anderer bitweiser Operationen untersuchen.

```
// p07-10.cpp

// Die Bits in einem Byte anzeigen.
void show_binary(unsigned int u)
{
  int t;

  for(t=128; t > 0; t = t/2)
    if(u & t) cout << "1 ";
    else cout << "0 ";

  cout << "\n";
}
```

Die show_binary()-Funktion testet mit dem bitweisen AND nacheinander alle Bits in dem unteren (low-order) Byte von u, um festzustellen, ob das Bit gesetzt ist oder nicht. Wenn das Bit gesetzt ist, wird die Ziffer 1 angezeigt, andernfalls wird 0 angezeigt.

Mit dem bitweisen OR, der Umkehrung von AND, können Sie Bits setzen. Jedes Bit, das in einem der Operanden auf 1 gesetzt ist, bewirkt, dass das entsprechende Bit in der Variablen auf 1 gesetzt wird. Ein Beispiel:

```
  1 1 0 1  0 0 1 1
  1 0 1 0  1 0 1 0
| ----------------
  1 1 1 1  1 0 1 1
```

Mit dem OR-Operator können Sie das oben stehende Programm, das die Großbuchstaben erzeugt, in ein Programm umschreiben, das Kleinbuchstaben erzeugt:

```
// p07-11.cpp
// Kleinbuchstaben mit dem bitweisen OR erzeugen.
#include <iostream>
using namespace std;
int main()
{
  char ch;
  for(int i = 0 ; i < 10; i++) {
    ch = 'A' + i;
    cout << ch;
    // Diese Anweisung setzt das sechste Bit.
    ch = ch | 32; // ch ist jetzt ein Kleinbuchstabe.
    cout << ch << " ";
  }
  cout << "\n";
  return 0;
}
```

Mit einem bitweisen OR das sechste Bit auf 1 setzen.

Dieses Programm erzeugt die folgende Ausgabe:

```
Aa Bb Cc Dd Ee Ff Gg Hh Ii Jj
```

Wenn das sechste Bit gesetzt ist, wird jeder Großbuchstabe in den entsprechenden Kleinbuchstaben umgewandelt.

Ein exklusives OR, üblicherweise als XOR abgekürzt, setzt ein Bit nur, wenn die Bits, die verglichen werden, verschieden sind:

```
  0 1 1 1  1 1 1 1
  1 0 1 1  1 0 0 1
^ ---------------
  1 1 0 0  0 1 1 0
```

Der XOR-Operator hat eine interessante Eigenschaft, die es ermöglicht, eine Meldung auf eine einfache Weise zu verschlüsseln. Wenn ein Wert X mit einem Wert Y mit XOR verknüpft wird und dann das Ergebnis mit XOR ein weiteres Mal mit dem Wert Y verknüpft wird, wird wieder der Wert X erzeugt. Das heißt, wenn die Anweisungsfolge

```
R1 = X ^ Y;
R2 = R1 ^ Y;
```

ausgeführt wird, hat R2 denselben Wert wie X. Wenn also zwei XORs zweimal nacheinander mit demselben Wert ausgeführt werden, wird der ursprüngliche Wert erzeugt. Mit diesem Prinzip können Sie ein einfaches Verschlüsselungsprogramm erstellen, in dem eine Ganzzahl als Schlüssel verwendet wird, um eine Meldung sowohl zu verschlüsseln als auch zu entschlüsseln. Bei beiden Vorgängen wird XOR auf die Zeichen in dieser Meldung angewendet. Wenn XOR zum ersten Mal angewendet wird, wird der verschlüsselte Text erzeugt. Um diesen Text zu entschlüsseln und den Klartext zu erzeugen, wird XOR zum zweiten Mal angewendet. Das folgende einfache Beispiel zeigt, wie Sie mit diesem Verfahren eine kurze Meldung verschlüsseln und entschlüsseln können:

```
// p07-12.cpp

// Mit XOR eine Meldung verschlüsseln und entschlüsseln.

#include <iostream>
using namespace std;

int main()
{
  char msg[] = "Dies ist ein Test";
  char key = 88;

  cout << "Urspruengliche Meldung: " << msg << "\n";

  for(int i = 0 ; i < strlen(msg); i++)
    msg[i] = msg[i] ^ key;

  cout << "Verschluesselte Meldung: " << msg << "\n";

  for(int i = 0 ; i < strlen(msg); i++)
    msg[i] = msg[i] ^ key;

  cout << "Entschluesselte Meldung: " << msg << "\n";

  return 0;
}
```

Dieses Konstrukt verschlüsselt den String.

Dieses Konstrukt entschlüsselt den String.

Dieses Programm erzeugt die folgende Ausgabe:

```
Urspruengliche Meldung: Dies ist ein Test
Verschluesselte Meldung: 01+x1+x9x,=+,
Entschluesselte Meldung: Dies ist ein Test
```

(Möglicherweise werden einige Zeichen der verschlüsselten Meldung bei Ihnen anders dargestellt.) Die Ausgabe beweist, dass ein zweimaliges XOR mit demselben Schlüssel die entschlüsselte Meldung erzeugt.

Der unäre NOT-Operator (Einer-Komplement) kehrt den Zustand aller Bits des Operanden um. Wenn beispielsweise eine Ganzzahl namens `A` das Bit-Muster `1001 0110` hat, dann erzeugt `~A` ein Ergebnis mit dem Bit-Muster `0110 1001`. Das folgende Programm demonstriert den NOT-Operator, indem es eine Zahl und ihr Komplement mit der `show_binary()`-Funktion, die weiter oben entwickelt wurde, in Binärform anzeigt:

```
// p07-13.cpp

#include <iostream>
using namespace std;

void show_binary(unsigned int u);

int main()
{
  unsigned u;

  cout << "Geben Sie eine Zahl zwischen 0 und 255 ein: ";
  cin >> u;

  cout << "Hier ist die Zahl in Binaerform: ";
  show_binary(u);

  cout << "Hier ist das Komplement der Zahl: ";
  show_binary(~u);

  return 0;
}

// Die Bits innerhalb eines Bytes anzeigen.
void show_binary(unsigned int u)
{
  int t;

  for(t=128; t>0; t = t/2)
    if(u & t) cout << "1 ";
    else cout << "0 ";

  cout << "\n";
}
```

Dieses Programm erzeugt beispielsweise die folgende Ausgabe:

```
Geben Sie eine Zahl zwischen 0 und 255 ein: 99
Hier ist die Zahl in Binaerform: 0 1 1 0 0 0 1 1
Hier ist das Komplement der Zahl: 1 0 0 1 1 1 0 0
```

7

Im Allgemeinen werden in einem Wert die Operationen von &, |, ^ und ~ auf jedes Bit einzeln und direkt angewendet. Deshalb werden bitweise Operationen normalerweise nicht wie die relationalen und logischen Operatoren in Bedingungsanweisungen verwendet. Wenn beispielsweise `x` gleich 7 ist, dann hat `x && 8` den Wert `true`, während `x & 8` den Wert `false` hat.

Die Shift-Operatoren

Die Shift-Operatoren >> und << verschieben (engl. *shift*) alle Bits in einer Variable um eine bestimmte Zahl von Stellen nach rechts oder links. Die allgemeine Form des Rechts-Shift-Operators ist

```
Variable >> Bit-Zahl
```

und die des Links-Shift-Operators ist

```
Variable << Bit-Zahl
```

Der Wert von *`Bit-Zahl`* bestimmt, um wie viele Stellen die Bits verschoben werden. Bei einem Links-Shift werden alle Bits in der angegebenen Variablen um eine Position nach links verschoben, und ganz rechts wird ein Null-Bit eingefügt. Bei einem Rechts-Shift werden alle Bits in der angegebenen Variablen um eine Position nach rechts verschoben, und ganz links wird ein Null-Bit eingefügt. Doch wenn die Variable eine Ganzzahl mit Vorzeichen ist, die einen negativen Wert enthält, dann wird bei einem Rechts-Shift links eine 1 eingefügt, um das Vorzeichen-Bit zu bewahren. Zur Erinnerung: Ein Shift ist keine Rotation. Das heißt, die Bits, die durch den Shift an einem Ende wegfallen, erscheinen nicht wieder am anderen Ende.

Die Shift-Operatoren funktionieren nur bei ganzzahligen Typen wie `int`, `char`, `long int`, oder `short int`. Sie können beispielsweise nicht auf Fließkommazahlen angewendet werden.

Bit-Shift-Operationen können sehr nützlich sein, um beispielsweise den Input von externen Geräten wie D/A-Konvertern (Digital-Analog-Wandlern) zu entschlüsseln oder um Statusinformationen zu lesen. Außerdem können Ganzzahlen mit den bitweisen Shift-Operatoren sehr schnell multipliziert oder dividiert werden. Ein Shift nach links multipliziert eine Zahl mit 2, und ein Shift nach rechts dividiert sie durch 2.

Das folgende Programm veranschaulicht die Wirkungen der Shift-Operatoren:

```
// p07 14.cpp
// Ein Beispiel fuer Bit-Verschiebungen.
```

```
#include <iostream>
using namespace std;

void show_binary(unsigned int u);

int main()
{
  int i=1, t;

  // Links-Shift
  for(t=0; t < 8; t++) {
    show_binary(i);
    i = i << 1;
  }

  cout << "\n";

  // Rechts-Shift
  for(t=0; t < 8; t++) {
    i = i >> 1;
    show_binary(i);
  }

  return 0;
}

// Die Bits in einem Byte anzeigen.
void show_binary(unsigned int u)
{
  int t;

  for(t=128; t>0; t=t/2)
    if(u & t) cout << "1 ";
    else cout << "0 ";

  cout << "\n";
}
```

Links-Shift von `i` um eine Stelle.

Rechts-Shift von `i` um eine Stelle.

Dieses Programm erzeugt die folgende Ausgabe:

```
0 0 0 0 0 0 0 1
0 0 0 0 0 0 1 0
0 0 0 0 0 1 0 0
0 0 0 0 1 0 0 0
0 0 0 1 0 0 0 0
0 0 1 0 0 0 0 0
0 1 0 0 0 0 0 0
1 0 0 0 0 0 0 0

1 0 0 0 0 0 0 0
0 1 0 0 0 0 0 0
```

```
0 0 1 0 0 0 0 0
0 0 0 1 0 0 0 0
0 0 0 0 1 0 0 0
0 0 0 0 0 1 0 0
0 0 0 0 0 0 1 0
0 0 0 0 0 0 0 1
```

1-Minuten-Test

- Was sind die bitweisen Operatoren für AND, OR, NOT und XOR?
- Ein bitweiser Operator funktioniert auf einer Bit-für-Bit-Basis. Wahr oder falsch?
- Gegeben sei eine Ganzzahl `x`. Zeigen Sie einen Links-Shift von `x` um zwei Stellen.

rotate.cpp

Projekt 7-1: Bitweise Rotationsfunktionen erstellen

C++ stellt zwar zwei Shift-Operatoren, aber keinen Rotationsoperator zur Verfügung. Ein `rotate` ähnelt einem Shift, außer dass die Bits, die an einem Ende wegfallen, an dem anderen Ende wieder eingefügt werden. Deshalb gehen die Bits nicht verloren, sondern werden nur verschoben. Es gibt sowohl eine Links- als auch eine Rechts-Rotation. Wenn beispielsweise `1010 0000` um eine Stelle nach links rotiert wird, wird `0100 0001` erzeugt. Wenn derselbe Wert um eine Stelle nach rechts rotiert wird, wird `0101 0000` erzeugt. In jedem Fall wird das Bit, das an dem einen Ende wegfällt, an dem anderen Ende eingefügt. Obwohl das Fehlen von Rotationsoperatoren ein Mangel in dem ansonsten exemplarischen Satz bitweiser Operatoren von C++ zu sein scheint, ist dies tatsächlich nicht der Fall, weil Sie mit den anderen bitweisen Operatoren leicht eine Links- und eine Rechts-Rotation erstellen können.

In diesem Projekt erstellen Sie zwei Funktionen: `rrotate()` und `lrotate()`, die ein Byte nach rechts bzw. nach links rotieren. Jede Funktion hat zwei Parameter. Der erste Parameter enthält den Wert, der rotiert werden soll. Der zweite Parameter enthält die Zahl der Stellen, um die rotiert werden soll. Beide Funktionen geben das Ergebnis zurück. Dieses Projekt umfasst mehrere Bit-Manipulationen und zeigt die bitweisen Operatoren in Aktion.

- Die bitweisen Operatoren sind &, | und ^.
- Wahr.
- `x << 2`

Schritt für Schritt

1. Erstellen Sie eine Datei namens `rotate.cpp`.

2. Fügen Sie die folgende `lrotate()`-Funktion hinzu, die die Links-Rotation ausführt.

```
// Links-Rotation eines Bytes um n Stellen.
unsigned char lrotate(unsigned char val, int n)
{
  unsigned int t;

  t = val;

  for(int i=0; i < n; i++) {
    t = t << 1;

    // Es faellt jeweils das Bit 8 der Ganzzahl t weg.
    // Dieses Bit wird auf der rechten Seite wieder eingefu-
egt.
    if(t & 256)
      t = t | 1; // eine 1 am rechten Ende einfuegen
  }

  return t; // die unteren 8 Bits zurueckgeben
}
```

Die Funktion `lrotate()` funktioniert folgendermaßen: Die Funktion übergibt den Wert, der rotiert werden soll, in `val` und die Anzahl der Stellen, um die rotiert werden soll, in `n`. Die Funktion weist `val` der `unsigned int`-Variablen `t` zu. Es ist notwendig, den Wert an eine Variable vom Typ `unsigned int` zu übergeben, weil dieser Typ es ermöglicht, die Bits wiederzugewinnen, die auf der linken Seite wegfallen. Der Grund ist folgender: Weil eine `unsigned int`-Variable größer als ein Byte ist, wird das Bit, das auf der linken Seite eines Byte-Wertes wegfällt, einfach an die Stelle von Bit 8 des ganzzahligen Wertes geschoben. Der Wert dieses Bits kann dann in Bit 0 des Byte-Wertes kopiert werden, um so eine Rotation auszuführen.

Die eigentliche Rotation wird folgendermaßen ausgeführt: Es wird eine Schleife eingerichtet, die nacheinander die geforderte Anzahl von Rotationen ausführt. In der Schleife wird der Wert von `t` um eine Stelle nach links verschoben. Dadurch wird rechts eine 0 eingefügt. Doch wenn das Bit 8 des Ergebnisses (das Bit, das aus dem Byte-Wert hinausgedrängt wurde) den Wert 1 hat, wird das Bit 0 auf den Wert 1 gesetzt, andernfalls behält das Bit 0 den Wert 0.

Das achte Bit wird mit der folgenden Anweisung getestet:

```
if(t & 256)
```

Der Wert 256 ist der Dezimalwert, in dem nur das Bit 8 gesetzt ist. Deshalb ist `t & 256` nur wahr, wenn das achte Bit von `t` den Wert 1 hat.
Nachdem die Rotation ausgeführt worden ist, wird `t` zurückgegeben. Da `lrotate()` laut Deklaration einen `unsigned char`-Wert zurückgibt, werden nur die unteren acht Bits von `t` zurückgegeben.

3. Fügen Sie die folgende `rrotate()`-Funktion hinzu, die eine Rechts-Rotation ausführt:

```
// Rechts-Rotation eines Bytes um n Stellen.
unsigned char rrotate(unsigned char val, int n)
{
  unsigned int t;

  t = val;

  // Den Wert zunaechst um acht Bits höher schieben.
  t = t << 8;

  for(int i=0; i < n; i++) {
    t = t >> 1;

    // Das Bit, das wegfaellt, befindet sich in Bit 7.
    // Dieses Bit wird auf der linken Seite wieder eingefuegt.
    if(t & 128)
      t = t | 32768; // links eine 1 einfuegen
  }

  // Schliesslich das Ergebnis wieder in die
  // unteren acht Bits von t schieben.
  t = t >> 8;

  return t;
}
```

Die Rechts-Rotation ist etwas komplizierter als die Links-Rotation, weil der Wert, der in `val` übergeben wird, zunächst in das zweite Byte von `t` geschoben werden muss, damit die Bits, die auf der rechten Seite herausgedrängt werden, abgefangen werden können. Nach der Rotation muss der Wert zurück in das untere Byte von `t` geschoben werden, sodass der Wert zurückgegeben werden kann. Weil das herausgedrängte Bit nach Bit 7 geschoben wird, prüft die folgende Anweisung, ob es den Wert 1 hat:

```
if(t & 128)
```

In der Binärversion des Dezimalwertes 128 ist nur Bit 7 gesetzt. Wenn es gesetzt ist, wird `t` mit 32768 per OR verknüpft. Dies ist der Dezimalwert, dessen Binärversion in Bit 15 den Wert 1 und in den Bits 14 bis 0 den Wert 0 enthält. Dies bewirkt, dass das Bit 15 von `t` gesetzt wird und die anderen Bits nicht verändert werden.

4. Hier folgt das komplette Programm, das die Arbeitsweise von `lrotate()` und `rrotate()` zeigt. Es verwendet die `show_binary()`-Funktion, um das Ergebnis jeder Rotation anzuzeigen.

```
// rotate.cpp: Projekt 7-1
// Funktionen fuer die Links- und die Rechts-Rotation von
// Byte-Werten.
#include <iostream>
using namespace std;
unsigned char rrotate(unsigned char val, int n);
unsigned char lrotate(unsigned char val, int n);
void show_binary(unsigned int u);
int main()
{
  char ch = 'T';
  cout << "Urspruenglicher Wert in Binaerform:\n";
  show_binary(ch);
  cout << "Achtmalige Rechts-Rotation:\n";
  for(int i=0; i < 8; i++) {
    ch = rrotate(ch, 1);
    show_binary(ch);
  }
  cout << "Achtmalige Links-Rotation:\n";
  for(int i=0; i < 8; i++) {
    ch = lrotate(ch, 1);
    show_binary(ch);
  }
  return 0;
}
// Links-Rotation eines Bytes um n Stellen.
unsigned char lrotate(unsigned char val, int n)
{
  unsigned int t;
  t = val;
  for(int i=0; i < n; i++) {
    t = t << 1;
    // Es faellt jeweils das Bit 8 der Ganzzahl t weg.
    // Dieses Bit wird auf der rechten Seite wieder eingefuegt.
    if(t & 256)
      t = t | 1; // eine 1 am rechten Ende einfuegen
  }
  return t; // die unteren 8 Bits zurueckgeben
}
```

7

```
// Rechts-Rotation eines Bytes um n Stellen.
unsigned char rrotate(unsigned char val, int n)
{
  unsigned int t;

  t = val;

  // Den Wert zunaechst um acht Bits höher schieben.
  t = t << 8;

  for(int i=0; i < n; i++) {
    t = t >> 1;

    // Das Bit, das wegfaellt, befindet sich in Bit 7.
    // Dieses Bit wird auf der linken Seite wieder eingefuegt.
    if(t & 128)
      t = t | 32768; // links eine 1 einfuegen
  }

  // Schliesslich das Ergebnis wieder in die
  // unteren acht Bits von t schieben.
  t = t >> 8;

  return t;
}

// Die Bits in einem Byte anzeigen.
void show_binary(unsigned int u)
{
  int t;

  for(t=128; t>0; t = t/2)
    if(u & t) cout << "1 ";
    else cout << "0 ";

  cout << "\n";
}
```

5. Dieses Programm erzeugt die folgende Ausgabe:

```
Urspruenglicher Wert in Binaerform:
0 1 0 1 0 1 0 0
Achtmalige Rechts-Rotation:
0 0 1 0 1 0 1 0
0 0 0 1 0 1 0 1
1 0 0 0 1 0 1 0
0 1 0 0 0 1 0 1
1 0 1 0 0 0 1 0
0 1 0 1 0 0 0 1
1 0 1 0 1 0 0 0
0 1 0 1 0 1 0 0
Achtmalige Links-Rotation:
1 0 1 0 1 0 0 0
0 1 0 1 0 0 0 1
1 0 1 0 0 0 1 0
```

```
0 1 0 0 0 1 0 1
1 0 0 0 1 0 1 0
0 0 0 1 0 1 0 1
0 0 1 0 1 0 1 0
0 1 0 1 0 1 0 0
```

Der ?-Operator

Der?-Operator zählt zu den faszinierendsten Operatoren von C++. Er wird häufig als Ersatz für `if-else`-Anweisungen der folgenden allgemeinen Form verwendet:

```
if (Bedingung)
    Var = Ausdruck1;
else
    Var = Ausdruck2;
```

Hier hängt der Wert, der *Var* zugewiesen wird, von dem Ergebnis der Bedingung ab, die das `if` steuert.

Der ?-Operator wird als *ternärer Operator* bezeichnet, weil er drei Operanden benötigt. Er hat die allgemeine Form

```
Ausdruck1 ? Ausdruck2 : Ausdruck3;
```

wobei *Ausdruck1*, *Ausdruck2* und *Ausdruck3* Ausdrücke sind. Beachten Sie, wie der Doppelpunkt verwendet und positioniert wird.

Der Wert eines ?-Ausdrucks wir folgendermaßen bestimmt: *Ausdruck1* wird ausgewertet. Wenn er wahr ist, wird *Ausdruck2* ausgewertet, und das Ergebnis wird der Wert des gesamten ?-Ausdrucks. Wenn *Ausdruck1* falsch ist, wird *Ausdruck3* ausgewertet, und das Ergebnis wird der Wert des gesamten ?-Ausdrucks. Betrachten Sie das folgende Beispiel, das `absval` den absoluten Wert von `val` zuweist:

```
absval = val < 0 ? -val : val; // den absoluten Wert von val ermit-
teln
```

Hier wird `absval` der Wert von `val` zugewiesen, wenn `val` null oder größer ist. Wenn `val` negativ ist, wird `absval` der negative Wert dieses Wertes (also ein positiver Wert) zugewiesen. Die funktional gleichwertige `if-else`-Anweisung sieht folgendermaßen aus:

```
if(val < 0) absval = -val;
else absval = val;
```

Das folgende Programm zeigt ein weiteres Beispiel für den ?-Operator. Dieses Programm dividiert zwei Zahlen, aber es lässt eine Division durch null nicht zu.

```
// p07-15.cpp

// Mit dem ?-Operator eine Division durch null verhindern.

#include <iostream>
using namespace std;

int div_zero();

int main()
{
  int i, j, result;

  cout << "Geben Sie den Dividend und den Divisor ein: ";
  cin >> i >> j;

  // Diese Anweisung verhindert eine Division durch null.
  result = j ? i/j : div_zero();

  cout << "Ergebnis: " << result;

  return 0;
}

int div_zero()
{
  cout << "Eine Division durch null ist verboten.\n";
  return 0;
}
```

Mit dem ?-Operator einen Division-durch-null-Fehler verhindern.

Wenn `j` hier von null verschieden ist, wird `i` durch `j` dividiert, und das Ergebnis wird `result` zugewiesen. Andernfalls wird die Fehlerbehandlungsfunktion `div_zero()` aufgerufen, und `result` wird null zugewiesen.

Der Komma-Operator

Der Komma-Operator ist ein weiterer interessanter Operator von C++. In `for`-Schleifen haben Sie bereits einige Beispiele für den Komma-Operator gesehen. Dort hat er mehrere Initialisierungs- oder Inkrement-Anweisungen ermöglicht. Das Komma kann jedoch auch als Teil anderer Ausdrücke verwendet werden. Es verkettet mehrere Ausdrücke. Eine durch Kommas getrennte Liste von Ausdrücken nimmt den Wert des Ausdrucks an, der am weitesten rechts steht. Die Werte der anderen Ausdrücke werden verworfen. Dies bedeutet, dass der Ausdruck auf der rechten Seite den Wert des gesamten durch Kommas getrennten Ausdrucks bestimmt. Beispielsweise weist die Anweisung

```
var = (count=19, incr=10, count+1);
```

zuerst `count` den Wert 19 zu, weist als Nächstes `incr` den Wert 10 zu, addiert dann 1 zu `count` und weist schließlich `var` den Wert des kompletten Komma-Ausdrucks – in diesem Fall 20 – zu. Die runden Klammern sind notwendig, weil der Komma-Operator einen niedrigeren Rang als der Zuweisungsoperator hat.

Das folgende Programm soll die Auswirkungen des Komma-Operators zeigen:

```
// p07-16.cpp

#include <iostream>
using namespace std;

int main()
{
  int i, j;

  j = 10;

  i = (j++, j+100, 999+j);

  cout << i;

  return 0;
}
```

Der Komma-Operator bedeutet: »Tue dies und dies und dies.«

Dieses Programm gibt `1010` auf dem Bildschirm aus. Der Grund dafür ist folgender: `j` beginnt mit dem Wert `10`. Dann wird `j` auf `11` inkrementiert. Als Nächstes wird `j` zu 100 addiert. Schließlich wird `j` (das immer noch `11` enthält) zu `999` hinzugefügt, was zum Ergebnis 1010 führt.

Im Wesentlichen bewirkt das Komma, dass eine Folge von Operationen ausgeführt wird. Wenn das Komma auf der rechten Seite einer Zuweisungsanweisung verwendet wird, wird der Wert des letzten Ausdrucks in der durch Kommas getrennten Liste zugewiesen. In gewisser Weise hat der Komma-Operator dieselbe Bedeutung wie das Wort *und* in dem umgangssprachlichen Satz »Tue dies und dies und dies.«

1-Minuten-Test

- Gegeben sei der Ausdruck:

```
x = 10 > 11 ? 1 : 0;
```

Welchen Wert hat x, nachdem der Ausdruck ausgewertet worden ist?

- Der ?-Operator wird als ternärer Operator bezeichnet, weil er _______ Operanden hat.
- Was bewirkt das Komma?

Mehrfachzuweisungen

Mit einer so genannten *Mehrfachzuweisung* können Sie in C++ auf bequeme Weise mehreren Variablen in einer einzigen Anweisung denselben Wert zuweisen. Beispielsweise weist das folgende Fragment `count`, `incr` und `index` den Wert 10 zu:

```
count = incr = index = 10;
```

In professionellen Programmen wird Variablen häufig ein gemeinsamer Wert in dieser Form zugewiesen.

Die zusammengesetzte Zuweisung

C++ verfügt über einen speziellen zusammengesetzten Zuweisungsoperator, der die Codierung einer bestimmten Art von Zuweisungen vereinfacht. Beispielsweise kann die Anweisung

```
x = x+10;
```

mit einem zusammengesetzten Zuweisungsoperator auch folgendermaßen geschrieben werden:

```
x += 10;
```

Das Operatorenpaar += weist den Compiler an, `x` den Wert von `x` plus 10 zuzuweisen. Es gibt in C++ für alle binären Operatoren (Operatoren mit zwei Ope-

---

- x hat den Wert 0.
- drei
- Das Komma bewirkt, dass eine Folge von Operationen ausgeführt wird.

randen) entsprechende zusammengesetzte Zuweisungsoperatoren. Sie haben die folgende allgemeine Form:

```
Var op= Ausdruck;
```

Ein weiteres Beispiel:

```
x = x-100;
```

ist dasselbe wie

```
x -= 100;
```

Weil zusammengesetzte Zuweisungen kürzer sind, werden sie manchmal auch als *abgekürzte Zuweisungen* bezeichnet. Die abgekürzte Notation ist in professionellen C++-Programmen weit verbreitet; deshalb sollten Sie sich mit ihr vertraut machen.

Mit sizeof arbeiten

Manchmal ist es nützlich, die Größe eines Datentyps in Bytes zu kennen. Da die eingebauten Datentypen von C++ in verschiedenen Umgebungen unterschiedlich groß sein können, ist es nicht möglich, in allen Situationen die Größe einer Variablen im Voraus zu kennen. Um dieses Problem zu lösen, enthält C++ den Compile-Zeit-Operator `sizeof`, der die folgenden allgemeinen Formen hat:

```
sizeof (Typ)
sizeof Variablenname
```

Die erste Version gibt die Größe des angegebenen Datentyps zurück, und die zweite gibt die Größe der angegebenen Variablen zurück. Sie sehen, dass Sie, wenn Sie die Größe eines Datentyps wie beispielsweise `int` abfragen wollen, den Namen des Typs in runde Klammern einschließen müssen. Wenn Sie die Größe einer Variablen ermitteln wollen, sind dagegen keine runden Klammern erforderlich. Allerdings können Sie sie verwenden, wenn Sie wollen.

Das folgende kurze Programm zeigt, wie `sizeof` funktioniert. In vielen 32-Bit-Umgebungen zeigt es die Werte 1, 4, 4 und 8 an.

```
// p07-17.cpp

// sizeof demonstrieren.

#include <iostream>
using namespace std;
```

```
int main()
{
  char ch;
  int i;

  cout << sizeof ch << ' '; // Grösse von char
  cout << sizeof i << ' ';  // Grösse von int
  cout << sizeof (float) << ' '; // Grösse von float
  cout << sizeof (double) << ' '; // Grösse von double

  return 0;
}
```

Sie können `sizeof` auf jeden Datentyp anwenden. Wenn der Operator beispielsweise auf ein Array angewendet wird, gibt er die Anzahl der Bytes zurück, die von dem Array verwendet werden. Betrachten Sie das folgende Fragment:

```
int nums[4];

cout << sizeof nums;
```

Wenn wir 4 Byte große Ganzzahlen annehmen, zeigt dieses Fragment den Wert 16 an (das heißt 4 Bytes mal 4 Elemente).

Wie bereits erwähnt wurde, ist `sizeof` ein Compile-Zeit-Operator. Alle Informationen, die benötigt werden, um die Größe einer Variablen oder eines Datentyps zu berechnen, sind beim Kompilieren bekannt. Der `sizeof`-Operator hilft Ihnen hauptsächlich dabei, portablen Code zu erstellen, der von der Größe der C++-Datentypen abhängt. Zur Erinnerung: Da die Größe der Datentypen in C++ von der Implementierung definiert wird, gilt es als schlechter Stil, wenn Sie in Ihrem Code Annahmen über die Größe von Datentypen machen.

1-Minuten-Test

- Zeigen Sie, wie Sie den Variablen `t1`, `t2` und `t3` den Wert 10 mit einer Zuweisungsanweisung zuweisen können.
- Wie kann

  ```
  x = x + 100
  ```

  umgeschrieben werden?
- Der `sizeof`-Operator gibt die Größe einer Variablen oder eines Typs in _____ zurück.

- `t1 = t2 = t3 = 10`
- `x += 100`
- Bytes

Zusammenfassung der Rangfolge

Tabelle 7.2 zeigt den Rang aller C++-Operatoren vom höchsten bis zum niedrigsten an. Die meisten Operatoren sind links-assoziativ, das heißt, sie werden von links nach rechts ausgewertet. Die unären Operatoren, die Zuweisungsoperatoren und der ?-Operator sind rechts-assoziativ, das heißt, sie werden von rechts nach links ausgewertet. Beachten Sie, dass die Tabelle einige Operatoren enthält, die Sie noch nicht kennen gelernt haben. Viele dieser Operatoren werden beim objektorientierten Programmieren verwendet.

Rang	**Operatoren**
Höchster	() [ ] -> :: .
	! ~ ++ -- - * & sizeof new delete typeid *Typ-Casts*
	.* ->*
	* / %
	+ -
	<< >>
	< <= > >=
	== !=
	&
	^
	|
	&&
	||
	?:
	= += -= *= /= %= >>= <<= &= ^= |=
Niedrigster	,

Tabelle 7.2 Die Rangfolge der C++-Operatoren

Übungsaufgaben

1. Zeigen Sie, wie eine `int`-Variable namens `test` deklariert wird, die von dem Programm geändert werden kann. Weisen Sie ihr den Anfangswert 100 zu.
2. Der Modifizierer `volatile` teilt dem Compiler mit, dass eine Variable von Faktoren außerhalb des Programms geändert werden kann. Wahr oder falsch?

3. Welchen Modifizierer verwenden Sie in einem Projekt, das mehrere Dateien umfasst, um einer Datei eine globale Variable bekannt zu machen, die in einer anderen Datei deklariert ist?
4. Was ist das wichtigste Attribut einer statischen lokalen Variable?
5. Schreiben Sie ein Programm, das eine Funktion namens `counter()` enthält, die einfach zählt, wie oft sie aufgerufen wird. Die Funktion soll den aktuellen Stand des Zählers zurückgeben.
6. Welche Variable in dem folgenden Fragment würde am meisten davon profitieren, als `register` deklariert zu werden?

```
int myfunc()
{
  int x;
  int y;
  int z;

  z = 10;
  y = 0;

  for(x=z; x < 15; x++)
    y += x;

  return y;
}
```

7. Wodurch unterscheiden sich & und &&?
8. Was macht die folgende Anweisung?

```
x *= 10;
```

9. Mit den Funktionen `rrotate()` und `lrotate()` von Projekt 7-1 ist es möglich, einen String zu verschlüsseln und zu entschlüsseln. Um den String zu verschlüsseln, wenden Sie auf jeden Buchstaben eine Links-Rotation um die Anzahl von Stellen an, die von einem Schlüssel angegeben wird. Um den String zu entschlüsseln, wenden Sie auf jeden Buchstaben eine Rechts-Rotation um dieselbe Anzahl von Stellen an. Verwenden Sie einen Schlüssel, der aus einem String von Zeichen besteht. Es gibt viele Methoden, um die Zahl der Rotationen aus dem Schlüssel zu berechnen. Seien Sie kreativ. Die Lösung, die in Anhang A gezeigt wird, ist nur eine von vielen möglichen.
10. Versuchen Sie selbst, `show_binary()` so zu erweitern, dass die Funktion nicht nur die ersten acht, sondern alle Bits in einer `unsigned int`-Variablen anzeigt.

Kapitel 8

Klassen und Objekte

Lernziele

- Die allgemeine Form einer Klasse kennen lernen
- Klassen und Objekte erstellen
- Elementfunktionen zu einer Klasse hinzufügen
- Mit Konstruktoren und Destruktoren arbeiten
- Konstruktoren parametrisieren
- Inline-Funktionen erstellen
- Mit Arrays von Objekten arbeiten
- Arrays von Objekten initialisieren
- Zeiger auf Objekte anwenden

Bis jetzt haben Sie Programme geschrieben, die die objektorientierten Fähigkeiten von C++ nicht nutzen. Deshalb sind die Programme in den vorangegangenen Kapiteln strukturiert, aber nicht objektorientiert. Um objektorientierte Programme zu schreiben, müssen Sie Klassen verwenden. Die Klasse ist die grundlegende Einheit für die Kapselung von C++. Klassen dienen dazu, Objekte zu erstellen. Klassen und Objekte sind so wichtig für C++, dass sich die meisten restlichen Themen in diesem Buch mit diesen Konstrukten befassen.

Die Grundlagen von Klassen

Zunächst wollen wir die Begriffe *Klasse* und *Objekt* auffrischen: Eine Klasse ist eine Vorlage, die die Form eines Objekts definiert. Eine Klasse legt sowohl Code als auch Daten fest. C++ verwendet eine Klassenspezifikation, um Objekte zu konstruieren. Objekte sind *Exemplare* (auch *Instanzen* genannt) einer Klasse. Eine Klasse verhält sich zu ihren Objekten wie die Blaupause eines Architekten zu den tatsächlichen Gebäuden: Eine Klasse ist im Wesentlichen ein Konstruktionsplan, der festlegt, wie ein Objekt erstellt werden soll. Sie müssen sich über dieses Verhältnis vollkommen im Klaren sein: Eine Klasse ist eine logische Abstraktion. Erst wenn ein Objekt einer Klasse erstellt worden ist, existiert eine physikalische Repräsentation dieser Klasse im Speicher.

Wenn Sie eine Klasse definieren, deklarieren Sie die Daten, die in der Klasse enthalten sind, und den Code, der mit diesen Daten arbeitet. Während sehr einfache Klassen nur Code oder nur Daten enthalten können, enthalten meisten praktischen Klassen beides. Die Daten der Klasse sind in den so genannten *Elementvariablen* (auch *Datenelemente* oder *Instanzvariablen* genannt) enthalten. Der Code ist in den so genannten *Elementfunktionen* (auch *Methoden* oder kurz *Funktionen* genannt) enthalten. Der Code und die Daten, die eine Klasse konstituieren, werden als *Elemente* (auch *Member*, dt. *Mitglieder* genannt) der Klasse bezeichnet.

Die allgemeine Form einer Klasse

Eine Klasse wird mit dem Schlüsselwort `class` erstellt. Die allgemeine Form einer einfachen `class`-Deklaration lautet:

```
class Klassenname {
  private Daten und Funktionen
public:
  oeffentliche Daten und Funktionen
} Objektliste;
```

Hier gibt `Klassenname` den Namen der Klasse an. Dieser Name wird ein neuer Typname, mit dem Sie Objekte der Klasse erstellen können. Sie können Objekte der Klasse auch erstellen, indem Sie unmittelbar nach der Klassendeklaration eine *Objektliste* angeben. Diese Objektliste ist jedoch optional. Nachdem eine Klasse deklariert worden ist, können Objekte bei Bedarf erstellt werden.

Eine Klasse kann sowohl private als auch öffentliche Elemente enthalten. Standardmäßig sind alle Elemente einer Klasse privat. Dies bedeutet, dass nur andere Elemente der Klasse, aber nicht andere Teile eines Programms auf diese Elemente zugreifen können. Dies ist eine Methode, wie die Kapselung realisiert wird. Indem Sie bestimmte Datenelemente als `private` deklarieren, können Sie den Zugriff auf diese Elemente stark einschränken.

Um Elemente einer Klasse öffentlich (das heißt, für andere Teile eines Programms zugänglich) zu machen, müssen Sie sie nach dem Schlüsselwort `public` deklarieren. Variable oder Funktionen, die nach dem Modifizierer `public` deklariert werden, sind für andere Teile des Programms zugänglich. Typischerweise greift ein Programm mit den öffentlichen Funktionen einer Klasse auf deren private Elemente zu. Beachten Sie, dass nach dem Schlüsselwort `public` ein Doppelpunkt steht.

8

Eine gut konstruierte Klasse sollte eine und nur eine logische Einheit (engl. *entity*) definieren, obwohl es keine syntaktische Regel gibt, die dies erzwingt. Beispielsweise sollte eine Klasse, die Namen und Telefonnummern speichert, normalerweise nicht auch noch Informationen über die Börse, über den durchschnittlichen Niederschlag, über Sonnenflecken und andere Informationen enthalten, die nichts mit einem Telefonverzeichnis zu tun haben. Der Kernpunkt ist: Eine gut konstruierte Klasse fasst logisch verwandte Informationen zusammen. Wenn Sie nicht zusammengehörige Informationen in dieselbe Klasse einfügen, kann auch das Programm insgesamt keine gute Struktur haben!

Fassen wir zusammen: In C++ erstellt eine Klasse einen neuen Datentyp, mit dem Sie Objekte erstellen können. Insbesondere erstellt eine Klasse ein logisches Gerüst, das eine Beziehung zwischen ihren Elementen definiert. Wenn Sie eine Variable einer Klasse deklarieren, wird ein Objekt erstellt. Ein Objekt ist ein spezielles Exemplar einer Klasse und existiert physisch im Speicher, während die Typdefinition (die Klasse) keinen Speicherplatz belegt.

Eine Klasse definieren

Um Klassen zu illustrieren, wollen wir eine Klasse entwickeln, die Informationen über Fahrzeuge (wie Autos, Lieferwagen und Lkws) einkapselt. Diese Klasse soll `Vehicle` heißen und drei Informationen über ein Fahrzeug speichern: die Zahl der Passagiere, die es befördern kann, seine Tankkapazität und seinen durchschnittlichen Kraftstoffverbrauch (in Meilen pro Gallone; eine Meile = 1,6093 km, eine Gallone (US) = 3,79 l).

Die folgende erste Version von `Vehicle` definiert drei Elementvariablen: `passengers`, `fuelcap` und `mpg`. Beachten Sie, dass `Vehicle` keine Funktionen, sondern im Moment nur Daten enthält. (In den folgenden Abschnitten werden wir Funktionen in die Klasse einfügen.)

```
class Vehicle {
public:
  int passengers; // Anzahl der Passagiere
  int fuelcap;    // Tankkapazitaet in Gallonen
  int mpg;        // Treibstoffverbrauch in Meilen pro Gallone
};
```

Die Elementvariablen in `Vehicle` zeigen, wie Elementvariablen im Allgemeinen deklariert werden. Eine Elementvariable wird generell folgendermaßen deklariert:

```
Typ Variablenname;
```

Typ legt die Art der Variablen fest, und *Variablenname* gibt ihren Namen an. Eine Elementvariable wird also auf die gleiche Weise wie andere Variablen deklariert. Die Variablen in `Vehicle` werden nach dem Modifizierer `public` deklariert. Das heißt, Code, der außerhalb von `Vehicle` steht, kann auf diese Variablen zugreifen.

Eine Klassendefinition erstellt einen neuen Datentyp – in diesem Fall `Vehicle`. Sie werden mit diesem Namen Objekte vom Typ `Vehicle` deklarieren. Vergessen Sie nicht, dass eine Klassendeklaration nur eine Typbeschreibung ist und nicht tatsächlich ein Objekt erstellt. Deshalb erstellt der oben stehende Code keine Objekte vom Typ `Vehicle`.

Um tatsächlich ein `Vehicle`-Objekt zu erstellen, müssen Sie es deklarieren:

```
Vehicle minivan; // ein Vehicle-Objekt namens minivan erstellen
```

Nachdem diese Anweisung ausgeführt worden ist, ist `minivan` ein Exemplar von `Vehicle`, das physisch im Speicher existiert.

Wenn Sie ein Exemplar einer Klasse erstellen, erzeugen Sie ein Objekt, das seine eigenen Kopien aller Elementvariablen enthält, die in der Klasse definiert sind. Deshalb enthält jedes `Vehicle`-Objekt seine eigenen Kopien der Elementvariablen `passengers`, `fuelcap` und `mpg`. Der so genannte *Dot-Operator* (`.`) dient dazu, auf diese Variablen zuzugreifen. Er verbindet den Namen eines Objekts mit dem Namen eines Elements und hat die folgende allgemeine Form:

```
Objekt.Element
```

Das Objekt steht links, das Element rechts. Beispielsweise wird der Variablen `fuelcap` von `minivan` der Wert 16 wie folgt zugewiesen:

```
minivan.fuelcap = 16;
```

Im Allgemeinen können Sie mit dem Dot-Operator auf Elementvariablen zugreifen und (Element-)Funktionen aufrufen.

Hier ist ein komplettes Programm, das die `Vehicle`-Klasse verwendet:

```
// p08-01.cpp

// Ein Programm, das die Vehicle-Klasse verwendet.

#include <iostream>
using namespace std;

// Die Vehicle-Klasse deklarieren.
class Vehicle {
public:
  int passengers; // Anzahl der Passagiere
  int fuelcap;    // Tankkapazitaet in Gallonen
  int mpg;        // Treibstoffverbrauch in Meilen pro Gallone
};

int main() {
  Vehicle minivan; // ein Vehicle-Objekt erstellen
  int range;

  // Den Feldern in minivan Werte zuweisen.
  minivan.passengers = 7;
  minivan.fuelcap = 16;
  minivan.mpg = 21;

  // Reichweite bei vollem Tank berechnen.
  range = minivan.fuelcap * minivan.mpg;

  cout << "Der Minivan kann " << minivan.passengers <<
          " Passagiere " << range << " Meilen weit transportie-
ren.\n";

  return 0;
}
```

Die `Vehicle`-Klasse deklarieren.

Ein Exemplar von `Vehicle` namens `minivan` erstellen.

Mit dem Dot-Operator auf die Elemente zugreifen.

Die `main()`-Funktion dieses Programms erstellt ein Exemplar von `Vehicle` namens `minivan`. Dann greift der Code in `main()` auf die Elementvariablen von `minivan` zu, um ihnen erst Werte zuzuweisen und dann diese Werte zu benutzen. Der Code in `main()` kann auf die Elemente von `Vehicle` zugreifen, weil diese als `public` deklariert sind. Wären sie nicht als `public` deklariert, könnte nur die

`Vehicle`-Klasse mit diesen Elementen arbeiten, während `main()` sie nicht benutzen könnte.

Dieses Programm erzeugt die folgende Ausgabe:

```
Der Minivan kann 7 Passagiere 336 Meilen weit transportieren.
```

Bevor wir fortfahren, wollen wir ein Grundprinzip wiederholen: Jedes Objekt verfügt über eigene Kopien der Elementvariablen, die in seiner Klasse definiert sind. Deshalb kann sich der Inhalt der Variablen in einem Objekt vom Inhalt der Variablen in einem anderen Objekt unterscheiden. Außer der Tatsache, dass sie Objekte desselben Typs sind, gibt es zwischen den beiden Objekten keine Verbindung. Beispielsweise verfügen zwei `Vehicle`-Objekte jeweils über eigene Kopien von `passengers`, `fuelcap` und `mpg`, und die Inhalte dieser Variablen können bei beiden Objekten verschieden sein. Das folgende Programm demonstriert diese Tatsache:

```
// p08-02.cpp
// Dieses Programm erstellt zwei Vehicle-Objekte.
#include <iostream>
using namespace std;
// Die Vehicle-Klasse deklarieren.
class Vehicle {
public:
  int passengers; // Anzahl der Passagiere
  int fuelcap;    // Tankkapazitaet in Gallonen
  int mpg;        // Treibstoffverbrauch in Meilen pro Gallone
};
int main() {
  Vehicle minivan; // ein Vehicle-Objekt erstellen
  Vehicle sportscar; // ein weiteres Objekt erstellen
  int range1, range2;
  // Den Feldern in minivan Werte zuweisen.
  minivan.passengers = 7;
  minivan.fuelcap = 16;
  minivan.mpg = 21;
  // Den Feldern in sportscar Werte zuweisen.
  sportscar.passengers = 2;
  sportscar.fuelcap = 14;
  sportscar.mpg = 12;
  // Die Reichweiten bei vollem Tank berechnen.
  range1 = minivan.fuelcap * minivan.mpg;
```

`minivan` und `sportscar` verfügen jeweils über eigene Kopien der Elementvariablen `Vehicle`.

```
  range2 = sportscar.fuelcap * sportscar.mpg;

  cout << "Der Minivan kann " << minivan.passengers <<
          " Passagiere " << range1 << " Meilen weit transportie-
ren.\n";
  cout << "Der Sportwagen kann " << sportscar.passengers <<
          " Passagiere " << range2 << " Meilen weit transportie-
ren.\n";

  return 0;
}
```

Dieses Programm erzeugt die folgende Ausgabe:

```
Der Minivan kann 7 Passagiere 336 Meilen weit transportieren.
Der Sportwagen kann 2 Passagiere 168 Meilen weit transportieren.
```

Das Programm zeigt, dass die Daten von `minivan` vollkommen von den Daten von `sportscar` getrennt sind. Abbildung 8.1 stellt diese Situation grafisch dar.

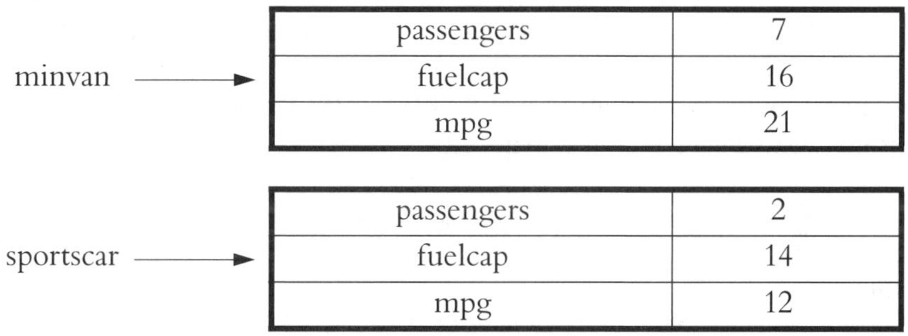

Abbildung 8.1 Die Elementvariablen zweier Objekte sind getrennt.

1-Minuten-Test

- Welche beiden Dinge kann eine Klasse enthalten?
- Mit welchem Operator können Sie auf die Elemente eines Objekts zugreifen?
- Jedes Objekt verfügt über eigene Kopien der ____________ der Klasse.

- Eine Klasse kann Daten und Code enthalten.
- Mit dem Dot-Operator können Sie auf die Elemente eines Objekts zugreifen.
- Elementvariablen

Funktionen zu einer Klasse hinzufügen

Bis jetzt enthält `Vehicle` nur Daten, aber keine Funktionen. Obwohl Klassen, die nur Daten enthalten, gültig sind, enthalten die meisten Klassen Elementfunktionen. Im Allgemeinen manipulieren Elementfunktionen die Daten, die in der Klasse definiert sind, und ermöglichen in vielen Fällen den Zugriff auf diese Daten. Typischerweise interagieren andere Teile eines Programms über die Funktionen einer Klasse mit deren Daten.

Um Elementfunktionen zu illustrieren, wollen wir eine Funktion zu der `Vehicle`-Klasse hinzufügen. Zur Erinnerung: In dem vorangegangenen Beispiel hat die Funktion `main()` die Reichweite eines Fahrzeugs berechnet, indem sie seinen durchschnittlichen Kraftstoffverbrauch mit seiner Tankkapazität multipliziert hat. Dies ist zwar technisch korrekt, aber nicht die beste Methode für diese Berechnung. Die Reichweite eines Fahrzeugs sollte am besten von der `Vehicle`-Klasse selbst berechnet werden. Der Grund dafür ist leicht zu verstehen: Die Reichweite eines Fahrzeugs hängt von seiner Tankkapazität und seinem durchschnittlichen Kraftstoffverbrauch ab, und beide Werte werden von der `Vehicle`-Klasse eingekapselt. Indem Sie die Funktion zur Berechnung der Reichweite in `Vehicle` einfügen, verbessern Sie sie objektorientierte Struktur Ihres Programms.

Um eine Funktion in die Klasse `Vehicle` einzufügen, fügen Sie den Prototyp der Funktion in die Deklaration von `Vehicle` ein. Beispielsweise enthält die folgende Version von `Vehicle` eine Elementfunktion namens `range()`, die die Reichweite des Fahrzeugs zurückgibt:

```
// Die Vehicle-Klasse deklarieren.
class Vehicle {
public:
  int passengers; // Anzahl der Passagiere
  int fuelcap;    // Tankkapazitaet in Gallonen
  int mpg;        // Treibstoffverbrauch in Meilen pro Gallone

  int range();    // die Reichweite berechnen und zurueckgeben
};
```

Die `range()`-Elementfunktion deklarieren.

Weil der Prototyp einer Elementfunktion, beispielsweise `range()`, in der Klassendefinition steht, muss der Prototyp der Funktion nicht mehr an anderer Stelle angegeben werden.

Um eine Elementfunktion zu implementieren, müssen Sie dem Compiler mitteilen, zu welcher Klasse die Funktion gehört. Zu diesem Zweck geben Sie den Namen der Klasse, dahinter `::` und dann den Funktionsnamem an. Das folgende Fragment zeigt ein Beispiel dafür, wie die `range()`-Funktion codiert werden kann:

```
// Die Elementfunktion range() implementieren.
int Vehicle::range() {
  return mpg * fuelcap;
}
```

Der Klassenname `Vehicle` und der Funktionsname `range()` werden durch einen zweifachen Doppelpunkt (`::`), den so genannten *Bereichsauflösungsoperator*, getrennt. Er verbindet einen Klassennamen mit einem Elementnamen, um dem Compiler mitzuteilen, zu welcher Klasse das Element gehört. In diesem Fall verbindet er `range()` mit der `Vehicle`-Klasse. Anders ausgedrückt: Der Bereichsauflösungsoperator `::` besagt, dass `range()` im Gültigkeitsbereich von `Vehicle` liegt. Verschiedene Klassen können dieselben Funktionsnamen benutzen, weil der Compiler aufgrund des Bereichsauflösungsoperators und des Klassenamens weiß, zu welcher Klasse die jeweilige Funktion gehört.

Der Körper der Funktion `range()` enthält nur eine Zeile:

```
return mpg * fuelcap;
```

Diese Anweisung gibt die Reichweite des Fahrzeugs zurück, indem sie `fuelcap` mit `mpg` multipliziert. Da jedes Objekt vom Typ `Vehicle` über eine eigene Kopie von `fuelcap` und `mpg` verfügt, wenn `range()` aufgerufen wird, werden die Kopien der Variablen des jeweiligen Objekts verwendet, um die Reichweite zu berechnen.

In `range()` werden die Elementvariablen `fuelcap` und `mpg` direkt ohne den vorangesetzten Objektnamen und ohne den Dot-Operator verwendet. Eine Elementfunktion kann eine Elementvariable, die in ihrer Klasse definiert ist, direkt ohne den Objektnamen oder den Dot-Operator verwenden. Dies liegt in der Logik der Sache: Eine Elementfunktion wird immer mit Bezug auf ein Objekt ihrer Klasse aufgerufen, sodass das Objekt nach dem Aufruf bekannt ist. Deshalb muss das Objekt in der Elementfunktion nicht ein zweites Mal angegeben werden. Dies bedeutet, dass sich `fuelcap` und `mpg` in `range()` implizit auf die Kopien dieser Variablen beziehen, die zu dem Objekt gehören, mit dem `range()` aufgerufen wurde. Natürlich muss Code, der außerhalb eines `Vehicle`-Objekts steht, `fuelcap` und `mpg` mit einem Objektnamen und dem Dot-Operator referenzieren.

Wenn eine Elementfunktion aufgerufen wird, muss das Objekt angegeben werden, das in der Funktion verwendet werden soll. Dafür gibt es zwei Methoden: Wenn eine Elementfunktion von Code außerhalb ihrer Klasse aufgerufen wird, müssen Sie den Namen des Objekts mit einem Dot-Operator vor den Namen der Funktion setzen. Beispielsweise ruft die folgende Anweisung `range()` von `minivan` auf:

```
range = minivan.range();
```

Der Aufruf `minivan.range()` bewirkt, dass `range()` mit den Kopien der Elementvariablen von `minivan` arbeitet. Deshalb gibt die Funktion die Reichweite des `minivan` zurück.

Die zweite Methode, wie eine Elementfunktion aufgerufen werden kann, besteht darin, die Funktion innerhalb einer anderen Elementfunktion derselben Klasse aufzurufen. Wenn eine Elementfunktion eine andere Elementfunktion derselben Klasse aufruft, ist der Dot-Operator nicht erforderlich. In diesem Fall kennt der Compiler bereits das Objekt und nimmt automatisch an, dass sich die aufgerufene Funktion in derselben Klasse befindet. Nur wenn eine Elementfunktion von Code aufgerufen wird, der nicht zu der Klasse gehört, müssen der Objektname und der Dot-Operator verwendet werden.

Das folgende Programm fügt alle Stücke und fehlenden Details zusammen und veranschaulicht die `range()`-Funktion:

```
// p08-03.cpp

// Ein Programm, das die Vehicle-Klasse verwendet.
#include <iostream>
using namespace std;

// Die Vehicle-Klasse deklarieren.
class Vehicle {
public:
  int passengers; // Anzahl der Passagiere
  int fuelcap;    // Tankkapazitaet in Gallonen
  int mpg;        // Treibstoffverbrauch in Meilen pro Gallone

  int range();    // die Reichweite berechnen und zurueckgeben
};
```

range() deklarieren.

```
// Die Elementfunktion range() implementieren.
int Vehicle::range() {
```

range() implementieren.

```
  return mpg * fuelcap;
}

int main() {
  Vehicle minivan; // ein Vehicle-Objekt erstellen
  Vehicle sportscar; // ein weiteres Objekt erstellen

  int range1, range2;

  // Den Feldern in minivan Werte zuweisen.
  minivan.passengers = 7;
  minivan.fuelcap = 16;
  minivan.mpg = 21;
```

```
  // Den Feldern in sportscar Werte zuweisen.
  sportscar.passengers = 2;
  sportscar.fuelcap = 14;
  sportscar.mpg = 12;

  // Die Reichweiten bei vollem Tank berechnen.
  range1 = minivan.range();   // range() mit Vehicle-Objekten aufrufen.
  range2 = sportscar.range();

  cout << "Der Minivan kann " << minivan.passengers <<
          " Passagiere " << range1 << " Meilen weit transportie-
ren.\n";

  cout << "Der Sportwagen kann " << sportscar.passengers <<
          " Passagiere " << range2 << " Meilen weit transportie-
ren.\n";

  return 0;
}
```

Dieses Programm erzeugt die folgende Ausgabe:


```
Der Minivan kann 7 Passagiere 336 Meilen weit transportieren.
Der Sportwagen kann 2 Passagiere 168 Meilen weit transportieren.
```

1-Minuten-Test

- Wie wird der `::`-Operator genannt?
- Was macht `::`?
- Wenn eine Elementfunktion von außerhalb ihrer Klasse aufgerufen wird, muss sie mit einem Objektnamen und dem Dot-Operator aufgerufen werden. Wahr oder falsch?

Help-
lass.cpp

Projekt 8-1: Eine Help-Klasse erstellen

Wenn man das Wesen einer Klasse in einem Satz ausdrücken wollte, könnte man sagen: »Eine Klasse kapselt Funktionalität ein.« Natürlich ist es manchmal schwierig, die Funktionalität verschiedener Klassen gegeneinander abzugrenzen. Im Allgemeinen dienen Klassen als Bausteine einer größeren Anwendung. Zu diesem Zweck sollte jede Klasse eine einzelne funktionale Einheit repräsentieren, die klar begrenzte Aktionen ausführt. Deshalb sollten

---

- Der `::`-Operator wird als *Bereichsauflösungsoperator* bezeichnet.
- Der `::`-Operator verbindet eine Klasse mit einem Element.
- Wahr. Von außerhalb einer Klasse muss eine Elementfunktion mit einem Objektnamen und dem Dot-Operator aufgerufen werden.

Klassen so klein wie möglich sein – aber nicht kleiner! Das heißt, Klassen, die mehr tun, als erforderlich ist, führen zu weniger verständlichem und schlechter strukturiertem Code. Dagegen führen Klassen, die zu wenig tun, zu fragmentiertem Code. Wo liegt der goldene Mittelweg? Bei dieser Frage wird die *Wissenschaft* des Programmierens zur *Kunst*. Glücklicherweise nimmt bei den meisten Programmierern die Fähigkeit, die richtige Wahl zu treffen, mit der Erfahrung zu.

Um Ihnen zu helfen, diese Erfahrungen zu sammeln, werden Sie das Hilfesystem aus Projekt 3-3 in Kapitel 3 in eine Help-Klasse umwandeln. Wir wollen zunächst die Frage beantworten, warum dies sinnvoll ist. Erstens definiert das Hilfesystem eine logische Einheit. Es zeigt einfach die Syntax der Steueranweisungen der Sprache C++ an. Deshalb ist ihre Funktionalität kompakt und wohl definiert. Zweitens ist es ästhetisch befriedigend, die Hilfe in einer Klasse einzukapseln. Wenn Sie einem Benutzer das Hilfesystem anbieten wollen, brauchen Sie nur ein Hilfsystem-Objekt zu erstellen. Schließlich kann das Hilfesystem, weil es eingekapselt ist, aktualisiert oder geändert werden, ohne in den Programmen, die es benutzen, unerwünschte Nebeneffekte auszulösen.

Schritt für Schritt

1. Erstellen Sie eine neue Datei namens `HelpClass.cpp`. Um Tipparbeit zu sparen, können Sie die Datei aus Projekt 3-3, `Help3.cpp`, nach `HelpClass.cpp` kopieren.
2. Um das Hilfesystem in eine Klasse zu konvertieren, müssen Sie zuerst genau festlegen, woraus das Hilfesystem besteht. Beispielsweise enthält `Help3.cpp` Code, um ein Menü anzuzeigen, um die Auswahl des Benutzers einzugeben, um die Eingabe auf Gültigkeit zu prüfen und um Informationen über die gewählte Option anzuzeigen. Außerdem durchläuft das Programm eine Schleife, bis der Benutzer `q` eingibt. Wenn Sie über die Aufgabenstellung nachdenken, werden Sie feststellen, dass das Menü, die Prüfung auf eine gültige Antwort und die Anzeige der Informationen wesentliche Bestandteile des Hilfesystems sind. Dagegen gehören die Fragen, wie die Eingabe des Benutzers erfolgen soll und wie wiederholte Anfragen verarbeitet werden sollen, nicht zu dem eigentlichen Hilfesystem. Deshalb werden Sie eine Klasse erstellen, die Hilfe-Informationen anzeigt, das Hilfemenü präsentiert und die Eingabe auf Gültigkeit prüft. Diese Funktionen sollen als `helpon()`, `showmenu()` bzw. `isvalid()` bezeichnet werden.

3. Deklarieren Sie die `Help`-Klasse wie folgt:

```
// Eine Klasse, die ein Hilfesystem einkapselt.
class Help {
public:
  void helpon(char what);
  void showmenu();
  bool isvalid(char ch);
};
```

Beachten Sie, dass diese Klasse nur Funktionen enthält; Elementvariablen werden nicht benötigt. Wie bereits erwähnt wurde, sind Klassen zulässig, die nur Daten oder nur Funktionen enthalten. (Frage 9 der Übungsaufgaben fügt eine Elementvariable in die `Help`-Klasse ein.)

4. Erstellen Sie die `helpon()`-Funktion wie folgt:

```
// Hilfe-Informationen anzeigen.
void Help::helpon(char what) {
  switch(what) {
    case '1':
      cout << "Die if-Anweisung:\n\n";
      cout << "if(Bedingung) Anweisung;\n";
      cout << "else Anweisung;\n";
      break;
    case '2':
      cout << "Die switch-Anweisung:\n\n";
      cout << "switch(Ausdruck) {\n";
      cout << "  case Konstante:\n";
      cout << "    Anweisungsfolge\n";
      cout << "    break;\n";
      cout << "  // ...\n";
      cout << "}\n";
      break;
    case '3':
      cout << "Die for-Anweisung\n\n";
      cout << "for(Initialisierung; Bedingung; Iteration)";
      cout << " Anweisung;\n";
      break;
    case '4':
      cout << "Die while-Anweisung:\n\n";
      cout << "while(Bedingung) Anweisung;\n";
      break;
    case '5':
      cout << "Die do-while-Anweisung:\n\n";
      cout << "do {\n";
      cout << "  Anweisung;\n";
      cout << "} while (Bedingung);\n";
      break;
```

8

```
    case '6':
      cout << "Die break-Anweisung:\n\n";
      cout << "break;\n";
      break;
    case '7':
      cout << "Die continue-Anweisung:\n\n";
      cout << "continue;\n";
      break;
    case '8':
      cout << "Die goto-Anweisung:\n\n";
      cout << "goto label;\n";
      break;
  }
  cout << "\n";
}
```

5. Erstellen Sie die showmenu()-Funktion wie folgt:

```
// Das Hilfemenue anzeigen.
void Help::showmenu() {
  cout << "Hilfe fuer:\n";
  cout << "  1. if\n";
  cout << "  2. switch\n";
  cout << "  3. for\n";
  cout << "  4. while\n";
  cout << "  5. do-while\n";
  cout << "  6. break\n";
  cout << "  7. continue\n";
  cout << "  8. goto\n";
  cout << "Waehlen Sie eine Anweisung (q, um abzubrechen): ";
}
```

6. Erstellen Sie die isvalid()-Funktion wie folgt:

```
// True zurueckgeben, wenn die Auswahl gueltig ist.
bool Help::isvalid(char ch) {
  if(ch < '1' || ch > '8' && ch != 'q')
    return false;
  else
    return true;
}
```

7. Schreiben Sie die `main()`-Funktion von Projekt 3-3 so um, dass sie die neue `Help`-Klasse verwendet. Hier ist das komplette Listing von `HelpClass.cpp`:

```
// HelpClass.cpp: Projekt 8-1
// Das Hilfesystem von Projekt 3-3 in eine Hilfeklasse umwandeln.
#include <iostream>
using namespace std;
// Eine Klasse, die ein Hilfesystem einkapselt.
class Help {
public:
  void helpon(char what);
  void showmenu();
  bool isvalid(char ch);
};
// Hilfe-Informationen anzeigen.
void Help::helpon(char what) {
  switch(what) {
    case '1':
      cout << "Die if-Anweisung:\n\n";
      cout << "if(Bedingung) Anweisung;\n";
      cout << "else Anweisung;\n";
      break;
    case '2':
      cout << "Die switch-Anweisung:\n\n";
      cout << "switch(Ausdruck) {\n";
      cout << "  case Konstante:\n";
      cout << "    Anweisungsfolge\n";
      cout << "    break;\n";
      cout << "  // ...\n";
      cout << "}\n";
      break;
    case '3':
      cout << "Die for-Anweisung\n\n";
      cout << "for(Initialisierung; Bedingung; Iteration)";
      cout << " Anweisung;\n";
      break;
    case '4':
      cout << "Die while-Anweisung:\n\n";
      cout << "while(Bedingung) Anweisung;\n";
      break;
    case '5':
      cout << "Die do-while-Anweisung:\n\n";
      cout << "do {\n";
      cout << "  Anweisung;\n";
      cout << "} while (Bedingung);\n";
      break;
```

8

```
    case '6':
      cout << "Die break-Anweisung:\n\n";
      cout << "break;\n";
      break;
    case '7':
      cout << "Die continue-Anweisung:\n\n";
      cout << "continue;\n";
      break;
    case '8':
      cout << "Die goto-Anweisung:\n\n";
      cout << "goto label;\n";
      break;
  }
  cout << "\n";
}
// Das Hilfemenue anzeigen.
void Help::showmenu() {
  cout << "Hilfe fuer:\n";
  cout << "  1. if\n";
  cout << "  2. switch\n";
  cout << "  3. for\n";
  cout << "  4. while\n";
  cout << "  5. do-while\n";
  cout << "  6. break\n";
  cout << "  7. continue\n";
  cout << "  8. goto\n";
  cout << "Waehlen Sie eine Anweisung (q, um abzubrechen): ";
}
// True zurueckgeben, wenn die Auswahl gueltig ist.
bool Help::isvalid(char ch) {
  if(ch < '1' || ch > '8' && ch != 'q')
    return false;
  else
    return true;
}
int main()
{
  char choice;
  Help hlpob; // Ein Exemplar der Help-Klasse erstellen.

  // Mit dem Hilfeobjekt Informationen anzeigen.
  for(;;) {
    do {
      hlpob.showmenu();
      cin >> choice;
    } while(!hlpob.isvalid(choice));
    if(choice == 'q') break;
    cout << "\n";
```

```
    hlpob.helpon(choice);
  }
  return 0;
}
```

Wenn Sie dieses Programm ausprobieren, werden Sie feststellen, dass es genauso wie das Programm in Kapitel 3 funktioniert. Der Klassenansatz hat den Vorteil, dass Sie jetzt über eine Hilfesystem-Komponente verfügen, die Sie bei Bedarf wiederverwenden können.

Konstruktoren und Destruktoren

In den vorangegangenen Beispielen mussten die Elementvariablen der `Vehicle`-Objekte manuell durch eine Folge von Anweisungen gesetzt werden – wie beispielsweise:

```
minivan.passengers = 7;
minivan.fuelcap = 16;
minivan.mpg = 21;
```


In professionellem C++-Code würden derartige Anweisungen nie verwendet werden. Sie sind nicht nur fehleranfällig (beispielsweise könnten Sie vergessen, eines der Felder zu setzen), sondern es gibt einfach eine bessere Methode, um diese Aufgabe zu lösen: den Konstruktor.

Ein *Konstruktor* initialisiert ein Objekt, wenn es erstellt wird. Er hat denselben Namen wie seine Klasse und ist syntaktisch ähnlich wie eine Funktion aufgebaut. Jedoch haben Konstruktoren keinen expliziten Rückgabetyp. Ein Konstruktor hat die folgende allgemeine Form:

```
Klassenname() {
   // Code des Konstruktors
}
```

Typischerweise dient ein Konstruktor dazu, den Elementvariablen, die in der Klasse definiert werden, Anfangswerte zuzuweisen oder andere Anfangsprozeduren auszuführen, um ein voll ausgeformtes Objekt zu erstellen.

Das Gegenstück des Konstruktors ist der *Destruktor.* In vielen Fällen muss ein Objekt eine Aktion oder eine Reihe von Aktionen ausführen, wenn es zerstört wird. Lokale Objekte werden erstellt, wenn die Ausführung des Blocks beginnt, und zerstört, wenn der Block verlassen wird. Globale Objekte werden zerstört, wenn das Programm beendet wird. Es gibt viele Gründe, warum ein Destruktor erforderlich sein kann. Beispielsweise könnte es erforderlich sein, dass ein Objekt

Speicherplatz wieder freigibt, den es vorher belegt hat, oder dass eine geöffnete Datei geschlossen wird. In C++ werden Operationen dieser Art von einem Destruktor verwaltet. Der Destruktor hat denselben Namen wie der Konstruktor, wird aber durch eine Tilde (~) eingeleitet. Wie Konstruktoren haben Destruktoren keine Rückgabetypen.

Das folgende einfache Beispiel verwendet einen Konstruktor und einen Destruktor:

```
// p08-04.cpp

// Ein einfacher Konstruktor und Destruktor.

#include <iostream>
using namespace std;

class MyClass {
public:
  int x;

  // Einen Konstruktor und einen Destruktor deklarieren.
  MyClass();  // Konstruktor
  ~MyClass(); // Destruktor
};

// Den MyClass-Konstruktor implementieren.
MyClass::MyClass() {
  x = 10;
}

// Den MyClass-Destruktor deklarieren.
MyClass::~MyClass() {
  cout << "Destruktor...\n";
}

int main() {
  MyClass ob1;
  MyClass ob2;

  cout << ob1.x << " " << ob2.x << "\n";

  return 0;
}
```

Konstruktoren und Destruktoren für `MyClass` deklarieren.

Dieses Programm erzeugt die folgende Ausgabe:

```
10 10
Destruktor...
Destruktor...
```

In diesem Beispiel ist der Konstruktor für `MyClass`:

```
// Den MyClass-Konstruktor implementieren.
MyClass::MyClass() {
  x = 10;
}
```

Beachten Sie, dass der Konstruktor hier unter `public` angegeben wird, weil er von Code aufgerufen wird, der außerhalb der Klasse definiert ist. Dieser Konstruktor weist der Elementvariablen `x` von `MyClass` den Wert 10 zu. Dieser Konstruktor wird aufgerufen, wenn ein Objekt erstellt wird. Beispielsweise wird in der Zeile

```
MyClass ob1;
```

der Konstruktor `MyClass()` für das Objekt `ob1` aufgerufen und weist `ob1.x` den Wert 10 zu. Dasselbe gilt für `ob2`. Nach der Konstruktion hat `ob2.x` ebenfalls den Wert 10.

Das folgende Fragment zeigt den Destruktor für `MyClass`:


```
// Den MyClass-Konstruktor implementieren.
MyClass::~MyClass() {
  cout << "Destruktor...\n";
}
```

Dieser Destruktor zeigt einfach eine Meldung an, aber in richtigen Programmen würde der Destruktor eine oder mehrere Ressourcen freigeben (wie beispielsweise ein Datei-Handle oder belegten Speicherplatz), die von der Klasse benutzt werden.

1-Minuten-Test

- Was ist ein Konstruktor, und wann wird er ausgeführt?
- Hat ein Konstruktor einen Rückgabetyp?
- Wann wird ein Destruktor aufgerufen?

- Ein Konstruktor ist eine Funktion, die ausgeführt wird, wenn ein Objekt der Klasse erstellt wird. Ein Konstruktor dient dazu, das erstellte Objekt zu initialisieren.
- Nein, ein Konstruktor hat keinen Rückgabetyp.
- Ein Destruktor wird aufgerufen, wenn ein Objekt zerstört wird.

Parametrisierte Konstruktoren

In dem vorangegangenen Beispiel wurde ein Konstruktor ohne Parameter verwendet. Während dies in einigen Fällen ausreicht, haben Konstruktoren meistens einen oder mehrere Parameter. Parameter werden für einen Konstruktor auf die gleiche Weise wie für eine Funktion definiert. Das heißt, sie werden innerhalb der runden Klammern nach dem Namen des Konstruktors angegeben. Beispielsweise zeigt das folgende Fragment einen parametrisierten Konstruktor für `MyClass`:

```
Myclass::MyClass(int i) {
  x = i;
}
```

Um ein Argument an den Konstruktor zu übergeben, müssen Sie den Wert oder die Werte angeben, der bzw. die bei der Deklaration des Objekts übergeben werden. C++ stellt für diesen Zweck zwei Methoden zur Verfügung. Die folgende Zeile zeigt die erste Methode:

```
MyClass ob1 = MyClass(101);
```

Diese Deklaration erstellt ein `MyClass`-Objekt namens `ob1` und übergibt ihm den Wert 101. Jedoch wird diese Form (in diesem Kontext) selten benutzt, weil die zweite Methode kürzer und prägnanter ist. Bei der zweiten Methode muss das Argument oder müssen die Argumente nach dem Namen des Objekts angegeben und in runde Klammern eingeschlossen werden. Beispielsweise bewirkt die folgende Anweisung dasselbe wie die oben stehende Deklaration:

```
MyClass ob1(101);
```

Dies ist die gebräuchlichste Form, wie parametrisierte Objekte deklariert werden. Bei dieser Methode werden Argumente allgemein wie folgt übergeben:

```
Klassentyp var(Argumentenliste);
```

Hier ist *`Argumentenliste`* eine durch Kommas getrennte Liste von Argumenten, die an den Konstruktor übergeben werden.

Anmerkung

Technisch unterscheiden sich die beiden Arten der Initialisierung geringfügig (mehr darüber später). Jedoch hat dieser Unterschied keinen Einfluss auf die Programme in diesem Kapitel oder auf die meisten Programme, die Sie schreiben werden.

Hier ist ein komplettes Programm, das den parametrisierten Konstruktor von `MyClass` demonstriert:

```
// p08-05.cpp
// Ein parametrisierter Konstruktor.
#include <iostream>
using namespace std;

class MyClass {
public:
  int x;

  // Konstruktor und Destruktor deklarieren.
  MyClass(int i);  // Konstruktor
  ~MyClass(); // Destruktor
};

// Einen parametrisierten Konstruktor implementieren.
MyClass::MyClass(int i) {
    x = i;
}

// Den MyClass-Destruktor implementieren.
MyClass::~MyClass() {
  cout << "Das Objekt mit dem x-Wert " <<
          x << " zerstoeren.\n";
}

int main() {
  MyClass t1(5);
  MyClass t2(19);

  cout << t1.x << " " << t2.x << "\n";

  return 0;
}
```

Einen Parameter zu `MyClass()` hinzufügen.

Argumente an den Konstruktor von `MyClass` übergeben.

Dieses Programm erzeugt die folgende Ausgabe:

```
5 19
```

```
Das Objekt mit dem x-Wert 19 zerstoeren.
Das Objekt mit dem x-Wert 5 zerstoeren.
```

In dieser Version des Programms definiert der Konstruktor `MyClass()` einen Parameter namens `i`, mit dem die Elementvariable `x` initialisiert wird. Deshalb wird, wenn die Zeile

```
MyClass ob1(5);
```

ausgeführt wird, der Wert 5 an `i` übergeben, der dann `x` zugewiesen wird.

Im Gegensatz zu Konstruktoren können Destruktoren keine Parameter haben. Der Grund dafür ist leicht zu verstehen: Es gibt kein Verfahren, mit dem Argumente an ein Objekt übergeben werden können, das zerstört wird. Obwohl die Situation selten ist, müssen Sie, wenn Ihr Objekt in seinem Destruktor Zugriff auf Daten haben muss, die zur Laufzeit definiert wurden, für diesen Zweck eine spezielle Variable erstellen. Dann müssen Sie kurz vor der Zerstörung des Objekts auf diese Variable zugreifen.

Einen Konstruktor zu der Vehicle-Klasse hinzufügen

Wir können die `Vehicle`-Klasse verbessern, indem wir einen Konstruktor hinzufügen, der die Felder `passengers`, `fuelcap` und `mpg` automatisch initialisiert, wenn ein Objekt konstruiert wird. Achten Sie besonders darauf, wie `Vehicle`-Objekte erstellt werden.

```
// p08-06.cpp

// Einen Konstruktor zu der Vehicle-Klasse hinzufuegen.

#include <iostream>
using namespace std;

// Die Vehicle-Klasse deklarieren.
class Vehicle {
public:
  int passengers; // Anzahl der Passagiere
  int fuelcap;    // Tankkapazitaet in Gallonen
  int mpg;        // Treibstoffverbrauch in Meilen pro Gallone

  // Dies ist ein Konstruktor fuer Vehicle.
  Vehicle(int p, int f, int m);

  int range();    // die Reichweite berechnen und zurueckgeben
};

// Den Vehicle-Konstruktor implementieren.
```

```
Vehicle::Vehicle(int p, int f, int m) {
  passengers = p;
  fuelcap = f;
  mpg = m;
}
// Die Elementfunktion range() implementieren.
int Vehicle::range() {
  return mpg * fuelcap;
}
int main() {
  // Werte an den Vehicle-Konstruktor uebergeben.
  Vehicle minivan(7, 16, 21);
  Vehicle sportscar(2, 14, 12);
  int range1, range2;
  // Die Reichweiten bei vollem Tank berechnen.
  range1 = minivan.range();
  range2 = sportscar.range();
  cout << "Der Minivan kann " << minivan.passengers <<
          " Passagiere " << range1 << " Meilen weit transportie-
ren.\n";
  cout << "Der Sportwagen kann " << sportscar.passengers <<
          " Passagiere " << range2 << " Meilen weit transportie-
ren.\n";
  return 0;
}
```

Der Konstruktor von `Vehicle` initialisiert `passengers`, `fuelcap` und `mpg`.

Die Fahrzeuginformationen mit dem Konstruktor an `Vehicle` übergeben.

8

Der Konstruktor `Vehicle()` erstellt `minivan` und `sportscar` und initialisiert beide Objekte mit den an ihn übergebenen Parametern. Beispielsweise wird in der Zeile

```
Vehicle minivan(7, 16, 21);
```

das Objekt `minivan` erstellt. Seine Kopien von `passengers`, `fuelcap` und `mpg` werden mit den Werten 7, 16 und 21 initialisiert, die an den Konstruktor `Vehicle()` übergeben werden. Deshalb erzeugt dieses Programm dieselbe Ausgabe wie die vorangegangene Version.

Eine alternative Initialisierung

Wenn ein Konstruktor nur einen Parameter hat, können Sie ihn mit einer alternativen Methode initialisieren. Betrachten Sie folgendes Programm:

```
// p08-07.cpp
// Eine alternative Initialisierung.
#include <iostream>
using namespace std;

class MyClass {
public:
  int x;

  // Konstruktor und Destruktor deklarieren.
  MyClass(int i);  // Konstruktor
  ~MyClass(); // Destruktor
};
// Einen parametrisierten Konstruktor implementieren.
MyClass::MyClass(int i) {
   x = i;
}
// Den MyClass-Destruktor implementieren.
MyClass::~MyClass() {
  cout << "Das Objekt mit dem x-Wert " <<
        x << " zerstoeren.\n";
}

int main() {
  MyClass ob = 5;  // ruft MyClass(5) auf

  cout << ob.x << "\n";

  return 0;
}
```

Eine alternative Syntax, um ein Objekt zu initialisieren.

Hier hat der Konstruktor von `MyClass` einen Parameter. Beachten Sie besonders, wie `ob` in `main()` deklariert wird:

```
MyClass ob = 5;
```

Bei dieser Form der Initialisierung wird der Wert 5 automatisch an den Parameter `i` in dem Konstruktor `MyClass()` übergeben. Diese Deklarationsanweisung wird von dem Compiler genau wie die folgende Alternative verarbeitet:

```
MyClass ob = MyClass(5);
```

Grundsätzlich können Sie bei einem Konstruktor mit einem einzigen Argument ein Objekt entweder mit `ob(x)` oder mit `ob = x` initialisieren, weil der Typ des Arguments bei einem solchen Konstruktor implizit in den Typ der Klasse umgewandelt wird.

Vergessen Sie nicht, dass diese Alternative nur für Konstruktoren gilt, die genau einen Parameter haben.

1-Minuten-Test

- Zeigen Sie, wie bei einer Klasse namens `Test` ein Konstruktor deklariert wird, der einen `int`-Parameter namens `count` hat.
- Wie kann die folgende Anweisung umgeschrieben werden?

```
Test ob = Test(10);
```

- Wie kann die Deklaration in der zweiten Frage umgeschrieben werden?

Frage an den Experten

Frage: Kann eine Klasse innerhalb einer anderen Klasse deklariert werden? Das heißt, können Klassen verschachtelt werden?

Antwort: Ja, es ist möglich, eine Klasse innerhalb einer anderen zu deklarieren, um eine so genannte *verschachtelte Klasse* zu erstellen. Da eine Klassendeklaration zugleich einen Gültigkeitsbereich definiert, gilt die eingeschachtelte Klasse nur innerhalb des Gültigkeitsbereichs der einschließenden Klasse. Offen gesagt: Weil C++ zahlreiche andere flexible Konstrukte und Verfahren umfasst (wie beispielsweise die Vererbung, die später behandelt wird), gibt es praktisch keine Notwendigkeit, verschachtelte Klassen zu erstellen.

8

Inline-Funktionen

Bevor wir mit der Behandlung von Klassen fortfahren, ist ein kleiner, aber wichtiger Exkurs angebracht. C++ verfügt über ein Konstrukt, das zwar nicht zum objektorientierten Programmieren gehört, aber sehr nützlich ist: die so genannten *Inline-Funktionen,* die häufig in Klassendefinitionen verwendet werden. Eine Inline-Funktion ist eine Funktion, die nicht aufgerufen wird, sondern inline, das heißt an der Stelle, an der sie aufgerufen wird, erweitert wird. Es gibt zwei Methoden, um eine Inline-Funktion zu erstellen. Bei der ersten Methode wird der Modifizierer `inline` vor den Namen der Funktion gesetzt. Beispielsweise

---

- `Test::Test(int count) { …`
- `Test ob(10);`
- `Test ob = 10;`

wird eine Inline-Funktion namens `f`, die keinen Parameter hat und die ein `int` zurückgibt, wie folgt deklariert:

```
inline int f()
{
  // ...
}
```

Der Modifizierer `inline` steht vor allen anderen Komponenten einer Funktionsdeklaration.

`Inline`-Funktionen werden verwendet, weil sie sehr effizient sind. Bei jedem, Aufruf einer Funktion müssen zusätzliche Anweisungen ausgeführt werden, um den Funktionsaufruf vorzubereiten, um Argumente auf dem Stack zu speichern und um einen etwaigen Rückgabewert entgegenzunehmen, wenn die Funktion zurückkehrt. In einigen Fällen werden zahlreiche CPU-Zyklen für diese Prozeduren benötigt. Wenn eine Funktion jedoch inline erweitert wird, ist dieser Verwaltungsaufwand nicht erforderlich, deshalb wird das Programm insgesamt schneller. Große Inline-Funktionen haben jedoch den Nachteil, dass sie das Programm insgesamt vergrößern. Aus diesem Grund sind die besten Inline-Funktionen klein. Große Funktionen sollten normal definiert werden.

Das folgende Programm demonstriert `inline`:

```
// p08-08.cpp
// Eine Inline-Funktion demonstrieren.
#include <iostream>
using namespace std;
class cl {
  int i; // standardmaessig privat
public:
  int get_i();
  void put_i(int j);
} ;
inline int cl::get_i()
{
  return i;
}
inline void cl::put_i(int j)
{
  i = j;
}
int main()
{
```

`get_i()` und `put_i()` werden inline erweitert.

```
  cl s;

  s.put_i(10);
  cout << s.get_i();

  return 0;
}
```

Es ist wichtig zu verstehen, dass `inline` technisch eine *Anforderung,* keine *Anweisung* an den Compiler ist, Inline-Code zu erzeugen. Es gibt verschiedene Situationen, in denen der Compiler diese Anforderung nicht erfüllen kann. Einige Beispiele:

- Einige Compiler erzeugen keinen Inline-Code, wenn eine Funktion eine Schleife, ein `switch` oder ein `goto` enthält.
- Häufig können rekursive Funktionen nicht inline erweitert werden.
- Häufig sind Inline-Funktionen, die `static`-Variablen enthalten, nicht zugelassen.

Zur Erinnerung: Die Inline-Beschränkungen sind implementierungsabhängig, sodass Sie die Dokumentation Ihres Compilers prüfen müssen, um festzustellen, welche Einschränkungen in Ihrer Umgebung gelten.

8

Inline-Funktionen in einer Klasse erstellen

Eine weitere Methode, um eine Inline-Funktion zu erstellen, besteht darin, den Code einer Elementfunktion *innerhalb* einer Klassendefinition zu definieren. Eine solche Funktion wird automatisch inline erweitert. Es ist nicht notwendig, ihre Deklaration mit dem Schlüsselwort `inline` zu beginnen. Beispielsweise kann das oben stehende Programm folgendermaßen umgeschrieben werden:

```
// p08-09.cpp

// Eine Inline-Funktion in einer Klasse erstellen.

#include <iostream>
using namespace std;

class cl {
  int i; // standardmaessig privat
public:
  // Automatische Inline-Funktionen.
  int get_i() { return i; }
  void put_i(int j) { i = j; }
} ;

int main()
{
```

`get_i()` und `put_i()` innerhalb ihrer Klasse definieren.

```
  cl s;

  s.put_i(10);
  cout << s.get_i();

  return 0;
}
```

Beachten Sie, wie der Code der Funktionen angeordnet ist. Diese Art, sehr kurze Funktionen zu definieren, ist für C++ typisch. Sie hätten den Code auch folgendermaßen schreiben können:

```
class cl {
  int i; // standardmaessig privat
public:
  // Inline-Funktionen
  int get_i()
  {
    return i;
  }
  void put_i(int j)
  {
     i = j;
  }
};
```

Kurze Funktionen, wie die, die in diesem Beispiel gezeigt wurden, werden üblicherweise innerhalb der Klassendeklaration definiert. Inline-Funktionen dienen in Klassendefinitionen häufig dazu, `public`-Funktionen zu definieren, die einen Zugriff auf private Variablen ermöglichen. Solche Funktionen werden auch als *Accessor-Funktionen* (*Zugriffsfunktionen*) bezeichnet. Eine erfolgreiche objektorientierte Programmierung beruht auch darauf, den Zugriff auf Daten durch Elementfunktionen zu beschränken. Weil die meisten C++-Programmierer Zugriffsfunktionen und andere kurze Elementfunktionen in ihren Klassen definieren, wollen wir in den restlichen C++-Beispielen in diesem Buch dieser Konvention folgen. Ich rate Ihnen, dies in Ihren Programmen ebenfalls zu tun.

Das folgende Programm enthält eine neue Version der `Vehicle`-Klasse, deren Konstruktor, Destruktor und `range()`-Funktion in der Klasse definiert sind. Außerdem sind die Felder `passengers`, `fuelcap` und `mpg` jetzt privat, und es wurden Accessor-Funktionen hinzugefügt, um auf die Werte dieser Elementvariablen zuzugreifen.

```
// p08-10.cpp
// Konstruktor, Destruktor und range()-Funktion inline definieren.
```

```
#include <iostream>
using namespace std;

// Die Vehicle-Klasse deklarieren.
class Vehicle {
  // Die Elementvariablen sind jetzt privat.
  int passengers; // Anzahl der Passagiere
  int fuelcap;    // Tankkapazitaet in Gallonen
  int mpg;        // Treibstoffverbrauch in Meilen pro Gallone
public:
  // Dies ist ein Konstruktor fuer Vehicle.
  Vehicle(int p, int f, int m) {
    passengers = p;
    fuelcap = f;
    mpg = m;
  }

 // Die Reichweite berechnen und zurueckgeben.
  int range() { return mpg * fuelcap; }

  // Accessor-Funktionen.
  int get_passengers() { return passengers; }
  int get_fuelcap() { return fuelcap; }
  int get_mpg() { return mpg; }
};

int main() {
  // Werte an den Vehicle-Konstruktor uebergeben.
  Vehicle minivan(7, 16, 21);
  Vehicle sportscar(2, 14, 12);

  int range1, range2;

  // Die Reichweiten bei vollem Tank berechnen.
  range1 = minivan.range();
  range2 = sportscar.range();

  cout << "Der Minivan kann " << minivan.get_passengers() <<
          " Passagiere " << range1 << " Meilen weit transportie-
ren.\n";

  cout << "Der Sportwagen kann " << sportscar.get_passengers() <<
          " Passagiere " << range2 << " Meilen weit transportie-
ren.\n";

  return 0;
}
```

Diese Variablen sind jetzt privat.

Funktionen inline definieren und mit Accessor-Funktionen auf die privaten Variablen zugreifen.

8

Weil die Elementvariablen von `Vehicle` jetzt privat sind, muss die Zahl der Passagiere, die ein Fahrzeug transportieren kann, in `main()` mit der Accessor-Funktion `get_passengers()` abgefragt werden.

1-Minuten-Test

- Was bewirkt `inline`?
- Kann eine Inline-Funktion in einer Klassendeklaration deklariert werden?
- Was ist eine Accessor-Funktion?

`Queue.cpp`

Projekt 8-2: Eine Queue-Klasse erstellen

Vielleicht wissen Sie, dass eine *Datenstruktur* ein Mittel ist, um Daten zu ordnen. Die einfachste Datenstruktur ist das *Array*. Es besteht aus einer linearen Liste von Elementen und unterstützt einen wahlfreien Zugriff auf seine Elemente. Arrays dienen oft als Bausteine komplexerer Datenstrukturen, wie beispielsweise von Stacks oder Queues. Ein *Stack* ist eine Liste, bei der der Zugriff auf die Elemente nach dem FILO-Prinzip (First-In, Last-Out) erfolgt: Elemente, die zuerst eingefügt werden, werden zuletzt entnommen. Eine *Queue* ist eine Liste, bei der der Zugriff auf die Elemente nach dem FIFO-Prinzip (First-In, First-Out) erfolgt: Elemente, die zuerst eingefügt werden, werden auch zuerst entnommen. Ein Stack ähnelt einem Stapel von Tellern auf einem Tisch: Der erste (unterste) Teller wird zuletzt verwendet. Eine Queue ähnelt dagegen einer Warteschlange: Wer zuerst kommt, wird zuerst bedient.

Datenstrukturen wie Stacks oder Queues sind deshalb interessant, weil sie eine Speicherform für Informationen mit den Funktionen verknüpfen, die auf diese Informationen zugreifen. Deshalb sind Stacks und Queues *Daten-Engines*, bei denen Informationen nicht manuell von einem Programm, sondern von der Datenstruktur selbst gespeichert und wiedergewonnen werden. Eine solche Kombination kann offensichtlich hervorragend in einer Klasse eingekapselt werden. In diesem Projekt werden Sie eine einfache Queue-Klasse erstellen.

Im Allgemeinen unterstützen Queues zwei grundlegende Operationen: `put` und `get`. Eine `put`-Operation fügt ein neues Element am Ende der Queue hinzu. Eine `get`-Operation entnimmt das nächste Element am Anfang der Queue. Queue-Operationen sind *konsumtiv* (das heißt zum Verbrauch bestimmt) Ein Element, das der Queue entnommen wurde, kann nicht ein

---

- Der Modifizierer `inline` bewirkt, dass der Code einer Funktion nicht aufgerufen, sondern inline erweitert wird.
- Ja, eine Inline-Funktion kann in einer Klassendeklaration deklariert werden.
- Eine Accessor-Funktion ist eine kurze Funktion, die den Wert einer privaten Elementvariablen abfragt oder setzt.

zweites Mal entnommen werden. Eine Queue kann voll werden, wenn kein Speicherplatz mehr vorhanden ist, um weitere Elemente aufzunehmen, und sie kann leer werden, wenn alle Elemente der Queue entnommen wurden. Ein letzter Punkt: Es gibt zwei grundlegende Arten von Queues: zirkuläre und nicht-zirkuläre Queues. Bei einer zirkulären Queue werden die Speicherstellen in dem zugrunde liegenden Array wiederverwendet, wenn Elemente entfernt worden sind. Bei einer nicht-zirkulären Queue werden die Speicherstellen nicht wiederverwendet, sodass sie irgendwann erschöpft sein wird. Um unser Beispiel nicht unnötig kompliziert zu machen, erstellen wir hier eine nicht-zirkuläre Queue, aber mit etwas Nachdenken und Mühe können Sie diese Queue leicht in eine zirkuläre Queue umwandeln.

Schritt für Schritt

1. Erstellen Sie eine Datei namens `Queue.cpp`.
2. Es gibt mehrere Methoden, um eine Queue zu konstruieren. Hier wollen wir die Queue mit Hilfe eines Arrays erstellen. Das heißt, ein Array soll den Speicherplatz für die Elemente in der Queue zur Verfügung stellen. Der Zugriff auf das Array soll mit zwei Indizes erfolgen. Der `put`-Index bestimmt den Speicherplatz, an dem das nächste Element gespeichert werden soll. Der `get`-Index zeigt den Speicherplatz an, aus dem das nächste Element entnommen werden soll. Vergessen Sie nicht, dass die `get`-Operation konsumtiv ist und Sie deshalb dasselbe Element nicht zweimal entnehmen können. Unsere Queue soll Zeichen speichern, aber mit derselben Logik können Sie beliebige andere Arten von Objekten speichern. Erstellen Sie zunächst die `Queue`-Klasse wie folgt:

   ```
   const int maxQsize = 100;

   class Queue {
     char q[maxQsize]; // Dieses Array speichert die Queue.
     int size; // Speicherkapazitaet (Zahl der Elemente) der
   Queue
     int putloc, getloc; // die put- und get-Indizes
   ```

   Die `const`-Variable `maxQsize` definiert die Größe der größten Queue, die Sie erstellen können. Die tatsächliche Größe der Queue wird in dem Feld `size` gespeichert.

3. Der Konstruktor für die `Queue`-Klasse erstellt eine Queue der angegebenen Größe:

   ```
   public:

   // Eine Queue einer angegebenen Laenge konstruieren.
   Queue(int len) {
   ```

8

```
  // Die Groesse muss kleiner als maxSize und positiv sein.
  if(len > maxQsize) len = maxQsize;
  else if(len <= 0) len = 1;

  size = len;
  putloc = getloc = 0;
}
```

Wenn die angegebene Queue-Länge größer als `maxQsize` ist, wird eine Queue der maximalen Größe erstellt. Wenn die angegebene Queue-Größe kleiner oder gleich null ist, wird eine Queue der Länge eins erstellt. Die Länge der Queue wird in dem Feld `size` gespeichert. Die `put`- und `get`-Indizes werden mit null initialisiert.

4. Die `put()`-Funktion, die die Elemente speichert, sieht wie folgt aus:

```
// Ein Zeichen zu der Queue hinzufuegen.
void put(char ch) {
  if(putloc == size) {
    cout << " -- Die Queue ist voll.\n";
    return;
  }

  putloc++;
  q[putloc] = ch;
}
```

Die Funktion prüft zunächst, ob die Queue voll ist. Wenn `putloc` gleich der Länge der Queue ist, gibt es keinen Platz mehr, um Elemente zu speichern. Andernfalls wird `putloc` inkrementiert, und das neue Element wird an dieser Stelle gespeichert. Der Index `putloc` zeigt also immer auf das zuletzt gespeicherte Element.

5. Die `get()`-Funktion, die Elemente aus der Queue entnimmt, sieht wie folgt aus:

```
// Ein Zeichen aus der Queue entnehmen.
char get() {
  if(getloc == putloc) {
    cout << " -- Die Queue ist leer.\n";
    return 0;
  }

  getloc++;
  return q[getloc];
}
```

Die Funktion prüft zunächst, ob die Queue leer ist. Wenn getloc und putloc dasselbe Element indizieren, gilt die Queue als leer. (Deshalb hat der Queue()-Konstruktor sowohl getloc als auch putloc mit null initialisiert.) Dann wird getloc inkrementiert, und das nächste Element wird zurückgegeben. Der Index getloc zeigt also immer auf die Position des zuletzt entnommenen Elements.

6. Hier ist das komplette Queue.cpp-Programm:

```
// Queue.cpp: Projekt 8-2
// Eine Queue-Klasse fuer Zeichen.
#include <iostream>
using namespace std;
const int maxQsize = 100;
class Queue {
  char q[maxQsize]; // Dieses Array speichert die Queue.
  int size; // Speicherkapazitaet (Zahl der Elemente) der
Queue
  int putloc, getloc; // die put- und get-Indizes
public:
  // Eine Queue einer angegebenen Laenge konstruieren.
  Queue(int len) {
    // Die Groesse muss kleiner als maxSize und positiv sein.
    if(len > maxQsize) len = maxQsize;
    else if(len <= 0) len = 1;
    size = len;
    putloc = getloc = 0;
  }
  // Ein Zeichen zu der Queue hinzufuegen.
  void put(char ch) {
    if(putloc == size) {
      cout << " -- Die Queue ist voll.\n";
      return;
    }

    putloc++;
    q[putloc] = ch;
  }
  // Ein Zeichen aus der Queue entnehmen.
  char get() {
    if(getloc == putloc) {
      cout << " -- Die Queue ist leer.\n";
      return 0;
    }

    getloc++;
```

8

```
    return q[getloc];
  }
};
// Die Queue-Klasse demonstrieren.
int main() {
  Queue bigQ(100);
  Queue smallQ(4);
  char ch;
  int i;

  cout << "Das Alphabet in bigQ speichern.\n";
  // Einige Zahlen in bigQ speichern.
  for(i=0; i < 26; i++)
    bigQ.put('A' + i);

  // Die Elemente aus bigQ entnehmen und anzeigen.
  cout << "Inhalt von bigQ: ";
  for(i=0; i < 26; i++) {
    ch = bigQ.get();
    if(ch != 0) cout << ch;
  }

  cout << "\n\n";

  cout << "Mit smallQ Fehler generieren.\n";
  // Jetzt mit smallQ einige Fehler generieren.
  for(i=0; i < 5; i++) {
    cout << "Versuchen, " << (char) ('Z' - i) << " zu spei-
chern.";

    smallQ.put('Z' - i);

    cout << "\n";
  }
  cout << "\n";

  // Weitere Fehler in smallQ
  cout << "Inhalt von smallQ: ";
  for(i=0; i < 5; i++) {
    ch = smallQ.get();

    if(ch != 0) cout << ch;
  }

  cout << "\n";
}
```

7. Dieses Programm erzeugt die folgende Ausgabe:

```
Das Alphabet in bigQ speichern.
Inhalt von bigQ: ABCDEFGHIJKLMNOPQRSTUVWXYZ

Mit smallQ Fehler generieren.
Versuchen, Z zu speichern.
Versuchen, Y zu speichern.
```

```
Versuchen, X zu speichern.
Versuchen, W zu speichern.
Versuchen, V -- Die Queue ist voll.

Inhalt von smallQ: ZYXW -- Die Queue ist leer.
```

8. Versuchen Sie, `Queue` selbst so zu ändern, dass sie andere Arten von Objekten – beispielsweise `int`- oder `double`-Werte – speichert.

Arrays von Objekten

Arrays von Objekten werden auf die gleiche Weise wie Arrays anderer Datentypen erstellt. Beispielsweise erstellt das folgende Programm ein Array von `MyClass`-Objekten. Der Zugriff auf die Objekte, die die Elemente des Arrays bilden, erfolgt mit der üblichen Array-Index-Syntax.


```
// p08-11.cpp

// Ein Array von Objekten erstellen.

#include <iostream>
using namespace std;

class MyClass {
  int x;
public:
  void set_x(int i) { x = i; }
  int get_x() { return x; }
};

int main()
{
  MyClass obs[4];
  int i;

  for(i=0; i < 4; i++)
    obs[i].set_x(i);

  for(i=0; i < 4; i++)
    cout << "obs[" << i << "].get_x(): " <<
            obs[i].get_x() << "\n";

  return 0;
}
```

Ein Array von Objekten erstellen.

Dieses Programm erzeugt die folgende Ausgabe:

```
obs[0].get_x(): 0
obs[1].get_x(): 1
obs[2].get_x(): 2
obs[3].get_x(): 3
```

Objekt-Arrays initialisieren

Wenn eine Klasse einen parametrisierten Konstruktor enthält, kann ein Array von Objekten initialisiert werden. Beispielsweise ist `MyClass` in dem folgenden Programm eine parametrisierte Klasse, und `obs` ist ein initialisiertes Array von Objekten dieser Klasse.

```
// p08-12.cpp
// Ein Array von Objekten initialisieren.
#include <iostream>
using namespace std;

class MyClass {
  int x;
public:
  MyClass(int i) { x = i; }
  int get_x() { return x; }
};

int main()
{
  MyClass obs[4] = { -1, -2, -3, -4 };
  int i;

  for(i=0; i < 4; i++)
    cout << "obs[" << i << "].get_x(): " <<
            obs[i].get_x() << "\n";

  return 0;
}
```

Eine Möglichkeit, um ein Array von Objekten zu initialisieren.

In diesem Beispiel werden die Werte -1 bis -4 an den `MyClass()`-Konstruktor übergeben. Dieses Programm erzeugt die folgende Ausgabe:

```
obs[0].get_x(): -1
obs[1].get_x(): -2
obs[2].get_x(): -3
obs[3].get_x(): -4
```

Tatsächlich ist die Syntax, die in der Initialisierungsliste verwendet wird, eine Abkürzung der folgenden längeren Form:

```
MyClass obs[4] = { MyClass(-1), MyClass (-2),
                   MyClass (-3), MyClass (-4) };
```

Eine alternative Methode, um ein Array zu initialisieren.

Es wurde bereits erklärt, dass ein Konstruktor, der nur ein Argument hat, den Typ seines Arguments implizit in den Typ der Klasse umwandelt. Die längere Form ruft einfach den Konstruktor direkt auf.

Wenn Sie ein Array von Objekten initialisieren wollen, deren Konstruktor mehr als ein Argument hat, müssen Sie die längere Form der Initialisierung verwenden. Ein Beispiel:

```
// p08-13.cpp

#include <iostream>
using namespace std;

class MyClass {
  int x, y;
public:
  MyClass(int i, int j) { x = i; y = j; }
  int get_x() { return x; }
  int get_y() { return y; }
};

int main()
{
  MyClass obs[4][2] = {
    MyClass(1, 2), MyClass(3, 4),
    MyClass(5, 6), MyClass(7, 8),
    MyClass(9, 10), MyClass(11, 12),
    MyClass(13, 14), MyClass(15, 16)
  };

  int i;

  for(i=0; i < 4; i++) {
    cout << obs[i][0].get_x() << ' ';
    cout << obs[i][0].get_y() << "\n";
    cout << obs[i][1].get_x() << ' ';
    cout << obs[i][1].get_y() << "\n";
  }

  return 0;
}
```

Die lange Form der Initialisierung muss verwendet werden, wenn der Konstruktor des Objekts zwei oder mehr Argumente hat.

In diesem Beispiel hat der Konstruktor von `MyClass` zwei Argumente. Das Array `obs` wird in `main()` deklariert und mit direkten Aufrufen des Konstruktors von `MyClass` initialisiert. Wenn Sie Arrays initialisieren, können Sie immer die lange Form der Initialisierung verwenden, auch wenn das Objekt nur ein Argument hat. Die kurze Form bei nur einem Argument ist lediglich bequemer. Das Programm erzeugt die folgende Ausgabe:

```
1 2
3 4
5 6
7 8
9 10
11 12
13 14
15 16
```

Zeiger auf Objekte

Sie können auf ein Objekt entweder direkt (wie bei allen vorangegangenen Beispielen) oder mit einem Zeiger auf das Objekt zugreifen. Um auf ein spezielles Element eines Objekts zuzugreifen, wenn Sie mit einem Zeiger auf das Objekt arbeiten, müssen Sie den *Pfeil-Operator (Arrow-Operator:*->) verwenden. Er besteht aus einem Minuszeichen, gefolgt von einem Größer-Zeichen.

Ein Objektzeiger wird auf dieselbe Weise wie ein Zeiger für andere Datentypen deklariert. Das folgende Programm erstellt eine einfache Klasse namens `P_example`, definiert ein Objekt dieser Klasse namens `ob` und definiert einen Zeiger auf ein Objekt vom Typ `P_example` namens `p`. Dann zeigt es, wie Sie auf `ob` direkt und mit einem Zeiger indirekt auf `ob` zugreifen können.

```
// p08-14.cpp
// Ein einfaches Beispiel fuer einen Objektzeiger.
#include <iostream>
using namespace std;
class P_example {
  int num;
public:
  void set_num(int val) { num = val; }
  void show_num(){ cout << num << "\n"; }
};
int main()
{
```

```
  P_example ob, *p; // ein Objekt und einen Zeiger auf das Objekt
                    // deklarieren

  ob.set_num(1); // Funktionen von ob direkt aufrufen
  ob.show_num();

  p = &ob; // p die Adresse von ob zuweisen
  p->set_num(20); // Funktionen mit einem Zeiger auf ob aufrufen
  p->show_num();

  return 0;
}
```

Zeiger auf Objekte werden wie Zeiger auf andere Typen verwendet.

Beachten Sie die Verwendung des Pfeil-Operators.

Beachten Sie, dass die Adresse von ob wie die Adressen anderer Arten von Variablen mit dem &-Operator (Adresse-von-Operator) abgefragt wird.

Wie Sie wissen, wird ein Zeiger, wenn er inkrementiert oder dekrementiert wird, so vergrößert oder verkleinert, dass er immer auf das jeweils nächste Element seines Basistyps zeigt. Dies gilt auch für Zeiger auf Objekte: Der Zeiger weist jeweils auf das nächste Objekt. Um dies zu illustrieren, wurde das vorangegangene Programm so geändert, dass ob jetzt ein Array mit zwei Elementen vom Typ P_example ist. Beachten Sie, wie p inkrementiert und dekrementiert wird, um auf die beiden Elemente in dem Array zuzugreifen.


```
// p08-15.cpp

// Einen Objektzeiger inkrementieren und dekrementieren.

#include <iostream>
using namespace std;

class P_example {
  int num;
public:
  void set_num(int val) { num = val; }
  void show_num(){ cout << num << "\n"; }
};

int main()
{
  P_example ob[2], *p;

  ob[0].set_num(10);  // auf die Objekte direkt zugreifen
  ob[1].set_num(20);

  p = &ob[0];  // einen Zeiger auf das erste Element abfragen
  p->show_num(); // den Wert von ob[0] mit dem Zeiger anzeigen

  p++;  // zum naechsten Objekt gehen
  p->show_num(); // den Wert von ob[1] mit dem Zeiger anzeigen

  p--;  // zum vorhergehenden Objekt zurueckgehen
```

```
  p->show_num(); // den Wert von ob[0] erneut anzeigen

  return 0;
}
```

Dieses Programm erzeugt die folgende Ausgabe:

```
10
20
10
```

Später in diesem Buch werden Sie erfahren, dass Zeiger auf Objekte eine zentrale Rolle bei einem der wichtigsten Konzepte von C++ spielen: der Polymorphie.

1-Minuten-Test

- Können einem Array von Objekten Anfangswerte zugewiesen werden?
- Wenn ein Zeiger auf ein Objekt gegeben ist, mit welchem Operator können Sie dann auf ein Element des Objekts zugreifen?

Objektreferenzen

Objekte können auf die gleiche Weise wie beliebige andere Datentypen referenziert werden. Es gibt dafür keine speziellen Einschränkungen oder Anweisungen.

Übungsaufgaben

1. Worin unterscheiden sich Klassen und Objekte?
2. Mit welchem Schlüsselwort wird eine Klasse deklariert?
3. Wovon erhält jedes Objekt eigene Kopien?
4. Zeigen Sie, wie eine Klasse namens `Test` deklariert wird, die zwei private `int`-Variablen namens `count` und `max` enthält.
5. Welchen Namen hat ein Konstruktor? Welchen Namen hat ein Destruktor?

- Ja, ein Array von Objekten kann mit Anfangswerten initialisiert werden.
- Wenn ein Zeiger auf ein Objekt gegeben ist, können Sie mit einem Pfeil-Operator (->) auf ein Element des Objekts zugreifen.

6. Gegeben sei die folgende Klassendeklaration:

```
class Sample {
  int i;
public:
  Sample(int x) { i = x }
  // ...
};
```

Zeigen Sie, wie ein `Sample`-Objekt deklariert und `i` mit dem Wert 10 initialisiert wird.

7. Welche Optimierung wird automatisch ausgeführt, wenn eine Elementfunktion innerhalb einer Klassendeklaration deklariert wird?

8. Erstellen Sie eine Klasse namens `Triangle`, die die Länge der Basis und die Höhe eines rechtwinkligen Dreiecks in zwei privaten Elementvariablen speichert. Fügen Sie einen Konstruktor hinzu, der diese Werte initialisiert. Definieren Sie zwei Funktionen. Die erste soll `hypot()` heißen und die Länge der Hypotenuse zurückgeben. Die zweite soll `area()` heißen und die Fläche des Dreiecks zurückgeben.

9. Erweitern Sie die `Help`-Klasse so, dass sie eine ganzzahlige Identitätsnummer (ID) speichert, die jeden Benutzer der Klasse identifiziert. Zeigen Sie die ID an, wenn ein `Help`-Objekt zerstört wird. Geben Sie die ID zurück, wenn die Funktion `getID()` aufgerufen wird.

Kapitel 9

Ein näherer Blick auf Klassen

Lernziele

- **Konstruktoren überladen**
- **Objekte zuweisen**
- **Objekte an Funktionen übergeben**
- **Objekte von Funktionen zurückgeben**
- **Kopierkonstruktoren erstellen**
- **Mit `friend`-Funktionen arbeiten**
- `structure` **und** `union` **untersuchen**
- **Den Operator `this` verstehen**
- **Die Grundlagen des Überladens von Operatoren kennen lernen**
- **Binäre Operatoren überladen**
- **Unäre Operatoren überladen**
- **Operatoren mit Nicht-Elementfunktionen überladen**

In diesem Kapitel wird die Beschreibung der Klassen aus Kapitel 8 fortgesetzt. Wir werden uns mit einigen klassenspezifischen Themen befassen – einschließlich des Überladens von Konstruktoren, der Übergabe von Objekte an Funktionen und der Rückgabe von Objekten. Außerdem behandeln wir eine spezielle Art von Konstruktor, den so genannten Kopierkonstruktor, mit dem bei Bedarf eine Kopie eines Objekts erstellt werden kann. Dann beschreiben wir `friend`-Funktionen, gefolgt von Strukturen und Unions und dem Schlüsselwort `this`. Am Ende des Kapitels beschreiben wir eine der aufregendsten Funktionen von C++: das Überladen von Operatoren.

Konstruktoren überladen

Obwohl Konstruktoren einen ganz besonderen Zweck erfüllen, unterscheiden sie sich nicht sehr von anderen Arten von Funktionen und können wie diese überladen werden. Um einen Konstruktor einer Klasse zu überladen, deklarieren Sie die verschiedenen Formen, die er haben kann. Beispielsweise definiert das folgende Programm drei Konstruktoren:

```
#include <iostream>
using namespace std;

class Sample {
public:
  int x;
  int y;

  // Den Standardkonstruktor ueberladen.
  Sample() { x = y = 0; }

  // Konstruktor mit einem Parameter.
  Sample(int i) { x = y = i; }

  // Konstruktor mit zwei Parametern.
  Sample(int i, int j) { x = i; y = j; }
};

int main() {
  Sample t;          // den Standardkonstruktor aufrufen
  Sample t1(5);      // Sample(int) benutzen
  Sample t2(9, 10);  // Sample(int, int) benutzen

  cout << "t.x: " << t.x << ", t.y: " << t.y << "\n";
  cout << "t1.x: " << t1.x << ", t1.y: " << t1.y << "\n";
  cout << "t2.x: " << t2.x << ", t2.y: " << t2.y << "\n";
```

Den `Sample`-Konstruktor überladen.

```
  return 0;
}
```

Dieses Programm erzeugt die folgende Ausgabe:

```
t.x: 0, t.y: 0
t1.x: 5, t1.y: 5
t2.x: 9, t2.y: 10
```

Dieses Programm erstellt drei Konstruktoren. Der erste Konstruktor hat keinen Parameter und initialisiert sowohl x als auch y mit null. Dieser Konstruktor wird der Standardkonstruktor und ersetzt den Standardkonstruktor, der von C++ automatisch zur Verfügung gestellt wird. Der zweite Konstruktor hat einen Parameter und weist dessen Wert sowohl x als auch y zu. Der dritte Konstruktor hat zwei Parameter und initialisiert x und y separat.

Überladene Konstruktoren bieten mehrere Vorteile: Erstens machen sie die betreffende Klasse flexibler, weil Objekte auf verschiedene Weisen konstruiert werden können. Zweitens kann ein Benutzer die Klasse bequemer nutzen, weil er ein Objekt auf die Weise konstruieren kann, die der Aufgabe am besten entspricht. Drittens können Sie, wenn Sie einen Standardkonstruktor und parametrisierte Konstruktoren definieren, sowohl initialisierte als auch nicht initialisierte Objekte erstellen.

Objekte zuweisen

Wenn zwei Objekte denselben Typ haben (das heißt, wenn sie zur selben Klasse gehören), können Sie ein Objekt dem anderen zuweisen. Es reicht nicht aus, dass zwei Klassen einfach physisch ähnlich sind – sie müssen auch denselben Typnamen haben. Wenn ein Objekt einem anderen Objekt zugewiesen wird, werden standardmäßig die Daten des ersten Objekts bitweise in das zweite Objekt kopiert. Deshalb sind die beiden Objekte nach der Zuweisung identisch, aber separat. Das folgende Programm demonstriert eine Objektzuweisung:

```
// p09-02.cpp

// Eine Objektzuweisung demonstrieren.

#include <iostream>
using namespace std;

class Test {
  int a, b;
public:
```

```
  void setab(int i, int j) { a = i, b = j; }
  void showab() {
    cout << "a ist " << a << '\n';
    cout << "b ist " << b << '\n';
  }
};
int main()
{
  Test ob1, ob2;
  ob1.setab(10, 20);
  ob2.setab(0, 0);
  cout << "ob1 vor der Zuweisung: \n";
  ob1.showab();
  cout << "ob2 vor der Zuweisung: \n";
  ob2.showab();
  cout << '\n';
  ob2 = ob1; // ob1 der Variablen ob2 zuweisen
  cout << "ob1 nach der Zuweisung: \n";
  ob1.showab();
  cout << "ob2 nach der Zuweisung: \n";
  ob2.showab();
  cout << '\n';
  ob1.setab(-1, -1); // ob1 aendern
  cout << "ob1 nach der Aenderung von ob1: \n";
  ob1.showab();
  cout << "ob2 nach der Aenderung von ob1: \n";
  ob2.showab();
  return 0;
}
```

Ein Objekt einem anderen zuweisen.

Dieses Programm erzeugt die folgende Ausgabe:

```
ob1 vor der Zuweisung:
a ist 10
b ist 20
ob2 vor der Zuweisung:
a ist 0
b ist 0
ob1 nach der Zuweisung:
a ist 10
b ist 20
ob2 nach der Zuweisung:
a ist 10
b ist 20
```

```
ob1 nach der Aenderung von ob1:
a ist -1
b ist -1
ob2 nach der Aenderung von ob1:
a ist 10
b ist 20
```

Das Programm zeigt Folgendes: Wenn ein Objekt einem anderen zugewiesen wird, enstehen zwei Objekte, die dieselben Werte enthalten. Abgesehen davon sind die beiden Objekte immer noch vollkommen separat. Deshalb hat es, wenn Sie jetzt die Daten eines Objekts ändern, keinen Einfluss auf das andere Objekt. Trotzdem müssen Sie auf mögliche Nebeneffekte achten. Wenn beispielsweise ein Objekt A einen Zeiger auf ein weiteres Objekt B enthält und A kopiert wird, dann enthält auch die Kopie ein Feld, das auf B zeigt. Deshalb wären beide Objekte (Original und Kopie) betroffen, wenn Sie B ändern würden. In solchen Situationen könnte es erforderlich sein, das bitweise Kopieren, das standardmäßig erfolgt, durch einen angepassten Zuweisungsoperator für die Klasse zu umgehen. Später in diesem Kapitel erfahren Sie mehr zu diesem Thema.

Objekte an Funktionen übergeben

Ein Objekt kann auf die gleiche Weise wie andere Datentypen an eine Funktion übergeben werden. Objekte werden in C++ ganz normal als Wert an eine Funktion übergeben. Dies bedeutet, dass eine Kopie des Objekts, nicht das tatsächliche Objekt selbst, an die Funktion übergeben wird. Deshalb haben Änderungen an dem Objekt in der Funktion keinen Einfluss auf das Objekt, das als Argument der Funktion verwendet wird. Das folgende Programm veranschaulicht diesen Punkt:

```
// p09-03.cpp
// Ein Objekt an eine Funktion uebergeben.
#include <iostream>
using namespace std;
class MyClass {
  int val;
public:
  MyClass(int i) {
    val = i;
  }
  int getval() { return val; }
  void setval(int i) { val = i; }
};
```

```
void display(MyClass ob)
{
  cout << ob.getval() << '\n';
}
void change(MyClass ob)
{
  ob.setval(100); // keinen Einfluss auf das Argument
  cout << "Wert von ob in change(): ";
  display(ob);
}
int main()
{
  MyClass a(10);
  cout << "Wert von a vor dem Aufruf von change(): ";
  display(a);
  change(a);
  cout << "Wert von a nach dem Aufruf von change(): ";
  display(a);
  return 0;
}
```

display() hat ein MyClass-Objekt als Parameter.

Ein MyClass-Objekt an display() übergeben.

Dieses Programm erzeugt die folgende Ausgabe:

```
Wert von a vor dem Aufruf von change(): 10
Wert von ob in change(): 100
Wert von a nach dem Aufruf von change(): 10
```

Der Output zeigt, dass die Änderung des Wertes von ob in change() keinen Einfluss auf a innerhalb von main() hat.

Konstruktoren, Destruktoren und die Übergabe von Objekten

Obwohl es unproblematisch ist, einfache Objekte als Argumente an Funktionen zu übergeben, können bei Konstruktoren und Destruktoren einige überraschende Ereignisse eintreten. Das folgende kurze Programm soll den Grund dafür zeigen:

```
// p09-04.cpp
// Konstruktoren, Destruktoren und die Uebergabe von Objekten.
#include <iostream>
using namespace std;
```

```
class MyClass {
  int val;
public:
  MyClass(int i) {
    val = i;
    cout << "In dem Konstruktor\n";
  }
  ~MyClass() { cout << "In dem Destruktor\n"; }
  int getval() { return val; }
};
void display(MyClass ob)
{
  cout << ob.getval() << '\n';
}
int main()
{
  MyClass a(10);

  cout << "Vor dem Aufruf von display().\n";
  display(a);
  cout << "Nach der Rueckkehr von display() .\n";

  return 0;
}
```

Dieses Programm erzeugt die folgende unerwartete Ausgabe:

```
In dem Konstruktor
Vor dem Aufruf von display().
10
In dem Destruktor
Nach der Rueckkehr von display() .
In dem Destruktor
```

Beachten Sie die zweite »In dem Destruktor«-Meldung.

Wie Sie sehen, wird der Konstruktor einmal aufgerufen (wenn a erstellt wird), aber der Destruktor wird zweimal aufgerufen. Wir wollen sehen, warum dies so ist.

Wenn ein Objekt an eine Funktion übergeben wird, wird eine Kopie dieses Objekts erstellt. (Und diese Kopie wird zum Parameter der Funktion.) Dies bedeutet, dass jetzt ein neues Objekt existiert. Wenn die Funktion beendet wird, wird die Kopie des Arguments (das heißt, der Parameter) zerstört. Dies wirft zwei grundsätzliche Fragen auf. Erstens: Wird der Konstruktor des Objekts aufgerufen, wenn die Kopie erstellt wird? Zweitens: Wird der Destruktor des Objekts aufgerufen, wenn die Kopie zerstört wird? Die Antwort mag Sie zunächst überraschen.

Wenn während eines Funktionsaufrufs eine Kopie eines Arguments erstellt wird, wird nicht der normale Konstruktor, sondern der *Kopierkonstruktor* (engl. *copy constructor*) des Objekts aufgerufen. Ein Kopierkonstruktor definiert, wie eine Kopie eines Objekts erstellt wird. (Später in diesem Kapitel werden Sie erfahren, wie ein Kopierkonstruktor erstellt wird.) Doch wenn eine Klasse nicht ausdrücklich einen Kopierkonstruktor definiert, stellt C++ standardmäßig einen zur Verfügung. Der standardmäßige Kopierkonstruktor erstellt eine *bitweise* (das heißt *identische*) Kopie des Objekts. Der Grund, warum eine bitweise Kopie erstellt wird, ist bei einigem Nachdenken leicht zu verstehen. Da mit einem normalen Konstruktor ein Aspekt eines Objekts initialisiert wird, darf er nicht aufgerufen werden, um eine Kopie eines bereits vorhandenen Objekts zu erstellen. Ein solcher Aufruf würde den Inhalt des Objekts verändern. Wenn Sie ein Objekt an eine Funktion übergeben, wollen Sie den aktuellen Zustand des Objekts, nicht seinen Anfangszustand verwenden.

Doch wenn die Funktion beendet und die Kopie des Objekts, das als Argument verwendet wurde, zerstört wird, dann wird die Destruktor-Funktion aufgerufen. Dies ist notwendig, weil das Objekt den Gültigkeitsbereich verlassen hat. Darum enthält das obige Programm zwei Aufrufe des Destruktors. Der erste Aufruf erfolgt, wenn der Parameter von `display()` ungültig wird. Der zweite Aufruf erfolgt, wenn `a` innerhalb von `main()` zerstört wird, wenn das Programm beendet wird.

Um zusammenzufassen: Wenn eine Kopie eines Objekts erstellt wird, um als Argument einer Funktion zu dienen, wird der normale Konstruktor nicht aufgerufen, sondern der standardmäßige Kopierkonstruktor erstellt bitweise eine identische Kopie. Doch wenn die Kopie zerstört wird (normalerweise, wenn die Funktion zurückkehrt und die Kopie damit ihren Gültigkeitsbereich verlässt), wird der Destruktor aufgerufen.

Objekte per Referenz übergeben

Eine weitere Möglichkeit, um ein Objekt an eine Funktion zu übergeben, ist die Übergabe als Referenz. In diesem Fall wird eine Referenz auf das Objekt übergeben, und die Funktion arbeitet direkt mit dem Objekt, das als Argument verwendet wird. Deshalb *haben* Änderungen an dem Parameter einen Einfluss auf das Argument, und die Übergabe eines Objekts als Referenz ist nicht auf alle Situationen anwendbar. Doch in Situationen, in denen dies möglich ist, ergeben sich zwei Vorteile. Erstens: Weil nur die Adresse des Objekts und nicht das ganze Objekt übergeben wird, kann ein Objekt sehr viel schneller und effizienter als Referenz denn als Wert übergeben werden. Zweitens: Wenn ein Objekt als Referenz übergeben wird, wird kein neues Objekt erstellt, sodass keine Zeit damit vergeudet wird, ein temporäres Objekt zu konstruieren oder zu zerstören.

Das folgende Beispiel veranschaulicht die Übergabe eines Objekts als Referenz:

```
// p09-05-cpp
// Konstruktoren, Destruktoren und die Uebergabe von Objekten.
#include <iostream>
using namespace std;
class MyClass {
  int val;
public:
  MyClass(int i) {
    val = i;
    cout << "In dem Konstruktor\n";
  }
  ~MyClass() { cout << "In dem Destruktor\n"; }
  int getval() { return val; }
  void setval(int i) { val = i; }
};
void display(MyClass &ob)
{
  cout << ob.getval() << '\n';
}
void change(MyClass &ob)
{
  ob.setval(100);
}
int main()
{
  MyClass a(10);
  cout << "Vor dem Aufruf von display().\n";
  display(a);
  cout << "Nach der Rueckkehr von display() .\n";
  change(a);
  cout << "Nach dem Aufruf von change().\n";
  display(a);
  return 0;
}
```

Hier wird das `MyClass`-Objekt als Referenz übergeben.

Dieses Programm erzeugt die folgende Ausgabe:

```
In dem Konstruktor
Vor dem Aufruf von display().
10
```

9

```
Nach der Rueckkehr von display().
Nach dem Aufruf von change().
100
In dem Destruktor
```

In diesem Programm verwenden sowohl `display()` als auch `change()` Referenzparameter. Deshalb wird die Adresse und nicht eine Kopie des Arguments übergeben, und die Funktionen arbeiten direkt mit dem Argument. Wenn beispielsweise `change()` aufgerufen wird, wird `a` per Referenz übergeben. Deshalb haben Änderungen des Parameters `ob` in `change()` Einfluss auf `a` in `main()`. Beachten Sie außerdem, dass sowohl der Konstruktor als auch der Destruktor nur einmal aufgerufen wird. Dies liegt daran, dass nur ein Objekt, `a`, erstellt und zerstört wird. Das Programm benötigt keine temporären Objekte.

Ein potenzielles Problem bei der Übergabe von Objekten

Selbst wenn Objekte normal als Wert an Funktionen übergeben werden, wodurch das aufrufende Objekt, jedenfalls theoretisch, geschützt und isoliert wird, kann das Objekt, das als Argument verwendet wird, immer noch durch einen Seiteneffekt verändert oder sogar beschädigt werden. Wenn beispielsweise ein Objekt eine Systemressource (wie beispielsweise den Speicher) alloziert, wenn es erstellt wird, und diese Ressource wieder freigibt, wenn sie zerstört wird, dann gibt die lokale Kopie des Objekts innerhalb der Funktion dieselbe Ressource frei, wenn der Destruktor des Objekts aufgerufen wird. Dies ist ein Problem, weil das ursprüngliche Objekt diese Ressource immer noch benutzt. Diese Konstellation führt üblicherweise dazu, dass das ursprüngliche Objekt beschädigt wird.

Eine Lösung dieses Problems besteht darin, ein Objekt per Referenz zu übergeben (wie es in dem vorangegangenen Abschnitt gezeigt wurde). In diesem Fall wird keine Kopie des Objekts erstellt, und deshalb wird kein Objekt zerstört, wenn die Funktion zurückkehrt. Wie bereits erklärt wurde, kann die Übergabe von Objekten per Referenz Funktionsaufrufe beschleunigen, weil nur die Adresse des Objekts übergeben wird. Doch ist eine Objektübergabe per Referenz möglicherweise nicht in allen Fällen anwendbar. Glücklicherweise gibt es eine allgemeinere Lösung: Sie können eine eigene Version des Kopierkonstruktors erstellen. Damit können Sie genau definieren, wie ein Objekt kopiert werden soll, und dabei die Art von Problemen vermeiden, die gerade beschrieben wurden. Doch bevor wir den Kopierkonstruktor behandeln, wollen wir eine andere, verwandte Situation betrachten, die ebenfalls von einem Kopierkonstruktor profitieren könnte.

Objekte zurückgeben

Objekte können nicht nur an Funktionen übergeben werden, sondern Funktionen können auch Objekte zurückgeben. Um ein Objekt zurückzugeben, müssen Sie zunächst daklarieren, dass die Funktion einen Klassentyp zurückgibt. Dann müssen Sie ein Objekt dieses Typs mit einer normalen `return`-Anweisung zurückgeben. Das folgende Programm enthält eine Elementfunktion namens `mkBigger()`. Sie gibt ein Objekt zurück, das `val` einen Wert zuweist, der doppelt so groß wie das aufrufende Objekt ist.

```
// p09-06.cpp

// Objekte zurueckgeben.

#include <iostream>
using namespace std;

class MyClass {
  int val;
public:
  // Normaler Konstruktor.
  MyClass(int i) {
    val = i;
    cout << "In dem Konstruktor\n";
  }

  ~MyClass() {
     cout << "In dem Destruktor\n";
  }

  int getval() { return val; }

  // Ein Objekt zurueckgeben.
  MyClass mkBigger() {
    MyClass o(val * 2);

    return o;
  }
};

void display(MyClass ob)
{
  cout << ob.getval() << '\n';
}

int main()
{
  cout << "Vor der Konstruktion von a.\n";
  MyClass a(10);
  cout << "Nach der Konstruktion von a.\n\n";

  cout << "Vor dem Aufruf von display().\n";
```

`mkBigger()` gibt ein `MyClass`-Objekt zurück.

9

```
  display(a);
  cout << "Nach der Rueckkehr von display().\n\n";

  cout << "Vor dem Aufruf von mkBigger().\n";
  a = a.mkBigger();
  cout << "Nach der Rueckkehr von mkBigger().\n\n";

  cout << "Vor dem zweiten Aufruf von display().\n";
  display(a);
  cout << "Nach der Rueckkehr von display().\n\n";

  return 0;
}
```

Dieses Programm erzeugt die folgende Ausgabe:

```
Vor der Konstruktion von a.
In dem Konstruktor
Nach der Konstruktion von a.

Vor dem Aufruf von display().
10
In dem Destruktor
Nach der Rueckkehr von display().

Vor dem Aufruf von mkBigger().
In dem Konstruktor
In dem Destruktor
In dem Destruktor
Nach der Rueckkehr von mkBigger().

Vor dem zweiten Aufruf von display().
20
In dem Destruktor
Nach der Rueckkehr von display().

In dem Destruktor
```

Beachten Sie die zweite »In dem Destruktor«-Meldung.

In diesem Beispiel erstellt `mkBigger()` ein lokales Objekt namens `o`. Dessen Elementvariable `val` nimmt einen Wert an, der doppelt so groß wie der entsprechende Wert des aufrufenden Objekts ist. Dieses Objekts wird dann von der Funktion zurückgegeben und in `main()` dem Objekt `a` zugewiesen. Wenn die Funktion beendet wird, wird `o` zerstört und die erste `"In dem Destruktor"`-Meldung angezeigt. Doch wie kann der zweite Aufruf des Destruktors erklärt werden?

Wenn ein Objekt von einer Funktion zurückgegeben wird, wird automatisch ein temporäres Objekt erstellt, das den Rückgabewert aufnimmt. Es ist dieses Objekt, das von der Funktion zurückgegeben wird. Nachdem der Wert zurückgegeben worden ist, wird dieses temporäre Objekt zerstört. Dies ist der Grund für die zweite "In dem Destruktor"-Meldung, die direkt vor der Meldung "Nach der Rueckkehr von mkBigger()." angezeigt wird.

Ähnlich wie bei der Übergabe eines Objekts an eine Funktion gibt es auch bei der Rückgabe eines Objekts von einer Funktion ein potenzielles Problem. Die Zerstörung dieses temporären Objekts kann in einigen Situationen unerwartete Nebeneffekte auslösen. Wenn beispielsweise das Objekt, das von der Funktion zurückgegeben wird, einen Destruktor enthält, der eine Ressource (wie beispielsweise Speicher oder ein Datei-Handle) freigibt, wird diese Ressource auch dann freigegeben, wenn das Objekt, dem der Rückgabewert zugewiesen wird, sie noch benutzt. Probleme dieser Art können mit einem Kopierkonstruktor gelöst werden, der als Nächstes beschrieben wird.

Ein letzter Punkt: Eine Funktion kann ein Objekt per Referenz zurückgeben, aber Sie müssen darauf achten, dass das referenzierte Objekt nicht seinen Gültigkeitsbereich verlässt, wenn die Funktion beendet wird.

1-Minuten-Test

- Konstruktoren können nicht überladen werden. Wahr oder falsch?
- Wenn ein Objekt als Wert an eine Funktion übergeben wird, wird eine Kopie des Objekts erstellt. Wird diese Kopie zerstört, wenn die Funktion zurückkehrt?
- Wenn ein Objekt von einer Funktion zurückgegeben wird, wird ein temporäres Objekt erstellt, das den Rückgabewert enthält. Wahr oder falsch?

Einen Kopierkonstruktor erstellen und nutzen

Die bisherigen Beispiele haben gezeigt, dass ein Objekt, das an eine Funktion übergeben oder von einer Funktion zurückgegeben wird, kopiert wird. Standardmäßig ist diese Kopie ein bitweiser Klon des ursprünglichen Objekts. Wenn diese Standardkopie Ihre Anforderungen nicht erfüllt, können Sie genau festlegen, wie das Objekt kopiert werden soll, indem Sie einen Kopierkonstruktor für die Klasse definieren. Ein Kopierkonstruktor ist ein spezieller überladener Konstruktor, der automatisch aufgerufen wird, wenn eine Kopie eines Objekts benötigt wird.

- Falsch, Konstruktoren können nicht überladen werden.
- Ja, die Kopie des Arguments wird zerstört, wenn die Funktion zurückkehrt.
- Wahr. Der Rückgabewert einer Funktion ist ein temporäres Objekt.

Zunächst wollen wir noch einmal wiederholen, wann ein Kopierkonstruktor erforderlich sein könnte. Wenn ein Objekt an eine Funktion übergeben wird, wird eine bitweise (das heißt: exakte) Kopie dieses Objekts erstellt und dem entsprechenden Funktionsparameter zugewiesen. In manchen Fällen ist jedoch diese identische Kopie nicht wünschenswert. Wenn das Objekt beispielsweise eine Ressource (beispielsweise ein offene Datei) verwendet, nutzt die Kopie dieselbe Ressource wie das ursprüngliche Objekt. Wenn die Kopie diese Ressource ändert, betrifft die Änderung deshalb auch das ursprüngliche Objekt! Darüber hinaus wird, wenn die Funktion beendet wird, die Kopie zerstört, wobei ihr Destruktor aufgerufen wird. Auch dies kann unerwünschte Nebenwirkungen für das ursprüngliche Objekt haben.

Ähnliches passiert, wenn ein Objekt von einer Funktion zurückgegeben wird. Um den Rückgabewert der Funktion zu speichern, wird ein temporäres Objekt erzeugt. (Dies erfolgt automatisch und entzieht sich Ihrer Kontrolle.) Nachdem der Rückgabewert an die aufrufende Routine zurückgegeben wurde, verlässt dieses temporäre Objekt seinen Gültigkeitsbereich, wobei sein Destruktor aufgerufen wird. Doch wenn der Destruktor etwas zerstört, das von der aufrufenden Routine benötigt wird, können Probleme auftreten.

Der Kern dieser Probleme ist die Erstellung einer bitweisen Kopie des Objekts. Um die Probleme zu verhindern, müssen Sie genau definieren, wie das Objekt kopiert werden soll, um unerwünschte Nebenwirkungen zu vermeiden. Zu diesem Zweck erstellen Sie einen Kopierkonstruktor.

Bevor wir den Kopierkonstruktor in Aktion beschreiben, müssen Sie die beiden verschiedenen Situationen kennen, in denen ein Objekt in C++ den Wert eines anderen Objekts annehmen kann: Die erste Situation ist die Zuweisung und die zweite ist die Initialisierung, die auf drei Weisen erfolgen kann:

- Ein Objekt initialisiert explizit (wie in einer Deklaration) ein anderes.
- Ein Objekt wird kopiert, um an eine Funktion übergeben zu werden.
- Es wird ein temporäres Objekt (meist als Rückgabewert) erstellt.

Der Kopierkonstruktor betrifft nur Initialisierungen, nicht Zuweisungen.

Die gebräuchlichste Form des Kopierkonstruktors lautet:

```
Klassenname (const Klassenname &obj) {
  // Koerper des Konstruktors
}
```

Hier ist *obj* eine Referenz auf ein Objekt, das ein anderes Objekt initialisieren soll. Nehmen wir beispielsweise an, dass `MyClass` eine Klasse und `y` ein Objekt vom Typ `MyClass` ist. Dann rufen die folgenden Anweisungen den Kopierkonstruktor von `MyClass` auf:

```
MyClass x = y; // y initialisiert x explizit
func1(y);      // y wird als Parameter uebergeben
y = func2();   // y empfaengt ein zurueckgegebenes Objekt
```

In den ersten beiden Fällen wird eine Referenz auf `y` an den Kopierkonstruktor übergeben. Im dritten Fall wird eine Referenz auf das Objekt, das von `func2()` zurückgegeben wird, an den Kopierkonstruktor übergeben. Deshalb wird ein Objekt mit dem Kopierkonstruktor dupliziert, wenn es als Parameter übergeben, von einer Funktion zurückgegeben oder in einer Initialisierung verwendet wird.

Zur Erinnerung: Der Kopierkonstruktor wird nicht aufgerufen, wenn ein Objekt einem anderen zugewiesen wird. Beispielsweise wird der Kopierkonstruktor bei folgenden Anweisungen nicht aktiviert:

```
MyClass x;
MyClass y;

x = y; // Hier wird der Kopierkonstruktor nicht verwendet.
```

Noch einmal: Zuweisungen werden von dem Zuweisungsoperator, nicht von dem Kopierkonstruktor verarbeitet.

9

Das folgende Programm demonstriert einen Kopierkonstruktor:

```
// p09-07.cpp

// Der Kopierkonstruktor wird aufgerufen,
// wenn ein Objekt an eine Funktion uebergeben wird.

#include <iostream>
using namespace std;

class MyClass {
  int val;
  int copynumber;
public:
  // Normaler Konstruktor.
  MyClass(int i) {
    val = i;
    copynumber = 0;
    cout << "Im normalen Konstruktor\n";
  }

  // Kopierkonstruktor
  MyClass(const MyClass &o) {
    val = o.val;
```

Dies ist der `MyClass`-Kopierkonstruktor.

```
    copynumber = o.copynumber + 1;
    cout << "Im Kopierkonstruktor\n";
  }

  ~MyClass() {
    if(copynumber == 0)
      cout << "Original zerstoeren.\n";
    else
      cout << "Kopie " << copynumber << " zerstoeren.\n";
  }

  int getval() { return val; }
};
void display(MyClass ob)
{
  cout << ob.getval() << '\n';
}

int main()
{
  MyClass a(10);
  display(a);

  return 0;
}
```

Der Kopierkonstruktor wird aufgerufen, wenn a an `display()` übergeben wird.

Dieses Programm erzeugt die folgende Ausgabe:

```
Im normalen Konstruktor
Im Kopierkonstruktor
10
Kopie 1 zerstoeren.
Original zerstoeren.
```

In diesem Programm passiert Folgendes: Wenn `a` in `main()`erstellt wird, setzt der normale Konstruktor den Wert von `copynumber` auf null. Dann wird `a` an den Parameter `ob` von `display()`übergeben, wobei `a` mit dem Kopierkonstruktor kopiert wird. Dabei inkrementiert der Kopierkonstruktor den Wert von `copynumber`. Wenn `display()` zurückkehrt, verlässt `ob` seinen Gültigkeitsbereich, und sein Destruktor wird aufgerufen. Wenn `main()` zurückkehrt, verlässt schließlich auch das Objekt `a` seinen Gültigkeitsbereich, und sein Destruktor wird aufgerufen.

Sie sollten mit diesem Programm ein wenig experimentieren. Beispielsweise könnten Sie eine Funktion erstellen, die ein `MyClass`-Objekt zurückgibt, und beobachten, wann der Kopierkonstruktor aufgerufen wird.

1-Minuten-Test

- Wie wird ein Objekt kopiert, wenn der standardmäßige Kopierkonstruktor verwendet wird?
- Ein Kopierkonstruktor wird aufgerufen, wenn ein Objekt einem anderen Objekt zugewiesen wird. Wahr oder falsch?
- Warum könnte es erforderlich sein, explizit einen Kopierkonstruktor für eine Klasse zu definieren?

Befreundete Funktionen

Im Allgemeinen haben nur andere Elemente einer Klasse Zugriff auf die privaten Elemente der Klasse. Sie können jedoch auch Nicht-Elementfunktionen den Zugriff auf die privaten Elemente einer Klasse gestatten, indem Sie diese Funktionen als *Freunde* der Klasse deklarieren. Zu diesem Zweck fügen Sie den Prototyp der Funktion mit dem vorangestellten Schlüsselwort `friend` in den `public`-Abschnitt der Klassendeklaration ein. Beispielsweise wird im folgenden Fragment die Funktion `frnd()` als Freund der Klasse `MyClass` deklariert:


```
class MyClass {
  // ...
public:
  friend void frnd(MyClass ob);
 // ...
};
```

Das Schlüsselwort `friend` steht vor dem Rest des Prototyps. Eine Funktion kann mit mehreren Klassen befreundet sein.

Das folgende kurze Beispiel stellt mit einer `friend`-Funktion fest, ob die privaten Felder von `MyClass` einen gemeinsamen Nenner haben:

```
// p09-08.cpp
// Eine friend-Funktion demonstrieren.
#include <iostream>
using namespace std;
class MyClass {
```

- Wenn der standardmäßige Kopierkonstruktor verwendet wird, wird das Objekt bitweise kopiert. Das heißt die Kopie ist mit dem Original identisch.
- Falsch. Wenn ein Objekt einem anderen Objekt zugewiesen wird, wird kein Kopierkonstruktor aufgerufen.
- Sie müssen explizit einen Kopierkonstruktor für eine Klasse definieren, wenn die Kopie eines Objekts nicht mit dem Original identisch sein darf, beispielsweise um zu verhindern, dass das Original beschädigt wird.

```
  int a, b;
public:
  MyClass(int i, int j) { a=i; b=j; }
  friend int comDenom(MyClass x); // eine friend-Funktion
};
```

comDenom() ist ein Freund von MyClass.

```
// Beachten Sie, dass comDenom() keine Elementfunktion einer Klasse
ist.
int comDenom(MyClass x)
{
  // Weil comDenom() ein Freund von MyClass ist,
  // kann sie direkt auf a und b zugreifen.
  int max = x.a < x.b ? x.a : x.b;

  for(int i=2; i <= max; i++)
    if((x.a%i)==0 && (x.b%i)==0) return i;

  return 0;
}
int main()
{
  MyClass n(18, 111);

  if(comDenom(n))
    cout << "Der gemeinsame Nenner ist " << comDenom(n) << ".\n";
  else
    cout << "Kein gemeinsamer Nenner.\n";

  return 0;
}
```

comDenom() wird normal ohne Objekt und ohne Dot-Operator aufgerufen.

In diesem Beispiel ist die Funktion comDenom() kein Element von MyClass. Dennoch hat sie vollen Zugriff auf die privaten Elemente von MyClass. Insbesondere kann sie auf x.a und x.b zugreifen. Beachten Sie auch, dass comDenom() normal – das heißt ohne Objekt und Dot-Operator – aufgerufen wird. Da sie keine Elementfunktion ist, muss sie nicht mit dem Namen eines Objekts qualifiziert werden. (Tatsächlich *kann sie gar nicht* mit dem Namen eines Objekts qualifiziert werden.) Typischerweise werden einer friend-Funktion – wie bei comDenom() – Elemente der Klasse übergeben, mit der sie befreundet ist.

In diesem Beispiel wird nichts dadurch gewonnen, comDenom() als befreundete Funktion statt als Elementfunktion von MyClass zu definieren. Doch in manchen Situationen sind befreundete Funktionen recht nützlich. Erstens können Sie mit befreundeten Funktionen bestimmte Operatoren überladen, was später in diesem Kapitel beschrieben wird. Zweitens vereinfachen friend-Funktionen das Erstellen einiger Arten von I/O-Funktionen, was in Kapitel 11 beschrieben wird.

Drittens können befreundete Funktionen in Fällen nützlich sein, in denen zwei oder mehr Klassen Elemente enthalten, die mit anderen Teilen eines Programms verbunden sind. Nehmen wir beispielsweise zwei Klassen namens `Cube` und `Cylinder` an, die die Eigenschaften eines Würfels bzw. eines Zylinders – unter anderem auch seine Farbe – definieren. Um die Farben eines Würfels und eines Zylinders leicht vergleichen zu können, können Sie eine `friend`-Funktion definieren, die die `color`-Elemente der Objekte vergleicht und `true` zurückgibt, wenn die Farben übereinstimmen, bzw. `false`, wenn sie sich unterscheiden. Das folgende Programm veranschaulicht diese Lösung:

```
// p09-09.cpp
// Friend-Funktionen koennen von mehreren
// Klassen gemeinsam genutzt werden.
#include <iostream>
using namespace std;
class Cylinder; // eine Vorwaerts-Deklaration
enum colors { red, green, yellow };
class Cube {
  colors color;
public:
  Cube(colors c) { color = c; }
  friend bool sameColor(Cube x, Cylinder y);
  // ...
};
class Cylinder {
  colors color;
public:
  Cylinder(colors c) { color= c; }
  friend bool sameColor(Cube x, Cylinder y);
  // ...
};
bool sameColor(Cube x, Cylinder y)
{
  if(x.color == y.color) return true;
  else return false;
}
int main()
{
  Cube cube1(red);
  Cube cube2(green);
  Cylinder cyl(green);
  if(sameColor(cube1, cyl))
    cout << "cube1 und cyl haben dieselbe Farbe.\n";
  else
```

`sameColor()` ist ein Freund von `Cube`.

`sameColor()` ist auch ein Freund von `Cylinder`.

9

```
    cout << "cube1 und cyl haben verschiedene Farben.\n";
  if(sameColor(cube2, cyl))
    cout << "cube2 und cyl haben dieselbe Farbe.\n";
  else
    cout << "cube2 und cyl haben verschiedene Farben.\n";

  return 0;
}
```

Dieses Programm erzeugt die folgende Ausgabe:

```
cube1 und cyl haben verschiedene Farben.
cube2 und cyl haben dieselbe Farbe.
```

Beachten Sie, dass dieses Programm für die Klasse `Cylinder` eine so genannte *Vorwärts-Deklaration* (engl. *forward declaration* oder *forward reference,* dt. auch *Vorwärts-Referenz*) verwendet. Dies ist notwendig, weil sich die Deklaration von `sameColor()` in `Cube` auf `Cylinder` bezieht, bevor `Cylinder` deklariert wurde. Um eine Vorwärts-Deklaration für eine Klasse zu erstellen, verwenden Sie einfach die Form, die in diesem Programm gezeigt wird.

Ein Freund einer Klasse kann Element einer anderen Klasse sein. Im folgenden Beispiel wird das oben stehende Programm so umgeschrieben, dass `sameColor()` ein Element von `Cube` ist. Beachten Sie, wie der Bereichsauflösungsoperator verwendet wird, wenn `sameColor()` als Freund von `Cylinder` verwendet wird.

```
// p09-10.cpp

// Eine Funktion kann Element einer Klasse und
// Freund einer anderen Klasse sein.

#include <iostream>
using namespace std;

class Cylinder; // eine Vorwaerts-Deklaration

enum colors { red, green, yellow };

class Cube {
  colors color;
public:
  Cube(colors c) { color = c; }
  bool sameColor(Cylinder y);
  // ...
};

class Cylinder {
  colors color;
public:
  Cylinder(colors c) { color = c; }
  friend bool Cube::sameColor(Cube x, Cylinder y);
  // ...
```

`sameColor()` ist jetzt ein Element von `Cube`.

`Cube::sameColor()` ist ein Freund von `Cylinder`.

```
};
bool Cube::sameColor(Cylinder y) {
  if(color == y.color) return true;
  else return false;
}
int main()
{
  Cube cube1(red);
  Cube cube2(green);
  Cylinder cyl(green);

  if(cube1.sameColor(cyl))
    cout << "cube1 und cyl haben dieselbe Farbe.\n";
  else
    cout << "cube1 und cyl haben verschiedene Farben.\n";

  if(cube2.sameColor(cyl))
    cout << "cube2 und cyl haben dieselbe Farbe.\n";
  else
    cout << "cube2 und cyl haben verschiedene Farben.\n";

  return 0;
}
```


Da `sameColor()`ein Element von `Cube` ist, kann die Funktion direkt auf die `color`-Variable von Objekten vom Typ `Cube` zugreifen. Deshalb müssen nur Objekte vom Typ `Cylinder` an `sameColor()` übergeben werden.

1-Minuten-Test

- Was ist eine befreundete Funktion? Mit welchem Schlüsselwort wird sie deklariert?
- Wird eine befreundete Funktion mit einem Objekt und einem Dot-Operator aufgerufen?
- Kann ein Freund einer Klasse Element einer anderen Klasse sein?

Strukturen und Unions

Zusätzlich zu dem Schlüsselwort `class` verfügt C++ über zwei weitere Methoden, um einen Klassentyp zu erstellen: Mit der ersten Methode können Sie eine *Struktur* erstellen, mit der zweiten eine *Union.* Wir werden hier beide Methoden behandeln.

- Eine befreundete Funktion ist eine Nicht-Element-Funktion, die auf die privaten Elemente der befreundeten Klasse zugreifen kann. Eine befreundete Funktion wird mit dem Schlüsselwort `friend` deklariert.
- Nein, eine befreundete Funktion wird wie eine normale Nicht-Element-Funktion aufgerufen.
- Ja, eine befreundete Funktion einer Klasse kann Element einer anderen Klasse sein.

Strukturen

Strukturen sind ein Erbe der Sprache C. Sie werden mit dem Schlüsselwort struct deklariert. Eine struct ähnelt syntaktisch einer class, und beide erstellen einen Klassentyp. In der Sprache C kann eine struct nur Datenelemente enthalten, in C++ gilt diese Einschränkung jedoch nicht. In C++ ist struct im Wesentlichen eine alternative Methode, um eine Klasse zu spezifizieren. Tatsächlich besteht in C++ der einzige Unterschied zwischen einer class und einer struct darin, dass in einer struct alle Elemente standardmäßig öffentlich und in einer class privat sind. In allen anderen Aspekten sind Strukturen und Klassen gleichwertig.

Das folgende Programm zeigt ein Beispiel für eine Struktur:

```
// p09-11.cpp
// Beispiel fuer eine Struktur
#include <iostream>
using namespace std;
struct Test {
  int get_i() { return i; }   // Diese Elemente sind standardmaessig
  void put_i(int j) { i = j; } // oeffentlich.
private:
  int i;
};
int main()
{
  Test s;
  s.put_i(10);
  cout << s.get_i();
  return 0;
}
```

Elemente einer Struktur sind standardmäßig öffentlich.

Dieses einfache Programm definiert einen Strukturtyp namens Test, in dem get_i() und put_i() öffentlich sind und in dem i privat ist. Beachten Sie, wie mit dem Schlüsselwort private das private Element der Struktur deklariert wird.

Das folgende Beispiel zeigt ein gleichwertiges Programm, das eine class anstelle einer struct verwendet.

```
// p09-12.cpp
// Klasse statt Struktur verwenden.
#include <iostream>
using namespace std;
class Test {
```

```
  int i; // standardmaessig privat
public:
  int get_i() { return i; }
  void put_i(int j) { i = j; }
};

int main()
{
  Test s;

  s.put_i(10);
  cout << s.get_i();

  return 0;
}
```

Meistens verwenden C++-Programmierer eine `class`, um die Form eines Objekts zu definieren, das Elementfunktionen enthält, und eine `struct` – in ihrer traditionellen Rolle -für Objekte, die nur Datenelemente enthalten. Manchmal wird eine Struktur, die keine Elementfunktionen enthält, mit der Abkürzung *POD* (*Plain Old Data*, sinngemäß: *Einfach nur Daten*) bezeichnet.

Frage an den Experten

Frage: Da `struct` und `class` so ähnlich sind, warum hat C++ beide?

Antwort: Auf den ersten Blick scheint eins der beiden Konstrukte redundant zu sein, da sowohl Strukturen als auch Klassen praktisch identische Fähigkeiten haben. Viele C++-Neulinge fragen sich, warum diese offensichtliche Duplizität existiert. Tatsächlich wird nicht selten vorgeschlagen, das Schlüsselwort `class` oder das Schlüsselwort `struct` auszumustern.

Das Gegenargument basiert auf dem Wunsch, die Rückwärtskompatibilität von C++ zu C zu erhalten. So wie C++ gegenwärtig definiert ist, ist eine Standard-C-Struktur auch in C++ gültig. In der Sprache C ist das Konzept öffentlicher und privater Strukturelemente unbekannt, sodass alle Strukturelemente standardmäßig öffentlich sind. Deshalb sind die Elemente von C++-Strukturen standardmäßig nicht privat, sondern ebenfalls öffentlich. Da das Schlüsselwort `class` ausdrücklich geschaffen wurde, um die Einkapselung zu unterstützen, ist es sinnvoll, dass die Elemente einer Klasse standardmäßig privat sind.

Um in dieser Hinsicht eine Inkompatibilität mit C zu vermeiden, durfte das Standardverhalten einer Struktur nicht geändert werden, sodass ein neues Schlüsselwort zu C++ hinzugefügt wurde. Doch langfristig gibt es einen wichtigeren Grund für die Trennung von Strukturen und Klassen: Weil `class` als Konstrukt syntaktisch von `struct` getrennt ist, kann die Definition einer Klasse in Richtungen weiterentwickelt werden, die syntaktisch möglicherweise nicht mit C-ähnlichen Strukturen kompatibel sind. Da die beiden Konstrukte getrennt sind, wird die künftige Entwicklung von C++ nicht durch Rücksichten auf die Kompatibilität mit C-ähnlichen Strukturen belastet.

Unions

Eine *Union* ist ein Speicherort, an dem zwei oder mehr verschiedene Variablen gespeichert werden. Eine Union wird mit dem Schlüsselwort `union` erstellt, und wie das folgende Beispiel zeigt, ähnelt ihre Deklaration der einer Struktur:

```
union utype {
  short int i;
  char ch;
} ;
```

Damit wird eine Union definiert, in der ein `short int`-Wert und ein `char`-Wert denselben Speicherplatz belegen. Eines muss jedoch klar sein: Es ist *nicht möglich*, dass diese Union *zur selben Zeit* sowohl eine Ganzzahl als auch ein Zeichen enthält, weil sich `i` und `ch` überlagern. Statt dessen kann ein Programm die Informationen in der Union jederzeit als Ganzzahl oder als Zeichen behandeln. Deshalb können Sie mit einer Union ein Datenelement auf zwei oder mehr Weisen betrachten.

Um eine `union`-Variable zu deklarieren, können Sie ihren Namen am Ende der `union`-Deklaration angeben oder eine separate Deklarationsanweisung in das Programm einfügen. Um beispielsweise eine `union`-Variable namens `u_var` vom Typ `utype` zu deklarieren, können Sie die folgende Anweisung verwenden:

```
utype u_var;
```

In `u_var` können sowohl die `short int`-Variable `i` als auch das Zeichen `ch` denselben Speicherort belegen. (Natürlich belegt `i` zwei Bytes, während `ch` nur ein Byte benötigt.) Abbildung 9.1 zeigt, wie `i` und `ch` dieselbe Adresse teilen.

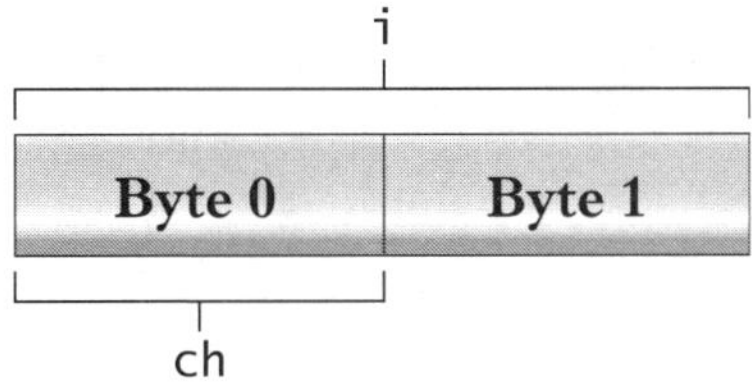

Abbildung 9.1 Wie `i` und `ch` von `u_var` dieselbe Adresse teilen

Für C++ ist eine Union im Wesentlichen eine Klasse, in der alle Elemente an derselben Stelle gespeichert werden. Tatsächlich definiert eine Union einen Klassentyp. Eine Union kann Konstruktoren, Destruktor-Funktionen und Elementfunktionen enthalten. Weil die Union von C geerbt wurde, sind ihre Elemente standardmäßig öffentlich, nicht privat.

Das folgende Programm zeigt mit einer Union die Zeichen an, die in dem unteren bzw. oberen Byte einer `short`-Ganzzahl enthalten sind (vorausgesetzt, dass diese zwei Bytes enthält):

```
// p09-13.cpp
// Eine Union demonstrieren.
#include <iostream>
using namespace std;
union u_type {
  u_type(short int a) { i = a; };
  u_type(char x, char y) { ch[0] = x; ch[1] = y; }
  void showchars(){
    cout << ch[0] << " ";
    cout << ch[1] << "\n";
  }
  short int i;
  char ch[2];
};
int main()
{
  u_type u(1000);
  u_type u2('X', 'Y');
  cout << "u als Ganzzahl: ";
  cout << u.i << "\n";
  cout << "u als Zeichen: ";
  u.showchars();
```

Die Datenelemente einer Union teilen denselben Speicherplatz.

Die Daten in einem `u_type`-Objekt können als kurze Ganzzahl oder als zwei Zeichen betrachtet werden.

```
  cout << "u2 als Ganzzahl: ";
  cout << u2.i << "\n";
  cout << "u2 als Zeichen: ";
  u2.showchars();

  return 0;
}
```

Die Daten in einem u_type-Objekt können als kurze Ganzzahl oder als zwei Zeichen betrachtet werden.

Dieses Programm erzeugt die folgende Ausgabe:

```
u als Ganzzahl: 1000
u als Zeichen: è
u2 als Ganzzahl: 22872
u2 als Zeichen: X Y
```

Die Ausgabe zeigt, dass Sie mit der u_type-Union dieselben Daten auf zwei verschiedene Weisen betrachten können.

Die C++-Union ist wie die Struktur von der Sprache C übernommen worden. Doch in C können Unions nur Datenelemente enthalten; Funktionen und Konstruktoren sind nicht zugelassen. In C++ verfügt die Union über die erweiterten Fähigkeiten der Klasse. Doch die Tatsache, dass Unions in C++ leistungsstärker und flexibler sind, bedeutet nicht, dass Sie diese Fähigkeiten nutzen müssen. Häufig enthalten Unions nur Daten. Doch in Fällen, in denen Sie eine Union zusammen mit den Routinen einkapseln können, die ihre Datenelemente manipulieren, können Sie die Struktur eines Programms erheblich verbessern.

Wenn Sie mit C++-Unions arbeiten, müssen Sie mehrere Einschränkungen beachten. Die meisten dieser Einschränkungen haben mit Funktionen von C++ zu tun, die später in diesem Buch beschrieben werden. Der Vollständigkeit halber werden sie aber auch hier beschrieben. Erstens kann eine Union keine Klasse erben. Außerdem kann eine Union nicht als Basisklasse verwendet werden. Eine Union kann keine virtuellen Elementfunktionen enthalten. Statische Variablen und Referenzelemente können nicht Elemente einer Union sein. Eine Union darf kein Objekt als Element enthalten, das den =-Operator überlädt. Schließlich darf eine Union kein Objekt als Element enthalten, wenn das Objekt über einen expliziten Konstruktor oder Destruktor verfügt.

Anonyme Unions

C++ verfügt über eine spezielle Art von Union: die *anonyme Union*. Eine anonyme Union hat keinen Typnamen, und es können keine Variablen der Union deklariert werden. Statt dessen teilt eine anonyme Union dem Compiler mit, dass ihre Elementvariablen denselben Speicherplatz belegen sollen. Doch die

Variablen selbst werden direkt ohne die normale Dot-Operator-Syntax referenziert. Betrachten Sie beispielsweise das folgende Programm:

```
// p09-14.cpp
// Eine anonyme Union demonstrieren.

#include <iostream>
#include <cstring>
using namespace std;

int main()
{
  // Die anonyme Union definieren.
  union {
    long l;
    double d;
    char s[4];
  } ;

  // Jetzt die Union-Elemente direkt referenzieren.
  l = 100000;
  cout << l << " ";
  d = 123.2342;
  cout << d << " ";
  strcpy(s, "hi");
  cout << s;

  return 0;
}
```

Dies ist eine anonyme Union.

Die Elemente einer anonymen Union werden direkt referenziert.

Das Beispiel zeigt, dass die Elemente der Union so referenziert werden, als wären sie wie normale lokale Variablen deklariert worden. Tatsächlich werden Sie sie in Ihrem Programm genau in dieser Weise verwenden. Außerdem: Obwohl die Variablen innerhalb einer `union`-Deklaration definiert sind, haben sie denselben Gültigkeitsbereich wie andere lokale Variablen in demselben Block. Dies impliziert, dass die Namen der Elemente einer anonymen Union nicht mit anderen Bezeichnern innerhalb desselben Gültigkeitsbereichs in Konflikt stehen dürfen.

Für anonyme Unions gelten dieselben Einschränkungen wie für normale Unions sowie zusätzlich die folgenden: Erstens darf eine anonyme Union nur Datenelemente enthalten. Elementfunktionen sind nicht zulässig. Zweitens darf sie keine `private`- oder `protected`-Elemente enthalten. (Der Modifizierer `protected` wird in Kapitel 10 beschrieben.) Außerdem müssen globale anonyme Unions als `static` deklariert werden.

Das Schlüsselwort this

Bevor wir das Überladen von Operatoren beschreiben, müssen wir ein weiteres C++-Schlüsselwort behandeln: `this`. Wenn eine Elementfunktion aufgerufen wird, wird ihr automatisch ein Zeiger namens `this` übergeben, der auf das Objekt zeigt, mit dem die Funktion aufgerufen wird. Der Zeiger `this` ist ein impliziter Parameter aller Elementfunktionen. Deshalb können Sie mit `this` in einer Elementfunktion das aufrufende Objekt referenzieren.

Wie Sie wissen, kann eine Elementfunktion direkt auf die privaten Daten ihrer Klasse zugreifen. Wenn beispielsweise die Klasse

```
class Test {
  int i;
  void f() { ... };
  // ...
};
```

gegeben ist, kann in `f()`die folgende Anweisung verwendet werden, um `i` den Wert 10 zuzuweisen:

```
i = 10;
```

Tatsächlich ist die oben stehende Anweisung eine Kurzform der folgenden:

```
this->i = 10;
```

Das folgende kurze Programm zeigt, wie der Zeiger `this` funktioniert:

```
// p09-15.cpp
// Mit dem Zeiger this arbeiten.
#include <iostream>
using namespace std;
class Test {
  int i;
public:
  void load_i(int val) {
    this->i = val;        // Dasselbe wie i = val.
  }
  int get_i() {
    return this->i;       // Dasselbe wie return i.
  }
} ;
```

```
int main()
{
  Test o;

  o.load_i(100);
  cout << o.get_i();

  return 0;
}
```

Dieses Programm zeigt die Zahl `100` an. Dieses Beispiel ist natürlich trivial, und niemand würde den Zeiger `this` auf diese Weise verwenden. Doch bald werden Sie sehen, warum der Zeiger `this` in der C++-Programmierung wichtig ist.

Ein weiterer Punkt: Befreundete Funktionen haben keinen `this`-Zeiger, weil Freunde nicht Elemente einer Klasse sind. Nur Elementfunktionen haben einen `this`-Zeiger.

1-Minuten-Test

- Kann eine `struct` Elementfunktionen enthalten?
- Was ist das wesentliche Merkmal einer `union`?
- Worauf bezieht sich `this`?

Operatoren überladen

Der Rest dieses Kapitels behandelt eine der aufregendsten und leistungsstärksten Funktionen von C++: das *Überladen von Operatoren*. In C++ können Sie Operatoren in Bezug auf die Klassentypen überladen, die Sie erstellen. Das Überladen von Operatoren bietet den folgenden Hauptvorteil: Sie können damit neue Datentypen nahtlos in Ihre Programmierumgebung integrieren.

Wenn Sie einen Operator überladen, definieren Sie seine Bedeutung für eine bestimmte Klasse. Beispielsweise könnte eine Klasse, die eine verkettete Liste definiert, den +-Operator verwenden, um ein Objekt zu der Liste hinzuzufügen. Eine Klasse, die einen Stack implementiert, könnte den +-Operator verwenden, um ein Objekt auf den Stapel zu schieben. Eine andere Klasse könnte den +-Operator auf ganz andere Weise verwenden. Wenn ein Operator überladen wird, verliert er nicht seine ursprüngliche Bedeutung, sondern es wird einfach eine neue Operation für eine spezielle Klasse definiert. Deshalb wird, wenn der +-Operator für eine verkettete Liste überladen wird, beispielsweise seine Bedeutung für Ganzzahlen (das heißt: die Addition) nicht geändert.

- Ja, eine `struct` kann Elementfunktionen enthalten.
- Die Datenelemente einer `union` teilen denselben Speicherbereich.
- `this` ist ein Zeiger auf das Objekt, mit dem eine Elementfunktion aufgerufen wurde.

Das Überladen von Operatoren ist eng mit dem Überladen von Funktionen verbunden. Um einen Operator zu überladen, müssen Sie definieren, was die Operation für die Klasse bedeuten soll, für die der Operator gelten soll. Zu diesem Zweck erstellen Sie eine `operator`-Funktion. Eine solche Funktion hat die folgende allgemeine Form:

```
Typ Klassenname::operator#(Argumentenliste)
{
  // Operationen
}
```

Dabei muss *#* durch den Operator ersetzt werden, den Sie überladen wollen. *Typ* gibt den Datentyp an, der von der angegebenen Operation zurückgegeben wird. Obwohl Sie einen beliebigen Typ wählen können, hat der Rückgabewert oft denselben Typ wie die Klasse, für die der Operator überladen wird. Diese Korrelation erleichtert es, den überladenen Operator in zusammengesetzten Ausdrücken zu verwenden. Die spezielle Art der *Argumentenliste* hängt von mehreren Faktoren ab, die in den folgenden Abschnitten beschrieben werden.

Operatorfunktionen können entweder Elemente oder Nicht-Elemente einer Klasse sein. Nicht-Element-Operatorfunktionen sind jedoch oft befreundete Funktionen der Klasse. Obwohl beide Arten ähnlich sind, unterscheiden sich Element- und Nicht-Element-Operatorfunktionen darin, wie sie überladen werden. Näheres darüber wird in den folgenden Abschnitten erläutert.

Anmerkung

Weil C++ viele Operatoren enthält, ist das Thema des Überladens von Operatoren recht umfangreich, und es ist nicht möglich, dieses Thema in diesem Buch erschöpfend zu behandeln. Eine umfassende Beschreibung des Überladens von Operatoren finden Sie in meinem Buch *C++ Ent-Packt*, MITP-Verlag.

Operatoren mit Elementfunktionen überladen

Wir wollen unsere Untersuchung der Element-Operatorfunktionen mit einem einfachen Beispiel beginnen. Das folgende Programm erstellt eine Klasse namens `ThreeD`, die die Koordinaten eines Objekts im dreidimensionalen Raum verwaltet. Das Programm überlädt die Operatoren + und = für die `ThreeD`-Klasse. Sie sollten es genau studieren.

```
// p09-16.cpp
// + und = fuer die ThreeD-Klasse definieren.
#include <iostream>
using namespace std;
class ThreeD {
  int x, y, z; // 3D-Koordinaten
public:
  ThreeD() { x = y = z = 0; }
  ThreeD(int i, int j, int k) { x = i; y = j; z = k; }
  ThreeD operator+(ThreeD op2); // op1 ist impliziert
  ThreeD operator=(ThreeD op2); // op1 ist impliziert
  void show() ;
};
// Den +-Operator ueberladen.
ThreeD ThreeD::operator+(ThreeD op2)
{
  ThreeD temp;
  temp.x = x + op2.x; // Dies sind ganzzahlige Additionen,
  temp.y = y + op2.y; // und das + behaelt seine urspruengliche
  temp.z = z + op2.z; // Bedeutung fuer sie.
  return temp;
}
// Die Zuweisung ueberladen.
ThreeD ThreeD::operator=(ThreeD op2)
{
  x = op2.x; // Dies sind ganzzahlige Zuweisungen,
  y = op2.y; // und das = behaelt seine urspruengliche
  z = op2.z; // Bedeutung fuer sie.
  return *this;
}
// Die Koordinaten X, Y, Z anzeigen.
void ThreeD::show()
{
  cout << x << ", ";
  cout << y << ", ";
  cout << z << "\n";
}
int main()
{
  ThreeD a(1, 2, 3), b(10, 10, 10), c;
  cout << "Urspruenglicher Wert von a: ";
```

Den +-Operator für `ThreeD` überladen.

Ein neues Objekt zurückgeben. Die Argumente unverändert lassen.

Den =-Operator für `ThreeD` überladen.

Das geänderte Objekt zurückgeben.

```
  a.show();
  cout << "Urspruenglicher Wert von b: ";
  b.show();

  cout << "\n";

  c = a + b; // a und b addieren
  cout << "Der Wert von c nach c = a + b: ";
  c.show();

  cout << "\n";

  c = a + b + c; // a, b und c addieren
  cout << "Der Wert von c nach c = a + b + c: ";
  c.show();

  cout << "\n";

  c = b = a;  // Die mehrfache Zuweisung demonstrieren.
  cout << "Der Wert von c nach c = b = a: ";
  c.show();
  cout << "Der Wert von b nach c = b = a: ";
  b.show();

  return 0;
}
```

Dieses Programm erzeugt die folgende Ausgabe:

```
Urspruenglicher Wert von a: 1, 2, 3
Urspruenglicher Wert von b: 10, 10, 10

Der Wert von c nach c = a + b: 11, 12, 13

Der Wert von c nach c = a + b + c: 22, 24, 26

Der Wert von c nach c = b = a: 1, 2, 3
Der Wert von b nach c = b = a: 1, 2, 3
```

Als Sie sich das Programm angesehen haben, waren Sie möglicherweise überrascht zu sehen, dass beide Operatorfunktionen nur einen Parameter haben, obwohl sie binäre Operationen überladen. Der Grund für diesen scheinbaren Widerspruch ist Folgender: Wenn ein binärer Operator mit einer Elementfunktion überladen wird, wird nur ein Argument ausdrücklich an den Operator übergeben. Das andere Argument wird implizit mit dem Zeiger `this` übergeben. Deshalb bezieht sich in der Zeile

```
temp.x = x + op2.x;
```

x auf this->x, das heißt auf das x, das zu dem Objekt gehört, das die Operatorfunktion aufruft. In allen Fällen verursacht das Objekt auf der linken Seite einer Operation den Aufruf der Operatorfunktion. Das Objekt auf der rechten Seite wird an die Funktion übergeben.

Allgemein gilt: Wenn Sie einen unären Operator mit einer Elementfunktion überladen, wird kein Parameter benötigt. Wenn Sie einen binären Operator überladen, ist nur ein Parameter erforderlich. (Der ternäre ?-Operator kann nicht überladen werden.) In beiden Fällen wird das Objekt, das die Operatorfunktion aufruft, implizit mit dem Zeiger this übergeben.

Wir wollen jetzt das oben stehende Programm sorgfältig analysieren, um zu verstehen, wie das Überladen von Operatoren funktioniert. Zunächst der Operator +: Wenn zwei Objekte vom Typ ThreeD mit dem Operator + verknüpft werden, addiert die Funktion operator+() ihre entsprechenden Koordinaten. Beachten Sie, dass diese Funktion die Werte der beiden Operanden nicht ändert, sondern dass sie ein Objekt vom Typ ThreeD mit dem Ergebnis der Operation zurückgibt. Anhand der normalen arithmetischen +-Operation können Sie verstehen, warum die +-Operation den Inhalt der beiden Objekte nicht ändert: Die Addition 10 + 12 ergibt 22, doch weder 10 noch 12 werden durch diese Operation geändert. Obwohl keine Regel verbietet, dass ein überladener +-Operator die Werte seiner Operanden ändert, sollten seine Aktionen möglichst seine ursprüngliche Bedeutung widerspiegeln.

Beachten Sie, dass operator+() ein Objekt vom Typ ThreeD zurückgibt. Obwohl die Funktion jeden gültigen C++-Typ zurückgegeben könnte, kann der +-Operator aufgrund der Tatsache, dass er ein ThreeD-Objekt zurückgibt, in zusammengesetzten Ausdrücken wie beispielsweise a+b+c verwendet werden. In diesem Ausdruck generiert a+b zunächst ein Ergebnis vom Typ ThreeD. Dieser Wert kann dann zu c addiert werden. Wenn a+b einen Wert eines anderen Typs generieren würde, würde ein solcher Ausdruck nicht funktionieren.

Im Gegensatz zu dem +-Operator ändert der Zuweisungsoperator eines seiner Argumente. (Schließlich ist dies die wesentliche Eigenschaft einer Zuweisung.) Die Funktion operator=() wird von dem Objekt auf der linken Seite der Zuweisung aufgerufen. Deshalb ist dies das Objekt, das von dem Zuweisungsoperator geändert wird. Meistens gibt ein überladener Zuweisungsoperator nach der Zuweisung das Objekt auf der linken Seite zurück. (Dies steht in Einklang mit der traditionellen Aktion des =-Operators.) Um beispielsweise Anweisungen wie

```
a = b = c = d;
```

zu ermöglichen, muss operator=() das Objekt zurückgeben, auf das this zeigt; und dies ist das Objekt auf der linken Seite der Zuweisungsanweisung. Dadurch können Zuweisungen verkettet werden. Die Zuweisungsoperation zählt zu den wichtigsten Anwendungen des Zeigers this.

In dem oben stehenden Programm war es tatsächlich nicht notwendig, den =-Operator zu überladen, weil der standardmäßige Zuweisungsoperator von C++ auf die ThreeD-Klasse anwendbar ist. (Weiter oben in diesem Kapitel wurde erklärt, dass ein Objekt bei der standardmäßigen Zuweisung bitweise kopiert wird.) Hier haben wir diesen Operator einfach nur überladen, um zu zeigen, wie das Verfahren funktioniert. Im Allgemeinen müssen Sie den =-Operator nur überladen, wenn die standardmäßige bitweise Kopie nicht geeignet ist. Weil der standardmäßige =-Operator für ThreeD ausreicht, ist er in den folgenden Beispielen in diesem Kapitel nicht überladen.

Die Reihenfolge ist wichtig

In vielen Fällen spielt die Reihenfolge der Operanden beim Überladen binärer Operatoren eine Rolle. Beispielsweise ist die Addition A + B kommutativ, die Subtraktion A - B dagegen nicht. (Das heißt, A - B ist nicht dasselbe wie B - A!) Deshalb müssen Sie, wenn Sie nichtkommutative Operatoren überladen wollen, beachten, welcher Operand links und welcher rechts stehen muss. Das folgende Beispiel zeigt, wie die Subtraktion für die ThreeD-Klasse überladen wird:

```
// Die Subtraktion ueberladen.
ThreeD ThreeD::operator-(ThreeD op2)
{
  ThreeD temp;

  temp.x = x - op2.x;
  temp.y = y - op2.y;
  temp.z = z - op2.z;
  return temp;
}
```

Zur Erinnerung: Es ist der Operand auf der linken Seite, der die Operatorfunktion aufruft. Der Operand auf der rechten Seite wird explizit übergeben.

Unäre Operatoren mit Elementfunktionen überladen

Sie können auch unäre Operatoren (wie ++ und -- oder das unäre – oder +) überladen. Wie bereits erwähnt, gilt dabei Folgendes: Wenn ein unärer Operator mit einer Elementfunktion überladen wird, wird explizit kein Objekt an die Operatorfunktion übergeben, sondern die Operation wird mit dem Objekt ausgeführt, das die Funktion aufruft und dabei implizit in dem this-Zeiger übergeben wird. Beispielsweise überlädt das folgende Programm die Inkrement-Operation für Objekte vom Typ ThreeD:

```
// p09-17.cpp
// Den unaeren Operator ++ ueberladen.
#include <iostream>
using namespace std;
class ThreeD {
  int x, y, z; // 3D-Koordinaten
public:
  ThreeD() { x = y = z = 0; }
  ThreeD(int i, int j, int k) {x = i; y = j; z = k; }
  ThreeD operator++(); // Praefixversion von ++
  void show() ;
} ;
// Die Praefixversion von ++ ueberladen.
ThreeD ThreeD::operator++()
{
  x++; // x, y und z inkrementieren
  y++;
  z++;
  return *this;
}
// Die X-, Y- und Z-Koordinaten anzeigen.
void ThreeD::show()
{
  cout << x << ", ";
  cout << y << ", ";
  cout << z << "\n";
}
int main()
{
  ThreeD a(1, 2, 3);
  cout << "Urspruenglicher Wert von a: ";
  a.show();
  ++a;  // a inkrementieren
  cout << "Der Wert nach ++a: ";
  a.show();
  return 0;
}
```

Den ++-Operator für `ThreeD` überladen.

Das inkrementierte Objekt zurückgeben.

Dieses Programm erzeugt die folgende Ausgabe:

```
Ursprueglicher Wert von a: 1, 2, 3
Der Wert nach ++a: 2, 3, 4
```

Die Ausgabe zeigt, dass `operator++()` jede Koordinate in dem Objekt inkrementiert und das geänderte Objekt zurückgibt. Auch hier entspricht dies der traditionellen Bedeutung des ++-Operators.

Wie Sie wissen, haben die Operatoren ++ und -- eine Präfix- und eine Postfixform. Beispielsweise sind sowohl

```
++x;
```

als auch

```
x++;
```

gültige Inkrement-Operatoren. Die Kommentare in dem oben stehenden Programm drücken aus, dass die Funktion `operator++()` die Präfixform von ++ für die `ThreeD`-Klasse überlädt. Sie können jedoch auch die Postfixform überladen. Der Prototyp für die Postfixform des ++-Operators für die `ThreeD`-Klasse lautet:

```
ThreeD operator++(int notused);
```

Der Parameter `notused` wird von der Funktion nicht verwendet und sollte ignoriert werden. Dieser Parameter wird nur angegeben, damit der Compiler die Präfix- und die Postfixform des Inkrement-Operators unterscheiden kann. (Bei der Postfixform des Dekrement-Operators wird dieselbe Methode angewendet.)

Das folgende Beispiel zeigt, wie die Postfixversion von ++ für die `ThreeD`-Klasse implementiert werden kann:

```
// Die Postfixversion von ++ ueberladen.
ThreeD ThreeD::operator++(int notused)
{
  ThreeD temp = *this; // den urspruenglichen Wert speichern

  x++;  // x, y und z inkrementieren
  y++;
  z++;
  return temp; // den urspruenglichen Wert zurueckgeben
}
```

Beachten Sie den Parameter `notused`.

Beachten Sie, dass diese Funktion den aktuellen Zustand des Operanden mit der Anweisung

```
ThreeD temp = *this;
```

speichert und dann `temp` zurückgibt. Vergessen Sie nicht, dass der normale Postfix-Inkrement-Operator erst den Wert des Operanden zurückgibt und dann den Operanden inkrementiert. Deshalb müssen Sie den aktuellen Zustand des Operanden speichern, bevor er inkrementiert wird, und dann seinen ursprünglichen und nicht seinen geänderten Wert zurückgeben.

Das folgende Programm zeigt beide Formen des ++-Operators:

```
// p09-18.cpp

// Praefix- und Postfix-++ demonstrieren.

#include <iostream>
using namespace std;

class ThreeD {
  int x, y, z; // 3D-Koordinaten
public:
  ThreeD() { x = y = z = 0; }
  ThreeD(int i, int j, int k) {x = i; y = j; z = k; }

  ThreeD operator++(); // Praefixversion von ++
  ThreeD operator++(int notused); // Postfixversion von ++

  void show() ;
};

// Die Praefixversion von ++ ueberladen.
ThreeD ThreeD::operator++()
{
  x++;  // x, y und z inkrementieren
  y++;
  z++;
  return *this; // den geaenderten Wert zurueckgeben
}

// Die Postfixversion von ++ ueberladen.
ThreeD ThreeD::operator++(int notused)
{
  ThreeD temp = *this; // den urspruenglichen Wert speichern

  x++; // x, y und z inkrementieren
  y++;
  z++;
  return temp; // den urspruenglichen Wert zurueckgeben
}
```

```
// Die X-, Y- und Z-Koordinaten anzeigen.
void ThreeD::show()
{
  cout << x << ", ";
  cout << y << ", ";
  cout << z << "\n";
}
int main()
{
  ThreeD a(1, 2, 3);
  ThreeD b;

  cout << "Urspruenglicher Wert von a: ";
  a.show();

  cout << "\n";

  ++a; // Praefix-Inkrement
  cout << "Der Wert nach ++a: ";
  a.show();

  a++; // Postfix-Inkrement
  cout << "Der Wert nach a++: ";
  a.show();

  cout << "\n";

  b = ++a; // b empfaengt den Wert von a nach dem Inkrement
  cout << "Der Wert von a nach b = ++a: ";
  a.show();
  cout << "Der Wert von b nach b = ++a: ";
  b.show();

  cout << "\n";

  b = a++; // b empfaengt den Wert von a vor dem Inkrement
  cout << "Der Wert von a nach b = a++: ";
  a.show();
  cout << "Der Wert von b nach b = a++: ";
  b.show();

  return 0;
}
```

Ruft die Präfix-Inkrement-Operation auf.

Ruft die Postfix-Inkrement-Operation auf.

Dieses Programm erzeugt die folgende Ausgabe:

```
Urspruenglicher Wert von a: 1, 2, 3

Der Wert nach ++a: 2, 3, 4
Der Wert nach a++: 3, 4, 5
```

```
Der Wert von a nach b = ++a: 4, 5, 6
Der Wert von b nach b = ++a: 4, 5, 6

Der Wert von a nach b = a++: 5, 6, 7
Der Wert von b nach b = a++: 4, 5, 6
```

Wenn ++ vor dem Operanden steht, wird `operator++()` aufgerufen, wenn es nach dem Operanden steht, wird `operator++(int notused)` aufgerufen. Auf dieselbe Weise können Sie auch die Präfix- und Postfix-Dekrement-Operatoren für beliebige Klassen überladen. Sie sollten übungshalber versuchen, den Dekrement-Operator für `ThreeD` zu überladen.

Eine kleine Warnung: In früheren Versionen von C++ wurden die Präfix- und Postfixformen der Inkrement- und Dekrement-Operatoren nicht unterschieden, sondern bei beiden Formen wurde die Präfixform der Operatorfunktion aufgerufen. Wenn Sie mit älterem C++-Code arbeiten, sollten Sie an diese Möglichkeit denken.

1-Minuten-Test

- Operatoren müssen klassenspezifisch überladen werden. Wahr oder falsch?
- Wie viele Parameter hat eine Element-Operatorfunktion eines binären Operators?
- Bei einer binären Element-Operatorfunktion wird der linke Operand mit ______ übergeben.

Nicht-Element-Operatorfunktionen

Sie können einen Operator für eine Klasse mit einer Nicht-Elementfunktion überladen. Oft handelt es sich dabei um einen Freund der Klasse. Sie haben bereits gelernt, dass befreundete Funktionen keinen `this`-Zeiger haben. Deshalb müssen Sie, wenn Sie einen Operator mit einer befreundeten Funktion überladen wollen, bei einem binären Operator beide Operanden und bei einem unären Operanden den einen Operanden explizit übergeben. Die einzigen Operatoren, die nicht mit befreundeten Funktionen überladen werden können, sind =, `()`, `[ ]` und `-`.

- Wahr. Operatoren müssen klassenspezifisch überladen werden.
- Eine Element-Operatorfunktion eines binären Operators hat einen Parameter, der den rechten Operanden aufnimmt.
- Bei einer binären Element-Operatorfunktion wird der linke Operand mit `this` übergeben.

Das folgende Programm benutzt eine befreundete Funktion anstelle einer Elementfunktion, um die +-Operation für die `ThreeD`-Klasse zu überladen:

```
// p09-19.cpp
// Mit befreundeten Operatorfunktionen arbeiten.
#include <iostream>
using namespace std;

class ThreeD {
  int x, y, z; // 3D-Koordinaten
public:
  ThreeD() { x = y = z = 0; }
  ThreeD(int i, int j, int k) { x = i; y = j; z = k; }

  friend ThreeD operator+(ThreeD op1, ThreeD op2);

  void show() ;
} ;

// Das + ist jetzt eine friend-Funktion.
ThreeD operator+(ThreeD op1, ThreeD op2)
{
  ThreeD temp;

  temp.x = op1.x + op2.x;
  temp.y = op1.y + op2.y;
  temp.z = op1.z + op2.z;
  return temp;
}

// Die X-, Y- und Z-Koordinaten anzeigen.
void ThreeD::show()
{
  cout << x << ", ";
  cout << y << ", ";
  cout << z << "\n";
}

int main()
{
  ThreeD a(1, 2, 3), b(10, 10, 10), c;

  cout << "Urspruenglicher Wert von a: ";
  a.show();
  cout << "Urspruenglicher Wert von b: ";
  b.show();

  cout << "\n";

  c = a + b; // a und b addieren
  cout << "Der Wert von c nach c = a + b: ";
```

Hier ist `operator+()` ein Freund von `ThreeD`. Beachten Sie, dass zwei Operanden erforderlich sind.

```
    c.show();

    cout << "\n";

    c = a + b + c; // a, b und c addieren
    cout << "Der Wert von c nach c = a + b + c: ";
    c.show();

    cout << "\n";

    c = b = a;  // Mehrfachzuweisung demonstrieren
    cout << "Der Wert von c nach c = b = a: ";
    c.show();
    cout << "Der Wert von b nach c = b = a: ";
    b.show();

    return 0;
}
```

Dieses Programm erzeugt die folgende Ausgabe:

```
Urspruenglicher Wert von a: 1, 2, 3
Urspruenglicher Wert von b: 10, 10, 10

Der Wert von c nach c = a + b: 11, 12, 13

Der Wert von c nach c = a + b + c: 22, 24, 26

Der Wert von c nach c = b = a: 1, 2, 3
Der Wert von b nach c = b = a: 1, 2, 3
```

Hier werden beide Operanden an `operator+()` übergeben, der linke in `op1` und der rechte in `op2`.

In vielen Fällen bringt eine befreundete Funktion gegenüber einer Elementfunktion keinen Vorteil, wenn ein Operator überladen wird. Doch in einer Situation ist eine befreundete Funktion recht nützlich: wenn ein Objekt eines eingebauten Typs auf der linken Seite einer binären Operation erscheinen soll. Das folgende Beispiel zeigt den Grund dafür: Wie Sie wissen, wird der Zeiger auf das Objekt, das eine Element-Operatorfunktion aufruft, in `this` übergeben. Bei einem binären Operator ist es das Objekt auf der linken Seite, das die Funktion aufruft. Das ist auch in Ordnung, wenn das Objekt auf der linken Seite die angegebene Operation definiert. Wenn wir beispielsweise annehmen, dass für ein Objekt namens `T` die Zuweisung und die ganzzahlige Addition definiert sind, dann ist die folgende Anweisung gültig:

```
T = T + 10; // funktioniert
```

Da das Objekt `T` auf der linken Seite des +-Operators steht, ruft es seine überladene Operatorfunktion auf, die (laut Annahme) einen ganzzahligen Wert zu einem Element von T addieren kann. Doch die folgende Anweisung funktioniert unter unseren Annahmen nicht:

```
T = 10 + T; // funktioniert nicht
```

Das Problem bei dieser Anweisung besteht darin, dass das Objekt auf der linken Seite des +-Operators eine Ganzzahl ist, das heißt ein eingebauter Typ, für den keine Operation definiert ist, an der eine Ganzzahl und ein Objekt vom Typ T beteiligt sind.

Die Lösung des vorangegangenen Problems besteht darin, das + mit zwei befreundeten Funktionen zu überladen. In diesem Fall werden beide Argumente explizit an die Operatorfunktion übergeben, und diese wird – abhängig von der Art ihrer Argumente – wie andere überladene Funktionen aufgerufen. Eine Version der +-Operatorfunktion verarbeitet die Addition *Objekt + Ganzzahl*, die andere die Addition *Ganzzahl + Objekt.* Wenn Sie den +-Operator (oder einen anderen binären Operator) mit befreundeten Funktionen überladen, kann der eingebaute Typ auf der linken oder der rechten Seite des Operators stehen. Das folgende Programm veranschaulicht diese Technik. Es definiert zwei Versionen von `operator+()` für Objekte vom Typ `ThreeD`. Beide addieren zu jeder Elementvariablen von `ThreeD` einen ganzzahligen Wert. Die Ganzzahlen können links oder rechts von dem Operator stehen.

```
// p09-20.cpp
// Ueberladen fuer Ganzzahl + Objekt und Objekt + Ganzzahl.
#include <iostream>
using namespace std;
class ThreeD {
  int x, y, z; // 3D-Koordinaten
public:
  ThreeD() { x = y = z = 0; }
  ThreeD(int i, int j, int k) { x = i; y = j; z = k; }
  friend ThreeD operator+(ThreeD op1, int op2);
  friend ThreeD operator+(int op1, ThreeD op2);
  void show() ;
} ;
// Dies ermoeglicht ThreeD + int.
ThreeD operator+(ThreeD op1, int op2)
{
  ThreeD temp;
  temp.x = op1.x + op2;
  temp.y = op1.y + op2;
```

Diese Funktionen ermöglichen `ob + int` oder `int + ob`.

```
  temp.z = op1.z + op2;
  return temp;
}

// Dies ermoeglicht int + ThreeD.
ThreeD operator+(int op1, ThreeD op2)
{
  ThreeD temp;

  temp.x = op2.x + op1;
  temp.y = op2.y + op1;
  temp.z = op2.z + op1;
  return temp;
}

// Die X-, Y- und Z-Koordinaten anzeigen.
void ThreeD::show()
{
  cout << x << ", ";
  cout << y << ", ";
  cout << z << "\n";
}

int main()
{
  ThreeD a(1, 2, 3), b;
  cout << "Urspruenglicher Wert von a: ";
  a.show();

  cout << "\n";

  b = a + 10; // Objekt + Ganzzahl
  cout << "Der Wert von b nach b = a + 10: ";
  b.show();

  cout << "\n";

  b = 10 + a; // Ganzzahl + Objekt
  cout << "Der Wert von b nach b = 10 + a: ";
  b.show();

  return 0;
}
```

Hier steht der eingebaute Typ auf der linken Seite der Addition.

Dieses Programm erzeugt die folgende Ausgabe:

```
Urspruenglicher Wert von a: 1, 2, 3
Der Wert von b nach b = a + 10: 11, 12, 13
Der Wert von b nach b = 10 + a: 11, 12, 13
```

9

Weil die `operator+()`-Funktion zweimal überladen wird, kann sie die beiden möglichen Varianten einer Addition einer Ganzzahl und eines Objekts vom Typ `ThreeD` bearbeiten.

Mit einem Freund einen unären Operator überladen

Sie können auch einen unären Operator mit einer befreundeten Funktion überladen. Doch wenn Sie ++ oder -- überladen, müssen Sie den Operanden als Referenzparameter an die Funktion übergeben. Da ein Referenzparameter ein impliziter Zeiger auf das Argument ist, *haben* Änderungen des Parameters Einfluss auf das Argument. Mit einem Referenzparameter kann die Funktion das Objekt, das als Operand verwendet wird, inkrementieren oder dekrementieren.

Wenn die Inkrement- oder Dekrement-Operatoren mit einer befreundeten Funktion überladen werden, hat die Präfixform einen Parameter (den Operanden), während die Postfixform zwei Parameter hat. Der zweite Parameter ist eine Ganzzahl, die nicht verwendet wird.

Das folgende Fragment zeigt, wie die beiden Formen des ++-Operators mit befreundeten `operator++()`-Funktionen für die `ThreeD`-Klasse überladen werden können:

```
// Die Praefixform von ++ mit einer friend-Funktion ueberladen.
// Dafuer ist ein Referenzparameter erforderlich.

ThreeD operator++(ThreeD &op1)
{
  op1.x++;
  op1.y++;
  op1.z++;
  return op1;
}
/* Die Postfixform von ++ mit einer friend-Funktion ueberladen.
   Dafuer ist ein Referenzparameter erforderlich.
*/
ThreeD operator++(ThreeD &op1, int notused)
{
  ThreeD temp = op1;

  op1.x++;
  op1.y++;
  op1.z++;
  return temp;
}
```

1-Minuten-Test

- Wie viele Parameter hat eine binäre Nicht-Element-Operatorfunktion?
- Wie muss der Operand übergeben werden, wenn der ++-Operator mit einer Nicht-Element-Operatorfunktion überladen wird?
- Ein Vorteil einer befreundeten Operatorfunktion besteht darin, dass sie es ermöglicht, einen eingebauten Typ (wie beispielsweise ein `int`) als linken Operanden zu verwenden. Wahr oder falsch?

Frage an den Experten

Frage: Müssen beim Überladen relationaler Operatoren irgendwelche speziellen Dinge beachtet werden?

Antwort: Einen relationalen Operator (wie beispielsweise == oder <) zu überladen ist unkompliziert. Es gibt jedoch ein kleines Problem: Sie wissen, dass eine überladene Operatorfunktion oft ein Objekt der Klasse zurückgibt, für die sie überladen wurde. Doch ein überladener relationaler Operator gibt üblicherweise `true` oder `false` zurück. Dies entspricht dem normalen Gebrauch des relationalen Operators und ermöglicht es, die überladenen relationalen Operatoren in Bedingungsausdrücken zu verwenden. Dasselbe gilt für das Überladen von logischen Operatoren.

Die folgende Funktion, die == für die `ThreeD`-Klasse überlädt, soll zeigen, wie ein relationaler Operator überladen werden kann:

```
// Overload ==.
bool ThreeD::operator==(ThreeD op2)
{
  if((x == op2.x) && (y == op2.y) && (z == op2.z))
    return true;
  else
    return false;
}
```

- Eine binäre Nicht-Element-Operatorfunktion hat zwei Parameter.
- Wenn der ++-Operator mit einer Nicht-Element-Operatorfunktion überladen wird, muss der Operand per Referenz übergeben werden.
- Wahr. Eine befreundete Operatorfunktion ermöglicht es, einen eingebauten Typ (wie beispielsweise ein `int`) als linken Operanden zu verwenden.

Wenn der operator==() implementiert ist, ist das folgende Fragment gültig:

```
ThreeD a(1, 1, 1), b(2, 2, 2);
// ...
if(a == b) cout << "a ist gleich b\n";
else cout << "a ist ungleich b\n";
```

Operatoren überladen – Tipps und Einschränkungen

Die Aktion eines Operators, der für eine Klasse überladen wird, muss nichts mit der Standardaktion dieses Operators zu tun haben, die dieser mit den eingebauten Typen von C++ ausführt. Beispielsweise haben die Operatoren << und >> im Zusammenhang mit cout und cin wenig mit denselben Operatoren im Zusammenhang mit ganzzahligen Typen gemeinsam. Doch um den Code besser zu strukturieren und lesbarer zu machen, sollte ein überladener Operator möglichst mit der ursprünglichen Verwendung des Operators verwandt sein. Beispielsweise ähnelt der +-Operator für ThreeD konzeptionell dem +-Operator für ganzzahlige Typen. Es wäre wenig gewonnen, wenn der +-Operator für eine Klasse eine Aktion ausführen würde, die Sie beispielsweise eher von dem ||-Operator erwarten würden. Wichtig ist: Zwar *können* Sie einem überladenen Operator eine beliebige Aktion zuweisen, doch *sollten* Sie ihm aus Gründen der Klarheit eine Bedeutung zuweisen, die mit der ursprünglichen Bedeutung verwandt ist.

Wenn Sie Operatoren überladen, müssen Sie einige Einschränkungen beachten: Erstens können Sie die Rangfolge von Operatoren nicht ändern. Zweitens können Sie die Zahl der Operanden nicht ändern, die von dem Operator verlangt werden, obwohl Sie in Ihrer Operatorfunktion einen Operanden bewusst ignorieren können. Außerdem können Operatorfunktionen mit Ausnahme des Funktionsaufrufoperators keine Standardargumente haben.

Fast alle C++-Operatoren können überladen werden. Dies gilt auch für spezielle Operatoren wie den Array-Index-Operator [], den Funktionsaufrufoperator () und den ->-Operator. Die einzigen Operatoren, die nicht überladen werden können, sind:

```
.  ::  .*  ?
```

Der .*-Operator ist ein spezieller Operator, dessen Anwendung den Rahmen dieses Buches übersteigt.

Set.cpp

Projekt 9-1: Eine Set-Klasse erstellen

Das Überladen von Operatoren hilft Ihnen, Klassen zu erstellen, die vollkommen in die C++-Programmierumgebung integriert werden können. Entscheidend ist dabei der folgende Punkt: Indem Sie die erforderlichen Operatoren definieren, sorgen Sie dafür, dass ein Klassentyp in einem Programm auf dieselbe Weise wie ein eingebauter Typ verwendet werden kann. Sie können Objekte dieser Klasse mit Operatoren bearbeiten und in Ausdrücken verwenden. Um zu zeigen, wie eine neue Klasse erstellt und in die C++-Umgebung integriert wird, werden Sie in diesem Projekt eine Klasse namens `Set` erstellen, die einen Set-Typ (Mengen-Typ) definiert.

Bevor wir beginnen, müssen wir genau festlegen, was wir in diesem Projekt unter einem Set (einer Menge) verstehen wollen. In diesem Projekt soll ein Set eine Sammlung eindeutiger Elemente sein. Das heißt, keine zwei Elemente einer gegebenen Menge dürfen identisch sein. Die Reihenfolge der Elemente einer Menge ist unwichtig. Deshalb ist die Menge

```
{ A, B, C }
```

dieselbe Menge wie:


```
{ A, C, B }
```

Eine Menge kann auch leer sein.

Mengen unterstützen eine Reihe der Operationen. Hier wollen wir die folgenden Operationen implementieren:

- ein Element zu einer Menge hinzufügen
- ein Element aus einer Menge entfernen
- zwei Mengen vereinigen
- die Differenz zweier Mengen bilden

Die Operationen, um ein Element zu einer Menge hinzuzufügen und aus einer Menge zu entfernen, sind selbsterklärend. Die anderen beiden Operationen sind erklärungsbedürftig.

Die *Vereinigung* (engl. *union*) zweier Mengen ist eine Menge, die alle Elemente aus beiden Mengen enthält. (Natürlich sind keine doppelten Elemente erlaubt.) Wir wollen den +-Operator verwenden, um die Vereinigung zweier Mengen zu bilden.

Die *Differenz* (engl. *difference*) zweier Mengen ist eine Menge, die die Elemente in der ersten Menge enthält, die nicht in der zweiten Menge enthalten sind.

Wir wollen den --Operator verwenden, um die Differenz zweier Mengen zu bilden. Wenn beispielsweise zwei Mengen S1 und S2 gegeben sind, entfernt die folgende Anweisung die Elemente von S2 aus S1 und fügt das Ergebnis in S3 ein:

S3 = S1 – S2

Wenn S1 und S2 gleich sind, ist S3 die Nullmenge.

Die `Set`-Klasse soll auch eine Funktion namens `isMember()` enthalten, die feststellt, ob ein angegebenes Element in einer Menge enthalten ist.

Natürlich können noch andere Operationen mit Mengen ausgeführt werden. Einige werden in den Übungsaufgaben entwickelt. Andere sind Ihrer eigenen Findigkeit und Experimentierfreude überlassen.

Um das Beispiel möglichst einfach zu halten, speichert die `Set`-Klasse Zeichenmengen, doch mit denselben grundlegenden Prinzipien können Sie auch eine `Set`-Klasse zum Speichern anderer Arten von Elementen erstellen.

Schritt für Schritt

1. Erstellen Sie eine neue Datei namens `Set.cpp`.
2. Erstellen Sie zunächst die `Set`-Klassendeklaration:

```
const int MaxSize = 100;

class Set {
  int len; // Anzahl der Elemente
  char members[MaxSize]; // Dieses Array speichert die Menge.

  /* Die find()-Funktion ist privat, weil sie
     nicht ausserhalb der Set-Klasse benutzt wird. */
  int Set::find(char ch); // Ein Element suchen.

public:

  // Eine Nullmenge konstruieren.
  Set() { len = 0; }

  // Die Anzahl der Elemente in der Menge zurueckgeben.
  int getLength() { return len; }

  void showset(); // Die Menge anzeigen.
  bool isMember(char ch);  // Auf Zugehoerigkeit pruefen.

  Set operator +(char ch); // Ein Element hinzufuegen.
  Set operator -(char ch); // Ein Element entfernen.

  Set operator +(Set ob2); // Vereinigung bilden.
  Set operator -(Set ob2); // Differenz bilden.
};
```

Jede Menge wird in einem `char`-Array gespeichert, das durch `members` referenziert wird. Die Anzahl der Elemente, die tatsächlich in der Menge enthalten sind, ist in `len` gespeichert. Die maximale Größe einer Menge ist

MaxSize, die hier auf 100 gesetzt ist. (Sie können diesen Wert vergrößern, wenn Sie mit größeren Mengen arbeiten.)

Der Set-Konstruktor erstellt eine *Nullmenge,* das heißt eine Menge, die keine Elemente enthält. Es ist nicht notwendig, andere Konstruktoren zu erstellen oder einen expliziten Kopierkonstruktor für die Set-Klasse zu definieren, weil die standardmäßige bitweise Kopie ausreicht. Die getLength()-Funktion gibt den Wert der Variablen len zurück, die die aktuelle Anzahl der Elemente in der Menge enthält.

3. Beginnen Sie die Definition der Elementfunktionen mit der privaten Funktion find():

```
/* Den Index des Elements zurueckgeben,
   das von ch angegeben wird, oder -1,
   falls das Element nicht gefunden wird. */
int Set::find(char ch) {
  int i;

  for(i=0; i < len; i++)
    if(members[i] == ch) return i;

  return -1;
}
```

Diese Funktion stellt fest, ob das Element, das in ch übergeben wird, ein Element der Menge ist. Wenn das Element gefunden wird, gibt die Funktion den Index des Elements, andernfalls -1 zurück. Diese Funktion ist privat, weil sie nicht außerhalb der Set-Klasse benutzt wird. Wie bereits früher in diesem Buch erklärt wurde, können Elementfunktionen in einer Klasse privat sein. Eine private Elementfunktion kann nur von anderen Elementfunktionen der Klasse aufgerufen werden.

4. Fügen Sie die showset()-Funktion hinzu:

```
// Die Menge anzeigen.
void Set::showset() {
  cout << "{ ";
  for(int i=0; i<len; i++)
    cout << members[i] << " ";

  cout << "}\n";
}
```

Diese Funktion zeigt den Inhalt einer Menge an.

5. Fügen Sie die `isMember()`-Funktion hinzu, die feststellt, ob ein Zeichen Element einer Menge ist:

```
/* Den Wert true zurueckgeben, wenn ch Element der Menge ist,
   andernfalls den Wert false zurueckgeben.*/
bool Set::isMember(char ch) {
  if(find(ch) != -1) return true;
  return false;
}
```

Diese Funktion ruft `find()` auf, um festzustellen, ob `ch` Element der aufrufenden Menge ist. Falls ja, gibt `isMember()` den Wert `true`, andernfalls den Wert `false` zurück.

6. Fügen Sie, beginnend mit der Addition eines Elements, die Mengenoperatoren hinzu. Überladen Sie zu diesem Zweck den +-Operator für Objekte vom Typ `Set`. Diese Version fügt ein Element zu einer Menge hinzu.

```
// Ein eindeutiges Element zu einer Menge hinzufuegen.
Set Set::operator +(char ch) {
  Set newset;

  if(len == MaxSize) {
    cout << "Die Menge ist voll.\n";
    return *this; // Die vorhandene Menge zurueckgeben.
  }

  newset = *this; // Die vorhandene Menge duplizieren.

  // Pruefen, ob das Element bereits vorhanden ist.
  if(find(ch) == -1) { // falls nicht vorhanden,
    // ein neues Element zu der Menge hinzufuegen
    newset.members[newset.len] = ch;
    newset.len++;
  }
  return newset; // Die aktualisierte Menge zurueckgeben.
}
```

Diese Funktion verdient eine nähere Betrachtung. Zuerst wird eine neue Menge erstellt, die den Inhalt der ursprünglichen Menge und das Zeichen enthält, das von `ch` angegeben wird. Bevor das Zeichen in `ch` hinzugefügt wird, wird geprüft, ob die Menge Platz hat, um ein weiteres Zeichen aufzunehmen. Falls dies der Fall ist, wird die ursprüngliche Menge der neuen Menge `newset` zugewiesen. Danach wird die `find()`-Funktion aufgerufen, um festzustellen, ob `ch` bereits in der Menge enthalten ist. Falls dies nicht der Fall ist, wird `ch` zu der Menge hinzugefügt und `len` aktualisiert. In beiden Fällen wird `newset` zurückgegeben. Deshalb wird die ursprüngliche Menge von dieser Operation nicht verändert.

7. Überladen Sie den --Operator so, dass er ein Element aus der Menge entfernt:

```
// Ein Element aus der Menge entfernen.
Set Set::operator -(char ch) {
  Set newset;
  int i = find(ch); // i wird -1, wenn das Element nicht gefun-
den wird

  // die restlichen Elemente kopieren und komprimieren
  for(int j=0; j < len; j++)
    if(j != i) newset = newset + members[j];

  return newset;
}
```

Diese Funktion erstellt zunächst eine Nullmenge. Dann wird `find()` aufgerufen, um den Index von `ch` in der ursprünglichen Menge festzustellen. Zur Erinnerung: `find()` gibt -1 zurück, wenn `ch` kein Element ist. Dann werden alle Elemente der ursprünglichen Menge bis auf das Element, dessen Index von `find()` zurückgegeben wurde, in die neue Menge eingefügt. Die Ergebnismenge enthält also alle Elemente der ursprünglichen Menge außer `ch`. Wenn `ch` nicht in der ursprünglichen Menge enthalten ist, sind die beiden Mengen gleich.

8. Überladen Sie die Operatoren + und – ein weiteres Mal, um die Vereinigung bzw. die Differenz zweier Mengen zu bilden:

```
// Vereinigung zweier Mengen.
Set Set::operator +(Set ob2) {
  Set newset = *this; // Die erste Menge kopieren.

  // Eindeutige Elemente der zweiten Menge hinzufuegen.
  for(int i=0; i < ob2.len; i++)
    newset = newset + ob2.members[i];

  return newset; // Die aktualisierte Menge zurueckgeben.
}
// Die Differenz zweier Mengen.
Set Set::operator -(Set ob2) {
  Set newset = *this; // Die erste Menge kopieren.

  // Die Elemente der zweiten Menge entfernen.
  for(int i=0; i < ob2.len; i++)
    newset = newset - ob2.members[i];

  return newset; // Die aktualisierte Menge zurueckgeben.
}
```

Diese Funktionen nutzen die zuvor definierten Versionen der Operatoren + und –, um ihre Operationen durchzuführen. Bei der Vereinigung wird eine neue Menge gebildet, die die Elemente der ersten Menge enthält. Dann werden die Elemente der zweiten Menge hinzugefügt. Weil die +-Operation ein Element nur zu der Menge hinzufügt, wenn es noch nicht in der Menge enthalten ist, ist die Ergebnismenge die Vereinigung (ohne Duplikate) der beiden Mengen. Bei der Differenz zweier Mengen entfernt der Operator übereinstimmende Elemente.

9. Hier ist der komplette Code für die `Set`-Klasse sowie eine `main()`-Funktion, die diese Klasse demonstriert:

```
// Set.cpp: Projekt 9-1
// Eine Set-Klasse fuer Zeichen.
#include <iostream>
using namespace std;

const int MaxSize = 100;
class Set {
  int len; // Anzahl der Elemente
  char members[MaxSize]; // Dieses Array speichert die Menge.
  /* Die find()-Funktion ist privat, weil sie
     nicht ausserhalb der Set-Klasse benutzt wird. */
  int Set::find(char ch); // Ein Element suchen.
public:
  // Eine leere Menge konstruieren.
  Set() { len = 0; }
  // Die Anzahl der Elemente in der Menge zurueckgeben.
  int getLength() { return len; }
  void showset(); // Die Menge anzeigen.
  bool isMember(char ch);  // Auf Zugehoerigkeit pruefen.
  Set operator +(char ch); // Ein Element hinzufuegen.
  Set operator -(char ch); // Ein Element entfernen.
  Set operator +(Set ob2); // Vereinigung bilden.
  Set operator -(Set ob2); // Differenz bilden.
};
/* Den Index des Elements zurueckgeben,
   das von ch angegeben wird, oder -1,
   falls das Element nicht gefunden wird. */
int Set::find(char ch) {
  int i;

  for(i=0; i < len; i++)
    if(members[i] == ch) return i;
  return -1;
}
```

```
// Die Menge anzeigen.
void Set::showset() {
  cout << "{ ";
  for(int i=0; i<len; i++)
    cout << members[i] << " ";
  cout << "}\n";
}
/* Den Wert true zurueckgeben, wenn ch Element der Menge ist,
   andernfalls den Wert false zurueckgeben.*/
bool Set::isMember(char ch) {
  if(find(ch) != -1) return true;
  return false;
}
// Ein eindeutiges Element zu einer Menge hinzufuegen.
Set Set::operator +(char ch) {
  Set newset;

  if(len == MaxSize) {
    cout << "Die Menge ist voll.\n";
    return *this; // Die vorhandene Menge zurueckgeben.
  }

  newset = *this; // Die vorhandene Menge duplizieren.

  // Pruefen, ob das Element bereits vorhanden ist.
  if(find(ch) == -1) { // falls nicht vorhanden,
    // ein neues Element zu der Menge hinzufuegen
    newset.members[newset.len] = ch;
    newset.len++;
  }
  return newset; // Die aktualisierte Menge zurueckgeben.
}
// Ein Element aus der Menge entfernen.
Set Set::operator -(char ch) {
  Set newset;
  int i = find(ch); // i ist -1, wenn das Element
                    // nicht vorhanden ist.

  // Die restlichen Elemente kopieren und komprimieren.
  for(int j=0; j < len; j++)
    if(j != i) newset = newset + members[j];

  return newset;
}

// Vereinigung zweier Mengen.
Set Set::operator +(Set ob2) {
  Set newset = *this; // Die erste Menge kopieren.

  // Eindeutige Elemente der zweiten Menge hinzufuegen.
  for(int i=0; i < ob2.len; i++)
    newset = newset + ob2.members[i];
```

```
  return newset; // Die aktualisierte Menge zurueckgeben.
}
// Die Differenz zweier Mengen.
Set Set::operator -(Set ob2) {
  Set newset = *this; // Die erste Menge kopieren.
  // Die Elemente der zweiten Menge entfernen.
  for(int i=0; i < ob2.len; i++)
    newset = newset - ob2.members[i];
  return newset; // Die aktualisierte Menge zurueckgeben.
}
// Die Set-Klasse demonstrieren.
int main() {
  // Leere Mengen mit einer Kapazitaet
  // von zehn Elementen konstruieren.
  Set s1;
  Set s2;
  Set s3;
  s1 = s1 + 'A';
  s1 = s1 + 'B';
  s1 = s1 + 'C';
  cout << "s1 nach dem Hinzufuegen von A B C: ";
  s1.showset();
  cout << "\n";
  cout << "Mengenmitgliedschaft mit isMember() testen.\n";
  if(s1.isMember('B'))
    cout << "B ist ein Element von s1.\n";
  else
    cout << "B ist kein Element von s1.\n";
  if(s1.isMember('T'))
    cout << "T ist ein Element von s1.\n";
  else
    cout << "T ist kein Element von s1.\n";
  cout << "\n";
  s1 = s1 - 'B';
  cout << "s1 nach s1 = s1 - 'B': ";
  s1.showset();
  s1 = s1 - 'A';
  cout << "s1 nach s1 = s1 - 'A': ";
  s1.showset();
  s1 = s1 - 'C';
  cout << "s1 nach a1 = s1 - 'C': ";
  s1.showset();
  cout << "\n";
  s1 = s1 + 'A';
```

```
  s1 = s1 + 'B';
  s1 = s1 + 'C';
  cout << "s1 nach dem Hinzufuegen von A B C: ";
  s1.showset();

  cout << "\n";

  s2 = s2 + 'A';
  s2 = s2 + 'X';
  s2 = s2 + 'W';

  cout << "s2 nach dem Hinzufuegen von A X W: ";
  s2.showset();

  cout << "\n";

  s3 = s1 + s2;
  cout << "s3 nach s3 = s1 + s2: ";
  s3.showset();

  s3 = s3 - s1;
  cout << "s3 nach s3 - s1: ";
  s3.showset();

  cout << "\n";

  cout << "s2 nach s2 = s2 - s2: ";
  s2 = s2 - s2;  // s2 loeschen
  s2.showset();

  cout << "\n";

  s2 = s2 + 'C'; // ABC in umgekehrter Reihenfolge hinzufuegen.
  s2 = s2 + 'B';
  s2 = s2 + 'A';

  cout << "s2 nach dem Hinzufuegen von C B A: ";
  s2.showset();

  return 0;
}
```

Dieses Programm erzeugt die folgende Ausgabe:

```
s1 nach dem Hinzufuegen von A B C: { A B C }

Mengenmitgliedschaft mit isMember() testen.
B ist ein Element von s1.
T ist kein Element von s1.

s1 nach s1 = s1 - 'B': { A C }
s1 nach s1 = s1 - 'A': { C }
s1 nach a1 = s1 - 'C': { }

s1 nach dem Hinzufuegen von A B C: { A B C }

s2 nach dem Hinzufuegen von A X W: { A X W }

s3 nach s3 = s1 + s2: { A B C X W }
```

```
s3 nach s3 - s1: { X W }
s2 nach s2 = s2 - s2: { }
s2 nach dem Hinzufuegen von C B A: { C B A }
```

Übungsaufgaben

1. Was ist ein Kopierkonstruktor, und wann wird er aufgerufen? Zeigen Sie die allgemeine Form eines Kopierkonstruktors.
2. Erklären Sie, was passiert, wenn ein Objekt von einer Funktion zurückgegeben wird. Wann insbesondere wird sein Destruktor aufgerufen?
3. Gegeben sei die folgende Klasse:

   ```
   class T {
     int i, j;
   public:
     int sum() {
       return i + j;
     }
   };
   ```

   Schreiben Sie `sum()` so um, dass die Funktion `this` verwendet.
4. Was ist eine Struktur? Was ist eine Union?
5. Worauf bezieht sich `*this` innerhalb einer Elementfunktion?
6. Was ist eine befreundete Funktion?
7. Zeigen Sie die allgemeine Form, wie eine binäre Element-Operatorfunktion überladen wird.
8. Was müssen Sie tun, damit Operationen einen Klassentyp und einen eingebauten Typ verwenden können?
9. Kann das ? überladen werden? Können Sie die Rangfolge eines Operators ändern?
10. Definieren Sie die Operatoren < und > für die `Set`-Klasse, die in Projekt 9-1 entwickelt wurde, so, dass sie feststellen, ob eine Menge eine Untermenge oder eine Obermenge einer anderen Menge ist. Der <-Operator soll `true` zurückgeben, wenn die linke Menge eine Untermenge der Menge auf der rechten Seite ist; andernfalls soll er `false` zurückgeben. Der >-Operator soll `true` zurückgeben, wenn die linke Menge eine Obermenge der Menge auf der rechten Seite ist; andernfalls soll er `false` zurückgeben.

11. Definieren Sie den Operator & für die `Set`-Klasse so, dass er die Schnittmenge zweier Mengen zurückgibt.

12. Versuchen Sie selbst, andere `Set`-Operatoren hinzuzufügen. Versuchen Sie beispielsweise, den Operator | so zu definieren, dass er die *symmetrische Differenz* zweier Mengen zurückgibt. Die symmetrische Differenz besteht aus den Elementen, die beide Mengen nicht gemeinsam haben.

Kapitel 10

Vererbung, virtuelle Funktionen und Polymorphie

Lernziele

- **Die Grundlagen der Vererbung kennen lernen**
- **Verstehen, wie Basisklassen von abgeleiteten Klassen geerbt werden**
- **Mit geschütztem Zugriff arbeiten**
- **Konstruktoren der Basisklasse aufrufen**
- **Eine mehrstufige Klassenhierarchie erstellen**
- **Basisklassenzeiger auf abgeleitete Klassenobjekte verstehen**
- **Virtuelle Funktionen erstellen**
- **Mit reinen virtuellen Funktionen und abstrakten Klassen arbeiten**
- **Polymorphie anwenden**

Dieses Kapitel behandelt drei Aspekte von C++, die direkt mit der objektorientierten Programmierung zu tun haben: Vererbung, virtuelle Funktionen und Polymorphie. Vererbung ist das Konstrukt, das es einer Klasse ermöglicht, die Eigenschaften einer anderen Klasse zu erben. Mit der Vererbung können Sie eine allgemeine Klasse erstellen, die Eigenschaften definiert, die einer Reihe zusammengehöriger Elemente gemeinsam sind. Diese Klasse kann dann von anderen, spezielleren Klassen geerbt werden, die spezifische Eigenschaften hinzufügen. Virtuelle Funktionen bauen auf der Vererbung auf. Sie unterstützen die Polymorphie, die »Eine Schnittstelle, mehrere Methoden«-Philosophie der objektorientierten Programmierung.

Grundlagen der Vererbung

In der Fachsprache von C++ wird eine Klasse, die geerbt wird, als *Basisklasse* bezeichnet. Die Klasse, die erbt, wird als *abgeleitete Klasse* bezeichnet. Deshalb ist eine abgeleitete Klasse eine spezielle Version einer Basisklasse. Eine abgeleitete Klasse erbt alle Elemente, die in der Basisklasse definiert sind, und fügt eigene spezifische Elemente hinzu.

C++ implementiert die Vererbung, indem C++ es einer Klasse ermöglicht, eine weitere Klasse in ihre Deklaration einzufügen. Zu diesem Zweck wird eine Basisklasse angegeben, wenn eine abgeleitete Klasse deklariert wird. Wir wollen mit einem kurzen Beispiel beginnen, das mehrere Schlüsselaspekte der Vererbung veranschaulicht. Das folgende Programm erstellt eine Basisklasse namens `TwoDShape`, die die Breite und die Höhe eines zweidimensionalen Objekts speichert, und eine abgeleitete Klasse namens `Triangle`. Achten Sie besonders darauf, wie `Triangle` deklariert wird.

```
// p10-01.cpp
// Eine einfache Klassenhierarchie.
#include <iostream>
#include <cstring>
using namespace std;
// Eine Klasse fuer zweidimensionale Objekte.
class TwoDShape {
public:
  double width;
  double height;
  void showDim() {
    cout << "Breite und Hoehe sind " <<
            width << " und " << height << ".\n";
```

```
  }
};

// Triangle ist von TwoDShape abgeleitet.
class Triangle : public TwoDShape {
public:
  char style[20];

  double area() {
    return width * height / 2;
  }

  void showStyle() {
    cout << "Das Dreieck ist "<< style << ".\n";
  }
};

int main() {
  Triangle t1;
  Triangle t2;

  t1.width = 4.0;
  t1.height = 4.0;
  strcpy(t1.style, "gleichschenklig");

  t2.width = 8.0;
  t2.height = 12.0;
  strcpy(t2.style, "rechtwinklig");

  cout << "Info fuer t1:\n";
  t1.showStyle();
  t1.showDim();
  cout << "Die Flaeche ist " << t1.area() << ".\n";

  cout << "\n";
  cout << "Info fuer t2:\n";
  t2.showStyle();
  t2.showDim();
  cout << "Die Flaeche ist " << t2.area() << ".\n";

  return 0;
}
```

`Triangle` erbt `TwoDShape`. Beachten Sie die Syntax.

`Triangle` kann die Elemente von `TwoDShape` referenzieren, als wären sie Teil von `Triangle`.

Alle Elemente von `Triangle` sind für `Triangle`-Objekte verfügbar, selbst wenn die Elemente von `TwoDShape` geerbt wurden.

Dieses Programm erzeugt die folgende Ausgabe:

```
Info fuer t1:
Triangle ist gleichschenklig.
Die Breite und Hoehe sind 4 und 4.
Die Flaeche ist 8.

Info fuer t2:
```

```
Triangle ist rechtwinklig.
Die Breite und Hoehe sind 8 und 12.
Die Flaeche ist 48.
```

Hier definiert `TwoDShape` die Attribute einer »generischen« (allgemeinen) zweidimensionalen Form (quadratisch, rechteckig, Dreieck usw.). Die `Triangle`-Klasse erstellt eine spezielle Art von `TwoDShape`, in diesem Fall ein Dreieck. Die `Triangle`-Klasse enthält alle Elemente von `TwoDShape` und zusätzlich das Feld `style` sowie die Funktionen `area()` und `showStyle()`. Die Art des Dreiecks wird in `style` gespeichert. Die Funktion `area()` gibt die Fläche des Dreiecks zurück. Die Funktion `showStyle()` zeigt die Art des Dreiecks an.

Die folgende Zeile, zeigt wie `Triangle` von `TwoDShape` abgeleitet wird:

```
class Triangle : public TwoDShape {
```

`TwoDShape` ist eine Basisklasse und `Triangle` eine abgeleitete Klasse. Dieses Beispiel zeigt, wie einfach und handlich die Syntax ist, um eine Klasse zu vererben.

Da die `Triangle`-Klasse alle Elemente ihrer Basisklasse `TwoDShape` enthält, kann sie in `area()` auf `width` und `height` zugreifen. Außerdem können die Objekte `t1` und `t2` in `main()` die Elemente `width` und `height` direkt referenzieren, als wären sie Teile von `Triangle`. Abbildung 10.1 veranschaulicht, wie `TwoDShape` in `Triangle` eingebettet ist.

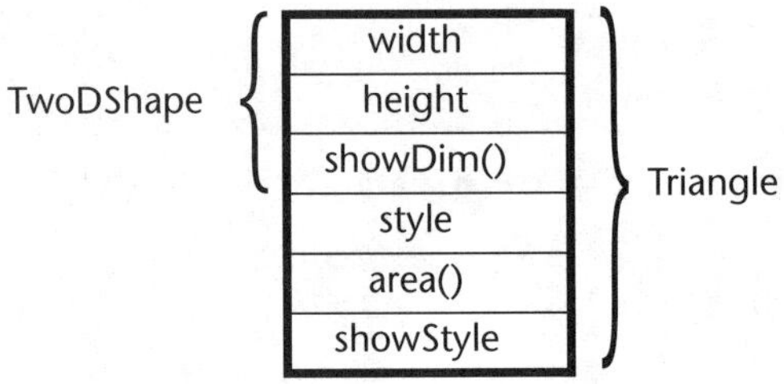

Abbildung 10.1 Das Verhältnis von `Triangle` zu `TwoDShape`

Bitte geschweifte Klammern in die Abbildung einfügen.

Noch ein Punkt: `TwoDShape` ist zugleich eine Basisklasse von `Triangle` und eine vollkommen unabhängige, eigenständige Klasse. Das heißt, eine Klasse, die als Basisklasse einer abgeleiteten Klasse verwendet wird, kann unabhängig davon selbst auch benutzt werden.

Die allgemeine Form der Vererbung lautet:

```
class AbgeleiteteKlasse : Zugriff Basisklasse {
   // Koerper der abgeleiteten Klasse
}
```

Zugriff ist optional und kann die Werte `public`, `private` oder `protected` haben. Diese Optionen werden später in diesem Kapitel näher erläutert. Im Moment werden alle geerbten Klassen `public` benutzen. Dies bedeutet, dass alle öffentlichen Elemente der Basisklasse auch öffentliche Elemente der abgeleiteten Klasse sein werden.

Die Vererbung bietet den folgenden Hauptvorteil: Wenn Sie eine Basisklasse erstellt haben, die die Attribute definiert, die einer Menge von Objekten gemeinsam sind, können Sie eine beliebige Zahl speziellerer Klassen von dieser Klasse ableiten und an eine spezielle Aufgabe anpassen. Beispielsweise ist die folgende Klasse ebenfalls von `TwoDShape` ableitet und definiert Rechtecke:

```
// p10-02.cpp

// Eine von TwoDShape abgeleitete Klasse fuer Rechtecke.
class Rectangle : public TwoDShape {
public:
  bool isSquare() {
    if(width == height) return true;
    return false;
  }

  double area() {
    return width * height;
  }
};
```


Die `Rectangle`-Klasse enthält `TwoDShape` und zusätzlich die Funktion `isSquare()`, die prüft, ob das Rechteck ein Quadrat ist, und die Funktion `area()`, die die Fläche des Rechtecks berechnet.

Vererbung und Zugriff auf die Elemente

In Kapitel 8 haben Sie gelernt, dass Elemente einer Klasse häufig als `private` deklariert werden, um zu verhindern, dass sie nicht autorisiert verwendet oder manipuliert werden. Wenn eine Klasse vererbt wird, werden diese Regeln für den privaten Zugriff *nicht außer Kraft gesetzt*. Deshalb kann eine abgeleitete Klasse nicht automatisch auf die privaten Elemente der Basisklasse zugreifen, obwohl sie alle Elemente ihrer Basisklasse enthält. Wenn beispielsweise `width` und `height` in `TwoDShape` als `private` deklariert sind, kann `Triangle` nicht auf sie zugreifen.

```
// p10-03.cpp

// Eine abgeleitete Klasse kann nicht auf private Elemente zugrei-
fen.
```

```
class TwoDShape {
  // Diese Elemente sind jetzt privat.
  double width;
  double height;
public:
  void showDim() {
    cout << "Breite und Hoehe sind " <<
            width << " und " << height << ".\n";
  }
};

// Triangle wird von TwoDShape abgeleitet.
class Triangle : public TwoDShape {
public:
  char style[20];

  double area() {
    return width * height / 2; // Fehler! Zugriff nicht erlaubt.
  }

  void showStyle() {
    cout << "Das Dreieck ist "<< style << ".\n";
  }
};
```

`width` und `height` sind jetzt privat.

Ein Zugriff auf private Elemente einer Basisklasse ist nicht erlaubt.

Die `Triangle`-Klasse wird nicht kompiliert, weil die Referenz auf `width` und `height` in der `area()`-Funktion eine Zugriffsverletzung auslöst. Da `width` und `height` jetzt privat sind, können nur andere Elemente ihrer eigenen Klasse auf sie zugreifen. Abgeleitete Klassen haben keinen Zugriff auf sie.

Wenn abgeleitete Klassen nicht auf die privaten Elemente von Basisklassen zugreifen könnten, würde dies den Nutzen dieser Elemente in vielen Situationen ernsthaft einschränken. Deshalb verfügt C++ über mehrere Konstrukte, um einen solchen Zugriff zu ermöglichen – beispielsweise über den Elementmodifizierer `protected`, der im nächsten Abschnitt beschrieben wird, oder über öffentliche Funktionen, die den Zugriff auf private Daten ermöglichen. Im vorangegangenen Kapitel wurde gesagt, dass C++-Programmierer typischerweise so genannte *Zugriffsfunktionen* verwenden, um einen Zugriff auf die privaten Elemente einer Klasse zu ermöglichen. Im folgenden Beispiel wurden Zugriffsfunktionen für `width` und `height` in die `TwoDShape`-Klasse eingefügt:

```
// p10-04.cpp
// Mit Zugriffsfunktionen auf private Elemente zugreifen.
#include <iostream>
#include <cstring>
```

```
using namespace std;

// Eine Klasse fuer zweidimensionale Objekte.
class TwoDShape {
  // Diese Elemente sind privat.
  double width;
  double height;
public:

  void showDim() {
    cout << "Breite und Hoehe sind " <<
            width << " und " << height << ".\n";
  }

  // Zugriffsfunktionen
  double getWidth() { return width; }
  double getHeight() { return height; }
  void setWidth(double w) { width = w; }
  void setHeight(double h) { height = h; }
};

// Triangle ist von TwoDShape abgeleitet.
class Triangle : public TwoDShape {
public:
  char style[20];

  double area() {
    return getWidth() * getHeight() / 2;
  }

  void showStyle() {
    cout << "Das Dreieck ist "<< style << ".\n";
  }
};

int main() {
  Triangle t1;
  Triangle t2;

  t1.setWidth(4.0);
  t1.setHeight(4.0);
  strcpy(t1.style, "gleichschenklig");

  t2.setWidth(8.0);
  t2.setHeight(12.0);
  strcpy(t2.style, "rechtwinklig");

  cout << "Info fuer t1:\n";
  t1.showStyle();
  t1.showDim();
  cout << "Die Flaeche ist " << t1.area() << ".\n";
```

Die Zugriffsfunktionen für `width` und `height`.

Mit den Zugriffsfunktionen `width` und `height` abfragen.

10

```
    cout << "\n";
    cout << "Info fuer t2:\n";
    t2.showStyle();
    t2.showDim();
    cout << "Die Flaeche ist " << t2.area() << ".\n";

    return 0;
}
```

1-Minuten-Test

- Wie wird eine Klasse von einer Basisklasse abgeleitet?
- Umfasst eine abgeleitete Klasse die Elemente ihrer Basisklasse?
- Hat eine abgeleitete Klasse Zugriff auf die privaten Elemente ihrer Basisklasse?

Frage an den Experten

Frage: Bei Gesprächen über Java habe ich die Begriffe *Oberklasse* (eng. *superclass*) und *Unterklasse* (engl. *subclass*) gehört. Gibt es diese Begriffe auch in C++?

Antwort: Die *Oberklasse* in Java entspricht in C++ der *Basisklasse*. Die *Unterklasse* in Java entspricht in C++ einer *abgeleiteten Klasse*. Beide Begriffspaare werden immer wieder für die beiden Sprachen verwendet, aber in diesem Buch werden wir weiter die Standardtermini von C++ verwenden. Nebenbei bemerkt: C# verwendet ebenfalls die Termini *Basisklasse* und *abgeleitete Klasse*.

Den Zugriff auf die Basisklasse steuern

Wie oben gesagt wurde, umfasst eine abgeleitete Klasse die Elemente einer Basisklasse. Doch ob und wie die abgeleitete Klasse auf die Elemente der Basisklasse zugreifen kann, wird durch den Zugriffsbezeichner festgelegt, der bei der Angabe der Vererbungsbeziehung verwendet wird. Der Zugriffsbezeichner für die Basis-

---

- Die Basisklasse wird – getrennt durch einen Doppelpunkt – nach der abgeleiteten Klasse angegeben.
- Ja, eine abgeleitete Klasse umfasst die Elemente ihrer Basisklasse.
- Nein, eine abgeleitete Klasse hat keinen Zugriff auf die privaten Elemente ihrer Basisklasse.

klasse kann die Werte `public`, `private` oder `protected` annehmen. Wenn kein Zugriffsbezeichner angegeben wird, gilt standardmäßig `privat`, wenn eine `class` abgeleitet wird, und `public`, wenn eine `struct` abgeleitet wird. Die folgenden Absätze beschreiben die Auswirkungen der Zugriffsbezeichner `public` und `private`. (Der Zugriffsbezeichner `protected` wird im nächsten Abschnitt beschrieben.)

Wenn eine Basisklasse als `public` vererbt wird, werden alle öffentlichen Elemente der Basisklasse öffentliche Elemente der abgeleiteten Klasse. In allen Fällen bleiben die privaten Elemente der Basisklasse in dieser Klasse privat und sind für Elemente der abgeleiteten Klasse nicht zugänglich. Beispielsweise werden in dem folgenden Programm die öffentlichen Elemente von `B` öffentliche Elemente von `D`. Deshalb sind sie für andere Teile des Programms zugänglich.

```
// p10-05.cpp
// Die oeffentliche Vererbung demonstrieren.
#include <iostream>
using namespace std;

class B {
  int i, j;
public:
  void set(int a, int b) { i = a; j = b; }
  void show() { cout << i << " " << j << "\n"; }
};

class D : public B {
  int k;
public:
  D(int x) { k = x; }
  void showk() { cout << k << "\n"; }

  // i = 10; // Fehler! i ist in B privat,
  // und ein Zugriff ist nicht erlaubt.
};

int main()
{
  D ob(3);

  ob.set(1, 2); // Auf ein Element der Basisklasse zugreifen.
  ob.show();    // Auf ein Element der Basisklasse zugreifen.

  ob.showk();   // Verwendet ein Element der abgeleiteten Klasse.

  return 0;
}
```

Hier wird `B` als öffentlich vererbt.

Ein Zugriff auf `i` ist nicht möglich, weil die Variable in `B` privat ist.

Da `set()` und `show()`in `B` öffentlich sind, können sie in `main()` mit einem Objekt vom Typ `D` aufgerufen werden. Weil `i` und `j` als `private` deklariert sind, bleiben sie in `B` privat. Deshalb ist die Zeile

```
// i = 10; // Fehler! i ist in B privat, und ein Zugriff ist nicht
erlaubt.
```

auskommentiert. `D` kann nicht auf private Elemente von `B` zugreifen.

Das Gegenteil der öffentlichen Vererbung ist die private Vererbung. Wenn die Basisklasse als `private` vererbt wird, werden alle öffentlichen Elemente der Basisklasse private Elemente der abgeleiteten Klasse. Beispielsweise wird das folgende Programm nicht kompiliert, weil sowohl `set()` als auch `show()` jetzt private Elemente von `D` sind und deshalb nicht von `main()` aus aufgerufen werden.

```
// p10-06.cpp

// Mit privater Vererbung arbeiten. Dieses Programm wird nicht kom-
piliert.

#include <iostream>
using namespace std;

class B {
  int i, j;
public:
  void set(int a, int b) { i = a; j = b; }
  void show() { cout << i << " " << j << "\n"; }
};

// Öffentliche Elemente von B werden in D private Elemente.
class D : private B {
  int k;
public:
  D(int x) { k = x; }
  void showk() { cout << k << "\n"; }
};

int main()
{
  D ob(3);

  ob.set(1, 2); // Fehler, Zugriff auf set() ist nicht moeglich.
  ob.show();    // Fehler, Zugriff auf show() ist nicht moeglich.

  return 0;
}
```

Hier wird `B` jetzt als privat vererbt.

Jetzt ist mit `D` kein Zugriff auf `set()` und `show()` möglich.

Zusammenfassung: Wenn eine Basisklasse als `private` vererbt wird, werden öffentliche Elemente der Basisklasse private Elemente der abgeleiteten Klasse.

Dies bedeutet, dass sie immer noch für Elemente der abgeleiteten Klasse, aber nicht für andere Teile des Programms zugänglich sind.

Mit geschützten Elementen arbeiten

Wie Sie wissen, sind private Elemente einer Basisklasse für eine abgeleitete Klasse nicht zugänglich. Dies scheint zu implizieren, dass ein Element der Basisklasse öffentlich sein muss, damit eine abgeleitete Klasse darauf zugreifen kann. Natürlich wäre ein solches Element auch für den gesamten anderen Code zugänglich, was in vielen Fällen unerwünscht ist. Um diese Situation vermeiden zu können, stellt C++ den Zugriffsbezeichner `protected` zur Verfügung, mit dem Sie so genannte *geschützte Elemente* erstellen können. Ein geschütztes Element ist innerhalb einer Klassenhierarchie öffentlich, aber außerhalb der Hierarchie privat.

Ein geschütztes Element wird mit dem Zugriffsbezeichner `protected` erstellt. Ein Element, das in einer Klasse als `protected` deklariert wird, ist für abgeleitete Klassen zugänglich, ansonsten aber privat. Deshalb können Sie mit `protected` Klassenelemente erstellen, die in ihrer Klasse privat sind, aber dennoch vererbt werden können und für abgeleitete Klassen zugänglich sind. Der Zugriffsbezeichner `protected` kann auch bei Strukturen verwendet werden.

Betrachten Sie das folgende Beispielprogramm:


```
// p10-07.cpp
// Geschuetzte Elemente demonstrieren.
#include <iostream>
using namespace std;
class B {
protected:
  int i, j; // privat in B, aber fuer D zugaenglich
public:
  void set(int a, int b) { i = a; j = b; }
  void show() { cout << i << " " << j << "\n"; }
};
class D : public B {
  int k;
public:
  // D kann auf i und j in B zugreifen.
  void setk() { k = i*j; }
  void showk() { cout << k << "\n"; }
};
```

Hier sind `i` und `j` geschützt.

`D` kann auf `i` und `j` zugreifen, weil sie geschützt, aber nicht privat sind.

```
int main()
{
  D ob;

  ob.set(2, 3); // OK, set() ist in B oeffentlich.
  ob.show();    // OK, show() ist in B oeffentlich.

  ob.setk();
  ob.showk();

  return 0;
}
```

Weil `B` an `D` als `public` vererbt wird und weil `i` und `j` als `protected` deklariert sind, kann die Funktion `setk()` von `D` auf diese Elemente zugreifen. Wenn `i` und `j` in `B` als `private` deklariert wären, hätte `D` keinen Zugriff auf diese Elemente, und das Programm würde nicht kompiliert werden.

Wenn eine Basisklasse als `public` vererbt wird, werden geschützte (`protected`) Elemente der Basisklasse geschützte Elemente der abgeleiteten Klasse. Wenn eine Basisklasse als `private` vererbt wird, werden geschützte Elemente der Basisklasse private Elemente der abgeleiteten Klasse.

Der Zugriffsbezeichner `protected` kann in einer Klassendeklaration an beliebiger Stelle stehen, obwohl er üblicherweise nach den (standardmäßig) privaten und vor den öffentlichen Elementen angegeben wird. Deshalb hat eine komplette Klassendeklaration in der Regel die folgende Form:

```
class Klassenname{
   //  standardmaessig private Elemente
protected:
   //  geschuetzte Elemente
public:
   //  oeffentliche Elemente
};
```

Natürlich ist die Kategorie `protected` optional.

Mit dem Schlüsselwort `protected` können Sie nicht nur Elemente einer Klasse als geschützt deklarieren, sondern Sie können `protected` auch als Zugriffsbezeichner verwenden, um eine Basisklasse zu vererben. Wenn eine Basisklasse als `protected` vererbt wird, werden alle öffentlichen und geschützten Elemente der Basisklasse geschützte Elemente der abgeleiteten Klasse. Wenn Sie beispielsweise in dem vorangegangenen Beispiel `B` mit

```
class D : protected B {
```

an `D` vererben, werden alle Elemente von `B` geschützte Elemente von `D`.

1-Minuten-Test

- Wenn eine Basisklasse als `private` vererbt wird, werden öffentliche Elemente der Basisklasse private Elemente der abgeleiteten Klasse. Wahr oder falsch?
- Können private Elemente einer Basisklasse durch Vererbung öffentlich gemacht werden?
- Mit welchem Zugriffsbezeichner können Sie Elemente innerhalb einer Hierarchie zugänglich, aber ansonsten privat machen?

Frage an den Experten

Frage: Können Sie `public`, `protected` und `private` noch einmal zusammenfassend erläutern?

Antwort: Wenn ein Klassenelement als `public` deklariert wird, ist es für jeden Teil eines Programms zugänglich. Wenn ein Element als `private` deklariert wird, ist es nur für Elemente seiner Klasse zugänglich. Außerdem haben abgeleitete Klassen keinen Zugriff auf private Elemente der Basisklasse. Wenn ein Element als `protected` deklariert wird, ist es nur für Elemente seiner Klasse und der davon abgeleiteten Klassen zugänglich. Deshalb kann ein Element mit `protected` vererbt werden, aber innerhalb einer Klassenhierarchie privat bleiben.

Wenn eine Basisklasse mit `public` vererbt wird, werden ihre öffentlichen Elemente öffentliche Elemente der abgeleiteten Klasse, und ihre geschützten Elemente werden geschützte Elemente der abgeleiteten Klasse. Wenn eine Basisklasse mit `protected` vererbt wird, werden ihre öffentlichen und geschützten Elemente geschützte Elemente der abgeleiteten Klasse. Wenn eine Basisklasse mit `private` vererbt wird, werden ihre öffentlichen und geschützten Elemente private Elemente der abgeleiteten Klasse. In allen Fällen bleiben private Elemente einer Basisklasse in dieser Basisklasse privat.

- Wahr. Wenn eine Basisklasse als `private` vererbt wird, werden öffentliche Elemente der Basisklasse private Elemente der abgeleiteten Klasse.
- Nein. Private Elemente einer Basisklasse bleiben immer in der Klasse privat.
- Mit dem Zugriffsbezeichner `protected` können Sie Elemente innerhalb einer Hierarchie zugänglich, aber ansonsten privat machen.

Konstruktoren und Vererbung

In einer Hierarchie können sowohl Basisklassen als auch abgeleitete Klassen über eigene Konstruktoren verfügen. Daraus ergibt sich eine wichtige Frage: Welcher Konstruktor ist dafür zuständig, ein Objekt der abgeleiteten Klasse zu erstellen: der Konstruktor in der Basisklasse, der Konstruktor in der abgeleiteten Klasse oder beide? Die Antwort lautet: Ein Konstruktor der Basisklasse konstruiert den Basisklassenteil des Objekts, und ein Konstruktor der abgeleiteten Klasse konstruiert den Teil der abgeleiteten Klasse. Diese Arbeitsteilung ist sinnvoll, weil die Basisklasse nichts von der abgeleiteten Klasse weiß und nicht auf deren Elemente zugreifen kann. Deshalb müssen diese Elemente separat konstruiert werden. In den vorangegangenen Beispielen wurden die Standardkonstruktoren verwendet, die automatisch von C++ erstellt werden, sodass sich dieses Problem nicht stellte. Doch in der Praxis verfügen die meisten Klassen über Konstruktoren. Hier werden Sie erfahren, wie diese Situation bewältigt wird.

Wenn nur die abgeleitete Klasse einen Konstruktor definiert, ist der Prozess unkompliziert: Sie konstruieren einfach nur das abgeleitete Klassenobjekt. Der Basisklassenteil des Objekts wird automatisch mit dem betreffenden Standardkonstruktor konstruiert. Das folgende Beispielprogramm zeigt eine überarbeitete Version von `Triangle`, die einen Konstruktor definiert. Es deklariert auch `style` als privat, da die Eigenschaft jetzt von dem Konstruktor gesetzt wird.

```
// p10-08.cpp

// Einen Konstruktor zu Triangle hinzufuegen.

#include <iostream>
#include <cstring>
using namespace std;

// Eine Klasse fuer zweidimensionale Objekte.
class TwoDShape {
  // Diese Elemente sind privat.
  double width;
  double height;
public:
  void showDim() {
    cout << "Breite und Hoehe sind " <<
            width << " und " << height << ".\n";
  }

  // Zugriffsfunktionen
  double getWidth() { return width; }
  double getHeight() { return height; }
  void setWidth(double w) { width = w; }
```

```
  void setHeight(double h) { height = h; }
};

// Triangle ist von TwoDShape abgeleitet.
class Triangle : public TwoDShape {
  char style[20]; // jetzt privat
public:

  // Konstruktor fuer Triangle.
  Triangle(char *str, double w, double h) {
    // Den Basisklassenteil initialisieren.
    setWidth(w);
    setHeight(h);

    // Den Teil der abgeleiteten Klasse initialisieren.
    strcpy(style, str);
  }

  double area() {
    return getWidth() * getHeight() / 2;
  }

  void showStyle() {
    cout << "Das Dreieck ist "<< style << ".\n";
  }
};

int main() {
  Triangle t1("gleichschenklig", 4.0, 4.0);
  Triangle t2("rechtwinklig", 8.0, 12.0);

  cout << "Info fuer t1:\n";
  t1.showStyle();
  t1.showDim();
  cout << "Die Flaeche ist " << t1.area() << ".\n";

  cout << "\n";
  cout << "Info fuer t2:\n";
  t2.showStyle();
  t2.showDim();
  cout << "Die Flaeche ist " << t2.area() << ".\n";

  return 0;
}
```

Den `TwoDShape`-Teil von `Triangle` initialisieren.

Das Element `style` initialisieren, das ein spezifisches Element von `Triangle` ist.

Hier initialisiert der Konstruktor der Klasse `Triangle` die Elemente von `TwoDShape`, die die Klasse `Triangle` erbt, sowie das eigene `style`-Feld.

Wenn sowohl die Basisklasse als auch die abgeleitete Klasse Konstruktoren definieren, ist der Prozess etwas komplizierter, weil sowohl der Konstruktor der Basisklasse als auch der Konstruktor der abgeleiteten Klasse ausgeführt werden muss.

Konstruktoren der Basisklasse aufrufen

Wenn eine Basisklasse einen Konstruktor hat, muss die abgeleitete Klasse ihn explizit aufrufen, um den Basisklassenteil des Objekts zu initialisieren. Eine abgeleitete Klasse kann einen Konstruktor einer Basisklasse mit einer erweiterten Form der Konstruktordeklaration der abgeleiteten Klasse aufrufen. Diese erweiterte Deklaration hat die folgende allgemeine Form:

```
AbgeleiteterKonstruktor(Argumentenliste) : BasisKonstruktor(Argumenten-
liste);
{
  Koerper des abgeleiteten Konstruktors
}
```

Hier ist *BasisKonstruktor* der Name der Basisklasse, von der die Klasse abgeleitet wird. Beachten Sie, dass die Konstruktordeklaration der abgeleiteten Klasse vom Konstruktor der Basisklasse durch einen Doppelpunkt getrennt wird. (Wenn eine Klasse mehr als eine Basisklasse erbt, werden die Konstruktoren der Basisklassen durch Kommas getrennt.)

Das folgende Programm zeigt, wie Argumente an einen Basisklassenkonstruktor übergeben werden. Es definiert einen Konstruktor für `TwoDShape`, der die Eigenschaften `width` und `height` initialisiert.

```
// p10-09.cpp

// Einen Konstruktor zu TwoDShape hinzufuegen.

#include <iostream>
#include <cstring>
using namespace std;

// Eine Klasse fuer zweidimensionale Objekte.
class TwoDShape {
  // Diese Elemente sind privat.
  double width;
  double height;
public:

  // Konstruktor fuer TwoDShape.
  TwoDShape(double w, double h) {
    width = w;
    height = h;
  }

  void showDim() {
    cout << "Breite und Hoehe sind " <<
            width << " und " << height << ".\n";
```

```
  }
  // Zugriffsfunktionen
  double getWidth() { return width; }
  double getHeight() { return height; }
  void setWidth(double w) { width = w; }
  void setHeight(double h) { height = h; }
};

// Triangle ist von TwoDShape abgeleitet.
class Triangle : public TwoDShape {
  char style[20]; // jetzt privat
public:

  // Konstruktor fuer Triangle.
  Triangle(char *str, double w, double h) : TwoDShape(w, h) {
    strcpy(style, str);
  }

  double area() {
    return getWidth() * getHeight() / 2;
  }

  void showStyle() {
    cout << "Das Dreieck ist "<< style << ".\n";
  }
};

int main() {
  Triangle t1("gleichschenklig", 4.0, 4.0);
  Triangle t2("rechtwinklig", 8.0, 12.0);

  cout << "Info fuer t1:\n";
  t1.showStyle();
  t1.showDim();
  cout << "Die Flaeche ist " << t1.area() << ".\n";

  cout << "\n";
  cout << "Info fuer t2:\n";
  t2.showStyle();
  t2.showDim();
  cout << "Die Flaeche ist " << t2.area() << ".\n";

  return 0;
}
```

Den `TwoDShape()`-Konstruktor aufrufen.

Hier ruft `Triangle()` den Konstruktor `TwoDShape()` mit den Parametern `w` und `h` auf, der `width` und `height` mit diesen Werten initialisiert. `Triangle()` initialisiert jetzt diese Werte nicht mehr selbst, sondern der Konstruktor muss nur noch den eigenen klassenspezifischen Wert `style` initialisieren. Deshalb kann `TwoD-`

Shape()sein Unterobjekt auf eine beliebige eigene Art und Weise konstruieren. Darüber hinaus kann TwoDShape() eine zusätzliche Funktionalität definieren, von der die vorhandenen abgeleiteten Klassen nichts wissen, und so verhindern, dass der vorhandene Code ungültig gemacht wird.

Jeder Konstruktor, der in der Basisklasse definiert ist, kann von einem Konstruktor der abgeleiteten Klasse aufgerufen werden. Es wird jeweils der Konstruktor ausgeführt, dessen Argumente mit dem Aufruf übereinstimmen. Das folgende Beispiel enthält erweiterte Versionen von TwoDShape und Triangle mit zusätzlichen Konstruktoren:

```
// p10-10.cpp
// Einen Konstruktor zu TwoDShape hinzufuegen.
#include <iostream>
#include <cstring>
using namespace std;
// Eine Klasse fuer zweidimensionale Objekte.
class TwoDShape {
  // Diese Elemente sind privat.
  double width;
  double height;
public:
  // Standardkonstruktor.
  TwoDShape() {
    width = height = 0.0;
  }
  // Konstruktor fuer TwoDShape.
  TwoDShape(double w, double h) {
    width = w;
    height = h;
  }
  // Objekte mit gleicher Breite und Hoehe konstruieren.
  TwoDShape(double x) {
    width = height = x;
  }
  void showDim() {
    cout << "Breite und Hoehe sind " <<
            width << " und " << height << ".\n";
  }
  // Zugriffsfunktionen
  double getWidth() { return width; }
  double getHeight() { return height; }
```

Verschiedene TwoDShape-Konstruktoren.

```
  void setWidth(double w) { width = w; }
  void setHeight(double h) { height = h; }
};

// Triangle ist von TwoDShape abgeleitet.
class Triangle : public TwoDShape {
  char style[20]; // jetzt privat
public:

  /* Ein Standardkonstruktor. Er ruft automatisch
     den Standardkonstruktor von TwoDShape auf. */
  Triangle() {
    strcpy(style, "unbekannt");
  }

  // Konstruktor mit drei Parametern.
  Triangle(char *str, double w, double h) : TwoDShape(w, h) {
    strcpy(style, str);
  }

  // Ein gleichschenkliges Dreieck konstruieren.
  Triangle(double x) : TwoDShape(x) {
    strcpy(style, "gleichschenklig");
  }

  double area() {
    return getWidth() * getHeight() / 2;
  }

  void showStyle() {
    cout << "Das Dreieck ist "<< style << ".\n";
  }
};

int main() {
  Triangle t1;
  Triangle t2("rechtwinklig", 8.0, 12.0);
  Triangle t3(4.0);

  t1 = t2;

  cout << "Info fuer t1: \n";
  t1.showStyle();
  t1.showDim();
  cout << "Die Flaeche ist " << t1.area() << ".\n";

  cout << "\n";

  cout << "Info fuer t2: \n";
  t2.showStyle();
  t2.showDim();
```

Verschiedene Triangle-Konstruktoren.

```
    cout << "Die Flaeche ist " << t2.area() << ".\n";

    cout << "\n";

    cout << "Info fuer t3: \n";
    t3.showStyle();
    t3.showDim();
    cout << "Die Flaeche ist " << t3.area() << ".\n";

    cout << "\n";

    return 0;
}
```

Dieses Programm erzeugt die folgende Ausgabe:

```
Info fuer t1:
Das Dreieck ist rechtwinklig.
Die Breite und Hoehe sind 8 und 12.
Die Flaeche ist 48.

Info fuer t2:
Das Dreieck ist rechtwinklig.
Die Breite und Hoehe sind 8 und 12.
Die Flaeche ist 48.

Info fuer t3:
Das Dreieck ist gleichschenklig.
Die Breite und Hoehe sind 4 und 4.
Die Flaeche ist 8.
```

1-Minuten-Test

- Wie führt eine abgeleitete Klasse den Konstruktor ihrer Basisklasse aus?
- Können Parameter an einen Basisklassenkonstruktor übergeben werden?
- Welcher Konstruktor ist für die Initialisierung des Basisklassenteils eines abgeleiteten Objekts zuständig – der Konstruktor, der von der abgeleiteten Klasse definiert wird, oder der Konstruktor, der von der Basisklasse definiert wird?

- Eine abgeleitete Klasse gibt in ihrem Konstruktor den Basisklassenkonstruktor an.
- Ja, an einen Basisklassenkonstruktor können Parameter übergeben werden.
- Der Konstruktor, der für die Initialisierung des Basisklassenteils eines abgeleiteten Objekts zuständig ist, wird von der Basisklasse definiert wird.

Projekt 10-1: Die Vehicle-Klasse erweitern

Truck-
emo.cpp

In diesem Projekt erstellen Sie eine Unterklasse der `Vehicle`-Klasse, die Sie zuerst in Kapitel 8 entwickelt haben. Sie erinnern sich, dass `Vehicle` Informationen über Fahrzeuge einkapselt – einschließlich der Zahl der Passagiere, die das jeweilige Fahrzeug befördern kann, der Tankkapazität und des durchschnittlichen Kraftstoffverbrauchs. Wir können die `Vehicle`-Klasse als Basis für speziellere Klassen verwenden. Beispielsweise ist Lkw (engl. *truck*) eine Art von Fahrzeug. Ein wichtiges Attribut eines Lkws ist seine Ladekapazität (engl. *cargo capacity*). Um eine `Truck`-Klasse zu erstellen, können Sie `Vehicle` erben und eine Elementvariable hinzufügen, die die Ladekapazität speichert. In diesem Projekt werden Sie die `Truck`-Klasse erstellen. Dabei werden die Elementvariablen in `Vehicle` als privat deklariert und Zugriffsfunktionen für diese Variablen zur Verfügung gestellt, um auf ihre Werte zuzugreifen.

Schritt für Schritt

1. Erstellen Sie eine Datei namens `TruckDemo.cpp` und kopieren Sie die letzte Implementierung von `Vehicle` aus Kapitel 8 in die Datei.
2. Erstellen Sie die `Truck`-Klasse wie folgt:

```
// Mit Vehicle die speziellere Klasse Truck erstellen.
class Truck : public Vehicle {
  int cargocap; // Ladekapazitaet in Pfund
public:
  // Dies ist ein Konstruktor fuer Truck.
  Truck(int p, int f, int m, int c) : Vehicle(p, f, m)
  {
    cargocap = c;
  }
  // Zugriffsfunktion fuer cargocap.
  int get_cargocap() { return cargocap; }
};
```

Hier erbt `Truck` die Klasse `Vehicle` und fügt das Element `cargocap` hinzu. Deshalb enthält `Truck` alle allgemeinen Attribute eines Fahrzeugs, die von `Vehicle` definiert werden. Die Klasse `Truck` muss nur die Elemente hinzufügen, die für sie spezifisch sind.

3. Hier ist ein komplettes Programm, das die Arbeitsweise der `Truck`-Klasse demonstriert:

```
// TruckDemo.cpp: Projekt 10-1
// Eine Unterklasse von Vehicle namens Truck erstellen.
```

```
#include <iostream>
using namespace std;
// Die Vehicle-Klasse deklarieren.
class Vehicle {
  // Diese Elemente sind privat.
  int passengers; // Anzahl der Passagiere
  int fuelcap;    // Tankkapazitaet in Gallonen
  int mpg;        // Treibstoffverbrauch in Meilen pro Gallone
public:
  // Dies ist ein Konstruktor fuer Vehicle.
  Vehicle(int p, int f, int m) {
    passengers = p;
    fuelcap = f;
    mpg = m;
  }
  // Die Reichweite berechnen und zurueckgeben.
  int range() { return mpg * fuelcap; }
  // Zugriffsfunktionen.
  int get_passengers() { return passengers; }
  int get_fuelcap() { return fuelcap; }
  int get_mpg() { return mpg; }
};
// Mit Vehicle die speziellere Klasse Truck erstellen.
class Truck : public Vehicle {
  int cargocap; // Ladekapazitaet in Pfund
public:
  // Dies ist ein Konstruktor fuer Truck.
  Truck(int p, int f, int m, int c) : Vehicle(p, f, m)
  {
    cargocap = c;
  }
  // Zugriffsfunktion fuer cargocap.
  int get_cargocap() { return cargocap; }
};

int main() {
  // Einige Truck-Objekte konstruieren.
  Truck semi(2, 200, 7, 44000);
  Truck pickup(3, 28, 15, 2000);
  int dist = 252;
  cout << "Der Semi kann " << semi.get_cargocap() <<
                  " Pfund befoerdern.\n";
  cout << "Der Lkw hat eine Reichweite von " <<
          semi.range() << " Meilen.\n";
  cout << "Um " << dist << " Meilen zu fahren, benoetigt der
Semi " <<
```

```
        dist / semi.get_mpg() << " Gallonen Treibstoff.\n\n";

  cout << "Der Pickup kann " << pickup.get_cargocap() <<
                    " Pfund befoerdern.\n";
  cout << "Der Lkw hat eine Reichweite von " <<
          pickup.range() << " Meilen.\n";
  cout << "Um " << dist << " Meilen zu fahren, benoetigt der
Pickup " <<
          dist / pickup.get_mpg() <<
          " Gallonen Treibstoff.\n";

  return 0;
}
```

4. Dieses Programm erzeugt die folgende Ausgabe:

```
Der Semi kann 44000 Pfund befoerdern.
Der Lkw hat eine Reichweite von 1400 Meilen.
Um 252 Meilen zu fahren, benoetigt der Semi 36 Gallonen Treib-
stoff.

Der Pickup kann 2000 Pfund befoerdern.
Der Lkw hat eine Reichweite von 420 Meilen.
Um 252 Meilen zu fahren, benoetigt der Pickup 16 Gallonen
Treibstoff.
```

5. Von `Vehicle` können viele andere Arten von Klassen abgeleitet werden. Beispielsweise wird in dem folgenden Fragment eine `OffRoad`-Klasse (Geländewagen) erstellt, in der der Bodenabstand des Fahrzeugs definiert wird:

```
// Eine Gelaendewagen-Klasse erstellen.
class OffRoad : public Vehicle {
  int groundClearance; // Bodenabstand in Zoll
public:
  // ...
};
```

Der Kernpunkt ist folgender: Nachdem Sie eine Basisklasse erstellt haben, in der die allgemeinen Aspekte eines Objekts definiert sind, können Sie von dieser Basisklasse beliebige speziellere Klassen ableiten. Jede abgeleitete Klasse fügt einfach ihre eigenen, spezifischen Attribute hinzu. Dies ist die Essenz der Vererbung.

Eine mehrstufige Hierarchie erstellen

Bis jetzt haben wir mit einfachen Klassenhierarchien gearbeitet, die nur aus einer Basisklasse und einer abgeleiteten Klasse bestanden. Sie können jedoch Hierarchien erstellen, die so viele Vererbungsstufen enthalten, wie Sie wollen. Wie bereits erwähnt wurde, können Sie eine abgeleitete Klasse wiederum als Basisklasse einer weiteren Klasse verwenden. Wenn beispielsweise drei Klassen namens `A`, `B` und `C` gegeben sind, kann `C` von `B` und `B` von `A` abgeleitet werden. In dieser Situation erbt eine abgeleitete Klasse jeweils die Elemte aller ihrer Basisklassen. In diesem Fall erbt `C` alle Aspekte von `B` und `A`.

Das folgende Programm soll zeigen, wie eine mehrstufige Hierarchie nutzbringend eingesetzt werden kann. Dabei wird die abgeleitete Klasse `Triangle` als Basisklasse einer weiteren abgeleiteten Klasse namens `ColorTriangle` verwendet. `ColorTriangle` erbt alle Elemente von `Triangle` und `TwoDShape` und fügt ein Feld namens `color` hinzu, das die Farbe des Dreiecks speichert.

```
// p10-11.cpp

// Eine mehrstufige Hierarchie.

#include <iostream>
#include <cstring>
using namespace std;

// Eine Klasse fuer zweidimensionale Objekte.
class TwoDShape {
  // Diese Elemente sind privat.
  double width;
  double height;
public:

  // Standardkonstruktor.
  TwoDShape() {
    width = height = 0.0;
  }

  // Konstruktor fuer TwoDShape.
  TwoDShape(double w, double h) {
    width = w;
    height = h;
  }

  // Ein Objekt mit gleicher Breite und Hoehe konstruieren.
  TwoDShape(double x) {
    width = height = x;
```

```
  }
  void showDim() {
    cout << "Breite und Hoehe sind " <<
             width << " und " << height << ".\n";
  }
  // Zugriffsfunktionen
  double getWidth() { return width; }
  double getHeight() { return height; }
  void setWidth(double w) { width = w; }
  void setHeight(double h) { height = h; }
};
// Triangle ist von TwoDShape abgeleitet.
class Triangle : public TwoDShape {
  char style[20]; // jetzt privat
public:
  /* Ein Standardkonstruktor. Er ruft automatisch
     den Standardkonstruktor von TwoDShape auf. */
  Triangle() {
    strcpy(style, "unbekannt");
  }
  // Konstruktor mit drei Parametern.
  Triangle(char *str, double w, double h) : TwoDShape(w, h) {
    strcpy(style, str);
  }

  // Ein gleichschenkliges Dreieck konstruieren.
  Triangle(double x) : TwoDShape(x) {
    strcpy(style, "gleichschenklig");
  }
  double area() {
    return getWidth() * getHeight() / 2;
  }
  void showStyle() {
    cout << "Das Dreieck ist "<< style << ".\n";
  }
};
// Das Dreieck erweitern
class ColorTriangle : public Triangle {
  char color[20];
public:
  ColorTriangle(char *clr, char *style, double w,
              double h) : Triangle(style, w, h) {
```

ColorTriangle erbt die Klasse Triangle, die TwoDShape erbt.

```
    strcpy(color, clr);
  }

  // Die Farbe anzeigen.
  void showColor() {
    cout << "Die Farbe ist " << color << ".\n";
  }
};

int main() {
  ColorTriangle t1("blau", "rechtwinklig", 8.0, 12.0);
  ColorTriangle t2("rot", "gleichschenklig", 2.0, 2.0);

  cout << "Info fuer t1:\n";
  t1.showStyle();
  t1.showDim();
  t1.showColor();
  cout << "Die Flaeche ist " << t1.area() << ".\n";

  cout << "\n";

  cout << "Info fuer t2:\n";
  t2.showStyle();
  t2.showDim();
  t2.showColor();
  cout << "Die Flaeche ist " << t2.area() << ".\n";

  return 0;
}
```

Ein `ColorTriangle`-Objekt kann Funktionen aufrufen, die in der Klasse selbst und in ihren Basisklassen definiert sind.

Dieses Programm erzeugt die folgende Ausgabe:

```
Info fuer t1:
Das Dreieck ist rechtwinklig.
Die Breite und Hoehe sind 8 und 12.
Die Farbe ist blau.
Die Flaeche ist 48.

Info fuer t2:
Das Dreieck ist gleichschenklig.
Die Breite und Hoehe sind 2 und 2.
Die Farbe ist rot.
Die Flaeche ist 2.
```

Wegen der Vererbung kann die Klasse `ColorTriangle` die vorher definierten Klassen `Triangle` und `TwoDShape` nutzen und muss nur die zusätzlichen Informationen hinzufügen, die sie für ihre eigenen, spezifischen Zwecke benötigt. Dies ist ein Nutzen der Vererbung: Sie ermöglicht die Wiederverwendung von Code.

Dieses Beispiel veranschaulicht einen weiteren wichtigen Punkt. Wenn ein Basisklassenkonstruktor in einer Klassenhierarchie Parameter benötigt, müssen alle abgeleiteten Klassen diese Parameter »nach oben durchreichen«, und zwar unabhängig davon, ob eine abgeleitete Klasse selbst Parameter benötigt oder nicht.

Mehrere Basisklassen erben

In C++ kann eine abgeleitete Klasse gleichzeitig zwei oder mehr Basisklassen erben. Beispielsweise erbt D in dem folgenden kurzen Programm sowohl B1 als auch B2:

```
// p10-12.cpp

// Ein Beispiel fuer mehrere Basisklassen.

#include <iostream>
using namespace std;

class B1 {
protected:
  int x;
public:
  void showx() { cout << x << "\n"; }
};

class B2 {
protected:
  int y;
public:
  void showy() { cout << y << "\n"; }
};

// Mehrere Basisklassen erben.
class D: public B1, public B2 {
public:
  /* x und y sind zugaenglich, weil sie in B1 und B2
     geschuetzt und nicht privat sind. */
  void set(int i, int j) { x = i; y = j; }
};

int main()
{
  D ob;

  ob.set(10, 20); // stammt von D
  ob.showx();     // von B1
  ob.showy();     // von B2
```

Hier erbt D gleichzeitig von B1 und B2.

```
  return 0;
}
```

Dieses Beispiel zeigt, dass eine Klasse mehrere Basisklassen erben kann, indem diese durch eine durch Kommas getrennte Liste angegeben werden. Außerdem muss der Zugriffsbezeichner für jede Basisklasse separat angegeben werden.

Wann werden Konstruktor- und Destruktor-Funktionen ausgeführt?

Weil eine Basisklasse, eine abgeleitete Klasse oder beide Konstruktoren und/oder Destruktoren enthalten können, ist es wichtig, dass Sie die Reihenfolge verstehen, in der die Konstruktoren bzw. Destruktoren ausgeführt werden. In welcher Reihenfolge werden die Konstruktoren aufgerufen, wenn ein Objekt einer abgeleiteten Klasse erstellt wird? Und in welcher Reihenfolge werden die Destruktoren aufgerufen, wenn ein Objekt zerstört wird? Um diese Fragen zu beantworten, wollen wir mit dem folgenden einfachen Programm beginnen:

```
// p10-13.cpp

#include <iostream>
using namespace std;

class B {
public:
  B() { cout << "Den Basisteil konstruieren\n"; }
  ~B() { cout << "Den Basisteil zerstoeren\n"; }
};

class D: public B {
public:
  D() { cout << "Den abgeleiteten Teil konstruieren\n"; }
  ~D() { cout << "Den abgeleiteten Teil zerstoeren\n"; }
};

int main()
{
  D ob;

  // ausser Konstruktion und Destruktion nichts tun

  return 0;
}
```

Der Kommentar in `main()` zeigt an, dass dieses Programm einfach ein Objekt namens `ob` der Klasse `D` konstruiert und wieder zerstört. Dieses Programm erzeugt die folgende Ausgabe:

```
Den Basisteil konstruieren
Den abgeleiteten Teil konstruieren
Den abgeleiteten Teil zerstoeren
Den Basisteil zerstoeren
```

Die Ausgabe zeigt, dass erst der Konstruktor für `B`, gefolgt von dem Konstruktor von `D` ausgeführt wird. Da `ob` in diesem Programm sofort wieder zerstört wird, wird als Nächstes der Destruktor von `D`, gefolgt von dem Destruktor von `B` aufgerufen.

Die Ergebnisse dieses Experiments können wie folgt verallgemeinert werden: Wenn ein Objekt einer abgeleiteten Klasse erstellt wird, wird zuerst der Basisklassenkonstruktor und dann der Konstruktor der abgeleiteten Klasse aufgerufen. Wenn ein abgeleitetes Objekt zerstört wird, wird erst sein Destruktor und dann der Destruktor der Basisklasse aufgerufen. Anders ausgedrückt: Konstruktoren werden in der Reihenfolge ihrer Ableitung ausgeführt. Destruktoren werden in der umgekehrten Reihenfolge ihrer Ableitung ausgeführt.

Bei einer mehrstufigen Klassenhierarchie (das heißt in dem Fall, in dem eine abgeleitete Klasse die Basisklasse einer weiteren abgeleiteten Klasse wird) gilt dieselbe Regel: Konstruktoren werden in der Reihenfolge der Ableitung aufgerufen; Destruktoren werden in der umgekehrten Reihenfolge aufgerufen. Wenn eine Klasse mehr als eine Basisklasse gleichzeitig erbt, werden die Konstruktoren von links nach rechts in der Reihenfolge aufgerufen, in der sie in der Vererbungsliste der abgeleiteten Klasse angegeben sind. Destruktoren werden in der umgekehrten Reihenfolge von rechts nach links aufgerufen.

1-Minuten-Test

- Kann eine abgeleitete Klasse als Basisklasse für eine weitere abgeleitete Klasse verwendet werden?
- In welcher Reihenfolge werden die Konstruktoren in einer Klassenhierarchie aufgerufen?
- In welcher Reihenfolge werden die Destruktoren in einer Klassenhierarchie aufgerufen?

- Ja, eine abgeleitete Klasse kann als Basisklasse für eine weitere abgeleitete Klasse verwendet werden.
- Konstruktoren werden in der Reihenfolge der Ableitung der Klassen aufgerufen.
- Destruktoren werden in der umgekehrten Reihenfolge der Ableitung der Klassen aufgerufen.

Frage an den Experten

Frage: Warum werden Konstruktoren in der Reihenfolge ihrer Ableitung und Destruktoren in der umgekehrten Reihenfolge aufgerufen?

Antwort: Eine genauere Betrachtung zeigt, dass es sinnvoll ist, Konstruktoren in der Reihenfolge ihrer Ableitung aufzurufen. Weil eine Basisklasse nichts von ihren abgeleiteten Klassen weiß, muss sie unabhängig von diesen Klassen initialisiert werden. Möglicherweise ist ihre Initialisierung sogar eine Voraussetzung für die Initialisierung der abgeleiteten Klassen. Deshalb muss der Konstruktor der Basisklasse zuerst ausgeführt werden.

Analog dazu ist es sinnvoll, die Destruktoren in umgekehrter Reihenfolge der Ableitung auszuführen. Da die Basisklasse der abgeleiteten Klasse zugrunde liegt, impliziert die Zerstörung der Basisklasse die Zerstörung der abgeleiteten Klasse. Deshalb muss der abgeleitete Destruktor aufgerufen werden, bevor das Objekt komplett zerstört wird.

Zeiger auf abgeleitete Typen

Bevor wir mit virtuellen Funktionen und der Polymorphie fortfahren, müssen wir einen wichtigen Aspekt von Zeigern behandeln. Zeiger auf Basisklassen und auf abgeleitete Klassen hängen auf eine Weise zusammen, die bei anderen Arten von Zeigern nicht zu finden ist. Im Allgemeinen kann ein Zeiger eines Typs nicht auf ein Objekt eines anderen Typs zeigen. Doch Zeiger auf eine Basisklasse und auf abgeleitete Objekte bilden eine Ausnahme von dieser Regel. In C++ kann ein Zeiger auf eine Basisklasse auch auf ein Objekt einer von ihr abgeleiteten Klasse weisen. Nehmen wir beispielsweise an, es seien eine Basisklasse `B` und eine Klasse `D` gegeben, die von `B` abgeleitet ist. Jeder Zeiger, der als Zeiger auf `B` deklariert ist, kann auch als Zeiger auf ein Objekt vom Typ `D` verwendet werden. Wenn deshalb

```
B *p;   // Zeiger auf ein Objekt vom Typ B
B B_ob; // Objekt vom Typ B
D D_ob; // Objekt vom Typ D
```

gegeben sind, sind die beiden folgenden Anweisungen gültig:

```
p = &B_ob; // p zeigt auf ein Objekt vom Typ B
p = &D_ob; /* p zeigt auf ein Objekt vom Typ D,
              das von B abgeleitet ist. */
```

Ein Zeiger auf die Basisklasse kann jedoch nur auf die Teile eines abgeleiteten Objekts zugreifen, die von der Basisklasse geerbt wurden. Deshalb kann in diesem Beispiel `p` auf alle Elemente von `D_ob` zugreifen, die von `B_ob` geerbt wurden. Doch kann `p` (ohne Typumwandlung, das heißt ohne Cast) nicht auf die spezifischen Elemente von `D_ob` zugreifen.

Das Umgekehrte gilt jedoch nicht! Sie können zwar mit einem Zeiger auf die Basisklasse auf ein abgeleitetes Objekt zeigen, aber Sie können nicht mit einem Zeiger auf die abgeleitete Klasse auf ein Objekt des Basistyps zugreifen.

Wie Sie wissen, werden Zeiger relativ zu ihrem Basistyp inkrementiert und dekrementiert. Deshalb zeigt ein Basisklassenzeiger, der auf ein abgeleitetes Objekt weist, *nicht* auf das nächste Objekt der abgeleiteten Klasse, wenn er inkrementiert oder dekrementiert wird. Statt dessen weist er auf das (hypothetisch) nächste Objekt der Basisklasse. Deshalb sollten Sie es als ungültig betrachten, einen Basisklassenzeiger zu inkrementieren oder zu dekrementieren, der auf ein abgeleitetes Objekt zeigt.

Die Tatsache, dass ein Zeiger auf einen Basistyp auf ein Objekt einer abgeleiteten Klasse zeigen kann, ist für C++ extrem wichtig und grundlegend. Sie werden bald sehen, dass diese Flexibilität entscheidend dafür ist, wie in C++ die Laufzeit-Polymorphie implementiert wird.

Referenzen auf abgeleitete Typen

Ähnlich wie Basisklassenzeiger können auch Basisklassenreferenzen verwendet werden, um Objekte eines abgeleiteten Typs zu referenzieren. Die gebräuchlichste Anwendung dieses Konstrukts sind die Funktionsparameter. Ein Basisklassen-Referenzparameter kann sowohl Objekte der Basisklasse als auch Objekte anderer Typen aufnehmen, die von dieser Basisklasse abgeleitet sind.

Virtuelle Funktionen und Polymorphie

Die Polymorphie in C++ basiert auf Vererbung und Basisklassenzeigern und wird mit so genannten *virtuellen Funktionen* implementiert. Diese Funktionen sind das Thema der restlichen Abschnitte dieses Kapitels.

Die Grundlagen der virtuellen Funktion

Eine virtuelle Funktion ist eine Funktion, die in einer Basisklasse als `virtual` deklariert ist und in einer oder mehreren abgeleiteten Klassen redefiniert wird. Deshalb kann jede abgeleitete Klasse eine eigene Version einer virtuellen Funktion haben. Das Verhalten einer virtuellen Funktion ist besonders interessant, wenn sie mit einem Basisklassenzeiger aufgerufen wird: In diesem Fall wählt C++ die Version der Funktion, die aufgerufen werden soll, anhand des *Typs* des Objekts aus, *auf das der Zeiger weist* – und zwar *zur Laufzeit*. Wenn der Zeiger auf verschiedene Objekte zeigt, werden unterschiedliche Versionen der virtuellen Funktion ausgeführt. Anders ausgedrückt: Der Typ des *Objekts*, auf das der Zeiger weist, (nicht der Typ des Zeigers) bestimmt, welche Version der virtuellen Funktion ausgeführt wird. Deshalb gilt: Wenn eine Basisklasse eine virtuelle Funktion enthält und wenn zwei oder mehr verschiedene Klassen von dieser Basisklasse abgeleitet sind, werden in Abhängigkeit von der Art des Objekts, auf das ein Basisklassenzeiger weist, verschiedene Versionen der virtuellen Funktion ausgeführt.

Eine Funktion wird in einer Basisklasse mit dem Schlüsselwort `virtual` vor der restlichen Deklaration als virtuell deklariert. Wenn eine virtuelle Funktion in einer abgeleiteten Klasse umdefiniert wird, muss das Schlüsselwort `virtual` nicht wiederholt werden (obwohl dies kein Fehler wäre).

Eine Klasse, die eine virtuelle Funktion enthält, wird als *polymorphe Klasse* bezeichnet. Dieser Terminus gilt auch für eine Klasse, die eine Basisklasse mit virtuellen Funktionen erbt.

Das folgende Programm demonstriert eine virtuelle Funktion:

```
// p10-14.cpp
// Ein kurzes Beispiel fuer eine virtuelle Funktion.
#include <iostream>
using namespace std;
class B {
public:
  virtual void who() { // Eine virtuelle Funktion spezifizieren.
    cout << "Basis\n";
  }
};
class D1 : public B {
public:
  void who() { // who() fuer D1 umdefinieren
    cout << "Erste Ableitung\n";
  }
};
```

Eine virtuelle Funktion deklarieren.

Die virtuelle Funktion in `D1` umdefinieren.

```
class D2 : public B {
public:
  void who() { // who() fuer D2 umdefinieren
    cout << "Zweite Ableitung\n";
  }
};

int main()
{
  B base_obj;
  B *p;
  D1 D1_obj;
  D2 D2_obj;

  p = &base_obj;
  p->who();  // auf who in B zugreifen

  p = &D1_obj;
  p->who(); // auf who in D1 zugreifen

  p = &D2_obj;
  p->who();  // auf who in D2 zugreifen

  return 0;
}
```

Die virtuelle Funktion in D2 ein zweites Mal umdefinieren.

Die virtuellen Funktionen mit einem Basisklassenzeiger aufrufen.

Dieses Programm erzeugt die folgende Ausgabe:

```
Basis
Erste Ableitung
Zweite Ableitung
```

Wir wollen die Arbeitsweise dieses Programms ausführlich analysieren.

In B wird die Funktion who()als virtual deklariert. Dies bedeutet, dass sie in einer abgeleiteten Klasse umdefiniert werden kann. Sowohl in D1 als auch in D2 wird who() umdefiniert und an die jeweilige Klasse angepasst. In main() werden vier Variablen deklariert: base_obj, ein Objekt vom Typ B; p, ein Zeiger auf Objekte vom Typ B; sowie D1_obj und D2_obj, Objekte der beiden abgeleiteten Klassen. Dann wird p die Adresse von base_obj zugewiesen und die Funktion who() aufgerufen. Da who()als virtuell deklariert ist, bestimmt C++ anhand der Art des Objekts, auf das p zeigt, zur Laufzeit, welche Version von who()ausgeführt werden soll. In diesem Fall zeigt p auf ein Objekt vom Typ B, sodass die Version von who()in B ausgeführt wird. Dann wird p die Adresse von D1_obj zugewiesen. Zur Erinnerung: Ein Basisklassenzeiger kann auf ein Objekt einer abgeleiteten Klasse zeigen. Wenn who() jetzt aufgerufen wird, bestimmt C++ anhand der Art des Objekts, auf das p zeigt, erneut, welche Version von `who()`ausgeführt werden soll. Da `p` auf ein Objekt vom Typ `D1` zeigt, wird die zugehörige Version von `who()` verwendet. Analog wird, wenn `p` die Adresse von `D2_obj` zugewiesen wird, die Version von `who()` in `D2` ausgeführt.

Zusammenfassung: Wenn eine virtuelle Funktion über einen Basisklassenzeiger aufgerufen wird, wird die tatsächlich ausgeführte Version einer virtuellen Funktion zur Laufzeit anhand der Art des Objekts bestimmt, auf das der Basisklassenzeiger weist.

Obwohl virtuelle Funktionen normalerweise über Basisklassenzeiger aufgerufen werden, können sie auch normal mit der standardmäßigen Dot-Operator-Syntax aufgerufen werden. Dies bedeutet, dass es in dem vorangegangenen Beispiel syntaktisch auch korrekt gewesen wäre, `who()` wie folgt aufzurufen:

```
D1_obj.who();
```

Doch wenn eine virtuelle Funktion auf diese Weise aufgerufen wird, werden ihre polymorphen Attribute ignoriert. Nur wenn eine virtuelle Funktion zur Laufzeit mit einem Basisklassenzeiger (oder einer entsprechenden Referenz) aufgerufen wird, greift die Polymorphie.

Auf den ersten Blick scheint die Redefinition einer virtuellen Funktion in einer abgeleiteten Klasse eine spezielle Form des Überladens von Funktionen zu sein. Dies ist jedoch nicht der Fall. Tatsächlich sind die beiden Prozesse grundverschieden. Erstens müssen sich überladene Funktionen in ihrem Typ und/oder in der Zahl ihrer Parameter unterscheiden, während eine redefinierte virtuelle Funktion genau denselben Typ und dieselbe Zahl von Parametern haben muss. Tatsächlich müssen die Prototypen einer virtuellen Funktion und ihrer Redefinitionen genau übereinstimmen. Wenn sich die Prototypen unterscheiden, gelten die Funktionen einfach als überladen und nicht als virtuell. Außerdem muss eine virtuelle Funktion ein Element, nicht nur eine befreundete Funktion der Klasse sein, für die sie definiert ist. Doch kann eine virtuelle Funktion mit einer anderen Klasse befreundet sein. Außerdem können Destruktoren, aber nicht Konstruktoren virtuell sein.

Wegen dieser Einschränkungen und wegen der Unterschiede zwischen dem Überladen normaler Funktionen und der Redefinition virtueller Funktionen, wird die Redefinition einer virtuellen Funktion als *Überschreiben* (engl. *overriding*) bezeichnet.

Virtuelle Funktionen werden vererbt

Eine Funktion, die als virtuell deklariert ist, bleibt virtuell, egal über wie viele Stufen abgeleiteter Klassen sie übergeben wird. Wenn beispielsweise `D2` wie im folgenden Beispiel von `D1` statt von `B` abgeleitet wird, ist `who()` immer noch virtuell:

```
// D2 von D1, nicht von B ableiten.
class D2 : public D1 {
public:
  void who() { // who() relativ zu second_d definieren
    cout << "Zweite Ableitung\n";
  }
};
```

Wenn eine abgeleitete Klasse eine virtuelle Funktion nicht überschreibt, wird die Funktion verwendet, die in der Basisklasse definiert ist. Probieren Sie beispielsweise die folgende Version des oben stehenden Programms aus. Hier überschreibt `D2` die Funktion `who()` nicht:

```
// p10-15.cpp

#include <iostream>
using namespace std;

class B {
public:
  virtual void who() {
    cout << "Basis\n";
  }
};

class D1 : public B {
public:
  void who() {
    cout << "Erste Ableitung\n";
  }
};

class D2 : public B {
// who() nicht definiert
};

int main()
{
  B base_obj;
  B *p;
  D1 D1_obj;
  D2 D2_obj;

  p = &base_obj;
  p->who();  // auf who() in B zugreifen

  p = &D1_obj;
  p->who(); // auf who() in D1 zugreifen

  p = &D2_obj;
```

D2 überschreibt `who()` nicht.

```
  p->who(); /* auf who() in B zugreifen,
              weil D2 sie nicht ueberschreibt */

  return 0;
}
```

Hier wird die who()-Version in B aufgerufen.

Dieses Programm erzeugt jetzt die folgende Ausgabe:

```
Basis
Erste Ableitung
Basis
```

Weil D2 die Funktion who() nicht überschreibt, wird die Version von who()in B ausgeführt.

Vergessen Sie nicht, dass virtual hierarchisch vererbt wird. Wenn das oben stehende Beispiel so geändert wird, dass D2 von D1 statt von B abgeleitet wird, wird deshalb nicht die who()-Version in B, sondern die who()-Version in D1 ausgeführt, wenn who() von einem Objekt vom Typ D2 aufgerufen wird, da D1 die Klasse ist, die D2 am nächsten steht.

Warum virtuelle Funktionen?

Wie bereits erwähnt wurde, basiert die Möglichkeit, dass sich Programme zur Laufzeit polymorph verhalten, in C++ auf virtuellen Funktionen und abgeleiteten Typen. Polymorphie ist ein wesentlicher Aspekt der objektorientierten Programmierung. Denn sie ermöglicht es, allgemeine Klassen mit Funktionen zu definieren, die allen abgeleiteten Klassen dieser Klasse gemeinsam sind, während die abgeleiteten Klassen spezielle Versionen dieser Funktionen implementieren können (aber nicht müssen). Manchmal wird diese Möglichkeit auch folgendermaßen ausgedrückt: Die Basisklasse schreibt die allgemeine *Schnittstelle* vor, die jede Klasse erfüllen muss, die von dieser Basisklasse abgeleitet wird; doch kann eine abgeleitete Klasse die tatsächliche *Methode*, mit der diese Schnittstelle implementiert wird, selbst definieren. Daher stammt auch der Ausdruck »eine Schnittstelle, mehrere Methoden«, mit dem die Polymorphie gelegentlich beschrieben wird.

Wenn Sie erfolgreich mit polymorphen Funktionen arbeiten wollen, müssen Sie verstehen, dass die Basisklasse und die abgeleiteten Klassen eine Hierarchie bilden, die vom Allgemeineren (Basisklasse) zum Spezielleren (abgeleitete Klassen) fortschreitet. Bei einem korrekten Entwurf stellt die Basisklasse alle Elemente zur Verfügung, die eine abgeleitete Klasse direkt verwenden kann, und definiert die Funktionen, die die abgeleitete Klasse selbst implementieren muss. Dieses Verfahren lässt der abgeleiteten Klasse die Freiheit, eigene Methoden zu definieren, und erzwingt zugleich eine konsistente Schnittstelle. Anders ausgedrückt: Da die Form der Schnittstelle von der Basisklasse definiert wird, haben alle abgeleiteten Klassen eine gemeinsame Schnittstelle. Deshalb kann die Basisklasse mit virtuellen Funktionen die generische Schnittstelle definieren, die von allen abgeleiteten Klassen verwendet werden soll.

Vielleicht fragen Sie sich jetzt, wozu eine konsistente Schnittstelle mit mehreren Implementierungen gut sein soll. Die Antwort geht auch hier auf die zentrale treibende Kraft der objektorientierten Programmierung zurück: Eine solche Schnittstelle hilft dem Programmierer, zunehmend komplexere Programme zu bewältigen. Wenn Sie beispielsweise ein Programm korrekt entwickeln, wissen Sie, dass der Zugriff auf alle Objekte, die Sie von einer Basisklasse ableiten, auf dieselbe Weise erfolgt, selbst wenn sich die speziellen Aktionen dieser Objekte von einer abgeleiteten Klasse zur nächsten unterscheiden. Dies bedeutet, dass Sie nur mit einer Schnittstelle statt mit mehreren umgehen müssen. Außerdem können Ihre abgeleiteten Klassen die Funktionalität nutzen, die von der Basisklasse angeboten wird. Sie müssen deren Elemente nicht neu erfinden.

Die Trennung von Schnittstelle und Implementierung ermöglicht es auch, dass Drittanbieter *Klassenbibliotheken* erstellen. Wenn diese Bibliotheken korrekt implementiert werden, stellen sie eine gemeinsame Schnittstelle zur Verfügung, von der Sie eigene Klassen ableiten können, die an Ihre Anforderungen angepasst sind. Beispielsweise unterstützt sowohl die *Microsoft Foundation Classes*-(MFC-) als auch die neuere *.NET Framework Windows Forms*-Klassenbibliothek die Windows-Programmierung. Wenn Sie deren Klassen nutzen, kann Ihr Programm einen großen Teil der Funktionalität erben, die von einem Windows-Programm verlangt wird. Sie müssen nur die Funktionen hinzufügen, die speziell für Ihre Anwendung notwendig sind. Dies ist ein großer Vorteil, wenn Sie komplexe Systeme programmieren.

10

Virtuelle Funktionen anwenden

Um die Leistungsstärke virtueller Funktionen zu verdeutlichen, wollen wir sie auf die `TwoDShape`-Klasse anwenden. In den vorangegangenen Beispielen enthielt jede Klasse, die von `TwoDShape` abgeleitet wurde, eine Funktion namens `area()`. Dies legt nahe, dass es besser sein könnte, `area()` als virtuelle Funktion der `TwoDShape`-Klasse zu definieren und es den abgeleiteten Klassen zu überlassen, diese Funktion zu überschreiben und die Fläche für die Form zu berechnen, die von der Klasse einkapselt wird. Das folgende Programm leistet genau dies. Damit es einfacher ist, die Klassen zu demonstrieren, wird außerdem ein Namensfeld zu `TwoDShape` hinzugefügt.

```
// p10-16.cpp
// Mit virtuellen Funktionen und Polymorphie arbeiten.
#include <iostream>
#include <cstring>
using namespace std;
// Eine Klasse fuer zweidimensionale Objekte.
class TwoDShape {
  // Diese Elemente sind privat.
  double width;
  double height;
  // Ein Namensfeld hinzufuegen.
  char name[20];
public:
  // Standardkonstruktor
  TwoDShape() {
    width = height = 0.0;
    strcpy(name, "unbekannt");
  }
  // Konstruktor fuer TwoDShape
  TwoDShape(double w, double h, char *n) {
    width = w;
    height = h;
    strcpy(name, n);
  }
  // Ein Objekt mit gleicher Breite und Hoehe konstruieren.
  TwoDShape(double x, char *n) {
    width = height = x;
    strcpy(name, n);
  }
  void showDim() {
    cout << "Breite und Hoehe sind " <<
         width << " und " << height << ".\n";
  }
  // Zugriffsfunktionen
  double getWidth() { return width; }
  double getHeight() { return height; }
  void setWidth(double w) { width = w; }
  void setHeight(double h) { height = h; }
  char *getName() { return name; }
  // Die virtuelle Funktion area() zu TwoDShape hinzufuegen.
  virtual double area() {
```

Die area()-Funktion ist jetzt virtuell.

```
    cout << "Fehler: area() muss ueberschrieben werden.\n";
    return 0.0;
  }
};

// Triangle ist von TwoDShape abgeleitet.
class Triangle : public TwoDShape {
  char style[20]; // jetzt privat
public:

  /* Ein Standardkonstruktor. Er ruft automatisch
     den Standardkonstruktor von TwoDShape auf. */
  Triangle() {
    strcpy(style, "unbekannt");
  }

  // Konstruktor mit drei Parametern.
  Triangle(char *str, double w,
           double h) : TwoDShape(w, h, "dreieckig") {
    strcpy(style, str);
  }

  // Ein gleichschenkliges Dreieck konstruieren.
  Triangle(double x) : TwoDShape(x, "gleichschenklig") {
    strcpy(style, "gleichschenklig");
  }

  // Dies ueberschreibt jetzt area() in TwoDShape.
  double area() {
    return getWidth() * getHeight() / 2;
  }

  void showStyle() {
    cout << "Das Dreieck ist "<< style << ".\n";
  }
};

// Eine abgeleitete Klasse von TwoDShape fuer Rechtecke.
class Rectangle : public TwoDShape {
public:

  // Ein Rechteck konstruieren.
  Rectangle(double w, double h) :
    TwoDShape(w, h, "rechteckig") { }

  // Ein Quadrat konstruieren.
  Rectangle(double x) :
    TwoDShape(x, "quadratisch") { }

  bool isSquare() {
```

Die `area()`-Funktion in `Triangle` überschreiben.

```
    if(getWidth() == getHeight()) return true;
    return false;
  }

  // Auch hier wird area() ueberschrieben.
  double area() {
    return getWidth() * getHeight();
  }
};

int main() {
  // Ein Array von Zeigern auf TwoDShape-Objekte deklarieren.
  TwoDShape *shapes[5];

  shapes[0] = &Triangle("rechtwinklig", 8.0, 12.0);
  shapes[1] = &Rectangle(10);
  shapes[2] = &Rectangle(10, 4);
  shapes[3] = &Triangle(7.0);
  shapes[4] = &TwoDShape(10, 20, "generisch");

  for(int i=0; i < 5; i++) {
    cout << "Das Objekt ist " <<
            shapes[i]->getName() << ".\n";

    cout << "Die Flaeche ist " <<
            shapes[i]->area() << ".\n";

    cout << "\n";
  }

  return 0;
}
```

Die area()-Funktion erneut in Rectangle überschreiben.

Jetzt wird für jedes Objekt die passende Version von area() aufgerufen.

Dieses Programm erzeugt die folgende Ausgabe:

```
Das Objekt ist dreieckig.
Die Flaeche ist 48.

Das Objekt ist quadratisch.
Die Flaeche ist 100.

Das Objekt ist rechteckig.
Die Flaeche ist 40.

Das Objekt ist gleichschenklig.
Die Flaeche ist 24.5.

Das Objekt ist generisch.
Fehler: area() muss ueberschrieben werden.
Die Flaeche ist 0.
```

Wir wollen dieses Programm analysieren. Zunächst wird `area()`in der `TwoDShape`-Klasse als `virtual` deklariert und von `Triangle` und `Rectangle` überschrieben. In `TwoDShape` ist `area()`als »Platzhalter« implementiert, der den Benutzer einfach darüber informiert, dass diese Funktion von einer abgeleiteten Klasse überschrieben werden muss. Wenn `area()` überschrieben wird, wird die Implementierung an das Objekt angepasst, das von der abgeleiteten Klasse eingekapselt wird. Wenn Sie beispielsweise eine Ellipsen-Klasse implementieren wollten, würde `area()` deshalb die Fläche einer Ellipse berechnen.

Das oben stehende Programm enthält noch eine weitere wichtige Funktion: Beachten Sie, dass `shapes` in `main()`als Array von Zeigern auf `TwoDShape`-Objekte deklariert ist. Doch den Elementen dieses Arrays werden Zeiger auf `Triangle`-, `Rectangle`- und `TwoDShape`-Objekte zugewiesen. Dies ist zulässig, weil ein Basisklassenzeiger auf Objekte einer abgeleiteten Klasse weisen kann. Das Programm durchläuft dann das Array und zeigt Informationen über jedes Objekt an. Obwohl dieses Beispiel ziemlich einfach ist, zeigt es deutlich, wie leistungsstark sowohl die Vererbung als auch virtuelle Funktionen sind. Die Art von Objekt, auf das ein Basisklassenzeiger weist, wird zur Laufzeit bestimmt; dann wird die passende Aktion ausgeführt. Wenn ein Objekt von `TwoDShape` abgeleitet ist, können Sie `area()` aufrufen, um seine Fläche zu berechnen. Die Schnittstelle zu dieser Operation ist – unabhängig von der Form – immer gleich.

1-Minuten-Test

- Was ist eine virtuelle Funktion?
- Warum sind virtuelle Funktionen wichtig?
- Welche Version der Funktion wird ausgeführt, wenn eine überschriebene virtuelle Funktion mit einem Basisklassenzeiger aufgerufen wird?

Rein virtuelle Funktionen und abstrakte Klassen

Manchmal ist es sinnvoll, eine Basisklasse zu erstellen, die nur eine verallgemeinerte Form definiert, die allen abgeleiteten Klassen gemeinsam ist, und es den abgeleiteten Klassen zu überlassen, die Details auszufüllen. Eine solche Klasse bestimmt zwar die Art der Funktionen, die abgeleitete Klassen implementieren

---

- Eine virtuelle Funktion ist eine Funktion, die in einer Basisklasse als `virtual` deklariert ist und in einer abgeleiteten Klasse überschrieben wird.
- Virtuelle Funktionen sind eine Methode, mit der C++ die Polymorphie unterstützt.
- Die Version einer virtuellen Funktion, die ausgeführt wird, wird von dem Typ des Objekts bestimmt, auf das der Zeiger beim Aufruf der Funktion zeigt. Diese Auswahl erfolgt also zur Laufzeit.

müssen, bietet selbst aber keine Implementierung dieser Funktionen an. Diese Situation kann eintreten, wenn eine Basisklasse eine Funktion nicht sinnvoll implementieren kann, wie dies beispielsweise mit der Version von `TwoDShape` im vorangegangenen Beispiel der Fall ist. Da es keine Formel gibt, um die Fläche einer Form an sich zu berechnen, ist die Definition von `area()`einfach ein Platzhalter, der nichts berechnet und keine Fläche irgendeines Objekts anzeigt.

Wenn Sie eigene Klassenbibliotheken erstellen, ist es nicht ungewöhnlich, dass eine Funktion in ihrer Basisklasse nicht sinnvoll definiert werden kann. Es gibt zwei Methoden, um mit dieser Situation unzugehen: Erstens können Sie – wie im vorangegangenen Beispiel – einfach eine Warnung ausgeben. Diese Variante kann zwar in bestimmten Situationen – beispielsweise beim Debuggen – nützlich sein, reicht aber üblicherweise nicht aus. Es gibt Funktionen, die von der abgeleiteten Klasse überschrieben werden müssen, damit die abgeleitete Klasse sinnvoll verwendet werden kann. Betrachten Sie beispielsweise die Klasse `Triangle`: Sie ist sinnlos, wenn `area()`nicht definiert ist. In diesem Fall wäre es wünschenswert, wenn Sie sicherstellen könnten, dass eine abgeleitete Klasse tatsächlich alle erforderlichen Funktionen überschreibt. C++ löst dieses Problem mit der so genannten *rein virtuellen Funktion.*

Eine rein virtuelle Funktion ist eine Funktion, die in einer Basisklasse deklariert, aber nicht definiert wird. Deshalb muss jede abgeleitete Klasse ihre eigene Version dieser Funktion definieren – sie kann nicht einfach die Version verwenden, die in der Basisklasse definiert wird. Eine rein virtuelle Funktion hat die folgende allgemeine Form:

```
virtual Typ Funktionsname(Parameterliste) = 0;
```

`Typ` ist der Rückgabetyp der Funktion, und *`Funktionsname`* ist der Name der Funktion.

Mit einer rein virtuellen Funktion können wir die `TwoDShape`-Klasse weiter verbessern. Da der Begriff der Fläche bei einer undefinierten zweidimensionalen Form sinnlos ist, wird `area()` in der folgenden Version des oben stehenden Programms in `TwoDShape` als rein virtuelle Funktion deklariert. Natürlich bedeutet dies, dass alle Klassen, die von `TwoDShape` abgeleitet werden, `area()` überschreiben müssen.

```
// p10-17.cpp
// Mit einer rein virtuellen Funktion arbeiten.
#include <iostream>
#include <cstring>
using namespace std;
// Eine Klasse fuer zweidimensionale Objekte.
```

```
class TwoDShape {
  // Diese Elemente sind privat.
  double width;
  double height;

  // Ein Namensfeld hinzufuegen.
  char name[20];
public:

  // Standardkonstruktor.
  TwoDShape() {
    width = height = 0.0;
    strcpy(name, "unbekannt");
  }

  // Konstruktor fuer TwoDShape.
  TwoDShape(double w, double h, char *n) {
    width = w;
    height = h;
    strcpy(name, n);
  }

  // Ein Objekt mit gleicher Breite und Hoehe konstruieren.
  TwoDShape(double x, char *n) {
    width = height = x;
    strcpy(name, n);
  }

  void showDim() {
    cout << "Breite und Hoehe sind " <<
            width << " und " << height << ".\n";
  }

  // Zugriffsfunktionen
  double getWidth() { return width; }
  double getHeight() { return height; }
  void setWidth(double w) { width = w; }
  void setHeight(double h) { height = h; }
  char *getName() { return name; }

  // area() ist jetzt eine rein virtuelle Funktion.
  virtual double area() = 0;
};

// Triangle ist von TwoDShape abgeleitet.
class Triangle : public TwoDShape {
  char style[20]; // jetzt privat
public:

  /* Ein Standardkonstruktor. Er ruft automatisch
```

Die area()-Funktion ist jetzt rein virtuell.

```
    den Standardkonstruktor von TwoDShape auf. */
  Triangle() {
    strcpy(style, "unbekannt");
  }

  // Konstruktor mit drei Parametern.
  Triangle(char *str, double w,
           double h) : TwoDShape(w, h, "dreieckig") {
    strcpy(style, str);
  }

  // Ein gleichschenkliges Dreieck konstruieren.
  Triangle(double x) : TwoDShape(x, "gleichschenklig") {
    strcpy(style, "gleichschenklig");
  }

  // Dies ueberschreibt jetzt area() in TwoDShape.
  double area() {
    return getWidth() * getHeight() / 2;
  }

  void showStyle() {
    cout << "Das Dreieck ist "<< style << ".\n";
  }
};

// Eine abgeleitete Klasse von TwoDShape fuer Rechtecke.
class Rectangle : public TwoDShape {
public:
  // Ein Rechteck konstruieren.
  Rectangle(double w, double h) :
    TwoDShape(w, h, "rechteckig") { }

  // Ein Quadrat konstruieren.
  Rectangle(double x) :
    TwoDShape(x, "quadratisch") { }

  bool isSquare() {
    if(getWidth() == getHeight()) return true;
    return false;
  }

  // Hier wird area() ebenfalls ueberschrieben.
  double area() {
    return getWidth() * getHeight();
  }
};

int main() {
  // Ein Array von Zeigern auf TwoDShape-Objekte deklarieren.
```

```
  TwoDShape *shapes[4];

  shapes[0] = &Triangle("rechtwinklig", 8.0, 12.0);
  shapes[1] = &Rectangle(10);
  shapes[2] = &Rectangle(10, 4);
  shapes[3] = &Triangle(7.0);

  for(int i=0; i < 4; i++) {
    cout << "Das Objekt ist " <<
            shapes[i]->getName() << ".\n";

    cout << "Die Flaeche ist " <<
            shapes[i]->area() << ".\n";

    cout << "\n";
  }

  return 0;
}
```

Wenn eine Klasse wenigstens eine rein virtuelle Funktion enthält, wird diese Klasse als *abstrakt* bezeichnet. Ein abstrakte Klasse hat eine wichtige Eigenheit: Es kann keine Objekte dieser Klasse geben. Wenn Sie sich davon überzeugen wollen, sollten Sie in dem oben stehenden Programm versuchsweise `area()` aus der `Triangle`-Klasse entfernen. Wenn Sie dann versuchen, ein Exemplar von `Triangle` zu erstellen, wird ein Fehler gemeldet. Eine abstrakte Klasse kann nur als Basisklasse verwendet werden, von der andere Klassen abgeleitet werden. Sie können mit einer abstrakten Klasse kein Objekt deklarieren, weil eine oder mehrere Funktionen der Basisklasse nicht definiert sind. Deswegen wurde das `shapes`-Array in dem oben stehenden Programm auf vier verkürzt und kein generisches `TwoDShape`-Objekt mehr erstellt. Das Programm zeigt, dass Sie selbst bei einer abstrakten Basisklasse einen Zeiger ihres Typs deklarieren und mit dem Zeiger auf Objekte abgeleiteter Klassen zeigen können.

10

Übungsaufgaben

1. Eine Klasse, die vererbt wird, wird als _______ bezeichnet. Die Klasse, die eine andere Klasse erbt, wird ________ Klasse bezeichnet.
2. Hat eine Basisklasse Zugriff auf die Elemente einer abgeleiteten Klasse? Hat eine abgeleitete Klasse Zugriff auf die Elemente einer Basisklasse?
3. Erstellen Sie eine von `TwoDShape` abgeleitete Klasse namens `Circle`. Fügen Sie in diese Klasse eine `area()`-Funktion ein, die die Fläche des Kreises berechnet.

4. Wie verhindern Sie, dass eine abgeleitete Klasse auf Elemente einer Basisklasse zugreift?
5. Welche allgemeine Form hat ein Konstruktor, der einen Basisklassenkonstruktor aufruft?
6. Gegeben sei die folgende Hierarchie:

```
class Alpha { ...

class Beta : public Alpha { ...

class Gamma : public Beta { ...
```

   In welcher Reihenfolge werden die Konstruktoren für diese Klassen aufgerufen, wenn ein `Gamma`-Objekt instantiiert wird?
7. Wie können Sie auf `protected` Elemente zugreifen?
8. Ein Basisklassenzeiger kann ein Objekt einer abgeleiteten Klasse referenzieren. Erklären Sie, warum dies für das Überschreiben von Funktionen wichtig ist.
9. Was ist eine rein virtuelle Funktion? Was ist eine abstrakte Klasse?
10. Kann ein Objekt einer abstrakten Klasse instantiiert werden?
11. Erklären Sie, wie die rein virtuelle Funktion dazu beiträgt, den Aspekt »eine Schnittstelle, mehrere Methoden« der Polymorphie zu implementieren.

Kapitel 11

Das I/O-System von C++

Lernziele

- **I/O-Streams verstehen**
- **Die I/O-Klassenhierarchie kennen lernen**
- **Die Operatoren << und >> überladen**
- **Formatierte I/O**
- **Mit Manipulatoren arbeiten**
- **Eigene Manipulatoren erstellen**
- **Textdateien lesen und schreiben**
- **Binäre Dateien lesen und schreiben**
- **Wahlfrei auf Dateien zugreifen**
- **Den I/O-Systemstatus abfragen**

In diesem Buch haben Sie von Anfang an das I/O-System (I/O = Input/Output = Eingabe/Ausgabe) von C++ verwendet, ohne dass dieses formell ausführlicher erklärt worden wäre. Da das I/O-System auf einer Hierarchie von Klassen basiert, war es nicht möglich, seine Theorie und Details darzustellen, ohne zuvor Klassen und Vererbung zu behandeln. Jetzt ist es an der Zeit, das I/O-System C++ ausführlich zu untersuchen.

Das I/O-System von C++ ist ziemlich groß, und es ist hier nicht möglich, jede Klasse, Funktion, oder Eigenschaft zu beschreiben; doch in diesem Kapitel werden Sie die wichtigsten und gebräuchlichsten Teile dieses Systems kennen lernen. Insbesondere erfahren Sie, wie Sie die Operatoren << und >> überladen können, sodass Sie Objekte von Klassen, die Sie entwickeln, ein- und ausgeben können. Außerdem erfahren Sie, wie Sie die Ausgabe formatieren und I/O-Manipulatoren verwenden können. Am Ende des Kapitels wird beschrieben, wie Dateien ein- und ausgegeben werden.

Die alte und neue I/O von C++ im Vergleich

Gegenwärtig gibt es zwei Versionen der objektorientierten C++-I/O-Bibliothek: eine ältere, die auf der ursprünglichen Spezifikation von C++ basiert, und eine neuere, die von Standard-C++ definiert wird. Die alte I/O-Bibliothek wird von der Header-Datei `<iostream.h>` unterstützt, während die neue I/O-Bibliothek mit dem Header `<iostream>` verbunden ist. Für einen Programmierer erscheinen die beiden Bibliotheken größtenteils in gleicher Form, weil die neue I/O-Bibliothek im Wesentlichen nur eine aktualisierte und verbesserte Version der alten ist. Tatsächlich unterscheiden sich die beiden Bibliotheken hauptsächlich unter der Oberfläche, nämlich in der Methode, wie die Bibliotheken implementiert sind – nicht wie sie verwendet werden.

Vom Standpunkt eines Programmierers aus gibt es zwei Hauptunterschiede zwischen der alten und der neuen C++-I/O-Bibliothek: Erstens enthält die neue I/O-Bibliothek einige zusätzliche Funktionen und definiert einige neue Datentypen. Deshalb ist die neue I/O-Bibliothek im Wesentlichen eine Obermenge der alten. Fast alle Programme, die ursprünglich für die alte Bibliothek geschrieben wurden, lassen sich ohne nennenswerte Änderungen mit der neuen Bibliothek kompilieren. Zweitens befand sich die alte I/O-Bibliothek in dem globalen Namensraum, während die neue Bibliothek zu dem Namensraum `std` gehört. (Zur Erinnerung: `std` ist der Namensraum, der von allen Standard-C++-Bibliotheken verwendet wird.) Da die alte I/O-Bibliothek heute obsolet ist, wird in diesem Buch nur die neue I/O-Bibliothek beschrieben, aber die meisten Informationen gelten auch für die alte I/O-Bibliothek.

C++-Streams

Das Kernkonzept des I/O-Systems von C++ sind die so genannten *Streams*. Ein Stream ist eine Abstraktion, die entweder Informationen produziert (erzeugt) oder konsumiert (verbraucht). Das I/O-System von C++ verbindet einen Stream mit einem physischen Gerät. Alle Streams verhalten sich auf dieselbe Weise, selbst wenn sich die tatsächlichen physischen Geräte unterscheiden, mit denen sie verbunden sind. Weil sich alle Streams auf dieselbe Weise verhalten, können dieselben I/O-Funktionen und -Operatoren praktisch mit Geräten aller Art arbeiten. Beispielsweise können Sie Daten mit derselben Methode, mit der Sie sie auf dem Bildschirm ausgeben, auf einer Festplatte speichern oder auf einem Drucker drucken.

In seiner gebräuchlichsten Form ist ein Stream eine logische Schnittstelle zu einer Datei. In C++ bezeichnet der Fachbegriff *Datei* eine Datei auf der Festplatte, den Bildschirm, die Tastatur, einen Port, eine Datei auf Band usw. Obwohl sich Dateien in ihren Formen und Fähigkeiten unterscheiden, sind alle Streams gleich. Dieser Ansatz bietet den Vorteil, dass alle Hardwaregeräte für Sie als Programmierer im Wesentlichen gleich aussehen. Der Stream stellt Ihnen eine konsistente Schnittstelle zur Verfügung.

Ein Stream wird durch eine Open-Operation (Öffnen) mit einer Datei verbunden und mit einer Close-Operation (Schließen) von der Datei getrennt.

Es gibt zwei Arten von Streams: *Text-Streams* und *binäre Streams.* Ein Text-Stream arbeitet mit ASCII-Zeichen. Wenn Sie mit einem Text-Stream arbeiten, können einige Zeichen übersetzt (speziell interpretiert) werden. Beispielsweise könnte ein Newline-Zeichen bei der Ausgabe in eine Carriage-Return-Linefeed-Folge (Wagenrücklauf-Zeilenvorschub-Folge) umgewandelt werden. Aus diesem Grund besteht möglicherweise keine Eins-zu-eins-Beziehung zwischen dem, was auf dem Stream ausgegeben wird, und dem, was in eine Datei geschrieben wird. Ein binärer Stream kann mit jedem Datentyp verwendet werden. Es wird kein Zeichen übersetzt, und deshalb gibt es eine Eins-zu-eins-Beziehung zwischen dem, was auf dem Stream ausgegeben wird, und dem, was tatsächlich in der Datei enthalten ist.

Um mit Dateien arbeiten zu können, müssen Sie einen weiteren Begriff kennen: den der *aktuellen Position* (engl. *current location* oder *current position*). Die aktuelle Position ist die Stelle in einer Datei, an der der nächste Dateizugriff erfolgen wird. Wenn beispielsweise eine Datei 100 Bytes lang ist und die Hälfte der Datei gelesen worden ist, erfolgt die nächste Leseoperation bei Byte 50, das die aktuelle Position ist.

Um es noch einmal zusammenzufassen: In C++ wird die I/O über eine logische Schnittstelle ausgeführt, die als *Stream* bezeichnet wird. Alle Streams haben ähnliche Eigenschaften, und jeder Stream wird mit denselben I/O-Funktionen bearbeitet – egal, mit welcher Art von Datei er verbunden ist. Eine Datei ist die tatsächliche physische Komponente, die die Daten enthält. Dateien unterscheiden sich, Streams dagegen nicht. (Natürlich gibt es Geräte, die nicht alle Operationen unterstützen, wie beispielsweise Operationen mit einem wahlfreien Zugriff, sodass die zugehörigen Streams diese Operationen ebenfalls nicht unterstützen.)

Die vordefinierten Streams von C++

C++ enthält mehrere vordefinierte Streams, die automatisch geöffnet werden, wenn ein Programm gestartet wird: `cin`, `cout`, `cerr` und `clog`. Wie Sie wissen, ist `cin` mit der Standardeingabe und `cout` mit der Standardausgabe verbunden. Die Streams `cerr` und `clog` sind ebenfalls mit der Standardausgabe verbunden. Der Unterschied zwischen diesen beiden Streams besteht darin, dass `clog` gepuffert ist, `cerr` dagegen nicht. Dies bedeutet, dass alle Ausgaben, die an `cerr` gesendet werden, unmittelbar ausgegeben werden, während Ausgaben an `clog` nur geschrieben werden, wenn ein Puffer voll ist. Die Streams `cerr` und `clog` dienen üblicherweise zur Ausgabe von Debugging- oder Fehler-Informationen.

C++ verfügt auch über Funktionen, um Wide-Character-Versionen (16 Bit) der Standard-Streams zu öffnen: `wcin`, `wcout`, `wcerr` und `wclog`. Diese Streams sollen Sprachen unterstützen, die (wie Chinesisch) große Zeichensätze erfordern. Wir werden diese Funktionen in diesem Buch nicht verwenden.

Normalerweise sind die C++-Standard-Streams mit der Konsole verbunden, aber Sie können sie in Ihrem Programm zu anderen Geräten oder Dateien umlenken. Die Streams können auch von dem Betriebssystem umgelenkt werden.

Die Stream-Klassen von C++

Im ersten Kapitel 1 haben Sie erfahren, dass die Sprache C++ ihr I/O-System in `<iostream>` unterstützt. In diesem Header wird ein ziemlich komplizierter Satz von Klassenhierarchien definiert, der I/O-Operationen unterstützt. Die I/O-Klassen beginnen mit einem System von Template-Klassen. In Kapitel 12 werden Sie lernen, dass ein Template (eine Vorlage) die Form einer Klasse definiert, ohne die Daten komplett zu spezifizieren, mit denen die Klasse arbeiten soll. Nachdem eine Template-Klasse definiert worden ist, können Sie spezielle Instanzen der Template-Klasse erstellen. Für die I/O-Bibliothek erstellt Standard-C++ zwei spezielle Versionen dieser Template-Klassen: eine für 8-Bit-Zeichen und eine weitere für 16-Bit-Zeichen. Diese speziellen Versionen verhalten sich wie andere Klassen. Das heißt, Sie müssen nicht mit Templates vertraut sein, um das I/O-System von C++ voll nutzen zu können.

Das I/O-System von C++ basiert auf zwei verwandten, aber verschiedenen Template-Klassenhierarchien. Die erste ist von einer systemnahen (engl. *low-level*) I/O-Klasse namens `basic_streambuf` abgeleitet. Diese Klasse stellt die grundlegenden, systemnahen Input- und Output-Operationen zur Verfügung und bildet die Grundlage für das gesamte I/O-System von C++. Wenn Sie keine fortgeschrittenen I/O-Aufgaben programmieren, müssen Sie nicht direkt mit `basic_streambuf` arbeiten. Die Klassenhierarchie, mit der Sie am häufigsten arbeiten werden, ist von `basic_ios` abgeleitet. Dabei handelt es sich um eine High-level-I/O-Klasse, mit der Sie Ausgaben formatieren und auf Fehler prüfen sowie Status-Informationen über die Stream-I/O anzeigen können. (Eine Basisklasse von `basic_ios` heißt `ios_base`; sie definiert mehrere Eigenschaften, die von `basic_ios` verwendet werden.) Von `basic_ios` sind mehrere andere Klassen abgeleitet: unter anderem `basic_istream`, `basic_ostream` und `basic_iostream`. Mit diesen Klassen können Sie Streams für die Eingabe, für die Ausgabe bzw. für die Eingabe/Ausgabe erstellen.

Wie bereits erklärt wurde, umfasst die I/O-Bibliothek zwei spezielle Versionen der I/O-Klassenhierarchien: eine für 8-Bit-Zeichen und eine für 16-Bit-Zeichen. In diesem Buch werden nur die 8-Bit-Zeichenklassen behandelt, da sie bei weitem am häufigsten benutzt werden. Die folgende Tabelle zeigt die Zuordnung der Template-Klassennamen zu den entsprechenden zeichenbasierten Versionen.

Template-Klassenname	Name der entsprechenden zeichenbasierten Klasse
`basic_streambuf`	`streambuf`
`basic_ios`	`ios`
`basic_istream`	`istream`
`basic_ostream`	`ostream`
`basic_iostream`	`iostream`
`basic_fstream`	`fstream`
`basic_ifstream`	`ifstream`
`basic_ofstream`	`ofstream`

Die zeichenbasierten Namen werden im Rest dieses Buches verwendet, da Sie diese in Ihren Programmen benutzen werden. Es handelt sich um dieselben Namen, die auch in der alten I/O-Bibliothek verwendet werden. Dies ist der Grund dafür, warum die alte und die neue I/O-Bibliothek auf Quellcode-Ebene kompatibel sind.

Ein letzter Punkt: Die ios-Klasse enthält viele Elementfunktionen und -variablen, die die grundlegenden Operationen eines Streams steuern und überwachen. Diese Klasse wird häufig referenziert. Denken Sie einfach daran, dass Sie auf diese wichtige Klasse zugreifen können, wenn Sie <iostream> in ein Programm einbinden.

1-Minuten-Test

- Was ist ein Stream? Was ist eine Datei?
- Welcher Stream ist mit dem Standard-Output verbunden?
- Die I/O von C++ wird durch einen ausgefeilten Satz von Klassenhierarchien unterstützt. Wahr oder falsch?

Die I/O-Operatoren überladen

Wenn ein Programm in den vorangegangenen Kapiteln Daten einer Klasse eingeben oder ausgeben musste, wurden Elementfunktionen nur für diesen speziellen Zweck erstellt. An sich ist daran nichts verkehrt, doch C++ bietet eine viel bessere Methode an, um I/O-Operationen mit Klassen auszuführen: das Überladen der I/O-Operatoren << und >>.

Der <<-Operator wird in C++ als *Einfügeoperator* bezeichnet, weil er Daten in einen Stream einfügt. Analog dazu wird der >>-Operator als *Extraktionsoperator* bezeichnet, weil er Daten aus einem Stream extrahiert. Operatorfunktionen, die die Einfüge- und Extraktionsoperatoren überladen, werden im Allgemeinen als *Inserter* (dt. wörtlich *Einfüger*) bzw. *Extraktoren* (dt. wörtlich *Herauszieher*).

In <iostream> werden die Einfüge- und Extraktionsoperatoren für alle eingebauten Typen von C++ überladen. Die folgenden Absätze zeigen, wie Sie diese Operatoren in eigenen Klassen überladen können.

Inserter erstellen

Im ersten einfachen Beispiel wird ein Inserter für die folgende ThreeD-Klasse erstellt:

```
class ThreeD {
public:
  int x, y, z; // 3D-Koordinaten
```

- Ein Stream ist eine Abstraktion, die entweder Informationen produziert (erzeugt) oder konsumiert (verbraucht). Eine Datei ist eine physische Komponente, die Daten enthält.
- cout ist der Stream, der mit dem Standard-Output verbunden ist.
- Wahr, die I/O von C++ wird durch einen ausgefeilten Satz von Klassenhierarchien unterstützt.

```
  ThreeD(int a, int b, int c) { x = a; y = b; z = c; }
};
```

Um einen Inserter für ein Objekt vom Typ `ThreeD` zu erstellen, wird << überladen:

```
// ThreeD-Inserter -- die Koordinaten X, Y und Z anzeigen.
ostream &operator<<(ostream &stream, ThreeD obj)
{
  stream << obj.x << ", ";
  stream << obj.y << ", ";
  stream << obj.z << "\n";
  return stream;  // den Stream zurueckgeben
}
```

Diese Funktion zeigt viele Aspekte, die allen Inserter-Funktionen gemeinsam sind: Erstens wird sie so deklariert, dass sie eine Referenz auf ein Objekt vom Typ `ostream` zurückgibt. Diese Deklaration ist notwendig, damit mehrere Inserter dieses Typs zu einem zusammengesetzten I/O-Ausdruck kombiniert werden können. Zweitens hat die Funktion zwei Parameter – der erste ist die Referenz auf dem Stream auf der linken Seite des Operators, der zweite das Objekt auf der rechten Seite des Operators. (Dieser Parameter kann wahlweise auch eine Referenz auf das Objekt sein.) In der Funktion werden die drei Werte eines Objekts vom Typ `ThreeD` ausgegeben, dann wird `stream` zurückgegeben.

Das folgende kurze Programm demonstriert den Inserter:


```
// p11-01.cpp

// Einen angepassten Inserter demonstrieren.

#include <iostream>
using namespace std;

class ThreeD {
public:
  int x, y, z; // 3D-Koordinaten
  ThreeD(int a, int b, int c) { x = a; y = b; z = c; }
};

// ThreeD-Inserter -- die Koordinaten X, Y und Z anzeigen.
ostream &operator<<(ostream &stream, ThreeD obj)
{
  stream << obj.x << ", ";
  stream << obj.y << ", ";
  stream << obj.z << "\n";
  return stream; // den Stream zurueckgeben
}
```

Ein Inserter für `ThreeD`.

```
int main()
{
  ThreeD a(1, 2, 3), b(3, 4, 5), c(5, 6, 7);
  cout << a << b << c;
  return 0;
}
```

Die Koordinaten mit dem ThreeD-Inserter ausgeben.

Dieses Programm erzeugt die folgende Ausgabe:

```
1, 2, 3
3, 4, 5
5, 6, 7
```

Wenn Sie den Code entfernen, der speziell für die `ThreeD`-Klasse gilt, bleibt das Gerüst einer Inserter-Funktion übrig:

```
ostream &operator<<(ostream &stream, class_type obj)
{
  // Hier wird der klassenspezifische Code eingefuegt.
  return stream;  // den Stream zurueckgeben
}
```

Natürlich kann `obj` auch per Referenz übergeben werden.

Was eine Inserter-Funktion tatsächlich tut, hängt in einem großen Maße von Ihnen ab. Doch ein guter Programmierstil verlangt, dass ein Inserter eine vernünftige Ausgabe erzeugt. Achten Sie auf jeden Fall darauf, `stream` zurückzugeben.

Inserter mit befreundeten Funktionen überladen

In dem oben stehenden Programm ist die überladene Inserter-Funktion kein Element von `ThreeD`. Tatsächlich dürfen weder Inserter- noch Extraktor-Funktionen Elemente einer Klasse sein, und zwar aus folgendem Grund: Wenn eine Operatorfunktion Element einer Klasse ist, muss der linke Operand (der implizit mit dem `this`-Zeiger übergeben wird) ein Objekt der Klasse sein, das die Operatorfunktion aufruft. Dies kann nicht geändert werden. Doch wenn ein Inserter überladen wird, ist der linke Operand ein Stream, und der rechte Operand ist ein Objekt der Klasse, die ausgegeben werden soll. Deshalb dürfen überladene Inserter nicht Element einer Klasse sein.

Die Tatsache, dass Inserter keine Elemente der Klasse sein dürfen, mit der sie arbeiten sollen, wirft eine wichtige Frage auf: Wie kann ein überladener Inserter auf die privaten Elemente einer Klasse zugreifen? In dem oben stehenden Programm wurden die Variablen x, y und z als public deklariert, sodass der Inserter auf sie zugreifen konnte. Doch Daten zu verbergen ist ein wichtiger Aspekt der OOP, der im Widerspruch dazu steht, alle Daten als public deklarieren zu müssen. Die Lösung kennen Sie bereits: Ein Inserter kann als friend einer Klasse deklariert werden. Als Freund der Klasse, für die er definiert wird, kann ein Inserter auf private Daten zugreifen. Das folgende Programm zeigt eine überarbeitete Version der ThreeD-Klasse, in der der überladene Inserter als friend deklariert ist:

```
// p11-02.cpp
// Den ueberladenen Inserter << als friend deklarieren.
#include <iostream>
using namespace std;
class ThreeD {
  int x, y, z; // 3-D Koordinaten - jetzt privat
public:
  ThreeD(int a, int b, int c) { x = a; y = b; z = c; }
  friend ostream &operator<<(ostream &stream, ThreeD obj);
};
// ThreeD-Inserter -- die Koordinaten X, Y und Z anzeigen.
ostream &operator<<(ostream &stream, ThreeD obj)
{
  stream << obj.x << ", ";
  stream << obj.y << ", ";
  stream << obj.z << "\n";
  return stream;  // den Stream zurueckgeben
}
int main()
{
  ThreeD a(1, 2, 3), b(3, 4, 5), c(5, 6, 7);
  cout << a << b << c;
  return 0;
}
```

Der ThreeD-Inserter ist jetzt als friend deklariert und kann deshalb auf private Daten zugreifen.

Die Variablen x, y und z sind zwar jetzt in ThreeD privat, doch der Inserter kann immer noch direkt auf sie zugreifen. Indem Sie Inserter (und Extraktoren) als Freunde der Klassen deklarieren, für die sie definiert werden, bewahren Sie das OOP-Prinzip der Kapselung.

Extraktoren überladen

Extraktoren werden auf dieselbe Weise wie Inserter überladen. Beispielsweise gibt der folgende Extraktor 3D-Koordinaten ein. Beachten Sie, dass er auch den Benutzer zur Eingabe auffordert.

```
// ThreeD-Extraktor -- dreidimensionale Werte abfragen.
istream &operator(istream &stream, ThreeD &obj)
{
  cout << "Geben Sie Werte fuer X, Y und Z ein: ";
  stream >> obj.x >> obj.y >> obj.z;
  return stream;
}
```

Ein Extraktor muss eine Referenz auf ein Objekt vom Typ `istream` zurückgeben. Außerdem muss der erste Parameter eine Referenz auf ein Objekt vom Typ `istream` sein. Dies ist der Stream, der links von >> steht. Der zweite Parameter ist eine Referenz auf die Variable, die die Eingabe aufnehmen soll. Da es sich um eine Referenz handelt, kann der zweite Parameter geändert werden, wenn Informationen eingegeben werden.

Ein Extraktor hat folgendes Gerüst:

```
istream &operator(istream &stream, object_type &obj)
{
  // Hier wird der Code des Extraktors eingefuegt.
  return stream;
}
```

Das folgende Programm demonstriert einen Extraktor für Objekte vom Typ `ThreeD`:

```
// p11-03.cpp
// Einen angepassten Extraktor demonstrieren.
#include <iostream>
using namespace std;
class ThreeD {
  int x, y, z; // 3D-Koordinaten
public:
  ThreeD(int a, int b, int c) { x = a; y = b; z = c; }
  friend ostream &operator<<(ostream &stream, ThreeD obj);
  friend istream &operator>>(istream &stream, ThreeD &obj);
] ;
// ThreeD-Inserter -- die Koordinaten X, Y und Z anzeigen.
```

```
ostream &operator<<(ostream &stream, ThreeD obj)
{
  stream << obj.x << ", ";
  stream << obj.y << ", ";
  stream << obj.z << "\n";
  return stream; // den Stream zurueckgeben
}

// ThreeD-Extraktor -- dreidimensionale Werte abfragen.
istream &operator>>(istream &stream, ThreeD &obj)
{
  cout << "Geben Sie Werte fuer X, Y und Z ein: ";
  stream >> obj.x >> obj.y >> obj.z;
  return stream;
}
int main()
{
  ThreeD a(1, 2, 3);

  cout << a;

  cin >> a;
  cout << a;

  return 0;
}
```

Extraktor für `ThreeD`.

Extraktoren dürfen – wie Inserter – keine Elemente der Klasse sein, für die sie definiert werden. Sie können befreundete oder einfach unabhängige Funktionen sein.

Abgesehen davon, dass Sie eine Referenz auf ein Objekt vom Typ `istream` zurückgeben müssen, können Sie in einer Extraktor-Funktion beliebige Aktionen ausführen. Doch auch hier gilt es als guter Programmierstil, Extraktoren nur für Eingabeoperationen zu verwenden.

1-Minuten-Test

- Was ist ein Inserter?
- Was ist ein Extraktor?
- Warum werden oft befreundete Funktionen für Inserter- oder Extraktor-Funktionen benutzt?

- Ein Inserter fügt Daten in einen Stream ein.
- Ein Extraktor liest Daten aus einem Stream aus.
- Befreundete Funktionen werden oft für Inserter- oder Extraktor-Funktionen benutzt, weil sie auf die privaten Daten einer Klasse zugreifen können.

Formatierte I/O

Bis jetzt haben wir bei der Ein- und Ausgabe von Informationen die Standardformate verwendet, die in dem I/O-System von C++ voreingestellt sind. Alternativ können Sie jedoch das Format Ihrer Daten auf zwei Wegen genau kontrollieren: mit Elementfunktionen der `ios`-Klasse oder mit einer speziellen Art von Funktionen, die als *Manipulatoren* bezeichnet werden. Wir wollen uns zunächst mit den `ios`-Elementfunktionen zur Formatierung befassen.

Mit ios-Elementfunktionen formatieren

Jeder Stream ist mit einem Satz so genannter *Format-Flags* verbunden, die festlegen, wie Informationen von einem Stream formatiert werden. In der `ios`-Klasse wird eine Aufzählung namens `fmtflags` in Form einer Bitmaske deklariert, in der die folgenden Werte definiert sind. (Technisch betrachtet, werden diese Werte in `ios_base` definiert, die – wie bereits erwähnt – eine Basisklasse von `ios` ist.)

`adjustfield`	`basefield`	`boolalpha`	`dec`
`fixed`	`floatfield`	`hex`	`internal`
`left`	`oct`	`right`	`scientific`
`showbase`	`showpoint`	`showpos`	`skipws`
`unitbuf`	`uppercase`		

Mit diesen Werten können Sie die Format-Flags setzen oder löschen. Einige ältere Compiler definieren die `fmtflags` möglicherweise nicht als Aufzählungstyp. In diesem Fall sind die Format-Flags als lange Ganzzahlen codiert.

Wenn das `skipws`-Flag gesetzt ist, werden führende Whitespace-Zeichen (Leerzeichen, Tabulatoren und Newlines) bei Stream-Eingaben ignoriert. Wenn `skipws` nicht gesetzt ist, werden Whitespace-Zeichen nicht ignoriert.

Wenn das `left`-Flag gesetzt ist, wird die Ausgabe linksbündig ausgerichtet. Wenn `right` gesetzt ist, wird die Ausgabe rechtsbündig ausgerichtet. Wenn das `internal`-Flag gesetzt ist, werden numerische Werte zwischen einem etwaigen Vorzeichen oder Basiszeichen mit Leerzeichen aufgefüllt. Wenn keines dieser Flags gesetzt ist, wird die Ausgabe standardmäßig rechtsbündig ausgerichtet.

Standardmäßig werden numerische Werte in dezimaler Form ausgegeben. Sie können jedoch die Zahlenbasis ändern: Wenn das `oct`-Flag gesetzt ist, werden Zahlen in oktaler Form ausgegeben. Wenn das `hex`-Flag gesetzt ist, werden Zahlen in hexadezimaler Form ausgegeben. Um Werte in dezimaler Form auszugeben, setzen Sie das `dec`-Flag.

Wenn `showbase` gesetzt ist, wird die Basis numerischer Werte angegeben. Beispielsweise wird der hexadezimale Wert `1F` in diesem Fall als `0x1F` ausgegeben.

Standardmäßig wird `e` bei der wissenschaftlichen Notation als Kleinbuchstabe angezeigt. Außerdem wird das `x` bei hexadezimalen Werten ebenfalls als Kleinbuchstabe angezeigt. Wenn `uppercase` gesetzt ist, werden diese Zeichen als Großbuchstabe angezeigt.

Wenn `showpos` gesetzt ist, wird vor positiven Werten ein führendes Pluszeichen angezeigt.

Wenn `showpoint` gesetzt ist, werden alle Fließkomma-Ausgaben mit einem Dezimalpunkt und danach mit Nullen aufgefüllt und dann angezeigt – selbst wenn dies nicht notwendig wäre.

Wenn `scientific` gesetzt ist, werden numerische Fließkommawerte in wissenschaftlicher Notation angezeigt. Wenn `fixed` gesetzt ist, werden Fließkommazahlen in normaler Notation angezeigt. Wenn keines dieser Flags gesetzt ist, wählt der Compiler die geeignete Form.

Wenn `unitbuf` gesetzt ist, wird der Puffer nach jeder Einfügeoperation geleert.

Wenn `boolalpha` gesetzt ist, können boolesche Werte mit den Schlüsselwörtern `true` und `false` ein- oder ausgegeben werden.

Die Felder `oct`, `dec` und `hex` können zusammenfassend über `basefield` angesprochen werden. Ähnlich können die Felder `left`, `right` und `internal` als `adjustfield` und die Felder `scientific` und `fixed` als `floatfield` referenziert werden.

Format-Flags setzen und zurücksetzen (löschen)

Mit der Funktion `setf()` können Sie Elemente von `ios` setzen. Ihre gebräuchlichste Form lautet:

```
fmtflags setf(fmtflags Flags);
```

Diese Funktion gibt die vorherigen Einstellungen der Format-Flags zurück und setzt die Flags, die in *`Flags`* angegeben sind. Beispielsweise setzt die folgende Anweisung das `showbase`-Flag:

```
Stream.setf(ios::showbase);
```

Hier gibt *`Stream`* den betroffenen Stream an. Beachten Sie, wie `showbase` mit `ios::` qualifiziert wird. Weil `showbase` eine Aufzählungskonstante ist, die in der `ios`-Klasse definiert ist, muss sie mit `ios::` qualifiziert werden, wenn sie referenziert wird. Dies gilt für alle Format-Flags.

In dem folgenden Programm setzt `setf()` die Flags `showpos` und `scientific`:

```
// p11-04.cpp
// Mit setf()arbeiten.
#include <iostream>
using namespace std;
int main()
{
  // Die Flags showpos und scientific setzen.
  cout.setf(ios::showpos);
  cout.setf(ios::scientific);
  cout << 123 << " " << 123.23 << " ";
  return 0;
}
```

Format-Flags mit `setf()` setzen.

Dieses Programm erzeugt die folgende Ausgabe:

```
+123 +1.232300e+002
```

Sie können in einem einzigen Aufruf so viele Flags setzen, wie Sie wollen, indem Sie sie mit OR verknüpfen. Beispielsweise setzt die folgende Anweisung gleichzeitig `scientific` und `showpos` mit `setf()`:

```
cout.setf(ios::scientific | ios::showpos);
```

Die Funktion `unsetf()` dient dazu, Flags zurückzusetzen (zu löschen). Ihr Prototyp lautet:

```
void unsetf(fmtflags Flags);
```

Hier gibt *`Flags`* die Flags an, die zurückgesetzt werden sollen. (Alle anderen Flags werden nicht geändert.)

Manchmal ist es nützlich, die aktuellen Flag-Einstellungen zu kennen. Mit der Funktion `flags()` können Sie die aktuellen Flag-Werte abfragen. Ihr Prototyp lautet:

```
fmtflags flags();
```

Diese Funktion gibt die aktuellen Flag-Werte zurück, die für den aufrufenden Stream gelten.

Die folgende Form von `flags()` setzt die Flag-Werte entsprechend dem Parameter *`Flags`* und gibt die vorherigen Flag-Werte zurück:

```
fmtflags flags(fmtflags Flags);
```

Das folgende Programm demonstriert `flags()` und `unsetf()`:

```
// p11-05.cpp
// flags() und unsetf()demonstrieren.
#include <iostream>
using namespace std;
int main()
{
  ios::fmtflags f;
  f = cout.flags();   // Die Format-Flags abfragen.
  if(f & ios::showpos)
    cout << "showpos ist fuer cout gesetzt.\n";
  else
    cout << "showpos ist fuer cout zurueckgesetzt.\n";
  cout << "\nshowpos fuer cout setzen.\n";
  cout.setf(ios::showpos);   // Das showpos-Flag setzen.
  f = cout.flags();
  if(f & ios::showpos)
    cout << "showpos ist fuer cout gesetzt.\n";
  else
    cout << "showpos ist fuer cout zurueckgesetzt.\n";
  cout << "\nshowpos fuer cout zuruecksetzen.\n";
  cout.unsetf(ios::showpos);   // Das showpos-Flag zurücksetzen.
  f = cout.flags();
  if(f & ios::showpos)
    cout << "showpos ist fuer cout gesetzt.\n";
  else
    cout << "showpos ist fuer cout zurueckgesetzt.\n";
  return 0;
}
```

Dieses Programm erzeugt die folgende Ausgabe:

```
showpos ist fuer cout zurueckgesetzt.
showpos fuer cout setzen.
```

11

```
showpos ist fuer cout gesetzt.
showpos fuer cout zuruecksetzen.
showpos ist fuer cout zurueckgesetzt.
```

Beachten Sie, dass der Typ `fmtflags` in diesem Programm durch `ios::` qualifiziert wird, wenn `f` deklariert wird. Dies ist notwendig, weil `fmtflags` als Typ von `ios` definiert wird. Im Allgemeinen müssen Sie, wenn Sie den Namen eines Typs oder einer Aufzählungskonstanten verwenden, die in einer Klasse definiert ist, den Namen mit dem Namen der Klasse qualifizieren.

Die Feldbreite, die Genauigkeit und das Füllzeichen setzen

Zusätzlich zu den Format-Flags enthält `ios` drei Elementfunktionen, die die folgenden zusätzlichen Format-Werte definieren: die Feldbreite, die Genauigkeit und das Füllzeichen. Diese Werte werden mit den Funktionen `width()`, `precision()` bzw. `fill()` gesetzt. Wir wollen sie jetzt nacheinander beschreiben.

Wenn ein Wert ausgegeben wird, belegt er standardmäßig nur so viele Stellen, wie zu seiner Anzeige benötigt werden. Mit der `width()`-Funktion können Sie jedoch eine Mindestfeldbreite festlegen. Die Funktion hat den folgenden Prototyp:

```
streamsize width(streamsize w);
```

Hier gibt *w* die neue Feldbreite an, während die vorherige Feldbreite zurückgegeben wird. Bei einigen Implementierungen muss die Feldbreite vor jeder Ausgabe gesetzt werden. Andernfalls wird die standardmäßige Feldbreite verwendet. Der Typ `streamsize` ist ein ganzzahliger Typ, der von dem Compiler definiert wird.

Nachdem Sie eine Mindestfeldbreite gesetzt haben, werden Werte, die kleiner die angegebene Breite sind, mit dem aktuellen Füllzeichen (standardmäßig einem Leerzeichen) aufgefüllt, um die festgelegte Feldbreite zu erreichen. Wenn die Größe des Wertes die Mindestfeldbreite überschreitet, erfolgt ein Überlauf des Felds. Werte werden nicht abgeschnitten.

Wenn Sie Fließkommazahlen in wissenschaftlicher Notation ausgeben, können Sie die Anzahl der Nachkommastellen mit der Funktion `precision()` festlegen. Sie hat den folgenden Prototyp:

```
streamsize precision(streamsize p);
```

Hier gibt *p* die neue Feldbreite an, während die vorherige Genauigkeit zurückgegeben wird. Die Genauigkeit beträgt standardmäßig sechs Stellen. Bei einigen Implementierungen muss die Genauigkeit vor jeder Fließkomma-Ausgabe gesetzt werden. Wenn die Genauigkeit nicht gesetzt wird, wird die standardmäßige Genauigkeit verwendet.

Standardmäßig wird ein Feld, das aufgefüllt werden muss, mit Leerzeichen aufgefüllt. Sie können das Füllzeichen mit der Funktion `fill()` festlegen. Ihr Prototyp ist:

```
char fill(char ch);
```

Hier gibt *ch* das neue Füllzeichen an, während das alte zurückgegeben wird.

Das folgende Programm demonstriert diese drei Funktionen:

```
// p11-06.cpp
// width(), precision() und fill() demonstrieren.
#include <iostream>
using namespace std;
int main()
{
  cout.setf(ios::showpos);
  cout.setf(ios::scientific);
  cout << 123 << " " << 123.23 << "\n";
  cout.precision(2); // zwei Nachkommastellen
  cout.width(10);    // Gesamtfeldbreite auf 10 Zeichen setzen.
  cout << 123 << " ";
  cout.width(10);    // Gesamtfeldbreite auf 10 Zeichen setzen.
  cout << 123.23 << "\n";
  cout.fill('#');  // mit # fuellen
  cout.width(10);  // Gesamtfeldbreite auf 10 Zeichen setzen.
  cout << 123 << " ";
  cout.width(10);  // Gesamtfeldbreite auf 10 Zeichen setzen.
  cout << 123.23;
  return 0;
}
```

Die Genauigkeit setzen.

Die Feldbreite setzen.

Das Füllzeichen setzen.

Das Programm erzeugt die folgende Ausgabe:

```
+123 +1.232300e+002
      +123 +1.23e+002
######+123 +1.23e+002
```

Bei einigen Implementierungen müssen Sie die Feldbreite vor jeder Ausgabeoperation zurücksetzen. Deswegen wird `width()` in dem oben stehenden Programm wiederholt aufgerufen.

Es gibt überladene Formen von `width()`, `precision()` und `fill()`, die die aktuellen Einstellungen zurückgeben, aber nicht ändern. Ihre Formen sind:

```
char fill();
streamsize width();
streamsize precision();
```

1-Minuten-Test

- Was macht `boolalpha`?
- Was macht `setf()`?
- Mit welcher Funktion wird das Füllzeichen gesetzt?

Mit I/O-Manipulatoren arbeiten

Das I/O-System von C++ enthält eine zweite Methode, mit der Sie die Formatparameter eines Streams ändern können. Diese Methode verwendet spezielle Funktionen, die als *Manipulatoren* bezeichnet werden und in einen I/O-Ausdruck eingefügt werden können. Tabelle 11.1 zeigt die Standardmanipulatoren. Um die Manipulatoren verwenden zu können, die Argumente erfordern, müssen Sie den Header `<iomanip>` in Ihr Programm einbinden.

Manipulator	**Funktion**	**Input/ Output**
`boolalpha`	Das `boolalpha`-Flag setzen	Input/Output
`dec`	Das `dec`-Flag setzen	Input/Output
`endl`	Ein Newline-Zeichen ausgeben und den Stream-Puffer leeren	Output
`ends`	Eine Null ausgeben	Output
`fixed`	Das `fixed`-Flag setzen	Output
`flush`	Einen Stream-Puffer leeren	Output
`hex`	Das `hex`-Flag setzen	Input/Output
`internal`	Das `internal`-Flag setzen	Output
`left`	Das `left`-Flag setzen	Output
`noboolalpha`	Das `boolalpha`-Flag zurücksetzen	Input/Output
`noshowbase`	Das `showbase`-Flag zurücksetzen	Output

Tabelle 11.1 Die C++-I/O-Manipulatoren

- Wenn `boolalpha` gesetzt ist, werden boolesche Werte mit den Wörtern `true` und `false` ausgegeben.
- `setf()` setzt ein oder mehrere Format-Flags.
- Füllzeichen werden mit der Funktion `fill()` gesetzt.

Manipulator	Funktion	Input/ Output
`noshowpoint`	Das `showpoint`-Flag zurücksetzen	Output
`noshowpos`	Das `showpos`-Flag zurücksetzen	Output
`noskipws`	Das `skipws`-Flag zurücksetzen	Input
`nounitbuf`	Das `unitbuf`-Flag zurücksetzen	Output
`nouppercase`	Das `uppercase`-Flag zurücksetzen	Output
`oct`	Das `oct`-Flag setzen	Input/Output
`resetiosflags (fmtflags` *f*`)`	Die Flags in *f* zurücksetzen	Input/Output
`right`	Das `right`-Flag setzen	Output
`scientific`	Das `scientific`-Flag setzen	Output
`setbase(int` *base*`)`	Die Zahlenbasis auf *base* setzen	Input/Output
`setfill(int ch)`	Das Füllzeichen auf *ch* setzen	Output
`setiosflags(fmtflags` *f*`)`	Die Flags in *f* setzen	Input/Output
`setprecision (int` *p*`)`	Die Genauigkeit (Nachkommastellen) auf *p* setzen	Output
`setw(int` *w*`)`	Die Feldbreite auf *w* setzen	Output
`showbase`	Das `showbase`-Flag setzen	Output
`showpoint`	Das `showpoint`-Flag setzen	Output
`showpos`	Das `showpos`-Flag setzen	Output
`skipws`	Das `skipws`-Flag setzen	Input
`unitbuf`	Das `unitbuf`-Flag setzen	Output
`uppercase`	Das `uppercase`-Flag setzen	Output
`ws`	Führende Whitespace-Zeichen ignorieren	Input

Tabelle 11.1 Die C++-I/O-Manipulatoren (Forts.)

Ein Manipulator wird als Teil eines größeren I/O-Ausdrucks verwendet. Das folgende Beispielprogramm kontrolliert das Format seiner Ausgabe mit Manipulatoren:

```
// p11-07.cpp
// Einen I/O-Manipulator demonstrieren.
#include <iostream>
#include <iomanip>
using namespace std;

int main()
{
  cout << setprecision(2) << 1000.243 << endl;
  cout << setw(20) << "Hallo, Sie da.";
```

I/O-Manipulatoren verwenden.

```
  return 0;
}
```

Dieses Programm erzeugt die folgende Ausgabe:

```
1e+003
       Hallo, Sie da.
```

Beachten Sie, wie die Manipulatoren in die Kette der I/O-Operationen eingefügt werden. Beachten Sie auch, dass ein Manipulator, der *kein* Argument hat (wie `endl` in unserem Beispiel), ohne runde Klammern angegeben wird.

Das folgende Programm setzt die Flags `scientific` und `showpos` mit `setiosflags()`:

```
// p11-08.cpp
// Mit setiosflags()arbeiten.
#include <iostream>
#include <iomanip>
using namespace std;
int main()
{
  cout << setiosflags(ios::showpos) <<
         setiosflags(ios::scientific) <<
         123 << " " << 123.23;

  return 0;
}
```

Mit `setiosflags()` arbeiten.

Das folgende Programm verwendet `ws`, um mögliche führende Whitespace-Zeichen bei der Eingabe eines Strings nach `s` zu ignorieren:

```
// p11-09.cpp
// Fuehrende Whitespace-Zeichen ignorieren.
#include <iostream>
using namespace std;
int main()
{
  char s[80];

  cin >> ws >> s;
  cout << s;

  return 0;
}
```

Eigene Manipulator-Funktionen erstellen

Sie können auch eigene Manipulator-Funktionen erstellen. Es gibt zwei Arten dieser Funktionen: mit Argumenten und ohne Argumente. Um parametrisierte Manipulatoren zu erstellen, werden Techniken benötigt, die über den Rahmen dieses Buches hinausgehen. Doch Manipulatoren ohne Parameter zu erstellen ist ziemlich einfach und wird hier beschrieben.

Alle parameterlosen Manipulator-Ausgabefunktionen haben die folgende Grundform:

```
ostream &manip_name(ostream &stream)
{
  // Hier steht Ihr Code.

  return stream;
}
```

Hier ist *manip_name* der Name des Manipulators. Folgendes ist wichtig: Obwohl der Manipulator als alleiniges Argument einen Zeiger auf den Stream übernimmt, mit dem er arbeitet, wird kein Argument angegeben, wenn der Manipulator in einem Ausgabeausdruck verwendet wird.

Das folgende Programm erstellt einen Manipulator namens `setup()`, der die Ausgabe linksbündig ausrichtet, die Feldbreite auf 10 setzt und das Dollarzeichen als Füllzeichen festlegt.

```
// p11-10.cpp

// Einen Ausgabe-Manipulator erstellen.

#include <iostream>
#include <iomanip>
using namespace std;

ostream &setup(ostream &stream)
{
  stream.setf(ios::left);
  stream << setw(10) << setfill('$');
  return stream;
}

int main()
{
  cout << 10 << " " << setup << 10;

  return 0;
}
```

Ein angepasster Ausgabe-Manipulator.

11

Angepasste Manipulatoren sind aus zwei Gründen nützlich: Erstens könnte es erforderlich sein, eine I/O-Operation für ein Gerät – beispielsweise einen Plotter – durchzuführen, für das keiner der vordefinierten Manipulatoren anwendbar ist. In diesem Fall können Sie die Ausgabe auf dieses Gerät mit eigenen Manipulatoren vereinfachen. Zweitens könnten Sie, wenn Sie dieselbe Folge von Operationen viele Male ausführen müssen, diese Operationen in einem einzigen Manipulator zusammenfassen, wie es in dem oben stehenden Programm veranschaulicht wird.

Alle parameterlosen Manipulator-Eingabefunktionen haben die folgende Grundform:

```
istream &manip_name(istream &stream)
{
  // Hier steht Ihr Code.

  return stream;
}
```

Beispielsweise erstellt das folgende Programm den Manipulator `prompt()`. Er zeigt eine Eingabeaufforderung an und konfiguriert dann die Eingabe so, dass das Programm hexadezimale Zahlen entgegennimmt.

```
// cp11-11.cpp

// Einen Eingabe-Manipulator erstellen.

#include <iostream>
#include <iomanip>
using namespace std;

istream &prompt(istream &stream)
{
  cin >> hex;
  cout << "Geben Sie eine Zahl in hexadezimaler Form ein: ";

  return stream;
}

int main()
{
  int i;

  cin >> prompt >> i;
  cout << i;

  return 0;
}
```

Ein angepasster Eingabe-Manipulator.

Ihr Manipulator muss unbedingt einen *Stream* zurückgeben. Falls er dies nicht tut, kann Ihr Manipulator nicht in einer Kette von Eingabe- oder Ausgabe-Operationen verwendet werden.

1-Minuten-Test

- Was macht `endl`?
- Was macht `ws`?
- Wird ein I/O-Manipulator als Teil eines größeren I/O-Ausdrucks verwendet?

Datei-I/O

Sie können das I/O-System von C++ auch zur Datei-I/O verwenden. Zu diesem Zweck müssen Sie die Header-Datei `<fstream>` in Ihr Programm einbinden. In `<fstream>` werden mehrere wichtige Klassen und Werte definiert.

Eine Datei öffnen und schließen

In C++ wird eine Datei geöffnet, indem sie mit einem Stream verbunden wird. Wie Sie wissen, gibt es drei Arten von Streams: Input, Output und Input/Output. Um einen Input-Stream zu öffnen, müssen Sie ein Stream-Objekt der Klasse `ifstream` deklarieren. Um einen Output-Stream zu deklarieren, müssen Sie ein Stream-Objekt der Klasse `ofstream` deklarieren. Ein Stream, der sowohl Input- als auch Output-Operationen ausführen soll, muss als Objekt der Klasse `fstream` deklariert werden. Beispielsweise erstellt das folgende Fragment einen Input-Stream, einen Output-Stream und einen Input/Output-Stream:


```
ifstream in;  // Input
ofstream out; // Output
fstream both; // Input/Output
```

Nachdem Sie ein Stream-Objekt deklariert haben, können Sie es beispielsweise mit der Funktion `open()`mit einer Datei verbinden. Alle drei Stream-Klassen enthalten eine Variante dieser Funktion. Sie hat den folgenden Prototyp:

```
void ifstream::open(const char *Dateiname,
                    ios::openmode Modus = ios::in);
```

- `endl` gibt ein Newline-Zeichen aus.
- `ws` ignoriert führende Whitespace-Zeichen bei der Eingabe.
- Ja, ein I/O-Manipulator wird als Teil eines größeren I/O-Ausdrucks verwendet.

```
void ofstream::open(const char *Dateiname,
                    ios::openmode Modus = ios::out | ios::trunc);
void fstream::open(const char *Dateiname,
                   ios::openmode Modus = ios::in | ios::out);
```

Hier ist *Dateiname* der Name der Datei; der Name kann eine Pfadangabe enthalten. Der Wert von *Modus* bestimmt, wie die Datei geöffnet werden soll. Der *Modus* kann einen oder mehrere der Werte annehmen, die von `openmode` definiert werden, einer Aufzählung, die von `ios` (durch deren Basisklasse `ios_base`) definiert wird. Ihre Werte sind:

```
ios::app
ios::ate
ios::binary
ios::in
ios::out
ios::trunc
```

Sie können zwei oder mehr dieser Werte mit OR verknüpfen. Die Werte haben die folgenden Bedeutungen:

- `ios::app` bewirkt, dass alle Ausgaben an das Ende der Datei angehängt werden. Dieser Wert kann nur bei Dateien verwendet werden, die ausgegeben werden können.
- `ios::ate` bewirkt, dass die aktuelle Dateiposition (der Dateizeiger) beim Öffnen der Datei an deren Ende gesetzt wird. Obwohl `ios::ate` den Dateizeiger anfangs an das Ende der Datei setzt, können I/O-Operationen immer noch an einer beliebigen Stelle der Datei erfolgen.
- `ios::in` bewirkt, dass die Daten der Datei eingelesen werden können.
- `ios::out` bewirkt, dass Daten in die Datei geschrieben werden können.
- `ios::binary` bewirkt, dass die Datei im binären Modus geöffnet wird. Standardmäßig werden alle Dateien im Textmodus geöffnet. Im Textmodus werden bestimmte Zeichen übersetzt (beispielsweise Wagenrücklauf-Zeilenvorschub in Newline). Doch wenn eine Datei im binären Modus geöffnet wird, werden keine Zeichen übersetzt. Wichtig ist: Unabhängig davon, ob eine Datei formatierten Text oder rohe Daten enthält, kann sie entweder im binären oder im Textmodus geöffnet werden. Der einzige Unterschied besteht darin, dass bestimmte Zeichen übersetzt werden.
- `ios::trunc` bewirkt, dass der Inhalt einer vorhandenen Datei gleichen Namens zerstört wird und die Datei auf die Länge null abgeschnitten wird.

Wenn Sie einen Output-Stream mit ofstream erstellen, wird eine vorhandene Datei gleichen Namens automatisch abgeschnitten.

Das folgende Fragment öffnet eine Textdatei für die Ausgabe:

```
ofstream mystream;
mystream.open("test");
```

Da der *Modus*-Parameter von open() standardmäßig einen Wert annimmt, der für die Art des geöffneten Streams geeignet ist, ist es – wie in dem vorangegangenen Beispiel – häufig nicht notwendig, seinen Wert anzugeben. (Einige Compiler setzen den Modus-Parameter von fstream::open()nicht standardmäßig auf in|out, sodass Sie diesen Parameter möglicherweise explizit angeben müssen.)

Wenn open() scheitert, liefert der Stream den Wert false zurück, wenn er in einem booleschen Ausdruck verwendet wird. Anhand dieser Eigenschaft können Sie feststellen, ob die open-Operation erfolgreich ausgeführt worden ist:

```
if(!mystream) {
  cout << "Die Datei kann nicht geoeffnet werden.\n";
  // Fehler behandeln
}
```

Im Allgemeinen sollten Sie das Ergebnis eines Aufrufs von open() immer prüfen, bevor Sie versuchen, auf die Datei zuzugreifen.

Auch mit der Funktion is_open() können Sie prüfen, ob Sie eine Datei erfolgreich geöffnet haben. Die Funktion ist ein Element von fstream, ifstream und ofstream. Sie hat den folgenden Prototyp:


```
bool is_open();
```

Die Funktion gibt true zurück, wenn der Stream mit einer geöffneten Datei verbunden ist; andernfalls gibt sie false zurück. Beispielsweise prüft das folgende Fragment, ob mystream gegenwärtig geöffnet ist:

```
if(!mystream.is_open()) {
  cout << "Die Datei ist nicht geoeffnet.\n";
  // ...
```

Obwohl es vollkommen korrekt ist, eine Datei mit der Funktion open() zu öffnen, werden Sie diese Funktion meistens nicht verwenden, weil die Klassen ifstream, ofstream und fstream über Konstruktoren verfügen, die die Datei automatisch öffnen. Die Konstruktoren haben dieselben Parameter und Standardwerte wie die open()-Funktion. Deshalb wird eine Datei üblicherweise wie folgt geöffnet:

```
ifstream mystream("myfile"); // eine Datei fuer die Eingabe oeffnen
```

Wenn die Datei aus irgendeinem Grund nicht geöffnet werden kann, nimmt die zugehörige Stream-Variable den Wert false an.

Mit der Elementfunktion close() können Sie eine Datei schließen. Beispielsweise schließt die folgende Anweisung die Datei, die mit einem Stream namens mystream verbunden ist:

```
mystream.close();
```

Die close()-Funktion hat keine Parameter und gibt keinen Wert zurück.

Textdateien lesen und schreiben

Die Operatoren << und >> sind die einfachste Methode, um eine Textdatei zu lesen oder zu schreiben. Beispielsweise schreibt das folgende Programm eine Ganzzahl, einen Fließkommawert und einen String in eine Datei namens test:

```
// p11-12.cpp
// In eine Datei schreiben.
#include <iostream>
#include <fstream>
using namespace std;
int main()
{
  ofstream out("test");   // Eine Datei namens »test« zur Textausgabe (zum Schreiben) erstellen und öffnen.
  if(!out) {
    cout << "Die Datei kann nicht geoeffnet werden.\n";
    return 1;
  }
  out << 10 << " " << 123.23 << "\n";   // Ausgabe in die Datei.
  out << "Dies ist eine kurze Textdatei.";
  out.close();   // Die Datei schließen.
  return 0;
}
```

Das folgende Programm liest eine Ganzzahl, eine Fließkommazahl, ein Zeichen und einen String aus der Datei ein, die mit dem oben stehenden Programm erstellt wurde:

```
// p11-13.cpp
// Daten aus einer Datei einlesen.
#include <iostream>
#include <fstream>
using namespace std;

int main()
{
  char ch;
  int i;
  float f;
  char str[80];

  ifstream in("test");
  if(!in) {
    cout << "Die Datei kann nicht geoeffnet werden.\n";
    return 1;
  }

  in >> i;
  in >> f;
  in >> ch;
  in >> str;

  cout << i << " " << f << " " << ch << "\n";
  cout << str;

  in.close();
  return 0;
}
```

Eine Datei zur Texteingabe (zum Lesen) öffnen.

Daten aus der Datei einlesen.

Die Datei schließen.

Vergessen Sie nicht, dass bestimmte Zeichen übersetzt werden, wenn der Operator >> zum Einlesen von Textdateien verwendet wird. Beispielsweise werden Whitespace-Zeichen ausgelassen. Wenn Sie verhindern wollen, dass Zeichen übersetzt werden, müssen Sie eine Datei für einen binären Zugriff öffnen. Sie dürfen auch nicht vergessen, dass ein String mit dem Operator >> nur bis zum ersten Whitespace-Zeichen eingelesen wird.

1-Minuten-Test

- Welche Klasse erstellt eine Input-Datei?
- Welche Funktion öffnet eine Datei?
- Können Sie mit << und >> Daten aus einer Datei lesen bzw. in eine Datei schreiben?

Frage an den Experten

Frage: In Kapitel 1 wurde beschrieben, dass C++ eine Obermenge von C ist. Ich weiß, dass C ein eigenes I/O-System definiert. Steht das C-I/O-System auch C++-Programmierern zur Verfügung? Falls dies der Fall ist, sollte es in C++-Programmen verwendet werden?

Antwort: Die Antwort auf die erste Frage ist Ja. Das C-I/O-System steht auch C++-Programmierern zur Verfügung. Die Antwort auf die zweite Frage ist ein eingeschränktes Nein. Das C-I/O-System ist nicht objektorientiert. Deshalb ist das C++-I/O-System mit C++-Programmen meistens kompatibler. Doch ist das C-I/O-System immer noch weit verbreitet. Es ist ziemlich zweckmäßig und erfordert einen geringen Verwaltungsaufwand. Deshalb kann das C-I/O-System für einige hochspezialisierte Programme eine gute Wahl sein. Weitere Informationen über das C-I/O-System finden Sie in meinem Buch *C++ Ent-Packt* (MITP).

Unformatierte und binäre I/O

Textdateien zu lesen und zu schreiben ist zwar sehr einfach, aber es ist nicht immer die effizienteste Methode, mit Dateien zu arbeiten. Außerdem müssen Sie manchmal keinen Text, sondern unformatierte (rohe) binäre Daten lesen und/oder schreiben. Wir wollen jetzt die Funktionen beschreiben, mit denen Sie diese Daten verarbeiten können.

Wenn Sie eine Datei mit binären Operationen bearbeiten wollen, müssen Sie sie im Modus `ios::binary` öffnen. Obwohl die Funktionen für unformatierte Dateien auch bei Dateien funktionieren, die im Textmodus geöffnet wurden,

---

- Eine Input-Datei wird mit `ifstream` geöffnet.
- Eine Datei wird mit der Funktion `open()` oder dem Konstruktor der Klasse geöffnet.
- Ja, mit << und >> können Sie Daten aus einer Datei lesen bzw. in eine Datei schreiben.

können dabei einige Zeichen umgewandelt werden. Diese Umwandlungen laufen dem Zweck binärer Dateioperationen zuwider.

Im Allgemeinen gibt es zwei Methoden, um unformatierte binäre Daten aus einer Datei zu lesen bzw. in eine Datei zu schreiben: Erstens können Sie ein Byte mit der Elementfunktion `put()`schreiben und mit der Elementfunktion `get()` lesen. Zweitens können Sie die Block-I/O-Funktionen `read()` und `write()` verwenden. Jede dieser Funktionen wird in den folgenden Abschnitten behandelt.

Mit get() und put() arbeiten

Es gibt viele Formen der `get()`-Funktion. Das folgende Fragment zeigt die gebräuchlichsten Versionen von `get()` und `put()`:

```
istream &get(char &ch);
ostream &put(char ch);
```

Die `get()`-Funktion liest ein einzelnes Zeichen aus dem zugehörigen Stream, fügt diesen Wert in *ch* ein und gibt eine Referenz auf den Stream zurück. Wenn das Ende der Datei (eof = *end of file* = Dateiende) erreicht wird, ist dieser Wert (von *ch*) null. Die `put()`-Funktion schreibt `ch` in den Stream und gibt eine Referenz auf den Stream zurück.

Das folgende Programm zeigt den Inhalt einer beliebigen Datei auf dem Bildschirm an. Es verwendet die `get()`-Funktion:

```
// p11-14.cpp
// Eine Datei mit get() anzeigen.
#include <iostream>
#include <fstream>
using namespace std;

int main(int argc, char *argv[])
{
  char ch;

  if(argc!=2) {
    cout << "Verwendung: p11-14 <Dateiname>\n";
    return 1;
  }

  ifstream in(argv[1], ios::in | ios::binary);
  if(!in) {
    cout << "Die Datei kann nicht geoeffnet werden.\n";
    return 1;
  }

  while(in) { // in ist false, wenn eof erreicht wird
```

Die Datei für binäre Operationen öffnen.

Die Datei lesen, bis das Ende der Datei erreicht wird.

```
    in.get(ch);
    if(in) cout << ch;
  }
  in.close();
  return 0;
}
```

Wenn `in` das Ende der Datei (eof = end of file) erreicht, nimmt es den Wert `false` an, sodass die `while`-Schleife abgebrochen wird.

Tatsächlich kann die Schleife, die die Datei liest und anzeigt, auch kompakter codiert werden:

```
while(in.get(ch))
  cout << ch;
```

Diese Form funktioniert, weil `get()` den Stream `in` zurückgibt und `in` den Wert `false` annimmt, wenn das Ende der Datei erreicht wird.

Das folgende Programm schreibt mit `put()`einen String in eine Datei:

```
// p11-15.cpp
// Mit put() einen String in eine Datei schreiben.
#include <iostream>
#include <fstream>
using namespace std;
int main()
{
  char *p = "Hallo, Sie da\n";
  ofstream out("test", ios::out | ios::binary);
  if(!out) {
    cout << "Die Datei kann nicht geoeffnet werden.\n";
    return 1;
  }
  // Zeichen schreiben, bis der Null-Terminator erreicht wird.
  while(*p) out.put(*p++);
  out.close();
  return 0;
}
```

Einen String mit `put()` in eine Datei schreiben. Es werden keine Zeichen übersetzt.

Nachdem dieses Programm ausgeführt worden ist, enthält die Datei `test` den String »Hallo, Sie da«, gefolgt von einem Newline-Zeichen. Es werden keine Zeichen übersetzt.

Datenblöcke lesen und schreiben

Mit den Elementfunktionen `read()` und `write()` können Sie Blöcke binärer Daten lesen und schreiben. Die Funktionen haben die folgenden Prototypen:

```
istream &read(char *buf, streamsize num);
ostream &write(const char *buf, streamsize num);
```

Die Funktion `read()` liest *num* Bytes aus dem zugehörigen Stream und fügt sie in den Puffer ein, auf den *buf* zeigt. Die Funktion `write()` schreibt *num* Bytes des Puffers, auf den *buf* zeigt, in den zugehörigen Stream. Wie bereits erwähnt wurde, ist `streamsize` eine Art von Ganzzahl, die von der C++-Bibliothek definiert wird. Diese Zahl kann die größte Zahl der Bytes speichern, die in einer I/O-Operation übertragen werden können.

Das folgende Programm schreibt und liest dann ein Array von Ganzzahlen:

```
// p11-16.cpp
// Mit read() und write()arbeiten.
#include <iostream>
#include <fstream>
using namespace std;

int main()
{
  int n[5] = {1, 2, 3, 4, 5};
  register int i;

  ofstream out("test", ios::out | ios::binary);
  if(!out) {
    cout << "Die Datei kann nicht geoeffnet werden.\n";
    return 1;
  }

  out.write((char *) &n, sizeof n);   <- Einen Datenblock schreiben.

  out.close();

  for(i=0; i<5; i++) // Array loeschen
    n[i] = 0;

  ifstream in("test", ios::in | ios::binary);
  if(!in) {
    cout << "Die Datei kann nicht geoeffnet werden.\n";
    return 1;
  }

  in.read((char *) &n, sizeof n);   <- Einen Datenblock lesen.

  for(i=0; i<5; i++) // Die eingelesenen Werte anzeigen.
```

11

```
    cout << n[i] << " ";
  in.close();
  return 0;
}
```

Beachten Sie, dass in den Aufrufen von `read()` und `write()` Typumwandlungen notwendig sind, wenn Sie mit einem Puffer arbeiten, der nicht als Zeichen-Array definiert ist.

Wenn das Ende der Datei erreicht wird, bevor *num* Zeichen gelesen worden sind, wird `read()` einfach beendet; der Puffer enthält einfach so viele Zeichen, wie eingelesen wurden. Mit der Elementfunktion `gcount()` können Sie abfragen, wie viele Zeichen gelesen wurden. Die Funktion hat den folgenden Prototyp:

```
streamsize gcount();
```

`gcount()` gibt die Zahl der Zeichen zurück, die von der letzten Input-Operation gelesen wurden.

1-Minuten-Test

- In welchem Modus öffnen Sie eine Datei, um binäre Daten zu lesen oder zu schreiben?
- Was macht `get()`? Was macht `put()`?
- Welche Funktion liest einen Datenblock?

Weitere I/O-Funktionen

Das I/O-System von C++ enthält noch weitere nützliche I/O-Funktionen. Sie werden in den folgenden Abschnitten beschrieben.

Andere Versionen von get()

Zusätzlich zu der früher gezeigten Form wird die `get()`-Funktion mehrfach überladen. Die Prototypen der drei gebräuchlichsten überladenen Formen sind:

```
istream &get(char *buf, streamsize num);
```

- Um binäre Daten zu lesen oder zu schreiben, wird die Datei im Modus `ios::binary` geöffnet.
- Die `get()`-Funktion liest ein Zeichen. Die `put()`-Funktion schreibt ein Zeichen.
- Ein Datenblock wird mit der Funktion `read()` gelesen.

```
istream &get(char *buf, streamsize num, char delim);
int get();
```

Die erste Form liest Zeichen in das Array, auf das *buf* zeigt, bis *num-1* Zeichen gelesen worden sind oder bis ein Newline-Zeichen gefunden worden ist oder bis das Ende der Datei erreicht worden ist. Das Array, auf das *buf* zeigt, wird von `get()` mit einer Null beendet. Wenn `get()` in dem Input-Stream auf ein Newline-Zeichen stößt, wird dieses *nicht* extrahiert, sondern bleibt bis zur nächsten Input-Operation in dem Stream.

Die zweite Form liest Zeichen in das Array, auf das *buf* zeigt, bis *num-1* Zeichen gelesen worden sind oder bis das Zeichen, das von *delim* definiert wird, gefunden worden ist oder bis das Ende der Datei erreicht worden ist. Das Array, auf das *buf* zeigt, wird von `get()` mit einer Null beendet. Wenn `get()` in dem Input-Stream auf ein Begrenzungszeichen (*delim*) stößt, wird dieses nicht extrahiert, sondern bleibt bis zur nächsten Input-Operation in dem Stream.

Die dritte überladene Form von `get()` gibt das nächste Zeichen in dem Stream zurück. Wenn das Ende der Datei erreicht wird, wird `EOF` (ein Wert, der das Dateiende anzeigt) zurückgegeben. `EOF` wird in `<iostream>` definiert.

Die Version `get()` eignet sich besonders dazu, einen String zu lesen, der Leerzeichen enthält. Wie Sie wissen, wird ein String mit >> nur bis zum ersten Whitespace-Zeichen eingelesen. Deshalb ist dieser Operator nicht geeignet, um Strings mit Leerzeichen einzulesen. Das folgende Programm zeigt, wie Sie dieses Problem mit `get(buf, num)` lösen können:

```
// p11-17.cpp
// Mit get() einen String mit Leerzeichen lesen.
#include <iostream>
#include <fstream>
using namespace std;

int main()
{
  char str[80];

  cout << "Geben Sie Ihren Namen ein: ";
  cin.get(str, 79);

  cout << str << '\n';

  return 0;
}
```

Mit `get()` einen String einlesen, der Whitespace-Zeichen enthält.

Hier wird das standardmäßige Newline-Zeichen als Begrenzer von `get()` verwendet. Deswegen verhält sich `get()` ähnlich wie die Standardfunktion `gets()`.

getline()

Eine weitere Input-Funktion ist `getline()`. Sie liest Zeichen *zeilenweise*, das heißt jeweils bis zum nächsten Newline-Zeichen (oder bis zum Dateiende) ein. Die Funktion ist ein Element jeder Input-Stream-Klasse und hat die folgenden Prototypen:

```
istream &getline(char *buf, streamsize num);
istream &getline(char *buf, streamsize num, char delim);
```

Die erste Form liest Zeichen in das Array, auf das *buf* zeigt, bis *num-1* Zeichen gelesen worden sind oder bis ein Newline-Zeichen gefunden worden ist oder bis das Ende der Datei erreicht worden ist. Das Array, auf das *buf* zeigt, wird von `get()` mit einer Null beendet. Wenn `getline()` in dem Input-Stream auf ein Newline-Zeichen stößt, wird es extrahiert, aber nicht in *buf* eingefügt.

Die zweite Form liest Zeichen in das Array, auf das *buf* zeigt, bis *num-1* Zeichen gelesen worden sind oder bis das Zeichen, das von *delim* definiert wird, gefunden worden ist oder bis das Ende der Datei erreicht worden ist. Das Array, auf das *buf* zeigt, wird von `get()` mit einer Null beendet. Wenn `getline()` in dem Input-Stream auf ein Begrenzungszeichen (*delim*) stößt, wird es extrahiert, aber nicht in *buf* eingefügt.

Die beiden Versionen von `getline()` sind praktisch mit den `get()`-Versionen `get(buf, num)` und `get(buf, num, delim)` identisch. Beide lesen Zeichen aus dem Input und fügen sie in das Array ein, auf das *buf* zeigt, bis *num-1* Zeichen gelesen worden sind oder bis ein Begrenzungszeichen erreicht worden ist. Der Unterschied zwischen `get()` und `getline()` besteht darin, dass `getline()` das Begrenzungszeichen aus dem Input-Stream liest und entfernt, während `get()` dieses Zeichen im Input-Stream stehen lässt.

Das Dateiende (EOF) erkennen

Mit der Elementfunktion `eof()` können Sie das Ende der Datei erkennen. Sie hat den folgenden Prototyp:

```
bool eof();
```

Die Funktion gibt `true` zurück, wenn das Ende der Datei erreicht worden ist; andernfalls gibt sie `false` zurück.

peek() und putback()

Mit der Funktion peek() können Sie das die nächste Zeichen in dem Input-Stream lesen, ohne das Zeichen aus dem Stream zu entfernen. Sie hat den folgenden Prototyp:

```
int_type peek();
```

Die Funktion gibt das nächste Zeichen in dem Stream oder EOF zurück, wenn das Ende der Datei erreicht wird. (int_type ist ein ganzzahliger Typ, der von dem Compiler definiert wird.)

Mit der Funktion putback() können Sie das letzte Zeichen, das aus dem Stream gelesen wurde, wieder in den Stream einfügen. Sie hat den folgenden Prototyp:

```
istream &putback(char c);
```

Dabei ist c das Zeichen, das zuletzt gelesen wurde.

flush()

Bei einer Ausgabe werden die Daten nicht unmittelbar auf das physische Gerät geschrieben, das mit dem Stream verbunden ist, sondern in einem internen Puffer zwischengespeichert, bis der Puffer voll ist. Erst dann wird der Inhalt dieses Puffers auf die Festplatte geschrieben. Mit der Funktion flush() können Sie jedoch erzwingen, dass die Daten physisch auf die Festplatte geschrieben werden, bevor der Puffer voll ist. Sie hat den folgenden Prototyp:


```
ostream &flush();
```

Die Funktion sollte vor allem dann verwendet werden, wenn ein Programm in widrigen Umgebungen ausgeführt wird (beispielsweise in Situationen, in denen häufig der Strom ausfällt).

Anmerkung

Wenn eine Datei geschlossen oder ein Programm beendet wird, werden alle Puffer automatisch geleert.

CompFiles.cpp

Projekt 11-1: Ein Utility zum Vergleich von Dateien

In diesem Projekt entwickeln Sie ein einfaches, aber nützliches Utility, um zwei Dateien zu vergleichen. Das Programm öffnet die beiden Dateien und liest und vergleicht einander entsprechende Bytes. Wenn diese nicht übereinstimmen, sind die Dateien verschieden. Wenn das Ende beider Dateien gleichzeitig erreicht wird und kein Unterschied festgestellt worden ist, sind die Dateien gleich.

Schritt für Schritt

1. Erstellen Sie eine Datei namens `CompFiles.cpp`.
2. Fügen Sie zunächst die folgenden Zeilen in `CompFiles.cpp` ein:

```
// CompFiles.cpp: Projekt 11-1
// Ein Utility zum Vergleich zweier Dateien erstellen.
#include <iostream>
#include <fstream>
using namespace std;
int main(int argc, char *argv[])
{
  register int i;
  int numread;
  unsigned char buf1[1024], buf2[1024];
  if(argc!=3) {
    cout << "Verwendung: CompFiles <Datei1> <Datei2>\n";
    return 1;
  }
```

Beachten Sie, dass die Namen der Dateien, die verglichen werden sollen, auf der Befehlszeile angegeben werden.

3. Fügen Sie den Code hinzu, der die Dateien für binäre Input-Operationen öffnet:

```
ifstream f1(argv[1], ios::in | ios::binary);
if(!f1) {
  cout << "Die erste Datei kann nicht geoeffnet werden.\n";
  return 1;
}
ifstream f2(argv[2], ios::in | ios::binary);
if(!f2) {
  cout << "Die zweite Datei kann nicht geoeffnet werden.\n";
```

```
  return 1;
}
```

Die Dateien werden im Binär-Modus geöffnet, damit nicht (wie im Textmodus) Zeichen umgewandelt werden können.

4. Fügen Sie den Code hinzu, der die Dateien tatsächlich vergleicht:

```
cout << "Dateien vergleichen...\n";
do {
  f1.read((char *) buf1, sizeof buf1);
  f2.read((char *) buf2, sizeof buf2);
  if(f1.gcount() != f2.gcount()) {
    cout << "Die Dateien sind verschieden lang.\n";
    f1.close();
    f2.close();
    return 0;
  }
  // Die Inhalte der Puffer vergleichen.
  for(i=0; i<f1.gcount(); i++)
    if(buf1[i] != buf2[i]) {
      cout << "Die Dateien sind verschieden.\n";
      f1.close();
      f2.close();
      return 0;
    }
} while(!f1.eof() && !f2.eof());
cout << "Die Dateien sind gleich.\n";
```


Dieser Code liest mit der `read()`-Funktion jeweils einen Puffer aus jeder Datei ein und vergleicht dann die Inhalte der Puffer. Wenn sich die Inhalte unterscheiden, schließt er die Dateien, zeigt die Meldung `Die Dateien sind verschieden.` an und beendet das Programm. Andernfalls liest der Code weitere Puffer ein und vergleicht sie, bis das Ende einer (oder beider) Dateien erreicht wird. Weil der Puffer am Ende einer Datei auch weniger Zeichen enthalten kann, als der Puffer aufnehmen kann, stellt der Code mit der Funktion `gcount()`fest, wie viele Zeichen sich in den Puffern befinden. Wenn eine der Dateien kürzer als die andere ist, unterscheiden sich die Werte, die `gcount()` zurückgibt, am Ende der Dateien. In diesem Fall wird die Meldung `Die Dateien sind verschieden lang.` angezeigt. Wenn die Dateien gleich sind, wird schließlich das Ende beider Dateien gleichzeitig erreicht. Um dies zu verifizieren, wird die Funktion `eof()` für jeden Stream aufgerufen. Wenn die Dateien in jeder Hinsicht gleiche Werte liefern, wird gemeldet, dass sie gleich sind.

5. Beenden Sie das Programm, indem Sie die Dateien schließen:

```
  f1.close();
  f2.close();

  return 0;
}
```

6. Hier ist das komplette Listing des Programms `CompFiles.cpp`:

```
// CompFiles.cpp: Projekt 11-1
// Ein Utility zum Vergleich zweier Dateien erstellen.

#include <iostream>
#include <fstream>
using namespace std;

int main(int argc, char *argv[])
{
  register int i;
  int numread;

  unsigned char buf1[1024], buf2[1024];

  if(argc!=3) {
    cout << "Verwendung: CompFiles <Datei1> <Datei2>\n";
    return 1;
  }

  ifstream f1(argv[1], ios::in | ios::binary);
  if(!f1) {
    cout << "Die erste Datei kann nicht geoeffnet werden.\n";
    return 1;
  }
  ifstream f2(argv[2], ios::in | ios::binary);
  if(!f2) {
    cout << "Die zweite Datei kann nicht geoeffnet werden.\n";
    return 1;
  }

  cout << "Dateien vergleichen...\n";

  do {
    f1.read((char *) buf1, sizeof buf1);
    f2.read((char *) buf2, sizeof buf2);

    if(f1.gcount() != f2.gcount()) {
      cout << "Die Dateien sind verschieden lang.\n";
      f1.close();
      f2.close();
      return 0;
    }

    // Die Inhalte der Puffer vergleichen.
```

```
    for(i=0; i<f1.gcount(); i++)
      if(buf1[i] != buf2[i]) {
        cout << "Die Dateien sind verschieden.\n";
        f1.close();
        f2.close();
        return 0;
      }
  } while(!f1.eof() && !f2.eof());

  cout << "Die Dateien sind gleich.\n";

  f1.close();
  f2.close();

  return 0;
}
```

7. Um `CompFiles` auszuprobieren, kopieren Sie zunächst `CompFiles.cpp` in eine Datei namens `temp.txt`. Geben Sie dann die folgende Befehlszeile ein:

```
CompFiles CompFiles.cpp temp.txt
```

   Das Programm wird melden, dass die Dateien gleich sind. Vergleichen Sie dann `CompFiles.cpp` mit einer anderen Datei (beispielsweise mit einer anderen Programmdatei dieses Kapitels). Sie werden sehen, dass `CompFiles` meldet, dass die Dateien verschieden sind.

8. Versuchen Sie selbst, `CompFiles` mit zusätzlichen Optionen zu erweitern. Fügen Sie beispielsweise eine Option hinzu, die die Schreibweise von Buchstaben ignoriert, oder zeigen Sie die Position in der Datei an, an der sich die Dateien unterscheiden.

Wahlfreier Zugriff

Bis jetzt sind Dateien sequenziell gelesen oder geschrieben worden. Sie können aber auch wahlfrei (das heißt: an beliebigen Stellen und in beliebiger Reihenfolge) auf Dateien zugreifen. Zu diesem Zweck enthält das C++-I/O-System die Funktionen `seekg()` und `seekp()`. Ihre gebräuchlichsten Formen sind:

```
istream &seekg(off_type offset, seekdir origin);
ostream &seekp(off_type offset, seekdir origin);
```

Hier ist `off_type` ein ganzzahliger Typ, der in `ios` definiert ist und der den größtmöglichen gültigen Wert speichern kann, den *`offset`* annehmen kann. `seekdir` ist ein Aufzählungstyp, der die folgenden Werte annehmen kann:

Wert	**Bedeutung**
`ios::beg`	Anfang der Datei
`ios::cur`	Aktuelle Position
`ios::end`	Ende der Datei

Das I/O-System von C++ verwaltet für jede Datei zwei Zeiger: Der *Get-Zeiger* zeigt die Position an, an der die nächste Input-Operation erfolgt. Der *Put-Zeiger* gibt die Position an, an der die nächste Output-Operation erfolgt. Bei jeder Input- oder Output-Operation wird der entsprechende Zeiger automatisch aktualisiert. Mit den Funktionen `seekg()` und `seekp()` können Sie diese Zeiger setzen und nichtsequenziell auf die Datei zugreifen.

Die Funktion `seekg()` verschiebt den Get-Zeiger der Datei um *`offset`* Bytes von der Position, die durch *`origin`* angegeben wird. Die Funktion `seekp()` verschiebt den Put-Zeiger der Datei um *`offset`* Bytes von der Position, die durch *`origin`* angegeben wird.

Im Allgemeinen sollten Sie wahlfreie I/O-Operationen nur bei Dateien ausführen, die im Binär-Modus geöffnet wurden. Die Zeichenumwandlungen, die bei Textdateien erfolgen können, könnten dazu führen, dass eine Positionsanforderung nicht mit dem tatsächlichen Inhalt der Datei übereinstimmt.

Das folgende Programm demonstriert die Funktion `seekp()`. Sie können bei diesem Programm in der Befehlszeile einen Dateinamen sowie ein Byte angeben, das Sie in der Datei ändern wollen. Das Programm schreibt dann ein `X` an die angegebene Position. Beachten Sie, dass die Datei im Lese/Schreib-Modus geöffnet werden muss.

```
// p11-18.cpp
// Den wahlfreien Zugriff demonstrieren.
#include <iostream>
#include <fstream>
#include <cstdlib>
using namespace std;
int main(int argc, char *argv[])
{
  if(argc!=3) {
    cout << "Verwendung: p11-18 <Dateiname> <Byte>\n";
    return 1;
  }
  fstream out(argv[1], ios::in | ios::out | ios::binary);
  if(!out) {
    cout << "Die Datei kann nicht geoeffnet werden.\n";
    return 1;
```

```
  }
  out.seekp(atoi(argv[2]), ios::beg);
  out.put('X');
  out.close();

  return 0;
}
```

Den Put-Zeiger mit seekp() auf die angegebene Position in der Datei setzen.

Das nächste Programm zeigt mit der Funktion seekg()den Inhalt einer Datei an, wobei es an der Position beginnt, die Sie in der Befehlszeile angeben.

```
// p11-19.cpp

// Eine Datei von einer bestimmten Startposition aus anzeigen.
#include <iostream>
#include <fstream>
#include <cstdlib>
using namespace std;

int main(int argc, char *argv[])
{
  char ch;

  if(argc!=3) {
    cout << "Verwendung: p11-19 <Dateiname> <Startposition>\n";
    return 1;
  }

  ifstream in(argv[1], ios::in | ios::binary);
  if(!in) {
    cout << "Die Datei kann nicht geoeffnet werden.\n";
    return 1;
  }

  in.seekg(atoi(argv[2]), ios::beg);

  while(in.get(ch))
    cout << ch;

  return 0;
}
```

Den Get-Zeiger mit seekg() auf die angegebene Position in der Datei setzen.

Mit den folgenden Funktionen können Sie die aktuelle Position der beiden Dateizeiger abfragen:

```
pos_type tellg();
pos_type tellp();
```

11

Hier ist `pos_type` ein Typ, der in `ios` definiert ist und der den größten Wert speichern kann, den die beiden Funktionen zurückgeben können.

Es gibt überladene Versionen von `seekg()` und `seekp()`, die die Dateizeiger auf die Positionen setzen, die von den Rückgabewerten von `tellg()` und `tellp()` angegeben werden. Sie haben die folgenden Prototypen:

```
istream &seekg(pos_type position);
ostream &seekp(pos_type position);
```

1-Minuten-Test

- Welche Funktion erkennt das Ende der Datei?
- Was macht `getline()`?
- Welche Funktionen setzen die Position für einen wahlfreien Zugriff?

Den I/O-Status prüfen

Das I/O-System von C++ speichert Statusinformationen über das Ergebnis jeder I/O-Operation. Der aktuelle Status eines I/O-Streams wird von einem Objekt vom Typ `iostate` beschrieben, einem Aufzählungstyp, der in `ios` definiert ist und die folgenden Elemente enthält:

Name	Bedeutung
`ios::goodbit`	Keine Fehler-Bits gesetzt
`ios::eofbit`	1, wenn das Ende der Datei erreicht ist; sonst 0
`ios::failbit`	1 bei einem (möglicherweise) nicht-fatalen I/O-Fehler; sonst 0
`ios::badbit`	1 bei einem fatalen I/O-Fehler; sonst 0

Es gibt zwei Methoden, um die I/O-Statusinformationen abzufragen: Erstens können Sie die Funktion `rdstate()` aufrufen. Sie hat den folgenden Prototyp:

```
iostate rdstate();
```

Sie gibt den aktuellen Status der Fehler-Flags zurück. Wie Sie wahrscheinlich anhand der oben stehenden Liste der Flags vermuten, gibt `rdstate()` den Wert `goodbit` zurück, wenn kein Fehler aufgetreten ist. Andernfalls wird ein Fehler-Flag gesetzt.

- Das Ende der Datei wird mit der Funktion `eof()` erkannt.
- Die Funktion `getline()` liest eine Textzeile ein.
- Die Position für einen wahlfreien Zugriff wird mit den Funktionen `seekg()` und `seekp()` gesetzt.

Alternativ können Sie eine oder mehrere der folgenden `ios`-Elementfunktionen aufrufen, um festzustellen, ob ein Fehler aufgetreten ist:

```
bool bad();
bool eof();
bool fail();
bool good();
```

Die `eof()`-Funktion wurde bereits beschrieben. Die `bad()`-Funktion gibt `true` zurück, wenn `badbit` gesetzt ist. Die `fail()`-Funktion gibt `true` zurück, wenn `failbit` gesetzt ist. Die `good()`-Funktion gibt `true` zurück, wenn kein Fehler aufgetreten ist. Andernfalls gibt sie `false` zurück.

Wenn ein Fehler aufgetreten ist, muss das entsprechende Fehler-Flag möglicherweise zurückgesetzt werden, bevor das Programm fortgesetzt wird. Sie können die `ios`-Elementfunktion `clear()` für diesen Zweck verwenden. Sie hat den folgenden Prototyp:

```
void clear(iostate flags = ios::goodbit);
```

Wenn *`flags`* den Wert `goodbit` (also den Standardwert) hat, werden alle Fehler-Flags zurückgesetzt. Andernfalls setzen Sie *`flags`* auf einen Wert Ihrer Wahl.

Bevor Sie fortfahren, sollten Sie mit diesen Funktionen zur Statusmeldung experimentieren, um zusätzliche Fehlerprüfungen zu den vorangegangenen Dateibeispielen hinzuzufügen.

Übungsaufgaben

1. Wie heißen die vier vordefinierten Streams?

2. Werden in C++ sowohl 8-Bit- als auch Wide-Character-Streams definiert?

3. Zeigen Sie die allgemeine Form, in der ein Inserter überladen wird.

4. Was macht `ios::scientific`?

5. Was macht `width()`?

6. Ein I/O-Manipulator wird in einem I/O-Ausdruck verwendet. Wahr oder falsch?

7. Zeigen Sie, wie eine Datei zum Lesen von Texteingaben geöffnet wird.

8. Zeigen Sie, wie eine Datei zum Schreiben von Textausgaben geöffnet wird.

9. Was macht `ios::binary`?

10. Am Ende einer Datei nimmt die Stream-Variable den Wert `false` an. Wahr oder falsch?

11. Angenommen, eine Datei ist mit einem Input-Stream namens `strm` verbunden. Zeigen Sie, wie die Datei bis zum Ende gelesen werden kann.

12. Schreiben Sie ein Programm, das eine Datei kopiert. Der Benutzer soll die Namen der Input- und Output-Dateien in der Befehlszeile angeben können. Stellen Sie sicher, dass das Programm sowohl Text- als auch Binär-Dateien kopieren kann.

13. Schreiben Sie ein Programm, das zwei Textdateien zusammenführt. Der Benutzer soll die Namen der beiden Dateien in der Reihenfolg in der Befehlszeile angeben können, in der sie in der Output-Datei erscheinen sollen. Außerdem soll der Benutzer den Namen der Output-Datei angeben. Wenn Sie das Programm `merge` nennen, soll also die folgende Befehlszeile die Dateien `MyFile1.txt` und `MyFile2.txt` in der Datei `Target.txt` zusammenführen:

```
merge MyFile1.txt MyFile2.txt Target.txt
```

14. Zeigen Sie, wie Sie den Dateizeiger mit der `seekg()`-Anweisung auf das 300. Byte in ein Stream namens `MyStrm` setzen können.

Kapitel 12

Ausnahmen, Templates und andere fortgeschrittene Themen

Lernziele

- **Die Grundlagen der Ausnahmebehandlung kennen lernen**
- **Den Code mit** `try` **und** `catch` **auf Fehler überwachen**
- **Mit** `throw` **und** `rethrow` **Ausnahmen auslösen**
- **Mit den dynamischen Allozierungsoperatoren** `new` **und** `delete` **arbeiten**
- **Template-Funktionen erstellen**
- **Template-Klassen erstellen**
- **Namensräume anwenden**
- **Mit statischen Klassenelementen arbeiten**
- **Zur Laufzeit Typinformationen abfragen**
- **Zusätzliche Cast-Operatoren kennen lernen**

Seit dem Anfang dieses Buches haben Sie einen langen Weg zurückgelegt. In diesem letzten Kapitel werden Sie mehrere wichtige fortgeschrittene C++-Themen kennen lernen: die Ausnahmebehandlung, Templates, die dynamische Allozierung, Namensräume, die Typerkennung zur Laufzeit und zusätzliche Cast-Operatoren. Vergessen Sie nicht, dass C++ eine umfangreiche, ausgereifte, professionelle Programmiersprache ist und dass es nicht möglich ist, in einem Einführungsbuch jede fortgeschrittene Funktion, spezielle Technik oder Programmiervariante zu behandeln. Doch wenn Sie mit diesem Kapitel fertig sind, werden Sie die Kernelemente der Sprache gemeistert haben und können anfangen, praktisch einsetzbare Programme zu schreiben.

Ausnahmebehandlung

Eine Ausnahme ist ein Fehler, der zur Laufzeit auftritt. Mit dem C++-Untersystem zur Ausnahmebehandlung können Sie strukturiert und kontrolliert Laufzeitfehler behandeln. Wenn Sie mit der Ausnahmebehandlung arbeiten, ruft ein Programm automatisch eine Fehlerbehandlungsroutine auf, wenn eine Ausnahme auftritt. Der Hauptvorteil der Ausnahmebehandlung besteht darin, dass sie einen großen Teil der Fehlerbehandlung automatisiert, die früher in großen Programmen »manuell« programmiert werden musste.

Grundlagen der Ausnahmebehandlung

Die C++-Ausnahmebehandlung basiert auf drei Schlüsselwörtern: `try`, `catch` und `throw`. Ganz allgemein ausgedrückt stehen die Programmanweisungen, die Sie auf Ausnahmen überwachen wollen, in einem `try`-Block. Wenn in dem `try`-Block eine Ausnahme (das heißt ein Fehler) auftritt, wird sie mit `throw` »ausgelöst« (engl. *to throw* = dt. eigentlich *werfen*). Die Ausnahme wird mit `catch` »abgefangen« (engl. *to catch* = dt. *fangen*) und verarbeitet. Die folgende Beschreibung erläutert detailliert diese allgemeine Darstellung.

Der Code, den Sie auf Ausnahmen überwachen wollen, muss in einem `try`-Block ausgeführt werden. (Eine Funktion, die von einem `try`-Block aus aufgerufen wird, wird ebenfalls überwacht.) Ausnahmen, die von dem überwachten Code ausgelöst werden, werden von einer `catch`-Anweisung abgefangen, die unmittelbar auf die `try`-Anweisung folgt, in der die Ausnahme ausgelöst wurde. Die allgemeine Form von `try` und `catch` lautet:

```
try {
  // try-Block
}
catch (type1 arg) {
```

```
  // catch-Block
}
catch (type2 arg) {
  // catch-Block
}
catch (type3 arg) {
  // catch-Block
}
// ...
catch (typeN arg) {
  // catch-Block
}
```

Der `try`-Block muss den Teil des Programms enthalten, den Sie auf Fehler überwachen wollen. Der `try`-Block kann kurz sein und nur einige Anweisungen einer Funktion enthalten, oder er kann so allumfassend sein, dass er auch den Code der `main()`-Funktion einschließt (was letztlich bedeutet, dass das gesamte Programm überwacht wird).

Wenn eine Ausnahme ausgelöst wird, wird sie von einer entsprechenden `catch`-Anweisung abgefangen, die dann die Ausnahme verarbeitet. Ein `try`-Block kann mehrere `catch`-Anweisungen haben. Der Typ der Ausnahme bestimmt, welche `catch`-Anweisung verwendet wird. Das heißt, wenn der Datentyp, der in einer `catch`-Anweisung angegeben ist, mit dem der Ausnahme übereinstimmt, dann wird diese `catch`-Anweisung ausgeführt (und alle anderen werden übergangen). Wenn eine Ausnahme abgefangen wird, wird ihr Wert in *arg* gespeichert. Jeder Datentyp – einschließlich der Klassen, die Sie erstellen – kann abgefangen werden.

Die `throw`-Anweisung hat folgende allgemeine Form:

12

```
throw Ausnahme;
```

`throw` generiert die Ausnahme, die von *Ausnahme* angegeben wird. Wenn diese Ausnahme abgefangen werden soll, muss `throw` entweder in einem `try`-Block selbst oder in einer Funktion ausgeführt werden, die (direkt oder indirekt) von dem `try`-Block aus aufgerufen wird.

Wenn Sie eine Ausnahme auslösen, für die es keine anwendbare `catch`-Anweisung gibt, wird das Programm außerplanmäßig abgebrochen. Das heißt, das Programm bleibt plötzlich unkontrolliert stehen. Deshalb sollten Sie alle Ausnahmen abfangen, die ausgelöst werden.

Das folgende einfache Beispiel zeigt, wie die Ausnahmebehandlung in C++ funktioniert:

```
// p12-01.cpp
```

```
// Ein einfaches Beispiel fuer die Ausnahmebehandlung.

#include <iostream>
using namespace std;

int main()
{
  cout << "Start\n";

  try { // Einen try-Block starten.
    cout << "In dem try-Block\n";
    throw 99; // Eine Ausnahme ausloesen.
    cout << "Dies wird nicht ausgefuehrt.";
  }
  catch (int i) { // Einen Fehler abfangen.
    cout << "Eine Ausnahme wurde abgefangen -- der Wert ist: ";
    cout << i << "\n";
  }

  cout << "Ende";

  return 0;
}
```

Einen `try`-Block starten.

Eine Ausnahme auslösen.

Die Ausnahme abfangen.

Dieses Programm erzeugt die folgende Ausgabe:

```
Start
In dem try-Block
Eine Ausnahme wurde abgefangen -- der Wert ist: 99
Ende
```

Schauen Sie sich dieses Programm sorgfältig an: Es gibt einen `try`-Block mit drei Anweisungen und eine `catch(int i)`-Anweisung, die eine ganzzahlige Ausnahme verarbeitet. In dem `try`-Block werden nur zwei der drei Anweisungen ausgeführt: die erste `cout`-Anweisung und die `throw`-Anweisung. Nachdem eine Ausnahme ausgelöst worden ist, geht die Kontrolle auf den `catch`-Ausdruck über, und der `try`-Block wird beendet. Das heißt, `catch` wird nicht *aufgerufen*, sondern die Ausführung des Programms wird an diesen Block übergeben. (Falls erforderlich, wird der Programm-Stack zu diesem Zweck automatisch zurückgesetzt.) Deshalb wird die `cout`-Anweisung nach dem `throw` niemals ausgeführt.

Normalerweise versucht der Code in einer `catch`-Anweisung, einen Fehler durch eine geeignete Aktion zu beheben. Wenn der Fehler behoben werden kann, wird die Ausführung mit den Anweisungen fortgesetzt, die dem `catch`-Block folgen. Andernfalls sollte die Ausführung des Programms auf kontrollierte Weise beendet werden.

Wie bereits erwähnt wurde, muss der Typ der Ausnahme mit dem Typ übereinstimmen, der in einer `catch`-Anweisung angegeben ist. Wenn Sie beispielsweise in dem oben stehenden Programm den Typ der `catch`-Anweisung in `double` ändern, wird die Ausnahme nicht abgefangen, und das Programm wird außerplanmäßig beendet. Diese Änderung wird hier gezeigt:

```
// p12-02.cpp

// Dieses Beispiel wird nicht funktionieren.

#include <iostream>
using namespace std;

int main()
{
  cout << "Start\n";

  try { // Einen try-Block starten.
    cout << "In dem try-Block\n";
    throw 99; // Eine Ausnahme ausloesen.
    cout << "Dies wird nicht ausgefuehrt.";
  }
  catch (double i) { // Dies funktioniert fuer eine
                     // int-Ausnahme nicht.
    cout << "Eine Ausnahme wurde abgefangen -- der Wert ist: ";
    cout << i << "\n";
  }

  cout << "Ende";

  return 0;
}
```

Dieses `catch` kann keine `int`-Ausnahme abfangen.

Dieses Programm erzeugt die folgende Ausgabe, weil die ganzzahlige Ausnahme nicht von der Anweisung `catch(double i)` abgefangen wird. Natürlich unterscheidet sich die letzte Meldung, die einen außerplanmäßigen Programmabbruch anzeigt, von Compiler zu Compiler.

```
Start
In dem try-Block
Abnormal Programm termination
```

Eine Ausnahme, die von einer Funktion ausgelöst wird, die in einem `try`-Block aufgerufen wird, kann von diesem `try`-Block abgefangen werden. Beispielsweise ist das folgende Programm gültig:

```
// 12-03.cpp

// Eine Ausnahme in einer Funktion ausloesen,
// die von einem try-Block aus aufgerufen wird.
```

```
#include <iostream>
using namespace std;

void Xtest(int test)
{
  cout << "In Xtest ist test: " << test << "\n";
  if(test) throw test;
}

int main()
{
  cout << "Start\n";

  try { // Einen try-Block starten.
    cout << "In dem try-Block\n";
    Xtest(0);
    Xtest(1);
    Xtest(2);
  }
  catch (int i) { // Einen Fehler abfangen.
    cout << "Eine Ausnahme wurde abgefangen -- der Wert ist: ";
    cout << i << "\n";
  }

  cout << "Ende";

  return 0;
}
```

Diese Ausnahme wird von der `catch`-Anweisung in `main()` abgefangen.

Weil die Funktion `Xtest()` aus einem `try`-Block heraus aufgerufen wird, wird ihr Code ebenfalls auf Fehler überwacht.

Dieses Programm erzeugt die folgende Ausgabe:

```
Start
In dem try-Block
In Xtest ist test: 0
In Xtest ist test: 1
Eine Ausnahme wurde abgefangen -- der Wert ist: 1
Ende
```

Die Ausgabe bestätigt, dass die Ausnahme, die in `Xtest()` ausgelöst wird, von dem Ausnahme-Handler in `main()` abgefangen wird.

Ein `try`-Block kann auf eine Funktion beschränkt werden. Wenn dies der Fall ist, wird die spezifische Ausnahmebehandlung dieser Funktion bei jedem Eintritt in die Funktion zurückgesetzt. Betrachten Sie das folgende Beispielprogramm:

```
// p12-04.cpp

// Ein lokaler try-Block einer Funktion.

#include <iostream>
```

```
using namespace std;

// Ein try/catch wird bei jedem Eintritt in die Funktion zurueckge-
setzt.
void Xhandler(int test)
{
  try{
    if(test) throw test;
  }
  catch(int i) {
    cout << "Fehler abgefangen! Ex. #: " << i << '\n';
  }
}

int main()
{
  cout << "Start\n";

  Xhandler(1);
  Xhandler(2);
  Xhandler(0);
  Xhandler(3);

  cout << "Ende";

  return 0;
}
```

Diese `try`-Anweisung gilt lokal in `Xhandler()`.

Dieses Programm erzeugt die folgende Ausgabe:

```
Start
Fehler abgefangen! Ex. #: 1
Fehler abgefangen! Ex. #: 2
Fehler abgefangen! Ex. #: 3
Ende
```


In diesem Beispiel werden drei Ausnahmen ausgelöst. Nach jeder Ausnahme kehrt die Funktion zurück. Wenn die Funktion wieder aufgerufen wird, wird die Ausnahmebehandlung zurückgesetzt.

Im Allgemeinen wird ein `try`-Block jedes Mal zurückgesetzt, wenn die Programmausführung in diesen Block eintritt. Deshalb wird ein `try`-Block, der zu einer Schleife gehört, bei jeder Wiederholung der Schleife zurückgesetzt.

1-Minuten-Test

- Was ist in C++ eine Ausnahme?
- Auf welchen drei Schlüsselwörtern basiert die Ausnahmebehandlung?
- Eine Ausnahme wird anhand ihres Typs abgefangen. Wahr oder falsch?

Mit mehreren catch-Anweisungen arbeiten

Wie bereits erwähnt wurde, können Sie einen `try`-Block mit mehr als einer `catch`-Anweisung verbinden. Tatsächlich ist dies nicht ungewöhnlich. Doch dabei muss jedes `catch` eine andere Art von Ausnahme abfangen. Beispielsweise fängt das folgende Programm sowohl `int`-Ausnahmen als auch `char *`-Ausnahmen ab:

```
// p12-05.cpp

// Mit mehreren catch-Anweisungen arbeiten.

#include <iostream>
using namespace std;

// Verschiedene Arten von Ausnahmen koennen abgefangen werden.
void Xhandler(int test)
{
  try{
    if(test) throw test; // int-Ausnahme ausloesen.
    else throw "Der Wert ist null."; // char *-Ausnahme ausloesen.
  }
  catch(int i) {
    cout << "Fehler abgefangen! Ex. #: " << i << '\n';
  }
  catch(char *str) {
    cout << "Einen String abgefangen: ";
    cout << str << '\n';
  }
}

int main()
{
  cout << "Start\n";
```

Hier wird die `int`-Ausnahme abgefangen.

Hier wird die `char *`-Ausnahme abgefangen.

- Eine Ausnahme ist ein Laufzeitfehler.
- Die Ausnahmebehandlung basiert auf den Schlüsselwörtern `try`, `catch` und `throw`.
- Wahr; eine Ausnahme wird anhand ihres Typs abgefangen.

```
    Xhandler(1);
    Xhandler(2);
    Xhandler(0);
    Xhandler(3);

    cout << "Ende";

    return 0;
}
```

Dieses Programm erzeugt die folgende Ausgabe:

```
Start
Fehler abgefangen! Ex. #: 1
Fehler abgefangen! Ex. #: 2
Einen String abgefangen: Der Wert ist null.
Fehler abgefangen! Ex. #: 3
Ende
```

Die Ausgabe zeigt, dass jede `catch`-Anweisung nur auf ihren eigenen Typ reagiert.

Im Allgemeinen werden `catch`-Ausdrücke in der Reihenfolge geprüft, in der sie in einem Programm auftreten. Nur eine übereinstimmende Anweisung wird ausgeführt. Alle anderen `catch`-Blöcke werden ignoriert.

Ausnahmen der Basisklasse abfangen

Ein weiterer wichtiger Aspekt mehrfacher `catch`-Anweisungen hat mit abgeleiteten Klassen zu tun: Eine `catch`-Klausel einer Basisklasse gilt auch für alle Klassen, die von dieser Basisklasse abgeleitet sind. Deshalb müssen Sie, wenn Sie die Ausnahmen sowohl einer Basisklasse als auch einer abgeleiteten Klasse abfangen wollen, erst die abgeleitete Klasse in der `catch`-Folge angeben. Andernfalls fängt die `catch`-Anweisung der Basisklasse auch alle abgeleiteten Klassen ein. Betrachten Sie beispielsweise das folgende Programm:

12

```
// p12-06.cpp

// Abgeleitete Klassen abfangen. Dieses Programm ist falsch!

#include <iostream>
using namespace std;

class B {
};

class D: public B {
};

int main()
```

```
{
  D derived;

  try {
    throw derived;
  }
  catch(B b) {
    cout << "Basisklasse wurde abgefangen.\n";
  }
  catch(D d) {
    cout << "Dies wird nicht ausgefuehrt.\n";
  }

  return 0;
}
```

Diese `catch`-Anweisungen haben die falsche Reihenfolge! Abgeleitete Klassen werden vor Basisklassen abgefangen.

Weil `derived` ein Objekt vom Typ `B` ist, wird es von der ersten `catch`-Klausel abgefangen, und die zweite Klausel wird niemals ausgeführt. Einige Compiler geben in diesem Fall eine Warnung aus. Andere können eine Fehlermeldung ausgeben und das Kompilieren abbrechen. Auf jeden Fall können Sie dieses Problem beheben, indem Sie die Reihenfolge der `catch`-Klauseln ändern.

Alle Ausnahmen abfangen

In manchen Situationen soll ein Ausnahme-Handler nicht nur einen bestimmten Typ, sondern alle Ausnahmen abfangen. Zu diesem Zweck können Sie die folgende Form von `catch` verwenden:

```
catch(...) {
  // Alle Ausnahmen verarbeiten.
}
```

Hier stimmen die Fortsetzungspunkte (`...`) mit jedem Datentyp überein.

Das folgende Programm veranschaulicht `catch(...)`:

```
// p12-07.cpp

// Dieses Beispiel faengt alle Ausnahmen ab.

#include <iostream>
using namespace std;

void Xhandler(int test)
{
  try{
    if(test==0) throw test; // int Ausnahme ausloesen
    if(test==1) throw 'a'; // char-Ausnahme ausloesen
```

```
    if(test==2) throw 123.23; // double-Ausnahme ausloesen
  }
  catch(...) { // Alle Ausnahmen abfangen.
    cout << "Fehler abgefangen!\n";
  }
}

int main()
{
  cout << "Start\n";

  Xhandler(0);
  Xhandler(1);
  Xhandler(2);

  cout << "Ende";

  return 0;
}
```

Alle Ausnahmen abgefangen.

Dieses Programm erzeugt die folgende Ausgabe:

```
Start
Fehler abgefangen!
Fehler abgefangen!
Fehler abgefangen!
Ende
```

`Xhandler()` löst drei Arten von Ausnahmen aus: `int`, `char` und `double`, die alle mit der `catch(...)`-Anweisung abgefangen werden.

Die Anweisung `catch(...)` eignet sich besonders als letzte von mehreren `catch`-Klauseln. An dieser Stelle fängt sie alle Ausnahmen ab, die von den vorher aufgeführten `catch`-Klauseln nicht abgefangen wurden, und dient gewissermaßen als »Standard«-`catch`-Klausel. Außerdem können Sie mit `catch(...)` alle Ausnahmen abfangen, die Sie nicht ausdrücklich behandeln wollen. Indem Sie alle Ausnahmen abfangen, können Sie verhindern, dass nicht abgefangene Ausnahmen das Programm ungeplant beenden.

12

Ausnahmen angeben, die von einer Funktion ausgelöst werden

Sie können die Art von Ausnahmen angeben, die eine Funktion außerhalb ihrer selbst auslösen kann. Tatsächlich können Sie auch verhindern, dass eine Funktion überhaupt Ausnahmen auslöst. Um diese Einschränkungen zu definieren, müssen Sie eine `throw`-Klausel an die Funktionsdefinition anfügen. Diese Klausel hat die folgende allgemeine Form:

```
Ret-Typ Funktionsname(Argumentenliste) throw(Typliste)
{
  // ...
}
```

Nur Ausnahmen der Datentypen, die in der durch Kommas getrennten *Typliste* enthalten sind, können von der Funktion ausgelöst werden. Andere Arten von Ausdrücken führen zu einem ungeplanten Programmabbruch. Wenn eine Funktion *gar keine* Ausnahmen auslösen soll, verwenden Sie eine leere Liste.

Anmerkung

Als dieses Buch geschrieben wurde, verhinderte Visual C++ tatsächlich nicht, dass eine Funktion eine Ausnahme von einem Typ auslöst, der nicht in der `throw`-Klausel angegeben ist. Dieses Verhalten weicht von dem Standard ab. Sie können zwar immer noch eine `throw`-Klausel angeben, diese dient aber nur zur Information.

Das folgende Programm zeigt, wie Sie die Arten von Ausnahmen angeben können, die von einer Funktion ausgelöst werden können:

> Die Arten von Ausnahmen angeben, die von `Xhandler()` ausgelöst werden können.

```
// p12-08.cpp

// Die Ausnahmetypen einer Funktion einschraenken.

#include <iostream>
using namespace std;

// Diese Funktion kann nur int-, char- und
// double-Ausnahmen ausloesen.
void Xhandler(int test) throw(int, char, double)
{
  if(test==0) throw test;   // int-Ausnahme ausloesen.
  if(test==1) throw 'a';    // char-Ausnahme ausloesen.
  if(test==2) throw 123.23; // double-Ausnahme ausloesen.
}

int main()
{
  cout << "Start\n";

  try{
    Xhandler(0); // Versuchen Sie auch, 1 und 2 an Xhandler() zu
                 // uebergeben.
  }
  catch(int i) {
```

```
    cout << "int-Ausnahme abgefangen.\n";
  }
  catch(char c) {
    cout << "char-Ausnahme abgefangen.\n";
  }
  catch(double d) {
    cout << "double-Ausnahme abgefangen.\n";
  }

  cout << "Ende";

  return 0;
}
```

In diesem Programm kann die Funktion `Xhandler()`nur Ausnahmen der Typen `int`, `char` und `double` auslösen. Wenn sie versucht, andere Arten von Ausnahmen auszulösen, wird das Programm unplanmäßig abgebrochen. Sie können dies verifizieren, indem Sie `int` aus der Liste entfernen und das Programm erneut ausführen. Dann wird ein Fehler eintreten. (Wie bereits erwähnt wurde, schränkt Visual C++ gegenwärtig die Ausnahmen nicht ein, die eine Funktion auslösen kann.)

Wichtig ist, dass nur die Arten von Ausnahmen eingeschränkt werden können, die eine Funktion an den `try`-Block weitergibt, von dem aus sie aufgerufen wurde. Das heißt, ein `try`-Block innerhalb einer Funktion kann beliebige Ausnahmen auslösen, solange diese Ausnahmen innerhalb der Funktion abgefangen werden. Die Einschränkung gilt nur für Ausnahmen, die nicht in der Funktion abgefangen, sondern nach außen weitergegeben werden.

Eine Ausnahme erneut auslösen

Wenn Sie `throw` allein aufrufen, ohne eine Ausnahme anzugeben, können Sie eine Ausnahme aus einem Ausnahme-Handler heraus erneut auslösen. Dadurch wird die aktuelle Ausnahme an eine äußere `try/catch`-Folge weitergegeben. Üblicherweise wird `throw` auf diese Weise benutzt, um mehreren Ausnahme-Handlern Zugriff auf die Ausnahme zu geben, sodass beispielsweise ein Ausnahme-Handler einen Aspekt einer Ausnahme und ein zweiter einen anderen Aspekt der Ausnahme behandeln kann. Eine Ausnahme kann nur in einem `catch`-Block (oder von einer Funktion, die in diesem Block aufgerufen wurde) erneut ausgelöst werden. Wenn eine Ausnahme erneut ausgelöst wird, wird sie nicht noch einmal von derselben `catch`-Anweisung abgefangen, sondern an die nächste `catch`-Anweisung weitergegeben. Das folgende Beispielprogramm löst eine `char` *-Ausnahme aus und dann erneut aus.

```
// p12-09.cpp
// Demonstrieren, wie eine Ausnahme erneut ausgeloest wird.
#include <iostream>
using namespace std;
void Xhandler()
{
  try {
    throw "hello"; // eine char *-Ausnahme ausloesen
  }
  catch(char *) { // eine char *-Ausnahme abfangen
    cout << "char *-Ausnahme in Xhandler abgefangen\n";
    throw ; // char *-Ausnahme ausserhab
            // der Funktion erneut ausloesen
  }
}
int main()
{
  cout << "Start\n";
  try {
    Xhandler();
  }
  catch(char *) {
    cout << "char *-Ausnahme in main abgefangen\n";
  }
  cout << "Ende";
  return 0;
}
```

Eine Ausnahme erneut auslösen.

Dieses Programm erzeugt die folgende Ausgabe:

```
Start
char *-Ausnahme in Xhandler abgefangen
char *-Ausnahme in main abgefangen
Ende
```

1-Minuten-Test

- Zeigen Sie, wie man alle Ausnahmen abfangen kann.
- Wie werden die Arten von Ausnahmen angegeben, die aus einer Funktion heraus ausgelöst werden können?
- Wie wird eine Ausnahme erneut ausgelöst?

Frage an den Experten

Frage: Es scheint zwei Methoden zu geben, wie eine Funktion einen Fehler melden kann: Sie kann eine Ausnahme auslösen oder einen Fehlercode zurückgeben. Wann sollte welche Methode verwendet werden?

Antwort: Das ist richtig. Es gibt diese beiden Methoden. Heute ziehen die Sprachexperten Ausnahmen den Fehlercodes vor. Beispielsweise arbeiten sowohl Java als auch C# sehr intensiv mit Ausnahmen und verwenden sie, um die gebräuchlichsten Arten von Fehlern zu melden (beispielsweise einen Fehler beim Öffnen einer Datei oder einen Überlauf bei einer arithmetischen Berechnung). Weil C++ von C abgeleitet ist, benutzt es eine Mischung aus Fehlercodes und Ausnahmen, um Fehler zu melden. Deshalb werden viele Fehlerbedingungen in Funktionen der C++-Bibliothek mit Fehlercodes angezeigt. In eigenen, neuen Programmen sollten Sie jedoch Fehler möglichst mit Ausnahmen melden. Dies ist die moderne Art zu programmieren.

Templates

Templates (dt. *Vorlagen*, *Schablonen*) zählen zu den fortschrittlichsten und leistungsstärksten Konstrukten von C++. Sie gehörten nicht zur ursprünglichen C++-Spezifikation, sondern wurden erst vor einigen Jahren zu C++ hinzugefügt. Heute werden sie von allen modernen C++-Compilern unterstützt. Templates tragen dazu bei, eines der schwierigsten Ziele beim Programmieren zu erreichen: wiederverwendbaren Code zu erstellen.

- Mit dem Ausdruck `catch(...)` können alle Ausnahmen abgefangen werden.
- Mit einer `throw`-Klausel können die Arten von Ausnahmen angegeben werden, die aus einer Funktion heraus ausgelöst werden können.
- Eine Ausnahme kann mit `throw` (ohne Angabe eines Wertes) erneut ausgelöst werden.

Mit Templates können Sie generische Funktionen und Klassen erstellen. In einer generischen (allgemeinen) Funktion oder Klasse wird der Datentyp, mit dem die Funktion oder Klasse arbeitet, als Parameter angegeben. Deshalb können Sie ein und dieselbe Funktion oder Klasse mit verschiedenen Arten von Daten verwenden, ohne spezielle Versionen für jeden Datentyp erstellen zu müssen. Wir wollen jetzt sowohl generische Funktionen als auch generische Klassen beschreiben.

Generische Funktionen

Eine generische Funktion definiert eine allgemeine Menge von Operationen, die auf verschiedene Arten von Daten angewendet werden können. Der Datentyp, mit dem die Funktion arbeiten soll, wird an sie als Parameter übergeben. Mit einer generischen Funktion kann eine einzige allgemeine Prozedur auf mehrere Datentypen angewendet werden. Viele Algorithmen haben unabhängig von dem spezifischen Datentyp, mit dem sie arbeiten, dieselbe logische Struktur. Beispielsweise ist der Quicksort-Sortieralgorithmus immer derselbe, egal, ob er auf ein Array von Ganzzahlen oder auf ein Array von Fließkommazahlen angewendet wird. Nur die Datentypen, die sortiert werden sollen, unterscheiden sich. Mit einer generischen Funktion können Sie die Essenz des Algorithmus unabhängig von den Daten definieren. Danach erstellt der Compiler automatisch den korrekten Code für den Datentyp, mit dem Sie die Funktion tatsächlich ausführen. Im Wesentlichen ist eine generische Funktion eine Funktion, die sich automatisch selbst überladen kann.

Eine generische Funktion wird mit dem Schlüsselwort `template` erstellt. Die umgangssprachliche Bedeutung des (englischen) Wortes »template« gibt seine Verwendung in C++ korrekt wieder: Es bezeichnet eine Schablone (auch Vorlage oder Gerüst), die beschreibt, wie eine Funktion arbeitet, und bleibt es dem Compiler überlassen, die Details nach Bedarf zu ergänzen. Die Definition einer generischen Funktion hat die folgende allgemeine Form:

```
template <class T-Typ> Ret-Typ Funktionsname(Parameterliste)
{
   // Koerper der Funktion
}
```

Hier ist *T-Typ* der Name eines Platzhalters für einen Datentyp. Dieser Name wird dann in der Funktionsdefinition benutzt, um den Datentyp zu deklarieren, mit dem die Funktion arbeitet. Der Compiler ersetzt *T-Typ* automatisch durch den tatsächlichen Datentyp, wenn er eine spezielle Version der Funktion erzeugt. Obwohl ein generischer Typ in einer `template` Deklaration traditionell mit dem

Schlüsselwort `class` angegeben wird, können Sie auch das Schlüsselwort `typename` verwenden.

Im folgenden Beispiel wird eine generische Funktion erstellt, die die Werte der beiden Variablen vertauscht, mit denen sie aufgerufen wird. Weil die Methode, wie zwei Werte vertauscht werden, unabhängig vom Typ der Variablen ist, ist sie ein geeigneter Kandidat für eine generische Funktion.

```
// p12-10.cpp

// Beispiel fuer eine Template-Funktion.

#include <iostream>
using namespace std;

// Dies ist eine Template-Funktion.
template <class X> void swapargs(X &a, X &b)
{
  X temp;

  temp = a;
  a = b;
  b = temp;
}

int main()
{
  int i=10, j=20;
  float x=10.1, y=23.3;
  char a='x', b='z';

  cout << "Original i, j: " << i << ' ' << j << '\n';
  cout << "Original x, y: " << x << ' ' << y << '\n';
  cout << "Original a, b: " << a << ' ' << b << '\n';

  swapargs(i, j); // Ganzzahlen vertauschen
  swapargs(x, y); // Fliesskommazahlen vertauschen
  swapargs(a, b); // Zeichen vertauschen

  cout << "Vertauscht i, j: " << i << ' ' << j << '\n';
  cout << "Vertauscht x, y: " << x << ' ' << y << '\n';
  cout << "Vertauscht a, b: " << a << ' ' << b << '\n';

  return 0;
}
```

Eine Funktion, die die Werte ihrer Argumente vertauscht. `X` ist der generische Datentyp.

Der Compiler erzeugt automatisch Versionen von `swapargs()`, die die Datentypen ihrer Argumente verwenden.

Wir wollen jetzt dieses Programm zeilenweise analysieren. Die Zeile

```
template <class X> void swapargs(X &a, X &b)
```

teilt dem Compiler zwei Dinge mit: dass ein Template erstellt wird und dass eine generische Definition beginnt. Hier ist `X` ein generischer Typ, der als Platzhalter verwendet wird. Nach dem `template`-Teil wird die Funktion `swapargs()`deklariert, wobei `X` als Datentyp der Argumente verwendet wird, deren Werte vertauscht werden sollen. In `main()` wird die Funktion `swapargs()` mit drei verschiedenen Datentypen (`int`, `float` und `char`) aufgerufen. Weil `swapargs()` eine generische Funktion ist, erstellt der Compiler automatisch drei Versionen von `swapargs()`: eine, die ganzzahlige Werte vertauscht, eine, die Fließkommazahlen vertauscht, und eine, die Zeichen vertauscht. Deshalb kann dieselbe generische `swapargs()`-Funktion verwendet werden, um Argumente beliebiger Datentypen zu vertauschen.

Im Zusammenhang mit Templates werden einige wichtige Fachbegriffe verwendet: Erstens wird eine generische Funktion (das heißt eine Funktionsdefinition, die mit einer `template`-Anweisung beginnt) auch als *Template-Funktion* bezeichnet. Beide Bezeichnungen sind in diesem Buch gleichbedeutend. Wenn der Compiler eine spezielle Version dieser Funktion erstellt, sagt man, dass er eine *Spezialisierung* (engl. *specialization*) oder auch *generierte Funktion* erzeugt hat. Der Prozess, eine Funktion zu generieren, wird als *Instanziieren* bezeichnet. Anders ausgedrückt: Eine generierte Funktion ist ein spezielles Exemplar (auch: eine spezielle Instanz) einer Template-Funktion.

Eine Funktion mit zwei generischen Typen

Mit einer durch Kommas getrennten Liste können Sie mehr als einen generischen Datentyp in einer `template`-Anweisung definieren. Im folgenden Beispielprogramm wird eine Template-Funktion mit zwei generischen Typen erstellt:

```
// p12-11.cpp

#include <iostream>
using namespace std;

template <class Type1, class Type2>   // ← Zwei generische Typen.
  void myfunc(Type1 x, Type2 y)
{
  cout << x << ' ' << y << '\n';
}

int main()
{
  myfunc(10, "hi");

  myfunc(0.23, 10L);

  return 0;
}
```

In diesem Beispiel ersetzt der Compiler die Platzhaltertypen `Type1` und `Type2` durch die Datentypen `int` und `char *` bzw. `double` und `long`, wenn er die speziellen Exemplare von `myfunc()` in `main()` generiert.

Eine generische Funktion explizit überladen

Obwohl sich eine generische Funktion bei Bedarf selbst überlädt, können Sie sie auch explizit überladen. Dieses Konstrukt wird formell als *explizite Spezialisierung* (engl. *explicit specialization*) bezeichnet. Wenn Sie eine generische Funktion überladen, überschreibt (oder »verbirgt«) die überladene Funktion die generische Funktion in dieser speziellen Version. Das folgende Beispielprogramm zeigt eine überarbeitete Version des früheren Beispiels für das Vertauschen von Werten:

```
// p12-12.cpp
// Eine Template-Funktion spezialisieren.
#include <iostream>
using namespace std;
template <class X> void swapargs(X &a, X &b)
{
  X temp;
  temp = a;
  a = b;
  b = temp;
  cout << "In template swapargs.\n";
}
// Die generische Version von swapargs() fuer ints ueberschreiben.
void swapargs(int &a, int &b)
{
  int temp;
  temp = a;
  a = b;
  b = temp;
  cout << "In der int-Spezialisierung von swapargs.\n";
}
int main()
{
  int i=10, j=20;
  float x=10.1, y=23.3;
  char a='x', b='z';
  cout << "Original i, j: " << i << ' ' << j << '\n';
  cout << "Original x, y: " << x << ' ' << y << '\n';
```

swapargs() explizit überladen.

```
  cout << "Original a, b: " << a << ' ' << b << '\n';

  swapargs(i, j); // ueberladene swapargs() explizit aufrufen
  swapargs(x, y); // generische swapargs()aufrufen
  swapargs(a, b); // generische swapargs()aufrufen

  cout << "Vertauscht i, j: " << i << ' ' << j << '\n';
  cout << "Vertauscht x, y: " << x << ' ' << y << '\n';
  cout << "Vertauscht a, b: " << a << ' ' << b << '\n';

  return 0;
}
```

Hier wird die explizit überladene Version von swapargs() aufgerufen.

Dieses Programm erzeugt die folgende Ausgabe:

```
Original i, j: 10 20
Original x, y: 10.1 23.3
Original a, b: x z
In der int-Spezialisierung von swapargs.
In template swapargs.
In template swapargs.
Vertauscht i, j: 20 10
Vertauscht x, y: 23.3 10.1
Vertauscht a, b: z x
```

Die Kommentare in dem Programm zeigen an, dass mit swapargs(i, j) die explizit überladene Version von swapargs()aufgerufen wird, die in dem Programm definiert wird. Deshalb generiert der Compiler diese Version der generischen swapargs()-Funktion nicht, weil die generische Funktion bereits durch das explizite Überladen überschrieben wurde.

Vor nicht allzu langer Zeit wurde eine alternative Syntax für die explizite Spezialisierung einer Funktion eingeführt. Diese Syntax verwendet das Schlüsselwort template. Mit dieser neuen Syntax wird die swapargs()-Funktion in dem oben stehenden Programm folgendermaßen überladen:

```
// p12-13.cpp
// Mit der neuen Syntax fuer die Spezialisierung arbeiten.
template<> void swapargs<int>(int &a, int &b)
{
  int temp;

  temp = a;
  a = b;
  b = temp;
  cout << "In der int-Spezialisierung von swapargs.\n";
}
```

In diesem Beispiel wird die Spezialisierung der Funktion mit dem `template`-Konstrukt der neuen Syntax deklariert. Der Datentyp, für den die Spezialisierung erstellt wird, wird in spitzen Klammern nach dem Funktionsnamen angegeben. Mit derselben Syntax werden alle Arten von generischen Funktionen spezialisiert. Während es im Moment keine Rolle spielt, welche Syntax Sie für die Spezialisierung verwenden, wird sich die neue Syntax langfristig wahrscheinlich durchsetzen.

Mit der expliziten Spezialisierung eines Template können Sie eine generische Funktion genau an bestimmte Anforderungen anpassen – beispielsweise um mögliche Leistungsreserven auszuschöpfen, die es nur für einen Datentyp gibt. Doch im Allgemeinen sollten Sie – anstatt Templates zu verwenden – eine Funktion überladen, wenn Sie verschiedene Versionen der Funktion für verschiedene Datentypen benötigen.

Generische Klassen

Neben generischen Funktionen können Sie auch generische Klassen definieren. Eine generische Klasse definiert alle Algorithmen, die von dieser Klasse verwendet werden; doch der tatsächliche Datentyp, der mit diesen Algorithmen manipuliert wird, wird als Parameter angegeben, wenn Objekte dieser Klasse erstellt werden.

Generische Klassen sind nützlich, wenn eine Klasse Algorithmen enthält, die verallgemeinert werden können. Beispielsweise funktioniert ein Algorithmus, der eine Queue von Ganzzahlen verwaltet, auch für eine Queue von Zeichen; und derselbe Mechanismus, der eine verkettete Liste von Adressen verwaltet, lässt sich auch für eine verkettete Liste von Informationen über Autoersatzteile verwenden. Wenn Sie eine generische Klasse erstellen, kann sie die definierten Operationen – beispielsweise eine Queue oder eine verkettete Liste zu verwalten – für jeden Datentyp ausführen. Der Compiler generiert anhand des Typs, den Sie deklarieren, wenn das Objekt erstellt wird, automatisch die korrekte Art von Objekt.

Eine generische Klassendeklaration hat die folgende allgemeine Form:

```
template <class T-Typ> class Klassenname {
   // Koerper der Klasse
}
```

Hier ist *T-Typ* ein Platzhalter für einen Namen, der angegeben wird, wenn eine Klasse instanziiert wird. Falls erforderlich, können Sie mehr als einen generischen Datentyp mit einer durch Kommas getrennten Liste definieren.

Nachdem Sie eine generische Klasse erstellt haben, können Sie mit der folgenden allgemeinen Form ein spezielles Exemplar dieser Klasse erstellen:

```
Klassenname <Typ> ob;
```

Hier ist *Typ* der Name des Datentyps, mit dem die Klasse arbeitet. Elementfunktionen einer generischen Klasse sind selbst automatisch generische Funktionen. Deshalb müssen Sie sie nicht mit `template` explizit als solche deklarieren.

Das folgende Programm zeigt ein einfaches Beispiel für eine generische Klasse:

```
// p12-14.cpp
// Eine einfache generische Klasse.
#include <iostream>
using namespace std;

template <class T> class MyClass {
  T x, y;
public:
  MyClass(T a, T b) {
    x = a;
    y = b;
  }
  T div() { return x/y; }
};

int main()
{
  // Eine Version von MyClass fuer doubles erstellen.
  MyClass<double> d_ob(10.0, 3.0 );
  cout << "double-Division: " << d_ob.div() << "\n";

  // Eine Version von MyClass fuer ints erstellen.
  MyClass<int> i_ob(10, 3);
  cout << "integer-Division: " << i_ob.div() << "\n";

  return 0;
}
```

Eine generische Klasse deklarieren. Hier ist T der generische Typ.

Ein spezielles Exemplar einer generischen Klasse erstellen.

Dieses Programm erzeugt die folgende Ausgabe:

```
double-Division: 3.33333
integer-Division: 3
```

Die Ausgabe zeigt, dass das `double`-Objekt eine Fließkommadivision und das `int`-Objekt eine ganzzahlige Division ausführt.

Wenn ein spezielles Exemplar von MyClass deklariert wird, generiert der Compiler automatisch Versionen der div()-Funktion und der Variablen x und y, die notwendig sind, um die tatsächlichen Daten zu verarbeiten. In diesem Beispiel werden zwei verschiedene Arten von Objekten deklariert. Das erste Objekt, d_ob, arbeitet mit Daten vom Typ double. Dies bedeutet, dass x und y Werte vom Typ double sind; und das Ergebnis der Division – und deshalb der Rückgabetyp von div() – ist double. Das zweite Objekt, i_ob, arbeitet mit Daten vom Typ int. Deshalb haben x, y und der Rückgabetyp von div() den Typ int. Achten Sie insbesondere auf die folgenden Deklarationen:

```
MyClass<double> d_ob(10.0, 3.0);
MyClass<int> i_ob(10, 3);
```

Der gewünschte Datentyp wird in den spitzen Klammern übergeben. Durch diesen Datentyp können Sie bestimmen, mit welchem Datentyp MyClass arbeiten soll.

Eine Template-Klasse kann mehr als einen generischen Datentyp haben. Deklarieren Sie einfach alle Datentypen, die von der Klasse benötigt werden, in der Template-Spezifization in einer durch Kommas getrennten Liste. Das folgende Beispielprogramm erstellt eine Klasse, die zwei generische Datentypen verwendet:

```
// p12-15.cpp

// Zwei generische Datentypen in einer Klassendefinition verwenden.
#include <iostream>
using namespace std;

template <class T1, class T2> class MyClass
{
  T1 i;
  T2 j;
public:
  MyClass(T1 a, T2 b) { i = a; j = b; }
  void show() { cout << i << ' ' << j << '\n'; }
};

int main()
{
  MyClass<int, double> ob1(10, 0.23);
  MyClass<char, char *> ob2('X', "Dies ist ein Test");

  ob1.show(); // int und double anzeigen
  ob2.show(); // char und char * anzeigen

  return 0;
}
```

12

Dieses Programm erzeugt die folgende Ausgabe:

```
10 0.23
X Dies ist ein Test
```

In diesem Programm werden zwei Arten von Objekten deklariert: `ob1` arbeitet mit Daten vom Typ `int` und `double`. `ob2` arbeitet mit Daten vom Typ `char` und `char *`. In beiden Fällen generiert der Compiler automatisch die passenden Daten und Funktionen, die für die deklarierten Objekte benötigt werden.

Klassen explizit spezialisieren

Wie bei Template-Funktionen können Sie auch bei generischen Klassen eine Spezialisierung erstellen. Zu diesem Zweck wird dasselbe `template`-Konstrukt wie bei explizit spezialisierten Funktionen verwendet. Ein Beispiel:

```
// p12-16.cpp
// Die Klassenspezialisierung demonstrieren.
#include <iostream>
using namespace std;

template <class T> class MyClass {
  T x;
public:
  MyClass(T a) {
    cout << "In der generischen MyClass\n";
    x = a;
  }
  T getx() { return x; }
};

// Die Klasse explizit fuer int spezialisieren.
template <> class MyClass<int> {
  int x;
public:
  MyClass(int a) {
    cout << "In der spezialisierten Klasse MyClass<int>\n";
    x = a * a;
  }
  int getx() { return x; }
};

int main()
{
  MyClass<double> d(10.1);
```

Dies ist eine explizite Spezialisierung von `MyClass`.

```
  cout << "double: " << d.getx() << "\n\n";

  MyClass<int> i(5);
  cout << "int: " << i.getx() << "\n";

  return 0;
}
```

Hier wird die explizite Spezialisierung von `MyClass` verwendet.

Dieses Programm erzeugt die folgende Ausgabe:

```
In der generischen MyClass
double: 10.1

In der spezialisierten Klasse MyClass<int>
int: 25
```

Achten Sie besonders auf die folgende Zeile:

```
template <> class MyClass<int> {
```

Diese Zeile teilt dem Compiler mit, dass `MyClass` explizit für Ganzzahlen spezialisiert werden soll. Dieselbe allgemeine Syntax wird für alle Arten von Klassenspezialisierungen verwendet.

Die explizite Klassenspezialisierung erweitert den Nutzen generischer Klassen, weil Sie damit leicht einen oder zwei spezielle Fälle behandeln können, während alle anderen Fälle automatisch von dem Compiler verarbeitet werden. Sollten Sie jedoch feststellen, dass Sie zu viele Spezialisierungen erstellen, ist es wahrscheinlich besser, überhaupt nicht mit einer Template-Klasse zu arbeiten.

1-Minuten-Test

- Mit welchem Schlüsselwort werden generische Funktionen oder Klassen deklariert?
- Kann eine generische Funktion explizit überladen werden?
- Sind in einer generischen Klasse alle Elementfunktionen automatisch ebenfalls generisch?

- Generische Funktionen oder Klassen werden mit dem Schlüsselwort `template` erstellt.
- Ja, eine generische Funktion kann explizit überladen werden.
- Ja, in einer generischen Klasse sind alle Elementfunktionen automatisch ebenfalls generisch.

Gene-
ricQ.cpp

Projekt 12-1: Eine generische Queue-Klasse erstellen

In Projekt 8-2 haben Sie eine `Queue`-Klasse erstellt, die eine Queue von Zeichen verwaltet. In diesem Projekt werden Sie `Queue` in eine generische Klasse umwandeln, die mit beliebigen Datentypen arbeiten kann. `Queue` ist gut geeignet, um in eine generische Klasse umgewandelt zu werden, weil ihre Logik von den Daten getrennt ist, mit denen sie arbeitet. Mit demselben Algorithmus, mit dem Ganzzahlen gespeichert werden, können beispielsweise auch Fließkommazahlen oder sogar Objekte Ihrer eigenen Klassen gespeichert werden. Nachdem Sie eine generische `Queue`-Klasse definiert haben, können Sie sie immer benutzen, wenn Sie eine Queue benötigen.

Schritt für Schritt

1. Kopieren Sie zunächst die `Queue`-Klasse aus Projekt 8-2 in eine Datei namens `GenericQ.cpp`.
2. Ändern Sie die `Queue`-Deklaration wie folgt in ein Template:

```
template <class QType> class Queue {
```

   Hier heißt der generische Datentyp `QType`.

3. Ändern Sie den Datentyp des Arrays `q` wie folgt in `QType`:

```
QType q[maxQsize]; // Dieses Array speichert die Queue.
```

   Weil `q` jetzt generisch ist, können Sie damit jeden Datentyp speichern, der in einem `Queue`-Objekt deklariert wird.

4. Ändern Sie den Datentyp des Parameters der Funktion `put()`wie folgt in `QType`:

```
// Daten in die Queue einfuegen.
void put(QType data) {
  if(putloc == size) {
    cout << " -- Die Queue ist voll.\n";
    return;
  }

  putloc++;
  q[putloc] = data;
}
```

5. Ändern Sie den Rückgabetyp von `get()` wie folgt in `QType`:

```
// Daten aus der Queue entnehmen.
QType get() {
  if(getloc == putloc) {
    cout << " -- Die Queue ist leer.\n";
    return 0;
  }

  getloc++;
  return q[getloc];
}
```

6. Hier ist die komplette generische `Queue`-Klasse zusammen mit einer `main()`-Funktion, die zeigt, wie die Klasse verwendet wird:

```
// GenericQ.cpp: Projekt 12-1
// Eine Queue-Template-Klasse.
#include <iostream>
using namespace std;
const int maxQsize = 100;
// Damit wird eine generische Queue-Klasse erstellt.
template <class QType> class Queue {
  QType q[maxQsize]; // Dieses Array speichert die Queue.
  int size; // Maximale Zahl der Elemente, die die Queue spei-
chern kann
  int putloc, getloc; // die put- und get-Indizes
public:
  // Eine Queue einer angegeben Laenge konstruieren.
  Queue(int len) {
    // Die Groesse muss kleiner als maxSize und positiv sein.
    if(len > maxQsize) len = maxQsize;
    else if(len <= 0) len = 1;
    size = len;
    putloc = getloc = 0;
  }
  // Daten in die Queue einfuegen.
  void put(QType data) {
    if(putloc == size) {
      cout << " -- Die Queue ist voll.\n";
      return;
    }

    putloc++;
    q[putloc] = data;
  }
```

```
  // Daten aus der Queue entnehmen.
  QType get() {
    if(getloc == putloc) {
      cout << " -- Die Queue ist leer.\n";
      return 0;
    }

    getloc++;
    return q[getloc];
  }
};

// Die generische Queue demonstrieren.
int main()
{
  Queue<int> iQa(10), iQb(10); // Zwei int-Queues erstellen.

  iQa.put(1);
  iQa.put(2);
  iQa.put(3);

  iQb.put(10);
  iQb.put(20);
  iQb.put(30);

  cout << "Inhalt der int-Queue iQa: ";
  for(int i=0; i < 3; i++)
    cout << iQa.get() << " ";
  cout << endl;

  cout << "Inhalt der int-Queue iQb: ";
  for(int i=0; i < 3; i++)
    cout << iQb.get() << " ";
  cout << endl;

  Queue<double> dQa(10), dQb(10); // Zwei double-Queues
erstellen.

  dQa.put(1.01);
  dQa.put(2.02);
  dQa.put(3.03);

  dQb.put(10.01);
  dQb.put(20.02);
  dQb.put(30.03);

  cout << "Inhalt der double-Queue dQa: ";
  for(int i=0; i < 3; i++)
    cout << dQa.get() << " ";
  cout << endl;

  cout << "Inhalt der double-Queue dQb: ";
  for(int i=0; i < 3; i++)
    cout << dQb.get() << " ";
  cout << endl;
```

```
  return 0;
}
```

Dieses Programm erzeugt die folgende Ausgabe:

```
Inhalt der int-Queue iQa: 1 2 3
Inhalt der int-Queue iQb: 10 20 30
Inhalt der double-Queue dQa: 1.01 2.02 3.03
Inhalt der double-Queue dQb: 10.01 20.02 30.03
```

7. Die Queue-Klasse zeigt, dass generische Funktionen und Klassen leistungsstarke Werkzeuge sind, mit denen Sie den größten Nutzen aus Ihren Programmieranstrengungen ziehen können, weil Sie damit die allgemeine Form eines Objekts definieren und mit beliebigen Datentypen verwenden können. Sie sparen sich die Mühe, den Algorithmus für jeden gewünschten Datentyp separat zu implementieren. Der Compiler erstellt für Sie automatisch die speziellen Versionen der Klasse.

Dynamische Allozierung

Es gibt zwei Hauptmethoden, wie ein C++-Programm Informationen im Hauptspeicher des Computers speichern kann: Die erste Methode arbeitet mit Variablen. Der Speicherplatz, der für Variablen zur Verfügung gestellt wird, wird beim Kompilieren festgelegt und kann während der Ausführung eines Programms nicht geändert werden. Die zweite Methode, Informationen zu speichern, arbeitet mit der *dynamischen Speicherallozierung* von C++. Bei dieser Methode wird der Speicherplatz für Daten nach Bedarf in dem freien Speicherbereich alloziert, der zwischen dem Programm (und seinem permanenten Speicherbereich) und dem Stack liegt. Dieser Bereich wird als *Heap* bezeichnet. (Abbildung 12.1 veranschaulicht, wie ein C++-Programm im Hauptspeicher verteilt wird.)

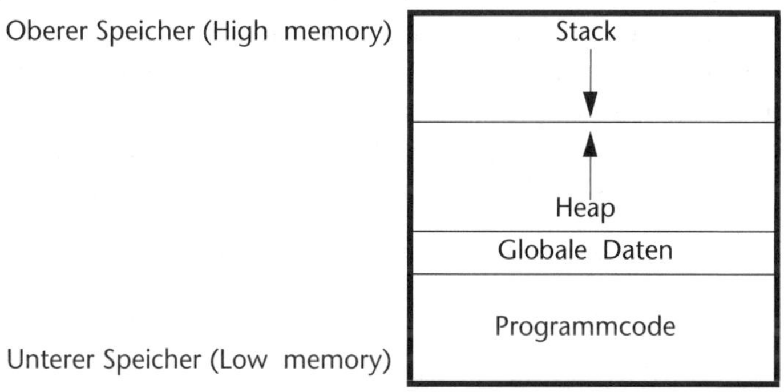

Abbildung 12.1 Die Speichernutzung bei einem C++-Programm

Dynamisch allozierter Speicherplatz wird zur Laufzeit bestimmt. Deshalb ermöglicht es die dynamische Allozierung Ihrem Programm, die Variablen zu erstellen, die es bei der Ausführung benötigt. Das Programm kann so viele Variablen erstellen, wie es die Situation erfordert. Die dynamische Allozierung dient häufig dazu, Datenstrukturen wie verkettete Listen, binäre Bäume und Sparse-Arrays zu unterstützen. Natürlich können Sie die dynamische Allozierung überall dort einsetzen, wo Sie sich einen Nutzen davon versprechen. Die dynamische Allozierung von Daten wird in fast allen Programmen in der Praxis verwendet.

Der Speicher, der für die dynamische Allozierung benötigt wird, wird vom Heap genommen. Wie Sie vielleicht vermuten, kann der freie Speicherbereich unter extremen Umständen erschöpft sein. Deshalb bietet eine dynamische Allozierung zwar eine größere Flexibilität, ist aber begrenzt.

C++ verfügt über zwei Operatoren für die dynamische Allozierung: `new` und `delete`. Der Operator `new` alloziert Speicher und gibt einen Zeiger auf den Anfang des allozierten Speichers zurück. Der Operator `delete` gibt Speicher wieder frei, der vorher mit `new` alloziert worden ist. Die allgemeinen Formen von `new` und `delete` lauten:

```
p_var = new Typ;
delete p_var;
```

Hier ist *p_var* eine Zeigervariable, die einen Zeiger auf einen Speicher aufnimmt, der groß genug ist, um ein Objekt vom Typ *Typ* zu speichern.

Da der Heap endlich ist, kann er aufgebraucht werden. Wenn der verfügbare Speicher nicht ausreicht, um eine Allozierungsanforderung zu erfüllen, scheitert `new`, und es wird eine `bad_alloc`-Ausnahme ausgelöst. Diese Ausnahme wird in dem Header `<new>` definiert. Ihr Programm sollte diese Ausnahme behandeln und eine passende Aktion ausführen, wenn ein Fehler auftritt. Wenn diese Ausnahme nicht von Ihrem Programm behandelt wird, wird Ihr Programm abgebrochen.

Die Aktionen, die ausgeführt werden, wenn `new` so scheitert, wie es gerade beschrieben wurde, werden in Standard-C++ festgelegt. Das Problem besteht darin, dass einige ältere Compiler `new` auf andere Weise implementieren. Als C++ erfunden wurde, gab `new` bei einem Scheitern einen Null-Zeiger zurück. Später wurde dies so geändert, dass `new` bei einem Scheitern – wie gerade beschrieben – eine Ausnahme auslöst. Wenn Sie einen älteren Compiler benutzen, sollten Sie dessen Dokumentation prüfen, um zu erfahren, wie er `new` implementiert.

Das Standard-C++ festlegt, dass new bei einem Scheitern eine Ausnahme auslösen soll, legen wir in diesem Buch dieses Verfahren zugrunde. Wenn Ihr Compiler Fehler beim Allozieren anders behandelt, müssen Sie Ihre Programme entsprechend ändern.

Das folgende Programm alloziert Speicher, um eine Ganzzahl zu speichern:

```
// p12-17.cpp

// new und delete demonstrieren.

#include <iostream>
#include <new>
using namespace std;

int main()
{
  int *p;

  try {
    p = new int; // Speicher fuer eine int-Variable allozieren.
  } catch (bad_alloc xa) {
    cout << "Allozierungsfehler\n";
    return 1;
  }

  *p = 100;

  cout << "Bei " << p << " ";
  cout << "ist der Wert " << *p << " gespeichert.\n";

  delete p;

  return 0;
}
```

Eine int-Variable allozieren.

Auf Fehler beim Allozieren achten.

Den allozierten Speicher freigeben.

Dieses Programm weist p eine Adresse auf dem Heap zu, die groß genug ist, um eine Ganzzahl zu speichern. Dann weist es dieser Speicherstelle den Wert 100 zu und zeigt den Inhalt des Speichers auf dem Bildschirm an. Schließlich gibt es den dynamisch allozierten Speicher wieder frei.

Der delete-Operator muss nur bei einem gültigen Zeiger verwendet werden, der zuvor mit new alloziert worden ist. Die Anwendung von delete bei anderen Zeigerarten ist nicht definiert und führt fast immer zu ernsten Problemen wie beispielsweise einem Systemabsturz.

Frage an den Experten

Frage: Ich habe C++-Code gesehen, der die Funktionen `malloc()` und `free()` für die dynamische Allozierung verwendet. Was sind diese Funktionen?

Antwort: Die Sprache C unterstützt die Operatoren die `new` und `delete` nicht, sondern verwendet statt dessen die Funktionen `malloc()` und `free()` für die dynamische Allozierung. Die Funktion `malloc()` alloziert Speicher, und `free()` gibt ihn frei. C++ unterstützt diese Funktionen ebenfalls, und manchmal sehen Sie `malloc()` und `free()` auch in C++-Code. Dies gilt insbesondere, wenn dieser Code von älterem C-Code abgeleitet worden ist. Doch in Ihrem Code sollten Sie `new` und `delete` verwenden. Diese Funktionen bieten nicht nur eine bequemere Methode zur Behandlung der dynamischen Allozierung, sondern verhindern auch mehrere Arten von Fehlern, die beim Arbeiten mit `malloc()` und `free()` häufig auftreten. Noch ein weiterer Punkt: Obwohl es formell nicht verboten ist, ist es besser, `new` und `delete` in einem Programm nicht mit `malloc()` und `free()`zu kombinieren. Es gibt keine Garantie dafür, dass sie miteinander kompatibel sind.

Allozierten Speicher initialisieren

Sie können allozierten Speicher mit einem bestimmten Wert initialisieren, indem Sie in der `new`-Anweisung nach dem Typnamen einen Initialisierer angeben. Hier ist die allgemeine Form von `new` mit einer Initialisierung:

```
p_var = new Var_Typ (Initialisierer);
```

Natürlich muss der Typ des Initialisierers mit dem Datentyp kompatibel sein, für den Speicher alloziert wird.

Das folgende Programm initialisiert die allozierte Ganzzahl mit dem Anfangswert 87:

```
// p12-18.cpp

// Speicher initialisieren.

#include <iostream>
#include <new>
using namespace std;

int main()
```

```
{
  int *p;

  try {
    p = new int (87); // mit 87 initialisieren
  } catch (bad_alloc xa) {
    cout << "Allozierungsfehler\n";
    return 1;
  }

  cout << "Bei " << p << " ";
  cout << "ist der Wert " << *p << " gespeichert.\n";

  delete p;

  return 0;
}
```

Allozierten Speicher initialisieren.

Arrays allozieren

Sie können Arrays mit `new` allgemein wie folgt allozieren:

```
p_var = new Array_Typ [Groesse];
```

Hier gibt *Groesse* die Zahl der Elemente in dem Array an.

Um ein Array freizugeben, verwenden Sie die folgende Form von `delete`:

```
delete [ ] p_var;
```

Die Klammern `[ ]` teilen `delete` mit, dass ein Array freigegeben wird.

Im folgenden Beispielprogramm wird ein ganzzahliges Array mit zehn Elementen alloziert:

12

```
// p12-19.cpp

// Ein Array allozieren.

#include <iostream>
#include <new>
using namespace std;

int main()
{
  int *p, i;

  try {
    p = new int [10]; // Ein Array mit zehn Ganzzahlen allozieren.
  } catch (bad_alloc xa) {
    cout << "Allozierungsfehler\n";
```

Ein Array von `int`-Variablen allozieren.

```
    return 1;
  }

  for(i=0; i<10; i++ )
    p[i] = i;

  for(i=0; i<10; i++)
    cout << p[i] << " ";

  delete [] p; // Das Array freigeben.  ◄──── Das Array freigeben.

  return 0;
}
```

Beachten Sie die `delete`-Anweisung: Wenn ein Array freigegeben wird, das mit `new` alloziert worden ist, muss `delete` mit `[ ]` mitgeteilt werden, dass ein Array freigegeben wird. (Im folgenden Abschnitt werden Sie erfahren, dass dies besonders wichtig ist, wenn Sie Arrays von Objekten allozieren.)

Für die Allozierung von Arrays gibt es eine Einschränkung: Ihnen können keine Anfangswerte zugewiesen werden. Das heißt, dass Sie keine Initialisierer angeben können, wenn Sie Arrays allozieren.

Objekte allozieren

Sie können auch Objekte dynamisch mit `new` allozieren. In diesem Fall wird ein Objekt erstellt und ein Zeiger auf das Objekt zurückgegeben. Das dynamisch erstellte Objekt verhält sich genau wie jedes andere Objekt. Wenn das Objekt erstellt wird, wird sein Konstruktor (falls vorhanden) aufgerufen. Wenn das Objekt freigegeben wird, wird sein Destruktor ausgeführt.

Im folgenden Programm wird eine Klasse namens `Rectangle` erstellt, die die Breite und Höhe eines Rechtecks einkapselt. In `main()` wird ein Objekt vom Typ `Rectangle` dynamisch erstellt. Dieses Objekt wird zerstört, wenn das Programm beendet wird.

```
// p12-20.cpp

// Ein Objekt allozieren.

#include <iostream>
#include <new>
using namespace std;

class Rectangle {
  int width;
  int height;
public:
  Rectangle(int w, int h) {
    width = w;
```

```
    height = h;
    cout << "Rechteck " << width <<
          " x " << height << " konstruieren.\n";
  }
  ~Rectangle() {
     cout << "Rechteck " << width <<
          " x " << height << " zerstoeren.\n";
  }
  int area() {
    return width * height;
  }
};

int main()
{
  Rectangle *p;

  try {
    p = new Rectangle(10, 8);
  } catch (bad_alloc xa) {
    cout << "Allozierungsfehler\n";
    return 1;
  }

  cout << "Die Flaeche ist " << p->area();

  cout << ".\n";

  delete p;

  return 0;
}
```

Ein Rectangle-Objekt allozieren. Dabei wird der Rectangle-Konstruktor aufgerufen.

Das Objekt freigeben. Dabei wird der Rectangle-Destruktor aufgerufen.

Dieses Programm erzeugt die folgende Ausgabe:

```
Rechteck 10 x 8 konstruieren.
Die Flaeche ist 80.
Rechteck 10 x 8 zerstoeren.
```

Beachten Sie, dass die Argumente des Objektkonstruktors – so wie bei anderen Initialisierungen – nach dem Typnamen angegeben werden. Außerdem wird `area()` nicht mit dem Dot-Operator, sondern mit dem Pfeil-Operator aufgerufen, weil `p` einen Zeiger auf ein Objekt enthält.

Sie können Arrays von Objekten allozieren, aber dabei gibt es einen Haken: Da ein Array, das mit `new` alloziert wird, nicht initialisiert werden kann, müssen Sie sicherstellen, dass die Klasse, falls sie überhaupt Konstruktoren definiert, auch einen Konstruktor ohne Parameter enthält. Falls sie einen solchen Konstruktor nicht enthält, findet der C++-Compiler keinen übereinstimmenden Konstruktor, wenn Sie versuchen, das Array zu allozieren, und kompiliert Ihr Programm nicht.

Die folgende Version des oben stehenden Programms enthält zusätzlich einen parameterlosen Konstruktor, sodass ein Array von `Rectangle`-Objekten alloziert werden kann. Außerdem enthält sie die Funktion `set()`, die die Maße aller Rechtecke setzt.

```
// p12-21.cpp
// Ein Array von Objekten allozieren.
#include <iostream>
#include <new>
using namespace std;
class Rectangle {
  int width;
  int height;
public:
  Rectangle() {
    width = height = 0;
    cout << "Rechteck " << width <<
         " x " << height << " konstruieren.\n";
  }

  Rectangle(int w, int h) {
    width = w;
    height = h;
    cout << "Rechteck " << width <<
         " x " << height << " konstruieren.\n";
  }

  ~Rectangle() {
     cout << "Rechteck " << width <<
         " x " << height << " zerstoeren.\n";
  }

  void set(int w, int h) {
    width = w;
    height = h;
  }
  int area() {
    return width * height;
  }
};
int main()
```

Einen Konstruktor ohne Parameter hinzufügen.

Die set()-Funktion hinzufugen.

```
{
  Rectangle *p;

  try {
    p = new Rectangle [3];
  } catch (bad_alloc xa) {
    cout << "Allozierungsfehler\n";
    return 1;
  }

  cout << "\n";

  p[0].set(3, 4);
  p[1].set(10, 8);
  p[2].set(5, 6);

  for(int i=0; i < 3; i++)
    cout << "Die Flaeche ist " << p[i].area() << ".\n";

  cout << "\n";

  delete [] p;

  return 0;
}
```

Hier wird der Destruktor für jedes Objekt in dem Array aufgerufen.

Dieses Programm erzeugt die folgende Ausgabe:

```
Rechteck 0 x 0 konstruieren.
Rechteck 0 x 0 konstruieren.
Rechteck 0 x 0 konstruieren.

Die Flaeche ist 12.
Die Flaeche ist 80.
Die Flaeche ist 30.

Rechteck 5 x 6 zerstoeren.
Rechteck 10 x 8 zerstoeren.
Rechteck 3 x 4 zerstoeren.
```

Weil der Zeiger `p` mit `delete [ ]` freigegeben wird, wird der Destruktor für jedes Objekt in dem Array ausgeführt. Beachten Sie außerdem, dass der Zugriff auf die Elemente von `Rectangle` mit dem Dot-Operator erfolgt, weil `p` als Array indiziert ist.

1-Minuten-Test

- Welcher Operator alloziert Speicher? Welcher Operator gibt Speicher frei?
- Was passiert, wenn eine Allozierungsanforderung nicht erfüllt werden kann?
- Kann Speicher initialisiert werden, wenn er alloziert wird?

Namensräume

Namensräume wurden kurz in Kapitel 1 beschrieben. Hier wollen wir sie ausführlich untersuchen. Namensräume dienen dazu, die Namen von Bezeichnern zu lokalisieren, um Namenskonflikte zu vermeiden. In der C++-Programmierumgebung hat die Zahl der Variablen-, Funktions- und Klassennamen explosionsartig zugenommen. Vor der Erfindung von Namensräumen haben alle diese Namen um Plätze im globalen Namensraum konkurriert, und es sind viele Konflikte entstanden. Wenn beispielsweise Ihr Programm eine Funktion namens `toupper()` definiert, könnte sie (je nach ihrer Parameterliste) die Funktion `toupper()` der Standardbibliothek überschreiben, weil beide Namen im globalen Namensraum gespeichert würden. Die Probleme der Namenskonflikte werden noch größer, wenn ein Programm zwei oder mehr Bibliotheken von Drittanbietern verwendet. In diesem Fall war es vor der Erfindung der Namensräume möglich – und sogar wahrscheinlich –, dass ein Name, der in einer Bibliothek definiert war, mit demselben Namen in einer anderen Bibliothek in Konflikt stand. Das Problem kann besonders für Klassennamen gravierend sein. Beispielsweise besteht ein Konflikt, wenn Ihr Programm eine Klasse namens `Stack` definiert und eine Bibliothek, die von Ihrem Programm benutzt wird, eine Klasse mit demselben Namen enthält.

Um diese Probleme zu lösen, wurde das Schlüsselwort `namespace` in C++ eingeführt. Es beschränkt die Sichtbarkeit von Namen, die in einem Namensraum deklariert werden, auf eben diesen Namensraum. Wenn Sie mit Namensräumen arbeiten, können Sie denselben Namen in verschiedenen Kontexten verwenden, ohne dass Konflikte auftreten. Der vielleicht auffallendste Vorteil von `namespace` zeigt sich bei der C++-Standardbibliothek. Vor der Einführung von `namespace` wurde die gesamte C++-Bibliothek in dem globalen Namensraum definiert (der zugleich natürlich der einzige Namensraum war). Nach der Ein-

---

- Der Operator `new` alloziert Speicher. Der Operator `delete` gibt Speicher frei.
- Wenn eine Allozierungsanforderung nicht erfüllt werden kann, wird eine `bad_alloc`-Ausnahme ausgelöst.
- Ja, Speicher kann initialisiert werden, wenn er alloziert wird.

führung von namespace ist die C++-Bibliothek jetzt in ihrem eigenen Namensraum, std, definiert, was die Gefahr von Namenskonflikten verringert. In Ihren Programmen können Sie auch eigene Namensräume erstellen, um die Sichtbarkeit von Namen zu beschränken, die Ihrer Meinung nach zu Konflikten führen könnten. Dies ist besonders wichtig, wenn Sie Klassen- oder Funktionsbibliotheken erstellen.

Grundlagenwissen über Namensräume

Mit dem Schlüsselwort namespace können Sie den globalen Namensraum partitionieren, indem Sie einen deklarativen Bereich erstellen. Im Wesentlichen definiert ein Namensraum einen Gültigkeitsbereich. Die allgemeine Form von namespace lautet:

```
namespace Name {
  // Deklarationen
}
```

Alles, was innerhalb einer namespace-Anweisung definiert ist, liegt im Gültigkeitsbereich dieses Namensraumes.

Das folgende Fragment zeigt ein Beispiel für namespace. Der Namensraum beschränkt die Namen, mit denen eine einfache Klasse eines Countdown-Zählers implementiert wird. In diesem Namensraum wird die counter-Klasse definiert, die den Zähler und die Variablen upperbound und lowerbound implementiert, die die Ober- bzw. die Untergrenze aller Zähler enthalten.

```
// p12-22.cpp

// Einen Namensraum demonstrieren.

namespace CounterNameSpace {
  int upperbound;
  int lowerbound;

  class counter {
     int count;
   public:
     counter(int n) {
       if(n <= upperbound) count = n;
       else count = upperbound;
     }

     void reset(int n) {
       if(n <= upperbound) count = n;
     }

     int run() {
```

Einen Namensraum namens CounterNameSpace erstellen.

12

```
      if(count > lowerbound) return count--;
      else return lowerbound;
    }
  };
}
```

Hier gehören upperbound, lowerbound und die Klasse counter zu dem Gültigkeitsbereich, der von dem Namensraum CounterNameSpace definiert wird.

Innerhalb eines Namensraums können die Bezeichner, die in diesem Namensraum deklariert sind, direkt (das heißt, ohne den Namensraum anzugeben) referenziert werden. Beispielsweise kann die run()-Funktion in CounterNameSpace die Variable lowerbound in der Anweisung

```
if(count > lowerbound) return count--;
```

direkt referenzieren. Da jedoch namespace einen Gültigkeitsbereich definiert, müssen Sie Objekte, die innerhalb eines Namensraums deklariert sind, von außerhalb dieses Namensraums mit dem Bereichsauflösungsoperator referenzieren. Beispielsweise müssen Sie die folgende Anweisung verwenden, um der Variablen upperbound mit Code, der außerhalb von CounterNameSpace liegt, den Wert 10 zuzuweisen:

```
CounterNameSpace::upperbound = 10;
```

Wenn Sie ein Objekt vom Typ counter außerhalb von CounterNameSpace deklarieren wollen, müssen Sie die Deklaration ebenfalls mit dem Namensraum qualifizieren:

```
CounterNameSpace::counter ob;
```

Im Allgemeinen erfolgt der Zugriff auf Elemente eines Namensraums von außerhalb ihres Namensraums mit dem Namen des Namensraums, gefolgt von dem Bereichsauflösungsoperator:

```
Namensraum::Element.
```

Das folgende Programm zeigt CounterNameSpace in Aktion:

```
// p12-23.cpp

// Einen Namensraum demonstrieren.

#include <iostream>
using namespace std;
```

```
namespace CounterNameSpace {
  int upperbound;
  int lowerbound;

  class counter {
     int count;
   public:
     counter(int n) {
       if(n <= upperbound) count = n;
       else count = upperbound;
     }

     void reset(int n) {
       if(n <= upperbound) count = n;
     }

     int run() {
       if(count > lowerbound) return count--;
       else return lowerbound;
     }
  };
}

int main()
{
  CounterNameSpace::upperbound = 100;
  CounterNameSpace::lowerbound = 0;

  CounterNameSpace::counter ob1(10);

  int i;

  do {
    i = ob1.run();
    cout << i << " ";
  } while(i > CounterNameSpace::lowerbound);
  cout << endl;

  CounterNameSpace::counter ob2(20);

  do {
    i = ob2.run();
    cout << i << " ";
  } while(i > CounterNameSpace::lowerbound);
  cout << endl;

  ob2.reset(100);
  CounterNameSpace::lowerbound = 90;
  do {
    i = ob2.run();
    cout << i << " ";
```

Die Elemente von CounterNameSpace explizit referenzieren. Beachten Sie den Bereichsauflösungsoperator.

```
  } while(i > CounterNameSpace::lowerbound);

  return 0;
}
```

Beachten Sie, dass die Deklarationen des `counter`-Objekts und die Referenzen auf `upperbound` und `lowerbound` mit `CounterNameSpace` qualifiziert werden. Doch nachdem ein Objekt vom Typ `counter` deklariert worden ist, müssen Sie das Objekt oder eines seiner Elemente nicht mehr qualifizieren. Deshalb kann `ob1.run()` direkt aufgerufen werden; der Namensraum wurde bereits aufgelöst.

Es kann mehrere Namensraumdeklarationen mit demselben Namen geben. In diesem Fall sind die Namensräume additiv. Auf diese Weise kann ein Namensraum über mehrere Dateien oder sogar über mehrere Abschnitte in derselben Datei verteilt werden. Ein Beispiel:

```
namespace NS {
  int i;
}
// ...
namespace NS {
  int j;
}
```

Hier wird `NS` in zwei Bereiche geteilt, aber die Inhalte beider Bereiche befinden sich im selben Namensraum, das heißt in `NS`.

Ein letzter Punkt: Namensräume können verschachtelt werden. Das heißt, ein Namensraum kann innerhalb eines anderen Namensraums deklariert werden.

using

Wenn ein Programm häufig Elemente eines Namensraums referenziert, ist es etwas mühsam, bei jeder Referenz den Namensraum und den Bereichsauflösungsoperator anzugeben. Mit der `using`-Anweisung können Sie diese Referenzen vereinfachen. Die Anweisung hat die folgenden beiden allgemeinen Formen:

```
using namespace Namensraum;
using Namensraum::Element;
```

In der ersten Form gibt *Namensraum* den Namen des Namensraums an, auf den Sie zugreifen wollen. Die Anweisung macht alle Elemente sichtbar, die in dem angegeben Namensraum definiert sind. Das heißt, die Elemente werden Teil des aktuellen Namensraums und können ohne Qualifizierung verwendet werden. In der zweiten Form wird nur ein spezielles Element des Namensraums sichtbar gemacht. Wenn wir dies auf unser eben gezeigtes `CounterNameSpace`-Beispiel übertragen, sind die folgenden Anweisungen und Zuweisungen gültig:

```
using CounterNameSpace::lowerbound; // Nur lowerbound ist sichtbar.
lowerbound = 10; // OK, weil lowerbound sichtbar ist.

using namespace CounterNameSpace; // Alle Elemente sind sichtbar.
upperbound = 100; // OK, weil jetzt alle Elemente sichtbar sind.
```

Das folgende Programm enthält ein überarbeitetes Beispiel für den Zähler aus dem vorangegangenen Abschnitt:

```
// p12-24.cpp

// Die using-Anweisung demonstrieren.

#include <iostream>
using namespace std;

namespace CounterNameSpace {
  int upperbound;
  int lowerbound;

  class counter {
     int count;
   public:
     counter(int n) {
       if(n <= upperbound) count = n;
       else count = upperbound;
     }

     void reset(int n) {
       if(n <= upperbound) count = n;
     }

     int run() {
       if(count > lowerbound) return count--;
       else return lowerbound;
     }
  };
}

int main()
{
  // Nur upperbound aus CounterNameSpace verwenden.
  using CounterNameSpace::upperbound;

  // Jetzt muss upperbound nicht qualifiziert werden.
```

Ein spezielles Element von `CounterNameSpace` verwenden.

```
  upperbound = 100;

  // lowerbound (u.a.) muss immer noch qualifiziert werden.
  CounterNameSpace::lowerbound = 0;

  CounterNameSpace::counter ob1(10);
  int i;

 do {
    i = ob1.run();
    cout << i << " ";
  } while(i > CounterNameSpace::lowerbound);
  cout << endl;

  // Jetzt den gesamten CounterNameSpace verwenden.
  using namespace CounterNameSpace;

  counter ob2(20);

  do {
    i = ob2.run();
    cout << i << " ";
  } while(i > lowerbound);
  cout << endl;

  ob2.reset(100);
  lowerbound = 90;
  do {
    i = ob2.run();
    cout << i << " ";
  } while(i > lowerbound);

  return 0;
}
```

Den gesamten CounterNameSpace verwenden.

Dieses Programm veranschaulicht einen weiteren wichtigen Punkt: Ein Namensraum überschreibt nicht einen anderen Namensraum. Wenn Sie einen Namensraum aktivieren, werden seine Namen einfach zu den anderen bereits aktiven Namensräumen hinzugefügt. Deshalb sind am Ende des Programms sowohl std als auch CounterNameSpace zu dem globalen Namensraum hinzugefügt worden.

Anonyme Namensräume

Es gibt eine spezielle Art von Namensraum, den so genannten *unbenannten Namensraum,* mit dem Sie Bezeichner erstellen können, die innerhalb einer Datei gelten. Dieser Namensraum hat die folgende allgemeine Form:

```
namespace {
   // Deklarationen
}
```

Mit unbenannten Namensräumen können Sie eindeutige Bezeichner deklarieren, die nur im Gültigkeitsbereich einer einzigen Datei bekannt sind. Das heißt, in der Datei, die den unbenannten Namensraum enthält, können die Elemente dieses Namensraums direkt ohne Qualifizierung verwendet werden. Aber außerhalb der Datei sind die Bezeichner unbekannt.

Wie bereits zuvor in diesem Buch erwähnt wurde, besteht eine Methode, um den Gültigkeitsbereich eines globalen Namens auf die Datei zu beschränken, in der er deklariert ist, darin, den Namen als `static` zu deklarieren. Während statische globale Deklarationen auch in C++ noch zugelassen sind, kann derselbe Zweck besser mit einem unbenannten Namensraum erreicht werden.

Der Namespace std

In Standard-C++ ist die gesamte Bibliothek in einem eigenen Namensraum namens `std` definiert. Deshalb haben die meisten Programme in diesem Buch die folgende Anweisung enthalten:

```
using namespace std;
```

Diese Anweisung bewirkt, dass der Namensraum `std` in den aktuellen Namensraum aufgenommen wird. Dadurch können Sie direkt auf die Namen der Funktionen und Klassen zugreifen, die in der Bibliothek definiert sind, ohne dass Sie die Namen mit `std::` qualifizieren müssen.

Natürlich können Sie auf Wunsch jeden Namen explizit mit `std::` qualifizieren. Beispielsweise könnten Sie `cout` explizit wie folgt qualifizieren:


```
std::cout << "cout explizit mit std qualifizieren.";
```

Wenn ein Programm die Standard-C++-Bibliothek nur begrenzt nutzt oder wenn durch eine solche Nutzung Namenskonflikte entstehen können, ist es möglicherweise nicht sinnvoll, die Bibliothek in den globalen Namensraum einzufügen. Doch wenn ein Programm Hunderte von Bibliotheksnamen referenziert, ist es viel einfacher, `std` in den aktuellen Namensraum aufzunehmen, als jeden Namen einzeln zu qualifizieren.

1-Minuten-Test

- Was ist ein Namensraum? Mit welchem Schlüsselwort wird ein Namensraum erstellt?
- Sind Namensräume additiv?
- Was bewirkt `using`?

Statische Klassenelemente

Sie haben das Schlüsselwort `static` bereits in Kapitel 7 kennen gelernt, als damit lokale und globale Variablendeklarationen modifiziert wurden. Zusätzlich kann `static` auch auf Elemente einer Klasse angewendet werden. Sowohl Variablen als auch Funktionselemente können als `static` deklariert werden.

Statische Elementvariablen

Wenn Sie die Deklaration einer Elementvariablen mit `static` modifizieren, weisen Sie den Compiler an, nur eine Kopie dieser Variablen zu erstellen, die von allen Objekten der Klasse gemeinsam genutzt wird. Im Gegensatz zu normalen Datenelementen werden statische Elementvariablen nicht für jedes Objekt erstellt. Egal wie viele Objekte einer Klasse erstellt werden – es existiert immer nur eine Kopie eines statischen Datenelements. Deshalb verwenden alle Objekte dieser Klasse dieselbe Variable. Alle statischen Variablen werden mit null initialisiert, wenn das erste Objekt erstellt wird.

Wenn Sie ein statisches Datenelement innerhalb einer Klasse deklarieren, definieren Sie es *nicht*, sondern Sie müssen das Element an anderer Stelle global außerhalb der Klasse definieren. Zu diesem Zweck wird die statische Variable mit dem Bereichsauflösungsoperator erneut deklariert, um die Klasse zu identifizieren, zu der die Variable gehört. Dadurch wird Speicherplatz für die statische Variable alloziert.

Das folgende Beispiel zeigt, wie ein statisches Element verwendet wird:

```
// p12-25.cpp
// Mit einer statischen Elementvariablen arbeiten.
#include <iostream>
```

- Ein Namensraum ist ein Gültigkeitsbereich für Namen. Er wird mit `namespace` deklariert.
- Ja, Namensräume sind additiv.
- Die `using`-Anweisung macht die Elemente eines Namensraums sichtbar.

```
using namespace std;

class ShareVar {
  static int num;
public:
  void setnum(int i) { num = i; };
  void shownum() { cout << num << " "; }
};

int ShareVar::num; // num definieren

int main()
{
  ShareVar a, b;

  a.shownum(); // gibt 0 aus
  b.shownum(); // gibt 0 aus

  a.setnum(10); // setzt static num auf 10

  a.shownum(); // gibt 10 aus
  b.shownum(); // gibt ebenfalls 10 aus

  return 0;
}
```

Eine statische Elementvariable deklarieren. Sie wird von allen Exemplaren von `ShareVar` verwendet.

Die statische Elementvariable definieren.

Dieses Programm erzeugt die folgende Ausgabe:

```
0 0 10 10
```

Beachten Sie in diesem Programm, dass die statische ganzzahlige Variable `num` sowohl innerhalb der `ShareVar`-Klasse deklariert als auch als globale Variable definiert wird. Wie bereits erwähnt wurde, ist dies notwendig, weil die Deklaration von `num` innerhalb von `ShareVar` keinen Speicherplatz für die Variable alloziert. C++ initialisiert `num` mit null, da keine andere Initialisierung angegeben wird. Deswegen zeigen die ersten Aufrufe von `shownum()` jeweils `0` an. Als Nächstes setzt das Objekt `a` die Variable `num` auf 10. Dann zeigen sowohl `a` als auch `b` mit `shownum()` ihren Wert an. Weil es nur eine Kopie von `num` gibt, die von `a` und `b` gemeinsam genutzt wird, zeigen beide Aufrufe von `shownum()` den Wert 10 an.

Wenn eine statische Variable öffentlich ist, kann sie ohne Bezug auf ein spezielles Objekt direkt mit ihrem Klassennamen referenziert werden. Sie kann mit einem Objekt referenziert werden. Ein Beispiel:

```
// p12-26.cpp
// Eine statische Variable ueber ihren Klassennamen referenzieren.
#include <iostream>
```

```
using namespace std;

class Test {
public:
  static int num;
  void shownum() { cout << num << endl; }
};

int Test::num; // num definieren

int main()
{
  Test a, b;

  // Die Variable num ueber ihren Klassennamen setzen.
  Test::num = 100;

  a.shownum(); // gibt 100 aus
  b.shownum(); // gibt 100 aus

  // Die Variable num ueber ein Objekt setzen.
  a.num = 200;

  a.shownum(); // gibt 200 aus
  b.shownum(); // gibt 200 aus

  return 0;
}
```

Die Variable num über ihre Klasse Test referenzieren.

Die Variable num über ein Objekt referenzieren.

Beachten Sie, wie der Wert von num in der folgenden Zeile mit Hilfe des Klassennamens gesetzt wird:

```
Test::num = 100;
```

Die folgende Zeile zeigt, dass der Wert von num auch über ein Objekt gesetzt werden kann:

```
a.num = 200;
```

Beide Verfahren sind gültig.

Statische Elementfunktionen

Auch Elementfunktionen können als statisch deklariert werden, doch ist dies eher die Ausnahme. Eine Elementfunktion, die als statisch deklariert worden ist, kann nur auf andere statische Elemente ihrer Klasse zugreifen. (Natürlich kann eine statische Elementfunktion auf nicht-statische globale Daten und Funktionen zugreifen.) Eine statische Elementfunktion verfügt nicht über einen this-Zeiger.

Virtuelle statische Elementfunktionen sind nicht erlaubt. Außerdem können sie nicht als `const` oder `volatile` deklariert werden.

Eine statische Elementfunktion kann von einem Objekt ihrer Klasse oder unabhängig von einem Objekt mit dem Klassennamen und dem Bereichsauflösungsoperator aufgerufen werden. In dem folgenden Beispielprogramm wird eine statische Variable namens `count` definiert, die die Objekte (der Klasse) zählt, die gegenwärtig existieren.

```
// p12-27.cpp
// Eine statische Elementfunktion demonstrieren.
#include <iostream>
using namespace std;
class Test {
  static int count;
public:
  Test() {
    count++;
    cout << "Objekt " << count << " konstruieren" << endl;
  }
  ~Test() {
     cout << "Objekt " << count << " zerstoeren" << endl;
     count--;
  }
  static int numObjects() { return count; }
};
int Test::count;
int main() {
  Test a, b, c;
  cout << "Es gibt jetzt " << Test::numObjects() << " Objekte.\n\n";
  Test *p = new Test();
  cout << "Nach der Allozierung eines Test-Objekts " <<
          "gibt es jetzt " << Test::numObjects() << " Objekte.\n\n";
  delete p;
  cout << "Nach dem Loeschen eines Objekts " <<
          "gibt es jetzt " << Test::numObjects() << " Objekte.\n\n";
  return 0;
}
```

Eine statische Elementfunktion.

Dieses Programm erzeugt die folgende Ausgabe:

```
Objekt 1 konstruieren
Objekt 2 konstruieren
Objekt 3 konstruieren
Es gibt jetzt 3 Objekte.
Objekt 4 konstruieren
Nach der Allozierung eines Test-Objekts gibt es jetzt 4 Objekte.
Objekt 4 zerstoeren
Nach dem Loeschen eines Objekts gibt es jetzt 3 Objekte.
Objekt 3 zerstoeren
Objekt 2 zerstoeren
Objekt 1 zerstoeren
```

Beachten Sie, wie in diesem Programm die statische Funktion `numObjects()` aufgerufen wird. In den ersten beiden Aufrufen wird sie über ihren Klassennamen aufgerufen:

```
Test::numObjects()
```

Der dritte Aufruf der Funktion erfolgt mit der normalen Dot-Operator-Syntax für Objekte.

Runtime Type Identification (RTTI)

Die Runtime Type Identification (RTTI; Identifizierung von Datentypen zur Laufzeit) ist für Sie möglicherweise neu, weil dieses Konstrukt in traditionellen Sprachen wie C oder BASIC nicht vorhanden ist. In nicht-polymorphen Sprachen werden Laufzeit-Typinformationen nicht benötigt, weil die Art jedes Objekts bereits beim Kompilieren (das heißt, wenn das Programm geschrieben wird) bekannt ist. Doch bei polymorphen Sprachen wie C++ können Situationen eintreten, in denen die Art eines Objekts beim Kompilieren unbekannt ist, weil der Typ des Objekts erst bei der Ausführung des Programms ermittelt wird. Wie Sie wissen, implementiert C++ die Polymorphie mit Hilfe von Klassenhierarchien, virtuellen Funktionen und Basisklassenzeigern. Ein Basisklassenzeiger kann auf Objekte der Basisklasse und auf *alle Objekte zeigen, die von der Basisklasse abgeleitet sind.* Deshalb ist es nicht immer möglich, vorher zu wissen, auf welchen Objekttyp ein Basisklassenzeiger in jedem Moment zeigen wird. Dieser Typ kann erst zur Laufzeit mit der Runtime Type Identification (RTTI) bestimmt werden.

Der Objekttyp wird mit der Anweisung `typeid` abgefragt. Sie benötigt den Header `<typeinfo>`. Die gebräuchlichste Form der Anweisung lautet:

```
typeid(Objekt)
```

Hier ist *`Objekt`* das Objekt, dessen Typ Sie wissen wollen. Sie können jeden Typ abfragen einschließlich der eingebauten Typen und der Klassentypen, die Sie selbst erstellen. `typeid` gibt eine Referenz auf ein Objekt vom Typ `type_info` zurück, das den Typ von *`Objekt`* beschreibt.

Die Klasse `type_info` enthält die folgenden öffentlichen Elemente:

```
bool Operator==(const type_info &ob);
bool Operator!=(const type_info &ob);
bool before(const type_info &ob);
const char *name();
```

Die überladenen Operatoren `==` und `!=` dienen zum Vergleich von Typen. Die Funktion `before` gibt `true` zurück, wenn das aufrufende Objekt in der Sortierfolge vor dem Objekt liegt, das als Parameter verwendet wird. (Diese Funktion wird hauptsächlich intern verwendet. Ihr Rückgabewert hat nichts mit der Vererbung oder mit Klassenhierarchien zu tun.) Die `name()`-Funktion gibt einen Zeiger auf den Namen des Typs zurück.

Das folgende Programm zeigt ein einfaches Beispiel für `typeid`:

```
// p12-28.cpp

// Ein einfaches Beispiel fuer typeid.

#include <iostream>
#include <typeinfo>
using namespace std;

class MyClass {
  // ...
};

int main()
{
  int i, j;
  float f;
  MyClass ob;

  cout << "Der Typ von i ist: " << typeid(i).name();
  cout << endl;
  cout << "Der Typ von f ist: " << typeid(f).name();
  cout << endl;
  cout << "Der Typ von ob ist: " << typeid(ob).name();
```

Mit `typeid` den Typ des Objekts zur Laufzeit abfragen.

12

```
  cout << "\n\n";

  if(typeid(i) == typeid(j))
    cout << "Die Typen von i und j sind gleich.\n";

  if(typeid(i) != typeid(f))
    cout << "Die Typen von i und f sind ungleich.\n";

  return 0;
}
```

Dieses Programm erzeugt die folgende Ausgabe:

```
Der Typ von i ist: int
Der Typ von f ist: float
Der Typ von ob ist: class MyClass

Die Typen von i und j sind gleich.
Die Typen von i und f sind ungleich.
```

Vielleicht am wichtigsten ist die Anwendung von `typeid` in Verbindung mit einem Zeiger einer polymorphen Basisklasse (das heißt einer Klasse, die wenigstens eine virtuelle Funktion enthält). In diesem Fall gibt `typeid` automatisch den Typ des tatsächlichen Objekts zurück, auf das der Zeiger weist. Dies kann ein Objekt der Basisklasse oder ein Objekt einer davon abgeleiteten Klasse sein. (Zur Erinnerung: Ein Basisklassenzeiger kann auf Objekte der Basisklasse oder einer beliebigen, davon abgeleiteten Klasse zeigen.) Deshalb können Sie mit `typeid` zur Laufzeit den Typ des Objekts bestimmen, auf das ein Basisklassenzeiger weist. Das folgende Programm verdeutlicht dieses Prinzip:

```
// p12-29.cpp

// typeid auf eine polymorphe Klassenhierarchie anwenden.

#include <iostream>
#include <typeinfo>
using namespace std;

class Base {
  virtual void f() {}; // Base polymorph machen.
  // ...
};

class Derived1: public Base {
  // ...
};

class Derived2: public Base {
  // ...
};
```

```
int main()
{
  Base *p, baseob;
  Derived1 ob1;
  Derived2 ob2;

  p = &baseob;
  cout << "p zeigt auf ein Objekt vom Typ ";
  cout << typeid(*p).name() << endl;

  p = &ob1;
  cout << "p zeigt auf ein Objekt vom Typ ";
  cout << typeid(*p).name() << endl;

  p = &ob2;
  cout << "p zeigt auf ein Objekt vom Typ ";
  cout << typeid(*p).name() << endl;

  return 0;
}
```

Dieses Programm erzeugt die folgende Ausgabe:

```
p zeigt auf ein Objekt vom Typ class Basis
p zeigt auf ein Objekt vom Typ class Derived1
p zeigt auf ein Objekt vom Typ class Derived2
```

Die Ausgabe zeigt: Wenn `typeid` auf einen Basisklassenzeiger eines polymorphen Typs angewendet wird, wird der Typ des Objekts zur Laufzeit bestimmt.

In allen Fällen, in denen `typeid` auf einen Zeiger einer nicht-polymorphen Klassenhierarchie angewendet wird, wird der Zeiger des Basistyps zurückgegeben. Das heißt, es wird nicht bestimmt, worauf der Zeiger tatsächlich zeigt. Kommentieren Sie versuchsweise die virtuelle Funktion `f()` in `Basis` aus und beobachten Sie das Ergebnis. Sie werden sehen, dass jedes Objekt vom Typ `Basis` sein wird, weil dies der Typ des Zeigers ist.

Da `typeid` im Allgemeinen auf einen dereferenzierten Zeiger angewendet wird (das heißt auf einen Zeiger, auf den der *-Operator angewendet wurde), wurde eine spezielle Ausnahme eingeführt, um die Situation zu behandeln, in der der dereferenzierte Zeiger null ist. In diesem Fall löst `typeid` die Ausnahme `bad_typeid` aus.

Referenzen auf ein Objekt einer polymorphen Klassenhierarchie funktionieren wie Zeiger. Wenn `typeid` auf eine Referenz auf ein Objekt einer polymorphen Klasse angewendet wird, gibt die Anweisung den Typ des Objekts zurück, das tatsächlich referenziert wird – dies kann durchaus ein abgeleiteter Typ sein.

12

Diese Funktion wird am häufigsten verwendet, wenn Objekte per Referenz an Funktionen übergeben werden.

Es gibt noch eine zweite Form von `typeid`, die einen Typnamen als Argument hat:

```
typeid(Typname)
```

Beispielsweise ist die folgende Anweisung gültig:

```
cout << typeid(int).name();
```

Diese Form von `typeid` dient hauptsächlich dazu, ein `type_info`-Objekt zu erhalten, das den angegeben Typ beschreibt, sodass dieser in einer Anweisung zu einem Typvergleich verwendet werden kann.

1-Minuten-Test

- Was macht eine statische Elementvariable einzigartig?
- Was macht `typeid`?
- Welche Art von Objekt gibt `typeid` zurück?

Die Typumwandlungsoperatoren

C++ verfügt über fünf Typumwandlungsoperatoren. Der erste ist der traditionelle Cast-Operator, der früher in diesem Buch beschrieben wurde. Er war von Anfang an in C++ enthalten. Die restlichen vier wurden vor einigen Jahren hinzugefügt. Es sind `dynamic_cast`, `const_cast`, `reinterpret_cast` und `static_cast`. Mit diesen Operatoren können Sie zusätzlich steuern, wie die Typumwandlung ausgeführt werden soll. Die Operatoren werden hier kurz beschrieben.

dynamic_cast

Der vielleicht wichtigste zusätzliche Cast-Operator ist `dynamic_cast`. Er führt zur Laufzeit eine Typumwandlung aus, bei der die Gültigkeit des Casts geprüft wird. Wenn der die Typumwandlung beim Ausführen von `dynamic_cast` ungültig ist, scheitert die Typumwandlung. Die allgemeine Form von `dynamic_cast` ist:

```
dynamic_cast Zieltyp (Ausdruck)
```

- Eine statische Elementvariable wird von allen Objekten ihrer Klasse gemeinsam verwendet.
- `typeid` bestimmt den Typ eines Objekts zur Laufzeit.
- `typeid` gibt ein Objekt vom Typ `type_info` zurück.

Hier gibt *Zieltyp* den Zieltyp der Typumwandlung an, und *Ausdruck* ist der Ausdruck, der in den neuen Typ umgewandelt werden soll. Der Zieltyp muss ein Zeiger oder ein Referenztyp sein, und der Ausdruck, der umgewandelt werden soll, muss einen Zeiger oder eine Referenz ergeben. Deshalb kann dynamic_cast dazu verwendet werden, einen Zeigertyp in einen anderen Zeigertyp oder einen Referenztyp in einen anderen Referenztyp umzuwandeln.

Die Anweisung dynamic_cast dient dazu, polymorphe Typen umzuwandeln. Wenn beispielsweise zwei polymorphe Klassen B und D gegeben sind und D von B abgeleitet ist, kann ein dynamic_cast immer einen D*-Zeiger in einen B*-Zeiger umwandeln, weil ein Basisklassenzeiger immer auf ein abgeleitetes Objekt zeigen kann. Doch umgekehrt kann ein dynamic_cast einen B*-Zeiger nur dann in einen D*-Zeiger umwandeln, wenn das Objekt, auf das der Zeiger weist, tatsächlich ein D-Objekt ist. Im Allgemeinen funktioniert dynamic_cast, wenn der Zeiger (oder die Referenz), der (oder die) umgewandelt werden soll, entweder auf ein Objekt des Zieltyps weist (oder ein solches referenziert) oder ein Objekt ist, das von dem Zieltyp abgeleitet ist. Andernfalls scheitert die Typumwandlung. Wenn die Typumwandlung scheitert, ergibt der dynamic_cast null, falls die Typumwandlung Zeiger betrifft. Falls ein dynamic_cast bei Referenztypen scheitert, wird eine bad_cast-Ausnahme ausgelöst.

Es folgt ein einfaches Beispiel. Base sei eine polymorphe Klasse, und Derived sei eine Klasse, die von Base abgeleitet ist.

```
Base *bp, b_ob;
Derived *dp, d_ob;

bp = &d_ob; // Der Basisklassenzeiger zeigt auf das abgeleitete
Objekt.
dp = dynamic_cast<Derived *> (bp); // Umwandlung in den abgeleite-
ten Zeiger OK
if(dp) cout << "Umwandlung OK";
```

Hier funktioniert die Umwandlung von dem Basisklassenzeiger bp auf den abgeleiteten Zeiger dp, weil bp tatsächlich auf ein abgeleitetes Objekt zeigt. Deshalb zeigt dieses Fragment Umwandlung OK an. Aber im nächsten Fragment scheitert die Umwandlung, weil bp auf ein Objekt der Basisklasse zeigt und es unzulässig ist, ein Objekt der Basisklasse in ein abgeleitetes Objekt umzuwandeln.

```
bp = &b_ob; // Basisklassenzeiger zeigt auf Basis-Objekt
dp = dynamic_castDerived * (bp); // Fehler
if(!dp) cout << "Umwandlung gescheitert";
```

Weil die Umwandlung scheitert, zeigt dieses Fragment Umwandlung gescheitert an.

const_cast

Mit dem Operator `const_cast` können Sie die Attribute `const` und/oder `volatile` in einer Typumwandlung explizit überschreiben. Der Zieltyp und der Quelltyp müssen bis auf ihre unterschiedlichen `const`- oder `volatile`-Attribute übereinstimmen. Der Operator `const_cast` dient hauptsächlich dazu, das Attribut `const` außer Kraft zu setzen. Seine allgemeine Form ist:

```
const_cast<Typ> (Ausdruck)
```

Hier gibt *Typ* den Zieltyp der Umwandlung an, und *Ausdruck* ist der Ausdruck, der in den neuen Typ umgewandelt werden soll. Es muss betont werden, dass es potenziell gefährlich ist, mit `const_cast` das Attribut `const` außer Kraft zu setzen. Verwenden Sie diesen Operator mit Vorsicht.

Noch ein Punkt: Nur `const_cast` kann das Attribut `const` außer Kraft zu setzen. Das heißt, `dynamic_cast`, `static_cast` und `reinterpret_cast` können das Attribut `const` eines Objekts nicht außer Kraft setzen.

static_cast

Der Operator `static_cast` führt eine nicht-polymorphe Typumwandlung durch. Er kann für jede Standardumwandlung verwendet werden. Es werden keine Laufzeitprüfungen durchgeführt. Deshalb ist der Operator `static_cast` im Wesentlichen ein Ersatz für den ursprünglichen Cast-Operator.

Seine allgemeine Form ist:

```
static_cast<Typ> (Ausdruck)
```

Hier gibt *Typ* den Zieltyp der Umwandlung an, und *Ausdruck* ist der Ausdruck, der in den neuen Typ umgewandelt werden soll.

reinterpret_cast

Der Operator `reinterpret_cast` wandelt einen Typ in einen grundsätzlich verschiedenen Typ um. Beispielsweise kann er einen Zeiger in eine Ganzzahl und eine Ganzzahl in einen Zeiger umwandeln. Er kann auch dazu verwendet werden, von Haus aus inkompatible Zeigertypen umzuwandeln. Seine allgemeine Form ist:

```
reinterpret_cast<Typ> (Ausdruck)
```

Hier gibt *Typ* den Zieltyp der Umwandlung an, und *Ausdruck* ist der Ausdruck, der in den neuen Typ umgewandelt werden soll.

Wie geht es weiter?

Dieses Buch soll Ihnen die Kernelemente der Sprache vermitteln. Dies sind die Funktionen und Techniken von C++, die bei der täglichen Programmierarbeit verwendet werden. Mit dem Wissen, über das Sie jetzt verfügen, können Sie anfangen, praktisch einsetzbare Programme in professioneller Qualität zu schreiben. Doch C++ ist eine sehr reichhaltige Sprache und enthält viele fortgeschrittene Funktionen, die Sie auch noch beherrschen sollten. Dazu zählen:

- Die Standard Template Library (STL)
- Explizite Konstruktoren
- Umwandlungsfunktionen
- `const`-Elementfunktionen und das Schlüsselwort `mutable`
- Das `asm`-Schlüsselwort
- Das Überladen des Indizierungsoperators `[]` von Arrays, des Funktionsaufrufoperators `()` und der dynamischen Allozierungsoperatoren `new` und `delete`

In dieser Liste ist wahrscheinlich die Standard Template Library am wichtigsten. Dabei handelt es sich um eine Bibliothek von Template-Klassen, die vorgefertigte Lösungen für eine Vielzahl von Standardaufgaben der Datenspeicherung bietet. Beispielsweise werden in der STL generische Datenstrukturen wie Queues, Stacks und Lists definiert, die Sie in Ihren Programmen verwenden können.

Außerdem sollten Sie die C++-Funktionsbibliothek studieren. Sie enthält eine große Anzahl von Routinen, die die Erstellung von Programmen erleichtern.

Wenn Sie Ihr Studium von C++ fortsetzen wollen, schlage ich Ihnen mein Buch *C++ Ent-Packt,* erschienen beim MITP-Verlag in Bonn, vor. Es behandelt die genannten Punkte sowie zahlreiche weitere Themen. Sie verfügen jetzt über genügend Wissen, um diese ausführliche C++-Anleitung zu nutzen.

☑ Übungsaufgaben

1. Erklären Sie, wie `try`, `catch` und `throw` zusammenarbeiten, um die Ausnahmebehandlung zu unterstützen.
2. Wie muss die `catch`-Liste geordnet werden, wenn Ausnahmen sowohl einer Basisklasse als auch einer abgeleiteten Klasse abgefangen werden sollen?

3. Zeigen Sie, wie festgelegt wird, dass eine `MyExcpt`-Ausnahme aus einer Funktion namens `func()` heraus ausgelöst werden kann, die `void` zurückgibt.
4. Definieren Sie eine Ausnahme für die generische `Queue`-Klasse aus Projekt 12-1. Die `Queue` soll diese Ausnahme auslösen, wenn ein Überlauf oder ein Unterlauf auftritt. Demonstrieren Sie ihre Anwendung.
5. Was ist eine generische Funktion, und mit welchem Schlüsselwort wird sie erstellt?
6. Erstellen Sie generische Versionen der Funktionen `quicksort()` und `qs()` aus Projekt 5-1. Demonstrieren Sie ihre Anwendung.
7. Verwenden Sie die folgende `Sample`-Klasse, um eine Queue von drei `Sample`-Objekten mit der generischen `Queue` aus Projekt 12-1 zu erstellen:

```
class Sample {
  int id;
public:
  Sample() { id = 0; }
  Sample(int x) { id = x; }
  void show() { cout << id << endl; }
};
```

8. Überarbeiten Sie Ihre Lösung zu Frage 7 so, dass die `Sample`-Objekte, die in der Queue gespeichert werden, dynamisch alloziert werden.
9. Zeigen Sie, wie ein Namensraum namens `RobotMotion` deklariert wird.
10. Welcher Namensraum enthält die C++-Standardbibliothek?
11. Kann eine `static`-Elementfunktion auf Nicht-`static`-Daten einer Klasse zugreifen?
12. Welcher Operator fragt den Typ eines Objekts zur Laufzeit ab?
13. Welchen Cast-Operator verwenden Sie, um die Gültigkeit einer polymorphen Typumwandlung zur Laufzeit zu bestimmen?
14. Was macht `const_cast`?
15. Versuchen Sie selbst, die `Queue`-Klasse aus Projekt 12-1 in einen eigenen Namensraum namens `QueueCode` und in eine eigene Datei namens `Queue.cpp` einzufügen. Überarbeiten Sie dann die `main()`-Funktion so, dass sie mit `using` den Namensraum `QueueCode` sichtbar macht.
16. Fahren Sie fort, mehr über C++ zu lernen. Es ist die zurzeit leistungsstärkste Computersprache. Wenn Sie sie beherrschen, steigen Sie in die Elite-Liga der Programmierer auf.

Anhang A

Antworten auf die Übungsaufgaben

Kapitel 1: C++-Grundlagen

1. Die Sprache C++ steht im Zentrum der modernen Programmierung, weil sie von C abgeleitet wurde und die Vorläuferin der Sprachen Java und C# ist. Dies sind die vier wichtigsten Programmiersprachen.
2. Wahr. Ein C++-Compiler erzeugt Code, der direkt von dem Computer ausgeführt werden kann.
3. Einkapselung, Polymorphie und Vererbung sind die drei Leitprinzipien der OOP.
4. Die Ausführung von C++-Programmen beginnt bei `main()`.
5. Ein Header enthält Informationen, die von dem Programm verwendet werden.
6. `<iostream>` ist der Header, der die I/O (Ein-/Ausgabe) unterstützt. Die Anweisung bindet den Header `<iostream>` in ein Programm ein.
7. Ein Namensraum ist ein deklarativer Bereich, in den verschiedene Programmelemente eingefügt werden können. Elemente, die in einem Namensraum deklariert werden, sind von den Elementen getrennt, die in einem anderen Namensraum deklariert werden.
8. Eine Variable ist ein benannter Speicherort. Der Inhalt einer Variablen kann während der Ausführung eines Programms geändert werden.
9. Die ungültigen Variablen sind `d` und `e`. Variablennamen dürfen nicht mit einer Ziffer beinnen; sie dürfen auch nicht wie ein C++-Schlüsselwort heißen.
10. Ein einzeiliger Kommentar beginnt mit // und endet am Ende der Zeile. Ein mehrzeiliger Kommentar beginnt mit /* und endet mit */.
11. Die `if`-Anweisung hat die allgemeine Form:

    ```
    if(Bedingung) Anweisung;
    ```

    Die `for`-Anweisung hat die allgemeine Form:

    ```
    for(Initialisierung; Bedingung; Inkrement) Anweisung;
    ```

12. Ein Codeblock startet mit einer { und endet mit einer }.
13. Das Programm:

    ```
    // a01-13.cpp
    // Eine Tabelle mit Gewichten auf der Erde und dem Mond anzeigen.
    ```

```
#include <iostream>
using namespace std;

int main() {
  double earthweight; // Gewicht auf der Erde
  double moonweight;  // Gewicht auf dem Mond
  int counter;

  counter = 0;
  for(earthweight = 1.0; earthweight <= 100.0; earthweight++) {
    moonweight = earthweight * 0.17;
    cout << earthweight << " Erd-Pfunde entsprechen " <<
                    moonweight << " Mond-Pfunden.\n";
    counter++;
    if(counter == 25) {
       cout << "\n";
       counter = 0;
    }
  }
  return 0;
}
```

14. Das Programm:

```
// a01-14.cpp
// Jupiter-Jahre in Erd-Jahre umwandeln.
#include <iostream>
using namespace std;

int main() {
  double e_years; // Erd-Jahre
  double j_years; // Jupiter-Jahre

  cout << "Geben Sie die Zahl der Jupiter-Jahre an: ";
  cin >> j_years;

  e_years = j_years * 12.0;

  cout << "Entsprechende Erd-Jahre: " << e_years;

  return 0;
}
```

15. Wenn eine Funktion aufgerufen wird, wird die Kontrolle über den Programmablauf an die Funktion übergeben.

16. Das Programm:

```
// a01-16.cpp
// Den Durchschnitt der absoluten Werte von
// fuenf Zahlen berechnen.
#include <iostream>
```

```
#include <cstdlib>
using namespace std;

int main()
{
  int i;
  double avg, val;

  avg = 0.0;

  for(i=0; i<5; i++) {
    cout << "Geben Sie einen Wert ein: ";
    cin >> val;

    avg = avg + abs(val);
  }
  avg = avg / 5;

  cout << "Durchschnitt der absoluten Werte: " << avg;

  return 0;
}
```

Kapitel 2: Einführung in Datentypen und Operatoren

1. Die ganzzahligen Typen von C++ sind:

```
int                         short int
long int                    unsigned int
unsigned short int          unsigned long int
signed int                  signed short int
signed long int
```

   Der Typ `char` kann auch als ganzzahliger Typ verwendet werden.

2. 12.2 hat den Typ `double`.
3. Eine `bool`-Variable kann `true` oder `false` sein.
4. Der lange ganzzahlige Typ ist `long int` oder einfach `long`.
5. Die Zeichenfolge `\t` repräsentiert einen Tabulator. Durch `\b` wird ein Alarmton ausgelöst.
6. Wahr. Ein String wird in doppelte Anführungszeichen eingeschlossen.
7. Die hexadezimalen Ziffern sind: 0, 1, 2, 3, 4, 5, 6, 7, 8, 9, A, B, C, D, E, F.
8. Die Initialisierung einer Variablen hat die allgemeine Form:

```
Typ Var = Wert;
```

9. Das Zeichen % ist der Modulus-Operator. Dieser Operator gibt den Rest einer ganzzahligen Division zurück. Er kann nicht auf Fließkommazahlen angewendet werden.

10. Wenn der Inkrement-Operator vor seinem Operanden steht, führt das Programm die entsprechende Operation aus, bevor es den Wert der Operanden im Rest des Ausdrucks verwendet. Wenn der Operator nach seinem Operanden steht, benutzt das Programm erst den Wert des Operanden in dem Ausdruck und inkrementiert dann den Operanden.

11. A, C und E

12. `x += 12;`

13. Ein Cast ist eine explizite Typumwandlung.

14. Das folgende Programm ist eine Methode, um die Primzahlen zwischen 1 und 100 zu ermitteln. Es gibt natürlich auch andere Lösungen.

```
// a02-14.cpp
// Die Primzahlen zwischen 1 und 100 zu ermitteln.
#include <iostream>
using namespace std;
int main() {
  int i, j;
  bool isprime;
  for(i=1; i < 100; i++) {
    isprime = true;
    // pruefen, ob die Zahl gerade ist
    for(j=2; j <= i/2; j++)
      // falls ja, ist sie keine Primzahl
      if((i%j) == 0) isprime = false;
    if(isprime)
      cout << i << " ist eine Primzahl.\n";
  }
  return 0;
}
```

Kapitel 3: Programmsteueranweisungen

1. Das Programm:

```
// a03-01.cpp
// Punkte zaehlen.
#include <iostream>
using namespace std;
int main() {
  char ch;
  int points = 0;
  cout << "Geben Sie $ ein, um das Programm zu beenden.\n";
  do {
    cin >> ch;
    if(ch == '.') points++;
  } while(ch != '$');
  cout << "Punkte: " << points << "\n";
  return 0;
}
```

2. Ja. Wenn eine `case`-Folge nicht durch eine `break`-Anweisung beendet wird, wird die Ausführung mit dem nächsten `case` fortgesetzt. Eine `break`-Anweisung verhindert dies.

3. Die allgemeine Form der `if-else-if`-Leiter lautet:

```
if(Bedingung)
  Anweisung;
else if(Bedingung)
  Anweisung;
else if(Bedingung)
  Anweisung;
.
.
.
else
  Anweisung;
```

4. Das letzte `else` wird mit dem äußeren `if` verbunden. Dies ist das nächstliegende `if`, das auf derselben Stufe wie das `else` steht.

5. `for(int i = 1000; i >= 0; i -= 2) // ...`

6. Nein. Der ANSI/ISO-C++-Standard schreibt vor, dass `i` außerhalb der `for`-Schleife, in der es deklariert wird, unbekannt ist. (Beachten Sie, dass einige Compiler diesen Fall anders behandeln können.)

7. Ein `break` beendet sofort seine einschließende Schleife oder `switch`-Anweisung.

8. Nachdem die `break`-Anweisung ausgeführt worden ist, wird `nach while` angezeigt.

9. Das Fragment erzeugt die Ausgabe:

```
0 1
2 3
4 5
6 7
8 9
```

10. Das Programm:

```
// a03-10.cpp
// Die Reihe 1 2 4 8 16, ... mit einer for-Schleife erzeugen
#include <iostream>
using namespace std;
int main() {
  for(int i = 1; i < 100; i += i)
    cout << i << " ";
  cout << "\n";
  return 0;
}
```

11. Das Programm:

```
// a03-11.cpp
// Die Schreibweise aendern.
#include <iostream>
using namespace std;
int main() {
  char ch;
  int changes = 0;
  cout << "Geben Sie einen Punkt ein, um abzubrechen.\n";
  do {
    cin >> ch;
    if(ch >= 'a' && ch <= 'z') {
      ch -= (char) 32;
```

```
        changes++;
        cout << ch;
      }
      else if(ch >= 'A' && ch <= 'Z') {
        ch += (char) 32;
        changes++;
        cout << ch;
      }
    } while(ch != '.');

    cout << "\nGeaenderte Buchstaben: " << changes << "\n";

    return 0;
}
```

12. Die unbedingte Sprunganweisung von C++ heißt `goto`.

Kapitel 4: Arrays, Strings und Zeiger

1. `short int hightemps[31];`

2. null

3. Das Programm:

```
// a04-03.cpp

// Doubletten suchen.

#include <iostream>
using namespace std;

int main()
{
  int nums[] = {1, 1, 2, 3, 4, 2, 5, 4, 7, 7};

  for(int i=0; i < 10; i++)
    for(int j=i+1; j < 10; j++)
      if(nums[i] == nums[j])
         cout << "Doublette: " << nums[i] << "\n";

  return 0;
}
```

4. Ein nullterminierter String ist ein Array von Zeichen, das mit einer Null endet.

5. Das Programm zum Stringvergleich:

```
// a04-05.cpp
// Bei einem Stringvergleich, die Gross-/Kleinschreibung igno-
rieren.
#include <iostream>
#include <cctype>
using namespace std;
int main()
{
  char str1[80];
  char str2[80];
  char *p1, *p2;
  cout << "Geben Sie den ersten String ein: ";
  cin >> str1;
  cout << "Geben Sie den zweiten String ein: ";
  cin >> str2;
  p1 = str1;
  p2 = str2;
  // Schleife so lange durchlaufen, wie p1 und p2
  // auf Nicht-null-Zeichen weisen.
  while(*p1 && *p2) {
    if(tolower(*p1) != tolower(*p2)) break;
    else {
      p1++;
      p2++;
    }
  }
  // Strings sind gleich, wenn sowohl p1 als auch p2
  // auf den Nullterminator zeigen.
  if(!*p1 && !*p2)
    cout << "Bis auf moegliche Unterschiede in der "
         "Gross-/Kleinschreibung sind die Strings gleich.\n";
  else
    cout << "Die Strings sind verschieden.\n";

  return 0;
}
```

6. Wenn Sie `strcat()` verwenden, muss das Ziel-Array groß genug sein, um den Inhalt beider Strings aufnehmen zu können.

7. Bei einem mehrdimensionalen Array wird jeder Index separat in eckigen Klammern angegeben.

8. `int nums[] = {5, 66, 88};`

A

9. Die Deklaration eines Arrays unbestimmter Größe stellt sicher, dass das Array immer groß genug ist, um die angegebenen Anfangswerte zu speichern.

10. Ein Zeiger ist ein Objekt, das eine Speicheradresse enthält. Die Zeigeroperatoren sind & und *.

11. Ja, ein Zeiger kann wie ein Array indiziert werden. Ja, Sie können mit einem Zeiger auf ein Array zugreifen.

12. Das Programm zum Zählen der Großbuchstaben:

```
// a04-12.cpp
// Grossbuchstaben zaehlen.
#include <iostream>
#include <cstring>
#include <cctype>
using namespace std;
int main()
{
  char str[80];
  int i;
  int count;
  strcpy(str, "'Dies ist ein Test'");
  count = 0;
  for(i=0; str[i]; i++)
    if(isupper(str[i])) count++;
  cout << str << " enthaelt " << count << " Grossbuchstaben.";
  return 0;
}
```

13. Wenn ein Zeiger auf einen anderen Zeiger zeigt, spricht man von einer *mehrfachen Indirektion*.

14. Per Konvention gilt ein Null-Zeiger als unbenutzt.

Kapitel 5: Eine Einführung in Funktionen

1. Eine Funktion hat die allgemeine Form:

```
Rueckgabetyp Name(Parameterliste){
  // Koerper der Funktion
}
```

2. Die Länge einer Hypotenuse berechnen:

```
// a05-02.cpp
// Die Laenge der Hypothenuse berechnen.
#include <iostream>
#include <cmath>
using namespace std;
double hypot(double a, double b);
int main() {

  cout << "Hypotenuse eines rechtwinkligen Dreickecks " <<
          " mit den Katheten 3 und 4: ";
  cout << hypot(3.0, 4.0) << "\n";
  return 0;
}
double hypot(double a, double b)
{
  return sqrt((a*a) + (b*b));
}
```

3. Ja, eine Funktion kann einen Zeiger zurückgeben. Nein, eine Funktion kann kein Array zurückgeben.

4. Eine angepasste Version der Funktion `strlen( )`:

```
// a05-04.cpp
// Eine angepasste Version von strlen().
#include <iostream>
using namespace std;
int mystrlen(char *str);
int main()
{
  cout << "Die Laenge von 'Hallo, Sie da' ist: ";
  cout << mystrlen("Hallo, Sie da");
```

```
  return 0;
}
// Eine angepasste Version von strlen().
int mystrlen(char *str)
{
  int i;
  for(i=0; str[i]; i++) ; // Das Ende des Strings suchen.
  return i;
}
```

5. Nein. Der Wert einer lokalen Variablen geht verloren, wenn ihre Funktion zurückkehrt. (Allgemeiner ausgedrückt: Im Allgemeinen geht ihr Wert verloren, wenn ihr Block verlassen wird.)
6. Die Hauptvorteile von globalen Variablen bestehen darin, dass sie für alle anderen Funktionen in dem Programm zur Verfügung stehen und dass sie während der gesamten Ausführung des Programms existieren. Ihre Hauptnachteile bestehen darin, dass sie während der gesamten Ausführung des Programms Speicherplatz belegen, dass globale Variablen, die anstelle von lokalen Variablen verwendet werden, eine Funktion weniger allgemein machen und dass eine große Zahl von globalen Variablen zu unerwünschten Nebenwirkungen führen kann.
7. Zahlenfolgen generieren:

```
// a05-07.cpp
// Zahlenfolgen generieren.
#include <iostream>
using namespace std;
int seriesnum = 0;
int byThrees();
void reset();
int main() {
  for(int i=0; i < 10; i++)
    cout << byThrees() << " ";
  cout << "\n";
  reset();
  for(int i=0; i < 10; i++)
    cout << byThrees() << " ";
  cout << "\n";
  return 0;
}
int byThrees()
```

```
{
  int t;

  t = seriesnum;
  seriesnum += 3;

  return t;
}
void reset()
{
  seriesnum = 0;
}
```

8. Passwort prüfen:

```
// a05-08.cpp
// Passwort pruefen.
#include <iostream>
#include <cstring>
using namespace std;
int main(int argc, char *argv[])
{
  if(argc != 2) {
    cout << "Passwort erforderlich!\n";
    return 0;
  }
  if(!strcmp("mypassword", argv[1]))
    cout << "Zugang gewaehrt.\n";
  else
    cout << "Zugang verweigert.\n";
  return 0;
}
```

9. Wahr. Ein Prototyp verhindert, dass eine Funktion mit einer falschen Zahl von Argumenten aufgerufen wird.

10. Rekursive Funktion:

```
// a05-10.cpp
// Rekursive Funktion demonstrieren.
#include <iostream>
using namespace std;
void printnum(int n);
int main()
{
  printnum(10);
  return 0;
```

```
}
void printnum(int n)
{
  if(n > 1) printnum(n-1);
  cout << n << " ";
}
```

Kapitel 6: Ein näherer Blick auf Funktionen

1. Ein Argument kann an eine Unterroutine als Wert oder als Referenz übergeben werden.
2. Eine Referenz ist ein impliziter Zeiger. Ein Referenzparameter wird erstellt, indem das Zeichen & vor den Parameternamen gesetzt wird.
3. `f(ch, &i);`
4. Rundungsfunktion mit Referenzparameter:

```
// a06-04.cpp
// Rundungsfunktion mit Referenzparamter
#include <iostream>
#include <cmath>
using namespace std;
void round(double &num);
int main()
{
  double i = 100.4;
  cout << i << " gerundet ist ";
  round(i);
  cout << i << "\n";
  i = -10.9;
  cout << i << " gerundet ist ";
  round(i);
  cout << i << "\n";
  return 0;
}
void round(double &num)
{
  double frac;
  double val;
  // num in einen ganzzahligen Teil und einen Bruchteil zerlegen
  frac =  modf(num, &val);
```

```
  if(frac < 0.5) num = val;
  else num = val+1.0;
}
```

5. Argumente vertauschen:

```
// a06-05.cpp
// Argumente vertauschen.
#include <iostream>
using namespace std;
// Argumente vertauschen und Minimum zurueckgeben.
int & min_swap(int &x, int &y);
int main()
{
  int i, j, min;
  i = 10;
  j = 20;
  cout << "Anfangswerte von i und j: ";
  cout << i << ' ' << j << '\n';
  min = min_swap(j, i);
  cout << "Vertauschte Werte von i und j: ";
  cout << i << ' ' << j << '\n';
  cout << "Der kleinere Wert ist " << min << "\n";
  return 0;
}
// Argumente vertauschen und Minimum zurueckgeben.
int &min_swap(int &x, int &y)
{
  int temp;
  // Referenzen verwenden, um die Werte der
  // Argumente zu vertauschen.
  temp = x;
  x = y;
  y = temp;
  // Referenz auf das kleinere Argument zurueckgeben.
  if(x < y) return x;
  else return y;
}
```

6. Eine Funktion darf keine Referenz auf eine lokale Variable zurückgeben, weil diese Variable ihren Gültigkeitsbereich verlässt (das heißt, sie hört auf zu existieren), wenn die Funktion zurückkehrt.

7. Überladene Funktionen müssen sich im Typ und/oder in der Zahl ihrer Parameter unterscheiden.

8. Ausgabefunktionen mit einem Parameter für die Einrückung:

```
/* a06-08.cpp
   Projekt 6-1 -- erweiterte Version fuer die Uebungsaufgaben
   Die ueberladenen Funktionen print() und println() erstellen,
   die verschiedene Typen von Daten anzeigen.
   Diese Version enthaelt einen Parameter fuer die Einrueckung.
*/
#include <iostream>
using namespace std;
// Funktionen mit Zeilenvorschub
void println(bool b, int ident=0);
void println(int i, int ident=0);
void println(long i, int ident=0);
void println(char ch, int ident=0);
void println(char *str, int ident=0);
void println(double d, int ident=0);
// Funktionen ohne Zeilenvorschub
void print(bool b, int ident=0);
void print(int i, int ident=0);
void print(long i, int ident=0);
void print(char ch, int ident=0);
void print(char *str, int ident=0);
void print(double d, int ident=0);
int main()
{
  println(true, 10);
  println(10, 5);
  println("Dies ist ein Test");
  println('x');
  println(99L, 10);
  println(123.23, 10);
  print("Hier sind einige Werte: ");
  print(false);
  print(88, 3);
  print(100000L, 3);
  print(100.01);
  println(" Fertig!");
  return 0;
}
// Hier sind die println()-Funktionen.
void println(bool b, int ident)
{
  if(ident)
    for(int i=0; i < ident; i++) cout << ' ';
```

```
  if(b) cout << "true\n";
  else cout << "false\n";
}
void println(int i, int ident)
{
  if(ident)
    for(int i=0; i < ident; i++) cout << ' ';
  cout << i << "\n";
}
void println(long i, int ident)
{
  if(ident)
    for(int i=0; i < ident; i++) cout << ' ';
  cout << i << "\n";
}
void println(char ch, int ident)
{
  if(ident)
    for(int i=0; i < ident; i++) cout << ' ';
  cout << ch << "\n";
}
void println(char *str, int ident)
{
  if(ident)
    for(int i=0; i < ident; i++) cout << ' ';
  cout << str << "\n";
}
void println(double d, int ident)
{
  if(ident)
    for(int i=0; i < ident; i++) cout << ' ';
  cout << d << "\n";
}
// Hier sind die print()-Funktionen.
void print(bool b, int ident)
{
  if(ident)
    for(int i=0; i < ident; i++) cout << ' ';
  if(b) cout << "true";
  else cout << "false";
}
void print(int i, int ident)
{
  if(ident)
    for(int i=0; i < ident; i++) cout << ' ';
```

```
  cout << i;
}
void print(long i, int ident)
{
  if(ident)
    for(int i=0; i < ident; i++) cout << ' ';
  cout << i;
}
void print(char ch, int ident)
{
  if(ident)
    for(int i=0; i < ident; i++) cout << ' ';
  cout << ch;
}
void print(char *str, int ident)
{
  if(ident)
    for(int i=0; i < ident; i++) cout << ' ';
  cout << str;
}
void print(double d, int ident)
{
  if(ident)
    for(int i=0; i < ident; i++) cout << ' ';
  cout << d;
}
```

9. Möglichkeiten, wie `myfunc()` aufgerufen werden kann:

```
myfunc('x');
myfunc('x', 19);
myfunc('x', 19, 35);
```

10. Durch das Überladen von Funktionen kann eine Mehrdeutigkeit verursacht werden, wenn der Compiler nicht entscheiden kann, welche Version der Funktion aufgerufen werden soll. Dies kann passieren, wenn automatische Typumwandlungen erfolgen oder wenn Standardargumente verwendet werden.

Kapitel 7: Weitere Datentypen und Operatoren

1. `static int test = 100;`
2. Wahr. Der Modifizierer `volatile` teilt dem Compiler mit, dass eine Variable durch Faktoren außerhalb des Programms geändert werden kann.
3. Um einer Datei in einem Projekt, das mehrere Dateien umfasst, eine globale Variable bekannt zu machen, die in einer anderen Datei deklariert ist, wird der Modifizierer `extern` verwendet.
4. Die wichtigste Eigenschaft einer statischen lokalen Variablen besteht darin, dass sie ihren Wert zwischen Funktionsaufrufen behält.
5. Funktionsaufrufe zählen:

```
// a07-05.cpp
// Mit static die Zahl der Funktionsaufrufe zaehlen.
#include <iostream>
using namespace std;
int counter();
int main()
{
  int result;
  for(int i=0; i<10; i++)
    result = counter();
  cout << "Die Funktion wurde " <<
       result << " Mal aufgerufen." << "\n";
  return 0;
}
int counter()
{
  static count = 0;
  count++;
  return count;
}
```

6. Das Leistungsverhalten wird am stärksten beeinflusst, wenn `x` als `register` deklariert wird, danach folgen `y` und dann `z`. Der Grund dafür ist, dass in der Schleife am häufigsten auf `x` und am zweithäufigsten auf `y` zugegriffen wird. `z` wird nur verwendet, wenn die Schleife initialisiert wird.

7. & ist ein bitweiser Operator, der mit den einzelnen Bits innerhalb eines Wertes arbeitet. && ist ein logischer Operator, der mit Wahrheitswerten (`true` oder `false`) arbeitet.

8. Die Anweisung multipliziert den aktuellen Wert von `x` mit 10 und weist das Ergebnis `x` zu. Sie ist funktional identisch mit:

```
x = x * 10;
```

9. Eine Meldung per Rotation verschlüsseln:

```
// a07-09.cpp
// Eine Meldung mit Rotationen verschluesseln.
#include <iostream>
#include <cstring>
using namespace std;
unsigned char rrotate(unsigned char val, int n);
unsigned char lrotate(unsigned char val, int n);
void show_binary(unsigned int u);
int main()
{
  char msg[] = "Dies ist ein Test.";
  char *key = "xanadu";
  int klen = strlen(key);
  int rotnum;
  cout << "Urspruengliche Meldung: " << msg << "\n";
  // Die Meldung mit einer Links-Rotation verschluesseln.
  for(int i = 0 ; i < strlen(msg); i++) {
    // Jeden Buchstaben um einen Wert links-rotieren,
    // der von dem Schluesselstring abgeleitet wurde.
    rotnum = key[i%klen] % 8;
    msg[i] = lrotate(msg[i], rotnum);
  }
  cout << "Verschluesselte Meldung: " << msg << "\n";
  // Die Meldung mit einer Rechts-Rotation entschluesseln.
  for(int i = 0 ; i < strlen(msg); i++) {
    // Jeden Buchstaben um einen Wert rechts-rotieren,
    // der von dem Schluesselstring abgeleitet wurde.
    rotnum = key[i%klen] % 8;
    msg[i] = rrotate(msg[i], rotnum);
  }
  cout << "Entschluesselte Meldung: " << msg << "\n";
  return 0;
}
// Links-Rotation eines Bytes um n Stellen
```

```
unsigned char lrotate(unsigned char val, int n)
{
  unsigned int t;

  t = val;

  for(int i=0; i < n; i++) {
    t = t << 1;

    // Es faellt jeweils das Bit 8 der Ganzzahl t weg.
    // Dieses Bit wird auf der rechten Seite wieder eingefuegt.
    if(t & 256)
      t = t | 1; // eine 1 am rechten Ende einfuegen
  }

  return t; // die unteren 8 Bits zurueckgeben
}

// Rechts-Rotation eines Bytes um n Stellen
unsigned char rrotate(unsigned char val, int n)
{
  unsigned int t;

  t = val;

  // Den Wert zunaechst um acht Bits hoeher schieben.
  t = t << 8;

  for(int i=0; i < n; i++) {
    t = t >> 1;

    // Das Bit, das wegfaellt, befindet sich in Bit 7.
    // Dieses Bit wird auf der rechten Seite wieder eingefuegt.
    if(t & 128)
      t = t | 32768; // links eine 1 einfuegen
  }

  // Schliesslich das Ergebnis wieder in die unteren acht Bits
  // schieben.
  t = t >> 8;

  return t;
}

// Die Bits in einem Byte anzeigen.
void show_binary(unsigned int u)
{
  int t;

  for(t=128; t>0; t = t/2)
    if(u & t) cout << "1 ";
    else cout << "0 ";

  cout << "\n";
}
```

Kapitel 8: Klassen und Objekte

1. Eine Klasse ist ein logisches Konstrukt, das die Form eines Objekts definiert. Ein Objekt ist ein Exemplar (eine Instanz) einer Klasse. Deshalb existiert ein Objekt physisch im Speicher.
2. Eine Klasse wird mit dem Schlüsselwort `class` definiert.
3. Jedes Objekt enthält eine eigene Kopie der Elementvariablen einer Klasse.
4. Beispiel für eine Klassendeklaration:

```
class Test {
  int count;
  int max;
  // ...
}
```

5. Ein Konstruktor hat denselben Namen wie seine Klasse. Ein Destruktor hat denselben Namen wie seine Klasse, außer dass ihm ~ vorangestellt wird.
6. Hier sind drei Methoden, um ein Objekt zu erstellen, das `i` mit 10 initialisiert:

```
Sample ob(10);
Sample ob = 10;
Sample ob = Sample(10);
```

7. Wenn eine Elementfunktion innerhalb einer Klasse deklariert wird, wird sie – falls möglich – automatisch inline verarbeitet.
8. Eine Dreieck-Klasse:

```
// a08-08.cpp
// Eine Dreieck-Klasse erstellen.
#include <iostream>
#include <cmath>
using namespace std;
class Triangle {
  double height;
  double base;
public:
  Triangle(double h, double b) {
    height = h;
    base = b;
  }
  double hypot() {
    return sqrt(height*height + base*base);
```

```
  }
  double area() {
    return base * height / 2.0;
  }
};
int main()
{
  Triangle t1(3.0, 4.0);
  Triangle t2(4.5, 6.75);
  cout << "Hypotenuse von t1: " <<
    t1.hypot() << "\n";
  cout << "Flaeche von t1: " <<
    t1.area() << "\n";
  cout << "Hypotenuse von t2: " <<
    t2.hypot() << "\n";
  cout << "Flaeche von t2: " <<
    t2.area() << "\n";
  return 0;
}
```

9. Erweiterte Hilfe-Klasse:

```
/* a08-09.cpp
   Erweitertes Projekt 8-1
   Eine Benutzer-ID zu der Help-Klasse hinzufuegen.
*/
#include <iostream>
using namespace std;
// Eine Klasse, die ein Hilfesystem einkapselt.
class Help {
  int userID;
public:
  Help(int id) { userID = id; }
  ~Help() { cout << "Hilfe fuer Benutzer #" <<
            userID << " beenden.\n"; }
  int getID() { return userID; }
  void helpon(char what);
  void showmenu();
  bool isvalid(char ch);
};
// Hilfe-Informationen anzeigen.
void Help::helpon(char what) {
  switch(what) {
    case '1':
      cout << "Die if-Anweisung:\n\n";
```

A

```
      cout << "if(Bedingung) Anweisung;\n";
      cout << "else Anweisung;\n";
      break;
    case '2':
      cout << "Die switch-Anweisung:\n\n";
      cout << "switch(Ausdruck) {\n";
      cout << "  case Konstante:\n";
      cout << "    Anweisungsfolge\n";
      cout << "    break;\n";
      cout << "  // ...\n";
      cout << "}\n";
      break;
    case '3':
      cout << "Die for-Anweisung\n\n";
      cout << "for(Initialisierung; Bedingung; Iteration)";
      cout << "  Anweisung;\n";
      break;
    case '4':
      cout << "Die while-Anweisung:\n\n";
      cout << "while(Bedingung) Anweisung;\n";
      break;
    case '5':
      cout << "Die do-while-Anweisung:\n\n";
      cout << "do {\n";
      cout << "  Anweisung;\n";
      cout << "} while (Bedingung);\n";
      break;
    case '6':
      cout << "Die break-Anweisung:\n\n";
      cout << "break;\n";
      break;
    case '7':
      cout << "Die continue-Anweisung:\n\n";
      cout << "continue;\n";
      break;
    case '8':
      cout << "Die goto-Anweisung:\n\n";
      cout << "goto label;\n";
      break;
  }
  cout << "\n";
}
// Das Hilfe-Menue anzeigen.
void Help::showmenu() {
  cout << "Hilfe fuer:\n";
  cout << "  1. if\n";
  cout << "  2. switch\n";
  cout << "  3. for\n";
  cout << "  4. while\n";
```

```
  cout << "  5. do-while\n";
  cout << "  6. break\n";
  cout << "  7. continue\n";
  cout << "  8. goto\n";
  cout << "Waehlen Sie eine Anweisung (q, um abzubrechen): ";
}
// Den Wert true zurueckgeben, wenn eine Auswahl gueltig ist.
bool Help::isvalid(char ch) {
  if(ch > '1' || ch < '8' && ch != 'q')
    return false;
  else
    return true;
}
int main()
{
  char choice;
  Help hlpob(27); // Ein Exemplar der Help-Klasse erstellen.

  cout << "Die Benutzer-ID ist " << hlpob.getID() << ".\n";
  // Mit dem Help-Objekt Informationen anzeigen.
  for(;;) {
    do {
      hlpob.showmenu();
      cin >> choice;
    } while(!hlpob.isvalid(choice));
    if(choice == 'q') break;
    cout << "\n";
    hlpob.helpon(choice);
  }
  return 0;
}
```


Kapitel 9: Klassen genauer betrachtet

1. Ein Copy-Konstruktor erstellt eine Kopie eines Objekts. Er wird aufgerufen, wenn ein Objekt ein anderes Objekt initialisiert. Seine allgemeine Form lautet:

```
Klassenname (const Klassenname &obj) {
  // Koerper des Konstruktors
}
```

2. Wenn ein Objekt von einer Funktion zurückgegeben wird, wird ein temporäres Objekt als Rückgabewert erstellt. Dieses Objekt wird von dem Destruktor des Objekts zerstört, nachdem der Wert zurückgegeben worden ist.
3. `sum()` mit `this`:

```
int sum() {
  return thist.i + thist.j;
}
```

4. Eine Struktur ist eine Klasse, deren Elemente standardmäßig öffentlich sind. Eine Union ist eine Klasse, in der alle Datenelemente denselben Speicher belegen. Auch die Elemente einer Union sind standardmäßig öffentlich.
5. Innerhalb einer Elementfunktion bezieht sich `*this` auf das Objekt, das mit der Funktion aufgerufen wurde.
6. Eine `friend`-Funktion ist eine Nicht-Elementfunktion, der ein Zugriff auf die privaten Elemente der Klasse eingeräumt wird, für die sie ein »Freund« ist.
7. Die allgemeine Form eines überladenen binären Element-Operators einer Funktion lautet:

```
Typ Klassenname::operator#(Typ op2){
  // Der linke Operand wird ueber "this" uebergeben.
}
```

8. Um Operationen zwischen einem Klassentyp und einem eingebauten Typ zu ermöglichen, müssen Sie zwei `friend`-Operator-Funktionen verwenden – eine mit dem Klassentyp als erstem Parameter und eine mit dem eingebauten Typ als erstem Parameter.
9. Nein, der ?-Operator kann nicht überladen werden. Nein, sie könen den Rang eines Operators nicht ändern.
10. Unter- und Obermenge einer Menge prüfen:

```
// a09-10.cpp
// Pruefen, ob eine Menge eine Untermenge einer Menge ist.
bool Set::operator <(Set ob2) {
  if(len > ob2.len) return false; // ob1 hat mehr Elemente
  for(int i=0; i < len; i++)
    if(ob2.find(members[i]) == -1) return false;
  return true;
}
// Pruefen, ob eine Menge eine Obermenge einer Menge ist.
bool Set::operator >(Set ob2) {
```

```
  if(len < ob2.len) return false; // ob1 hat weniger Elemente

  for(int i=0; i < ob2.len; i++)
    if(find(ob2.members[i]) == -1) return false;
  return true;
}
```

11. Schnittmenge ermitteln:

```
// a09-11.cpp
// Schnittmenge ermitteln.
Set Set::operator &(Set ob2) {
  Set newset;

  // Elemente hinzufuegen, die in beiden Mengen enthalten sind.
  for(int i=0; i < len; i++)
    if(ob2.find(members[i]) != -1)
      // hinzufuegen, wenn das Element in beiden Mengen enthal-
ten ist
      newset = newset + members[i];

  return newset; // Menge zurueckgeben
}
```

Kapitel 10: Vererbung, virtuelle Funktionen und Polymorphie

1. Eine Klasse, die geerbt wird, wird als *Basisklasse* bezeichnet. Die Klasse, die von der Basisklasse erbt, wird als *abgeleitete Klasse* bezeichnet.
2. Eine Basisklasse hat *keinen* Zugriff auf die Elemente abgeleiteter Klassen, weil eine Basisklasse abgeleitete Klassen nicht kennt. Umgekehrt *hat* eine abgeleitete Klasse Zugriff auf die nicht-privaten Elemente ihrer Basisklasse(n).
3. Eine Kreis-Klasse:

A

```
// a10-03.cpp
// Eine Kreis-Klasse.
class Circle : public TwoDShape {
public:
  Circle(double r) : TwoDShape(r) { } // Radius festlegen

  double area() {
    return getWidth() * getWidth() * 3.1416;
  }
};
```

4. Um zu verhindern, dass eine abgeleitete Klasse Zugriff auf ein Element einer Basisklasse hat, deklarieren Sie dieses Element in der Basisklasse als `private`.
5. Der Konstruktor einer abgeleiteten Klasse, die einen Konstruktor der Basisklasse aufruft, hat die allgemeine Form :

```
AbgeleiteteKlasse() : BasisKlasse() {
  // ...
}
```

6. Konstruktoren werden immer in der Reihenfolge der Ableitung aufgerufen. Wenn deshalb ein `Gamma`-Objekt erstellt wird, werden die Konstruktoren in der folgenden Reihenfolge aufgerufen: `Alpha`, `Beta`, `Gamma`.
7. Ein `protected`-Element einer Basisklasse kann von seiner eigenen Klasse und von den abgeleiteten Klassen benutzt werden, andernfalls ist es `private`.
8. Wenn eine virtuelle Funktion über einen Basisklassenzeiger aufgerufen wird, bestimmt der Typ des Objekts, auf das der Zeiger weist, welche Version der Funktion aufgerufen wird.
9. Eine rein virtuelle Funktion ist eine Funktion, die innerhalb ihrer Basisklasse keinen Funktionskörper hat. Deshalb muss eine rein virtuelle Funktion von abgeleiteten Klassen überschrieben werden. Eine abstrakte Klasse ist eine Klasse, die wenigstens eine rein virtuelle Funktion enthält.
10. Nein, mit einer abstrakten Klasse kann kein Objekt erstellt werden.
11. Ein rein virtuelle Funktion beschreibt allgemein, welche Anforderungen alle Implementierungen dieser Funktion erfüllen müssen. Deshalb repräsentiert die reine virtuelle Funktion in dem Ausdruck »eine Schnittstelle, mehrere Methoden« die *Schnittstelle*, während die einzelnen Implementierungen die *Methoden* repräsentieren.

Kapitel 11: Das I/O-System von C++

1. Die vordefinierten Streams sind `cin`, `cout`, `cerr` und `clog`.
2. Ja, C++ definiert sowohl 8-Bit- als auch Wide-Character-Streams.
3. Die allgemeine Form, um einen Inserter zu überladen, lautet:

```
ostream &Operator<<(ostream &stream, class_type obj)
{
  // klassenspezifischer Code
```

```
  return stream;  // den Stream zurueckgeben
}
```

4. `ios::scientific` bewirkt, dass eine numerische Ausgabe in wissenschaftlicher Notation angezeigt wird.
5. Die `width()`-Funktion definiert die Feldbreite.
6. Wahr. Ein I/O-Manipulator wird in einem I/O-Ausdruck verwendet.
7. Auf folgendem Weg können Sie eine Datei öffnen, um Text einzugeben:

```
ifstream in("test");
if(!in) {
  cout << "Die Datei kann nicht geoeffnet werden.\n";
  return 1;
}
```

8. Auf folgendem Weg können Sie eine Datei öffnen, um Text auszugeben:

```
ofstream out("test");
if(!out) {
  cout << "Die Datei kann nicht geoeffnet werden.\n";
  return 1;
}
```

9. `ios::binary` bewirkt, dass eine Datei für eine binäre statt für eine textbasierte Ein- und Ausgabe geöffnet wird.
10. Wahr. Am Dateiende (EOF = end of file) nimmt die Stream-Variable den Wert `false` an.
11. `while(strm.get(ch)) // ...`
12. Es gibt viele Lösungen. Ein Beispiel:

```
// a11-12.cpp
// Eine Datei kopieren.

#include <iostream>
#include <fstream>
using namespace std;
int main(int argc, char *argv[])
{
  char ch;
  if(argc!=3) {
    cout << "Verwendung: a11-12 <quelle> <ziel>\n";
    return 1;
  }
  ifstream src(argv[1], ios::in | ios::binary);
```

A

```
  if(!src) {
    cout << "Die Quelldatei kann nicht geoeffnet werden.\n";
    return 1;
  }
  ofstream targ(argv[2], ios::out | ios::binary);
  if(!targ) {
    cout << "Die Zieldatei kann nicht geoeffnet werden.\n";
    return 1;
  }
  do {
    src.get(ch);
    if(!src.eof()) targ.put(ch);
  } while(!src.eof());
  src.close();
  targ.close();
  return 0;
}
```

13. Es gibt viele Lösungen. Ein Beispiel für eine einfache Methode:

```
// a11-13.cpp
// Zwei Dateien mischen.

#include <iostream>
#include <fstream>
using namespace std;
int main(int argc, char *argv[])
{
  char ch;
  if(argc != 4) {
    cout << "Verwendung: a11-13 <quelle1> <quelle2> <ziel>\n";
    return 1;
  }
  ifstream src1(argv[1], ios::in | ios::binary);
  if(!src1) {
    cout << "Die erste Quelldatei kann nicht geoeffnet wer-
den.\n";
    return 1;
  }
  ifstream src2(argv[2], ios::in | ios::binary);
  if(!src2) {
    cout << "Die zweite Quelldatei kann nicht geoeffnet wer-
den.\n";
    return 1;
  }
  ofstream targ(argv[3], ios::out | ios::binary);
```

```
  if(!targ) {
    cout << "Die Zieldatei kann nicht geoeffnet werden.\n";
    return 1;
  }

  // Die erste Quelldatei kopieren.
  do {
    src1.get(ch);
    if(!src1.eof()) targ.put(ch);
  } while(!src1.eof());

  // Die zweite Quelldatei kopieren.
  do {
    src2.get(ch);
    if(!src2.eof()) targ.put(ch);
  } while(!src2.eof());

  src1.close();
  src2.close();
  targ.close();

  return 0;
}
```

14. `MyStrm.seekg(300, ios::beg);`

Kapitel 12: Ausnahmen, Templates und andere fortgeschrittene Themen

1. Die Ausnahmebehandlung in C++ basiert auf drei Schlüsselwörtern: `try`, `catch` und `throw`. Ganz allgemein gesagt, sind die Programmanweisungen, die Sie im Hinblick auf Ausnahmen überwachen wollen, in einem `try`-Block enthalten. Wenn innerhalb des `try`-Blocks eine Ausnahme (das heißt ein Fehler) auftritt, wird sie (mit `throw`) ausgelöst. Die Ausnahme wird dann mit `catch` abgefangen und verarbeitet.

2. Wenn Sie Ausnahmen sowohl in Basisklassen als auch in abgeleiteten Klassen abfangen wollen, müssen die abgeleiteten Klassen in einer `catch`-Liste vor den Basisklassen stehen.

3. `void func() throw(MyExcpt)`

A

4. Hier ist eine von vielen möglichen Methoden, um eine Ausnahme zu `Queue` hinzuzufügen:

```
/* a12-04.cpp
   Eine Ausnahme zu Projekt 12-1 hinzufuegen.
   Eine Template-Queue-Klasse.
*/
#include <iostream>
#include <cstring>
using namespace std;
// Dies ist die Ausnahme, die von Queue bei einem Fehler
// ausgeloest wird.
class QExcpt {
public:
  char msg[80];
};

const int maxQsize = 100;
// Eine generische Queue-Klasse erstellen.
template <class QType> class Queue {
  QType q[maxQsize]; // Dieses Array speichert die Queue.
  int size; // Maximale Anzahl der Elemente, die die Queue spei-
chern kann
  int putloc, getloc; // die put- und get-Indizes
  QExcpt Qerr; // ein Ausnahmefeld hinzufuegen
public:
  // Eine Queue der angegebenen Laenge konstruieren.
  Queue(int len) {
    // Die Queue muss kleiner als die Maximalgroesse
    // und positiv sein.
    if(len > maxQsize) len = maxQsize;
    else if(len <= 0) len = 1;
    size = len;
    putloc = getloc = 0;
  }
  // Daten in die Queue einfuegen.
  void put(QType data) {
    if(putloc == size) {
      strcpy(Qerr.msg, "Die Queue ist voll.\n");
      throw Qerr;
    }

    putloc++;
    q[putloc] = data;
  }
  // Daten aus der Queue entnehmen.
```

```
  QType get() {
    if(getloc == putloc) {
      strcpy(Qerr.msg, "Die Queue ist leer.\n");
      throw Qerr;
    }

    getloc++;
    return q[getloc];
  }
};
// Die generische Queue demonstrieren.
int main()
{
  // Beachten Sie, dass iQa nur 2 Elemente lang ist.
  Queue<int> iQa(2), iQb(10);
  try {
    iQa.put(1);
    iQa.put(2);
    iQa.put(3); // Dies verursacht einen Ueberlauf!
    iQb.put(10);
    iQb.put(20);
    iQb.put(30);
    cout << "Inhalt der Integer-Queue iQa: ";
    for(int i=0; i < 3; i++) // Dies verursacht einen Unterlauf!
      cout << iQa.get() << " ";
    cout << endl;
    cout << "Inhalt der Integer-Queue iQb: ";
    for(int i=0; i < 3; i++)
      cout << iQb.get() << " ";
    cout << endl;
    Queue<double> dQa(10), dQb(10);  // zwei double-Queues
                                     // erstellen
    dQa.put(1.01);
    dQa.put(2.02);
    dQa.put(3.03);
    dQb.put(10.01);
    dQb.put(20.02);
    dQb.put(30.03);
    cout << "Inhalt der double-Queue dQa: ";
    for(int i=0; i < 3; i++)
      cout << dQa.get() << " ";
    cout << endl;
    cout << "Inhalt der double-Queue dQb: ";
    for(int i=0; i < 3; i++)
      cout << dQb.get() << " ";
    cout << endl;
```

A

```
  } catch(QExcpt exc) {
    cout << exc.msg;
  }
  return 0;
}
```

5. Eine generische Funktion definiert die allgemeine Form einer Routine, aber nicht den speziellen Datentyp, mit dem sie arbeitet. Sie wird mit dem Schlüsselwort `template` erstellt.

6. Hier ist eine Methode, um `quicksort()` und `qs()` als generische Funktionen zu definieren:

```
// a12-06.cpp
// Ein generischer Quicksort.
#include <iostream>
#include <cstring>
using namespace std;
// Den Aufruf der eigentlichen Sortierfunktion vorbereiten.
template <class X> void quicksort(X *items, int len)
{
  qs(items, 0, len-1);
}
// Eine generische Version von Quicksort.
template <class X> void qs(X *items, int left, int right)
{
  int i, j;
  X x, y;
  i = left; j = right;
  x = items[(left+right) / 2 ];
  do {
    while((items[i] < x) && (i < right)) i++;
    while((x < items[j]) && (j > left)) j--;
    if(i <= j) {
      y = items[i];
      items[i] = items[j];
      items[j] = y;
      i++; j--;
    }
  } while(i <= j);
  if(left < j) qs(items, left, j);
  if(i < right) qs(items, i, right);
}
int main() {
  // Zeichen sortieren
```

```
  char str[] = "jfmckldoelazlkper";
  int i;

  cout << "Urspruengliche Reihenfolge: " << str << "\n";

  quicksort(str, strlen(str));

  cout << "Sortierte Reihenfolge: " << str << "\n";

  // Ganzzahlen sortieren
  int nums[] = { 4, 3, 7, 5, 9, 8, 1, 3, 5, 4 };

  cout << "Urspruengliche Reihenfolge: ";
  for(int i=0; i < 10; i++)
    cout << nums[i] << " ";
  cout << endl;

  quicksort(nums, 10);

  cout << "Sortierte Reihenfolge: ";
  for(int i=0; i < 10; i++)
    cout << nums[i] << " ";
  cout << endl;

  return 0;
}
```

7. Hier ist eine Methode, um `Sample`-Objekte in einer `Queue` zu speichern:

```
/* a12-07.cpp

   Mit Projekt 12-1 Sample-Objekte speichern.

   Eine Template-Queue-Klasse.
*/
#include <iostream>
using namespace std;

class Sample {
  int id;
public:
  Sample() { id = 0; }
  Sample(int x) { id = x; }
  void show() { cout << id << endl; }
};

const int maxQsize = 100;

// Eine generische Queue-Klasse erstellen
template <class QType> class Queue {
  QType q[maxQsize]; // Dieses Array speichert die Queue.
  int size; // Maximale Zahl der Elemente, die die Queue spei-
chern kann
  int putloc, getloc; // die put- und get-Indizes
public:

  // Eine Queue der angegebenen Laenge konstruieren.
  Queue(int len) {
```

A

```
    // Die Queue muss kleiner als die Maximalgroesse und
    // positiv sein.
    if(len > maxQsize) len = maxQsize;
    else if(len <= 0) len = 1;

    size = len;
    putloc = getloc = 0;
  }
  // Daten die Queue einfuegen.
  void put(QType data) {
    if(putloc == size) {
      cout << " -- Die Queue ist voll.\n";
      return;
    }

    putloc++;
    q[putloc] = data;
  }
  // Daten aus der Queue entnehmen.
  QType get() {
    if(getloc == putloc) {
      cout << " -- Die Queue ist leer.\n";
      return 0;
    }

    getloc++;
    return q[getloc];
  }
};
// Die generische Queue demonstrieren.
int main()
{
  Queue<Sample> sampQ(3);
  Sample o1(1), o2(2), o3(3);
  sampQ.put(o1);
  sampQ.put(o2);
  sampQ.put(o3);
  cout << "Der Inhalt von sampQ:\n";
  for(int i=0; i < 3; i++)
    sampQ.get().show();
  cout << endl;
  return 0;
}
```

8. Hier werden die `Sample`-Objekte alloziert:

```
/* a12-08.cpp
   Mit Projekt 12-1 Sample-Objekte speichern.
   Die Sample-Objekte dynamisch allozieren.
   Eine Template-Queue-Klasse.
*/
#include <iostream>
using namespace std;

class Sample {
  int id;
public:
  Sample() { id = 0; }
  Sample(int x) { id = x; }
  void show() { cout << id << endl; }
};

const int maxQsize = 100;

// Eine generische Queue-Klasse erstellen
template <class QType> class Queue {
  QType q[maxQsize]; // Dieses Array speichert die Queue.
  int size; // Maximale Anzahl der Elemente, die die Queue
            // speichern kann
  int putloc, getloc; // die put- und get-Indizes
public:

  // Eine Queue der angegebenen Laenge konstruieren.
  Queue(int len) {
    // Die Queue muss kleiner als die Maximalgroesse und posi-
tiv sein.
    if(len > maxQsize) len = maxQsize;
    else if(len <= 0) len = 1;

    size = len;
    putloc = getloc = 0;
  }

  // Daten die Queue einfuegen.
  void put(QType data) {
    if(putloc == size) {
      cout << " -- Die Queue ist voll.\n";
      return;
    }

    putloc++;
    q[putloc] = data;
  }

  // Daten aus der Queue entnehmen.
  QType get() {
    if(getloc == putloc) {
```

A

```
      cout << " -- Die Queue ist leer.\n";
      return 0;
    }

    getloc++;
    return q[getloc];
  }
};
// Die generische Queue generieren.
int main()
{
  Queue<Sample> sampQ(3);
  Sample *p1, *p2, *p3;
  p1 = new Sample(1);
  p2 = new Sample(2);
  p3 = new Sample(3);
  sampQ.put(*p1);
  sampQ.put(*p2);
  sampQ.put(*p3);
  cout << "Inhalt von sampQ:\n";
  for(int i=0; i < 3; i++)
    sampQ.get().show();
  cout << endl;

  delete(p1);
  delete(p2);
  delete(p3);
  return 0;
}
```

9. Einen Namensraum namens `RobotMotion` erstellen:

```
namespace RobotMotion {
  // ...
}
```

10. Die C++-Standardbibliothek ist in dem Namensraum `std` enthalten.

11. Nein. Eine `static`-Elementfunktion kann nicht auf die Nicht-`static`-Daten einer Klasse zugreifen.

12. Der `typeid`-Operator gibt den Typ des Objekts zur Laufzeit zurück.

13. Um die Gültigkeit eines polymorphen Casts zur Laufzeit zu bestimmen, verwenden Sie `dynamic_cast`.

14. `const_cast` überschreibt `const` oder `volatile` in einem Cast

Anhang B

Der Präprozessor

Der *Präprozessor* ist eine Komponente des Compilers, die den Text eines Programms manipuliert, bevor der Quellcode des Programms tatsächlich in Objektcode übersetzt wird. Sie können dem Präprozessor diverse Befehle zur Manipulation des Textes geben. Diese Befehle werden als *Präprozessor-Direktiven* bezeichnet, und obwohl sie technisch nicht zur Sprache C++ gehören, erweitern sie ihre Programmierumgebung.

Der Präprozessor ist ein Überbleibsel aus C und ist für C++ nicht so wichtig wie für C. Außerdem sind einige Präprozessor-Funktionen durch neuere und bessere C++-Sprachelemente redundant gemacht worden. Doch da viele Programmierer immer noch den Präprozessor verwenden und weil er immer noch zur Sprachumgebung von C++ gehört, wird der Präprozessor hier kurz beschrieben.

Der C++-Präprozessor enthält die folgenden Direktiven:

`#define`	`#error`	`#include`
`#if`	`#else`	`#elif`
`#endif`	`#ifdef`	`#ifndef`
`#undef`	`#line`	`#pragma`

Sie sehen, dass alle Präprozessor-Direktiven mit einem #-Zeichen beginnen. Jede Direktive soll im Folgenden kurz beschrieben werden.

#define

`#define` dient dazu, einen Bezeichner und eine Zeichenfolge zu definieren, die den Bezeichner überall in der Quelldatei ersetzt. Der Bezeichner wird als *Makroname* bezeichnet. Die Ersetzungsprozess wird als *Makrosubstitution* bezeichnet. Die Direktive hat die folgende allgemeine Form:

```
#define Makroname Zeichenfolge
```

Beachten Sie, dass diese Anweisung nicht durch ein Semikolon beendet wird. Zwischen dem Bezeichner und dem Start der Zeichenfolge dürfen beliebig viele Leerzeichen stehen, aber nachdem die Folge begonnen hat, wird sie nur durch ein Zeilenende-Zeichen (Newline) beendet.

Beispielsweise können Sie mit den folgenden beiden `#define`-Direktiven das Wort `UP` durch den Wert 1 und das Wort `DOWN` durch den Wert 0 ersetzen:

```
#define UP 1
#define DOWN 0
```

Diese Anweisungen bewirken, dass der Präprozessor die Namen `UP` und `DOWN` überall in der Quelldatei durch 1 bzw. durch 0 ersetzt. Beispielsweise gibt die folgende Anweisung `1 0 2` auf dem Bildschirm aus:

```
cout << UP << ' ' << DOWN << ' '  UP + UP;
```

Es ist wichtig zu verstehen, dass bei einer Makrosubstitution einfach ein Bezeichner durch den dazugehörigen String ersetzt wird. Beispielsweise können Sie folgendermaßen eine Standardmeldung definieren:

```
#define GETFILE "Geben Sie den Dateinamen ein"
// ...
cout << GETFILE;
```

Der Präprozessor ersetzt in dem Quellcode den Makronamen `GETFILE` durch den String `"Geben Sie den Dateinamen ein"`. Nach dieser Ersetzung sieht die `cout`-Anweisung für den Compiler tatsächlich folgendermaßen aus:

```
cout << "Geben Sie den Dateinamen ein";
```

Wenn der Makroname in einem String auftritt, der in Anführungszeichen eingeschlossen ist, ersetzt der Präprozessor den Namen nicht. In dem Beispiel

```
#define GETFILE "Geben Sie den Dateinamen ein"
// ...
cout << "GETFILE ist ein Makroname\n";
```

wird nicht

```
Geben Sie den Dateinamen ein ist ein Makroname
```

ausgegeben, sondern

```
GETFILE ist ein Makroname
```

auf dem Bildschirm angezeigt. Wenn der String länger als eine Zeile ist, können Sie ihn auf der nächsten Zeile fortsetzen, indem Sie am Ende der Zeile einen Backslash (\) setzen:

```
#define LONG_STRING "Dies ist ein sehr langer \
String, der als Beispiel verwendet wird."
```

Üblicherweise verwenden C++-Programmierer Großbuchstaben für Makronamen. Diese Konvention hilft einem Leser des Programms, auf einen Blick zu erkennen, wo eine Makrosubstitution erfolgt. Außerdem ist es sinnvoll, alle #define-Direktiven an den Anfang der Datei zu stellen oder möglicherweise in einer separaten Include-Datei zu speichern, anstatt sie über das ganze Programm zu verteilen.

Ein letzter Punkt: C++ bietet eine bessere Methode als #define, um Konstanten zu definieren: den Modifizierer const. Doch viele C++-Programmierer haben früher die Sprache C gelernt, in der normalerweise #define für diesen Zweck verwendet wird. Deshalb finden Sie diese Direktive häufig auch in C++-Code.

Funktionsmakros

Die #define-Direktive hat eine weitere Funktion: Der Makroname kann Argumente haben. Wenn der Präprozessor den Makronamen erreicht, werden die zugehörigen Argumente, durch die tatsächlichen Argumente ersetzt, die in dem Programm stehen. Damit wird ein *Funktionsmakro* erstellt. Hier ist ein Beispiel:

```
// Mit einem Funktionsmakro arbeiten.
#include <iostream>
using namespace std;
#define MIN(a,b)  (((a)<(b)) ? a : b)
int main()
{
  int x, y;
  x = 10;
  y = 20;
  cout << "Das Minimum ist " << MIN(x, y);
  return 0;
}
```

Wenn dieses Programm mit dem Präprozessor bearbeitet wird, wird der Ausdruck MIN(a,b) ersetzt, wobei hier x und y als Operanden verwendet werden. Für den Compiler sieht die cout-Anweisung danach folgendermaßen aus:

```
cout << "Das Minimum ist : " << ((x)<(y)) ? x : y);
```

Im Wesentlichen ist ein Funktionsmakro eine Methode, um eine Funktion zu definieren, deren Code nicht aufgerufen, sondern inline erweitert wird.

Die scheinbar redundanten runden Klammern, die das MIN-Makro einschließen, sind erforderlich, um wegen des relativen Rangs der Operatoren die korrekte Auswertung des Ersatzausdrucks zu gewährleisten. Tatsächlich sollten Sie bei *allen* Funktionsmakros solche zusätzlichen runden Klammern verwenden. Andernfalls könnten Sie überraschende Ergebnisse erhalten. Betrachten Sie beispielsweise das folgende kurze Programm, das mit Hilfe eines Makros feststellt, ob ein Wert gerade oder ungerade ist:

```
// Dieses Programm liefert die falsche Antwort.
#include <iostream>
using namespace std;
#define EVEN(a) a%2==0 ? 1 : 0
int main()
{
  if(EVEN(9+1)) cout << "ist gerade";
  else cout << "ist ungerade";
  return 0;
}
```

Wegen der Art, wie die Makrosubstitution erfolgt, funktioniert dieses Programm nicht korrekt. Beim Compilieren wird `EVEN(9+1)` folgendermaßen erweitert:

```
9+1%2==0 ? 1 : 0
```

Zur Erinnerung: Der %-Operator (Modulus-Operator) hat einen höheren Rang als der Plus-Operator. Dies bedeutet, dass zuerst die %-Operation auf die 1 angewendet wird und dann das Ergebnis zu 9 hinzugefügt wird, was (natürlich) nicht gleich 0 ist. Um dieses Problem zu beheben, muss das a in der Makro-Definition von `EVEN` in runde Klammern eingeschlossen werden, wie dies in der folgenden korrigierten Version des Programms gezeigt wird:

```
// Die korrigierte Version des Programms.
#include <iostream>
using namespace std;
#define EVEN(a) (a)%2==0 ? 1 : 0
int main()
{
  if(EVEN(9+1)) cout << "ist gerade";
  else cout << "ist ungerade";
  return 0;
}
```

Jetzt wird `9+1` vor der Modulus-Operation ausgewertet. Im Allgemeinen ist es sinnvoll, Makro-Parameter in runde Klammern einzuschließen, um unvorhergesehene Schwierigkeiten zu vermeiden, wie sie gerade beschrieben wurden.

Makrosubstitutionen anstelle von echten Funktionen zu verwenden, hat einen Hauptvorteil: Weil der Code einer Makrosubstitution inline erweitert wird, fällt der Verwaltungsaufwand eines Funktionsaufrufs weg, sodass ein Programm schneller wird. Diese höhere Geschwindigkeit muss jedoch möglicherweise mit einem größeren Programmumfang bezahlt werden, weil ein teil des Codes dupliziert wird.

Obwohl Funktionsmakros in C++-Code immer noch recht häufig zu finden sind, hat der Modifizierer `inline` diese Makros vollkommen redundant gemacht. Dieser Modifizierer erfüllt denselben Zweck besser und sicherer. (Zur Erinnerung: `inline` bewirkt, dass eine Funktion nicht aufgerufen, sondern inline erweitert wird.) Außerdem benötigen `inline`-Funktionen im Gegensatz zu den meisten Funktionsmakros keine zusätzlichen runden Klammern. Doch fast mit Sicherheit werden Funktionsmakros auch in näherer Zukunft in C++-Programmen verwendet werden, weil viele ehemalige C-Programmierer sie gewohnheitsmäßig benutzen.

#error

Wenn die `#error`-Direktive erreicht wird, bricht der Compiler das Kompilieren ab. Diese Direktive dient hauptsächlich zum Debuggen. Sie hat die allgemeine Form

```
#error Fehlermeldung
```

Beachten Sie, dass die *`Fehlermeldung`* ist nicht in doppelte Anführungszeichen eingeschlossen ist. Wenn der Compiler auf diese Direktive stößt, zeigt er die Fehlermeldung und andere Informationen an und beendet das Kompilieren. Ihre Implementierung bestimmt, welche Informationen tatsächlich angezeigt werden. (Sie sollten einige Experimente mit Ihrem Compiler ausführen, um herauszufinden, was angezeigt wird.)

#include

Die `#include`-Direktive weist den Compiler an, einen Standard-Header oder eine weitere Quelldatei in die Datei einzubinden, die die `#include`-Direktive enthält. Der Name eines Standard-Headers sollte – wie in den Programmen in diesem Buch gezeigt – in spitze Klammern eingeschlossen werden. Beispielsweise bindet

```
#include <fstream>
```

den Standard-Header für die Dateiein- und -ausgabe ein.

Der Name einer anderen Quelldatei kann in doppelte Anführungszeichen oder in spitze Klammern eingeschlossen werden. Beispielsweise weisen beide folgenden Direktiven den Compiler an, eine Datei namens `sample.h` zu lesen und zu kompilieren.

```
#include <sample.h>
#include "sample.h"
```

Die Zeichen (Anführungszeichen oder spitze Klammern), mit denen der Dateiname eingeschlossen wird, bestimmen, wo die angegebene Datei gesucht wird. Bei spitzen Klammern sucht der Compiler die Datei in einem oder in mehreren implementierungsabhängigen Verzeichnissen. Bei Anführungszeichen sucht der Compiler die Datei in einem anderen implementierungsabhängigen Verzeichnis – typischerweise im Arbeitsverzeichnis. Wenn die Datei in diesem Verzeichnis nicht gefunden wird, wird die Suche mit dem Verfahren neu gestartet, mit dem Dateien gesucht werden, deren Namen in spitze Klammern eingeschlossen sind. Da der Suchpfad implementierungsabhängig ist, sollten Sie die Details dem Benutzerhandbuch Ihres Compilers entnehmen.

Direktiven für die bedingte Kompilierung

Es gibt mehrere Direktiven, mit denen Sie Teile eines Programms selektiv kompilieren können. Dieser Prozess wird als *bedingtes Kompilieren* bezeichnet. Er wird in größerem Maße von kommerziellen Software-Häusern verwendet, die viele angepasste Versionen eines Programm anbieten und warten.

#if, #else, #elif und #endif

Wenn in einer `#if`-Direktive der konstante Ausdruck nach dem `#if` wahr ist, wird der Code zwischen dem `#if` und einem `#endif` kompiliert; andernfalls wird dieser Code übersprungen. Die `#endif`-Direktive dient dazu, das Ende eines `#if`-Blocks zu markieren.

Die `#if`-Direktive hat die folgende allgemeine Form:

```
#if Konstanter-Ausdruck
  Anweisungsfolge
#endif
```

Wenn *Konstanter-Ausdruck* wahr ist, wird der Codeblock kompiliert, andernfalls wird er übersprungen. Ein Beispiel:

```
// Ein einfaches #if-Beispiel.

#include <iostream>
using namespace std;

#define MAX 100

int main()
{
#if MAX>10
  cout << "Mehr Speicher erforderlich.\n";
#endif

  // ...
  return 0;
}
```

Dieses Programm zeigt die Meldung auf dem Bildschirm an, weil `MAX` (laut Definition in dem Programm) größer als 10 ist. Dieses Beispiel veranschaulicht einen wichtigen Punkt: Der Ausdruck, der auf das `#if`-folgt, *wird beim Kompilieren ausgewertet*. Deshalb darf er nur Konstanten und Bezeichner enthalten, die vorher definiert worden sind. Variablen können nicht verwendet werden.

Die `#else`-Direktive funktioniert ähnlich wie die `else`-Anweisung von C++: Sie bietet eine Alternative an, wenn die `#if`-Direktive scheitert (falsch ist). Das vorangegangene Beispiel kann folgendermaßen mit einer `#else`-Direktive erweitert werden:

```
// Ein einfaches #if/#else-Beispiel.

#include <iostream>
using namespace std;

#define MAX 6

int main()
{
#if MAX>10
  cout << "Mehr Speicher erforderlich.\n");
#else
```

```
  cout << "Aktueller Speicher ist OK.\n";
#endif

  // ...

  return 0;
}
```

In diesem Programm hat `MAX` laut Definition einen Wert, der kleiner als 10 ist, sodass nicht der `#if`-Teil des Codes, sondern die `#else`-Alternative kompiliert wird. Deshalb wird die Meldung `Aktueller Speicher ist OK.` angezeigt.

Beachten Sie, dass die `#else`-Direktive sowohl das Ende des `#if`-Blocks als auch den Beginn des `#else`-Blocks definiert. Dies ist notwendig, weil eine `#if`-Direktive nur mit einer einzigen `#endif`-Direktive verbunden werden kann.

Der Ausdruck `#elif` bedeutet »else if«. Diese Direktive dient dazu, eine `if-else-if`-Leiter mit mehreren Kompilieroptionen zu erstellen. Nach dem `#elif` steht ein konstanter Ausdruck. Wenn dieser Ausdruck wahr ist, wird der zugehörige Codeblock kompiliert, und keiner der anderen `#elif`-Ausdrücke wird getestet oder kompiliert. Andernfalls wird der nächste `#elif`-Ausdruck in der Reihenfolge getestet. Die allgemeine Form lautet:

```
#if Ausdruck
  Anweisungsfolge
#elif Ausdruck1
  Anweisungsfolge
#elif Ausdruck2
  Anweisungsfolge
#elif Ausdruck3
  Anweisungsfolge
// ...
#elif AusdruckN
  Anweisungsfolge
#endif
```

Beispielsweise verwendet das folgende Fragment den Wert von `COMPILED_BY`, um zu definieren, wer das Programm kompiliert hat:

```
#define JOHN 0
#define BOB 1
#define TOM 2

#define COMPILED_BY JOHN

#if COMPILED_BY == JOHN
  char who[] = "John";
#elif COMPILED_BY == BOB
```

```
  char who[] = "Bob";
#else
  char who[] = "Tom";
#endif
```

`#if`- und `#elif`-Direktiven können verschachtelt werden. In diesem Fall beziehen sich die Direktiven `#endif`, `#else` oder `#elif` auf die jeweils nächststehende `#if`- oder `#elif`-Direktive. Beispielsweise ist das folgende Fragment gültig:

```
#if COMPILED_BY == BOB
   #if DEBUG == FULL
      int port = 198;
   #elif DEBUG == PARTIAL
      int port = 200;
   #endif
#else
   cout << "Bob muss die Debugging-Version kompilieren.\n";
#endif
```

#ifdef und #ifndef

Eine weitere Methode des bedingten Kompilierens arbeitet mit den Direktiven `#ifdef` und `#ifndef`. Sie bedeuten »wenn definiert« bzw. »wenn nicht definiert« und beziehen sich auf Makronamen.

Die allgemeine Form von `#ifdef` lautet:

```
#ifdef Makroname
  Anweisungsfolge
#endif
```

Wenn der *`Makroname`* vorher mit einer `#define`-Anweisung definiert worden ist, wird die *`Anweisungsfolge`* zwischen `#ifdef` und `#endif` kompiliert.

Die allgemeine Form von `#ifndef` lautet:

```
#ifndef Makroname
  Anweisungsfolge
#endif
```

Wenn der *`Makroname`* vorher *nicht* mit einer `#define`-Anweisung definiert worden ist, wird die *`Anweisungsfolge`* zwischen `#ifdef` und `#endif` kompiliert. Sowohl die `#ifdef`- als auch die `#ifndef`-Direktive kann durch eine `#else`- oder `#elif`-Direktive ergänzt werden. Außerdem können `#ifdef`s und `#ifndef`s auf die gleiche Weise verschachtelt werden wie `#if`-Direktiven.

#undef

Die #undef-Direktive dient dazu, einen vorher definierten Makronamen zu entfernen. Sie hat die allgemeine Form:

```
#undef Makroname
```

Betrachten Sie das folgende Beispiel:

```
#define TIMEOUT 100
#define WAIT 0
// ...
#undef TIMEOUT
#undef WAIT
```

Hier sind sowohl TIMEOUT als auch WAIT bis zu den #undef-Direktiven definiert. Die #undef-Direktive wird hauptsächlich dazu verwendet, Makronamen zu »lokalisieren«, das heißt, sie auf die Codeabschnitte zu beschränken, in denen sie benötigt werden.

Mit defined arbeiten

Neben #ifdef gibt es eine zweite Methode, um festzustellen, ob ein Makroname definiert ist. Sie können die #if-Direktive zusammen mit dem Compile-Zeit-Operator defined verwenden. Beispielsweise können Sie mit einer der beiden folgenden Anweisungen feststellen, ob das Makro MYFILE definiert ist:

```
#if defined MYFILE
```

oder

```
#ifdef MYFILE
```

Mit einem ! vor dem defined können Sie die Bedingung auch umkehren. Beispielsweise wird das folgende Fragment nur kompiliert, wenn DEBUG nicht definiert ist:

```
#if !defined DEBUG
  cout << "Fertige Version!\n";
#endif
```

B

#line

Die #line-Direktive dient dazu, den Inhalt der vordefinierten Makronamen __LINE__ und __FILE__ zu ändern. __LINE__ enthält die Zeilennummer der Zeile, die gegenwärtig kompiliert wird, und __FILE__ enthält den Namen der Datei, die kompiliert wird. Die grundlegende Form der #line-Direktive lautet:

```
#line Nummer "Dateiname"
```

Hier ist *Nummer* eine beliebige Ganzzahl, die zum neuen Wert von __LINE__ wird. Der optionale *Dateiname* ist ein beliebiger gültiger Dateibezeichner, der zum neuen Wert von __FILE__ wird. #line wird hauptsächlich beim Debuggen und in speziellen Anwendungen verwendet.

#pragma

Die #pragma-Direktive ist eine implementierungsabhängige Direktive, mit der Sie dem Compiler verschiedene Anweisungen geben können, die vom Hersteller des Compilers definiert wurden. Die #pragma-Direktive hat die allgemeine Form:

```
#pragma Name
```

Hier ist *Name* der Name der gewünschten #pragma-Direktive. Wenn der Compiler diesen Namen nicht kennt, wird die #pragma-Direktive einfach ignoriert, und es wird kein Fehler gemeldet.

In der Dokumentation Ihres Compilers finden Sie die Pragmas, die Ihr Compiler unterstützt. Möglicherweise können Sie einige Pragmas bei Ihren Programmieraufgaben gebrauchen. Typische #pragma-Direktiven legen fest, welche Warnungen der Compiler ausgeben soll, wie der Code erzeugt werden soll und welche Bibliothek eingebunden werden soll.

Die Präprozessor-Operatoren # und

C++ unterstützt zwei Präprozessor-Operatoren: # und ##. Sie werden zusammen mit #define verwendet. Die #-Operator bewirkt, dass das Argument, vor dem er steht, als String behandelt wird, der in Anführungszeichen eingeschlossen ist. Betrachten Sie beispielsweise das folgende Programm:

```
#include <iostream>
using namespace std;

#define mkstr(s)  # s

int main()
{
  cout << mkstr(Ich mag C++);

  return 0;
}
```

Der Präprozessor von C++ wandelt die Zeile

```
cout << mkstr(Ich mag C++);
```

in die folgende Zeile um:

```
cout << "Ich mag C++";
```

Der ##-Operator dient dazu, zwei Tokens zu verketten. Hier ist ein Beispiel:

```
#include <iostream>
using namespace std;

#define concat(a, b)  a ## b

int main()
{
  int xy = 10;

  cout << concat(x, y);

  return 0;
}
```

Der Präprozessor wandelt

```
cout << concat(x, y);
```

in die folgende Zeile um:

```
cout << xy;
```

Wenn Ihnen diese Operatoren seltsam vorkommen, sollten Sie daran denken, dass sie in den meisten Programmen nicht benötigt und nicht verwendet werden. Sie existieren hauptsächlich deswegen, damit der Präprozessor einige Sonderfälle bearbeiten kann.

B

Vordefinierte Makronamen

C++ verfügt über sechs eingebaute vordefinierter Makronamen:

```
__LINE__
__FILE__
__DATE__
__TIME__
__STDC__
__cplusplus
```

Die Makros `__LINE__` und `__FILE__` wurden bei der Beschreibung von `#line` erläutert. Sie enthalten die aktuelle Zeilennummer bzw. den Dateinamen des Programms, das kompiliert wird.

Das Makro `__DATE__` enthält einen String der Form *Monat/Tag/Jahr*, der das Datum der Übersetzung der Quelldatei in Objektcode angibt.

Das Makro `__TIME__` enthält die Zeit, zu der das Programm kompiliert wurde. Die Zeit wird als String der Form *Stunde*:*Minute*:*Sekunde* angegeben.

Die Bedeutung von `__STDC__` ist implementierungsabhängig. Im Allgemeinen wird, wenn `__STDC__` definiert ist, der Compiler nur Standard-C/C++-Code akzeptieren, der keine Nicht-Standard-Erweiterungen enthält.

Ein mit dem ANSI/ISO-Standard konformer C++-Compiler definiert `__cplusplus` als einen Wert, der wenigstens sechs Ziffern enthält. Nichtkonforme Compiler benutzen einen Wert mit fünf oder weniger Ziffern.

Anhang C

Mit einem älteren C++-Compiler arbeiten

Wenn Sie mit einem modernen Compiler arbeiten, werden Sie keine Schwierigkeiten haben, die Programme in diesem Buch zu kompilieren. Wenn dies der Fall ist, müssen Sie die Informationen in diesem Anhang nicht lesen. Verwenden Sie einfach die Programme genau so, wie sie gezeigt werden. Wie bereits erwähnt wurde, erfüllen die Programme in diesem Buch alle Anforderungen des ANSI/ISO-Standards für C++ und können von fast allen modernen C++-Compilern (einschließlich Microsoft Visual C++ und Borland C++ Builder) kompiliert werden.

Doch wenn Sie einen Compiler benutzen, der vor mehreren Jahren entwickelt wurde, könnte dieser eine Reihe von Fehlern melden, wenn Sie versuchen, die Beispiele zu kompilieren, weil die Compiler einige der neueren Funktionen von C++ nicht erkennen. Wenn dies der Fall ist, sollten Sie sich keine Sorgen machen – die meisten Beispielprogramme müssen nur geringfügig geändert werden, damit sie mit älteren Compilern arbeiten. Ältere und moderne Programme unterscheiden sich hauptsächlich in zwei Aspekten: in dem neuen Stil der Header und der `namespace`-Anweisung. Wir wollen beide näher betrachten.

In Kapitel 1 wurde beschrieben, dass die `#include`-Anweisung einen Header in ein Programm einbindet. Bei früheren Versionen von C++ bestanden alle Header aus Dateien, die die Dateinamenserweiterung `.h` benutzten. Beispielsweise wurde der `iostream`-Header mit der folgenden Anweisung in ein Programm älteren Stils eingebunden:

```
#include <iostream.h>
```

Diese Anweisung bewirkte, dass die Datei `iostream.h` in Ihr Programm eingebunden wird. Deshalb wurde bei einem Programm älteren Stils, wenn ein Header eingebunden werden sollte, sein Dateiname angegeben, der die Namenserweiterung `.h` hatte. Dies gilt heute nicht mehr.

Die moderne Version von C++ verwendet eine neue Art von Header, die parallel zu dem ANSI/ISO-Standard für C++ entwickelt wurde. Die Header neuen Stils legen den Dateinamen *nicht* fest, sondern geben einfach einen Standardbezeichner an, den der Compiler anderen Dateien zuordnen kann, aber nicht zuordnen muss. Die Header neuen Stils sind eine Abstraktion, die einfach garantiert, dass die korrekten Informationen eingebunden werden, die von einem Programm benötigt werden.

Da die Header neuen Stils keine Dateinamen sind, haben sie nicht die Namenserweiterung `.h`. Sie bestehen nur aus dem Header-Namen, der in spitze Klammern gesetzt wird. Hier sind zwei Beispiele für die Header neuen Stils, die von Standard-C++ unterstützt werden:

```
<iostream>
<fstream>
```

Um diese Header neuen Stils in Header-Dateien alten Stils umzuwandeln, fügen Sie einfach die Namenserweiterung `.h` zu den Namen hinzu.

Wenn Sie einen modernen Header in ein Programm einbinden, ist der Inhalt dieses Headers in dem Namensraum `std` enthalten. Wir haben bereits erklärt, dass ein Namensraum einfach ein deklarativer Bereich ist. Er dient dazu, die Namen von Bezeichnern zu lokalisieren, um Namenskonflikte zu vermeiden. Ältere Versionen von C++ haben die Namen von Bibliotheksfunktionen usw. in den globalen Namensraum und nicht in den Namensraum `std` eingefügt, der von modernen Compilern verwendet wird. Deshalb wird die folgende Anweisung nicht benötigt, wenn Sie mit einem älteren Compiler arbeiten:

```
using namespace std;
```

Tatsächlich akzeptieren die meisten älteren Compiler nicht einmal die Anweisung `using`.

Zwei einfache Änderungen

Wenn Ihr Compiler Namensräume und Header modernen Stils nicht unterstützt, meldet er einen oder mehrere Fehler, wenn er versucht, die ersten Zeilen der Beispielprogramme in diesem Buch zu kompilieren. In diesem Fall müssen Sie zwei einfache Änderungen ausführen: Verwenden Sie einen Header alten Stils und löschen Sie die `namespace`-Anweisung. Ersetzen Sie beispielsweise

```
#include <iostream>
using namespace std;
```

durch

```
#include <iostream.h>
```

Diese Änderung wandelt ein modernes Programm in ein Programm älteren Stils um. Da die Header alten Stils komplett in den globalen Namensraum eingefügt werden, wird die `namespace`-Anweisung nicht benötigt. Nach diesen Änderungen können die Beispielprogramme von einem älteren Compiler kompiliert werden.

Gelegentlich müssen Sie eine weitere Änderung durchführen. C++ hat einige Header von der Sprache C geerbt. Die Sprache C unterstützt nicht die Header neuen Stils. Um rückwärtskompatibel zu sein, unterstützt Standard-C++ immer noch Header-Dateien im C-Stil. Jedoch definiert Standard-C++ auch Header neuen Stils, die anstelle der C-Header-Dateien verwendet werden können. Die C++-Versionen der C-Standard-Header setzen einfach das Präfix `c` vor den C-Dateinamen und lassen das `.h` weg. Beispielsweise heißen die Header von `math.h` und von `string.h` als C++-Header neuen Stils `<cmath>` bzw. `<cstring>`. Obwohl es gegenwärtig erlaubt ist, eine Header-Datei im C-Stil einzubinden, rät Standard-C++ davon ab. Deshalb werden in diesem Buch in allen `#include`-Anweisungen Header neuen Stils verwendet. Wenn Ihr Compiler keine Header neuen Stils für die C-Header unterstützt, verwenden Sie einfach die Header-Dateien alten Stils.

Stichwortverzeichnis